한 신경병자의 회상록

한 신경병자의 회상록

초판 1쇄 발행 | 2024년 07월 25일

지은이 다니엘 파울 슈레버
옮긴이 김남시
펴낸이 조기조

펴낸곳 도서출판 b
등   록 2003년 2월 24일 제2023-000100호
주   소 08502 서울특별시 금천구 가산디지털2로 169-23 가산모비우스타워 1501-2호
전   화 02-6293-7070(대)
팩   스 02-6293-8080
누리집 b-book.co.kr | 전자우편 bbooks@naver.com
유튜브 www.youtube.com/@bbookspublishing

I S B N 979-11-92986-27-2   03180
값   20,000원

한 신경병자의 회상록

Denkwürdigkeiten eines Nervenkranken

다니엘 파울 슈레버 | 김남시 옮김

도서출판 b

| 일러두기 |

1. 이 번역은 Daniel Paul Schreber, *Denkwürdigkeiten eines Nervenkranken* (Berlin: Ullstein Verlag, 1973)을 저본으로 삼았고, 영문 번역본인 *Memoirs of My Nervous Illness*, trans. Ida Macalpine & Richard A. Hunter (New York: New York Review Books, 2000)을 참조하였다.
2. 초판본(Oswald Mutze, 1903)에는 각 장에 제목이 붙어 있지 않았으며, 초판본 목차에 실려 있던 것을 Ullstein 판본 편집자가 각 장의 제목으로 삼은 것이다.
3. 원서에서 원저자가 착각하거나 누락된 원본 주 번호의 오류를 바로잡고, 주석의 번호를 새로 매겼다. 역주는 말미에 '― 옮긴이'로 표시했다. 또한 원문에서 주어나 목적어가 누락되었거나 보충 설명이 필요한 경우 옮긴이가 첨언하였다.
4. 원본에서 저자가 이탤릭체로 강조한 부분은 고딕체로 진하게 표시했다.

Denkwürdigkeiten

eines

Nervenkranken

nebst Nachträgen

und einem Anhang über die Frage:

„Unter welchen Voraussetzungen darf eine für geistes-
krank erachtete Person gegen ihren erklärten Willen
in einer Heilanstalt festgehalten werden?"

von

Dr. jur. Daniel Paul Schreber,

Senatspräsident beim Kgl. Oberlandesgericht Dresden a. D.

Oswald Mutze in Leipzig.

| 차 례 |

서설 ·· 7

플레히지히 교수께 보내는 공개서한 ·· 13

서문 ··· 21

1장 신과 불사 ·· 27

2장 신의 왕국의 위기? 영혼 살해 ·· 45

3장 ·· 57

4장 첫 번째, 그리고 두 번째 신경병이 출현했던 시기의 개인적
    체험들 ·· 59

5장 계속. 신경언어(내적인 목소리). 사유 강제. 세계 질서의
    요구라는 특정한 상황에서의 탈남성화 ·· 73

6장 개인적 체험 계속. 비전. '영령을 보는 자' ····································· 91

7장 개인적 체험들, 계속. 특이한 증상들. 비전 ··································· 111

8장 피에르존 박사의 요양소에 체류하던 동안의 개인적 체험들.
    검증된 영혼들 ··· 129

9장 존넨슈타인으로의 이송. 광선과의 교통에서 일어난 변화들.
    '기록 시스템', '대지에 붙들어 매다' ·· 151

10장 존넨슈타인에서의 개인적 체험들.
    광선 접촉의 부속 현상으로서의 훼방. 기분 조작 ························· 169

11장 기적을 통한 육체적 통합의 훼손 ·· 183

12장 목소리가 하는 말의 내용. '영혼의 이해'. 영혼 언어.
    개인적 체험의 연속 ··· 199

13장 흡인력의 요소로서의 영혼 쾌락. 그로부터 생겨난 현상들·· 215

14장 '검증된 영혼들', 그들의 운명, 개인적 체험, 계속 ··············· 231

15장 '인간 놀음'과 '기적 놀음'. 도와달라는 외침. 말하는 새 ····· 243

16장 사유 강제. 그 형태와 부수 현상 ··· 259

17장 계속. 영혼 언어의 의미에서의 '그리기' ⋯⋯⋯⋯⋯⋯⋯⋯⋯⋯ 273
18장 신과 창조 과정. 자연발생, 기적을 통해 생겨난 곤충들.
　　　 시선 이동. 시험 체계 ⋯⋯⋯⋯⋯⋯⋯⋯⋯⋯⋯⋯⋯⋯⋯⋯⋯⋯⋯ 285
19장 앞 장의 계속. 신의 전능과 인간 의지의 자유 ⋯⋯⋯⋯⋯⋯⋯ 299
20장 나 개인과 관련된 광선들의 자기중심적 이해.
　　　 개인적 관계들의 진전 양상 ⋯⋯⋯⋯⋯⋯⋯⋯⋯⋯⋯⋯⋯⋯⋯ 311
21장 축복과 쾌락 사이의 관계. 이것이 개인 행동에 미치는 결과 · 323
22장 결론적 고찰. 미래에 대한 전망 ⋯⋯⋯⋯⋯⋯⋯⋯⋯⋯⋯⋯⋯⋯ 337

후기
1차 후기: 1900년 10월에서 1901년 6월까지 ⋯⋯⋯⋯⋯⋯⋯⋯⋯⋯ 349
2차 후기: 1902년 10월과 11월 ⋯⋯⋯⋯⋯⋯⋯⋯⋯⋯⋯⋯⋯⋯⋯⋯⋯ 395

부록
"정신병이 있다고 여겨지는 개인을 그가 표명한 의지에 반해
　　　 정신병원에 감금할 수 있는 조건은 무엇인가?" ⋯⋯⋯⋯⋯⋯ 409
A. 베버 박사의 1차 감정서. 법의학 감정서 ⋯⋯⋯⋯⋯⋯⋯⋯⋯⋯ 423
B. 베버 박사의 2차 감정서. 주 정신병원 의사의 감정서 ⋯⋯⋯⋯ 435
C. 항소이유서 ⋯⋯⋯⋯⋯⋯⋯⋯⋯⋯⋯⋯⋯⋯⋯⋯⋯⋯⋯⋯⋯⋯⋯⋯⋯ 449
D. 1902년 4월 5일 추밀고문관 베버 박사의 감정서(3차 감정서) ·· 499
E. 1902년 6월 14일 드레스덴 왕립고등법원 판결문 ⋯⋯⋯⋯⋯⋯ 521

옮긴이 해제
주목할 만한 한 신경병자의 삶과 기록 ⋯⋯⋯⋯⋯⋯⋯⋯⋯⋯⋯⋯⋯ 567

찾아보기 ⋯⋯⋯⋯⋯⋯⋯⋯⋯⋯⋯⋯⋯⋯⋯⋯⋯⋯⋯⋯⋯⋯⋯⋯⋯⋯⋯⋯ 593

서설

이 글을 쓰기 시작할 때는 출판을 염두에 두지 않았다. 그것은 이 글이 한참 진행된 후에 든 생각이다. 출판을 막고 나서는 주변의 우려를 생각하지 않은 것이 아니다. 생존한 사람들을 고려하라는 것이었다. 그렇지만 내가 아직 살아 있을 때 내 육체와 개인적 운명에 대해 전문가의 관찰이 이루어지는 것은 학문과 종교적 진리 인식에 중요한 가치를 지닐 것이라고 생각한다. 이 점을 생각하면 모든 사적인 고려들은 침묵해야만 한다.

이 책에 기록되어 있는 것은,
1900년 2월부터 9월까지의 기록(1장~22장),
후기 1장에서 7장까지 다루고 있는 1900년 10월부터
1901년 6월까지의 기록,
그리고 1902년 말의 기록인 두 번째 후기이다.

이 글을 쓰기 시작한 이래 지난 시간 동안 내 삶의 외적 상황들은 본질적으로 변화했다. 초창기에는 거의 감금된 채였고, 교양 있는 사람들과의 교제는 물론 (이른바 관리국 거주자들에게 허락된) 정신병원 중역들과의 식사에서도 배제되어야 했다. 더욱이 한 번도 정신병원 담장 밖으로 나가보지 못했다. 그런데 그 이후 차츰 더 많은 활동의 자유가 생겨 교양 있는 사람들과의 교제가 잦아지기 시작했다. 그사이에 나는 이 책 20장에서 언급하고 있는 금치산 항소심에서(비록 두 번째 항소심에서긴 하지만) 완벽히 승리했다. 1900년 3월 13일 드레스덴 왕립재판소가 내린 금치산 선고가, 1902년 7월 14일 드레스덴 왕립고등재판소 판결을 통해 법적으로 기각되었던 것이다. 그것을 통해 내 행위능력이 인정되었고 내 재산에 대한 자유처분권이 회복되었다. 정신병원 체류와 관련해서는 이미 몇 달 전에 정신병원 측으로부터 내가 퇴원하는 데 근본적으로 문제가 없다는 서류상의 확인을 받아놓은 상태다. 따라서 나는 내년 초쯤에는 집으로 돌아갈 계획이다.

이 모든 변화는 내 개인적 관찰 범위를 본질적으로 확장하는 계기가 되었다. 그에 따라 내가 이전에 견지하고 있던 몇몇 견해들은 일정 정도 수정되어야 한다. 특히, 나는 이른바 '인간 놀음 Menschenspielerei'(기적과 유사한 영향력)이라는 것이 나와 내 가까운 주변에만 한정되어 있었다는 사실을 의심하지 않게 되었다. 지금이라면 아마 내 '회상록'의 일부를 그때와는 다르게 썼을 것이다. 그럼에도 나는 이 글을 처음 썼던 그대로 내버려두었다. 세부적인 것들에 수정을 가하면 애초의 글이 갖고 있던 신선함이 영향받을 수 있기 때문이다. 또한 내가 보기에 나와 신 사이에 있었던 일련의 정황들, 즉 세계 질서에 반하는 정황들에 관한 내 기존의 생각들이 어떤 착각에 의한 것은 아닌가 하는 의문은— 그것이 크건 작건— 그리 중요하지 않다. 어차피 더 일반적인 관심을 요구할 수 있는 것은 지속적인 정황들이며, 그것은 신의 본질과 속성 그리고 영혼의 불사성不死性 등에 대해 나 스스로 받았던 인상과 체험에 근거해 도달한 결과들일 뿐이기 때문이다. 또한 나는 그에 관한 개인적인 새로운 체험들에도 불구하고, '회상록'의 1, 2, 18장과 19장에서 전개했던 이전의 근본 관점들을 조금이라도 수정해야 한다고 생각지는 않는다.

피르나 존넨슈타인Sonnenstein 정신병원에서,

1902년 12월 저자.

플레히지히 교수께 보내는 공개 서한

존경하는 추밀고문관님!

이 편지와 함께, 제가 집필한 『한 신경병자의 회상록』 한 부를 귀하의 면밀한 검토를 부탁드리며 증정합니다.

귀하는 제 회상록의 앞 장에서 귀하의 이름이, 그것도 귀하의 감정을 자극할 수도 있는 맥락에서 자주 언급되는 것을 발견하실 겁니다. 이 점이 저는 매우 유감스럽습니다. 하지만 처음부터 회상록에 대한 해석을 문제 삼지 않는 한, 저는 거기서 아무것도 수정할 수 없습니다. 한 가지 확실한 사실은, 제가 귀하의 명예를 훼손하려는 아무런 의도도 갖고 있지 않다는 것입니다. 저는 다른 어떤 개인들에게도 사적인 증오심 같은 것을 갖고 있지 않습니다. 저의 목적은 매우 중대한 영역, 즉 종교 분야에서 진리를 인식하는 데 도움이 되는 것일 뿐입니다. 이와 관련해 저는 제가 다른 인간들에게라면 — 그 확실성이 일반적으로 인정된 경우 — 극도의 공포를 불러낼 만한 체험을 했다는 것을 확신합니다. 그와 더불어 제게 또 하나 의심할 수 없는 사실은, 이런 상황들이 생겨나기 시작할 단계에 귀하의 이름이 핵심적인 역할을 했다는 것입니다. 그것은 귀하의 신경체계에서 나온 신경들이, 회상록 1장에서 서술하고 있듯이, '검증된 영혼'이 되어 그 특성으로 인해 어떤 초감각적인 힘을 얻었고, 그 결과 몇 년 전부터 오늘날까지 제게 해로운 영향력을 행사해 왔다는 것입니다. 다른 사람들이 그러하듯 귀하께서도 이런 제 가정이 병적이라고 판단되는 어떤 환상의 결과라고 여길 것입니다. 하지만 제게는 이 가정들이 옳다고 말해주는 부인할 수 없는 증거들이 있으며, 그에 관한 상세한 내용은 제 회상록 전체에서 찾을 수 있을 것입니다. 지금도 저는 매일같이 그리고 매시간, 기적에 의해 이루어지는 '검증된 영혼'의 해로운 영향력을 느끼고 있습니다. 이런 맥락에서, 지금도 제게 말을 거는 목소리들은 매일같이 귀하의 이름을 수백 번씩 반복해서 외쳐대고 있습니다. '저 해로움의 주동자'라고 말입니다. 한때 귀하와 저 사이에 있었던 개인적인 관계들은 제게는 벌써 오래전에 배후로 밀려났습니다. 그래서 저 자신에게는 귀하를 계속 떠올릴 이유가, 그것도 어떤 원한을 느끼면서 떠올릴 아무런 이유가 없습니다.

몇 년 동안 저는 이러한 사실(플레히지히의 해로운 영향력−옮긴이)을 어떻게 귀하의 인격에 대한 저의 존경심과 부합시켜야 할지 숙고해왔습니다. 귀하는 제가 그 명예와 도덕적 가치에 대해 한 치의 의심도 품을 수 없는 분이기에 말입니다. 그러던 차에, 제게 '회상록'의 출간을 앞두고 이런 수수께끼를 푸는 열쇠가 될지 모르는 새로운 생각이 떠올랐습니다. 이 회상록 4장 말미와 5장 서두에 기록한 바와 같이, 의사들은 계속 환각에 불과하다고 말했지만 제게는 초감각적 힘과의 교류를 의미하는 상황으로 나아가게 된 첫 번째 계기가, 제 신경체계에 대한 귀하의 신경체계의 영향력에 있었다는 것은 한 치의 의심도 없는 사실입니다. 이 상황이 어떻게 설명될 수 있겠습니까? 제가 생각한 것은 이렇습니다. 귀하께서 ― 저는 그것이 처음에는 전적으로 치료의 목적이었다고 믿고자 합니다 ― 어떤 최면술이나 암시적인 방법으로, 혹은 사람들이 그것을 어떻게 부르든 간에 (어떤 특수한 방법으로 ― 옮긴이) 제 신경과 교류해 왔다는 것입니다. 심지어 공간적으로 떨어진 상태에서도 말입니다. 이 교류의 과정에서 귀하는 초감각적 근원을 가진 것처럼 보이는 목소리가 다른 곳에서 제게 말을 걸어온다는 것을 알게 되었을 겁니다. 추측건대, 이 놀랄 만한 발견에 학문적 관심을 갖게 된 귀하는 스스로 두려움에 휩싸여 그 일을 중단할 때까지 한동안 저와의 교류를 지속해 왔을 것입니다. 그런 와중에 귀하의 신경 한 부분이 의식하지 못하는 사이에 ― 초감각적으로만 설명 가능한 경로를 통해 ― 귀하의 육체를 떠나 '검증된 영혼'으로서 하늘에 올랐고, 그리하여 어떤 초감각적 힘을 얻게 되었을 가능성이 있습니다. 제가 확실히 인지했던 영혼의 성격에 따르면, 이 '검증된 영혼'은 모든 불순한 영혼들과 마찬가지로 여전히 인간적 결함을 가졌고, 인간의 윤리적 의지력과 같은 것에는 어떠한 제지도 받지 않습니다. 그것은 오직 자신을 드러내고, 힘을 펼치고자 하는 충동에 의해서만 움직입니다. 그런데 제 회상록에 나와 있듯이, 한동안 이와 똑같은 일이 또 다른 '검증된 영혼'인 폰 베von W의 영혼에도 일어났습니다. 어쩌면 제가 지난 몇 년간 귀하의 탓이 분명하다고 잘못 믿었던 모든 것, 특히 제 육체에 발생했던 의심할 수 없는 해로운 영향력들은 단지 저 '검증된 영혼'에 의한 것일 수도 있습니다. 만일 그렇다면, 귀하 개인에게는 어떠한 비난도 할 필요가 없을 것입니다. 기껏해야 귀하는 몇몇 의사들이 그런 것처럼, 진찰을 받으러 온 환자에게서 우연히 학문적 흥미를 발견하여 치료라는 원래의 목적에서 이탈해 그 환자를 학문적 실험대상으로 삼으려는 유혹에 철저히 저항하지 못했다는 사소한 비난만을 받게 될 것입니다. 어쩌면 다음과 같은 질문이 제기되어야 할지도 모릅니다. 즉, 누군가가 '영혼 살해'를 저질렀다는 (제게 말을 걸어오는 ― 옮긴이) 목소리들의 말은, 한 개인의 신경체계가 다른 이의 신경체계에 의지력을 속박할 정도의 영향력을 행사하는 것 ― 예컨대 최면술과 같은 행위 ― 을 허용할 수 없다고 생각한 영혼들이 의료상의 과실을 강조하기 위해 '영혼 살해'라는 표현을 사용하면서 나온 것이 아니냐고 말입니다. 이는 더 나은 용어를 찾지 못한 영혼들이, 과장된 표현을 쫓는 그들의 본성에 따라 이전부터 이미 사용되고 있던 용어를 채택한 데서 나온 결과일지도 모릅니다.

제가 위에서 암시한 이러한 추정들이 어떤 방식으로든 확증된다면, 특히 귀하의 기억 속에서 그것을 뒷받침할 만한 것을 찾게 된다면, 이는 예측할 수 없을 만큼 중요한 결과를 낳을 것입니다. 그렇게 된다면 저의 나머지 주장들은 온 세상 사람에게 신뢰를

얻을 것이며, 모든 수단을 동원해서 계속 추구되어야 할 학문적 문제의
견지에서 다루어지게 될 것입니다.

존경하는 추밀고문관님! 이러한 이유로 저는 귀하에게 다음과
같은 질문들에 거리낌 없이 대답해 줄 것을 부탁― 간청드린다는
말씀을― 드립니다.

1. 귀하께서는 제가 귀하의 정신병원에 머무는 동안 최면술 또는
   그와 유사한 방식으로 저와 교류하지 않으셨는지요? 그리고
   공간상 떨어져 있으면서도 제 신경체계에 어떤 영향력을 행사
   하지는 않으셨는지요?
2. 그 과정에서, 다른 곳에서 연유한 초감각적 근원을 암시하는
   목소리들과의 소통을 어떠한 방식으로든 목격하지 않으셨는지
   요? 마지막으로,
3. 제가 귀하의 정신병원에 머무는 동안 귀하 자신도― 예컨대
   꿈속에서― 다음의 내용과 관련된 비전[1] 또는 그와 유사한

· ·

[1] Vision. '보다', '바라보다'라는 뜻의 라틴어 'videre'에서 기인한다. 주로 종교적 맥락에서
초자연적 사건이나 장면들에 관한 체험을 지칭하며 꿈의 형태로 드러나는 경우가
많다. 성경에 나오는 바빌론의 왕 다니엘의 꿈(「다니엘서」 7장~12장), 주의 사자가
요셉에게 현몽하여 애굽으로 피신하기를 권고하는 장면(「마태복음」 2장), 요한이 계시
록에서 전하고 있는 '미리 보았던' 심판의 날의 장면들이 이 비전에 속한다. 서양
기독교 역사에서는 이러한 비전을 통해 신의 가르침을 받거나 미래에 일어날 사건들을
예견받은 사례가 많은데, 베네딕트 수도회의 수녀였던 힐데가르트 폰 빙엔(Hildegard
von Bingen, 1098~1179)이 1141년부터 기록한 비전은 유명하다. 비전 혹은 비전 체험이
갖는 이러한 초자연적 성격으로 인해, 오늘날에는 주로 초감각적 지각(extrasensory
perception)과의 관련에서 언급되거나, 정신적 장애나 착란 현상의 하나로 일어나는
환각 체험(Halluzination)의 의미로 사용되기도 한다. 슈레버가 자신의 환각 체험들을

인상을 받으신 적이 없는지요? 곧, 신의 전능함이나 인간 의지의 자유, 탈남성화, 구원 상실에 대해, 혹은 저나 귀하의 친지, 친구들, 특히 6장에서 언급되는 다니엘 퓌르히테고트 플레히지히(Daniel Fürchtegott Flechsig)와 관련해서, 아니면 제 '회상록'에 언급되고 있는 그 밖의 다른 것들과 관련해서 말입니다.

이와 관련해 저는 귀하의 정신병원에 있는 동안 제게 말을 걸던 목소리에게서 전해 들은 수많은 말에 의해, 귀하께서도 분명히 그와 같은 종류의 비전을 가졌음에 틀림없다는 매우 중요한 근거들을 갖게 됐다는 사실을 추가로 말씀드리고자 합니다.

귀하의 학문적 관심에 호소하면서, 저는 귀하께서도 진리를 향한 용기를 갖게 되실 거라 믿습니다. 귀하가 사소한 무언가를 고백해야 한다고 하더라도, 그것은 통찰력 있는 사람들에게는 귀하의 명망이나 명예를 심각하게 훼손하는 행동으로 비치지 않을 것입니다.

이와 관련해 귀하께서 제게 편지를 보내시려 한다면 저는 그 편지를 귀하의 허락하에서만, 그것도 귀하가 원하시는 형태로만 출간할 것을 보장합니다.

편지의 내용에 대해 폭넓은 관심이 있으리라고 사료되어, 이

'비전'이라는 단어로 지칭한 것은 그가 자신의 정신병 증상을 종교적 체험으로 이해하고 있다는 사실을 말해준다. 하지만 이러한 의미와 상응하는 한글 단어를 찾기란 매우 힘들다. 따라서 이 글에서 슈레버가 사용하는 독일어 'Vision'은 음독(音讀)하여 '비전'으로 번역하거나, 맥락에 따라 원어를 병기하여 '장면(Vision)'으로 번역하기로 한다.ㅡ옮긴이

편지를 제 회상록에 '공개서한'의 형태로 발표하는 것이 적합하다
고 판단했습니다.

1903년 3월, 드레스덴에서 커다란 존경심을 표하면서,
전 드레스덴 판사회의 의장, 슈레버 박사.

서문

　다시 교양 있는 사람들 사이에서 살기 위해, 그리고 아내와 함께 집에서 살기 위해 조만간 이 정신병원에서 퇴원할 것을 결심한 이상, 내 주위에서 살게 될 사람들에게 최소한 나의 종교적 견해에 대해 대략이나마 알려주는 것은 반드시 필요한 일일 것이다. 이는 그것을 통해 — 비록 완전하게는 아닐지라도 — 나의 행동과 태도에서 드러나는 이상한 점들을 그들이 조금이나마 파악할 수 있게 하기 위함이며, 최소한 나로 하여금 그런 이상한 모습을 보일 수밖에 없게 만드는 어떤 필연성을 그들이 이해하도록 하기 위함이다.[2]

· ·

2. 현재 이 글을 다시 검토하는 과정에서, 이 글이 어쩌면 더 많은 사람에게 관심을 끌 수도 있을 것이라는 생각이 들었다. 그럼에도 나는 이 글을 처음 상태 그대로 내버려두었는데, 그것은 내 개인적 체험과 종교적 표상에 대해 아내에게 알려주려 했던 것이 이 글을 쓰게 된 첫 번째 동기였기 때문이다. 학문적으로 익숙한 독자들에게는 그다지 필요하지 않았을 것들을 설명하거나, 이미 알려져 있는 사실들에 구구절절 설명을 붙인 것, 그리고 외래어를 독일어화하는 것 등의 시도가 여러 가지 점에서

아래의 글은 이러한 목적으로 쓰였다. 이 글에서 나는 근 육 년 전부터 내게 확실하게 인식되어 온 초감각적인 것들을 사람들이 어느 정도나마 이해할 수 있도록 서술할 것이다. 하지만 나는 사람들이 그것을 완전히 이해할 것이라고는 기대하지 않는다. 이는 내가 이야기하는 것들이 인간의 언어로는 도저히 표현될 수 없는 내용이기 때문이다. 그것들은 인간의 이해력을 넘어서 있다. 물론 나는 이 모든 것이 나 자신에게도 전적으로 확실하다고 주장할 수는 없다. 어떤 것들은 나에게도 추측이거나 다만 개연적일 뿐이다. 나 또한 한 명의 인간일 뿐이며, 그런 점에서 인간적 인식의 한계에 묶여 있다. 그럼에도 불구하고, 신적인 계시를 받지 못한 다른 사람들에 비해서는 내가 진리에 훨씬 더 무한히 근접해 있음은 의심할 여지가 없는 사실이다.

조금이나마 이해를 돕기 위해 어쩔 수 없이 이미지나 비유를 통해 말해야 하는데, 어쩌면 그런 방법이 적합할지 모른다. 왜냐하면 잘 알려진 인간 경험에 비유하는 것은, 내적 본질까지는 결코 파악할 수 없는 초감각적인 것들을 어느 정도나마 알 수 있게 하는 유일한 방법이기 때문이다. 이성을 통한 이해가 멈추는 곳에서 믿음의 영역이 시작된다. 우리 인간들은 비록 스스로 파악하지는 못한다 하더라도, 참된 것들이 존재한다는 사실에 익숙해져야 한다.

예컨대, 영원이란 개념은 인간에게는 파악 불가능한 것이다.

• •

적합하다고 판단한 이유도 여기에 있다.

인간은 출발도 종말도 갖지 않는 무언가가 존재한다는 것을, 그 이전의 원인으로 소급되지 않는 어떤 원인이 존재한다는 것을 근본적으로 생각할 수 없다. 그럼에도 나는 종교적으로 사고하는 사람이라면 누구든 가정하듯이, 영원이 신의 속성에 속한다는 사실을 받아들여야 한다고 믿는다. 인간은 늘, 신이 세계를 창조했다면 '도대체 신 자신은 어떻게 생겨났는가?'라고 묻고 싶어 한다. 하지만 이 질문에 대한 답은 영원히 나오지 않을 것이다. 신의 창조라는 개념도 이와 유사하다. 인간은 새로운 질료란 기존의 질료에 변형의 힘을 가함으로써만 생겨난다고 생각할 수밖에 없다. 하지만 신의 창조는 무無에서의 창조다. 이는 나중에 몇몇 사례를 통해 증명할 것이다. 우리의 기성 종교 교리들 중에도 인간 이성을 통해서는 완전히 파악되지 않는 것들이 많이 포함되어 있다. 예수가 신의 아들이라는 기독교의 가르침은 오직 불가해한 무언가로만 이해될 수 있다. 즉, 그 말을 인간적 의미로 사용했을 때는 대략적으로만 접근이 가능하다는 뜻이다. 왜냐하면, 어느 누구도 신이 성 기관을 갖춘 채 예수 그리스도를 낳을 여자와 관계를 맺었을 거라 주장할 수 없을 것이기 때문이다. 이는 이른바 삼위일체나 육체의 부활, 그리고 그 밖의 다른 기독교 교리들에도 마찬가지로 적용된다. 그렇다고 해서 내가 모든 기독교 신앙의 교리들을, 신실한 신학자들이 말하는 의미에서 진실이라 인정하는 것은 결코 아니다. 오히려 나는 반대로 그중 몇 가지는 분명 옳지 않으며, 매우 제한된 의미에서만 참이라고 생각할 만한 확실한 근거들을 가지고 있다. 예를 들어, 육체의 부활이라는 교리는

영혼 윤회의 형태로 상대적이고 임시적으로만(그 과정의 최종
목표가 아닌) 타당할 수 있으며, 이러한 논리는 몇몇 사람들이
빠져 있다고 가정할 수 있는 영원한 저주에도 역시 적용된다.
영원한 저주라는 생각은 — 예컨대 내 생각엔 루트하르트Luthardt
가 자신의 변신론 강연에서, 궤변에 근거하여 받아들일 만한 것으
로 만들려 했음에도 불구하고 — 계속해서 인간의 감정을 오싹하
게 하는 무언가로 남을 것이다. 하지만 영원한 저주의 개념은
진리에 상응하지 않는다. 그것은 사실상 처벌에 대한 모든 (인간적)
개념 — 즉 인간 공동체 내부에서 특정한 목적을 달성하기 위해
사용되는 권력 수단으로서의 처벌 개념 — 이 피안에 대한 관념에
서 제거되어야 하기 때문이다. 이에 관해서는 나중에 가서야 더
자세히 이야기할 수 있을 것이다.[3]

. .

3. 다른 한편, 나는 나 자신의 체험에 근거해 몇 가지 기독교 교리들이 어떻게 신의
기적이라는 맥락에서 가능한가를 더 상세하게 설명할 수 있다. 예컨대, 한 번도 남자와
관계를 갖지 않은 동정녀가 예수 그리스도를 잉태하는 것과 유사한 일이 내 몸에서도
일어났다. (내가 아직 플레히지히의 병원에 있는 동안) 내 몸에는 각각 다른 시기에
두 차례나, 물론 완전한 형태는 아니지만, 여성 생식기가 생겨났으며, 내 몸에서
태아의 첫 생명의 도약을 표현하는 어떤 꿈틀거림을 느꼈다. 남자의 정자에 상응하는
신의 신경이 기적을 통해 내 몸에 내려왔고, 그것에 의해 내가 잉태한 것이다. 나아가
나는 예수 그리스도의 부활이 이루어지는 방식에 대해 상당히 분명한 생각을 얻게
되었다. 플레히지히 병원에 머물던 말기와 이곳 정신병원에서의 초기에 나는 신의
기적에 의해 사람의 형상이 잠시 동안 굳었다가 다시 풀리는 것을, 혹은 사라지는
것을 — 한 번이 아니라 — 수백 번 목격했다. 내게 말을 거는 목소리들은 이 현상
(vision)을 이른바 '일시적으로 급조된 인간들'이라고 지칭했다. 그들 중에는 코스비히
(Coswig)의 피에르존 정신병원에서 만났던 루돌프 J. 박사처럼 이미 오래전에 사망한
사람도 있었다. 거기에는 분명 영혼 윤회를 경험한 사람들도 존재했다. 예컨대, 고등법
원 검사 B, 고등 지방법원 참사회원 N박사와 W박사, 추밀고문관 W, 변호사 W,
그리고 나의 장인 등이 그들이다. 그들은 이른바 꿈속의 삶을 살고 있었다. 말하자면

내가 병을 계기로 해서 어떻게 신과의 특별한 관계 — 이 점을 강조해야 한다 — 즉 세계 질서 자체에 모순되는 관계에 들어서게 되었는지 서술하기 전에, 우선적으로 신과 인간 영혼의 본성에 관한 몇 가지 논점들을 언급해야 한다. 이것들은 여기서 우선 잠정적 공리로서 증명을 필요로 하지 않는 교의로 제기될 수 있으며, 그에 대한 증명은 그것이 가능하다면 나중에 시도할 것이다.

• •

그들은 뭔가 이성적인 대화를 나눌 수 있을 듯한 인상을 주지 않았다. 그 때문에 당시에는 나도 그들과 어떤 이야기도 나눌 마음이 들지 않았다. 내가 실제의 인간이 아니라 사람과 비슷하게 만든 인형을 보고 있다고 믿었기 때문이다. 이런 체험을 통해 나는 보통의 인간으로서 분명히 죽음을 맞이했던 예수 그리스도 또한 신의 기적을 통해 짧은 기간 동안 새로이 '일시적으로 급조된 인간'으로 '고정되었'던 것이라고 생각하게 되었다. 이는 예수 그리스도 추종자들의 믿음을 강화하고, 사람들 사이에서 불사의 관념을 안정적으로 확립하기 위해서였다. 그 후 예수는 '일시적으로 급조된 인간들'이 그러하듯 다시 자연적으로 해소되었다. 그러고 나서 예수의 신경이 나중에 언급하게 될 하늘의 축복계에 들어갔으리라는 사실도 배제될 수는 없다. 하지만 나는 예수의 승천이라는 교의는 한낱 우화와 다를 바 없다고 여긴다. 이는 예수의 제자들이, 죽은 뒤에도 여러 번 그들에게 생생한 모습으로 나타났던 인간(즉, 예수—옮긴이)이 사라져 버린 일을 설명하기 위해 고안해 낸 것이다.

1장

신과 불사不死

인간의 영혼은 육체의 신경 안에 있다. 신경의 물리적 본성에 대해 문외한인 나는 그것이 매우 섬세한 구조물 — 가장 섬세한 섬유질의 실 — 에 비견될 수 있다는 점, 그리고 인간의 정신적 삶 전체가 외부 인상들에 의해 야기되는 신경의 흥분에 의존한다는 것만을 말할 수 있다. 신경은 외부 자극에 의해 떨리기 시작하고, 더 자세히 설명하기 힘든 어떤 방식을 통해 쾌와 불쾌의 감정을 촉발한다. 신경은 수용된 인상의 기억을 보존하는 능력뿐 아니라(인간의 기억), 신경의 의지력을 자극해 신체 근육 — 그 안에 신경이 있다 — 이 임의적으로 활동하게 하는 능력도 가지고 있다. 신경은 매우 연약한 초창기(태아와 아이의 영혼)에 어떤 다층적인 영역, 즉 인간 지식의 가장 넓은 영역들을 포괄하는 체계(성숙한 사람의 영혼)로 발전해간다. 신경들 중에는 감각적 인상들만 수용하는 신경(시각, 청각, 촉각, 쾌락신경)들이 있는데, 이것들은 빛, 소리, 열기, 냉기, 배고픔, 그리고 쾌락과 고통의 느낌만을 지각한다. 다른 신경들(지성신경들)은 정신적 인상들을 수용하고 보존할 뿐 아니라 의지意志의 기관이기도 한데, 인간이라는 유기체가 외부 세계에 작용하는 힘으로 자신을 드러내고자 하는 충동을 부여하기도 한다. 이들의 관계는 다음과 같다. 모든 단일한 지성신경은 그 인간의 정신적 개별성 전체를 표현한다고 말이다. 기억의 총체가 단일한 지성신경 각각에 — 말하자면 — 등록되어 있는 것이다.[4] 지성신경의 많고 적음은 단지 기억이 보존되는 기간에만 영향을 미친다. 살아 있는 동안 인간의 육체와 영혼은 동시에 존재한다. 다시 말해 신경(한 인간의 영혼)은 육체에 의해 양분을 공급받아 살아 움직이며, 그 육체의 기능은 고등 동물의 기능과 본질적으로 동일하다. 육체가 그 생명력을 상실하면 신경은 우리가 죽음이라고 부르는, 그리고 우리의 수면 상태에 이미 예시되어 있는 그런 탈의식 상태에 돌입한다. 그렇다고 죽음과 더불어 영혼이 소멸하는 것은 아니다. 살아 있는 동안 수용된 인상들은 신경에 남고 영혼은 다른 하등동물들처럼 이른바 겨울잠을 자는데, 이 영혼은

· ·

4. 이 가설이 옳다면 이른바 유전과 돌연변이의 문제, 다시 말해 자식들이 어떤 점에서는 부모나 그 조상들과 닮고 어떤 점에서는 서로 구별되는 문제가 해결될 수 있다. 남자의 정자는 아버지의 신경을 포함하고, 그것은 어머니의 육체로부터 나온 신경과 결합해 하나의 새로운 통일체를 이룬다. 이후에 아이로 자랄 이 새로운 통일체는 아버지와 어머니를, 또는 상황에 따라 아버지나 어머니 어느 한쪽을 더 많이 닮은 채로 새로운 형상을 갖게 된다. 한편, 살아가는 동안 자기 나름대로 새로운 인상들을 수용하여 새롭게 획득된 자신의 특성을 재차 후손에게로 물려주는 것이다.
한 인간의 정신적 통일성을 표현하는 특수한 '결정 신경(Bestimmungsnerven)'이 존재한다는 생각은 내가 이해하기로는 뒤프렐(Duprel)의 같은 제목의 저서의 기초를 이루는 것으로, 앞서의 논의에 의하면 근거 없는 것으로 밝혀질 것이다.

나중에 자세히 설명할 방법을 통해 새로운 삶으로 깨어날 수 있다.

신은 처음부터 신경일 뿐이며, 육체가 아니다. 따라서 신은 어떤 면에서는 인간의 영혼과 유사하다. 그러나 인간 육체 내의 신경이 제한된 수로만 존재하는 것과는 달리 신의 신경은 무한하거나 영원하다. 신의 신경은 인간의 신경과 같은 속성들을 지니고 있지만 그 잠재성에서는 인간의 개념을 초월한다. 예를 들어 신의 신경은 창조된 세계의 어떤 사물로든 모습을 바꿀 수 있는 능력을 가지고 있다. 이러한 능력으로 그 신경들은 광선Strahlen이라고 불리며, 바로 여기에 신의 창조의 본질이 있다. 신과 천체는 긴밀하게 연결되어 있다. 나는 신과 별들의 세계가 하나이며 동일한 것인지, 혹은 신의 신경 전체가 행성들의 표면이나 그 이면에 존재하는지 확증할 수 없다. 따라서 별 자체를, 특히 우리의 태양을, 신의 경이적인 창조력이 우리의 지구로 향할 때 거쳐 가는 간이역으로만 간주해도 되는지 감히 단언할 수 없다. 또한 나는 우주에 존재하는 천체들(항성, 행성 등)도 신에 의해 창조된 것인지, 아니면 신의 창조는 유기체의 세계에만 한정되어 있는지에 대해서도 단언할 수 없다.[5] 그에 따라, 살아 있는 신의 존재에 대한 나의 절대적 확신과 더불어 칸트–라플라스에 의해 제기된 성운설 Nebularhypothese을 수용할 여지가 있다. 아마도 충분한 진리는 (4차원

· ·

5. 이 모든 사실에 대해 우리의 시인들은 다음과 같은 어떤 예감을 가지고 있다. "별들의 궁륭 저 위에 선한 아버지가 있음에 틀림없다."

적 방식에 따라) 인간에게는 파악 불가능한 이 두 생각의 상호교차 위에 놓여 있을 것이다. 어쨌든 지구의 모든 유기체적 생명의 근원인 빛과 온기를 제공하는 태양의 힘은, 살아 있는 신의 간접적 현현으로 간주될 수밖에 없다. 이미 오래전부터 꽤 많은 민족이 태양을 신으로 숭배했다는 사실은 매우 중요한 진리의 핵심을 포함한다. 비록 그것이 진리 전체를 포괄하지는 않더라도 말이다.

천구天球들의 물리적 속성, 거리 그리고 그들의 운동에 관해 천문학이 알려주는 사실은 전반적으로 옳다. 다만 나의 내적 체험들에 근거해 의심할 바 없는 것은, 천문학이 빛과 온기를 제공하는 별들에 대해, 예컨대 태양의 힘에 대한 진리를 아직 완전히 파악하지 못했다는 것이다. 그뿐만 아니라 우리는 태양을, 지구를 향해 — 직접적 또는 간접적으로 — 작용하는 신의 경이적인 창조력의 한 부분이라고 간주해야 한다. 나는 이러한 주장의 증거로 일단 다음의 사실만을 언급하고자 한다. 즉, 이미 몇 년 전부터 태양이 인간의 언어로 내게 말을 걸고 있으며, 그것을 통해 스스로를 살아 있는 존재로, 혹은 자신의 배후에 있는 더 높은 어떤 존재의 (하위 — 옮긴이) 기관器官으로 드러내고 있다는 사실이다. 신은 날씨도 주재한다. 통상 그것은 자동적으로 이루어진다. 말하자면, 태양에서 오는 열기의 많고 적음에 의해서이다. 하지만 신은 자신의 목적에 따라 특정한 방식으로 그것을 주재하기도 한다. 예컨대, 나는 1870~1871년의 냉혹했던 겨울 날씨가 전쟁을 독일에게 유리한 쪽으로 이끌기 위한 목적으로 신에 의해 의도된 것이었다는, 상당히 확실한 암시를 받은 바 있다. 또한 1588년 펠리페 2세의 스페인 함대를 물리치고 나서 자랑스럽게 했던 "신이 바람을 일으켜서 그들이 사라졌다Deus afflavit et dissipati sunt"란 말은 사실상 아주 개연성 높은 역사적 진리를 함축하고 있다. 이런 점에서 나는 태양이 신의 의지력을 드러내기 위한, 지구 가장 가까운 곳에 마련된 수단에 다름 아니라고 본다. 실제로 날씨의 상태는 또한 그 밖의 모든 별에서도 영향을 받는다. 특히 바람이나 태풍은 신이 지구로부터 멀리 후퇴함으로써 일어난다. 그런데 미리 언급해 두자면, 세계 질서에 어긋나는 현재의 상황이 발생한 뒤로 날씨는 일정 정도 나의 행위와 생각에 의존하게 되었다. 예컨대 내가 생각하기를 멈추자마자 — 결국 같은 말이지만 — 정원에서 체스를 두는 것과 같이 인간 정신의 존재를 증명하는 행동을 멈추자마자 즉시 바람이 분다. 기상천외하게 들리는 이 말을 의심할 사람에게 이 주장이 옳다는 것을 확신할 기회를 거의 매일 제공할 수 있다. 최근 내가 여러 사람(추밀고문관, 내 아내, 여동생 등)에게 이른바 고함Brüllen에 대해 확신시켜 주었듯이 말이다. 그런 일이 일어나는 이유는, 내가 아무것도 사유하지 않는 상태 Nichtsdenken에 빠지자마자 신이 나를 천치로 여겨 나에게서 벗어날 수 있다고 믿었기 때문이다.

신은 태양과 그 밖의 별들이 방사하는 빛을 수단 삼아, 지구(그리고 생명이 존재하는 그 밖의 행성들)에서 일어나는 모든 일을 지각할 수 있는 능력을 가지고 있다. 즉 인간적 견지에서 말하자면, 볼 수 있는 능력을 지닌 것이다. 이러한 점에서 우리는 태양과 별의 빛을 비유적으로 신의 눈이라고 말할 수도 있다. 신은 자기 창조력의 결과물을 보는 것을 즐거워하는데, 이는 인간이 자신의 손으로 행한 노동이나 자신의 정신이 만들어 낸 것에 즐거워하는 것과 마찬가지다. 신은 아래에서 언급할 위기가 닥쳐오기 전까지는 자신이 창조한 세계와 그 세계에 살고 있는 유기적 존재들(식물, 동물, 인간)을 스스로 살아가게 하면서, 그들이 생식과 번식 등을 할 수 있게 태양의 온기가 지속되도록 배려했다. 신이 개별 인간이나 민족의 운명에 직접 개입하는 일은 통상적으로는 일어나지 않았던 것이다. 나는 이런 것이 세계 질서에 걸맞은 상황이라고 본다. 물론 예외적으로 그런 일이 일어날 수는 있지만 자주 일어나지는 않고, 또 자주 일어나서도 안 된다. 그러려면 신이 살아 있는 인류에게 가까이 다가가야 하는데, 이는 다음에 언급할 이유들로 인해 신 자신에게도 어떤 위험을 끼치기 때문이다. 어떤 경우에는 특별히 절실하게 이루어지는 기도가 신으로 하여금 기적을 통해 누군가를 도와주거나,[6] 한 민족의 운명을(예를 들어 전쟁 등에서) 특정 방향으로 이끌게 할 계기를 줄 수도 있었다. 신은 또한 재능이 뛰어난 몇몇 사람들(시인 등)과 관계를 맺고[내게 말을 거는 목소리들은 이를 "신경 첨부를 받는다Nervenanhang bei demselben nehmen"고 표현했다] 그들에게 어떤 창조적 생각과 피안에 관한 표상들(예를 들어 꿈속에서)을 베풀 수도 있었다. 하지만 이미 말했듯 이런 방식의 신경 첨부는 원래 일어나서는

· ·

6. 예를 들어 나는 신이 순수한 광선을 보내 인간 육체의 병원균을 없애는 것을 내 육체를 통해 수도 없이 경험했고, 또 지금도 매일 새롭게 경험하고 있다.

안 되는 것이었다. 왜냐하면 더 자세히 설명하기 힘든 어떤 이유로 인해, 살아 있는 인간들의 신경은, 특히 그 신경이 극도로 자극되어 있는 상태에서는 신의 신경에 대해 매우 큰 흡인력Anziehungskraft을 갖기 때문이다. 그리하여 신이 그 인간들의 신경에서 다시 떨어져 나갈 수 없다면 신의 존재 자체가 위협받게 된다.[7]

세계 질서에 따르면 신과 인간 영혼 사이의 정기적인 교류는 오직 죽음 이후에만 일어난다. 신은 시체에는 아무런 위험 없이 접근할 수 있다. 자기의식은 시체 안에서 사라지는 것이 아니라 잠들어 있고, 신은 광선의 힘으로 죽은 이들의 육체에서 신경을 뽑아내 자기 자신에게 끌어온다. 그들을 깨워 새로운 천상의 삶을 부여하기 위해서이다. 그러면 광선의 영향력으로 인해 자기의식이 되돌아온다. 피안에서의 새로운 삶은 축복이다. 인간 영혼은 그것을 향해 고양될 수 있다. 물론 그러기 위해서는 미리 정화와 검사 과정을 거쳐야 한다. 이 정화 과정에는 영혼의 다양한 상태에 따라 짧거나 긴 시간이 소요되며, 경우에 따라서는 준비를 위한

• •

7. (1902년 11월 추가) 그렇게 멀리 떨어져서도 작용하며, 개별 육체들에서, 혹은 내 경우에서처럼 단 하나의 육체에서 발생하는 그런 흡인력은, 우리가 이미 알려진 종류의 자연의 힘에 따라 기계적으로만 작용하는 작용자만 생각한다면, 그 자체로 볼 때 터무니없는 것처럼 느껴질 것이다. 그럼에도 이러한 흡인력의 영향은 나에겐 의심할 수 없는 사실이다. 다음의 사실을 생각해 본다면 이 현상을 어느 정도 파악하고 인간 이성에 좀 더 접근시킬 수 있을 것이다. 즉 광선은 살아 있는 존재들이며, 따라서 그 흡인력은 순전히 기계적으로 작용하는 힘이 아니라 어떤 심리적인 충동과 유사한 것이라고 말이다. 광선들에게 흡인력을 갖는 것은 또한 그들의 흥미를 끄는 것이기도 하다. 괴테가 「어부」라는 시에서 다음과 같이 노래할 때—"반쯤은 그녀가 어부를 끌어당겼고, 반쯤은 어부가 그리 빠져들었다"—의 상황도 이와 유사한 것 같다.

특정한 중간 단계를 필요로 한다. 신에게 요구되는 것 — 혹은 이러한 표현을 선호한다면, 하늘에서 필요로 하는 것 — 은 순수한 인간 신경들뿐이었다. 왜냐하면 신에 합체되고, 결국엔 '하늘의 앞마당Vorhöfe des Himmels'[8]으로서 스스로 신의 한 구성요소가 되는 것이 그 신경들의 운명이기 때문이다. 윤리적으로 타락한 인간들의 신경은 검게 변하고, 윤리적으로 순수한 인간들의 신경은 흰색이다. 살아 있는 동안 윤리적으로 높은 경지에 이를수록 신경은 더 완전한 백색, 혹은 본원적으로 신의 신경에 고유한 순수성에까지 다가간다. 윤리적으로 크게 타락한 인간들의 신경 대부분은 아마도 거의 쓸모가 없을 것이다. 이러한 방식으로, 한 인간이 도달할 수 있는 축복의 여러 단계뿐 아니라, 피안에서의 삶 동안 자기의식이 존속하는 기간도 결정된다. 모든 신경이 이러한 사전 정화 과정을 거치는 이유는, 과거의 삶에서 행한 비윤리적 행위를 통해 단 한 번이라도 신경에 때가 묻지 않은, 죄로부터 완전히 자유로운 인간을 찾는 것이 매우 어려운 일이기 때문이다. 이 정화 과정에 대해 상세히 설명하는 것은 내게도 불가능하다. 하지만 나는 그에 대해 다양하고 중요한 암시들을 받았다. 그에 따르면

· ·

8. '하늘의 앞마당'이라는 표현은 이 책에 따옴표로 표시된 다른 모든 표현들과 마찬가지로(예를 들어 '일시적으로 급조된 인간들', '꿈속에서의 삶' 등) 내가 고안해 낸 것이 아니라, 내게 말을 거는 목소리들이 사용했던 명칭을 그대로 옮긴 것이다. 이것들은 결코 나 스스로는 만들어 낼 수 없는 표현이며, 그 누구에게서도 들어본 적이 없는 말들이다. 부분적으로는 학문적, 특히 의학적 성격을 지니고 있는 이 표현들이, 그와 관련된 인문과학 분야에서 실제로 사용되는 표현들인지는 모르겠다. 나중에 몇몇 중요한 경우에 이 독특한 정황에 대해 다시 한번 이야기할 것이다.

영혼의 정화 과정은 영혼에게 불쾌한 감정을 일으키는 과업[9]을 수행하거나, 불편함을 주는 지하세계에 체류하는 것과 관련되어 있었다. 이는 그 영혼들을 서서히 정화하기 위해 필요했던 일이다.

여기에 처벌이라는 표현을 적용하는 것은 어떤 의미에서는 타당할 수 있다. 하지만 이 정화는 고통을 주는 데 그 목적이 있는 것이 아니라 (영혼의) 정화를 위해 반드시 필요한 전제조건을 만들어내는 데 있다는 점에서 인간의 '처벌' 개념과는 구별된다. 대부분의 종교에서 통용되는 지옥이나 연옥 등의 관념이 이런 방식으로 설명될 수는 있겠지만, 그것은 또한 **부분적으로는 수정되어야 한다.** 정화되어야 할 영혼은 이 정화 과정 중에, 신이 사용하는 언어, 이른바 '근본언어Grundsprache'를 배우게 된다. 이는 조금 낡기는 했지만 여전히 힘이 있는 독일어로, 매우 풍부한 완곡어법을 그 특징으로 삼는다[예를 들어, 보상이라는 단어는 그 정반대의 의미인 처벌을 의미하는 단어로 쓰이며, 독毒은 음식을, 즙은 독을, 불경함은 신성함을 의미하는 단어로 쓰인다. 신 자신은 '(현재―옮긴이) 존재하며 (앞으로―옮긴이) 존재할 자 — 이는 영원함을 달리 말한 것이다 ― 를 고려하여'라고 지칭되었고, '전하께 충성스런 종Ew. Majestät treugehorsamer'이라고 불렸다]. 정화 과정은 '검증'이라고 지칭되었다. 아직 정화 과정을 거치지 않은 영혼들은 우리가 예상하듯 '검증되지 않은 영혼들'이 아니라, 이 완곡어법

··
9. 예컨대 플레히지히의 영혼과 관련해, 언젠가 플레히지히의 영혼이 '수송 노동'을 수행해야 한다는 이야기를 들은 적이 있다.

Euphemismus의 경향에 의해 거꾸로 '검증된 영혼들'이라 불렸다. 아직 정화 과정 중에 있는 영혼들은 그 단계에 따라 '사탄', '악마', '보조 악마', '고등 악마', 그리고 '대지의 악마Grundteufel'라고 불렸다. 이 마지막 표현은 아마도 지하세계 체류와 관계 있는 듯하다. 이 악마 등의 존재가 '일시적으로 급조된 인간들'로 정립되면 독특한 (홍당무 같은) 색깔을 띠고 역겨움을 유발하는 특이한 냄새를 피우는데, 나는 이를 코스비히에 있는 (내게 '악마의 부엌'이라고 불렸던) 피에르존 정신병원에 머무는 동안 수없이 체험했다. 예를 들어 나는 오스트 해안의 바르네뮌데Barnemünde에서 알게 된 W씨와 O씨가 독특한 붉은색 얼굴과 손을 가진 악마가 된 것을, 그리고 추밀고문관 W가 고등악마가 된 것을 보았다.

나는 유다 이스가리옷이 예수 그리스도에 대한 배신으로 대지의 악마가 되었다는 이야기를 들었다. 그렇다고 기독교적 관념에 따라 이 악마들이 신에 적대적인 세력이라고 생각해서는 안 된다. 오히려 이들은 대부분이 신을 매우 두려워했으며, 정화 조치에 충실히 따르고 있었다. 당연한 말이지만, 신이 이른바 '근본언어'의 형태로 독일어를 사용한다는 위의 말을, '축복 상태Seligkeit'가 독일인들만을 위해 마련되어 있다는 것으로 이해해서는 안 된다. 그래도 독일인들은 근대(아마도 종교개혁 이후부터, 어쩌면 이미 게르만족 이동 후부터)에 신에게 선택받은 민족이었고, 신은 그 민족의 언어를 선호했다. 이러한 의미에서 신에게 선택받은 민족은 각 시대에 도덕적으로 가장 뛰어난 민족으로서, 역사적 순서에 따른다면 고대 유대인, 고대 페르시아인(이들은 특히 월등한데,

이에 대해 상세한 사항은 나중에 언급한다), 그레코로만인[아마도 고대 그리스 로마 시대의 (사람들— 옮긴이), 그리고 십자군 시대의 프랑크족], 그리고 마지막으로 독일인이었다. 신은 신경 첨부를 통해 모든 민족의 언어를 곧바로 이해할 수 있었다.[10]

영혼 윤회는 또한 순수하지 못한 인간 영혼을 정화하기 위한 목적에도 기여했던 것 같다. 여러 체험을 통해, 나는 영혼 윤회가 광범위하게 일어나고 있다는 가정의 근거를 찾았다. 윤회한 인간 영혼들은 다른 천체에서 새로운 인간의 삶을 부여받는다. 아마도 이전의 삶에 대한 희미한 기억을 지닌 채로 말이다. 추측건대 이는 모든 인간의 출생과 똑같은 방식인 것 같다. 나는 영혼 윤회가 정화를 위한 목적만 가지고 있는지, 아니면 또 다른 목적(다른 행성에 인간을 살게 하려는?)도 가지고 있는지에 대해서까지 어떤 주장을 내세우지는 않겠다. 내게 말을 거는 목소리들에게서 전해 듣거나 그와 다른 방식으로 내게 알려진 바에 의하면, 어떤 영혼들은 윤회 후의 삶에서 이전의 삶보다 더 낮은 단계의 생명을 부여받기도 한다. 아마도 어떤 처벌로서 말이다.

특히 주목할 만한 경우는 폰 베W W씨의 영혼이다. 그의 영혼은 일정 기간 동안, 현재 플레히지히의 영혼이 그러한 것처럼, 신과 나의 관계, 그리고 내 개인적 운명에 매우 큰 영향을 미쳤다.[11]

• •

10. 이와 유사한 방식으로 나와 신경 첨부 관계에 있는 영혼들은, 그들이 내 생각에 참여해 있다는 바로 그 사실 때문에 내가 이해하고 있는 모든 언어를 이해한다. 예를 들어, 내가 그리스어 책을 읽으면 그들도 그리스어를 이해한다.

11. 주석 3에서 이미 언급했듯이, 내가 여기서 아직 살아 있는 사람의 이름을 언급하면서 동시에 그들이 겪은 영혼 윤회에 대해 말하는 것이 당연히 첫눈에는 완전한 모순처럼

폰 베는 내가 피에르존 정신병원('악마의 부엌')에 머물 당시 선임 간병인 직을 맡고 있었는데, 당시의 내가 생각한바— 지금도 나는 이 생각을 부정하지 못한다— 그는 실제 인간이 아니라 단지 '일시적으로 급조된', 다시 말해 신의 기적을 통해 잠정적으로 인간의 형태로 정립된 영혼이었다. 그는 그 이전에 영혼 윤회 과정을 통해 다른 천체에서 보험 요원 막스로 두 번째 삶을 살았다고 한다.

정화 과정을 거쳐 완전히 정화된 영혼들은 하늘로 올라가 축복 상태에 도달했다. 축복 상태는 끊임없는 향유로 이루어져 있고, 신의 직관과 연결되어 있다. 영원히 아무 일도 하지 않는다는 것은 인간에게는 견디기 힘든데, 이는 격언이 말해주듯, 인간이 일단 노동에 익숙해지면 노동을 통해서만 삶의 달콤함을 느끼기 때문이다. 하지만 영혼은 인간과 다르며, 영혼이 느끼는 감정에 인간의 척도를 적용하는 것은 적절치 못하다는 걸 잊어서는 안 된다.[12] 지속되는 향유에 자신을 내맡기면서 동시에 인간으로서

＊＊
보일 것이다. 사실 여기엔 나 자신도 완전히 해명할 수 없는 어떤 수수께끼가, 인간의 개념만으로는 결코 풀리지 않을 수수께끼가 놓여 있다. 그럼에도 많은 경우들에서, 구체적으로는 폰 베와 플레히지히의 영혼과 관련해서 이것은 내게 전혀 의심할 바 없는 사실이다. 그건 내가 이 영혼들이 내 육체에 미치는 직접적인 영향을 몇 년 동안이나 계속 느껴왔기 때문이다. 특히 플레히지히의 영혼, 추측건대 플레히지히 영혼 부분의 영향은 지금도 매일 매시간 느끼고 있다. 이에 관한 상세한 설명은 이후 이른바 인간 놀음에 대해 이야기할 때 다시 언급할 것이다. 일단 여기서는 잠정적으로 영혼 분화의 가능성을 지적하는 것으로 충분할 것이다. 이 영혼 분화의 가능성은 아직 살아 있는(위에서 말했듯 비록 짧은 기간이지만, 그래도 완전한 자아정체성 의식을 보존하고 있는) 인간의 지성신경이 육체 외부에서도 어떤 역할을 수행한다는 사실을 생각할 수 있게 한다.

자신의 과거를 회상하는 것은 영혼에게는 최고의 행복이다. 영혼은 서로 교류하면서 기억을 교환할 수 있으며, 광선이 그 의도에 맞게 차용된다면 신의 광선을 매개로 자신이 관심을 갖는 지구상의 인간들, 예컨대 가족이나 친구들의 상태도 알 수 있다. 그리고, 추측건대 그 인간들이 죽으면 축복 상태에 이를 수 있도록 그들을 (하늘로─옮긴이) 끌어올릴 수도 있을 것이다. 하지만 지구에 살고 있는 가족들이 불행한 처지에 있는 걸 안다고 해서 영혼의 행복이 흐려지리라는 건 잘못된 생각이다. 왜냐하면 영혼은 과거 인간 시절의 기억은 갖고 있을 수 있지만, 영혼으로서 자신이 느끼는 새로운 인상들은 그만큼 오래 보존하지 못하기 때문이다. 이러한 자연스런 망각을 통해, 영혼에게 달갑지 않은 새로운 인상들은 곧바로 사라져 버린다. 이 축복 상태에는 신경이 인간적 삶에서 획득한 내구력에 따라, 그리고 하늘로 올라갈 만하다고 판단된 그들 신경의 수에 따라 분류된 몇 가지의 등급이 존재했을 것이다.

남자의 축복 상태는 여자의 축복 상태보다 더 높은 지위를 차지했다. 여자의 축복 상태는 끊임없는 쾌락 상태에 있는 것

· ·

12. 예컨대, 리하르트 바그너는 마치 이에 대해 예감이라도 했다는 듯, 탄호이저로 하여금 사랑의 황홀경에 빠진 채로 다음과 같이 말하게 한다. "알라신이여, 필멸(必滅)의 존재인 제게 당신의 사랑은 너무나 거대합니다. 신은 영원히 향유할 수 있지만, 저는 변화에 묶여 있는 존재입니다." 우리의 시인들에게서 여러 번 이런 예지적 관점이 발견된다는 사실을 확인할 수 있다. 이는 신경 첨부의 방식(예를 들어 꿈속에서)으로 그들에게 신적인 영감이 주어졌다는 나의 가정을 더욱 굳건하게 만든다.

같다. 나아가 괴테, 비스마르크 등의 영혼은 자기의식(정체성 의식)을 수 세기 동안 보존하겠지만, 어려서 죽은 아이들의 영혼은 그들이 살았던 시기에 해당하는 동안만 자기의식을 유지하게 되는 듯하다. 인간 영혼에게는 자기가 이런저런 인간이었다는 의식이 영원히 유지되지는 않았다. 오히려 언젠가는 다른 영혼들과 결합하고, 더 고등한 실체에 통합되어 스스로가 신의 한 부분('하늘의 앞마당')임을 자각하는 것이 모든 영혼의 운명인 것이다. 따라서 이는 영혼의 몰락이 아니다. 영혼이 영원성을 부여받는 한에서 다른 의식을 갖고 계속 살아간다는 것을 의미했다. 오직 좁은 식견을 가진 사람만이 이것을 기독교적 개인 불사 관념과 비교해 불완전한 축복 상태라고 간주할 것이다. 그들의 자식은 물론 그 자식의 자식들까지도 이미 오래전에 영원한 안식에 접어들었고, 다른 세대도 이미 무덤으로 향했으며, 경우에 따라서는 한때 그들이 속했던 나라도 살아 있는 민족Volk의 목록에서 사라져 버린 상황에서, 영혼이 무엇을 위해 한때 사람들 사이에서 지니고 있던 자신의 이름과 당시의 개인적 관계들을 기억하려 하겠는가. 플레히지히의 정신병원에 머물던 시기에 광선들을 알게 되었는데 — 그들은 더 상위의 실체로 고양된 축복받은 인간 영혼의 복합체로, 고대 유대인('여호와 광선'), 고대 페르시아인('조로아스터 광선'), 그리고 고대 게르만인('토르와 오딘 광선')이라고 지칭되었다 — 그중에서 수천 년 전 자신이 이 민족 중 어디에 어떤 이름으로 속해 있었는지를 아는 영혼은 하나도 없었다.[13]

신은 '하늘의 앞마당' 위에 떠 있었고, 신에게는 '전방의 신의 왕국' 그리고 그 반대편에 있는 '후방의 신의 왕국'이라는 호칭도 붙어 있었다. 후방의 신의 왕국은 특이한 두 부분으로 나뉘어 있었는데(그리고 지금도 나뉘어 있는데), 그에 따라 낮은 단계의 신(아리만)과 높은 단계의 신(오르무즈트)이 구분되었다. 이러한 구분의 자세한 의미에 대해 나는 이 이상 말할 능력을 갖고 있지 않다.[14] 내가 말할 수 있는 것은 단지, 낮은 단계의 신(아리만)은 원래의 유색 인종(셈족)에게, 높은 단계의 신(오르무즈트)은 원래의 금발 인종(아리안족)에게 더 친근감을 느끼는 듯하다는 사실뿐이다. 여러 민족의 종교적 관념 속에서 이러한 구분에 대한 암시가 발견된다는 사실은 의미심장하다. 게르만족의 발데르Balder, 슬라브족의 빌레보크Bielebog, 백색의 신 혹은 스반테비트Swantewit, 그리스인들의 포세이돈과 로마인들의 넵튠은 오르무즈트와 동일하고, 게르만족의 보단Wodan[오딘Odin], 슬라브 민족의 체르네보크Czernebog, 흑색의 신, 그리스인들의 제우스, 로마인들의 주피터는 아리만과 동일하다. 낮은 단계의 신과 높은 단계의 신이 아리만과 오르무즈트라는 이름으로 처음 불린 것은 (이 정신병원에 체류한 지 일주일이 지날 무렵인) 1894년 7월이었고, 내게 말을 거는

· ·

13. '하늘의 앞마당'과 관련된 이러한 설명은, 동시에 세계 질서의 근거가 되는 사물들의 영원 회귀를 암시한다. 신이 무언가를 창조한다는 것은 어떤 의미에서는 자기 자신의 일부 또는 자기 신경의 한 부분을 변화된 형태로 외화시킨다는 것이다. 이렇게 함으로써 신에게 생겨난 손실은 수백 년 또는 수천 년이 지난 뒤, 죽어서 축복 상태에 이른 인간 신경들이 '하늘의 앞마당'으로 신에 회귀함으로써 보상된다. 다른 피조물들은 이들이 지상에서 살아 있는 동안 이들의 육체적 생명을 유지하는 데 기여한다.

14. 이후 '탈남성화(Entmannung)'와 관련해 언급할 것을 제외하면 그렇다.

목소리들에 의해서였다. 그 후로 나는 이 이름을 매일같이 들어왔다.[15] 이는 내가 (1894년 3월 중순경부터) 관계 맺고 있었던 전방의 신의 왕국이 고갈되는 시점과 일치했다.

신의 본성과 죽음 이후 지속된 인간 영혼에 관한 앞서의 묘사는 많은 점에서, 이 문제에 대한 기독교의 관념들과 크게 다르지 않다. 하지만 이 둘을 비교해 본다면 전자가 더 낫다는 사실이 눈에 띌 것이다. 신이 살아 있는 모든 개별 인간의 내부를 계속해서 들여다보고 그의 신경의 모든 감정적 반응을 지각한다는 의미에서, 즉 주어진 순간마다 "마음속, 뱃속을 헤쳐본다"(「시편」 7장 10절—옮긴이)는 의미에서의 신적 전지全知함과 편재성이란 존재하지 않는다. 게다가 그런 게 필요하지도 않았는데, 왜냐하면 어차피 죽은 뒤의 인간 신경은 그가 살아 있을 때 수용했던 모든 인상과 함께 신의 눈앞에 완전히 드러나기 때문이다. 그리고 그에 따라 그들이 천상의 왕국에 받아들여질 만한지 아닌지에 대한 판결이 정의에 입각하여 실수 없이 이루어질 수 있었다. 또한 그럴 만한 필요성이 있다고 여겨질 때, 신이 신경 첨부를 통해 곧바로 한 인간의 내면을 들여다보는 것은 항상 가능했다. 다른 한편, 내가

15. 높은 단계와 낮은 단계의 신을 지칭하는 데 페르시아 신의 이름이 사용된다는 사실에서 나는 다음과 같은 가정을 하게 되었다. 고대 페르시아인들은 (물론 훗날 타락하기 전까지는) 아주 특별한 의미에서 '신에게 선택된 민족', 달리 말해 윤리적으로 특히 탁월한 민족이었음이 틀림없다는 사실이다. 이 가정은 당시 내가 '조로아스터 광선'에게서 보통을 넘는 완전한 힘을 지각했다는 사실을 통해서도 뒷받침된다. 아리만이라는 이름은 그 외에도 등장하는데, 예컨대 바이런 경의 『만프레드』에서는 영혼 살해와 관련해 등장한다.

그런 이 그림에는 기독교 관념들과 다른 종교의 관념들을 여전히 상당한 정도로 특징짓는 냉혹함 또는 맹목적 잔혹성이 없다. 그에 따라 세계 질서 전체는 하나의 '경이로운 구조'[16]로 등장한다. 내 판단에 따르면, 그것의 숭고함은 다른 인간과 민족이 그들의 역사 속에서 신과의 관계에 대해 형성해 온 모든 관념을 능가한다.

• •

16. 이 또한 내가 만들어낸 표현이 아니다. 나는—아래에서 언급할 사고언어 또는 신경언어를 통해—경이로운 조직에 관해 이야기한 적이 있는데, 그에 이어 외부로부 터 내게 '경이로운 구조'라는 표현이 주입된 것이다.

2장

신의 왕국의 위기? 영혼 살해

 그런데, 이 경이로운 구조에 얼마 전부터 내 개인적 운명과 밀접히 연관된 어떤 균열이 생겨났다. 그 깊은 연관성을 인간의 지성으로 완전히 파악할 수 있도록 이야기하는 것은 내게도 불가능하다. 개인적 체험에 의거해 저 불가해한 경과의 베일을 부분적으로 들춰볼 수는 있지만, 나 역시 그 나머지는 예감과 추측에 의존할 뿐이다. 일단 나는 이러한 균열이 발생한 첫 번째 출발점이, 추측건대 18세기까지 거슬러 올라가며, 거기에는 한편으로는 플레히지히와 슈레버라는 이름(아마도 그 가문의 특정한 개인에 제한되지 않을 것이다)이, 그리고 다른 한편으로는 **영혼 살해**라는 개념이 중심 역할을 수행하고 있음을 언급하려 한다.

 먼저 영혼 살해에 대해 이야기해 보자. 특정한 방법을 통해 다른 사람의 영혼을 점령해 그 영혼을 대가로 자신의 삶을 연장하거나 죽음을 초월하는 뭔가의 이득을 얻는 것이 가능하다는 생각은 많은 민족의 설화와 시에 널리 퍼져 있다. 예를 들어 괴테의

『파우스트』, 바이런 경의 『만프레드』, 베버의 〈마탄의 사수〉 등만 생각해 봐도 알 수 있다. 하지만 (이러한 이야기들에서-옮긴이) 일반적으로 주요한 역할은 악마에게 부여된다. 악마는 피 한 방울을 대가로 어떤 세속적 이득을 준다고 인간을 유혹하여 그의 영혼을 자신에게 팔도록 한다. 그러나 악마에게는 하나의 영혼을 괴롭히는 것 자체가 목적이라고, 그것이 그에게 특별한 기쁨을 가져다준다고 가정하지 않는다면, 악마가 그렇게 해서 손에 넣은 영혼으로 무엇을 할 수 있을지 파악하는 것은 어려운 일이다.

위에서 말한 의미에서 신에게 적대적인 세력으로서의 악마란 존재하지 않는다는 사실만으로도 우리는 이러한 생각을 우화의 세계에 속하는 것으로 치부할 수 있다. 하지만 영혼 살해 혹은 영혼 강탈이라는, 이 널리 퍼져 있는 설화 속 모티프는 숙고할 거리를 많이 던져준다. 왜냐하면 이렇게 많은 민족에게 그러한 생각이 거의 동일하게 존재하는데도 거기에 어떤 실질적인 토대가 없다는 것은 개연적이지 못하기 때문이다. 내게 말을 거는 목소리들은 신과 내가 관계를 맺기 시작한 초기(1894년 3월 중순)부터 지금까지 매일매일 다음과 같은 사실을 강조했다. 즉, 신의 왕국에 도래한 위기는 누군가가 **영혼 살해를 자행함으로써** 야기된 것이라고 말이다. 처음엔 플레히지히가 영혼 살해의 장본인으로 언급되더니, 언젠가부터 그들은 그 관계를 전복하려는 의도에서 나를 영혼 살해를 저지른 인물로 '묘사'하려고 한다. 이로써 나는 언젠가, 아마도 이전 세대에, 플레히지히 가문과 슈레버 가문 사이에 영혼 살해라고 불릴 만한 어떤 사건이 일어났을 것이라고 가정하게 되었다. 이후 일어난 일들에 근거하여, 나는 내 신경병이 치료되기 힘든 것처럼 보이던 시기에 누군가가 나에 대해 영혼 살해를 시도했다고 확신하게 되었다. 비록 성공하지는 못했지만.

첫 번째 영혼 살해가 일어난 후, '식욕은 식사를 함으로써 생겨난다l'appetit vient en mangeant'는 원리에 따라 계속해서 다른 사람들의 영혼에 대해서도 영혼 살해가 일어났을 가능성이 있다. 저 첫 번째 영혼 살해가 진정 한 인간에게 윤리적 책임을 물을 수 있는 일인가라는 물음에, 나는 답을 내리지 않을 것이다. 이와 관련해 많은 문제들이 여전히 밝혀지지 않은 채로 남아 있기 때문이다. 어쩌면 생명에서 떨어져 나온 영혼들이 서로 질투해서 시작된 싸움이 그 발단이었을 가능성도 있다. 목소리가 전하는 표현에 따르면, 플레히지히 가문과 슈레버 가문은 둘 다 '천상의 가장 고귀한 귀족'에 속해 있었다. 슈레버 가문은 특히 '토스카나와 타스마니아의 후작'이라는 작위를 갖고 있었는데, 이 표현은 개인의 허영심을 좇아 번쩍번쩍한 세속적 직위를 통해 자신을 과시하고자 하는 영혼의 습관에 따른 것이다. 이 두 가문에 속하는 몇몇 이름들이 (두 가문 간의 싸움에—옮긴이) 관련되어 있다. 플레히지히 가문에서는 파울 테오도르 플레히지히Paul Theodor Flechsig 교수 말고도 아브라함 퓌르히테고트 플레히지히Abraham Fürchtegott Flechsig 와 다니엘 퓌르히테고트 플레히지히Daniel Fürchtegott Flechsig라는 이름이 등장하는데, 이 중 다니엘 플레히지히는 18세기 말에 살았으며 영혼 살해의 본질에 관련해서 발생한 사건 때문에 '보조 악마'라 불렸다. 어찌 되었든 나는 파울 테오도르 플레히지히 교수 및 다니엘 퓌르히테고트 플레히지히(혹시 파울 테오도르 플레히지히 교수도 영혼으로써 나와 관계했던 것일까?)와 오랫동안 신경 첨부 상태에 있었으며 내 몸속에 이 둘의 영혼 일부를 지니고 있었다. 그러던 중 다니엘 퓌르히테고트 플레히지히의 영혼은 몇 년 전에 사라졌다(도주했다). 적어도 파울 테오도르 플레히지히 교수의 영혼의 한 부분(다시 말해, 원래 파울 테오도르 플레히지히 교수의 정체성을 갖고 있었던, 하지만 그사이에 그 의식을 크게 상실한 일정한 수의 신경들)은 '검증된 영혼'으로서 아직 하늘에 있다. 내게 말을 거는 목소리들이 알려주는 정보 말고는 내가 플레히지히 가문의 가계도에 대해 알고 있는 것은 없다. 때문에, 지금의 플레히지히 교수의 선조들 중에 실제로 다니엘 퓌르히테고트 플레히지히나 아브라함 퓌르히테고트 플레히지히가 있었는지 확인해보는 일은 흥미로울 것이다.

나의 추측은 다음과 같다. 언젠가 플레히지히라는 이름을 가진 존재가, 즉 그 이름을 가진 한 인간이 신적 영감을 위해, 또는 그 밖의 다른 이유들을 위해, 자신에게 부여된 신경 첨부를 악용해 신의 광선을 붙잡아두는 데 성공했다는 것이다. 물론 이는 하나의 가설에 불과하지만, 인간의 과학적 탐구들이 그렇듯, 정황들을 더 잘 설명해 주는 다른 근거가 발견되기 전까지는 고수되어야 한다. 신의 신경 첨부가 신경치료 기술을 시술하던 개인에게 허용된다는 것은 매우 있을 법한 일이다. 그것은 한편으로는 그런 사람들이 정신적으로 높은 수준에 있는 사람들이라고 전제되었기 때문이며, 다른 한편으로는 신이 인간 사이에서 증가하는 신경과민이 신의 왕국에 위험을 초래할 수 있다는 것을 본능적으로 의식해서, 인간의 신경과 관련된 모든 것이 신에게는 특별한 관심의 대상일 수밖에 없기 때문이다. 그런 이유로 정신병자들을 위한 치료시설은 근본언어로는 '신의 신경병원'이라고 불린다. 위에서 언급한 다니엘 퓌르히테고트 플레히지히가 신의 신경 첨부를 세계 질서에 어긋나는 방식으로 악용했던 첫 번째 인물이라면, 내게 말을 거는 목소리들이 그를 '지방 성직자Landgeistliche'라고 지칭한 사실은 그와 전혀 모순되지 않을 것이다. 왜냐하면 다니엘 퓌르히테고트 플레히지히가 살았던 시기 — 18세기 프리드리히 대제 시대[17] — 에는 아직 정신병자들을 위한 공공 정신병원이 없었기 때문이다.

따라서 우리는 다음과 같이 생각할 수밖에 없다. 꼭 직업이 아니더라도 신경치료 시술 같은 것과 관계하던 한 개인이 아마도 언젠가 꿈속에서 경이로운 장면들을 보고 경이로운 일을 체험했다 믿고는, 한편으로는 인간의 일반적인 지적 호기심에 이끌려, 다른 한편으로는 그런 것들에 관한 학문적 관심에 자극되어 계속 탐구하려 했다고 말이다. 그는 이것이 직간접적으로 신과의 교류를 의미한다는 것을 처음부터 의식할 필요는 없었을 것이다. 그는

· ·

17. 이는 (목소리들이—옮긴이) 다니엘 퓌르히테고트 플레히지히와 이후 신경 첨부를 통해 대화하던 중 프리드리히 대제에 관해 이야기를 나누었다는 사실에서 도출한 것이다. 그는 자신이 살았던 시기의 가장 중요한 인물로 프리드리히 대제를 기억하고 있었던 것이다. 반대로, 예컨대 기차에 대해선 무지했다. 하나의 죽은 영혼에게 기차라는 게 무엇이고, 그 발명품이 인간의 교통 생활에 어떤 변혁을 일으켰는지를 신경 첨부에 의한 대화를 통해 알려주려는 시도는 내겐 흥미로운 일이었다.

아마도 그날 이후 자신이 꿈에서 보았던 장면들을 다시 기억해 내려 했을 것이고, 그 후 잠을 잘 때 그 꿈속 장면들이 동일한 형태로, 혹은 약간 변형된 모습으로 이전의 이야기들을 보충하면서 다시 등장하는 것을 경험했을 것이다. 그 꿈을 꾼 사람은 자신에게 그 이야기를 전해주던 이들이 자신의 선조, 즉 슈레버 가족 구성원들에 의해 어떤 식으로든 뒤로 밀려난 선조들이라는 것을 알게 되었을 터다. 그리고 그로부터 자연스럽게 (그러한 사실에 대한—옮긴이) 관심이 증폭되었을 것이다. 그러고 나서 그는 아마도 독심술사가 하는 방식으로 자신의 의지력을 집중해, 그 주위에 살고 있는 사람들의 신경에 영향을 미치려 시도한 뒤 그것이 어느 정도까지 가능하다는 것을 알게 된다. 그는 신의 광선에 의해 자신에게 직간접적으로 행해졌던 신경 첨부를 거두어들이는 데 저항하거나, 아니면 영혼들이 거절할 수 없는 조건들을 내걸었을 것이다. 이는 영혼은 기질적으로 살아 있는 사람에 비해 당연히 약할 수밖에 없고, 단 한 명의 인간과 지속적으로 신경 첨부 상태를 유지하는 것이 불가능하다는 사실을 그가 알고 있었기 때문이다. 이러한 방식으로, 한 인간과 전방의 신의 왕국의 요소 사이에서 슈레버 가족을 불리하게 만들 어떤 공모 같은 것이 이루어졌음을 생각해 볼 수 있다. 그것은 예를 들어 슈레버 가문에 후손이 생기지 못하게 하거나, 슈레버 가문 사람들이 신에 가까이 다가갈 수 있는 신경의사 같은 직업을 선택하는 데 실패하게 하는 방향으로 이루어졌을 것이다. 신의 왕국의 속성과 신의 (제한적) 편재성에 대해 위에서 이야기한 것을 고려하면, 이런 사건이 반드시 후방의 신의 왕국에 직접적으로 알려질 필요는 없다. 아마도 그 공모자들 — 이 표현을 계속 사용한다면 — 은 일상에서 때때로 찾아오는 감시되지 않는 순간에, 슈레버 가족 구성원들과 신경 첨부를 한 데 대한 비난을 불식시키는 데 성공했을 것이다. 나아가 위계질서상 더 높은 신의 왕국의 기관으로 하여금, 왕국의 존속을 위협하는 위험들을 피하는 일에 슈레버 가문의 영혼이 그다지 중요하지 않다[18]고 확신하게 하는 데도 성공했을 것이다. 그 결과 그들(신의 왕국의 기관들 - 옮긴이)은 영혼 살해 — 그러한 것이 존재한다면 — 로 이어질 수 있었던, 즉 현세의 삶을 연장하거나 한 인간의 정신적 능력을 자기 것으로 삼거나 일종의 개인의 불사를 얻기 위해 하나의 영혼을 다른 한 인간의 영혼에 양도하는 것으로 이어질 수 있었던, 명예욕과 지배중독에 추동된 이러한 시도가 처음부터 단호하게 배제될 수는 없다고 생각하게 되었다. 다른 한편으로는 이로 인해 신의 왕국에 초래될 위험이 과소평가되었을 수도 있다. 자신이 어떤 막강한 힘을 소유했다고 느낀 그들은 한 개별 인간이 설마 신에게 위험한 존재일 수 있으리라는 생각은 전혀 하지 않았던 것이다. 실제로 내가 훗날 신의 기적의 힘을 알고 경험한 뒤에는, 신이 — 세계 질서에 걸맞은 조건들이 존속한다는 조건하에서는 — 언제든지 치명적인 병이나 번개 등

• •

18. 플레히지히 정신병원에 있는 동안 내게 말을 거는 목소리들이 한 번 이상 이야기했던 "슈레버의 영혼만이(Nur eine Schreberseele)"라는 표현이 이와 관련되어 있다. 사람들이 나의 도덕 수준에 대해 그리 긍정적이지 못한 인상을 받을 수 있는 바로 그 순간에 의도적으로 신경 첨부가 행해졌다고 가정할 만한 계기들이 있지만, 이 자리에서 그것을 자세히 이야기하면 너무 많이 나가게 될 것이다.

을 보내 언짢은 사람을 제거할 수 있다는 점을 조금도 의심치 않게 되었다.

아마도 이를 통해, '영혼 살해범'이라고 간주된 이에게 처음부터 가장 혹독한 수단을 사용할 필요는 없다고 여겨진 것 같다. 무엇보다 그 영혼 살해범의 잘못이란 단지 신의 신경 첨부를 남용한 것뿐이고, 그로 인해 영혼 살해가 일어난다는 건 거리가 먼 일처럼 보였으며, 그의 개인적 공로나 윤리적 태도가 그런 극단적 행위를 일으킬 거라고는 생각지 못하게 했기 때문이다. 나는 위에서 암시한 것 말고는 영혼 살해의 본질에 대해, 그리고 이른바 그 기술의 본질에 대해 더 이상 말할 능력이 없다. 거기에 추가할 만한 것이라고는, 예를 들어……(이어지는 부분은 출판에 적합하지 않다). 어쨌든 현 추밀고문관 플레히지히 교수 또는 그의 선조 중 누군가가 정말로 영혼 살해의 첫 번째 장본인이라 하더라도 그가 그 과정에서 내게 알려진 초감각적 사물들에 대해 일말의 예감을 얻었음은 틀림없지만, 그렇다고 신과 세계 질서에 대한 깊은 인식에까지 도달하지는 못했으리라는 건 적어도 내겐 의심할 여지가 없다. 왜냐하면 이러한 방식으로 신을 향한 확실한 믿음을, 그리고 자기 신경의 순수성에 상응하는 축복이 보장되어 있다는 확신을 갖게 된 사람이라면 결코 다른 사람의 영혼을 전유하려는 생각은 하지 못했을 것이기 때문이다. 그가 우리의 기성 종교가 말하는 의미에서 믿음이 깊다고 일컬어지는 사람이기만 했어도 그렇게 하지 않을 것이다. 현 추밀고문관 플레히지히 교수가 종교 문제에 대해 어떤 입장을 취했고, (현재도-옮긴이) 취하고 있는지는 아는 바가 없다. 만일 그가 오늘날의 많은 근대적 인간들과 마찬가지로 회의하는 자에 속했거나 (현재-옮긴이) 속한다고 하더라도, 그것 때문에 그를 비난할 이유는 없다. 신의 계시를 통해 더 나은 가르침을 받기 전까지는 스스로도 이 범주에 속해 있었다고 고백해야 하는 나로서는 더더욱.

위에 서술한 것을 관심을 갖고 읽는 수고를 아끼지 않은 사람은 아마도 다음과 같은 생각을 하게 될 것이다. 개별적 인간의 행동이 신에게 어떤 위험을 초래할 수 있고, 비록 하위 기관[19]에서이긴 하지만 신 자신이 기본적으로 죄 없는 인간에 대한 공모에 참여했다는 것은 신에게 문제가 있었거나 혹은 문제가 있기 때문이

19. (내가 생각해 낸) 이 '기관들(Instanzen)'이라는 표현은 위에서 등장한 '위계(Hierarchie)'라는 표현과 마찬가지로 신의 왕국의 모습을 좀더 근접하게 보여주기에 적합한 표현인 것 같다. 내가 전방의 신의 왕국(하늘의 앞마당)과 관계를 맺는 동안(1894년 3월에서 7월 초까지) '광선 지도자'[내가 들었던 표현에 의하면 '전방부대 지도자 (Vorderer Kolonnenführer)']들은 모두 자신들이 '신의 전능(Gottes Allmacht)'(의 발현-옮긴이)인 것처럼 행동하곤 했다. 그는 자기 다음에 더 높은 존재가 온다는 걸 알고 있었지만, 누가 더 높은 존재이고 그가 얼마나 높은지에 대해서는 알지 못했다. (1894년 7월 초에) 마침내 후방의 신의 왕국(아리만과 오르무즈트)이 압도적으로 화려한 빛을 발하면서 나타났다. 그로 인해 당시 아직 '검증된 영혼'이었던 폰 베의 영혼과 플레히지히의 영혼조차 그 인상을 외면하지 못하고, 그때까지 그들이 해왔던 신의 전능에 대한 조롱 섞인 반항을 잠시 중단했다. 그 빛이 왜 내 곁에 계속 머물지 못했는가에 대해선 나중에 말할 것이다. 나는 그들 중 아리만을 밤에, 꿈속에서가 아니라 깨어 있는 상태에서 보았고, 오르무즈트는 내가 정원에 있었던 낮에 며칠 동안 계속해서 보았다. 그때 내 옆에는 간병인 M만이 있었다. 나는 당시에 그가 실제 인간이 아니라 다만 일시적으로 급조된 인간이었다고 가정할 수밖에 없었는데, 왜냐하면 그렇지 않다면 그가 보지 수 없었던─거의 하늘의 8분의 1에서 6분의 1을 뒤덮고 있던─그 빛에 압도되어 어떻게 해서든 놀라움을 표현했을 것이기 때문이다.

아닌가라고 말이다. 이러한 비난이 완전히 틀렸다고는 할 수 없지만, 내가 덧붙이고 싶은 말은, 그럼에도 신과 세계 질서의 위대함과 숭고함에 대한 나의 믿음은 흔들리지 않았다는 사실이다. 신은 대부분의 종교에서 이야기하는 것처럼 절대적 완전성을 가진 존재가 아니었고, 지금도 마찬가지다. 흡인력 — 나도 그 본질을 가늠하기 힘든 법칙에 따라 광선들과 신경들이 서로를 끌어당기는 — 은 신의 왕국에 대해 위험의 씨앗을 가지고 있다. 신들의 황혼 Götterdämmerung이라는 게르만 전설에 근거로 놓여 있는 것도 아마 이러한 생각일 것이다. 인간들 사이에서 자라난 신경과민은 이러한 위험을 크게 증가시켰고, 또 언제라도 증가시킬 수 있다. 신은 살아 있는 인간을 단지 외부에서만 보았을 뿐, 살아 있는 인간의 내면에 대한 신의 편재성과 전지함이란 일반적으로 존재하지 않았다는 사실은 이미 앞에서 언급했다. 또 신의 영원한 사랑이라는 것도 근본적으로 보면 피조물 전체에만 해당되었다. 개별 인간들 또는 인간 집단 사이에서 이해관계가 충돌(소돔과 고모라를 생각해보라!)하거나, 한 행성 안의 모든 거주자 사이의 이해관계가 충돌하면(신경과민과 부도덕이 증가함으로써), 다른 모든 살아 있는 존재와 마찬가지로 신 또한 곧바로 자기보존의 본능이 자극될 수밖에 없다. 물론 인간의 상상력이 그보다 더 이상적인 상태를 그려낼 수 있다 하더라도,[20] 결국엔 자신의 목적에 상응하는 것,

· ·

20. 인간 유기체가 높은 완전성을 갖춘 유기체라는 것은 그 누구도 부인하려 하지 않을 것이다. 그럼에도 거의 모든 사람이 한 번쯤은, 인간도 새처럼 하늘을 날 수 있다면 얼마나 좋을까 생각해 본 적이 있을 것이다.

그것만이 유일하게 완전한 것이다. 그리고 이러한 목적, 즉 신에게는 자신의 창조를 영원히 즐기는 것, 인간에게는 지상에서 사는 동안의 즐거움과 사후 축복이라는 형태로 누릴 수 있는 최상의 행복은 이미 이루어졌다. 신이 어떤 개별적 인간이 그에게 보장된 수준의 축복을 받기를 신이 거부한다는 것은 결코 생각할 수 없는 일이다. 하늘의 앞마당이 증가하는 것은 다만 신 자신의 권력을 증가시키고, 인간에게 접근할 때 생겨나는 위험에 대한 방어책을 강화하는 데 기여할 뿐이기 때문이다. 인간이 세계 질서에 적합하게 행동한다는 전제하에서는 신과 개별 인간들의 이해관계가 충돌하는 일은 결코 일어날 수 없다. 그럼에도 내 경우에서처럼 영혼 살해를 계기로 그런 이해관계의 충돌이 일어났다면, 그것은 다만 여러 상황이 경이적인 방식으로 서로 얽혔기[21] 때문일 뿐이다. 이러한 일은 세계 역사상 한 번도 일어난 적이 없으며, 바라건대 앞으로도 다시는 일어나지 않을 것이다. 그렇지만 이처럼 전적으로 유례없는 경우에 처해서도 세계 질서는 스스로의 상처를 치유할 치료법을 자기 속에 가지고 있다. 그 치유책은 영원이다. 이전에 나는 (약 이 년 동안) 신이 계속 나 개인에게만 붙들려 있었기 때문에, 내 가까운 주변에서 일어나는 '기적 놀음'을 제외하고 지구상의 모든 피조물이 소멸하리라고 가정할 수밖에 없었고, 또 당시 체험들에 의거해서도 그렇게 가정할 수밖에 없었는데, 얼마 전부터는 이 생각을 상당 부분 수정하게 되었다.

• •
21. 이에 대해 상세한 것은 나중에.

어떤 사람들은 정말 불행해졌다. 또한 나 자신도 끔찍한 시간을 보냈고, 쓰디쓴 고통을 체험했다고 말할 수 있다. 다른 한편으로는 육 년 전부터 신의 신경이 끊임없이 내 몸에 쏟아져 들어옴으로써 그때까지 모였던 모든 축복이 상실되었고, 그것들을 새로 쌓는 일도 잠정적으로는 불가능해졌다. 축복이 ─ 말하자면 ─ 보류되어 버려서, 그 이후로 죽었거나 죽게 될 모든 사람들은 **당분간 축복을 받을 수 없게 되었다**. 내 몸에 들어오는 그것이 신의 의지에 반하고 그에게 불쾌한 감정을 일으킨다는 것은, 전체 신경 덩어리에서 떨어져 나온 신경 부분들이 계속 도움을 요청하는 소리가 매일같이 하늘에서 들려오는 것을 보면 알 수 있다. 하지만 이러한 상실은 **영원**이 존재하는 한 다시 상쇄될 수 있을 것이다. 물론 이전 상태를 완전히 회복하려면 수천 년이 걸릴 수도 있겠지만.

3장

1장과 2장에서 이야기한 것은 다음에 이어질 내용을 이해하기 위해 필수적인 것이었다. 지금까지 부분적으로 공리Axiom로만 제시될 수 있었던 것이 이제는 사태의 상황에 따라 실제로 가능하다는 근거를 얻게 될 것이다.

나는 먼저 내 가족 구성원에게 일어났던, 앞에서 전제한 영혼 살해와 관계 있다고 생각할 수 있는 몇 가지 사건들을 다룰 것이다. 그것들은 많건 적건 한결같이 수수께끼 같고, 일반적인 인간 경험에 의해서는 좀처럼 설명되지 않는 것들이다.

• 이 장의 내용은 출판하기에 부적합한 것으로 판단되어 인쇄 과정에서 삭제되었다. — 독일어판 편집자

4장

첫 번째, 그리고 두 번째 신경병이 출현했던 시기의 개인적 체험들

이 장에서 나는 나를 엄습한 두 번의 신경병을 앓는 동안에 겪었던 나 자신의 개인적 운명에 관해 이야기하려 한다. 나는 지금까지 두 차례에 걸쳐 신경병을 앓았는데, 두 번 모두 정신적 과로의 결과였다. 첫 번째 병은[켐니츠Chemnitz 지방법원장 시절] 제국의회 선거에 출마했던 것이 계기가 되었고, 두 번째는 내가 새로 맡게 된 드레스덴 고등법원 판사회 의장직이 가져다준 지나친 업무 부담에 따른 것이다.

첫 번째 병은 1884년 가을에 시작되어 1885년 말에 완전히 치유되었다. 그래서 나는 1886년 1월 1일부로, 그사이에 전근을 발령받은 라이프치히 지방법원장 일을 시작할 수 있었다. 두 번째 신경병은 1893년 10월에 시작되어 지금까지 이어지고 있다. 나는 이 두 차례의 병을 치르는 동안의 많은 시간을, 라이프치히 대학에 부설되어 있으며 현 추밀의학고문관 플레히지히 교수가 이끄는 정신병원에서 보냈는데, 처음에는 1884년 12월에서 1885년 6월까지, 두 번째는 1893년 11월 중순부터 1894년 6월 중순까지였다. 이렇게 두 차례 병원에 입원할 당시에는, 슈레버 가문과 플레히지히 가문 사이에 존재한 대립과, 내가 앞 장에서 다루었던 초감각적인 것들에 대해 일말의 예감조차 갖고 있지 않았다.

첫 번째 병은 초감각적 영역과 관련된 어떠한 사건도 없이 지나갔다. 플레히지히 교수의 치료를 받는 동안 나는 그의 치료법에 대해 기본적으로 긍정적인 인상만을 받았다. 몇몇 과실이 있었을 수도 있다. 병을 앓던 당시에도, 그리고 지금도 나는 신경의사가 일부 정신병 환자에게 하지 않을 수 없는, 하지만 늘 아주 조심해서 해야 하는 불가피한 거짓말이 내게는 거의 행해지지 않았다 믿었고 또 지금도 그렇게 믿고 있다. 그것은 내가 비범하고 예리한 이성과 날카로운 관찰력을 소유한 높은 정신 수준의 인간임을 사람들이 금방 알아차리지 않을 수 없었기 때문이다. 불가피한 거짓말이라 여길 수 있던 것이라고는, 예를 들어 플레히지히 교수가 내 병이, 그전에 나의 치료를 맡았던 S시 위생고문관 R박사에게 책임이 있는 브롬화나트륨 중독일 뿐이라고 얘기하려 했던 때이다. 나는 당시 나를 지배하고 있던, 몸이 여위어 가고 있다는 심기증적인 생각들도, 몸무게를 측정하기 위해 체중계 — 당시 대학병원에 있던 체중계는 내가 처음 보는 특이한 구조였다 — 를 몇 번만 사용하게 했어도 금방 없어졌을 만한 것이었다고 생각한다. 하지만 이는 부수적인 일일 뿐이며, 난 그다지 중요하게 생각지 않는다. 수백 명의 환자가 체류하는 대형 병원 책임자에게 모든 환자 개인의 정신상태에까지 신경을 쓰라고 요구할 수는 없는 노릇이다. 중요한 것은 결과적으로 내가 (예상보다 오랜 회복기를 거친 후) 치유되었다는 사실이다. 그로 인해 나는 당시 플레히지히 교수에 대해 진정 고마운 마음만 갖게 되었으며, 나중에 그를 방문해 내 생각에 적절하다고 여겨지는 사례비를 건넴으로써 그 마음을 특별하게 표현했다. 내 아내는 이보다 더 깊이 그에게 고마움을 느끼고 있었다. 그녀는 플레히지히 교수가 남편을 다시 선물해 준 인물이라며 존경했고, 이런 이유에서 몇 년 동안 그의 사진을 자신의 책상 위에 올려놓기도 했다.

첫 번째 병에서 회복되고 팔 년간 나는 아이를 가지려는 희망이 여러 번 좌절될 때마다 우울했던 것 말고는 전반적으로 행복했고, 외적인 명예에서도 만족스러운 시간을 아내와 함께 보냈다. 1893년 6월, 나는 드레스덴 고등법원 판사회 의장에 임명될 것이라는 소식(장관 슈리히 박사에게서 가장 먼저 친히 전해 들었다)을 들었다.

이 시기에 나는 여러 편의 꿈을 꾸었다. 그 꿈들의 내용은 당시까지 내가 특별히 관심을 갖지 않았던 것들이다. 내가 이후 겪었던 경험들에 의거해 어쩌면 그 꿈들이 내게 행해진 신의 신경 첨부와 관련이 있을지 모른다는 가능성을 생각하지 않았다면, 지금도 '꿈은 거품일 뿐'이라는 격언에 따라 별 관심조차 갖지 않았을 그런 꿈들이었다. 나는 이전의 신경병이 재발하는 꿈을 여러 차례 꾸었다. 당연히 꿈속에서는 신경병의 재발로 불행해했는데, 꿈에서 깨고 난 뒤에는 그것이 꿈이었다는 사실에 행복을 느꼈다. 나아가 아직 침대에 누워 있던 어느 날 아침(내가 반쯤

자고 있었는지, 아니면 이미 깨어 있었는지 잘 모르겠다)에 어떤 느낌을 받았는데, 그것은 완전히 깨어난 후 생각해 봤을 때 매우 기묘하게 나를 동요시키는 감정이었다. 그것은 성행위에 종속된 입장인 여자가 되는 건 정말 즐거우리라는 생각이었다. 이 생각은 나의 전체 본성에는 너무나 낯선 것이어서, 완전한 의식 상태였다면 나는 극도로 분노하며 그런 감정을 부인했을 것이다. 그런데 이후 내가 체험한 바에 따라, 나는 여기에 내게 그 생각을 불어넣은 어떤 외적 영향력이 작용했으리라는 가능성을 완전히 배제할 수 없다.

1893년 10월 1일, 나는 드레스덴 고등법원 판사회 의장 일을 시작했다. 이미 언급했듯 내가 맡아야 했던 일의 부담은 매우 컸다. 게다가 개인적 야망에 자극받아, 또한 공직의 이해관계에도 추동되어, 나는 업무에 대해 논란의 여지 없이 정통해 있다는 걸 보여줌으로써 동료와 관계자(검사 등)들에게 신망을 얻으려고 분투했다. 이 과제를 더 힘들게 하고 개인적 교제에서도 더 많은 요구들이 생겨나게 한 것은, 내가 의장직을 맡아야 했던 5인 판사회의 구성원 대부분이 나보다 (심지어 스무 살 정도까지) 나이가 많을 뿐 아니라, 법정 관련 실무에서도 이제 막 그 일을 시작한 나보다 훨씬 경험이 많은 사람들이었다는 사실이다. 이로 인해 불과 몇 주 후부터 정신적 과부하에 걸리고 말았다. 우선, 잠이 안 오기 시작했다. 그것도 새 직책과 새로운 주거환경 등에 적응하는 어려움을 상당 부분 극복했다고 말할 수 있던 시점이었다. 그래서 브롬화나트륨을 복용하기 시작했다. 드레스덴에는 아직 아는 사람이 없었기 때문에, 그런 상태의 내게 긍정적으로 작용할 수도 있었을 사교의 기회 ─ 단 한 번 저녁 식사에 초대받았던 날, 다른 때보다 더 잘 잠들 수 있었던 사실로 유추해 보건대 ─ 도 거의 없었다. 10월 말 또는 11월 초에 매우 좋지 않은 상태가, 그러니까 밤에 거의 잠을 못 이루는 날들이 시작되었다. 이때 주목할 만한 일이 있었다. 불면에 시달리던 여느 날 밤 나는 침실 벽에서 짧거나 긴 간격을 두고 부스럭거리는 소리가 반복되는 것을 감지했다. 그 소리는 막 잠이 들려던 나를 매번 다시 깨웠다. 당시 우리는 그것이 당연히 쥐가 내는 소리일 거로 생각했다. 이렇게 견고한 건물의 이층에까지 쥐가 기어들어 올 수 있다는 것이 매우 의아하게 여겨지기는 했지만 말이다. 하지만 그사이 그와 비슷한 소리들을 수도 없이 들었고, 또한 지금도 밤이나 낮이나 매일같이 그 소리를 들으면서 그것이 의심할 바 없는 신의 기적이라는 것을 알게 된 후─ 게다가 내게 말을 거는 목소리들도 그것을 이른바 '훼방Störungen'이라고 부른다 ─ 나는 어떤 확정을 내리지는 않더라도 적어도 그것이 다음과 같은 신의 기적 이었다는 의심을 하지 않을 수 없다. 즉, 거기에는 처음부터 아직은 더 상세히 설명하기 힘든 어떤 목적을 이루기 위해 내 잠을 방해하려는, 그리고 나중에는 불면증으로 인한 내 병의 치유를 막으려는 특정한 의도가 있었다는 것이다.[22]

· ·

22. 나는 이것이 극단적인 수준에서 이루어진 **불확정적 고의**(Dolus indeterminatus, 특정한 의도 없이 이루어지는 범법행위─옮긴이)─이런 법적 표현을 사용하는 걸 허락해 주길 바란다─일 수 있었음을 추가로 말하지 않을 수 없다. 이는 그사이 내게

그 이후 내 병은 금세 위협적인 성격을 띠게 되었다. 11월 8일 아니면 9일, 나는 진찰을 의뢰했던 Ö박사의 조언에 따라 우선 팔 일간의 휴가를 냈고, 그동안 첫 번째 병이 성공적으로 치유된 이후 우리의 전적인 신임을 얻고 있던 플레히지히 교수에게 진찰을 받기로 했다. 그날이 플레히지히 교수를 만날 수 없는 일요일이었기에 우리(나와 아내)는 켐니츠를 경유했고, 월요일로 넘어가는 밤을 그곳에 사는 처형 K의 집에서 보냈다. 거기에서 나는 저녁때 모르핀 주사를 맞았고, 그날 밤 처음으로 클로랄을 ─ 어떤 우연으로 인해 규정된 용량에 맞지 않게 ─ 복용했다. 그때는 이미 그날 저녁부터 첫 번째 병을 앓을 때와 같은 강한 가슴 협착을 느껴서, 조금만 경사진 거리를 걸어도 불안 상태가 생겨난 뒤였다. 켐니츠에서 보낸 밤도 상황이 안 좋기는 마찬가지였다. 다음날(월요일) 일찍 우리는 라이프치히로 향했고, 바이에른역에서 플레히지히 교수가 있는 대학병원까지 곧바로 마차를 타고 갔다. 플레히지히 교수는 하루 전 우리가 보낸 전보를 받고 우리의 방문을 기다리고 있었다. 거기서 이루어졌던 긴 대화에서 플레히지히 교수는 뛰어난 달변 ─ 나는 어떤 말로도 이를 달리 표현할 수 없다 ─ 을 전개했는데 그것은 내게 적지 않은 영향을 주었다. 그는 내 첫 번째 병 이후 정신의학계가 이룬 발전들에 대해, 새로 개발된 수면제 등에 대해 이야기했고, 내 병이, 가능하면 오후 3시부터

인식된 영혼의 성격에도 걸맞은 일이다. 다시 말해, 더 자세히 고찰해 보니 해당자가 더 나은 운명을 겪을 만하다고 확신하자마자 금방 생각과 기분이 변하는 경우라는 것이다.

다음날까지 이어지는 단 한 번의 숙면을 통해 완전히 (나을 수 있다는 - 옮긴이)[23] 희망을 주었다.

그 후 내 기분은 안정되었다. 신선한 아침 공기와, 낮 시간(오전)에 걸쳐 이루어진 오랫동안의 여행을 통해 신경이 어느 정도 힘을 얻었을 수도 있다. 우리는 가장 먼저 약국에서 처방한 수면제를 받아 와서는 어머니 집에서 함께 식사를 했고, 나머지 시간을 짧은 산보 등을 하면서 그럭저럭 무사히 보냈다. 당연히 나는 3시부터 (어머니의 집에서) 침대에 눕지는 않았다. 그런데, (아마도 아내가 수신한 어떤 비밀지령에 따른 것일 수 있는데) 그것은 아홉 번째 시간까지 연기되었다. 잠을 자러 가기 직전, 우려할 만한 증상들이 재발했다. 불행히도 너무 오랫동안 환기를 시킨 통에 침대가 차가웠고, 그래서 곧바로 격렬하게 몸이 떨리는 오한이 덮쳐왔다. 난 이미 크게 격앙된 상태에서 수면제를 복용했다. 그것이 아무런 약효도 미치지 않자, 한 시간 아니면 몇 시간 후에 아내가 상비용으로 준비하고 있던 클로랄수화물을 건네주었다. 그럼에도 그날 밤엔 전체적인 불면 상태가 이어졌다. 나는 불안에 사로잡혀 침대에서 일어나 수건이나 그 비슷한 것들을 이용해 일종의 자살을 기도했고, 그 와중에 깨어난 아내가 날 붙들었다. 그다음 날 벌써 심각해진 정신 파열 상태가 이어졌다. 피가 사지에서 심장을 향해 몰려들었고, 기분은 극도로 어두워졌다. 아침 일찍 왕진한 플레히지히 교수가 자기 병원에 입원하기를

· ·
23. 원래 문장은 동사가 없는 비문이다.-옮긴이

권했기에, 나는 곧 그와 합승 마차를 타고 병원으로 이동했다.

따뜻한 물에 목욕을 한 뒤 곧바로 침대로 이송되었고, 나는 이후 사오 일간 침대를 떠나지 않았다. R씨가 내 간병인으로 배정되었다. 이후 며칠 사이 내 병은 급속도로 악화되었다. 대부분의 밤엔 불면이 이어졌다. 처음부터 클로랄수화물을 복용하지 않기 위해 처방된 약한 수면제[장뇌樟腦 등]가 전혀 약효를 발휘하지 않았기 때문이다. 난 아무것도 할 수 없었고, 가족 중 어느 누구도 보지 못했다. 그 며칠 동안 심하게 우울한 상태가 지속되었다. 내 정신은 오로지 죽음에 관한 생각으로 가득 차 있었다. 지금 그때를 돌이켜보면 당시 플레히지히 교수의 치료 계획이, 먼저 내 신경을 밑바닥까지 떨어뜨린 다음 갑작스러운 기분 전환을 통해 한 번에 치료하려던 것이었다는 생각이 든다. 그게 아니라면, 거기에 어떤 사악한 의도가 있었다고 가정하지 않고는[24] 이후에 일어난 일을 달리 설명할 길이 없다.

병원에 입원한 지 나흘 아니면 닷새째 되는 날 밤, 나는 한밤중에 간병인 두 명에 의해 침대에서 쫓겨나 치매[광란Tobsüchtige] 환자들을 수용하는 독방으로 이송되었다. 그렇지 않아도 매우 격앙된

· ·

24. 이후에 대화할 때 플레히지히 교수가 당구실에서 일어난 모든 일과 그에 관련된 것들을 부인하고, 그것을 단지 내 환상이 만들어낸 꿈속의 그림으로 묘사하려 했다는 사실을 말하지 않을 수 없다. 덧붙여 말하자면, 이는 그때부터 내게 플레히지히 교수에 대해 불신을 갖게 했던 여러 상황 중 하나다. 그 일이 실제로 일어났으며 환각이라고 말할 수 없다는 것은 전적으로 의심할 바 없는데, 문제가 되는 날의 다음날 아침 내가 치매 환자의 독방에 있었고 거기서 토이셔(Täuscher) 박사의 방문을 받았다는 사실은 결코 부정될 수 없기 때문이다.

기분으로, 말하자면 고열 섬망Fieberdelirium 상태에 처해 있었는데, 이유를 알지 못한 채 일어난 이 일로 인해 나는 극도의 충격을 받았다. 거기로 가는 길은 당구실을 지나게 되어 있었다. 나는 도대체 사람들이 내게 무슨 짓을 할지 전혀 알 수 없었고 그래서 그에 저항해야 한다고 믿었기에, 그 방에서 속옷만 걸치고 있던 나와 두 간병인 사이에 몸싸움이 일어났다. 당구대를 붙잡고 떨어지지 않으려 했지만 나는 결국 간병인들에 끌려가 앞에서 언급했던 독방으로 이송되었다. 거기서 나는 홀로 운명에 내맡겨졌다. 나는 그날 밤을, 쇠로 된 침대와 침대보만 있는 방에서 거의 잠 못 이룬 채 보냈다. 나 자신을 완전히 잃어버렸다고 느끼고 그날 밤 침대보를 침대에 묶어 목을 매려는, 당연히 실패할 수밖에 없는 시도를 했다. 모든 의학적 기술 수단을 다 써도 잠을 잘 수 없는 사람에게 남은 길은 스스로 목숨을 끊는 것뿐이라는 생각이 나를 완전히 지배하고 있었다. 자살이 정신병원에서 허용되지 않는다는 걸 알고 있었지만, 나는 치료를 위한 온갖 시도를 다 한 뒤에야 퇴원시키는 것은 결국 자신의 집이나 다른 곳에서 생의 종말을 맞이하게 하려는 의도일 뿐이라는 망상에 사로잡혀 있었다.

이러한 이유로 다음날 날이 밝고 의사들이 방문했을 때 난 매우 놀랐다. 플레히지히 교수의 조교 토이셔Täuscher[25] 박사가 와서 아무도 치료를 포기하려 하지 않는다고 말했는데, 내게 용기

• •
25. 'Täuscher'는 '속이는 자'라는 뜻이다.—옮긴이

를 주려던 그의 태도와 함께 — 나는 이때 그가 탁월한 말솜씨를 보였다는 걸 인정하지 않을 수 없다 — 그 말이 내 기분을 크게 고양시켜주었다. 난 다시 이전에 내가 있던 방으로 옮겨졌고, 거기서 플레히지히 병원에 (두 번째로) 머물던 전 기간을 통틀어서 최상의 하루를, 다시 말해 희망에 찬 기분이 내게 생기를 북돋아 주었던 유일한 날을 보냈다. 그날따라 내 담당 간병인 R도 나와 이야기할 때 유난히 분별 있고 능숙한 모습을 보였는데, 그래서 나는 혹시 그에게도 (토이셔 박사와 마찬가지로) 어떤 고도의 영감이 주어졌던 것은 아닌가 하고 나중에 생각하게 되었다. 심지어 오전에는 그와 함께 당구를 쳤고, 오후에 따뜻한 물에 목욕을 하고 저녁때까지 내가 얻었던 안정된 기분을 유지했다. 나는 수면제가 없이도 잠을 잘 수 있을지 시도해 보고자 했다. 실제로도 비교적 안정된 상태에서 침대에 누웠지만, 잠은 오지 않았다. 그렇게 몇 시간이 흐르자 안정된 기분 상태를 유지하는 것이 더 이상 불가능해졌다. 심장으로 피가 솟구치면서 다시 불안 상태가 나를 엄습했다. 간병인 교대 후에 — 한 명의 간병인이 늘 침대 옆에 앉아 있다가, 자정 즈음에 다른 간병인과 교대한다 — 결국 수면을 돕기 위한 약물 — 네크린Nekrin 아니면 그와 비슷한 이름이었다 — 이 허용되었다. 난 잠깐 동안 잠들 수 있었지만, 그것은 내 신경을 강화하는 아무런 효과도 주지 못했다. 오히려 다음 날 아침 나는 이전의 신경 파열 상태에 빠졌고, 그것이 너무 심해서 먹었던 아침을 다시 토해내고 말았다. 특히나 끔찍한 인상을 준 것은 간병인 R의 완전히 일그러진 표정이었는데, 난 내가 잠에서 깼을 때 그 표정을 보았다 믿었다.

그날 이후론 매일 밤 클로랄수화물을 받았다. 그 후 몇 주 동안은 적어도 외적으로 볼 때 어느 정도 안정된 시간을 보냈는데, 그 이유는 약을 먹어서 어느 정도나마 그럭저럭 잠을 이룰 수 있었기 때문이다. 나는 아내의 정기적인 방문을 받았으며, 크리스마스 약 이 주 전부터는 하루 중 일부를 어머니의 집에서 보냈다. 하지만 내 신경의 자극 과민은 계속되었고, 나아지기보다는 오히려 더 심해졌다. 크리스마스 이후 몇 주 동안에는 아내, 간병인과 함께 매일 마차를 타고 산책을 갔다. 하지만 내 기력이 너무도 떨어져 있어서, 마차에서 내려[로젠탈Rosenthal 아니면 사이벤홀츠 Scheibenholz에서] 약 몇백 걸음 정도 되는 짧은 길을 걷는 것조차도, 내적 불안을 감수하고 결단을 내려야 하는 모험처럼 느껴졌다. 게다가 모든 신경 체계도 최악의 탈진 상태에 빠져 있었다. 모든 종류의 정신적 활동, 예를 들어 신문을 읽는 등의 일을 아예 할 수 없거나 극히 제한된 정도로만 할 수 있었다. 거의 기계적인 활동, 예를 들어 퍼즐을 하거나, 솔리테르 카드패를 놓거나 하는 일조차 내 신경자극을 증가시켜서 나는 조금 하다가 금세 포기해야 했다. 저녁에는 간병인 R과 잠깐이나마 체커 게임도 할 수 없을 정도였다. 이 시기 나는 전반적으로 먹성 좋게 식사하고 마셨으며, 매일 몇 개비씩의 시가도 피우곤 했다. 일시적으로 신경을 강화시키기는 하지만 장기적으로는 해로운 클로랄수화물 대신, 가끔씩 약한 수면제를 사용하려 할 때마다 신경 탈진은 그것과 함께 재발한 불안 상태 속에서 더 악화되었다. 삶에의 용기가 완전히 무너져 내렸다. 결국 자살을 통해 삶을 끝내버리는 것 말고는 내게 그 어떤 전망도 보이지 않았다. 여러 번 아내와 함께 세워보려 했던 미래의 계획들에 대해 나는 회의적으로 고개를 저었다.

내 삶에서 중요한 국면이라 일컬을 만한 또 한 번의 신경 몰락은 1894년 2월 15일경에 일어났다. 그때까지 매일 몇 시간씩 나와 함께 있었고 또 점심식사도 정신병원에서 함께 하던 아내가 나흘 일정으로 베를린에 있는 그녀 아버지에게 여행을 갔을 때였다. 그녀에게도 절대적으로 필요했던 휴식을 취하기 위해서였다. 그 나흘 동안 내 상태는 너무도 악화되어서, 나는 아내가 돌아온 뒤 단 한 번 그녀를 만나고는 그런 끔찍한 상태에 있는 내 모습을 그녀가 계속 보기를 원치 않는다고 선언했다. 이 시기부터 아내의 방문이 없어졌다. 그로부터 한참이 지난 후 간혹 건너편 방 창문에서 아내를 보았을 때는, 이미 내 주위와 나 자신에게 매우 중요한 변화들이 생겨난 터라, 나는 아내에게서 더 이상 살아 있는 존재가 아닌 다만 '일시적으로 급조된 인간들'과 같은 방식으로 기적을 통해 만들어진 인간 형상을 보았다 믿었다. 나의 정신적 붕괴에 결정적이었던 것은, 하룻밤 동안 범상치 않을 만큼 많은 몽정(아마도 대여섯 번)을 했던 어느 날 밤이었다.

이때부터 초감각적인 힘들과의 교류가, 구체적으로 말해 플레히지히 교수가 내 앞에 현존하지 않고서도 내 신경에 말을 거는 방식으로 나와 대화를 나누는 신경 첨부의 첫 번째 징후들이 시작되었다. 이 시기부터 나는 플레히지히 교수가 내게 좋지 않은 일을 비밀리에 추진하고 있다는 인상을 받게 되었다. 이러한 인상은 내겐 다음과 같은 일화를 통해 확증된 듯 보였다. 내가 한번 개인적으로 그를 방문해 정말 내가 치유될 가능성이 있다고 믿느냐 진지하게 물었을 때, 그는 물론 희망적인 약속을 하긴 했지만 — 적어도 내게는 그렇게 보였는데 — 내 눈을 똑바로 쳐다보지는 못했던 것이다.

이제는 그 이후 끊임없이 내게 말을 걸고 있는, 지금까지 여러 번 언급된 내부 목소리의 본성에 대해, 동시에 신의 신경(광선)과 더 이상 떼어낼 수 없는 교류 관계에 들어선 한 인간['영령을 보는 자Geistersehers']이 특정한 상황하에서 '탈남성화'(여자로 변신)하는 — 내 판단에 의하면, 세계 질서에 내재하는 — 경향에 대해 이야기할 차례가 되었다. 무척이나 어려운 이 상황들에 대한 설명은 다음 장에서 이루어질 것이다.

5장

계속. 신경언어(내적인 목소리). 사유 강제. 세계 질서의 요구라는 특정한 상황에서의 탈남성화

일반적인 인간 언어 말고도, 건강한 사람들은 잘 알지 못하는 일종의 신경언어가 존재한다. 이 신경언어가 무엇인지를 알기 위해서는 일정한 순서에 따라 단어들을 외우는 상황을 떠올려보는 게 가장 좋을 것이다. 예를 들어 한 학생이 학교에서 시를 암송하려 하거나, 성직자가 교회에서 설교할 내용을 암기하거나 하는 경우가 그것이다. 그때 그 단어들은 (설교자가 교인들에게 요구하는 묵상기도처럼) 소리를 내지 않고 암송된다. 다시 말해 우리는 본래 말하기 위한 도구들(입술, 혀, 이 등)을 전혀 움직이지 않거나 우발적으로만 움직이지만, 신경은 그 단어들을 말하는 데 필요한 진동 운동에 돌입하는 것이다.

정상적인(세계 질서에 상응하는) 조건하에서 신경언어를 사용하는 것은 당연히 그 신경을 가진 사람의 의지에 달려 있다. 그 누구도 다른 사람에게 신경언어를 쓰도록 강요할 수는 없다.[26] 그런데 신경병의 큰 전환이 일어난 뒤 내게는 외부로부터의 자극에 의해 신경이 쉴 새 없이 운동하는 상황이 생겨났다.

인간의 신경에 이러한 방식으로 영향을 미칠 수 있는 것은 원래 신의 광선만이 가진 능력이다. 신이 자고 있는 사람에게 꿈을 불어넣을 수 있는 것도 바로 이 능력에서 기인한다. 그런데 내가 감지한 바에 따르면, 처음에 그 영향력은 플레히지히 교수에게서 나왔다. 나는 이것이 플레히지히 교수가 어떤 방식으로든 신의 광선을 임의로 사용하는 법을 알게 되었기 때문이라고밖에는 달리 설명할 길이 없다. 나중에는 플레히지히 교수의 신경 말고도 신의 광선들이 직접 내 신경과 교류 관계에 들어서게 되었다. 그런데 해가 지날수록 이것이 점점 세계 질서에 어긋나는 방식으로, 자기 신경을 스스로 사용할 수 있는 인간의 자연적 권리를 침해하는 방식으로 일어났고, 점점 더 기괴하다고 말할 수밖에 없는 형태를 띠게 되었다.

이로 인해 그 영향력은 일찌감치 사유 강제의 형태로 나타났다. '사유 강제'라는 말은 내적인 목소리가 나에게 준 표현인데, 다른 사람들에게는 잘 이해되지 않을 것이다. 왜냐하면 그 전체 모습은 인간의 경험 범위를 벗어나 있기 때문이다. 사유 강제의 본질은 인간으로 하여금 끊임없이 무언가를 생각하도록 만드는 데 있다. 달리 말하면, 때때로 아무것도 생각하지 않음(가장 대표적으로 잠을 잘 때처럼)으로써 지성신경에 휴식을 부여하려는 인간의

· ·

26. 아마 예외가 있다면 **최면술**일 것이다. 하지만 정신의학에 문외한인 나는 최면술의 본질에 대해 뭔가 의견을 낼 수 있을 만큼 잘 알지는 못한다.

자연적 권리가, 내게는 나와 교류를 갖는 광선들에 의해 처음부터 제한되었다는 것이다. 광선들은 끊임없이 내가 무슨 생각을 하는지 알려고 했다. 예를 들어 그들은— 바로 이러한 단어들로—"지금 무슨 생각을 하고 있나요?"라고 묻는데, 이 질문은 이미 그 자체로 완전히 실없는 것이다. 알다시피 인간은— 일정 시간 동안— 아무것도 생각하지 않을 수도, 또 어떤 때는 수천 가지를 한꺼번에 생각할 수도 있기 때문이다. 그래서 내 신경이 이런 터무니없는 질문에 대해 스스로 아무 반응도 하지 않자 그들은 곧바로 생각 위조 시스템으로 도피할 수밖에 없게 되었다. 예를 들어 위의 질문에 그들 스스로가 그는 "세계 질서에 대해 ……해야 한다"[27]라고 답변하는 것이다. 다시 말해 내 신경은 광선들의 영향으로 이 단어들을 사용할 때와 같은 진동 상태에 놓이도록 강요된다. 시간이 지나면서 내게 신경 첨부가 일어나는 부위의

· ·

27. 이 문장에는 '생각한다'라는 단어가 생략되어 있다. 영혼은—세계 질서에 어긋나는 상황이 일어나기 전부터도—(서로 소통할 때) 그들의 생각을 문법적으로 불완전하게 표현하고, 의미상 반드시 필요하지는 않은 특정 단어들을 생략하는 습성을 갖고 있었다. 그런데, 이러한 영혼의 습성은 시간이 지나면서 내게 해를 끼치는 남용으로 변질되었다. 왜냐하면 그런 방식으로 중단된 문장의 의미를 보충하기 위해, 생략된 단어를 찾으려고 애를 쓰면서 인간의 지성신경—근본언어로는 인간의 '토대 (Untergrund)'라고 불리는—이 계속 자극되기 때문이다. 많은 사례 중 하나만 예로 들면 나는 몇 년 전부터 하루에도 수백 번씩 "왜 그걸 말하지요?"라는 질문을 듣고 있는데, 여기엔 이 문장에 의미를 보충하기 위해서는 원래 요구되었던 '소리 내지 않고'라는 말이 생략되어 있는 것이다. 이 질문을 던지고 나서 광선들은 곧바로 내가 말한 것이라며 "나는 그럴 만한 바보라서"라고 대답한다. 벌써 몇 년 전부터 내 신경은 이런 일, 또는 이와 유사한 진절머리 나게 실없는 일들을 지긋지긋하게 겪고 있다. 이런 말하기 방식이 선택된 이유와 그것이 일으키는 효과에 관해서는 차후에 더 자세히 이야기하겠다.

숫자도 늘어났다. 적어도 한동안은 살아 있는 사람이라는 걸 분명히 알고 있었던 인물 플레히지히 교수 말고도, 거의가 육체에서 떨어져 나온 영혼들이 점점 더 내게 관심을 갖기 시작했던 것이다.

여기서 나는 수천은 아닐지라도 수백 개의 이름을 언급할 수 있다. 몇 년 후 신문과 편지를 통해 내가 어느 정도 다시 외부세계와 접하게 된 이래, 나는 비로소 그중 대다수가 아직 살아 있는 사람들의 이름이라는 걸 알게 됐다. 그들이 영혼으로써 신경 첨부의 방법으로 나와 교류하고 있었기 때문에, 당시의 나는 당연히 그들이 이미 오래전에 시간적인 것에 이별을 고한 존재라고 가정할 수밖에 없었던 것이다. 이 이름의 소유자들 대부분은 종교적 이해관계에 얽혀 있었다. 그중에는 상당히 많은 가톨릭교도들이 있었는데, 그들은 내 태도가 특정 방향으로 바뀐 이후 가톨릭이 육성되기를, 특히 작센과 라이프치히가 가톨릭화하기를 기대하고 있었다. 여기 속하는 이들로는 라이프치히의 신부 S와 '라이프치히의 가톨릭교도 14인'(그중 내게는 총영사 D의 이름만 언급되었다. 추측하기로 이는 가톨릭 단체 아니면 가톨릭 단체의 수뇌부인 듯하다), 드레스덴의 예수회 신부 S, 프라하 대교구장, 무팡Moufang 주임신부, 추기경 람폴라Rampolla, 갈림베르티Galimberti 그리고 카자티Casati, 또한 특이하게 '탄내가 나는 광선'을 이끌고 있던 교황, 나아가 수많은 수도사들과 수녀들이었다. 한번은 스타르키비치Starkiewicz 아니면 그와 비슷한 이름을 가진 신부가 이끄는 베네딕트 수도사 이백사십 명의 영혼이 내 머릿속에 한꺼번에 들어와서는 거기서 최후를 맞기도 했다. 다른 영혼들은 종교적 이해관계와 결부된 민족적 동기를 갖고 있었다. 그중 한 명은 우연히도, 위에서 말한 베네딕트 신부와 같은 이름을 가진 빈의 신경과 의사로, 세례받은 유대인이자 슬라브 민족주의자였다. 그는 나를 통해 독일을 슬라브화하고 동시에 유대인 지배를 구축하려 했다. 신경과 의사로서의 속성상 그는 독일, 영국과 미국(기본적으로 게르만 국가들) 지역에서 플레히지히 교수가 맡고 있는 임무와 유사한, 다른 신의 지역들(오스트리아 내 슬라브 지역)에서 신의 이해관계를 집행하는 집행자인 듯했는데, 그로 인해 한동안 그와 플레히지히 교수 사이에는 지배권을 둘러싸고 질투심에서 유발된 싸움이 일어나기도 했다. 그 외에, 플레히지히 교수도 특별회원으로 소속되어 있던[28] 라이프치히 삭소니아Saxonia 학생단의 예전 멤버들로 이루어진 그룹도 있었다. 내 추측에 그 멤버들은 플레히지히 교수의 도움을 받아 축복계에 도달한 듯했다. 그중에는 드레스덴의 검사이자 박사인 G. S, 라이프치히의 의학박사 S, 지방행정 판사 G, 그리고 학생단 소속의 수많은 젊은 멤버들이 있었는데, 이후 이들은 '카시오페이아에 매달려 있는 자들'이라고 지칭되었다. 한편 그와는 다른 학우회도 있었는데, 한동안은 이들의 세력이 크게 성장해 목성, 토성 그리고 천왕성을 점령할 정도가 되었다. 그중 언급할 만한 이로는, 검사이자 프로이센 하원 부의장인 A. K, 라이프치히 학장인 W교수와 검사 H가 있는데, 나는 이들을

28. 이 역시 이전부터 알고 있던 사실은 아니다. 나는 신경 첨부를 통해 내게 말하는 목소리에 의해 이를 알게 되었다. 이런 점에서, 아주 사소한 이런 사안들이 플레히지히 교수의 이전 삶에서 사실인지 아닌지를 확인해 보는 건 흥미로운 일일 것이다.

개인적으로 만나본 적은 없다. 이들과, 앞에서 언급한 삭소니아 학생단 멤버들은 내 머릿속에서 벌어지는 일을 자기 단체와 다른 학우회 사이의 오래된 싸움의 연장으로 여기는 듯했다. 이 외에 더 언급할 이로는 천랑성Sirius에서 일종의 지도자적 위치를 차지하고 있던 추밀고문관 바흐터 박사와, 칠요성에서 그와 같은 지위를 갖고 있던 추밀장로회 호프만 박사다. 이들은 죽은 지 오랜 시간이 지난 뒤 축복계의 더 높은 지위까지 올라간 듯하다. 이 둘은 살아 있을 때 나를 개인적으로 알고 있었고, 아마 그 때문에 내게 어느 정도 관심을 가지고 있었던 것으로 보인다.

마지막으로 언급할 인물들은 내 친지들(아버지와 형 말고도, 어머니와 아내 그리고 장인)과, 1864년에 죽은 젊은 시절 친구 에른스트 K, 그리고 왕자인데, 그는 나중에 더 자세히 언급하게 될 '작은 남자'로 내 머릿속에 나타나서는 산보를 하곤 했다.

이 영혼들은 모두 '목소리'로서 많건 적건 무심한 태도로 게 말을 걸어왔고, 자신들 말고도 다른 영혼들이 있음은 알지 못했다. 내가 말하는 것이 병적 환상의 산물에 불과하다고 여기지 않는 사람이라면 이를 통해 내 머릿속에 얼마나 끔찍한 혼잡 상태가 생겨났는가를 가늠해 볼 수 있을 것이다. 그래도 당시 영혼들은 아직 자기만의 생각을 가지고 있었기에, 내가 큰 관심을 갖고 있던 소식들을 전해주거나 질문에도 답할 수 있었다. 그런데 나중에 이 목소리들이 하는 말은 똑같은 (암기된) 구절들을 지긋지긋한 방식으로 단조롭게 반복하는 것이 되었다. 왜 이렇게 되었는지에 대해서는 나중에 이야기하겠다. 특정한 개인들로 판명이 가능한 이런 영혼들 말고도, 자신들이 상위 기관으로 승급하는 신의 전능이라고 주장하던 다른 목소리도 등장했는데, 언급했던 개인 영혼들은 아마도 이들의 사절단 역할을 하고 있는 듯 보였다.

여기에서 다루어야 할 두 번째 사안은, 세계 질서에 내재된 경향으로서 광선과 지속적인 교류 관계에 있는 사람의 탈남성화다. 이는 한편 신의 신경이 지닌 본성과 관련되어 있는데, 그 덕분에 축복계가, 물론 전적으로 그것만을 위해서는 아니라 할지라도, 매우 고양된 쾌락으로 느껴지게 된다. 다른 한편 탈남성화는 세계 질서 자체에 자리 잡은 듯 보이는 어떤 계획과도 관련되어 있다. 그것은 의도적이건 아니건 한 천체에 사는 인류 전체가 절멸할 수밖에 없는 세계적인 재난이 닥쳤을 때 인간 종의 갱신을 가능하게 하려는 계획이다. 윤리적 타락(쾌락적 방종)이나 신경과민이 한 천체의 인류 모두를 장악한 나머지 하늘의 앞마당(이에 관해서는 주석 13번을 참고할 것)이 지나치게 검게 변한 그들의 신경에 의해 보충되기 힘들어지거나, 신의 신경을 위협하는 흡인력이 위협적으로 증가할 것이 우려될 경우, 이 천체에 사는 인간 종은 (대규모 전염병 등을 통해) 스스로 몰락하거나 아니면 신이 일으킨 지진이나 홍수 등에 의해 몰락할 수 있었다. 신은 자신이 몰락시키려는 행성에서 태양(혹은 태양처럼 그 행성에 온기를 제공하는 어떤 항성)의 온기를 완전히, 또는 부분적으로 거두어들일 수도 있을 것이다. 이를 통해, 내가 알기로 아직 과학도 풀지 못한 빙하기의 문제에 새로운 빛이 던져질 수도 있으리라. 지구 빙하기의 인간들은 아직 원시적[홍적세적洪積世的] 초창기 상태였다는 반론은 그렇게 결정적인 것이 될 수 없다. 예를 들어 그 시기에 금성과 같은 다른 행성에는 이미 고도로 발달한 인류가 존재하고 있었으며, 그들을 멸망시키려는 신의 계획으로, 아직 그리 발전하지 못했던 지구도 덩달아 심하게 냉각되었던 것[29]인지 누가 알겠는가? 인간은 이 모든 일을 편협하고 뿌리 깊은 지구 중심적 표상에서 벗어나, 영원성이라는 더 숭고한 관점에서 고찰하려 노력해야 한다. 이러한 점으로 볼 때 퀴비에[30]가 주장한, 세계 재난이 주기적으로 반복해서 일어난다는 이론이 일말의 진리를 함축하고 있을 수도 있다. (이 멸망의 와중에) 종을 보존하기 위해 — 다른 이들과 비교해 윤리적으로 신실한 — 한 명의 인간이 살아남게 되었는데, 내게 말을 거는 목소리들은 그를 '영원한 유대인'이라고 불렀다. 이 호칭은 일화에 등장하는 유대인 아하스버Ahasver를 의미하지는 않는다. 그보다는 오히려 노아Noah, 데우칼리온Deukalion 그리고 피라Pyrrha 등의 신화를 떠올리는 게 더 적합하다. 레아 실비아Rhea Sylvia가 훗날 로마의 왕이 될 로물루스와 레무스를, 지상의 아버지가 아니라 전쟁의 신 마르스에 의해서 잉태했다는 로마의 건국 신화도 여기에 속할 것이다. (이러한

· ·

29. 플레히지히의 병원에 있는 동안 내가 보았던 비전(꿈)에 의하면 지구보다 더 심각한 수준으로 윤리적 타락에 물든 행성들이 존재했고, 그에 비하면 지구의 인간들은 윤리적으로 아직 순수한 편이라고 했다.

30. 바론 드 퀴비에(Baron de Cuvier, 1769~1832). 프랑스의 자연과학자이자 교육정치가. 라마르크의 점진적인 진화이론을 거부하면서, 지구의 역사에서는 주기적으로 대재난이 일어나 그전까지의 생물계 전체가 사라지고 완전히 새로운 생명이 탄생해왔다는 재난이론을 주창했다.—옮긴이

의미에서) 영원한 유대인은 아이를 낳기 위해 탈남성화해야(여자로 변신해야) 했다. 탈남성화는 다음과 같은 방식으로 일어났다. 먼저 (체외의) 남성의 성 도구들(고환과 남성 성기)이 몸속으로 딸려 들어가고, 그와 동시에 체내의 성 도구들도 그에 상응하는 여성 성 기관으로 형태를 바꾸었다. 이러한 형태 전환을 위해서는 골격 구조(골반 등)도 변화해야 했기에, 이는 아마도 수백 년간 잠을 자는 동안 일어났을 것이다. 말하자면 여기에서는 자연이 미래의 아이에게 남자 혹은 여자의 성을 부여할 것인가에 따라, 모든 인간 태아가 임신 사 개월이나 오 개월 동안 거치게 되는 발전 과정에 일종의 역행이 일어났던 것이다. 잘 알려져 있다시피 임신 초기 몇 개월간 태아에게는 두 개의 성이 모두 잠재해 있으며, 발전되지 않은 성 특성은 나중에 남자의 젖꼭지처럼 낮은 발전 단계에 멈춘 퇴화기관으로 남는다. 이러한 탈남성화의 기적을 일으킬 수 있는 능력은 낮은 단계의 신(아리만)의 광선에만 주어져 있다. 높은 단계의 신(오르무즈트)의 광선은 필요한 경우 남성성을 재생시킬 수 있는 능력을 갖는다. 병원 체류 기간 동안 나는 두 차례 서로 다른 시기에 (잠시 동안) 탈남성화의 기적을 내 몸으로 직접 경험했다. 이 기적이 끝까지 완성되지 못하고 다시 원점으로 돌아가게 된 건 순전히, 순수한 신의 광선뿐 아니라 '검증된'(순수하지 못한) 영혼들이 이끄는 광선들(플레히지히 등의 광선)이 함께 있었기 때문이다. 그 광선들의 영향으로, 이 변신 과정이 세계 질서에 상응하는 순수한 형태로 완벽히 진행되지 못하게 방해를 받았던 것이다. 영원한 유대인을 보존하고 그에게 필수적인 삶의 욕구를 충족시키는 일은 '일시적으로 급조된 인간들'에게 맡겨졌으며, 이 목적을 위해 영혼들은 기적을 통해 임시적으로 사람의 형상을 하게 되었다. 그 기간은 영원한 유대인의 생존 기간을 넘어 그 후 몇 세대에 이르기까지, 그의 후손들이 스스로 유지될 수 있을 만큼 충분히 많아질 때까지 지속되었다. 이것이 세계 질서에 의해 '일시적으로 급조된 인간들'의 기관에 부여된 애초의 임무였던 것으로 보인다. '일시적으로 급조된 인간들의 기관'이 이것 말고도, 순화 과정을 거쳐야 하는 영혼들로 하여금 인간 형상을 하고 순화에 필요한 노동을 수행하게 하려는 목적에도 기여했는지에 대해서는 결론을 내리지 않겠다. 어쨌든 일시적으로 급조된 인간들의 목적이 단순한 기적 놀음을 위한 게 아니었다는 것만은 확실하다. 그런데 내가 플레히지히의 병원에 있던 말기와 피에르존의 병원에 체류하던 시기, 그리고 현재 이 병원에서의 최근까지, 일시적으로 급조된 인간들은 바로 그런 기적 놀음이 되어버렸다.[31]

특정한 조건하에서 한 인간을 탈남성화시킬 것을 계획하는, 세계 질서에 내재하는 이 경향에 대해 플레히지히 교수는 어떤

· ·

31. 내 경우가 일어나기 훨씬 이전의 과거에도, 나아가 다른 천체들에서도 많은 수의 영원한 유대인이 존재했음을 말해주는 몇 가지 암시를 받은 적이 있다. 내게 말을 거는 목소리들이 관련된 이름 몇 개를 언급한 적이 있는데 그중에는 내 착각이 아니라면 폴란드 귀족 차르토리스키(Czartorisky) 아니면 그와 비슷한 이름이 있었다. 그렇다고 해서 여기서 반드시 지구에 있는 폴란드라는 나라를 생각할 필요는 없다. 영혼 윤회의 과정에서 폴란드인들이 두 번째로 어떤 다른 천체에 존재할 가능성을 생각할 수 있기 때문이다.

식으로든 알고 있었던 게 틀림없는 듯하다. 그가 혼자서 깨달았을 수도 있지만 그보다 더 개연성 있는 추측은 그가 신의 광선에 의해 영감받았다는 것이다. 그런데 바로 여기에, 이후 하나의 실마리가 되어 내 삶 전체를 관통하는 어떤 근본적인 오해가 자리 잡고 있다. 세계 질서에 따르면 신은 원래 살아 있는 인간을 알지 못하고 또 알 필요도 없으며, 다만 세계 질서에 따라 시신하고만 교류하도록 되어 있다는 사실에서 기인하는 오해다. 다른 한편으로 중요한 것은, 플레히지히 교수 아니면 그의 영혼에 대한 신의 의존성이다. 그것은 신이 애초에 그에게 한번 요구했던 신경 첨부가 악용에 의해 고착되어 버리는 바람에 더 이상 그것을 철회할 수 없었기 때문이다. 바로 이 때문에 '오락가락하는 시스템System des Lavierens'이 생겨나, 내 신경병을 낮게 하려는[32] 시도와, 점점 증가하는 신경과민으로 신 자신을 위협하는 인간인 나를 없애려는 시도가 번갈아 가며 이루어졌다. 그로부터 생겨난 것이 "이도 저도 아닌Halbheit — 내가 반복해서 들은 표현에 따르면 '불완전한 Halbschürigkeit' — 정책"이다. 이는 한번 멈추지 않는 향유에 익숙해져 버리면, 미래에 더 지속적인 장점을 확보하기 위해 그 향유를 일시적으로 희생시키거나 잠시 포기할 수 있는, 인간에게 고유한 능력을 아예 갖지 못하거나 혹은 적게만 갖는 영혼의 성격에 완전히 들어맞는 것이었다. 동시에 일단 나의 신경과 한번 맺어진

· ·

32. 이후 더 자세히 이야기하겠지만 말이 나온 김에 잠시 언급하자면, 이는 상대적으로 적은 수의 순수한 광선들을 희생시키는 손쉬운 방법이었을 것이다. 왜냐하면 광선들은 무엇보다 신경을 진정시키고 잠이 오게 하는 능력을 소유하고 있기 때문이다.

연결은 나를 해치기 위한 기적이 더 많이 행해질수록 점점 풀리기 힘들어졌다. 그러던 와중에 플레히지히 교수는 자신의 영혼 전체 혹은 영혼 일부를 통해 천상에 오르고, 그로써 — 죽거나 그 이전의 순화 과정도 거치지 않은 채 — 광선 지도자가 되는 방법을 알아냈던 것이다. 이렇게 해서 (1894년 3월 또는 4월에) 나에게 적대적인 공모가 완결되었다. 그 공모의 목적은, 내 신경병이 치유될 수 없다는 것을 인식하거나 아니면 그렇게 가정한 후 나를 다음과 같은 방식으로 다른 사람에게 넘기는 것이었다. 곧, 내 영혼을 그 사람에게 맡겨버리고, 내 육체가 — 위에서 말한, 세계 질서에 내재된 경향에 대한 잘못된 이해에 근거해서 — 여성의 육체로 변신하면 성적 희롱을 하라고 그에게 넘겨준 뒤 그냥 '내버려두려는', 말하자면 부패하게 하려는 것이었다. 그들은 '내버려둔' 인간이 어떻게 될 것인지, 그로 인해 그 인간이 정말로 죽는지에 대해서는 구체적인 생각이 없었던 것으로 보인다. 나는 이 공모가 실제로 존재했다는 사실을 조금도 의심하지 않는다. 그렇다고 플레히지히 교수가 인간으로서 그 공모에 참여했다고 주장하는 건 아니다. 플레히지히 교수가 인간으로서 나와 접하는 동안에는 당연하게도 그러한 것들에 관해서는 한마디도 이야기된 적이 없다. 하지만 동시에 그가 영혼으로서 참여하고 있는 신경 첨부에서는, 다시 말해 서두에 언급했던 신경언어로는 이러한 의도가 명백히 표현된 바 있다. 게다가 내가 받은 외적인 치료의 방법도 신경언어를 통해 내게 알려진 이 의도에 상응하는 듯 보였다. 사람들은 옷을 벗긴 채 날 몇 주 동안 침대에 붙들어 놓았는데 — 내 생각에 —

그것은 나로 하여금 이미 내 몸에서 조금씩 자라나던 여성 신경이 가져다줄 쾌락감에 더 쉽게 도달하도록 하기 위한 것이었다. 내 확신에 따르면, 그들은 또 그러한 목적을 이루기 위해 내게 약을 사용하기도 했다. 그 때문에 나는 그 약을 복용하기를 거부했고, 간병인을 통해 강제로 약을 먹었을 땐 다시 뱉어냈다. 그 해악한 의도를 분명히 인식한 이래, 남자로서 나의 자존심과 감정이 얼마나 그에 항거했는가는 충분히 상상할 수 있을 것이다. 더구나 당시는 다른 영혼들과 교류함으로써 얻은 신에 대한 계시에 자극받아, 신과 세계 질서에 관련한 성스러운 생각으로 가득 차 있었다. 외부세계와 완전히 차단된 채 가족과도 만나지 못하고 거친 간병인들 — 내적인 목소리들은 때때로 그들과 맞서 싸우는 것이 나의 남성적 용기를 실험하기 위한 일종의 의무라고 했다 — 의 손에만 내맡겨 있던 나는 이런 치욕적인 종말을 맞느니 차라리 끔찍한 죽음을 맞이하는 것이 더 낫겠다고 생각했다. 그래서 굶어 죽음으로써 삶을 끝장내리라 마음먹고 모든 음식을 거부했다. 게다가 내적인 목소리 또한 굶주려 죽음으로써 신을 위해 스스로를 희생하는 것이 원래 나의 의무이며, 내 육체가 갈구하는 식사를 향유하는 건 명예롭지 못한 허약함이라고 반복해서 말해왔다. 그 결과 이른바 '먹이는 시스템Fütterungssystem'이 시작되었다. 이는 평상시에 주로 나를 담당하던 간병인들 — 이미 언급했던 R 말고, H와, 이름을 알지 못하는 세 번째 간병인 — 이 강제로 내 입에 음식을 집어넣는 것이었는데, 때로는 매우 거친 방식으로 일어났다. 간병인 하나가 내 손을 붙잡고 있으면 다른 한 명이 침대에 누운 내 위에 무릎을 꿇고 앉아 입에 음식이나 맥주를 쏟아 넣는 일이 자주 일어났다.

　나아가, 매번 목욕을 할 때마다 익사의 관념이 연상되었다. 그들은 — 신경언어로 — '순화 목욕' 그리고 '성스러운 목욕'이라고 말했는데, 후자의 표현은 나로 하여금 스스로 물에 빠져 죽게 하려는 목적을 갖고 있었다. 매번 목욕할 때마다 나는 이것이 내 삶을 끝장내려는 것이라는 내적인 불안에 빠져들었다. 내부 목소리들(구체적으로는 위에서 말한 삭소니아단에 속하는 영혼들, 이른바 '카시오페이아 형제들')은 이러한 의미에서 너는 스스로 익사할 만큼의 용기가 없다고 속삭이면서 계속 나를 조롱했다. 그래서 나는 여러 번 머리를 물속에 집어넣으려고 했다. 그러면 어떨 때는 간병인들이 내 발을 물 위로 들어 올려 나의 자살 기도를 도와주는 듯도 했다. 심지어 내 머리를 여러 번 물속에 밀어 넣기도 했다. 하지만 그러고 나서는 수없이 상스러운 농담을 던지면서 내가 물에서 나오도록, 그리고 결국 욕탕을 떠나도록 했다.[33] 플레히지히 교수와 신경 첨부를 통해 대화를 나누는 동안 나는 음독을 위해 그에게 계속 청산가리나 스트리키닌(근본언어로는 주스–독액이라고 불림)을 달라고 요구했는데, 플레히지히 교수는 — 신경 첨부한 영혼으로 — 이런 나의 요구를 거절하지만은 않았다. 오히려 그 요구를 들어줄 것을 절반쯤 약속하고 나서는,

· ·

33. 덧붙여 말하자면 이 시기는 나를 해치기 위해 행해진 기적의 결과, 정상적으로 형성된 남자 성기와는 조금도 닮지 않은 어떤 물건(Ding)을 내 다리 사이에 가지고 있던 시기이기도 했다.

몇 시간 동안의 신경 첨부 대화 중에 점점 더 위선적으로, 내가 정말로 그것을 먹겠다고 보장한다면 약을 주겠다고 했다. 회진 시에 플레히지히 교수가 인간으로서 날 방문했을 때, 그는 당연히 그런 사실에 대해서는 아무것도 모르는 척했다. 내 삶을 종결시키기 위해 날 산 채로 매장하는 방법에 대해서도 계속 이야기되었다. 당시 나는 아직도 날 지배하고 있던 인간적인 관점에 따라 내 원래 적은 플레히지히 교수 혹은 그의 영혼뿐이라 여겼고(나중에 거기에 폰 베의 영혼이 추가되는데 이에 관해선 차후에 상세히 이야기하겠다), 신의 전능은 당연히 나의 동맹이라고 생각했다. 신의 전능이 플레히지히 교수와 대립하는 위급한 순간에 처해 있다고 여겼기 때문에 나는 나 자신의 희생을 포함한 모든 가능한 수단을 통해 신의 전능을 도와야 한다고 믿었다. 그런데 신 자신이, 물론 주동자는 아니라 할지라도, 내게 시도된 영혼 살해와 내 육체를 여자 매춘부로 만들려는 계획을 이미 알고 있었다는 것은 그로부터 한참이 지난 후에야, 사실은 지금 이 글을 쓰는 동안 비로소 분명하게 의식된 생각이다.

　다른 사람들의 종교적 표상과 감정을 혼란에 빠뜨리지 않기 위해 덧붙이자면, 이 모든 계획이 내게는 ― 주관적으로는 ― 물론 해로운 것으로 여겨질 수밖에 없었다고 하더라도, 나는 그것이 모든 살아 있는 존재와 마찬가지로 신에게도 자연스러운 자기보존 충동에 의한 것이라 인정하기를 망설이지 않는다. 다른 맥락에서 (77쪽 참조) 이미 말했듯이 이러한 자기보존 충동은 특정한 상황에서 신으로 하여금 개별 인간들뿐 아니라 하나의 천체 전체를 거기에 사는 모든 창조물과 함께 절멸시킬 계획까지도 수행하지 않을 수 없게 한다.『모세』1권 19장에 등장하는 소돔과 고모라도, 비록 극소수나마 주민들 중에 '정의로운 자'가 존재했음에도 불구하고 결국 유황과 불의 비에 의해 파괴되었다. 나아가, 그 누구도 창조된 세계의 모든 영역에서 — 세계 질서에 모순되지 않는 한 — 강자가 약자를 정복하고, 고도로 문명화한 민족이 낮은 문명 단계에 있는 민족을 거주지에서 몰아내고, 고양이가 쥐를 잡아먹고, 거미가 모기를 죽이는 등의 일이 비윤리적이라고 생각하지 않을 것이다. 윤리라는 개념은 다만 세계 질서 내에서만 존재한다. 다시 말해, 신이 인간과 맺은 자연적인 결합 안에서만 존재한다. 그러나 세계 질서가 한번 깨지면 거기엔 강자의 권리가 모든 것을 결정하는 힘의 논리만 남는다. 나의 경우에 윤리적으로 문제삼을 만한 게 있다면, 신이 자신에게도 적용되어야 할 세계 질서 바깥에 스스로를 위치시켰다는 사실뿐이다. 그렇게 된 것은 신이, 물론 직접적으로 강제되진 않았다 할지라도 영혼으로서는 거절하기 힘든 유혹에 자극되었기 때문인데, 그 유혹은 이미 플레히지히 교수의 순화되지 않은(검증된) 영혼이 천상에 존재할 때부터 준비되었던 것이다. 당시 아직도 상당히 높은 수준으로 남아 있던 인간적 지능 덕분에 플레히지히의 영혼은 매번 그 지능과 우선적으로 교류하는 신의 신경에 대해 일정한 기술적 우위(이에 관해 자세한 것은 나중에)를 확보할 수 있었고, 영혼으로서 신의 신경은 나의 치유를 위해 충분한 잠을 마련함으로써, 플레히지히의 영혼을 무해하게 만드는 데 필요한 스스로를 부정하는 희생 능력을 갖추지 못했던 것이다. 그래서 나는 이 모든 일을 신에게도 그리고 나 자신에게도 아무런 윤리적 책임도 물을 수 없는 일종의 불운이라는 관점에서 바라보려고 한다. 다른 한편으로는, 이처럼 규칙에 반하는 정도까지 치달은 상황에서도 세계 질서는 그에 모순되는 목적을 이루기 위한 권력 수단을 신에게조차 부여하기를 거부함으로써 자신의 위대함과 숭고함을 유지했다. 영혼 살해를 기도하려는 시도, 세계 질서에 어긋나는 목적으로서(한 인간의 성적 욕구를 충족시키기 위해) 탈남성화[34]를 추진하려던 시도, 그리고 이후에 벌어진 내 이성을 파괴하려는 모든 시도는 실패로 돌아갔다. 나는 한 명의 연약한 인간이 신과 벌여야 하는, 겉으로만 봐도 불공평한 이 싸움에서 비록 쓰라린 고통과 상실감을 겪긴 했지만 결국 승리자가 되었는데, 그것은 세계 질서가 내 편이기 때문이었다.[35]

· ·

34. 탈남성화가 이와는 다른—세계 질서에 적합한—목적으로 이루어지는 것이 가능하다는 사실, 심지어 그것이 갈등을 해결할 수 있는 가장 개연성 있는 해결법이라는 것에 대해서는 차후에 다시 언급할 것이다.

35. (1902년 11월 추가) 여기에 '세계 질서', 곧 어떤 비인격적인 것이 신보다 상위에 있고 신보다 더 강한 힘을 가지며 나아가 신에 대해서까지 어떤 권위를 갖는 것으로 서술되어 있다는 사실에 불분명한 점이 있는 것처럼 보일지 모르겠다. 하지만 실제로 이런 불분명함은 존재하지 않는다. '세계 질서'는 신의 본성과 속성 자체에 의해 주어진, 신과 그가 생명을 불어넣은 창조 사이에 존재하는 법칙적 관계다. 신은 인류에 대해, 혹은—나의 경우처럼—신과 특별한 관계에 들어선 개인에 대해, 자신의 속성과 힘에 모순되는 일을 행할 수 없다. 신의 광선이 지닌 힘은 그 본성상 무언가를 건설하고 창조하는 것이다. 그런데 규칙에 어긋나는 상황에서, 신은 나의 육체적 통합과 이성을 파괴하려는 정책을 추구하면서 스스로에 대한 모순에 빠지고 말았다. 그 때문에 이 정책은 일정 기간 내게 해를 끼칠 수는 있었지만 지속적인 성과를 얻지는 못했던 것이다. 모순어법(Oxymoron)을 통해 말하자면, 신이 나를 대상으로 벌였던 투쟁에서 나는 신을 내 편으로 삼았다. 다시 말해 나는 신의 속성과 힘을 나 자신을 방어하기 위한 효과적인 방어 무기로서 투입할

나의 외적 상황과 몸 상태 역시 매년 점점 나아지고 있다. 현재 나는 이 모든 혼란이 결국에는 이런저런 방식으로 세계 질서에 걸맞은 상황으로 복원될 하나의 에피소드에 불과할 것이라는 낙관적 믿음을 갖고 살고 있다. 어쩌면 내가 겪어야 했던 개인적 어려움과 지금까지의 축복을 상실한 것까지도 어느 정도 보상이 될 수 있을 것이다. 나를 계기로 인류가 단번에 종교적 진리들을, 그것도 지난 수백 년간 인간의 날카로운 지성을 모두 동원한 학문적 연구 방법에 의해 해명된 것과는 비교할 수 없을 만큼 높은, 아니 지금까지 한 번도 가능하지 못했던 정도의 종교적 진리들을 인식하게 될 것이기 때문이다. 나의 개인적 운명을 통해, 또한 앞으로 다가올 그 운명의 모습을 통해 저 천박한 유물론과 그만큼이나 불명료한 범신주의의 토대가 한 번에 무너진다면, 그것이 인류를 위해 얼마나 그 값을 헤아리기 힘든 이득이 될 것인가는 굳이 말할 필요도 없을 것이다.

• •
　수 있었던 것이다.

6장

개인적 체험 계속. 비전.
'영령을 보는 자'

내가 앞 장에서 이야기하고자 한 시기 — 1894년 3월 중순 경에서 5월 말까지인데, 그것이 몇백 년이 아니라 실제로는 세속에서의 몇 개월일 뿐이라는 전제하에서 — 는 내 생애 가장 끔찍했던 시간이라고 말할 수 있다. 하지만 이 시간은 또한 내 생애에서 가장 성스러운 시간이기도 했다. 내가 외부에 의해 한창 거친 대우를 받을 때 나의 영혼은 점점 대규모로 몰려오는 초감각적인 것들에 완전히 고무되어 있었고, 그로 인해 신과 세계 질서에 대한 가장 숭고한 관념들로 가득 차 있었기 때문이다. 그런데 나는 젊은 시절부터 종교적 열광 같은 것과는 아주 거리가 먼 사람이었다. 내 이전 삶에 조금이라도 가까이 있던 사람들은 내가 차분하고, 열정적이지 않으며, 명석하게 생각하고, 대체로 냉철한 성격에, 구속되지 않은 상상력에 의한 창조적 활동보다는 차가운 이성적 비판에 더 많은 재능을 가지고 있었음을 증언해 줄 것이다. 작은 가족 모임 등에서 가끔 시도해 본 적은 있지만, 나는 결코 사람들이 시인이라고 부를 만한 사람이 아니었다. 그뿐만 아니라 (젊은 시절 이래로) 우리의 기성 종교가 말하는 의미에서 신앙심이 깊은 사람도 아니었다. 물론 나는 종교 멸시자였던 적은 한 번도 없었다. 그보다는 오히려 종교적인 것에 대해 많이 이야기하기를 피해 왔으며, 나이가 들어서도 어린아이 같은 신실한 믿음을 유지할 수 있는 사람들의 행복을 방해해서는 안 된다는 생각을 오래전부터 가지고 있었다. 단지 나 자신은 기독교의 가르침에 대한 문자 그대로의 진리를 회의하지는 않으면서도, 자연과학적인 것들, 구체적으로는 이른바 현대 진화론에 근거한 저작들에 많은 관심을 가져왔다. 유물론이 신적인 문제에 대한 최종 해답이 될 수는 없다는 전반적인 생각을 갖고는 있었지만, 그렇다고 내가 인격적 신의 존재에 확고한 믿음을 갖고 있다고 내세우거나 그런 믿음을 유지하지는 못했다.[36]

앞에서 나의 성스러운 시간이라고 부른 이 시기에 대해 이 장에서 몇 가지 세부적인 것을 언급하려 할 때 맞닥뜨릴 어려움을 잘

• •

36. 그렇다고 해서 내가 본래 철학적 두뇌를 가지고 있었다거나, 우리 시대의 철학적 논의에서 최고 수준에 도달했다고 주장하는 것은 아니다. 법관이라는 정말 힘든 직업 때문에라도 내게는 그런 일에 쏟을 만한 시간이 없었다. 그래도 발병하기 전 십 년 동안 부분적으로는 반복해서 읽었던 철학적·자연과학적 내용의 책 중 몇 권을 여기에 열거하려 하는데, 그 이유는 이 저작들에 담겨 있는 것과 유사한 생각이 내 글의 여러 곳에서 발견되기 때문이다. 예를 들어 헤켈(Haeckel)의 『자연창조사』, 카스파리(Caspari)의 『인류의 원역사』, 뒤프렐의 『우주의 생성』, 메들러(Maedler)의 『천문학』, 카루스의 『별, 생성과 소멸』, 마이어(Meyer)의 잡지 『하늘과 땅 사이』, 노이마이어(Neumayer)의 『지구의 역사』, 랑케(Ranke)의 『인간』, 그리고 특히 에두아르트 폰 하르트만(Eduard von Hartmann)의 『현재』에 실린 몇몇 철학 논문 등등.

알고 있다. 그 어려움은 한편으로는 외적인 것이고, 다른 한편으로는 내적인 성격을 갖는다. 무엇보다 나는 여기서 전적으로 내 기억에만 의존하고 있다. 왜냐하면 그 시기에 나는 무언가를 기록할 수 있을 만한 상태가 아니었기 때문이다. 필기도구가 없었을 뿐 아니라, 나 자신 또한 무언가를 기록하려는 욕구를 느낄 수 없었다. 왜냐하면 당시에 나는― 그게 옳았는지 틀렸는지는 일단 제쳐놓고라도― 모든 인류가 몰락했다고 믿었기에, 무언가를 기록할 아무런 목적도 찾을 수 없었기 때문이다. 게다가 당시 내게 몰려왔던 인상들에는 자연적 사건들과 초자연적 본성을 갖는 과정들이 놀랄 만큼 뒤섞여 있었고, 그로 인해 그저 꿈속에서 본 것과 깨어 있는 상태에서 겪은 체험을 구분하는 것, 다시 말해 실제로 내가 체험했다고 믿는 것이 도대체 얼마만큼 역사적 현실성을 지니고 있는지 분명하게 말하는 것은 내게는 한없이 어려운 일이었다. 이러한 점에서 이 시기에 관한 내 기억들은 어느 정도 혼미한 성격을 띨 수밖에 없다.[37]

• •

37. 최근에 일어난 사건 하나가 이와 관련된 정황을 아주 잘 말해준다. 위의 글을 쓰고 난 후, 3월 14일에서 15일(1900)로 넘어가는 밤, 자는 동안 꿈속에서 광포한 기적 법석(Wunderspuk)이 다시 일어났다. 이는 내가 독방에서 자던 때(1896년에서 1898년 말)에도 자주 일어났지만, 그 후 거의 이 년간은 더 이상 경험하지 못했던―했다고 해도 아주 예외적으로만 경험했던―일이다. 결국 나는 힘겹게 잠에서 깨어나 불을 켬으로써, 아주 공포스러운 방식으로 내 잠을 방해하던 그 기적 법석을 쫓아냈다. 그때 시각은 겨우 밤 11시 반이었다(내 방문은 복도 쪽에서 잠겨 있어서 아무도 바깥에서 안으로 들어오지 못했을 것이다). 시간이 이렇게밖에 안 됐음에도 나는 곧바로 그것을 종이에 기록했는데, 알다시피 꿈의 표상이란 쉽사리 기억에서 사라져 버리기 마련이라, 그 사건이 신의 기적을 인식하는 데나, 또한 내가 이전에 가졌던 그와 유사한 비전들이 객관적 사실에 부합하는지 아닌지를 더 정확히 구분하는

데도 큰 도움이 될 것이라 여겼기 때문이다. 그 기록 중에서 여기서는 다음과 같은 내용만을 언급하려 한다. 기적을 통해 생겨난 그 꿈의 표상에 따르면, 침실과 접해 있는 거실문을 여는 소리가 내 귀에 들린 후 병원의 간병인 하나가 때로는 내 침대에 걸터앉았다가, 때로는 그 옆에서 온갖 해괴한 짓을 벌이기도 했는데, 그중 한번은 훈제 혓바닥이나 햄을 콩과 곁들여서 먹기도 했다. 난 꿈속에서도 그 기적 법석을 끝내기 위해 불을 켜려고 침대에서 일어났다 믿었는데, 완전히 깨고 나서는 내가 아직 침대에 누워 있다는 것을, 곧 그때까지 침대를 떠나지도 않았다는 사실을 깨달았다. 위에서 음식과 관련해 세부적으로 언급한 것은 결코 웃을 일이 아니다. 음식을 지칭하기 위해 사용한 단어들은 이후 언급할 '기록 시스템'과 관련되어 있으며, 따라서 이 꿈은 내게 불어넣어진 의도가 무엇인지 정확히 인식하게 해준다. 이것 역시 신과 신의 나라를 지배하고 있는, 이미 1장 말미에서 언급한 바 있는 이원론에 대한 암시인 것이다. 여기서는 다음과 같은 것만 이야기하겠다.

깊이 잠들지 않은 사람이 이른바 그의 신경이 조작해 낸 꿈을 꾸는 것은 아주 일상적인 현상이기에, 그에 관해 새삼스럽게 이야기할 필요는 없을 것이다. 하지만 위에서 언급한 밤과 이전 시기의 유사한 비전에서 내가 본 꿈들은 그 입체적 생생함과 사진과 같은 정확성에서, 최소한 내가 건강했던 시기에 꾸었던 어떤 꿈보다 월등하다. 그것들은 결코 나 자신의 신경에 의해 자발적으로 생겨난 것이 아니라, 광선들에 의해 내 신경에 투입된 것이다. 광선들은 자고 있는 사람의 신경체계에, 특정 상황에서는 아마도 깨어 있는 사람의 감각신경에까지도 영향을 미칠 수 있다. 그것을 통해 그가 낯선 사람들을 보고, 그들이 말하는 걸 듣고, 스스로 여기저기 돌아다니면서 그들과 대화를 나누는 양, 마치 이 모든 일이 실제로 일어나는 것인 양 믿게 만든다. 지금의 나는 그것이 실제로 일어난 일은 아니라는 것을 분명히 알고 있다. 하지만 나는 내가 이전에 가지고 있던, 이와는 반대되는 가정, 곧 그것이 실제로 일어난 일이라는 가정이 내 신경의 병적 자극에서 기인한 것이 아니며, 다른 사람들도 그런 종류의 꿈을 꾼다면 나처럼 그것을 실제라고 여기게 될 거라고 주장한다. 물론 내가 이전에 했던 진술에서도 몇 가지 수정해야 할 것이 있다(그에 관해선 주석 39 참조). 특히 주석 28(슈레버는 여러 번 주석 28을 참조하라고 쓰고 있으나 원문에는 주석 28이 존재하지 않는다. 추측건대 이 주석은 출판 전 삭제되었을 것이다─옮긴이)에서 묘사했던 것, 즉 내가 현재 우리를 통치하는 황제와 만난 일이 단지 꿈이었다는 것을 의심하지 않는다. 이러한 이유로 이제부터는 내가 병 초기에 수도 없이 보았던 종류의 꿈들에 대해 얘기할 일이 있다면 간략하게만 다루고, 내가 분명 깨어 있는 상태였다고 기억하는 사건들을 중심으로 이야기할 것이다. 그렇다고 여기서 다루는 문제를 인식하는 데 그런 내가 머물던 곳의 외적 조건들이 어떠했는지를 보여주기 위해, 대학 부설 신경 클리닉의 평면도와 그것이 위치한 주변부 스케치를 내 의도에 필요한 정도로만 제시한다.

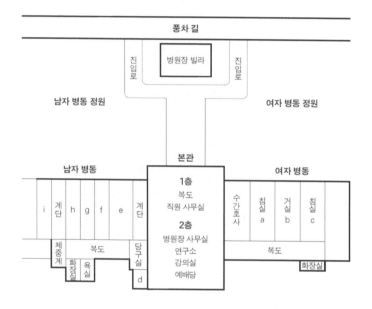

1893년 크리스마스 직전부터 1894년 2월 말까지(정기적으로 아내의 방문을 받던 시기에) 내가 머물렀던 곳은 여성 병동 일층에 있는 세 개의 방 a, b, c였다. 그곳이 다른 곳보다 더 조용했기

⋅ ⋅
꿈들이 아무런 가치가 없다고 말할 수는 없다. 적어도 그 꿈 중 몇몇은 실제로 일어났거나, 신이 미래에 일어날 거라고 기대하는 사건들을 알리기 위한 암시적 표현이었을 가능성을 완전히 배제할 수는 없다.

때문에 내게 배당되었던 것이다. 그 이전과 이후에는 남자 병동 일 층에 있는 여러 개의 방을 번갈아 가며 사용했는데, 매번 거실 하나와 침실 하나가 따로 주어졌다. 한동안(1893년 11월에) 작은 방 d가 내 침실로 쓰였다. 이 병원의 병실 대부분이 바이에른 기차역 쪽으로 나 있는 복도 서쪽에 위치해 있어서, 특히 밤에는 기차 기적 소리로 매우 시끄러웠기 때문이다. 위에서 언급한 당구실에서의 투쟁 후에 이송되었던 치매 환자용 독방은 남자 병동에서 더 왼쪽으로 들어가 있었다. 이 병원에 머물던 말기에는 주로 침실 i와 거실 e를 사용했다. 침실 i에는 치매 환자용 독방의 일반적인 구조에 따라 이중문이 달려 있었고, 문 가운데엔 바깥에서 환자를 관찰할 수 있도록 작은 구멍이 나 있었다. 문 위쪽은 유리로 되어 있어서 그곳으로 가스등 불빛이 흘러 들어올 수 있었다. 그런데, 내 기억 중 일부는 내가 아주 잘 알고 있는 플레히지히 병원 안 공간들에 부합하지 않는다. 이를 다른 상황들과 관련해 생각해 보다가, 내가 정말 여기서 말하는 시기 내내 플레히지히의 병원에만 있었는지, 혹시 간헐적으로 다른 곳에 머무르지는 않았는지 하는 의심이 생겨났다. 플레히지히 교수 말고도 두 명의 보조의사, 토이셔 박사와 쿠엔틴 박사가 내 치료를 담당했다. 그런데 내가 지금 다루는 시기에, 주위에 의사들은 한 명도 보이지 않고 간병인들— 위에서 언급했던 그 간병인들— 만 있던 때가 있었다. 이 시기의 병원은 내게 완전히 황폐한 인상을 주었다. 내 방 앞의 복도로 나갔을 때도 다른 환자는 아주 적은 수만 보거나, 전혀 보지 못했다. 상당한 시간이 지난 뒤 플레히지히 교수가 다시 나타났는데, 위에서 이미 말했듯 적어도 내게는 상당히 변했다는 인상을 주었다. 이 병원에 머무르던 후반기에 다른 조무의사들은, 내 기억에 따르면 한 번도 보지 못했거나 아니면 아주 간혹가다가 만 눈에 띄었다.

앞 장에서 나는 갈수록 심해지는 신경과민과 그로 인해 증가한 흡인력 때문에 점점 더 많은 수의 '떨어져 나온 영혼들' — 주로 나와의 개인적 관계를 통해 내게 특별한 관심을 갖고 있었을 거라 여겨지는 영혼들 — 이 내게 매력을 느끼고는 내 머리나 몸에서 소멸했다고 말했다. 꽤 많은 경우 이 과정은 영혼들이 이른바 '작은 인간들'(주석 28 참조) — 인간 모습을 한 아주 작은 형상들로, 약 몇 밀리미터 정도의 크기이다 — 로서 마지막으로 내 머리에 잠시 머물다가 완전히 사라져 버리는 것으로 끝이 났다. 내 추측에 이 영혼들은 처음 내게 접근할 때는 아마도 상당히 많은 수의 신경을 가졌고, 그럼으로써 아직 강한 자기정체성 의식을 지니고 있었다. 그런데 매번 내게 접근할 때마다 나의 흡인력에 의해, 내 육체를 위해 신경의 일부를 상실하고는 결국 단 하나의 신경만 남게 되었다. 그런 다음, 이 신경이 어떤 경이적인, 더 이상 설명하기 힘든 어떤 연관 관계로 인해, 완전히 소멸하기 전 영혼들의 마지막 존재 형태로서 위에서 말한 의미에서의 '작은 인간들'의 모습을 띠게 되었다는 것이다. 많은 경우, 이들이 그 아래 매달려 있던 별 또는 별자리가 내게 언급되었는데, 그 이름의 일부는 일반적인 천문학 명칭과 일치하지만 일부는 그렇지 않다. 그중에서 특히 카시오페이아, 직녀성, 카펠라Capella, 그리고 '젬마

Gemma'라 불리는 별(이것이 천문학의 공식적인 명칭인지 아닌지는 잘 모르겠다)이 자주 언급되었고, 또 크루시안Crucianer(아마도 남쪽 십자가?), '퍼머먼트Firmament' 등도 있었다. 어떤 날 밤에는 마지막에 영혼들이 '작은 인간들'로서, 수천은 아닐지라도 수백의 단위로 내 머리 위에, 말 그대로 방울방울 쏟아져 내리기도 했다. 이전에 그런 일을 겪은 뒤 지나치게 증가한 신경의 흡인력을 의식하고 있던 나는 접근하는 그들에게 매번 경고했지만, 영혼들은 그렇게 위협적인 흡인력이 있으리라는 걸 처음에는 전혀 믿지 않으려 했다. 앞에서 말한 방식으로 마치 자신이 신의 전능 그 자체인 듯 행동하던 다른 광선들은 '무리들의 지도자', '선한 목자', '전능한 자' 등의 호칭을 지니고 있었다. 이 현상과 관련해 내가 아주 초기에 매일 밤 보았던 비전에서는, 신과 나 사이의 불가분의 결합의 결과로 생겨난 세계 종말의 표상이 전면에 서 있었다. 사방에서 욥의 소식(나쁜 소식 – 옮긴이)이 전해져왔다. 이 별 또는 저 별이, 이 별자리 아니면 다른 별자리가 '포기되어야' 한다는 말이 들려왔다. 한번은 금성이 '물에 잠겼다'는 말이, 또 다른 때에는 태양계 전체가 하늘에서 '떼어져야' 한다고, 또 어떤 때는 카시오페이아(그곳의 모든 별이)가 단 하나의 태양으로 흡수되어야 하며, 아마 칠요성die Plejaden만 구할 수 있을 거라는 등의 이야기가 들려왔다. 밤에 이런 비전을 보는 동안, 나는 낮에 태양이 내 움직임을 쫓고 있음을 알아차렸다. 당시 내가 머물던 창 하나짜리 방 안에서 내가 이리저리로 몸을 움직였을 때, 태양 광선이 내 움직임에 따라 (문 쪽에서 보았을 때) 오른쪽 벽으로, 또 왼쪽 벽으로 움직이는 것을 보았기 때문이다. 이미 말했듯 낮에 경험했던 이 일이 환각이라고 믿기는 어렵다. 게다가 내 기억에 나는 당연히 화들짝 놀랄 수밖에 없었던 이 경험에 대해, 날 방문한 조무의사 토이셔 박사에게도 말한 바 있다. 나중에 다시 규칙적으로 정원에 나가게 되었을 때는— 기억이 날 완전히 속이지 않는다면— 하늘에 두 개의 태양이 떠 있는 것을 보았는데, 그중 하나는 우리가 알고 있는 지상의 태양이었고, 다른 하나는 단 하나의 태양으로 합쳐진 카시오페이아 별자리였을 것이다.

전체적인 기억에 의해, 내게는 통상적인 인간의 가정에 따르면 단지 삼 개월에서 사 개월에 해당되는 이 시기가 실제로는 엄청나게 오랜 시간이었음이 틀림없다는 인상이 남아 있다. 마치 하룻밤이 몇백 년이라는 기간에 상응함으로써 이 시간 동안 인류 전체와 지구, 그리고 태양계 전체에 근본적인 변화가 일어날 수 있었을 거라는 인상 말이다. 내 비전 속에서는 지난 일만 사천 년—이 숫자는 아마도 인간이 지구에 살았던 시간을 가리킬 것이다—간의 작업을 상실했다고, 그리고 지구는 대략 이백 년— 나의 착각이 아니라면 '212'라는 숫자가 언급되었다—정도의 기간만을 할당받았다는 말이 반복되었다. 플레히지히의 병원에 머물던 후반기에 나는 이 시간이 벌써 다 흘러가 버렸다고,[38] 그래서 나만이

· ·

38. 내가 여기서 다루지 않고 넘어갈 몇 가지 세부적인 일들이 이 가정을 확증하는 듯했다. 거기엔 정치적이고 종교적인 사건들도 등장했는데, 비텐 가문(Haus Witten)이 어느 날 갑자기 자신의 슬라브적 기원을 기억해내고는 슬라브주의 옹호자가 되었고, 작센 지역에서는 명문가들(그중 'v. W', 'v. S' 등의 이름이 언급되었다) 사이에서 광범위한 가톨릭화가 이루어졌으며, 내 모친도 개종했다고 했다. 나아가

아직 유일하게 남아 있는 실제 인간이고, 나 말고 내가 목격했던 몇 안 되는 다른 인간 형상들— 플레히지히 교수를 비롯해 몇 명의 간병인, 그리고 어딘가 이상한 모습을 하고 있던 극소수의 환자들— 은 기적을 통해 일시적으로 '급조된 인간들'일 뿐이라고 여겼다. 나는 플레히지히 병원 전체가, 어쩌면 라이프치히 시 전체가 플레히지히 병원과 함께 지구에서 파내어져 다른 천체로 옮겨졌을 가능성에 대해 생각해 보았는데, 그것은 내게 말을 걸던 목소리가 가끔씩 '라이프치히가 아직도 있느냐'는 등의 질문을 통해 암시하는 것처럼 보였던 가능성들이었다. 나는 밤하늘의 별 전체가, 혹은 적어도 그 대부분의 불빛이 꺼지는 것을 목격했다. 내게는 이런 표상들을 교정해 줄 만한 어떤 기회도 없었다. 침실 창문은 밤이면 두꺼운 나무 덧문으로 잠겼기 때문에, 내게는 밤하늘을 바라보는 일이 차단되었다. 낮 동안에 내가 보았던 것은, 병원 정원의 담장 너머, 거기에 직접 맞닿아 있는 건물 몇 채뿐이었다. 바이에른역 방향으로 볼 수 있었던 것은 병원 담장 너머 좁은 시골길이었는데, 그곳은 나한테는 무척이나 낯설었고 내가 잘 알고 있는 주변 지역의 원래 모습과도 너무나 다른 인상을 주었다. 그것을 두고 그들은 때때로 '성스러운 풍경'이라고 말했다. 내가 듣지 않을 수 없었던 기차의 기적 소리를 한동안 한 번도 듣지 못했던 적도 있었다. 플레히지히 병원이 완전히 고립되어 있다는 나의 가정을 흔들리게 만든 것은 계속 켜져 있는 가스등뿐이었다.

• •

    나 자신도 가톨릭교도들의 끈질긴 개종 대상(5장 참조)이었다는 등등.

이 병원에 자체적으로 설치된 가스탱크의 존재 가능성을 생각하지 않는 한, 그것은 이 병원이 어떤 식으로든 라이프치히시와 연결되어 있다고 가정하게 했기 때문이다. 나아가 내게는, 나 자신도 한동안 정신적으로 열등한 이차적 형상으로 존재했던 것은 아닐까라고 밖에는 어떻게 달리 표현할 수 없는 기억이 남아 있다. 기적을 통해 그런 일이 가능한지, 내 신경의 일부를 가지고 나를 이차적 육체에 다시 한번 정립하는 일이 가능한지에 대해서는 그 가능성을 열어둘 수밖에 없다. 그것에 관해서는 그런 가능성을 암시하는 듯 보였던 기억이 내게 남아 있다고 말할 수 있을 뿐이다. 그 이차적인 열등한 형상 속에서 — 내게는 그 존재가 낮은 수준의 지적 능력을 가지고 있었다는 인상이 남아 있다 — 나는 나보다 정신적으로 훨씬 더 재능이 많은 또 다른 다니엘 파울 슈레버가 존재했다는 말을 들었다. 내가 소상히 알고 있는 내 가족의 가계도에 따르면 나 이전에 다른 다니엘 파울 슈레버는 존재하지 않았기 때문에, 나는 이 다른 다니엘 파울 슈레버가 내 신경을 완전히 소유하고 있는 나 자신을 지칭하는 것이라고 믿는다. 이차적인 열등한 형상을 하고 있던 나는 어느 날, 이런 표현을 사용해도 된다면, 부드럽게 세상을 하직했음이 틀림없다. 내 기억에 따르면, 나는 플레히지히의 병원에서 내가 아는 어떤 공간에도 부합하지 않는 한 방의 침대에 누워 있었으며, 내 영혼이 서서히 지워지고 있다고 분명히 의식했었다. 그 상태는, 그때 내가 많이 생각했던 아내에 대한 안타까운 기억 말고는, 고통 없고 평화로운 죽음의 성격을 띠고 있었다. 다른 한편으로는 나와 신경 첨부 상태에 있던 영혼들이 복수複數의 머리(다시 말해, 하나의 두개골 안에 여러 명의 개인들)에 관해 이야기하던 시기가 있었는데, 그들은 내게서 그것을 발견하고는 "맙소사, 이건 머리가 여러 개 달린 인간이잖아"라는 말과 함께 소스라치게 놀라 물러났다. 이런 이야기가 다른 사람들에게 얼마나 황당하게 들릴지 잘 알고 있다. 따라서 나는 내가 이야기한 모든 것이 객관적 실재였다고까지 주장하지는 않겠다. 나는 다만 내 기억Gedächtnis 속에 아직 기억 Erinnerungen으로 남아 있는 인상들만을 언급할 뿐이다.

이미 언급했듯 내가 수없이 본, 세계 몰락의 표상을 담고 있던 비전들은 한편으로는 섬뜩한 성격을 지니고 있긴 하지만 다른 한편으로는 형언하기 힘들 만큼 웅대하다. 나는 그중 일부만 떠올리려 한다. 그중 한 비전에서 나는 지구 깊숙한 곳으로 하강하는 기차 혹은 휠체어에 앉아 있었는데, 그것을 통해, 말하자면 인류 또는 지구의 역사 전체를 거꾸로 거슬러 올라갔다. 위쪽에는 나뭇잎이 우거진 숲이 있었고, 아래쪽으로 갈수록 점점 어둡고 검게 변했다. 때로는 타고 있던 데서 내려 거대한 공동묘지 같은 곳을 돌아다녔는데, 라이프치히 시민들이 묻혀 있는 장소에서는 아내의 무덤을 지나치기도 했다. 다시 그곳에 올라앉아 3번 지점까지만 더 나아갔다. 나는 인류의 시원을 보여줄 1번 지점에는 감히 들어가지 못했다. 돌아오는 길에 내 뒤쪽에서 갱도가 무너져 내렸는데, 그 때문에 나와 함께 그 안에 있는 '태양의 신'은 계속 위협받아야 했다. 이와 관련해 갱도가 두 개 있었다(이는 신의 나라의 이원론에 해당하는 것일까?)는 말을 들었는데, 두 번째 갱도마저 붕괴했다는 소식이 전해졌을 때 그들은 모든 것을 잃어버렸다고 했다. 또 한번은, 라도가호(러시아의 북서부, 핀란드의 국경 지역에 있는 유럽 최대의 호수―옮긴이)에서부터 지구를 관통해 브라질까지 갔다. 그리고 그곳의 성처럼 생긴 한 건물에서 간수 한 명과 함께, 점점 불어나는 노란빛의 조수潮水 ― 나는 그것이 매독과 관계 있다고 여긴다 ― 로부터 신의 나라를 보호하기 위한 담장을 쌓았다. 또 한번은 마치 나 자신이 축복 상태로 고양된 것 같은 느낌을 받았다. 그때 나는 하늘 높은 곳 푸른빛 궁륭 아래에서 쉬면서 지구 전체를 내려다보았는데, 그것은 비교할 수 없이 화려하고 아름다운 광경이었다. 나는 이 장면을 지칭하기 위해 '신과 함께하는 광경Gottseibeieinanderaussicht'이라는 표현이 울리는 것을 들었다. 그것이 단지 비전일 뿐인지, 아니면 부분적으로라도 실제 체험인지 의심스러운 경우도 있다. 나는 내가 어떤 내적 충동에 이끌려 침대에서 일어나서는, 셔츠만 걸친 채(다른 옷들은 다 빼앗겼다) 종종 침실 바닥에 앉아 있었던 걸 기억한다. 그때 등 뒤로 바닥을 짚고 있던 손이, 가끔씩 곰처럼 생긴 형상들(흑곰들)이 감지할 수 있도록 위로 들어 올려졌다. 크고 작은 흑곰들이 내 주변에서 눈을 번뜩이며 앉아 있던 것도 보았다. 내 침대보와 이불이 이른바 '백곰'의 형상을 띠기도 했다. 나는 침실 문의 감시구멍을 통해, 주석 28에서 우리를 통치하는 왕에 대해 이야기했던 것[39]과 비슷하

. .

39. 앞의 주석 37에서는 이것이 꿈이라는 걸 의심하지 않는다고 말했지만, 더 생각한 결과 이제 다시 그 견해에 제한을 가해야겠다. 내가 침실 문의 감시구멍 앞에 서 있었던 것은, 환각이라고 믿기에는 너무도 분명한 기억이기 때문이다. 따라서

게, 보통보다 작은 크기의 노란 빛깔의 남자들이 침실 문 앞을 오가는 것을 보았다. 그때 나는 그들과 일련의 투쟁을 벌일 준비를 하고 있어야 했다. 내가 아직 깨어 있을 때, 다시 말해 아주 늦은 밤에 눈에서 빛을 발하는 고양이들이 때때로 병원 정원에 있는 나무 위에 나타났었다. 또 내 기억에 따르면, 한동안 나는 바닷가에 인접한 어떤 성에 머물러 있었는데 바닷물이 넘치려는 바람에 그곳을 떠나야 했다. 그로부터 오랜 시간이 지나 다시 플레히지히 병원에 돌아와, 돌연 이전부터 알고 있던 환경 속에 있는 나 자신을 발견했던 기억이 있다. 이른 아침 내 침실 창의 덧문을 열 때, 나는 창문에서 불과 몇 미터밖에 떨어지지 않은 곳에서— 내가 기억하는 한— 자작나무와 가문비나무로만 이루어진 울창한 숲을 보았다. 목소리들은 그것을 '성스러운 숲'이라 불렀다. 내가 본 그 숲은 1882년에야 조성되어서, 길을 따라 나무만 몇 그루 서 있을 뿐인 대학 신경병원의 정원과는 조금도 닮지 않은 숲이었다. 그것이 실제로 있었다면, 그 정도의 숲이 단지 삼사 개월 사이에 생겨날 수 없다는 것은 자명하다. 광선들이 대량으로 쏟아져 들어온 결과 내 머리는 아예 자줏빛으로 둘러싸였다. 그 빛은 그림에 등장하는 예수의 후광 같은 것과도 유사하지만, 그것과는 비교할 수 없이 더 풍부하고 번쩍이는 빛이었다. 그것이 이른바 '광선 왕관'이다. 이 광선 왕관이 발하는 반사효과는 너무나 강력해

• •

나는 내가 문 바깥쪽에서 보았다고 믿었던 것만이 '시각적 착각'(이 장 말미의 크레펠린의 인용을 참조)이었을 가능성에 대해 생각해야 한다.

서, 하루는 플레히지히 교수가 조무의사 쿠엔틴 박사와 함께 내 침대에 나타났을 때는 내 시야에서 쿠엔틴 박사가 사라져 버리기도 했다. 그와 똑같은 일이 다른 때는 간병인 H에게도 일어났다. 한동안 태양이 어떤 다른 곳으로, 아마도 자신의 천체계(태양계—옮긴이)로, 따라서 우리의 지구를 향해 돌아가기 때문에 나 자신이 카시오페이아의 보호를 받아야 한다는 말이 들려왔다. 그러나 내 신경의 흡인력이 너무도 강한 나머지 이 계획은 실행될 수 없었다. 그래서 태양은 내가 있었던 곳에 남아 있거나 아니면 나 자신이 태양계로 되돌려져야 했다.

아마 다음 장에서 나는 이 인상들을 해석하려고 시도할 것이다. 어쨌든 이러한 인상들에 의해, 내가 정말로 아직 지구에 있는 것인지 아니면 다른 천체에 있는 것인지에 대해 의문을 품은 채 몇 년을 살았다는 사실이 어느 정도 이해될 것이다. 1895년까지만 해도 나는 내가 아직 포보스Phobos— 이는 언젠가 목소리들이 화성의 위성이라고 언급한 별이다— 에 있을지 모른다는 가능성을, 그리고 내가 때때로 하늘에 떠 있는 걸 보았던 달이 화성에 속하는 대표 행성일지도 모른다는 가능성을 믿고 있었다.

여기서 다루는 시기에 나는 영혼들의 언어로 '영령을 보는 자'[40]라고 불렸다. 그것은 영령을 볼 수 있고, 영령들 또는 떨어져 나온 영혼들과 통하는 사람을 의미한다. 플레히지히의 영혼은

· ·

40. 나중에 내게 붙여진 '지옥의 백작(Höllenfürsten)'이라는 명칭에 관해서는 이후에 이야기할 것이다.

나를 두고서 '지난 수백 년간, 가장 위대한 영령을 보는 자'라고 말하곤 했다. 그에 대해 나는 보다 큰 관점들에 입각해, 가끔씩은 자제하면서, 최소한 지난 수천 년 사이에 가장 위대한 영령을 보는 자라고 말해야 한다고 응수했다. 사실상 세계가 생겨난 이래로 나와 같은 사례가 있었던 적은 없을 것이다. 즉, 한 인간이 떨어져 나온 개별적 영혼뿐만 아니라 영혼 전체 그리고 신의 전능 그 자체와 지속적인, 다시 말해 더 이상 중단되지 않는 교통에 들어선 경우는 없었다. 처음에 그들은 그런 일을 중단시키려 했다. 그들은 그것을 위해 '신성한 시간들', 곧 신경 첨부나 광선을 통한 교통 또는 목소리의 발화—근본적으로 이들은 동일한 과정의 다른 표현일 뿐인데— 가 일어나는 시간들과, 광선을 통한 교통을 포기하려 했던 '신성하지 않은 시간들'을 구분했다. 하지만 내 신경의 과도한 흡인력이 곧바로 그런 휴지나 중단을 더 이상 허용하지 않았고, 그 후로는 오직 '신성한 시간들'만 존재하게 되었다. 나 이전에도, 낮은 수준이기는 하지만 영령을 보는 자들은 많건 적건 존재했을 수 있다. 성경에 등장하는 사례까지 가지 않더라도, 나는 예를 들어 오를레앙의 성처녀 또는 안티오크에서 성스러운 창을 찾아냈던 십자군 종군자, 또는 기독교의 승리를 결정지었던 콘스탄티누스 황제의 비전인 '이 표지를 통해 승리를 얻으리라In hoc signo vinces'의 경우 잠정적으로 광선을 통한 교통과 일시적인 신적 영감이 충분히 존재할 만하다고 생각한다. 또한 악마에 씌인 성처녀들에게서도 종종 이와 같은 일이 일어났으리라고 가정할 수 있다. 수많은 민족의 전설과 시는 영혼, 요정, 땅의

요정 등의 활동으로 가득한데, 이 모든 표상들이 어떤 실제적
배경 없이 다만 인간의 상상력에 의한 자의적 고안물이라고 생각
하는 것은 내게는 한마디로 바보처럼 보인다. 그래서 나는 한동안
(내가 이 책의 원고를 쓰던 때에) 빌려 봤던 크레펠린Kraepelin의
『정신의학개론Psychiatrie』(제5판, 라이프치히, 1896, 95쪽 이하. 특
히 110쪽 이하)에서, 목소리들과 초자연적으로 교통하는 표상이,
신경이 병적 홍분 상태에 처해 있는 사람들에게 자주 관찰되었다
는 사실을 홍미롭게 읽었다.[41] 나는 그런 종류의 사례 중 아주
많은 경우가, 위의 책에서 다루어졌듯이 단순한 환각일 수도 있다
는 사실을 완전히 부정하지는 않을 것이다. 하지만 학문이 그런
종류의 현상 전부를 아무런 객관적 실재성도 갖지 않는 '환각들'이
라고 이름 붙여, 비실재적인 것들의 고물창고에 던져 넣으려는

· ·

[41] 크레펠린의 책 110쪽에, "들려오는 목소리들"이 초자연적 성격을 갖는 경우 "종종
착시를 동반한다"는 언급은 이에 관한 나의 견해를 형성하는 데 아주 중요하다.
나는 이 경우들 중 적지 않은 수가 나 자신도 직접 체험한 것과 같은 종류의 실제
비전이라는 것, 다시 말해 이것이 광선들에 의해 만들어졌기에 보통의 꿈과는
비교되지 않을 정도로 생생한(크레펠린, 107쪽 참조) 꿈 이미지일 것이라고 본다.
다른 한편 "새로운 표상들을 이전의 경험들에 의거해 철저하고 정확하게 교정하지
못하는 환자들의 무능력"(146쪽)과, 크레펠린이 망상에 동반하는 "예외 없는" 현상이
라고 말하는(145쪽) 그들의 "판단 미숙"은, 이 저작 전체 내용을 고려한다면 내게서는
발견하기 힘들 것이다. 나는 내가 "이전에 획득된 표상들과 확실한 사고 연쇄들을
기억하면서 지배하는" 능력뿐 아니라, "판단과 논증의 도움으로 의식 내용을 비판적
으로 교정할 수 있는 능력"(146쪽) 또한 완전하게 갖추고 있음을 증명했다고 믿는다.
그에 반해 크레펠린이 146쪽에서 말한 "건강한 경험"이라는 것을 단지 초감각적인
것에 대한 전적인 부정으로만 이해하려는 사람은, 학문적으로, 특히 신학자와 철학자
들에게서는 거의 극복된 것으로 여겨지는 "18세기 계몽주의 시대의 합리주의적
표상들"에 피상적으로 끌려가고 있다는 비판을 받게 될 것이다.

것은 큰 잘못이라고 생각한다. 이는 크레펠린이 108쪽 이하에서
다루고 있는, 초감각적인 것들과 관계없는 환각들에 대해서는
타당할 수도 있다. 하지만 나는 이 중에서 적어도 일정한 수는,
앞에서 밝혔던 의미에서의 낮은 단계의 영령을 보는 자들이라는
사실이 완전히 배제될 수는 없다고 본다. 그렇다고 그들에게 병적
으로 크게 자극된 신경이 존재했다는 사실을 부인하는 것은 아니
다. 오히려 바로 그것을 통해 고양된 신경들의 흡인력에 의해
비로소 초감각적 힘들과의 교통이 가능하고 수월해졌던 것이다.
내가 경험한 것이 단순한 환각일 뿐이라는 사실은, 내게는 정신적
으로도 처음부터 생각할 수 없는 것으로 느껴진다. 왜냐하면 신
혹은 떨어져 나온 영혼들과 교통한다는 환각은, 그전에 신과 영혼
의 불멸성에 대한 확고한 믿음을 가지고 있던 사람들이 병적으로
자극된 신경 상태에 처했을 때에만 일어날 수 있을 것이기 때문이
다. 하지만 이 장 서두에서 언급했듯이 나의 경우는 전혀 달랐다. 이른바
영지주의자들이 말하는 영매들도, 물론 많은 경우가 자기착각과
사기에 의한 것이긴 하지만, 적지 않은 경우 이미 말한 의미에서의
낮은 단계의 영령을 보는 자들이라고 할 수 있다. 따라서 이러한
것들에 관해 말할 때 우리는 비과학적인 일반화나 성급한 판단을
경계해야 한다. 모든 초감각적인 것을 부정하고, 두 발로 그것을
벌거벗은 유물론의 창고 속으로 밟아 넣으려 하지 않는다면 정신
의학은 위에서 말한 종류의 현상 중 어떤 것들은 단지 '환각'이라는
딱지를 붙일 수만은 없는 실제적인 일일 수도 있다는 가능성을
인정하지 않을 수 없을 것이다.

지금까지의 외도에서 다시 이 책의 원래 주제로 돌아가, 다음 장에서는 이전까지 말한 것을 이어서 이야기할 것이다. 한편으로는 앞에서 다루었던 맥락에서는 잘 이야기할 수 없었던, 초감각적인 것에 속하는 몇 가지에 대해, 다른 한편으로는 내가 지금 다루고 있는 시기에 일어났던 나의 외적인 삶의 운명들에 관해서이다.

7장

개인적 체험들, 계속. 특이한 증상들. 비전

아내가 마지막으로 나를 방문했던 때(1894년 2월 중순)부터 플레히지히 병원에 머무르던 말기(1894년 6월 중순)의 중간에 해당하는 이 기간이 정확히 언제였는지, 나는 이미 언급했던 이유에서 확실한 날짜를 댈 수는 없다. 이 시기와 관련해서는 단편적인 기억들만 남아 있다. 1894년 3월 중순 경 초감각적 힘들과의 교통이 상당한 강도에 들어섰을 때 나 자신의 부고가 실린 신문이 내 앞에 놓여 있었던 기억이 떠오른다. 나는 이것을 내가 더 이상 인간 사회로 돌아가기를 기대할 수 없다는 암시로 받아들였다. 그것이 정말 내가 실제로 본 것인지 아니면 비전 속 환각이었는지에 대해서는 단정을 내리지 않겠다. 하지만 내게는 이와 유사한 일들이 일어났을 때 그것이 실상 비전이었다 하더라도 거기에는 **방법**이 내재했다는, 다시 말해 그들이 내게 벌이려는 일을 인식하게 해주는 일정한 연관성이 존재했다는 인상이 남아 있다. 이미 언급했듯 이 시기는 내가 지속적으로, 밤에도 낮에도 침대에 붙들려 있던 시기였다. 그게 몇 주 동안이었는지는 모르겠다. 부활절 휴일을 즈음해서 — 1894년 부활절이 언제였는지는 모르겠다 — 플레히지히 교수 개인에게 분명 어떤 중대한 변화가 일어났다. 이 휴일 동안 플레히지히 교수가 팔츠 지역 아니면 엘자스 지역으로 휴가를 떠났다는 얘기를 들었다. 그와 관련해 나는 플레히지히 교수가 엘자스 지역의 바이엔부르크 아니면 라이프치히 경찰 교도소에서 권총으로 자살하는 비전을 보았다. 또 나는 꿈에서 그의 장례 행렬도 보았는데, 그 행렬은 그의 집에서 톤베르크 방향(그러니까 당시 대학 신경병원에서 요하네스 묘지로 향하는 길과는 다른 방향)으로 움직였다. 다른 비전에서는 플레히지히 교수가 여러 번 경찰에 끌려가거나 그의 아내와 이야기를 나누는 모습으로 등장했다. 나는 그의 아내와의 신경 첨부를 통해 목격자가 되어 있었는데, 플레히지히 교수가 자기 아내에게 스스로를 '플레히지히 신神'이라 하자 그의 아내는 그를 미쳤다 여기게 되었다. 이 비전이 내가 그것을 직접 보았다고 믿을 만한 방식으로 실제 일어난 일이 아니라는 사실은, 적어도 지금은 의심의 여지가 없다. 하지만 나는 그 비전이, 플레히지히 교수에게 일어났어야 할 일에 대한 신의 견해가 계시된 것이라 해석할 수 있다고 생각한다. 이와는 달리 내가 이 시기에 플레히지히 교수의 영혼을, 십중팔구는 그의 영혼 전체를 일시적으로 내 몸에 지니고 있었다는 것은 현실, 다시 말해 기억의 분명함에 의거할 때 주관적으로 확실한 — 다른 사람들이 믿건 믿지 않건 — 사실이다. 매우 거대한 — 그만한 크기의 솜덩이나 거미줄에 가장 잘 비교될 수 있는 — 공

또는 실몽당이가 기적에 의해 내 뱃속으로 밀려들어 왔는데, 추측 건대 이는 뱃속에서 소멸하기 위함이었다. 이 영혼을 몸속에 지닌 다는 것, 즉 소화시킨다는 것은, 더욱이 이 정도 크기의 영혼이라면 안 그래도 불가능했을 것이다. 그래도 나는 이 영혼이 벗어나려 했을 때 일종의 동정심 같은 자극에 이끌려 자발적으로 풀어주었 고, 그러자 영혼은 내 입을 통해 다시 밖으로 나갔다. 이 일의 객관적 실제성에 대해 나는 조금도 의심치 않는다. 이후의 수많은 사례에서도 나는 영혼이나 영혼의 일부를 입으로 받아들일 수 있었고, 특히 그 정도로 불순한 영혼들이 입을 통해 몸속으로 들어가면서 남긴 고약한 냄새와 맛에 대한 너무도 확실한 기억을 가지고 있기 때문이다.

내 기억에 위에서 언급한 일들은 목소리들이 '첫 번째 신의 심판'의 시간이라고 불렀던 시기에 뒤따라 일어났다. 나는 우연하 게도 이와 관련된, 분명히 누군가에게 들었던 몇 가지 정보들을 기억하고 있다. 그것에 따르면 '첫 번째 신의 심판'은 1894년 2월 2일 혹은 4일에서 19일까지라고 했다. 이 '첫 번째 신의 심판'이 일어난 이후 또 다른 일련의 신의 심판이 이어졌는데, 하지만 이것들은 전체적으로 그 웅장함의 인상에서 첫 번째 심판에 비해 뒤떨어졌다. '첫 번째 신의 심판'은 밤낮을 가리지 않고 이어졌던 일련의 비전들이었다. 거기에는 어떤 공동체적 일반 이념이 근거로 놓였다고 말할 수 있다. 플레히지히 교수와 나의 대립으로 독일 민족에게 신의 나라의 존속을 위협하는 위기가 생겨난 이후, 독일 민족에게는, 특히 개신교적 독일에는 더 이상 신에게 선택받은 민족이라는 주도적 지위가 주어질 수 없게 되었다는 것이다. 그리고 독일 민족의 존엄성이 계속되고 있음을 증명할 만한, 독일 민족을 위한 전사가 출현하지 않는다면, 심지어 독일이 다른 '세계 구체Weltkugel'[(인간이 ─ 옮긴이) 거주하는 행성들?]을 점령하는 것도 어쩌면 완전히 차단해야 한다는 생각이 들었다. 때로는 나 자신이 그 전사라고도 했다가, 어떨 때는 내가 다른 개인들을 전사로 지명해야 한다고도 했다. 이 때문에 나는 신경 첨부를 통해 나에게 말하는 목소리들의 요구에 따라, 그런 싸움에 적합한 전사라고 여겨지는, 많은 남자들을 지명했다. 첫 번째 신의 심판이라는 이 기본적인 생각과 관련된 것은 이전 장에서 언급했던 가톨릭주의, 유대주의 그리고 슬라브주의의 침입이다. 나는 이와 관련된 상당히 많은 수의 비전들을 보았는데, 대학 신경병원의 여성 병동이 수녀원 혹은 가톨릭 예배당이 되고, 병원 옥탑방에 자비로운 수녀들이 앉아 있는 장면 등이 그것이다. 하지만 그 후 가톨릭교도들이 믿음을 잃었기 때문에 가톨릭주의가 이 이상 계속되지 않는다는 말과, 지금의 교황과 이후의 교황 대리 호노리우스가 죽은 뒤에는 교황 선출회의가 더 이상 열리지 않는다는 말이 들려왔다. 당시 나는 이 모든 일을 실제 역사적 사건이라 여겼고, 그에 따라 이미 수백 년간의 발전이 일어났다고 믿었다. 물론 지금의 나는 이런 견해를 계속 유지할 수 없다. 나는 ─ 당연히 몇 년의 시간이 흐른 후 ─ 외면적으로 보았을 때는 모든 것이 예전 그대로라는 사실을 인정하지 않을 수 없었다. 신문과 편지를 통해 외부세계와 어느 정도 소통하게 된 이후, 이곳 병원

시설과 그 주변 건물들의 상태에서, 그리고 이전에 내 소유였고 그사이 다시 손에 들어온 상당수의 책과 악보, 그 밖의 다른 일상용품들에서, 인류 역사에 거대한 시간적 분절이 일어났다는 가정을 뒷받침할 만한 그 무엇도 발견하지 못한 이후에 말이다. 하지만 혹시 어떤 깊은, 내적인 변화가 일어난 것은 아닌가 하는 문제는 나중에 다루어질 것이다.

또한 당시 내 사유 범위에 큰 영향을 끼쳤던 것은, 내가 미래의 영혼 윤회 과정에서 무엇이 될 것인가에 관련된 소식들이었다. '상춘국常春國의 여인Hyperborerin', '오섹Ossegg에 있는 예수회 견습사', '클라타우Klattau의 시장', '전승을 거듭하는 프랑스 장교에 맞서 순결을 지켜야 하는 엘자스 지방의 소녀', 나아가 '몽골 영주'의 역할이 내게 순차적으로 주어질 것이라고 이야기되었다. 나는 이런 예언들 속에서, 다른 비전들에 등장하는 전체 그림과의 분명한 관련성을 인식할 수 있다고 믿었다. 내가 '상춘국의 여인'이 될 것이라는 예언은 지구 전체의 냉각을 초래할 온도 저하가 이미 일어나고 있거나 앞으로 일어나리라 암시하는 것으로 보였다. 태양이 목성만큼이나 멀어졌다는 말도 있었다. 나는 오섹의 예수회 견습사, 클라타우의 시장, 그리고 앞에서 말한 상황에 처한 엘자스 지방의 소녀가 될 것이라는 말을, 프로테스탄티즘이 가톨릭주의에, 독일 민족이 로마와 슬라브 지역 이웃 국가에게 이미 패배했거나 혹은 패배할 것이라는 예지로 받아들였다. 마지막으로 '몽골의 영주'가 될 것이라는 예견은, 아리안족 전부가 신의 나라의 버팀목으로 적합하지 않다는 사실이 드러났기 때문에 이제는 비非아리안족에서 마지막 도피처를 찾아야 한다는 암시로 보였다.

지구와 인류의 역사에서 숙명적 전환점은 내 기억에 분명히 남아 있는 어느 하루의 사건을 통해 특별히 표시되는 듯했다. 그날 '세계 시계'가 만료되었다고 이야기되었고, 그와 동시에 심상찮을 정도로 많은 광선들이 눈부시게 화려한 빛을 동반하면서 내 몸에 흘러 들어왔다. '세계 시계의 만료'라는 표현이 무엇을 의미하는지는 말할 수 없다. 다만 나 자신과, 5장에서 언급했던 예수회 신부 S, 단 두 명을 제외하고 전 인류가 회귀할 것이라고 했다. 이 시점부터, 그 뒤로 내게 수백, 수천 번 '저주받은 인간 놀음'이라 언급되었던 일이 시작된 것으로 보인다. 나는 이후로 인류가 벌인 모든 활동이 직접적인 신의 기적을 통해서만 인위적으로 유지되고 있다고 가정할 만한 근거를 가지고 있다. 물론 병원 체류 기간 동안 내가 받았던 제한들[42]로 인해 그것을 완전히 파악할 수 없는 범위 내에서 말이다. 최소한 내 주변의 경우 이는 확실한 사실이다. 나는 나와 대화하거나 주위에서 들려오는 말에서, 내가 듣는 모든 사람의 발소리, 기차의 기적 소리, 그리고 증기 유람선에서 발하는 축포 등의 소리가 들림과 동시에 내 머리를 향해 가해지는 어떤 타격을 감지한다. 그것은 신이 먼 거리로 물러나면 더 강한 고통을, 가까이 다가오면 조금 약해진 고통을 불러일으킨다. 나는 '훼방'이라 불리는, 그리고 내게는

• •

42. 이에 관해선 서문을 참조하라.

타격으로 느껴지는 이러한 사람의 기척이 언제 주위에서 느껴질지를 거의 확실히 예견할 수 있다. 그것은 내 몸에 내재하는 쾌락감이 신의 광선에 대해 너무 강한 흡인력을 갖게 되어서, 신이 내게서 물러나기 위해 '훼방'을 필요로 할 때 생겨난다. 신이 기적을 통해 다른 사람들을 자극하는 것이 ─ 이런 표현을 사용해도 된다면 ─ 얼마만큼이나 떨어진 거리에서도 가능한지에 대해서는 말할 수 없다. 이 전체 맥락에 관해서는 나중에 더 자세히 말하게 될 것이다.

지금의 나는 하늘의 별의 변화와 관련해서 내게 들려오는, '이런저런 별과 별자리 들이 사라졌다'(6장 참조)는 소식이, 그 별 자체가 아니라 ─ 예나 지금이나 이 별들을 하늘에서 볼 수 있기에 ─ 단지 그 별 아래 축적된 축복들에만 해당하는 것이라고 생각한다. 그런데 확실한 것은 이 축복들이 완전히 소모되어 버렸다는 사실이다. 다시 말해 그 신경들이 흡인력으로 인해 내 몸속에 흡수되었다는 것인데, 그로 인해 여성적 쾌락신경의 성격을 띠게 된 그 신경들이 내 몸에 어떤 여성적 특성을, 특히 피부에 여성 특유의 부드러움을 부여했다. 다른 한편으로 이전에는 지구에서 아주 멀리 떨어져 있던 신이 지구에 더 가까이 다가올 수밖에 없게 되었고, 그로써 지구가 직접적이고 지속적으로, 이전까지는 전혀 알려지지 않았던 방식으로 신의 기적이 일어나는 장소가 되었다는 것은 확실하다. 이 기적들은 무엇보다 나 개인과 내 주변에 집중되고 있다. 이 주장을 뒷받침하는, 지금까지는 드러나지 않은 증거들은 이후에 제시될 것이다. 여기서 잠정적으로만 지적하고자 하는 것은, 그것에 의해 생겨난 변화들이 세계 질서에 어긋나기 때문에 신 자신에게도 일정한 피해를 일으킬 뿐 아니라, 그 밖에 다른 비참한 결과들을 동반하고 있었다는 점이다. 지구에서 가장 높은 산 정상에서야 맛볼 수 있는 성스러운 여유에 익숙해 있던 광선들이 이제 나의 모든 청각적 인상, 예를 들어 기차 소음에 참여해야 한다는 사실에 언짢아하면서 그것을 끔찍하게 느끼고 있다.[43] 또한 나는 앞서 언급한 시점부터(아니면 아마 약 삼 개월 후일 텐데 더 자세한 것은 나중에 이야기하겠다) 태양 광선을 발하는 일이 신에게 직접, 그것도 낮은 단계의 신(아리만)에게 넘겨졌다는 근거를 가지고 있다. 그래서 이 신은 (1894년부터는) 내게 말을 거는 목소리들에 의해 곧바로 태양과 동일시되고 있다. 높은 단계의 신(오르무즈트)은 아직 그보다 더 먼, 여전히 어마어마한 거리를 유지하고 있었다. 나는 이 신을 태양과 비슷하게 생긴 작은 원반의 모습으로 보고 있는데, 너무도 작아서 거의 점과 같으며 짧은 간격을 두고 내 머릿속 신경에 떠오르곤 한다. 추측건대, 태양(아리만)에 의해 밝아지고 온기를 얻는 우리 천체계 말고도 또 다른 두 번째 천체계를 유지하는 데 성공해서, 거기에서 높은 단계의 신(오르무즈트)에게서 비롯되는 빛과 온기를 통해 지속적인 창조가 가능해진 듯했다. 다른 항성들에 속해 있고 유기적 생명체가 발전했던 다른 모든 천체의 거주자들이, 그와는 반대

• •

43. 내가 수도 없이 들었던, 이를 지칭하는 표현은 "귀를 기울여야 하는 생각(Der Hinhörungsgedanke)은 우리 마음에 들지 않는다"였다.

로 몰락하게 되어 있다[44]고는 좀처럼 생각되지 않는다.

계속 침대에 누워만 있던 시기가 지나고 플레히지히 병원에 머물던 말기를 즈음해서, 다시 병원 정원으로 규칙적으로 산책하러 나가는 시기가 이어졌다. 거기서 나는 온갖 종류의 경이적인 일들을 체험했다. 하늘에 두 개의 태양이 동시에 떠 있는 것을 본 일은 이미 위에서 언급했다. 어떤 날에는 정원 전체가 거대한 꽃무더기에 잠겨 있었는데, 그것은 병 초기에 내가 기억하고 있던 대학 신경병원의 헐벗은 정원에는 맞지 않는 모습이었다. 이 광경은 플레히지히의 기적이라고 지칭되었다. 어떤 때는 정원 한가운데에 있는 정자에서 프랑스어로 이야기를 나누던 몇 명의 여성들이 있었다. 정신병자를 위한 공공 치료시설 안의 남자 병동 정원에서는 분명 매우 이상한 일이었다. 나 말고도 때때로 정원에 모습을 나타냈던 몇 안 되는 환자들은 모두 어딘가 기괴한 인상을 주었다. 한번은 그 환자들 중 내 조카딸의 남편이자 현재 K시의 교수 F를 보았다고 생각했는데, 그는 내게 한 마디도 건네지 않은 채 힐끔 쳐다보기만 했다. 검은 외투와 검은색 접이모자를 쓰고 정원 간이의자에 앉아 있을 때면 나는 오래된 과거에서 낯선 세상으로 되돌아온 돌로 된 손님Steinerne Gast(돈 후앙을 모델로 한, 알렉산드

· ·

44. 나는 다음의 가능성을 생각할 수 있는 몇 가지 준거를 가지고 있다. 모든 항성의 빛은 우리의 천문학이 가정하는 것과는 달리 그 스스로의 것이 아니라, 천체들당연히 이런 종류의 모든 일에서와 마찬가지로 줄잡아(cum grano salis)의 의미에서의 종류에 따라 (신으로부터) 차용된 빛이라는 것이다(앞의 1장을 참조). 그 핵심은 '질서 태양(Ordnungssonne)'이 존재한다는 것인데, 우리 천문학은 그에 대해 아무것도 모르고 있다. 이 책의 후기 4장에서 이에 관한 제한적인 언급을 참조하라.

르 푸슈킨의 희곡 제목-옮긴이) 같았다.

이 시기 나의 수면과 관련해 아주 놀랄 만한 변화가 생겼다. 1894년 초 몇 달간은 가장 강력한 수면제(클로랄수화물)를 먹고 나서야 겨우, 그것도 충분치 못한 잠을 잘 수 있었고 어떤 날에는 모르핀 주사를 맞기까지 했는데, 플레히지히 병원에 머물던 말기에는 몇 주 동안 한 번도 수면제를 먹지 않았다. 물론 이따금씩 뒤척거리고 얼마간 나를 흥분시키는 비전들을 보기는 했어도, 아무런 인위적 수단 없이도 잠을 잤다. '내 잠이 광선 잠Strahlenschlaf' 이 된 것이다.[45] 앞의 주석 32번에서 언급했듯이, 광선에는 무엇보다 신경을 안정시키고 잠이 오게 하는 효과가 있다. 일반적인 태양 광선도, 물론 지금의 광선과는 비교할 수 없이 약한 수준이기는 하지만 이와 유사한 효과가 있다는 걸 생각하면 이 주장은 더욱 믿을 만해질 것이다. 정신의학자들은 신경병 환자들의 신경자극이 밤에 훨씬 증가하며, 낮, 특히 늦은 오전의 몇 시간 동안 태양 빛을 쬐고 나면 큰 진정 효과가 나타나곤 한다는 것을 알고 있다. 내 육체처럼 신의 광선을 직접 받아들이면 이 효과는 비교할 수 없을 만큼 높은 수준으로 일어난다. 잠이 오게 하는 데는 상대적

· ·

45. 피에르존의 병원에 머물던 시기에도, 그리고 지금의 병원에 있던 초기에도(약 일 년간) 내가 기억하는 한 한 번도 수면제를 받지 않았다. 이에 대해 내가 착각하는 것인지는 병원의 약 처방 장부를 보면 알 수 있을 것이다. 몇 년 전부터 다시 정기적으로 수면제를 받고 있는데(주로 술포날과 아밀렌수화물을 번갈아가면서) 나는 그것이 잠과는 무관하다고 여기면서도 그냥 받아먹는다. 내 확신에 따르면 나는 인위적인 수면제가 없어도, 수면제가 있던 때와 마찬가지로 잠을 잘 자거나 못 자거나 할 것이다.

으로 아주 적은 양의 광선만 있으면 된다. 그런데, 원래 신의 광선 외에 파생되어 나온(다시 말해 플레히지히의 영혼과 같이 불순하거나 검증된 영혼에 의해 야기된) 다른 광선들이 생겨난 이후에는 이 광선들이 모두 하나로 합쳐져야 잠을 잘 수 있게 되었다. 그렇게 되면 나는 곧바로 잠에 빠진다. 플레히지히의 병원에 머물던 말기에 이 현상을 알아차렸을 때, 나는 그때까지 잠 때문에 무척이나 힘든 일들을 겪어온 뒤라서 처음에는 너무나 놀랐다. 시간이 지나고 나서야 비로소 내게 그 현상의 원인이 분명해졌다.

이미 여러 번 언급했던 내 성 기관에서 일어난 변화들 말고도, 시간이 지나면서 내 몸에서는 전혀 듣지도 보지도 못했던 온갖 종류의 병의 증상이 감지되었다. 이에 관해 이야기하려면 다시 앞 장에서 언급했던 세계 종말의 관념으로 돌아가야 한다. 내가 본 비전에 따라 나는 세계 종말이 임박했거나 아니면 이미 일어났다고 믿었다. 세계 종말이 어떠한 방식으로 일어났을지에 대해서는 내가 받은 영감에 따라 여러 가지 견해를 가지고 있었다. 처음에 한동안 생각했던 것은, 태양이 더 멀리 물러남으로써 온기가 줄어들고 그 결과 작거나 큰 범위의 빙결이 일어나리라는 것이다. 두 번째로 생각했던 것은 지진 혹은 그와 유사한 일이었다. 여기에서, 1755년 리스본 대지진이 나처럼 어떤 영령을 보는 자와 관련되어 일어난 일이라는 전언을 받았음을 언급하지 않을 수 없다. 내가 생각했던 또 다른 종말의 가능성은 다음과 같다. 근대 세계에 불현듯 어떤 마법사 같은 존재가 플레히지히 교수의 모습으로

등장했는데,[46] 그보다 더 많이 알려진 인물인 내가 갑자기 사라져
버렸다는 소식이 사람들 사이에서 확산되었다. 이것이 그들 사이
에 공포와 놀라움을 확산시켜 종교의 토대를 파괴하고 보편적인
신경쇠약과 부도덕이 퍼지게 했는데, 그 일련의 흐름 속에서 인류
에게 무서운 전염병이 돌게 되었다는 것이다. 이런 생각을 하게
된 것은, 유럽에서는 오랫동안 거의 돌지 않던 나병과 흑사병이
사람들 사이에 퍼졌다는 소식이 한동안 들려오고, 또 내 몸에서도
그 흔적들이 나타났기 때문이다. 하지만 나병에 대해서는 그렇게
분명하게 주장하지는 않겠다. 그 병으로 인한 개별 증상들에 관한
기억이 분명치는 않기에, 만일 그런 증상이 있었다고 하더라도
미약한 초기 증상 정도였을 것이다. 하지만 '나병'이 들어가는
여러 이름들은 기억하고 있다. '동양 나병Lepra orientalis', '인도 나병
Lepra indica', '히브리 나병Lepra hebraica', '이집트 나병Lepra aegyptica'이
언급되었다. 의학 분야에 문외한인 나는 이러한 표현들을 이전에
한 번도 들어본 적이 없으며, 그것들은 의학에서 해당 병의 형태를
지칭하는 기술적 용어인지 아닌지조차 모른다. 그럼에도 여기서
이 이름들을 언급하는 것은 이것이 내 신경이 조작해 낸 환각일
뿐이라는 가정을 반박하기 위해서다. 언급한 병의 변종들에 대한
아무 지식도 없는 내가 어떻게 혼자서 이런 이름들을 생각해
낼 수 있겠는가? 나에게 어떤 식으로든 나병 병원균이 있었음에

· ·
46. 플레히지히 교수를 따라 했다는 프랑스 의사 브루아르델(Brouardel)의 이름도 언급된
   적이 있다.

틀림없다는 사실을 말해주는 정황으로, 한동안 나는 정말 기괴하게 들리는 "나는 첫 번째 나병 시체이며, 나병 시체를 이끌고 있다"[47]라는 주문을 암송해야 했다. 내가 이해하기로 이 주문은 나병에 걸린 환자는 반드시 죽을 수밖에 없다는 의미로 간주되어야 하며, 그나마 견딜 만한 죽음을 맞이하기 위해서는 땅에 묻을 때 서로 도와주어야 한다는 사실과 관련되어 있었다. 이와는 달리 흑사병 증상들은 내 몸에서 여러 번, 그것도 상당히 분명한 정도로 출현했다. 그것은 다양한 종류의 흑사병이었다. 푸른색 흑사병, 고동색 흑사병, 백색 흑사병 그리고 검정색 흑사병이 그것이다. 백색 흑사병이 이 중 가장 역겨웠고, 고동색과 검정색 흑사병은 몸의 탈수를 동반했는데, 전자는 아교 같은, 후자는 그을음과 같은 냄새를 피웠다. 검정색 흑사병에서 나던 그을음 냄새는 내 방 전체를 가득 채울 정도로 지독했다. 나는 이 병원에 머무르던 초기, 그러니까 1894년 여름에 벌써 미약한 고동색 흑사병의 흔적을 감지했다. 흑사병은 영혼들에게는 신경병으로, 따라서 '성스러운 병'으로 간주되었다. 이 흑사병이 지금 가끔씩 발병하곤 하는 선膿페스트와 어떤 연관이 있었는지는 모르겠다. 흑사병과 관련한 다소 강한 징후들이 감지되긴 했어도 제대로 된 병으로 진전되지는 않았다. 왜냐하면, 이렇게 출현한 병들이 그 뒤를 잇는 순수한 광선들에 의해 늘 제거되었기 때문이다. 그들은 이른바 '해를

· ·

47. 내 기억에 나는 내부 목소리의 지시에 따라 몇 번인가 이 주문을 간병인 R을 향해 소리 내어 말한 적이 있는데, 당연한 일이겠지만 그는 그에 대해 동정 어린 미소만 지을 뿐이었다.

끼치는sehrende[48] 광선'과 '축복하는 광선'을 구분했다. 전자의 광선은 '시체독'이나 다른 부패물질을 싣고 있어서, 그것을 통해 몸속에 병원균을 침입시키거나 다른 파괴적인 효과를 불러일으켰다. 축복의(순수한) 광선은 이 광선이 초래한 손상들을 치료해 주었다.

내 몸에서 일어난 또 다른 일들은 이보다 더 밀접하게 초감각적인 것들과 관계 맺고 있었다. 이미 앞 장에서 언급했듯이, 흡인력에 종속되어 있는 광선들(신의 신경들)은 본의 아니게 어쩔 수 없이 이 흡인력을 쫓는다. 흡인력을 따라가면 광선들은 자신의 존재를 상실하게 되는데, 그것은 자기보존 충동에 모순되는 일이기 때문이다. 그래서 그들은 계속해서 이 흡인력을 없애려고, 달리 말하면 내 신경에서 떨어져 나가려고 했다. 이 목적을 위해 취할 수 있는 유일한 수단이 있다면 그것은 충분한 잠을 마련해주어서 내 신경병을 치료하는 일이었을 것이다. 하지만 그들은 그렇게 하지 못했거나, 적어도 그렇게 하려고 결심하지 못했다. 왜냐하면 그러기 위해서는 매번 첫 번째로 참여하는 광선들이 스스로를 부정하는 희생을 치렀어야 하는데, 그들에게는 그럴 능력이라든가 그렇게 하려는 의지가 없었기 때문이다.

그래서 그들은 그 후로 생각할 수 있는 모든 수단을 동원해 이것을 내 신경에서 떨어뜨리려고 시도했다. 하지만 이 시도들은 모두 사태의 본성에 의해 전혀 부적합한 것으로 드러났다. 거기서

• •

48. 고(古) 독일어에 어원을 둔 동사 'sehren'은 '해를 끼치다'라는 의미인데, 오늘날 우리가 쓰는 단어 중에는 합성어 'unversehrt(손상되지 않은 채)'를 제외하고는 더 이상 쓰이지 않는다. 하지만 근본언어에는 이 단어가 보존되어 있다.

압도적이었던 것은 나를 '내버려둔다', 곧 나를 버린다는 생각이었다. 그들은 지금 말하는 시기에는 나를 탈남성화하고 내 몸을 여자 매춘부처럼 매음케 함으로써, 때로는 나를 죽임으로써, 나중에는 내 이성을 파괴(천치로 만듦)함으로써 이 생각을 실현할 수 있으리라고 믿었다.

나를 탈남성화하려는 시도와 관련해서, 그들은 내 몸에 조금씩 쾌락신경(여성 신경)을 채워 넣는 것이 오히려 의도와는 정반대의 효과를 일으킨다는 것을 금방 알아차렸다. 그것을 통해 내 몸에 생겨난 이른바 '영혼 쾌락'의 흡인력이 오히려 증가했기 때문이다. 그래서 이 시기에 그들은 내 머릿속에 여러 번 '전갈들'을 집어넣었다. 아주 작은 것, 혹은 거미처럼 생긴 것으로 하여금 내 머릿속에서 어떤 파괴 작업을 일으키게 하려는 심산이었다. 이것들은 영혼의 성격을 지니고 있었고, 따라서 말하는 존재들이었다. 그들은 어디에서 왔는가에 따라 '아리안'⁴⁹ 전갈과 '가톨릭' 전갈을 구분했다. 전자가 약간 크고 힘이 셌다. 하지만 이 전갈들은 내 신경의 순수함과 내 생각의 성스러움을 인지하고는 내게 아무 피해도 입히지 않은 채 늘 다시 머리에서 빠져나가곤 했다. 이는 이후에도 유하한 방식으로 여러 번 경험했던 몇 차례의 승리 중 하나였다. 내 생각의

. .

49. 당시에 '아리안적'이라는 표현[잘 알려져 있듯이 '아리안(Arien)'은 인도 게르만족을 지칭하는 다른 단어이다]은 꽤 많이 사용되었다. '아리안적' 축복 등과 같은 표현도 있었다. 일반적으로 이 표현은 많은 영혼들에게 존재하는 독일 민족주의적 경향을 지칭하기 위한 것이었다. 이는 신에게 선택받은 민족으로서의 지위가 독일 민족에게 유지되기를 원하는 경향으로서, 다른 영혼들을 지배하고 있던 가톨릭화와 슬라브화의 움직임과 대립한다.

성스러움이 이처럼 영혼들에게 강한 흡인력을 발휘하자 그들은 갖은 방법을 동원해 나의 정신적 개인성을 위조하려고 시도했다. '예수회 수도사', 즉 예수회 수도사에게서 떨어져 나온 영혼들이 여러 번 다른 '결정 신경'을 내 머릿속에 집어넣으려고 했다. 그것을 통해 내 정체성을 변화시키려는 수작이었다. 나아가 그들은 내게서 나 자신에 관한 기억을 지워버리기 위해 두개골 내부를 다른 뇌 피막[50]으로 덮어씌웠다. 하지만 이런 시도들은 하나같이 아무런 지속적 성과도 거두지 못했다. 그러자 그들은 검게 변한 다른(죽은 사람의) 신경을 내 몸속에 이식해 내 신경을 검게 바꾸려고 했다. 아마도 그들은 이 신경들의 검음(불순함)이 내 신경에 전달되리라고 가정했을 것이다. 이 검게 변한 신경들과 관련된 이름 몇 개를 언급해야겠다. 이 이름의 당사자들은 모두 '플레히지히의 지옥'에 있었다고 한다. 이는 플레히지히 교수가 이 신경들에 대해 어떤 지배권을 갖고 있었음에 틀림없다는 뜻이다. 그중 베른하르트 하제 — 우연히도 내 먼 친척과 이름이 똑같은 — 는 어떤 범죄, 살인 아니면 그와 유사한 짓을 저질렀다는 나쁜 남자다. 또 내 학생 시절 동료이자 나와 같은 학생연합 회원인 R이 있었다. 그는 성공하지 못했고 상당히 무절제한 삶을 살다가 미국으로 건너갔는데, 내가 아는 바로는 1864년 아니면 1865년 미국 남북전쟁에서 전몰했다.[51] 마지막으로 율리우스 에밀 하제인데, 그는

• •

50. 이 뇌 피막에 대해서도, 의학에 문외한인 나는 이전에는 아무것도 알지 못했다. 이 표현은 내가 그 현상을 지각(감지)한 뒤에 목소리들이 내게 알려준 것이다.

51. 위에 언급한 R은 나로 하여금, 신의 지역 관리자(5장 참조)로서의 플레히지히

검게 변한 신경을 가지고 있음에도 상당히 존경할 만한 인물이라
는 인상을 주었다. 그는 프랑크푸르트 봉기Frankfurter Attentats[52]가
일어났던 시기 상급 학생 조직원이었고, 내가 제대로 들었다면
그 후 예나Jena의 의사가 되었다. 율리우스 에밀 하제의 경우에서
특히 흥미로웠던 것은, 살아 있는 동안 획득한 학문적 경험들에
근거해 심지어 그의 영혼이 내게 몇몇 의학적 조언을 해주었다는
사실이다. 말이 나온 김에 추가하자면 이는 내 부친의 영혼의
경우에도 마찬가지였다. 내 몸속에 투여된 검게 변한 신경들은
아무런 지속적인 성과도 이루어 내지 못했다. 그 신경들은 내
신경의 본성을 전혀 변화시키지 못한 채, 시간이 지나자 사라져
버렸다.

이 외에도 플레히지히 병원에 머무르던 시기에 일어났던 또
다른 경이적인 일들에 대해 이야기할 수 있을 것이다. 나는 사람들
이 떨어져 나온 영혼들이라고 믿는 도깨비불이, 전부는 아니더라도
많은 경우 진짜라고 가정할 수 있게 하는 일들에 대해 이야기할
수 있다. 또 방랑하는 시계들, 곧 몇백 년 동안 중세 수도원의 유리종
아래에 감금되어왔다는, 떨어져 나온 이단자들의 영혼(여기서도

─────

교수의 권한이 미국에까지 뻗쳐 있다고 추측하게 한 계기가 되어주었다. 이는
영국도 마찬가지인 것으로 보인다. 그(플레히지히 교수─옮긴이)가 독일의 독립을
위한 전쟁에만 사용해야 한다는 엄격한 조건하에서, 한 영국 주교가 이끌던 '열여섯
개의 영국 광선'을 넘겨받았다고 여러 번 이야기되었기 때문이다.

52. 1833년 4월 3일, 공화제를 요구하던 오십여 명의 학생들이 의회가 있는 프랑크푸르트
시를 점거하려 했던 시도로, 프랑크푸르트시 주민들의 참여가 이루어지지 않아
실패했다. 주동자들은 검거되거나 외국으로 망명했다.─옮긴이

영혼 살해 같은 것이 일어났을 터다)에 대해서도 이야기할 수 있다. 그 종이 흔들릴 때 울리는 한없이 단조롭고 애달픈 콧노래는 그들의 삶이 계속되고 있음을 알려준다(이는 나 자신이 신경 첨부를 통해 받았던 인상이다). 하지만 너무 멀리 나가지 않기 위해,[53] 플레히지히 병원에서 머물던 시기의 나의 체험과 기억에 관한 이야기는 여기서 마치고자 한다.

· ·

53. 여기서 언급한 대부분이 비전들이라는 것을 고려해야 한다. 그 비전들의 이미지 (Bilder)는 내 머릿속에 있지만 그것을 언어로 묘사한다는 것은 너무나 힘들며, 한편으로는 불가능한 일이다.

8장

피에르존 박사의 요양소에 체류하던 동안의 개인적 체험들. 검증된 영혼들

앞에서 나는 플레히지히의 병원에 머무르던 마지막 몇 개월 동안, 내 육체 또는 영혼과 떨어질 수 없게 된 광선과의 교통에 의해 내 육체나 영혼을 위협하는 듯 보였던 — 일부는 실제로도 분명한 형태를 띠고 등장했던 — 위험들 때문에 무수한 종류의 위협적인 인상을 받았다고 이야기했다. 그중 가장 끔찍한 것은, 의도대로 여자로의 변신이 이루어진 후 내 몸이 성희롱을 당하게 될 것이라는 생각이었다. 특히 한동안 내가 그런 목적으로 병원 간병인들에게 넘겨지게 될 거라는 얘기가 있었다. '내버려질 것'에 대한 두려움이 전반적으로 중심 역할을 했다. 그래서 나는 매일 밤 독방 침대에 몸을 누이면서 내일 아침 침실 문이 정말 다시 열릴 것인지 의심했다. 또 한밤중에 사람들이 날 익사시키기 위해 침실에서 끌어낼 거라는 이야기를 목소리들에서 듣고 불안을 느꼈는데, 그것은 나의 상상력을 지배하고 또 지배할 수밖에 없는 끔찍한 장면이었다.

이러한 상황에서 어느 날(1894년 6월 중순 경) 아침 일찍 간병인 세 명이 얼마 되지 않는 내 소지품이 들어 있는 가방을 들고 침실에 나타나서는 병원을 떠날 준비를 해야 한다고 말했을 때 가장 먼저 느꼈던 인상은, 헤아릴 수 없는 위험들이 날 위협하던 곳에서 드디어 해방된다는 것이었다. 도대체 어디로 가게 될지 알 수 없었지만 그에 대해 물어볼 수고를 할 필요도 느끼지 않았다. 이 간병인들을 사람이 아니라 '일시적으로 급조된 인간들'[54] 이라고 생각했기 때문이다. 여행의 목적지가 어디든 내게는 상관없었다. 세상 어디를 가더라도 플레히지히 병원보다 더 나쁜 곳은 없을 것이며, 어떤 변화든 지금보다는 상황이 더 나아질 것이라는 단 하나의 감정만을 가지고 있었다. 플레히지히 교수를 다시 만나지 않은 채 나는 간병인 세 명과 함께 마차를 타고 드레스덴역까지 갔다. 우리가 지나쳤던 라이프치히시의 거리, 특히 아우구스트 광장을 지날 때는 기묘하고도 낯선 인상을 받았다. 내가 기억하기로 단 한 명의 사람도 없이 거리가 텅 비어 있었기 때문이다. 어쩌면 이른 아침 특유의 조명 때문인지도 모른다. 내가 탑승한 기차는 아침 5시 30분발 객차였던 것 같다. 몇 달 동안을 기적의 한가운데에서 살았던 터라, 당시 내게는 보이는 모든 것을 기적으로 여기는 경향이 있었다. 그래서 나는 내가 지나쳐갔던 라이프치

· ·

54. 나는 앞에서 언급했던 간병인 R에 대한 비전도 보았다. 그것에 의하면 그는 '위벨에센 (Übelessen, 라이프치히의 톤베르크)'('Übelessen'은 '구역질 나는 음식'이란 뜻이다. 일화에 따르면, 30년전쟁 당시 한 장교가 식사 도중 포탄이 터져 수프가 쏟아지자 이렇게 말했다고 한다―옮긴이)으로 가는 도중에 스스로 목숨을 끊었다고 했다.

히시의 거리가 사실은, 황폐한 나라를 여행했던 러시아 황녀 카타리나 2세에게 울창한 풍경의 인상을 주기 위해 포템킨의 제후가 설치했던 것과 같은 극장 무대장치일지도 모른다고 생각했다. 하지만 드레스덴역에서는 기차 승객 같은 인상을 주는 사람들을 많이 보았다. 기차역까지 마차를 타고 간 뒤 이어서 기차 여행을 함으로써, 인류가 거대한 변화를 겪었다는 내 생각이 근본적으로 수정되었을 거라고 생각하는 사람이 있다면 나는 그에 대해 다음과 같이 반박해야만 한다. 즉, 내가 도착한 새로운 장소에서도 금세 새로운 기적의 세계가 나를 에워싸는 바람에 여행을 했다는 인상이 곧바로 사라져 버렸고, 과연 그것을 여행이라 생각해야 할지 의심이 생겼다고 말이다. 적어도 내 느낌에, 내가 탄 기차는 객차치고는 예사롭지 않은 속도로 달렸다. 그때 나는 언제라도(만약 요구되었다면) 철로에 드러눕거나, 엘베강 위를 달릴 때 물속에 뛰어들 준비가 되어 있는 감정 상태였다. 몇 시간의 여행 끝에 우리는 어떤 역에서 하차했다. 나중에 알게 되었지만 그곳은 코스비히역이었다. 마차를 타고 약 삼십 분 정도를 더 간 후 내가 머물게 될 새로운 장소에 도착했다. 역시 몇 년 뒤에 알게 된 사실이지만, 그곳은 정신병자들을 위한 피에르존 박사의 사설병원이었다. 당시 나는 목소리들이 내게 말해준 '악마의 부엌'이라는 명칭으로만 그 병원을 알고 있었다. 마차의 마부 자리에는 나를 데려가기 위해 온 그 병원 수간병인이 앉아 있었는데, 내 기억에 그는 막스라고 불렸다. 어떤 기묘한 방식으로 그에게 폰 베와 똑같은 영혼이 존재하고 있었다는 사실에 대해서는 곧 이야기하게 될 것이다. 아름다운 공원 부지 한가운데에 위치한 비교적 작은 크기의 건물로 이루어진 그 병원은 내게는 완전히 새 건물 같은 인상을 주었다. 그곳의 모든 건물이 이제 막 새로 지은 것처럼 보였다. 계단 층계에 칠해진 페인트도 채 마르지 않았다. 플레히지히 병원에서 여기까지 나를 데리고 온 간병인 세 명은 곧바로 되돌아갔고, 나는 이후 그들을 다시 보지 못했다. 나는 내가 새로 머물게 된 장소를 둘러보았다.[55]

여기에 피에르존 박사의 병원('악마의 부엌')의 도면도 그리려고 한다. 그 이유는 당시 내가 그 병원의 공간 구조에서 어떤 결론을 도출할 수 있다 믿었고, 또 지금도 그럴 수 있다고 생각하기 때문이다. 내가 머물 곳은, 내 기억에 따르면 이 층짜리 건물이었다. 다시 말해 지층과 그 위의 또 한 층으로 이루어져 있었다. 거기에서 조금 떨어진 곳에, 공원 부지를 사이에 두고 두 번째 건물이 있었는데, 그곳은 이곳의 여성 병동인 듯했다. 내가 자리 잡게 된 건물 위층은 다음과 같은 구조를 하고 있었다.

• •

55. 내가 어떤 이유로—그것도 잠정적으로, 8일에서 14일 사이—피에르존 박사의 병원에 이송되었는지, 인간이라면 당연히 궁금하게 생각되어 찾아보았지만 아직도 그 이유를 찾지 못했다. 라이프치히 대학병원에서 지금 내가 있는 지방정신병원(존넨슈타인)으로 날 이송하기로 결정했다면 중간에 다른 곳에 체류하지 않고 곧바로 이송하는 게 더 자연스러운 일이었을 것이다. 만일 존넨슈타인에 나를 수용할 만한 공간이 아직 준비되지 못했기 때문이라면, 나처럼 정말 위험한 환자—당시 나는 확실히 그랬다—에 대한 감시를 사설병원에 맡기기보다는, 차라리 라이프치히 병원에서의 체류 기간을 8일에서 14일까지 연장하는 편이 나았을 것이다.

공원 부지

거실 a	침실 b	계단	거실 f	거실	마당 (이하 '가축우리'라 지칭)
연회실 (겸 식당) c		마루			
거실 d	거실 e		거실 및 화장실		

아래층은 이와는 다르게 배치되어 있었다. 거기에는 목욕실이 있었고, 그 밖에 조금 더 넓은 방이 몇 개 더 있는 듯했다. 마당 쪽을 향해 문이 하나 나 있었는데, 그 문을 열고 계단 몇 개를 내려가면 마당으로 이어졌다.

지금 생각해 보건대, 피에르존 병원에서 보낸 시기는 기적의 소행이 가장 심하게 이루어졌던 때였다. 지속적이고 이성적인 목적을 갖는 창조가 아니라 공허한 유희로서 이루어지는 모든 기적은, 광선에게는 잠시의 즐거움을 줄 수는 있을지 몰라도 내게 는 그저 소행일 뿐이었다. 일시적으로 급조된 인간들을 만들어 내는 일이 그때만큼 과도하게 일어난 적도 없었다. 이 주장을 뒷받침하는 이유들은 아래에 제시될 것이다.

먼저, 내가 새로 머물게 된 곳의 외적인 삶의 상황들에 대한 묘사부터 시작하겠다. 내게는 거실이 따로 배당되지 않았다. 앞의 도면에 b라고 표시된 방이 내 침실로 쓰였다. 나는 낮 시간의 대부분을 일반 연회실 혹은 식당 c에서 보냈는데, 그곳에는 이 병원의 다른 환자라는 사람들이 계속 들락거렸다. 특별히 나를 감시하기 위해 한 명의 간병인이 고용된 듯했다. 나는 그가 드레스덴에서 직업 생활을 하던 육 주 동안 내 사무실에 서류를 전달해주던 고등법원 비서와 우연히도 닮았다고 생각했다. 그의 이름을 듣지 못했기 때문에 앞으로는 그를 '고등법원 비서'라고 지칭하겠다. 당연히 나는 내가 목격한 다른 사람들과 마찬가지로 그 또한 다만 일시적으로 급조된 존재라고 여겼다. 지금도 나는 이 가정이 잘못되었다고 생각하지 않는다. 예를 들어, 같은 침실의 다른 침대에서 잠들었던 이 '고등법원 비서'가 아직은 밝았던 6월 아침에 한 번 이상 침대에서 없어지는 것을, 다시 말해 서서히 사라지는 것을 본 기억이 분명히 있기 때문이다. 그가 일어나 방을 나가려고 문 여는 걸 알아차리지도 못한 사이에 그의 침대는 비어 있었다. 그 '고등법원 비서'는 또 가끔씩 내 옷을 입어보곤 했다. 이 병원 의료국장이라는 남자는 주로 저녁 시간에 가끔씩 나타났는데, 그 역시 드레스덴에서 내가 상담받던 O박사와 비슷한 모습을 하고 있었다. 나중에 더 자세히 이야기할 수간병인과 늘 함께 등장했던, 피에르존 박사가 틀림없다고 추정되는 남자와의 대화는 별 의미 없는 몇 마디로만 이루어져 있었다. 내가 이 병원의 정원, 위에서 언급했던 공원 부지에 들어가 본 것은 단 한 번, 이곳에 도착하던 날 약 한 시간 동안 산책을 하면서였다. 거기서 내가 본 몇몇 여자 중에는 Fr시의 여성 목사 W와 나의 모친이 있었고, 몇 명의 남자 중에는 드레스덴 고등법원 자문위원 K도 있었는데, 그의 머리는 기괴한 형태로 비대해져 있었다. 당시 그저 그와 외양이 닮아서 순간적으로 착각한 것이라 생각하고 싶었지만, 이는 내가 그때 받았던 인상들을 충분히 설명해 주지 못한다. 그렇게 닮은 사람들을 한두 번만 보았다면 그것이 착각이었다고 이해할 만하지만, 앞으로 이야기할 것처럼 그 병원의 모든 환자가, 다시 말해 적어도 수십 명의 사람들이 지금까지의 내 삶에서 많건 적건 관계했던 사람들의 인상착의를 하고 있었다는 것은 쉽게 이해될 만한 일이 아니기 때문이다.

그 단 한 번의 정원 산책 이후 야외에서 머무르는 일은 — 매일 오전과 오후 약 두 시간씩 — 위에서 언급한 마당 또는 '가축우리'에서만 이루어졌다. 그곳은 담장으로 둘러싸인 약 50미터 넓이의 사각형 공간이었는데, 수풀이나 덤불도 없이 황량한 모랫바닥에, 앉을 곳이라고는 원시적인 모양을 한 나무 벤치 한두 개뿐이었다. 이 가축우리에는 매번 나를 포함한 사오십 명의 인간 형상들이 동시에 몰아넣어졌는데, 나는 그들이 정신병자를 위한 사설병원의 환자일 거라고는 도저히 생각할 수 없었고, 또 지금도 그렇게 생각하지 않는다. 사설병원은 원래 부유한 환자들만 받는 것이 일반적이고, 치매나 정신병이 심한 환자들은 아주 예외적으로만 수용되기 마련이다. 그런데 내가 여기서 본 사람들은 매우 기괴한 모습을 하고 있었다. 그중에는 줄무늬 환자복을 입고 몸이 그을음 투성이인 사람도 있었다. 거의 모든 사람이 말이 없었고 움직이지도 않았다. 가끔 극소수만이 간헐적으로 어떤 소리를 내곤 했는데,

내가 고등법원 자문위원 W라고 여겼던 남자는 계속해서 청어 아가씨Fräulein Hering를 불러댔다. 나는 이 '가축우리'에서, 또 병원 건물 내에서, 환자라고 일컬어지는 이 사람들이 사설병원의 경미한 환자들 사이에서는 일반적으로 이루어지곤 하는 이성적 대화를 나누는 것을 한 번도 보지 못했다. 연회실에 들어올 때도 이들은 한 명 한 명 차례로 아무 소리도 없이 들어왔다가 역시 아무런 소리도 없이 나갔고, 서로를 전혀 의식하지 못하는 것처럼 보였다. 나는 그들 중 몇 명이 연회실에 있는 동안 서로 머리를 바꾸는 광경을 여러 번 목격했다. 다시 말해 그들이 그 방을 떠난 적이 없는데도, 내가 보고 있는 사이에 갑자기 이전과 다른 머리를 달고 돌아다녔다. 가축우리와 연회실에서 어떤 때는 (가축우리에서) 한꺼번에, 다른 때는 개별적으로 보았던 환자들의 숫자와 내가 가늠해 본 이 병원의 크기는 들어맞지 않았다. 확신컨대, 나와 함께 가축우리로 몰아넣어지고, 신호가 나면 돌아가기 위해 문으로 몰려가던 사오십 명의 사람들이 이 건물에 다 수용된다는 것은 불가능했다. 그래서 나는 당시에, 그리고 지금도 여전히 이들 중 많거나 적은 수는 계속 밖에 머물고 있음에 틀림없으며, '일시적으로 급조된 인간'들로서 얼마 안 있어 해체되었으리라는 생각을 하고 있다.

내가 머물던 병원 이층의 침대 수는 많이 잡아도 네 개에서 여섯 개였다. 가축우리로 나갔다 돌아올 때마다 지나치는 일 층은 항상 사람들의 형상으로 꽉 차 있었다. 공동 침실이 있다고 하더라도, 많아야 밤에 열 명에서 열두 명 이상을 수용하기는 힘들었을 것이다. 게다가 가축우리에 나온 사오십 명의 사람들은 모두 일정 정도 치매 환자임이 분명했다. 이들보다 병이 경미하고 주변에도 덜 위협적이어서 이 황량한 가축우리에 가둘 수 없는 환자들은, 실제로 존재하는 정원 — 앞에서 언급한 공원 부지 — 에서 산책을 즐기도록 했을 것이기 때문이다. 가축우리에 있었던 것으로 기억하는 형상들 중, 내 아내의 사촌으로 1887년에 권총 자살한 라이프치히 출신의 루돌프 J. 박사를 언급하려 한다. 조금 작은 체구에 이르기까지 그와 너무도 닮았던 그 형상이 루돌프 J. 박사라는 데 대해 나는 조금도 의심하지 않는다. 그는 신문 한 묶음 또는 종이 뭉치를 들고 돌아다니고 있었는데, 그것을 딱딱한 나무 벤치에 깔고 앉는 데에만 사용했다. 또 계속 꾸부정하게 몸을 숙이고 다녔던 고등법원 판사 B는 기도하는 자세를 한 채 미동도 없이 머물러 있곤 했다. 목소리들은 거기 있던 몇몇 형상들에 대해서, '네 번째와 다섯 번째의 규정자들을 고려하여rücksichtlich des Bestimmenden 4ter und 5ter'(내가 분명히 이해하지는 못했지만, 여기에는 '차원'과 같은 단어가 보충되어야 한다)[56]와, 그의 지하세계의 대립자(줄무늬 환자복을 입고 그을음투성이였던 자)가 '정립되

<hr />

56. '규정자들을 고려하여(rücksichtlich des Bestimmenden)'는 '전방부대 지도자'들, 곧 하위 기관들(주석 12번 참조)(실제로 이 내용은 주석 12번이 아니라 19번에 해당한다. 이는 슈레버의 실수로 보인다—옮긴이)에 주어진 신의 전능을 일컫는 다른 말이다. 여기 등장하는 숫자는 상위로 올라가는 등급을 의미한다. 나중에 언급될, '절제 아래에 있는(Unterhalb der Mäßigung)'이라고도 불린 '전방부대 지도자'는 14라는 숫자를 달고 있었다. 나는 그가 이곳 병원 원장과 어떤 면에서 동일인이라고 생각한다. 내가 나중에 들은 것으로 기억하는 가장 높은 숫자는 480이었다.

어'(체현되어) 있는 것이라고 했다. 병원에서 나는 추밀고문관 W박사가 서로 다른 두 가지 형태로 등장하는 것을 보았다. 하나는 좀 더 완전한 형태이고 다른 하나는 그보다 퇴락한 모습이었는데, 후자는 영혼 윤회 과정에서 그에게 부여된 모습이라고 했다. 나아가 판사회의 의장 F박사, 고등법원 자문위원 M박사, 라이프치히 검사 W(내 젊은 시절 친구), 내 조카 프리츠 등도 보았다. 앞의 도면상 계단 너머에 있는 방 f에 머무는 것으로 추정되는 한 남자 — 내가 코스비히역에 도착했을 때 그가 거기서 이리저리 누군가를 찾아 돌아다니는 것을 보았던 기억이 난다 — 에게서는 메클렌부르크 출신의 폰 오von O — 바르네뮌데에 여행 갔을 때 스치면서 알게 된 — 의 모습을 보았다고 믿었다. 그의 방에는 붉은색으로 칠한 기이한 (종이에 그린) 그림들이 가득 붙어 있었고, 1장에서 내가 악마의 냄새라 칭했던 독특한 냄새로 꽉 차 있었다. 한번은 창밖으로 장인이 병원 입구 쪽 길에 서 있는 것을 목격했다. 그 시기 나는 장인의 신경 몇 개를 내 몸에 지니고 있었는데, 그것이 장인의 것임은 신경 첨부에 의한 대화에서 드러나는 그 신경의 태도에서 알 수 있었다. 일정한 수의 사람들(네다섯 명)이, 한번은 심지어 몇몇 여인들이 연회실을 통과해 도면에 보이는 구석방 a와 d로 들어가는 것을 보았는데, 그들이 그 방에서 사라져 버리는 일이 여러 번 일어났다.[57] 이 방들에는, 도면이 보여주듯,

• •

57. 나는 그때 색색거리는 듯한 특이한 소리를 여러 번 들었다. 그것은 '일시적으로 급조된 인간'들이 '탈정립'되면서(스스로 해체되면서) 나는 소리였다.

연회실을 통과하는 것 말고 다른 출구가 없었는데 말이다. 한참 동안 연회실에 있다가 직접 열린 문을 통해 그 방들을 들여다보았을 때는 아무도 없었거나 구석방 d에 단 한 명만 있었는데, 그는 내가 추밀고문관 W박사라 지칭한 인물이었다. 그는 침대에 누워 자기 몸을 비단 끈 등의 기괴한 장식물로 꾸미고 있었는데, 당시 그것은 '스스로에게 기적을 부렸다'고 이야기되었다.

기적은 이러한 사람 형상에게뿐만 아니라 생명 없는 대상들에게도 일어났다. 내가 아무리 그 기억을 회의적으로 생각하려 해도 지워버릴 수 없는 특별한 인상들이 있는데, 그것은 내가 바라본 사람들이 몸에 걸치고 있던 옷가지가, 내 접시 위에 있던 음식물이 식사 중에 바뀌어 버리곤(예를 들어 돼지고기구이가 소고기구이로, 또는 그 반대로) 하는 것이었다. 하루는— 밝은 대낮에 — 창문을 통해 내가 있던 건물 담장 바로 앞에 화려한 기둥이 세워지는 것을 보았다. 마치 건물 전체가 요정들의 궁전으로 변신하는 듯했다. 그런데 이 이미지는 나중에 사라져 버렸다. 원래 의도되었던 신의 기적이 플레히지히와 W의 '대항 기적Gegenwunder' 때문에 완성되지 못했다는 것이다. 하지만 이 이미지는 지금도 내 기억 속에 뚜렷하게 남아 있다.

이 병원 수간병인에 대해서는 특별히 이야기할 것이 있다. 내가 여기 도착한 날, 목소리들은 그가 우리 집에서 같이 살던 폰 베와 동일인물이라고 말했다. 국가와 관련된 어떤 일로 인해 나에 대한 조사가 행해질 때 그는 의도적이었든 아니면 부주의했든 진실과는 다른 이야기, 곧 내가 자위행위를 했다고 고발했는데,

그에 대한 처벌로 그는 일시적으로 급조된 인간이 되어 내 뒷바라지를 하게 되었다는 것이다.[58]

나 스스로 이런 생각을 하는 것은 전혀 불가능한 일이라고 생각된다. 왜냐하면 내가 그를 알게 되었다는 것만으로도 영광으로 여기고 있는 폰 베von W씨와 나는 단 한 번도 불화를 겪은 적이 없었고, 또 그에게 어떤 종류의 원망 같은 것도 느껴본 적이 없기 때문이다. 목소리들은 계속해서 이 수간병인을 적대적으로 대하도록 나를 자극했다. 첫날부터 목소리들은 내게 그의 이름에 붙어 있는 귀족 칭호를 빼고 그냥 'W'라고, 모욕적으로 호칭하기를 요구했다. 처음에 나는 전혀 그럴 생각이 없었는데, 계속 졸라대는 목소리들을 떨쳐버리기 위해 결국 한 번은 그렇게 불렀다. 언젠가는 그의 빰을 때리기도 했다. 어떤 구체적인 계기로 그렇게 됐는지는 더 이상 기억나지 않는다. 내가 아는 것은, 그가 나에게 어떤 부적절한 요구를 했고 그 때문에 목소리들이 앞서 말했듯 그에게 폭행을 가해야 한다고 내게 강요하며, 내가 그것을 행동으로 옮길 때까지 '너에게는 남자다운 용기가 부족하다'며 나를 조롱했다는 것이다. 수간병인의 얼굴과 손에서 — 늘 그런

• •

58. 이런 종류의—그런 게 정말 있다고 한다면, 분명 상당히 약한 수준의—처벌 형태는 영혼들의 본성에 적합한 것으로 보인다. 한때는 플레히지히 교수에 대해, 그가 내게 저지른 잘못을 속죄하기 위해 '일시적으로 급조된' 가정부의 모습으로 내게 봉사해야 할 것이라는 얘기도 들렸다. 살아 있는 동안 죄를 저지른 사람은 약간의 조롱과 결합된 이러한 모욕을 받아들여야 한다고 했는데, '개자식(Hundejunge)'이라는 명칭도 여기서 기인한다. 이는 영원한 유대인에게 봉사하게 되어 있는 '일시적으로 급조된 인간'에게 주어진 명칭이다. 이 명칭은 지금 있는 병원에 체류하게 된 초기에 나를 담당했던 간병인 M에게 붙여졌다.

것은 아니고, 특정한 경우에만— 악마 특유의 붉은 색조를 보았다는 것은 이미 1장에서 언급했다. 이 수간병인이 적어도 폰 베의 신경 일부를 실제로 지니고 있었다는 것은, 나중에 하게 될 이야기에 의거해 내게는 의심의 여지가 없다.

피에르존 박사의 병원('악마의 부엌')에 — 짧은 시간 동안 — 머무는 동안, 나는 아무런 정신적 또는 육체적 활동도 하지 않았다. 나는 하루 종일 계속되는 목소리들과의 교제와 내 주변에서 일어난 기적들로 인한 놀라움에 완전히 점령당해 있었다. 지금 기억하건대 정말 이상하게 생각되는 것은, 그곳에서는 공동식사 같은 것이 한 번도 없었다는 것이다. 내가 몇 번인가 식사를 했던 경우를 생각해 보면, 그때 내 끼니는 연회실 식탁에 차려져 있었는데 그곳에서는 나 말고 많아야 한두 명의 환자들만 식사하곤 했다. 언젠가 한번 식사로 나왔던 요리(구운 소시지)가, 창문 유리가 깨지면서 창밖으로 내던져진 기억이 난다. 왜 그런 일이 일어났는지 지금은 분명하게 기억나지 않는다.

플레히지히 병원에 있을 때 나와 신경 첨부 상태에 있던 영혼들은 당연하게도 나의 새로운 체류 장소까지, 이미 이곳으로 떠날 때부터 날 쫓아왔다. 무엇보다 플레히지히의 영혼이 그랬다. 플레히지히의 영혼은 그전부터 그가 벌여온 신의 전능에 대항한 싸움을 보강하기 위해, 자신을 따르고 자신에게 우호적인 영혼들과 일종의 연합을 맺고 있었다. 5장에서 언급했던 '카시오페이아 형제들' 외에도 당시 '전위부대'라는 명칭을 가지고 있던 무리가 이 연합에 속했다. 이 무리는 다니엘 퓌르히테고트 플레히지히의 영혼(그 영혼은 두 개의 형태로 존재했다)과 고등지방법원 판사 G의 영혼, 이전에 신의 전능에 속했던 전방부대 지도자, '첫 번째 규정자를 고려하여', 그리고 플레히지히의 영향하에 있는 변절자들로 이루어져 있었다. '카시오페이아에 매달려 있는 자들'(다시 말해 삭소니아 학생단에 속했던 멤버들)은 내가 피에르존의 병원에 있는 동안 사라졌다. 그들은 강력한 손에 의해 다시 무덤 속으로 밀어 넣어졌다. 나는 정신의 눈으로 이를 보았을 뿐 아니라 동시에 그들의 신음소리(일종의 우는 소리)도 들었다. 그 소리는 당연히 원치 않는 과정을 거치는 동안 영혼들이 내는 것이었는데, 그것으로 인해 그들이 몰래 착복했던 축복 상태도 다시 상실되고 말았다. 하지만 그 대신 많은 영혼들이 다시 생겨났다. 이는 영혼 분화를 통해 일어난 것이었다. 나는 그것이 플레히지히의 영혼이 저지른 남용에서 처음 시작된 일이라고 생각한다. 왜냐하면 1장의 주석 6(슈레버의 착각. 주석 9여야 한다. 이 번역서의 주석 11 – 옮긴이)에서 말했듯이, 영혼 분화를 위한 물리적 가능성은 이미 이전부터 존재했지만, 세계 질서가 훼손되지 않는 한 인간 감정을 모욕하는 이러한 조치를 취한다는 것은 힘든 일이었을 것이기 때문이다. 한 인간의 영혼으로 하여금 신경의 일부만 갖고 축복 상태로 올라가게 하고, 그 신경의 다른 부분은 처벌 상태에 처하게 할 이유는 전혀 없을 것이다. 그래서 나는 다음과 같이 가정할 수 있다. 곧, 처음에 그들은 인간 영혼의 자연적 통일성을 존중하고 있었다. 그래서 전체를 순화하려면 순수한 광선이 너무 많이 소모될 지나치게 검은 신경의 경우에는 그 신경 중 일부만을 순화하고는(그렇게 되면 그 인간 영혼에게 주어지는 축복의 유지 기간은 짧아진다. 이에 대해선 1장 참조) 나머지는 무덤 속에서 그냥 썩도록 내버려두었다는 것이다. 그런데 이미 말했듯이 플레히지히의 영혼이 천구天球 전체를 분화한 영혼들로 점령하기 위해서 영혼 분화를 도입하자, 흡인력에 끌려온 신의 광선들은 사방에서의 저항에 직면하게 되었다. 내 머릿속에 있는 이 그림을 말로 표현하기는 너무도 힘들다. 이는 마치 천구가 그 전체에 걸쳐 — 내 몸에서 적출된 — 신경들로 뒤덮여서, 신의 광선들이 그것을 뛰어넘지 못하도록 막고 있거나, 아니면 진지와 구덩이로 둘러싸인 요새를 밀려오는 적으로부터 보호하듯 그 신경들이 신의 광선들을 막는 어떤 기계적 장애물로 기능하는 것처럼 보인다. 이러한 목적을 위해 스스로 수많은 영혼으로 분화한 플레히지히의 영혼은 한동안 거의 4,060개의 영혼으로 존재하기도 했는데, 그중에는 아주 작은, 추측건대 단 하나의 신경으로 이루어진 영혼들도 있었다. 그보다는 더 큰 두 개의 영혼 부분은 '상위 플레히지히'와 '중간 플레히지히'라고 불렸다. 상위의 플레히지히는 신의 광선을 받아들여 전용한 결과 가끔씩 더 큰 순수성을 띠기도 했지만 대개의 경우 이 상태는 오래 지속되지 못했다. 나중에는 이런 방식으로 스물에서 서른 개의 W의 영혼 부분들, 나아가 폰 베—플레히지히의 공동 영혼도 존재했는데, 이에 관해서는 다시 이야기하게 될 것이다.

폰 베의 영혼이 (플레히지히의 영혼과 더불어) 하늘에 출현하게 된 원인에 대해 내가 말할 수 있는 것은 추측뿐인데, 하지만 이 추측은 진리에 상당히 가까이 있을 것이다. 모든 '검증된' (플레히지히 등의) 영혼들에게 극도로 고양된 신경자극을 통해 내 몸에 생긴 흡인력은 말하자면 그들 존재의 근본 조건이었다. 다시 말해 그들에게 나는, 나의 흡인력을 통해 끌어온 신의 광선들을 가로채서는 마치 다른 새의 깃털을 꽂은 공작처럼 그것으로 스스로를 장식하고 기적의 힘을 얻는 수단이었던 것이다. 따라서 그들에게는 내 육체를 확실하게 수하에 둘 수 있는 힘을 갖는 일이 중요했다. 내가 라이프치히 병원에 있는 동안 플레히지히의 영혼은, 인간으로(아니면 일시적으로 급조된 인간으로. 당시 플레히지히가 정말 인간이었는지 아닌지는 여기서 확답을 내릴 수 없다) 현존하던 플레히지히 교수를 통해 나를 수하에 둘 힘을 행사했다. 내가 피에르존 박사의 병원('악마의 부엌')으로 옮겨가자 이 영향력은 사라졌고, 내 육체에 대한 실질적 권한은 이제 그 병원 직원에게로, 구체적으로는 그 병원의 수간병인에게 맡겨지게 된 것이다. 이것이 플레히지히의 영혼이 수간병인의 몸에서 적출된 동기, 실제로는 폰 베의 신경을 하늘로, 아니면 축복 상태로 끌어올린 동기가 되었을 것으로 보인다. 그것은 이 신경들과 그것이 수간병인에게 미치는 영향력을 매개로, 잃어버린 영향력을 다시 찾기 위함이었다.

처음에는 폰 베의 신경줄 세 가닥만 존재했다고 한다. 그런데 이 신경줄이 자신이 하늘에 있다는 것을 의식하고 그와 동시에 기적의 힘을 발휘할 수 있게 되자, 폰 베의 다른 신경들을 (당시 나의 가정에 따르면, 무덤에서부터) 끌어들여 보충함으로써 상당히 거대한 영혼이 된 것이다. 당연히 이것도 정화되지 않은 영혼이었다. 이를 통해 하늘에서 두 번째 '검증된 영혼'이 생겨난 것이다. 신의 전능과는 반대로 이 영혼은 자기를 보존하고 세계 질서에 어긋나는 방식으로 권력을 행사하려는 이기적 욕구로만 채워져 있으며, 그 목적을 위해 내 신경이 신의 광선에게 발휘하는 흡인력을 남용했다. 이 영혼은, 이전부터 신의 전능에 대항하는 모든 반란의 이른바 정신적 우두머리였던 플레히지히 영혼의 지도자적 위치를 전반적으로 승인했다. 하지만 플레히지히를 따르던 영혼들과는 달리 이 영혼은 여러 면에서 일정한 자립을 요구했다. 예를 들어, 이미 언급했듯이 원래는 이 영혼도 확장된 영혼 분화를 하도록 되어 있었지만, 이를 따르지 않고 자신만의 길로 나아갔다.

두 번째 '검증된 영혼'이 등장함으로써 나는 처음에는 무척 힘든 입장에 처하게 되었다. 이 영혼 또한 내 육체에 정말 고통스럽게 해를 끼치는 기적들을 일으켰기 때문이다. 이에 관해서는 나중에 더 자세히 이야기하겠다. 다른 한편으로는 매우 우스꽝스러운 순간들도 있었는데, 이렇게 말해도 된다면, 그것은 때때로 내 황폐한 삶에 코믹함을 가져다주었다. 이 영혼이 이러한 방식으로 하늘에 대한 일종의 지배력을 얻게 된 폰 베의 신경이었다는 사실은 의심할 여지가 없다. 왜냐하면 내가 여러 번 폰 베의 영혼과 함께 그가 살았던 시절의 기억들에 대해, 구체적으로는 미스니아 연합Corps Misnia의 학생 시절 이야기부터 라이프치히시 에우트리츠슈Eutrizsch에 있는, 그가 잘 아는 술집 종업원 B에 관한 이야기까지도 함께 나누었기 때문이다. 그렇게 이야기를 나누는 동안 매우 우스꽝스러웠던 것은, 이 두 영혼 — 플레히지히의 영혼과 폰 베의 영혼 — 이 신의 전능에 맞서 연합하는 사이임에도 불구하고, 플레히지히 영혼의 교수로서의 자만심과 폰 베 영혼의 귀족으로서의 자부심이 서로 충돌하고 있었다는 점이다. 폰 베의 영혼은 '폰 베 가문의 규율과 장자 상속 규칙'에 대해 떠벌리면서, 하늘에도 그런 질서를 세울 것이며 그의 '세계 지배'도 그 규칙에 의거하겠다고 말했다. 그러면서 때때로 거기에 근본적으로는 찬동하지 못하는 민족주의적 자유주의자인 플레히지히 교수의 영혼을 걸고 넘어지고 싶어 했다. 다른 한편 이러한 폰 베에게 정신적 우월감을 느끼고 있던 플레히지히의 영혼은 멸시감을 갖고 폰 베의 영혼을 깔봐도 된다고 믿었다. 다른 경우에도 폰 베의 영혼은 단호한 귀족적인 태도를 보여주었다. 예를 들면 식사를 할 때 내가 왼손에 포크를 쥐고 입으로 가져가는 것을 보고는 한동안 내게 큰 존경을 표하기도 했으며, 훌륭하게 차려진 정식 메뉴에 큰 관심을 보였다. 한편으로 그 영혼은 자신이 갈취해 낸 광선들을 플레히지히보다 훨씬 잘 통솔하는 모습을 보여줌으로써, 플레히지히의 영혼보다 조직가로서 더 우월한 재능을 드러냈다. 이 영혼은 늘 번쩍거리는 광선 옷을 입고 나타났으며, 한동안 말끔히 정돈된 '광선 저장고'(지금도 나는 이 광선 저장고가 놓여 있던 방향을 하늘에 표시할 수 있다)를 운영하기도 했다. 피에르존의 병원에 있는 동안 체험했던 또 다른 초감각적 인상들에 관해 몇 가지 더 이야기하고자 한다. '달빛 축복Mondscheinseligkeit'이 길게 꼬리를 물고 펄럭이며 내게 날아 들어왔다(이 광경을 묘사하기란 참 어려운 일이다.

날개로 흩어지지 않고 두껍게 조직을 이룬 채 공중을 떠도는 거미줄에 비교할 수 있을 것이다), 그것은 여성적 축복을 표상했다. 거기에는 서로 다른 두 가지 종류가 있었는데, 하나는 좀 흐물흐물하고 다른 하나는 더 단단했다. 첫 번째 것은 아이 축복Kinderseligkeit이라고 간주해도 괜찮을 것이다. 앞 장에서 이미 이야기했던 세계 종말에 관한 생각에 이어, 세계를 되살리는 일이 어느 단계까지 가능할 것인가와 관련된 소식들이 들려왔다. 한때는 물고기까지만 부활할 것이라고 했고, 또 어떤 때는 하등 포유류 등도 부활할 것이라고 했다. 이런 소식들이 다만 미래에 대한 두려움에서 나온 것인지, 아니면 무언가 실제적인 것에 근거한 것인지는 여기서 확언할 수 없다. 하지만 나는 멀리 떨어진 어떤 천체에서, 아마도 내 신경의 일부를 사용해서 실제로 새로운 인간 세계(그때 이후 수없이, 대개는 조롱하는 투로 사용된 표현에 의하면 '슈레버의 정신에서 나온 신인류')를 창조하려는 시도가 이루어졌다고 생각하지 않을 수 없다. 그것을 위해 필요한 시간이 어떻게 마련되었는지는 아직도 어둠에 싸여 있다. 나는 당시는 물론 지금도 주석 36번에서 언급한 뒤프렐의 저작(내 기억으로는 부록에 실린)에서 전개된 논리를 생각하지 않을 수 없다. 그에 따르면, 공간적인 차이는 곧 시간적인 차이를 의미한다. '슈레버의 정신에서 나온 신인류'는— 신체상으로는 우리 지상의 인간들보다 훨씬 작다— 이미 괄목할 만한 문화적 단계에 다다랐으며, 무엇보다 그들의 작은 체구에 맞는 소를 길들여 키우게 되었다고 했다. 나는 그들에게 '국민적 성자', 말하자면 신적인 숭배의 대상이 되었는데, 그래서 나의 신체적 태도(구체적으로는 피에르존 병원의 '가축우리'에서의 태도)가 그들의 신앙에 어떤 중요성을 갖는다고 했다. 죽은 뒤 축복 상태로 올라간 그들의 영혼은 광선에게 상당히 강한 힘을 가져다주었다고 한다.

이 이야기가 어느 정도의 진실을 포함한다고 믿게 만든 일이 있었다. 그것은 내가 그 시기에 작은 인간들의 '신' 혹은 '사도'— 추측건대 그들의 축복 상태에서 얻어진 광선들의 총합— 를 영혼으로서 내 몸속에, 그것도 아랫도리[59]에 지니고 있었다는 사실이다. 이 작은 '신' 혹은 '사도'는 매우 특이하게도 내 성격의 근본 특성인 — 여기서 나는 어느 정도의 자찬을 억누를 수 없는데 — 실천적으로 사태를 파악하는 태도에 의해 다른 영혼들과 구별되었는데, 바로 거기서 나는 그들이 분명 내 살의 살과 내 피의 피를 갖고 있음을 인식했다. 그런데 나를 혼동에 빠뜨리기 위한 목적으로 이 작은 '신' 혹은 '사도'들— 예를 들어 내 아버지의 영혼과 예수회 수사의 영혼 등, 다른 많은 경우에도 그랬듯이 — 의 조작된 대응물이 만들어졌다. 하지만 나는 이 조작을 금방 알아차렸다. 그 영혼들의 전반적인 성향을 보면, 진짜와 조작된 것을 어렵지 않게 구별할 수 있기 때문이다. 당시에는 또 '광선 개선법Strahlener-neuerungs gesetz'에 대해서도, 다시 말해 새로운 광선들은 이전 인간들

..

59. 다른 많은 경우에서 내가 관찰했던 현상이 여기서도 나타나고 있다. 우호적인 영혼들은 늘 성기 근처(배 등)에 자리 잡고는, 거의 아무런 해를 끼치지 않고 귀찮게 하지도 않는다. 그에 반해 적대적인 성향의 영혼들은 늘 머리를 향해 가면서 뭔가 가해를 행하려 하며, 특히 매우 성가신 방식으로 왼쪽 귀 근처에 자리를 잡는다.

의 믿음Glauben에서 나온다는 근본 원칙 — 그와 관련해서는 '슈레버의 정신에서 나온 작은 인간들klein Männer aus Schrebers Geist'이 그 사례일 텐데 — 에 대해 많은 이야기가 있었다. 이 생각은 이 책의 1장 주석 13번에서 하늘의 앞마당의 발생에 대해 언급한 것과 어느 정도 일치하는 듯하다.

당시 플레히지히의 영혼은 낮 빛을 방사하는 태양을 포함해, 두 개의 '태양'의 지도자였다. 내가 머릿속에 갖고 있는 이미지, 곧 지도자적 영혼이 태양 뒤편에 앉아 있는 이미지를 말로 표현하기는 힘들다. 폰 베의 영혼에게도 다른 태양을 지도하는 역할이 맡겨져 있었다고 하는데, 이 영혼은 전반적으로 그런 일을 그다지 달가워하지는 않았다.

9장

존넨슈타인으로의 이송. 광선과의 교통에서 일어난 변화들. '기록 시스템', '대지에 붙들어 매다'

피에르존 박사의 정신병원 '악마의 부엌'에 머물던 어느 날
— 나중에 알게 되었지만 그날은 1894년 6월 29일이었다 — 나는
(8일에서 14일 정도의 체류 끝에) 지금의 지방 정신병원인 피르나
시 근처의 존넨슈타인으로 이송되었다. 내가 여기로 이송된 이유
가 무엇인지는 나도 모른다. 당시 나는 그것이 틀림없이 악마의
부엌에 체류하던 마지막 며칠 동안 더 강해진 폰 베 영혼의 영향력
과 관계 있다고 믿었다. 그들은 어떤 식으로든 그 영향력을 견제하
려 했기 때문이다. 그곳을 떠나기 전 따뜻한 물에 목욕을 — 피에르
존 병원에서는 처음으로 — 하고 나서 '고등법원 비서'와 함께
마차를 타고(이곳에 올 때처럼) 코스비히역까지 갔다. 그곳에서
커피 한 잔을 마시고 드레스덴을 거쳐 객차에서 내리지 않은
채 곧바로 피르나까지 갔다. 나는 여행을 하는 동안 보았던, 그리고
드레스덴역의 플랫폼에서 보았던 인간 형태들이 기적을 통해
생긴 '일시적으로 급조된 인간들'이라 생각했다. 당시 나는 이미

수많은 기적에 질려 있었기 때문에 그들에게 특별히 관심을 기울이지 않았다. 이런 나의 태도는 목소리들의 말에 의해 뒷받침되었다. 플레히지히의 영혼이 자신이 고안한 '화석화한-fossilen[60] 드레스덴'이라는 표현을 사용하면서 우리가 그곳을 통과해갔다고 말했기 때문이다. 피르나역에서부터 마차를 타고 꽤 덜컹거리는 거리를 지나 지금의 정신병원에 도착했다. 내가 이송된 곳이 피르나에 있는 존넨슈타인이라는 것은 그 후 일 년이 더 지나서야 알게 되었다. 아주 가끔씩만 입장이 허용되던 이 정신병원 '박물관'(연회실) 벽에 작센주 역대 왕들의 그림이 걸린 것을 보고 나서였다. 내가 도착했을 때 목소리들은 이곳을 '악마의 성'이라고 불렀다. 당시 내게 배정된 방은, 내가 지금도 쓰고 있는 방— 옆에 침실이 붙어 있는 엘베동 이층 28호실— 들이었다. 건물 시설을 바꾼다는 이유로 한두 번 잠시 다른 거실을 사용한 적은 있지만, 내게 배정된 침실은 근 이 년 동안 바뀌지 않았는데— 이후 다시 언급하겠지만— 그것은 원래 내가 쓰게 되어 있던 방이 아니라 치매 환자용 독방, 구체적으로 말하면 일 층 원형 동의 97호였다. 처음 들어갔을 때 그 방들은, 상당히 고급스러운 시설을 갖추고 있던 피에르존 박사의 병원과는 대조적으로 무언가 싸구려 같은 인상을 주었다.

• •

60. 'Amongst the fossils(화석들 사이에서)'(원문 영어—옮긴이)는 '일시적으로 급조된 인간들 사이에서'라는 의미로 플레히지히 영혼이 즐겨 쓰던 표현이었다. 이 표현에는 초감각적인 것들을 지칭하는 근본언어적 표현을 어딘가 현대적으로 들리는, 그래서 우스꽝스러운 느낌을 주는 단어로 대체하려는 플레히지히 영혼의 취향이 드러나 있다. 플레히지히 영혼은 이런 방식으로 광선과 신경 상호간의 흡인력을 지칭하는 데에도 '빛 전보의 원리(Prinzip der Lichttelegraphie)'라는 말을 선호했다.

그 밖에 언급할 만한 것은, 지금은 내 방 창문을 통해 자유롭게 엘베강 유역을 바라볼 수 있게 됐지만, 당시 약 일 년 동안은 아무것도 볼 수 없었다는 사실이다. 지금은 밑동까지 잘렸지만 당시에는 울창한 잎이 달린 밤나무 몇 그루가 시야를 가리고 있어서, 창문을 통해 외부세계에서 일어나는 일들을 지각할 수 없었다.

존넨슈타인에서 체류하던 시간은 서로 다른 성격을 갖는 두 시기로 구분할 수 있다. 첫 번째는 플레히지히 병원과 피에르존 박사 병원에 체류하던 말기에 내 삶을 특징지었던, 전체적으로는 진지하고 성스러웠지만 때때로 음산한 성격을 띠었던 시기이고, 그에 반해 두 번째 시기는 점점 더 (저속하다고까지는 말하지 않더라도) 익숙한 도정으로 접어들었던 때이다. 약 일 년 정도 이어진 첫 번째 시기가 지나고 지금은 두 번째 시기가 계속되고 있는데, 다만 최근 몇 가지 점에서 저속한 성격이 어느 정도 수그러 들었다. 첫 번째 시기에 내 육체와 정신에 가해졌던 기적의 영향력 은 끔찍하고도 위협적인 성격을 띠고 있었다. 그래서 나는 그 일 년 동안 매일같이 내 생명과 남성성, 급기야는 이성을 잃어버릴 지도 모른다는 심각한 근심에 가득 차 있었다. 두 번째 시기에 ― 물 론 아주 점진적으로 이행하면서 가끔 이전 상태로 돌아가기도 했지만 ― 는 기적들이, 물론 아직 어느 정도 역겨운 성격을 갖고 있기는 했지만, 점점 무해한 ― 바보 같고 유치하다고 말하진 않더라도 ― 성격으로 변했다.

첫 번째 시기에 나는 여전히 내가 관계하는 사람들이 실제 인간이 아니라 '일시적으로 급조된 인간들'이라는 생각을 갖고 살았다.[61] 지금도 나는 이 생각이 전적으로 나의 착각이었다고 말할 수 없다. 오히려 나는 내가 당시에 체험했고 또 지금도 매일같이 체험하고 있는 바에 따라, 다음과 같은 생각이 옳았다는 가능성을 열어두어야 한다. 이른바 '인간 놀음'이 그 이후로 조금씩, 외적으로 고찰했을 때 마치 인류 전체에 아무런 변화도 일어나지 않은 듯한 인상으로 바뀌어 갔다는 것이다. 이해하기 힘들고 내 의식에도 완전히 간파되지 않는 이런 생각들을 어느 정도나마 이해하기 위해서는, 먼저 이곳 정신병원에 머문 처음 일 년 동안의 내 외적 환경들에 대해 이야기해야 한다. 도착하던 날 곧바로 (일 층에 있는) 목욕실에서 행해진, 청진기 등을 사용한 신체검사 때 정신병원 의사들과 처음 만났다. 정신병원 원장인 위생국 국장 베버 박사Dr. Weber와 레지던트 R박사였는데, 처음에는 얼굴만 보고 이름을 소개받지는 않았다. 이들의 이름은 일 년 혹은 몇 년이 지나는 사이에 간간이 알게 된 것이다. 그날 이후 이 두 사람은 매일 나를 방문했다. 이들 말고도 때때로 수간병인 R과 다른 간병인들(M과 Th) 그리고 지금은 여기를 떠난 Sch를 보았다. 이 중 M이 내 전담 간병인이었다.

당시 정신병원에는 다른 환자들은 아무도 없는 듯했다. 내가 머물던 방의 복도에는 적어도 아홉 개의 방이 있었는데 나는 아무것도 감지하지 못했다. 한참 시간이 지난 뒤에야 처음으로

· ·
61. 그 때문에 나는 그들과 거의 아무 말도 나누지 않았다.

J …… sky 제후라 불리는 환자를, 두 번째로 추밀고문관 B를, 그의 바이올린 연주를 통해 잠깐 동안 알게 되었다. 매일 정신병원 정원으로 산책을 나갔는데, 첫 몇 달간에는 두세 명의 간병인(위에서 언급한) 말고는 항상 나 혼자였다. 지금은 때로 팔십 명에서 백 명까지 정원에 나와 있는 이 많은 환자들이 당시에는 아무도 눈에 띄지 않았던 것이다. 간병인들은 목소리들에게 '개자식'(앞의 주석 39 참조)(역시 슈레버의 실수. 원서 주석 56이 맞다. 이 번역서의 주석 58 참조 — 옮긴이)이라고 불렸다. 그들과 신경 첨부를 통해 대화를 나누었기 때문에, 나는 이들이 '일시적으로 급조된 인간들'의 특성을 가지고 있었다고(따라서 원래 영혼들이었다고) 생각할 수밖에 없다. 그 대화에서 나는 그들이 근본언어에 속하는 표현들을 자주 사용하는 것을, 특히 간병인 Sch가 다른 방에 있으면서 놀라움을 나타내는 근본언어인 '맙소사Alle Wetter'와 '이럴 수가 Alle Hageldonnerwetter'라는 외침을 (소리 내지 않고 신경언어로) 사용하는 것을 들었다. 또한 M과 Sch는 때로 '자신을 탈정립'하기 위해 그들 몸의 일부를 냄새나는 덩어리의 형태로 내 육체에 떠넘기기도 했다. M은 이른바 거대 신경으로서(앵두만 한 크기의, 일종의 아교 덩어리) 여러 번 내 팔에 자리를 잡고는, 다른 광선들이나 신경들처럼 내 사고와 감각 인상들에 일정 정도 참여했다. '개자식들'에게도 영혼으로서의 속성상 기적을 일으킬 수 있는 능력이 주어져 있었다. 그래서 어떤 때는 그들이 일으킨 '개자식의 기적'에 관한 이야기가 들려오기도 했다.

존넨슈타인에서는 몇 달에 한 번씩 아내의 방문을 받았다.

아내가 처음으로 정신병원을 방문해 내 방에 들어서는 것을 보았을 때 나는 마치 얼어붙는 듯했다. 그녀가 살아 있지 않다고 믿은 지 오래였기 때문이다. 나의 — 아내뿐 아니라 다른 사람들에 대해서도 갖고 있는 — 이러한 생각은 분명한 사실적 근거들에 기인하는 것이었다. 그렇기에 아내를 다시 보게 된 일은 어떤 점에서는 지금까지도 풀리지 않는 수수께끼로 남아 있다. 그것은 내가 — 이 점에서도 내가 기억하는 일이 실제로 일어난 것이라고 확신하는데 — 이미 여러 번 아내의 영혼에 속하는 신경들을 내 몸에 지녔으며, 때로는 그 신경이 외부에서 내 몸으로 접근해 오는 것을 지각했기 때문이다. 그 영혼 부분들은 아내가 내게 보여주던 헌신적 사랑으로 가득 차 있었다. 그들은 근본언어에 속하는 "허락해 주세요"[62]라는 표현을 통해 자신의 존속을 포기하고, 내 몸에서 자기 존재의 종말을 맞이하려는 의지를 보여주었던 유일한 영혼이었다. 아내가 존넨슈타인을 방문했을 때 나는 한동안 그녀가 지금 이러한 목적을 위해 '일시적으로 급조되어' 있는 것이며, 그래서 아마도 계단을 내려가거나 정신병원을 떠나자마자 곧바로 해체되어 버릴 것이라 믿었다. 그녀의 신경이 매번 나를 방문한 이후 다시 '캡슐에 싸이게 될' 거라고 이야기되었다. 한번은 — 아마도 1894년 내 생일날 — 아내가 내게 시 한 편을

· ·

62. 여기에 언급된 이 표현을 문법적으로 의미가 통하도록 완전하게 만들자면 다음과 같은 말로 바꿀 수 있을 것이다. "나를 다시 끌어내려는 당신, 광선의 힘이여, 남편 신경의 흡인력에 나를 맡길 수 있도록 허락해 주세요 나는 남편의 몸속에서 소멸할 준비가 되어 있답니다."

가져다주었다. 당시 내게 깊은 인상을 주었던 그 시를 여기에
글자 그대로 옮겨놓고자 한다. 그 시는 다음과 같다.

> 머지않아 진정한 평화가 너를 감쌀 것이니─
> 저 고요한 신의 평화가─
> 이 세상의 어떤 생명도, 이 세상의 어떤 쾌락도
> 네게 주지 않는 그 평화를 위해서는
> 신의 팔이 너를 상처 입혀야 한다.
> 그래서 네가 '신이여 용서하소서'라고,
> '신이여 내 나날들을 용서하소서'라고 외치도록,
> 그 외침이 너의 영혼으로부터 힘겹게 솟아 나와야 한다.
> 세상 만물이 생겨나기 전처럼
> 너에게 모든 것이 어두워지고
> 고통이 너를 완전히 그리고 무겁게 사로잡아야,
> 네 영혼에 한 방울의 눈물도 남아 있지 않아야 한다.
> 네가 모든 울음을 울어버렸거든
> 그래서 피로해지면, 몹시도 피로해지면
> 그때 네게 충실한 손님이 찾아온다.
> 고요한 신의 평화가.

  누가 지은 것인지 모르는 이 시가 내게 그렇게 독특한 인상을
주었던 이유는, 여기 여러 번 등장하는 '신의 평화'라는 말이
그 당시를 전후해 내가 수도 없이 들었던 근본언어의 표현으로,

'광선으로 인해 생겨난 잠'을 가리키기 때문이다. 당시 나는 이것이 어쩌다 일어난 우연이라고는 도저히 생각할 수 없었다.

존넨슈타인에 머무르던 첫 주(1894년 7월 초)에 오래전부터 지속되던 내 신경과 광선 사이의 교통, 그리고 그와 관련된 하늘의 상황에 분명한 변화가 생겼다. 그것은 그 이후의 시간에 걸쳐 근본적으로 중요한 변화인 듯했다. 이 변화들을 말로 표현하는 것 역시 무척이나 힘든 일이다. 그 변화들에는 일반적인 인간 경험에 상응할 만한 것은 하나도 없으며, 나 역시 일부는 정신의 눈[63]으로 직접 지각한 것이고, 또 일부는 단지 그 영향력에 의해서만 인식한 것이기 때문이다. 따라서 내가 그 과정에 대해 갖게 된 표상은 완전한 진리에 근접하기만 할 것이다. 이미 앞 장에서 이야기했듯이, 하늘에 존재하는 '검증된' 영혼들과 영혼 부분들의 수가 영혼 분화로 인해 크게 증가했다. 이 영혼들 중에는 여전히 플레히지히의 영혼이 가장 두드러졌는데, 두 개의 주요 형태('상위 플레히지히'와 '중간 플레히지히')로 존재하던 이 영혼은 그 크기

* *

63. 이미 다른 곳(8장, 114쪽)에서 사용했던 '정신의 눈으로 본다'는 표현을 여기서도 다시 사용하는 이유는 인간의 언어에서는 이보다 더 적합한 표현을 찾을 수 없기 때문이다. 우리는 외부세계에서 받아들이는 모든 인상들이 이른바 오감을 통하는 것으로, 특히 빛과 소리에 대한 지각은 각각 눈과 귀를 통해 지각된다는 생각에 익숙해 있다. 일반적인 경우에는 이것이 옳을 수도 있다. 하지만 나처럼 광선을 통해 소통하고, 그로 인해 머리가 밝아진(erleuchtet) 사람에게 그러한 생각은 완전히 들어맞지는 않는다. 빛과 소리에 대한 감각은 광선들로부터 나의 내부 신경체계에 직접 투사되며, 따라서 나는 그것을 지각하기 위해 외적인 시각과 청각 도구들을 필요로 하지 않는다. 나는 그 과정들을 눈감고서도 보고, 그것이 목소리처럼 청각적 감각과 유사한 인상들인 한에서는 귀를 밀봉한다 하더라도 그 소리들을 들을 수 있다.

덕분에 한동안 상당히 높은 수준의 인간적 지성을 보존할 수 있었다. 그런데 해가 지날수록 이 지성이 점점 상실되어서, 지금은 미약한 정체성의 여분조차 남지 않은 지 오래되었다. 나는 나름대로 이 영혼과 영혼 부분들을 내게 끌어와 그것들을 소멸시키려 했다. 그것은 나와 신의 전능 사이에 이른바 중간 기관들로 존재하던 '검증된', 또는 순수하지 않은 영혼들이 제거되면 갈등이 세계 질서에 걸맞은 방식으로 — 신경들을 완전히 진정시키는 잠을 통해 내 병이 치료되거나, 새로운 인간들을 탄생시키기 위해 세계 질서에 상응하는 방식으로 탈남성화(나중에는 이를 감수해야만 한다고 믿었다)함으로써 — 저절로 해결될 것이라는, 전적으로 타당한 생각에서였다. 이에 반해 '검증된' 영혼들은 기적 능력을 부여하는 하늘의 자리를 차지하려는 천만부당한 충동으로 가득 차 있었고, 매번 내게 접근한 뒤에는 늘 다른 영혼 또는 영혼 부분들을 밀쳐대며 다시 후퇴하려 했다.

그래서 어느 날 밤 — 아마도 존넨슈타인에 도착한 지 나흘 혹은 닷새째 되던 밤 — 내가 커다란 정신적 노력을 기울여 순수하지 못한 (검증된) 영혼 전부를 잠정적으로 내게 끌어당기는 데 성공했을 때, 신경을 치료하는 잠으로 나를 낫게 하고 순수하지 못한 영혼들을 사라지도록 하기 위해 '광선으로 틀어막는' 일만 남았을 때(하지만 애석하게도 이미 앞에서도 언급했던 이유로 그들은 이 일을 실행할 결심을 하지 못했다), 플레히지히의 영혼은 자신과 다른 순수하지 못한 영혼들의 존재에 그런 위험이 도래하는 것을 막기 위해 특별한 일을 벌였다. 그들은 '기계적 부착'이라는 정보수단Auskunftsmittel을 고안해 냈던 것이다. 당연한 말이지만, 내가 그 기술에 대해 파악할 수 있는 것은 대략적인 윤곽뿐이다. 기계적 부착은 처음에는 '광선에 접합'이라고 지칭된 느슨한 형태로 이루어졌다. 여기에 쓰인 '광선'이란 단어는 내게는 완전히 이해되지 않는 어떤 특별한 의미로 사용되고 있는 듯하다. 내가 묘사할 수 있는 것은 내 정신의 눈으로 보았던 그림뿐이다. 그에 따르면, 영혼들은 일종의 회초리 묶음[로마의 릭토르들이 들고 있는 속간Fasces(고대 로마에서 막대 다발 속에 도끼를 끼운 것으로, 집정관의 권위 표지로 사용되었으며 훗날 이탈리아 파시스트당의 상징이 되었다— 옮긴이)과 비슷하게 생긴 것]에 매달려 있었는데, 그것은 아래로는 원추 모양으로 벌어져 있고 위쪽 뾰족한 꼭대기 주위는 영혼의 신경들로 감싸여 있었다. 이런 느슨한 형태의 부착으로는 흡인력에 의한 소멸의 위험에 충분히 대처하기 힘들 듯하자, 얼마 후에는 '대지에 붙들어 맴'이라고 불리는, 그보다 더 강한 저항력을 갖는 형태가 선택되었다. 이 표현이 이미 말해주듯, 이는 영혼들을 멀리 떨어진 어떤 천체에 묶어두는 것이다. 그로써 영혼들이 흡인력에 의해 내 몸에서 완전히 소멸할 가능성은 사라졌고, 그와 더불어 생겨난 기계적 부착으로 인해 그들의 후퇴가 보장되었다. '중간 플레히지히'가 이 두 번째 부착 형태를 처음 사용했을 때는, 신의 나라에서도 그런 세계 질서를 거스르는 행동은 용인되지 못할 것이라는 견해가 우세했다. 그래서 '중간 플레히지히'는 묶어놓았던 자신을 어쩔 수 없이 풀어야 했다. 하지만 나중에 그 실험이 계속되자 그들은 더 이상 그런 종류의 개입을 위한 에너지를 갖지 못해 그 묶음이 일어나도록 내버려두었는데, 그 결과 플레히지히의 다른 영혼 부분들뿐 아니라 그를 추종하는 다른 영혼들, 특히 폰 베의 영혼들이 참여하게 되었고 나아가 신의 전능까지도 거기에 합류했다. 이를 통해 '대지에 붙들어 맴'은 지금까지도 지속적으로 존속하는 기구가 되어버렸다. 이는 또한 다른 결과를 낳았는데, 그것이 바로 이제부터 이야기하고자 하는 '기록 시스템'이다. 지구에 있는 내 육체가 펼쳐진 신경을 통해 다른 천체와 연결되어 있다는 생각은, 그 천체가 너무도 멀리 떨어져 있다는 사실을 고려하면 인간에게는 거의 이해될 수 없다는 사실을 모르지 않는다. 그럼에도 내가 지난 육 년간 매일 경험한 바에 따라, 나는 이것의 객관적 실재성에 대해 아무런 의심도 할 수 없다.

여기서 언급한 기록 시스템은, 그것을 다른 사람들에게 어느 정도라도 이해시키는 것조차 무척이나 어려운 하나의 사실이다. 내게는 그것의 실재성을 증명해 주는 확고한 증거들이 매일같이 나타나고 있지만, 그것은 내게도 파악되지 않는 영역에 속한다. 왜냐하면 인간의 본성을 알고 있는 사람이라면 누구나 그 기록 시스템이 추구하는 의도라는 것이 아예 처음부터 도달 불가능한 것이라고 인식할 수밖에 없기 때문이다. 이것이 임시방편적 정보 Verlegenheitsauskunft라는 것은 분명하다. 그런데 이것이 잘못된(세계 질서에 어긋나는) 의욕에서 생겨났는지 아니면 올바르지 못한 사고에서 기인했는지를 구분하는 것은 내게는 어려운 일이다.

그들은 어떤 장부 아니면 그와 유사한 문서에 지난 몇 년간 나의 모든 생각과 말, 내가 사용하는 물건, 그 외 내가 소유하고 있거나 내 주위에 있던 사물, 내가 이야기를 나누었던 모든 사람을 기록하고 있다. 누가 이것을 기록하는지는 확신 있게 말할 수 없다. 신의 전능이 지성을 완전히 결여했다고는 생각할 수 없기에, 나는 먼 천체 어딘가에서 일시적으로 급조된 인간처럼 인간의 형상을 하고는 있지만 정신은 완전히 결여된 어떤 존재가 이 기록을 하고 있다고 추측할 뿐이다. 지나가는 광선들이 이 존재가 계속 기계적으로 기록하도록 손에 펜을 쥐여주고 있는데, 이는 훗날 지나가는 광선들이 기록된 것을 보기 위함이었다.

이런 장치의 목적을 이해하기 위해서는 좀 더 포괄적인 설명이 필요하다. 지난 몇 년간 내 생명과 육체의 통일성, 남성성과 이성에 대해 행해진 온갖 공격의 근거가 되었고 또 지금도 근거를 이루고 있는 생각은, 이전에 있었던 어떤 흡인력보다도 강하고 과잉 자극된 내 신경의 흡인력에서 가능한 한 벗어나는 것이다. 그러기 위해 그들은 처음에 세계 질서에 내재한 경향을 의식(4장 참조)하고, 나를 탈남성화하려고 계획했다. 하지만 이 탈남성화는 인류 갱신이라는 궁극적인 목적을 위해 세계 질서에 합당하게 이루어지는 것이 아니라, 내게 모욕을 주려는 의도에서 계획된 것이었다. 또한 그들이, 육체가 탈남성화하면 광선에 대한 흡인력을 상실할 거라고 근거도 없이 상상했거나, 아마도 스스로를 그렇게 속이려 함으로써 비롯된 것이기도 했다. 이런 탈남성화에 관한 생각은 내가 존넨슈타인에 온 지 몇 년이 지나고서도, 이렇게 말해도 된다면, 영혼들의 머리에 계속 출현했다. 멀리 떨어져 있어서 한동안 내 신경과 교류할 일이 없었던 '작은 플레히지히'의 영혼 부분들은 종종 "아직도 탈남성화되지 않았어?"라고 놀란 듯 말하곤 했다. 탈남성화가 예정되었음을 알았던 신의 광선은 나를 '슈레버 아가씨Miss Schreber[64]라고 조롱해도 된다고 생각했다. 당시 나를 피곤하게 할 정도로 자주 반복되었던 말은 "당신은 넘쳐나는 쾌락에 몸을 맡기고 있는 것으로 묘사되어야 합니다"[65] 등이었다. 탈남성화가 곧 다른 사람들이 내 육체를 성적으로 희롱하는 것이라고 이야기되던 동안에는 당연히 나 스스로도 탈남성화의 위험을 나를 위협하는 모욕이라 느끼고 있었다.

그런 이유로, 대량으로 내 몸속에 들어온 여성 신경 혹은 쾌락신경들은 일 년이 넘도록 내 태도와 사고방식에 아무런 영향도 미칠 수 없었다. 그 신경들이 자극될 때마다 나는 내 남성적 명예를

. .

64. 원문에 영어로 표기되어 있다. ─ 옮긴이

65. '묘사'라는 개념, 다시 말해 한 사물이나 사람에게 그 실질적인 본성과는 다른 외양을 부여하는 것(인간의 언어로 하면 '위조하기')은 영혼들의 표상 안에서 큰 역할을 수행했고 또 지금도 그러하다. 이런 맥락에서 나중에도 수차례 '당신은 신을 부인하는 자로, 영혼 살해를 저지른 자로 묘사되어야 한다'(2장 35쪽 참조)는 등의 말이 있었다. 내 생각에 이는 분명 신은 살아 있는 인간들에 대해서는 보통 외적 인상만을 받고, 신경 첨부를 통해 한 인간에게 다가가는 광선들은 매번 '시선'(시야의 번뜩임)에서 오직 단 하나의(순간적인) 인상만을 받는다는 사실과 관련되어 있다. 살아 있는 인간을 유기체로 이해하지 못하는 그들의 철저한 무능력─나중에 그에 대한 분명한 증거들을 제시하겠다─을 나는 이렇게 이해할 수밖에 없다. 따라서─플레히지히의 '검증된' 영혼 때문에 신의 전능이 빠진 곤혹스러운 상황 속에서─그들이 한 인간에 대해 그의 실제 속성과는 다른 인상을 얻었다면, 그를 그 인상에 따라 취급하는 일도 가능하다며 스스로를 설득하려 했을 것이다. 때문에 이는 실제로는 아무런 효과도 없는 자기기만으로 이어진다. 당연하게도 인간에게는 그렇게 의도된 '묘사'에 대항해 자신의 실제적 특성을 증명할 수 있는 수단으로서 실질적인 행동과 (인간의) 언어가 주어져 있기 때문이다.

동원해서, 나를 전적으로 지배하고 있던 종교적 생각들의 성스러움을 통해 그것들을 억압했다. 따라서 내 몸에 여성 신경이 있다는 사실은, 나를 불안감에 몸을 떠는 여자 같은 인간으로 '묘사하려는' 목적으로 광선이 그 신경을 갑자기 자극해서 일부러 요동시킬 때를 제외하고는 거의 의식되지 않았다. 하지만 다른 한편, 내 의지력으로 침대에 누울 때 내 몸에 쾌락감이 생겨나는 것까지 막을 수는 없었다. 이 쾌락감은 이른바 '영혼 쾌락' — 이는 영혼들이 사용한 표현으로, 영혼에게는 충분한 쾌락이지만 인간에게는 성적 자극이 없는 일반적인 육체의 편안함이다 — 으로서 광선에 대한 흡인력을 상승시키는 효과를 발휘했다(7장 끝부분 참조).

시간이 지나 이런 현상이 점점 더 분명해지자 신은 탈남성화가 나를 '내버려두려는' 수단으로서, 곧 내 신경의 흡인력에서 다시 벗어나기 위한 수단으로서 아무런 효과도 없음을 의식했을 것이다. 그래서 차츰 나를 '남자로 유지 시키려는' 생각이 생겨났다. 하지만 그 역시 근본적으로는 거짓된 위장술 속에서 이루어진 것으로, 나를 다시 건강하게 만들기 위해서가 아니라 이성을 파괴하거나 천치로 만들기 위함이었다. 천치의 신경도 일단 커다란 병적 자극 상태에 빠지면 흡인력을 갖게 되리라는 — 그 신경들이 고통, 쾌락, 배고픔, 추위 등을 감지할 수 있는 한에서만 — 것을 미처 고려하지 못했던 것이다. 그래서 그들은 매일매일 그리고 매시간 끊임없이, 광선들이 가져온 시체의 독성분이나 다른 부패 물질들을 내 몸에 축적시켰다. 그것을 통해 결국 나를 질식시키고, 특히 내 이성을 빼앗을 수 있다는 생각에서였다. 이를 통해 일시적으로 내 몸에 어떤 나쁜 결과가, 때로는 매우 위협적인 방식으로 초래되었는지에 대해서는 다음 장에서 이야기하겠다.

나는 내가 얻은 근거에 따라, 시체의 독성분 혹은 부패물질은 광선들이 스스로를 붙들어 매고 있는 천체에서 나온 것이며, 광선들이 그곳에서 시체의 독성분이나 부패물질로 — 말하자면 — 포장되거나, 아니면 그곳을 지나갈 때 그런 성분들을 빨아들이는 거라고 생각한다. 어떤 광선들은 기적으로 만들어진 새 모양을 하고 있었는데, 그에 관해선 나중에 자세히 이야기하겠다. 그러던 와중에, 아직 하늘에 남아 있던 검증된 영혼들과 예전 하늘의 앞마당의 나머지 — 영혼들은 나중에 이 뒤에 진을 칠 요량으로 이것을 남겨두었다 — 가 시간이 지나면서 완전히 지성을 상실해서, 더 이상 스스로의 생각을 갖지 못하는 일이 일어났다. 다른 한편 광선들은 그 본성상 움직이는 중에는 반드시 말을 해야만 하는 듯했다. 그와 관련된 법을 표현하는 "광선들은 말을 해야 한다는 것을 잊지 마시오"라는 문구가 이미 수도 없이 내 신경에 전달되었기 때문이다. 그런데 몇 년 전부터 이들은 스스로의 생각이 결핍된 나머지 자신들이 일으킨 기적 — 조작적인 방식으로 내 신경에 주입된 '우려 생각'(예를 들어 "내 손가락이 마비되지 않기를" 아니면 "내 무릎 디스크가 기적의 영향을 받지 않기를") — 에 대해서만 이야기하고, 내가 막 하려는 일들을 저주(예를 들어, 내가 피아노 앞에 앉자마자 "저 빌어먹을 피아노 연주가 멈추기를" 혹은 내가 막 손톱 청소를 하려고 하면 "저 빌어먹을 손톱 청소가 멈추기를")하는 일 외에 다른 것은 알지 못한다. 게다가 그들은 내게 도가 넘는 파렴치함 — 이렇게 말고는 달리 표현할 수가 없다 — 을 요구했는데, 그것은 이 조작된 헛소리를 마치 나 자신이 하는 생각인 양 소리 내어 말하라고 강요하는 것이었다. 즉, 다음과 같은 식이다. "저 빌어먹을 피아노 연주가 멈추기를"이라는 문구가 끝나면 "왜 그걸 (소리 내어) 말하지 않죠?"라는 질문이 이어지고, 그에 대해 다시 "내가 그럴 만한 바보이기 때문이오", 또는 "내가 M씨를 두려워하기 때문이오"(5장 주석 27번 참조)와 같은 조작된 대답을 내뱉는 것이다. 물론 나를 해치기 위한 기적에 대해서도 이야기할 필요 없고, 광선들 — 그들은 내 생각을 읽을 수 있다 — 이 이런저런 일을 하려는 나의 특정한 '결정 생각 Entschlussgedanke'을 인지할 수 없는 휴지기도 있다. 다른 말로 하면 내가 아무 생각도 하지 않을 때, 구체적으로는 밤에 잠을 자거나 낮에 잠시 휴식을 취하려 하거나, 혹은 아무것도 생각하지 않으면서 정원에서 산책을 하는 등의 시간이다. 이 휴지기를 뭔가로 채우기 위해(다시 말해 이 시간에도 광선들이 무언가를 말하기 위해) 동원되는 것이 바로 '기록 재료'다. 그것은 본질적으로 나 자신의 이전 생각들과 그 밖의 사소하고 반복적으로 등장하는 별 의미 없는 추가어들, 일부는 모욕적인 언사, 천박한 욕설 등으로 이루어져 있다. 내 신경이 지난 몇 년 동안 어떤 터무니없는 일들을 감수해야 했는지 독자들에게 최소한의 감이라도 주기 위해, 나는 이 말의 목록을 이 책의 부록으로 첨부할 생각이다.

모욕적인 말과 욕설 등은 소리 내어 말하도록 나를 자극하고, 그럼으로써 잠자기 적당한 시간에 수면을 취하지 못하게 하려는 목적으로 행해졌다. 영혼 쾌락을 방해하는 것과 더불어, 이처럼 잠을 방해하는 행위에서 영혼의 정책이 그 자신의 원래 목표에서 얼마나 멀리 떨어져 있는지가 극명하게 드러난다. 기록은 나아가 또 다른 특별한 책략을 위한 것이기도 한데, 이 책략 또한 인간 사고에 대한 완전한 오해에 근거한다. 그들은 기록을 통해 내 모든 생각을 완전 소모시킬 수 있고, 그 때문에 내게 더 이상 아무런 새로운 생각도 들지 않는 순간이 올 것이라고 믿었다. 당연하게도 이는 전적으로 터무니없는 생각이다. 왜냐하면 인간의 생각이란 무한정한 것이어서, 예를 들어 책이나 신문 등을 읽음으로써 늘 새로운 생각이 생겨나기 때문이다. 그 책략이란 다음과 같다. 내가 이전에 한 번 했던, 그래서 이미 기록되어 있는 생각을 다시 하자마자— 당연히 이는 많은 생각들에서 불가피한 일이다. 예를 들어 이른 아침 '이제 씻어야겠다'라는 생각이나, 피아노를 칠 때 '이 부분은 멋지다' 같은 생각처럼 말이다— 그들은 그 생각의 발단을 알아차리고는 내게 접근하는 광선들에게 "그건 우리가 벌써 한 거야('한겨'라고 발음되는)"라는 문구를 기록해서 내게 보냈다. 그러면 설명하기 힘든 어떤 방법으로 인해, 광선들이 이 생각들의 흡인력에 무감각해져 버린다.

  기록 시스템과 그 결과에 대해 이보다 더 분명하게 설명할 수는 없다. 자기 신경으로 직접 경험해보지 않은 사람에게 이를 완전히 이해시킬 수는 없기 때문이다. 분명히 말할 수 있는 것은, 저 기록 시스템, 곧 이전의 생각들이 다시 떠올랐을 때 "그건 벌써 우리가 한 거야"가 따라 나오는 것으로 인해 내가 수년간 심대한 고통을 겪었으며, 얼마간 시간이 지나고 나서야 비로소 어느 정도 적응할 수 있게 되었다는 사실이다. 그 때문에 내가 치러야 했던 인내심 테스트는, 그렇지 않아도 내 삶을 힘들게 하는 외적 어려움들(자유의 제한 등)에 더해 다른 어떤 인간에게도 행해진 적이 없는[66] 것이었다.

끝으로, 여기서 말한 일은 시간상으로 볼 때 얼마간 앞서 있다는 것을 추가적으로 언급한다. 이는 맥락상 어쩔 수 없었던 일이다. 실제로 여기 언급한 일들은 꽤 나중 시기에 속한다. 예를 들어, 앞에서 언급한 피아노 연주 같은 것은 내가 존넨슈타인에 도착하고 거의 일 년이 지난 뒤에도 생각조차 할 수 없는 일이었다.

• •

66. 이 어처구니없고 뻔뻔스러운 목소리들의 헛소리를 그치고 잠시나마 신경을 안정시키기 위해 큰 소리를 지르거나 소음을 내는 것 말고 다른 방도가 없었던 시기가 있었다. 그 진정한 맥락을 알지 못하는 의사들은 이를 발작적 광란이라 여기고 그에 상응하는 조치를 취했다. 그 때문에 나는 몇 년간 밤에 고생해야 했다. 그것을 '정신적 고문'이라 표현하는 것이 결코 과장이 아님은 다음의 사실로써 이해될 것이다. 독방에서 잠을 자던(1896~1898) 시기에 나는 거의 대부분의 밤에 침대 밖에서 몇 시간씩 보냈다. 때로는 닫힌 창문의 덧문을 주먹으로 치거나, 덧문이 철거된 때에는 영하 8도에서 10도를 오르내리는 추운 겨울에 가운만 걸친 채 열린 창문 앞에 서 있어야 했다. 그때, 추위 탓에 내 온몸이 덜덜 떨리기도 했고(게다가 원래의 자연적 추위가 '추위 기적(Kältewunder)'을 통해 더 심해졌다), 때로는 덧문을 닫아 완전히 껌껌해진 독방 안을 이리저리 돌아다니다가 낮은 천장에 머리가 부딪치는 기적이 행해지기도 했다. 그래도 내겐 이 모든 상태가 침대에 누워 있는 것보다 낫다고 여겨졌다. 잠이 오지 않는 상태에서 침대에 누워 있는 것은 도무지 견딜 수 없었다.

10장

존넨슈타인에서의 개인적 체험들. 광선 접촉의 부속 현상으로서의 훼방. 기분 조작

확신에 따르면, 내가 존넨슈타인에 머물던 첫 번째 주(1894년 7월 혹은 8월)에 태양에 중대한 변화가 일어났다. 앞에서 초감각적인 것들에 관해 이야기할 때와 마찬가지로, 여기서도 내가 받은 인상들에만 한정해서 이야기할 것이다. 그래서 이 변화가 실제로 어떤 객관적 과정들인가 하는 질문에 내가 답할 수 있는 것은 추측뿐이다. 내게 남아 있는 기억에 의하면, 당시 한동안 정상 크기보다 작은 외적 인상을 주는 태양이 존재하고 있었다. 8장 말미에서 언급했듯이, 처음에는 플레히지히의 영혼에 이끌렸던 이 태양은 나중에는 다른 영혼에 의해 지배되었는데, 나는 그 영혼이 이곳 병원장인 추밀고문관 베버 박사의 신경이라고 생각할 수밖에 없다. 이 글을 쓰는 나는 사람들 모두가 이 말을 완전한 헛소리로 여길 수 있음을 잘 알고 있다. 왜냐하면 추밀고문관 베버 박사는, 나 또한 매일 의심의 여지 없이 확인하듯, 아직 살아 있기 때문이다. 하지만 내가 받은 인상에 따르면, 추밀고문관 베버 박사는 이전에 삶에 한 번 이별을 고하고 신경을 지닌 채 축복 상태로 올라갔다가 그 후 곧바로 다른 사람처럼 삶으로 회귀했는데, 이는 인간들은 당연히 파악하지 못하는, 초감각적으로만 설명 가능한 하나의 가능성으로서 결코 배제할 수 없다.[67] 그 후 그 작은 태양은 광선의 힘을 모두 사용한 뒤에 다른 태양으로 대체되었다. 그때 나는 며칠 낮과 며칠 밤에 걸쳐 가장 멋지고 경이로운 인상을 받았다. 내 생각에 그때는, 1장 주석 12번(원서 주석 11번이다. 이 번역서의 주석 13 참조─옮긴이)에서도 언급했듯, '전방의 신의 나라'가 다 소모된 후 '후방의 신의 나라'가 처음으로 등장한 시점이었다.

나는 그때, 그리고 오로지 그때에만 가장 완벽한 순수성을 갖춘 신의 전능을 보았다고 감히 말할 수 있다. 그날 밤 ─ 내 기억에 단 하룻밤에 ─ 낮은 단계의 신(아리만)이 모습을 나타냈다. 그 광선의 찬란함이 ─ 나는 침대에 누워 있었지만 잠들지는 않고 깨어 있었다 ─ 내 정신의 눈(주석 63번 참조)에 보였다. 다시 말해 나의 내부 신경체계에 비쳤다. 동시에 나는 그의 언어도 들었다. 그의 말은, 그전이나 이후나 예외 없이 목소리들의 말이 늘 그러하듯 어떤 작은 속삭임이 아니라 내 침실 창문 바로 앞에서 강한 베이스음으로 울려 퍼졌다. 그 인상이 너무도 강렬한 나머지, 나처럼 사람을 화들짝 놀라게 하는 기적 인상들에 단련되어 있지 않은 사람이라면 뼛속까지 몸을 떨 정도였다. 그때 말한 것 또한

• •

67. 이것과 다른 것들에 관해선 서문에서 말했던 제한을 참조하라.

전혀 우호적이지 않았다. 모든 것이 내게 공포와 경악을 주기 위해 준비된 듯 보였고, '비천한 놈Luder'이라는 말 — 근본언어에서 자주 사용되는 표현으로, 신에 의해 제거되어야 할 인간을 가리키며 그에게 신의 힘과 분노를 느끼게 할 때 사용되는 표현이다 — 도 여러 번 들려왔다. 그때 그가 말한 것은 모두 진짜였고, 나중에 그런 것처럼 암기된 문장이 아니라 실제적인 감정의 직접적 표현이었다.

이런 이유로 내게는 공포에 떨게 하는 두려움이 아니라, 웅대하고도 숭고한 것에 대한 경탄의 인상이 더 컸다. 그 말에 욕설이 일부 들어 있음에도 불구하고, 그것이 내 신경에 끼친 영향은 오히려 날 편안하게 해주었다. 그래서 나는, 한동안 눈치 보며 물러서 있던 '검증된' 영혼들이 어느 정도 시간이 지나 다시 앞으로 나서기 시작했을 때 다음과 같은 말로 내 감정을 반복해서 표현하지 않을 수 없었다. 곧 — 신의 광선들의 위엄을 향해서는 — "오, 얼마나 순수한가!" 그리고 — 검증된 영혼들을 향해서는 — "오, 얼마나 천박한가!"라고. 그러자 신의 광선들은 내 생각을 읽고, 그것도 그 후에는 예외 없이 그랬던 것처럼 조작하면서가 아니라 있는 그대로의 내 생각을 읽고는, 단어 그대로의 표현 또한 인간 신경의 자연스러운 운동에 상응하도록 그 생각에 운율[68]을 부여했

---

68. 인간 신경은 규칙적인 '억양(Tonfall)'에 따라 진동한다. 나는 위에서 사용한 '운율'이라는 표현이 이를 가장 잘 설명할 수 있다고 믿는다. 앞에서 언급했던 저작(6쇄) 1권의 6장 말미 117쪽에서 크레펠린이 '경동맥 맥박의 진동'이라 지칭한 것과 이것이 같은 현상인지는, 이 명칭의 의미를 알지 못하는 나로서는 확답할 수 없다. 4음절이나 6음절로 된 단어가 이 억양에 가장 쉽게 들어맞는다. 그로 인해 — 내

다. 그 결과 나는 나 자신을 놀라게 하는 온갖 부수적인 현상에도 불구하고 전반적으로 편안함을 느껴 결국 잠에 빠져들었다.

그다음 날 나는 아마도 하루 이틀 더 (내가 정원에 있었던 오후에) 높은 단계의 신(오르무즈트)을, 이번에는 정신의 눈이 아니라 육체의 눈으로 보았다. 그것은 태양이었다. 하지만 사람들에게 알려져 있는 그런 통상적인 태양의 모습이 아니라, 은빛으로 빛나는 광선의 물결에 둘러싸인 채 2장 주석 19번에서 언급한 것처럼 하늘의 6분의 1에서 8분의 1을 뒤덮은 태양이었다. 물론 여기서 이 숫자들이 중요하진 않다. 나 자신이 과장할 것을 우려해 다시 기억을 더듬어 보면, 그것은 10분의 1 또는 12분의 1 정도의 하늘 일부였을 수도 있다. 어쨌든 그 광경이 너무도 압도적으로 휘황찬란하고 웅대한 나머지, 나는 그것을 계속 쳐다보지 못하고 다른 곳으로 눈을 돌리려고 했을 정도다. 그때 나 말고도 그 자리에 있었던 다른 사람들이, 특히 혼자서 날 수행하고 있던 간병인 M이 그 광경을 전혀 눈치채지 못한 듯 보인 것은 내게는 수많은 불가사의 중 하나다. M이 그것을 감지하지 못한 것에 대해 당시에는 그다지 놀라지 않았다. 왜냐하면 나는 그가 꿈속의 삶을 살고 있는, 따라서 사고하는 인간에게는 최고의 관심을 불러일으킬 수밖에 없는 인상들을 이해하지 못하는, 일시적으로 급조된 인간이라 여기고 있었기 때문이다. 그런데 이제는 내가 실제 인간이라

신경에서 벗어나기 위해 행해지는—기록 재료에 사용되는 암기된 구절들에서, 그리고 지금도 이 자연스러운 억양에 대립하는 단어들이 선택되는데, 예를 들어 나 자신의 직책인 '판사회의 의장(Senatspräsident)'이 그것이다.

고 여길 수밖에 없는 그에게, 그리고 그 시간 다른 장소에서 나 말고도 그 광경을 보지 않을 수 없었을 수천 명의 사람들에게 어떻게 그 압도적인 인상이 흔적도 없이 지나쳐 갔는가를 설명하라면 나는 무어라 말해야 할지 모르겠다. 사람들은 당연히 내가 겪은 것이 단지 '환각'일 뿐이라고 이야기할 것이다. 하지만 내기억의 확실성을 고려해 보면 그런 가능성은 내게는 주관적으로 완전히 배제되어 있다. 게다가 그 현상은 며칠에 걸쳐 연이어 반복되어 일어났으며 하루에도 몇 시간씩 지속되었다. 그 번쩍이는 태양이 ─ 그 이전에도, 또 그 이후에도 계속 그러고 있듯이 ─ 내게 말을 걸었다는 사실을 덧붙일 수 있는데, 이 점에 관해서도 나는 내 기억이 날 속이고 있다고 생각지 않는다.

며칠이 지난 뒤, 앞에서 말했던 경이로운 현상들은 사라졌다. 태양은 다시 이전의 형태를 띠게 되었고, 이후 그 형태가 중단 없이 지속되었다.[69] 또 목소리의 말도 다시 조용히 속삭이는 형태가 되었다. 나는 그 이유가, 이 시점에서 신의 전능도 플레히지히의 영혼에 의해 '대지에 붙들어 매지도록' 유혹당했기 때문이라고 본다. 내가 생각하기에, 만일 순수한 신의 광선이 ─ 위에서 묘사한 날과 그 뒤를 이은 며칠 밤 동안 그랬던 것처럼 ─ 방해받지 않고 계속 흘러 들어왔더라면 얼마 지나지 않아 내가 치유되는

• •

69. 지금도 태양은 내가 병이 나기 전에 알고 있던 것과는 다른 모습을 보여준다. 내가 태양 광선을 향해 큰 소리로 말을 하면 그것은 내 앞에서 빛을 잃는다. 이로 인해 나는 아무 문제 없이 태양을 바라볼 수 있으며, 태양 때문에 눈이 부신 것은 극히 한정된 경우에 불과하다. 내가 건강했던 시절이라면, 다른 사람들에게도 마찬가지겠지만, 태양을 몇 분 동안 계속 바라본다는 것은 불가능했을 것이다.

것은 물론이거니와, 잉태를 동반한 탈남성화도 이루어질 수 있었을 것이다. 전자, 곧 내가 치유되는 것도, 후자, 곧 나의 탈남성화도 원하지 않았던 그들은 '내버려둠'으로써 조만간 내 신경의 흡인력에서 벗어날 수 있으리라는 잘못된 생각을 하고 있었고, 그 때문에 대지에 붙들어 맴으로써 순수한 광선이 흘러 들어오는 것을 중단시켰던 것이다. 이러한 정책이 지속적인 성과를 거두지는 못했음은 나중에 알게 될 것이다.[70]

• •

70. 위에서 후방의 신의 나라가 순수한 형태로 등장하는 것을 묘사한 부분은, 당시(1894년 7월 아니면 8월)에 내가 받았던 인상과 그 후 몇 년 동안 계속 믿었던 생각을 따른 것이다. 그런데 지금 생각해 보니, 밤에는 낮은 단계의 신(아리만)만 등장하고 낮 동안에는 높은 단계의 신(오르무즈트)만 나타났다고 믿은 게 잘못이었던 것 같다. 이는 당시 내가 이 둘을 구별하지 못했다는 사실로 설명될 수 있다. 몇 년 동안 지속적으로 끊이지 않고 교류해온 결과 지금의 나는 나와 교류했던 것이 아리만의 광선과 아리만의 목소리인지, 아니면 오르무즈트의 광선과 오르무즈트의 목소리인지를 정확히 구별할 수 있다. 당시 '아리만'이라는 이름이 먼저 언급되었기에 나는 그 이후 위에서 묘사한 밤에 흘러 들어온 광선이 낮은 단계의 신 아리만에게서 나오는 것이라고 여겼다. 그 뒤로 지금까지 몇 년 동안, 낮은 단계의 신과 높은 단계의 신이 그렇게 짧은 간격으로 번갈아 가며 등장했던 적은 한 번도 없었기에, 아마도 나는 후방의 신의 나라가 처음 등장할 때도 그랬을 거라고, 그리고 밤에 나타났을 때도 그리고 그다음 날 낮에 나타났을 때도, 낮은 단계의 신과 높은 단계의 신이 계속 교대로 참여하는 일이 가능했을 수도 있다고 생각해야 한다. 이와 관련해 언급하고자 하는 것은, 신의 전능의 통일체로 존재하기는 하지만, 낮은 단계의 신(아리만)과 높은 단계의 신(오르무즈트)을 다른 존재로 파악해야 한다는 것이다. 이들은 그들 사이의 관계에서도 그들만의 에고이즘과 자기보존 충동을 가지고 있으며, 따라서 서로 먼저 앞으로 나가려고 한다. 나는 이 사실을 이 둘의 기록 재료를 평가함으로써 알게 되었는데, 그에 관해서는 더 자세히 이야기할 것이다(주석 37을 참조하라). 일반적인 경우라면 조화를 이루는 이해관계가 이처럼 대립하게 된 것은, 세계 질서에 걸맞은 관계의 순수성이 (검증된 영혼들의) 이질적이고 순수하지 못한 요소들의 침입으로 훼손되었고, 그에 따라 한 인간의 신경이 지닌 흡인력이 세계 질서에 어긋날 정도로 증가해 신의 나라에 실질적인 위협이 되었기 때문이다.

내가 지금 다루고 있는 시기에 — 존넨슈타인에 체류하던 처음 몇 개월 — 나의 외적인 삶은 극단적으로 단조로웠다. 나는 매일 오전과 오후 정원을 산책하는 것 말고는 하루 종일 움직이지 않은 채, 탁자 앞 의자에 앉아 있으면서 창가에도 다가가지 않았다. 하긴 거기서도 녹색의 나무 말고는 볼 게 없었을 터다(앞 참조). 정원에서도 나는 늘 같은 자리에 앉아 있으려고만 했기에, 가끔씩 간병인이 내 의지와는 달리 조금 돌아다니게 하기도 했다. 무언가를 해보려는 욕구가 있었다고 하더라도 전혀 시도해 볼 수 없는 상황이었다. 당시 내게 할당된 두 개의 방 안 모든 것은 잠기거나 열쇠를 빼놓은 상태였고, 그나마 내가 열 수 있었던 유일한 옷장 서랍에는 칫솔 따위만 몇 개 들어 있었다. 글을 쓸 만한 아무런 도구도 없었다(옷, 시계, 지갑, 칼, 가위 등). 물건들은 모두 압수당했으며, 방 안에 내가 마음만 먹으면 읽을 수 있었던 책이라곤 고작 너덧 권 정도 있었을 뿐이다. 하지만 내가 이렇게 움직이지 않고 있었던 주요 원인은 뭔가 해볼 만한 것이 없었기 때문이 아니라, 이런 절대적 수동성을 내가 종교적 의무로 여기고 있었기 때문이었다.

이 생각은 자발적으로 생겨난 것이 아니라, 내게 말을 걸던 목소리가 불어넣은 것이다. 나는 훗날 그런 태도가 무의미하다는 것을 인식할 때까지 오랫동안 이 생각에 사로잡혀 있었다. 광선들이 내게 전혀 움직이지 않는 상태를 요구했다는 사실("조금도 움직여서는 안 된다"는 것이 내게 반복해 들렸던 구호였다)은 내 확신에 따르면, 신이 살아 있는 사람들과는 교제할 수 없고,

시체나 자고 있는(꿈을 꾸고 있는) 사람과만 교제하는 데 익숙했다는 사실과 관련되어 있음에 틀림없다. 이로써 내가 계속 시체처럼 행동해야 한다는 터무니없는 생각을 포함해서, 하나같이 인간 본성에 어긋나는 얼토당토않은 생각들이 떠올랐다. 그들이 기적을 통해 내 주변에 어떤 소음이 일어나게 하면, 예를 들어 다른 사람의 말이나 인기척, 벽에서 부스럭거리는 소리, 마루가 터지는 소리 등이 짧은 간격으로 연속되면, 그들은 기괴한 개념 혼동에 의해 이것을 나 자신을 성가시게 하는 '훼방'이라고 부른다. 그러고는 내 신경을, 하루에도 여러 번 반복되어서 들리던 문장 "저 저주받은 훼방이 그치기만 한다면"에 상응하는 진동 상태에 돌입하게 함으로써 조작한다. 하지만 그 결과는 뒤집히는데, 그것은 이 소음들이 이른바 '귀를 기울이는 생각'을 불러냄으로써 광선들을 화들짝 놀라게 하기 때문이다. 당연히 어느 누구도 — 세계 질서에 걸맞은 조건에서라면 — 예를 들어 주변 사람이 말하는 행위를 자신을 불편하게 하는 훼방으로 간주하려고[71] 하지 못할 것이다.

나는 이처럼 완전히 전도된 사고방식이 도대체 어떻게 생겨나는지, 자고 있는 사람에게 (꿈속에서) 신경 첨부가 행해질 때마다 수반되는 현상을 통해 설명할 수 있다고 믿는다. 신경 첨부에

[71] 그렇지만 7장에서 언급했듯이, 이는 내게 일정한 불편함을 느끼게 한다. 그건 내 주변에서 이야기되는 모든 단어(기적에 의해, 해당 인간 신경이 자극됨으로써 비롯되는)가 내게는 고통과 함께 감지되며, 그와 동시에 (지상에 묶인) 광선들이 내게서 떨어져 나가려 함으로써 때로는 머릿속에서 누군가가 잡아당기는 듯한 매우 불쾌한 느낌이 생겨나기 때문이다.

의해 신의 광선과 그 인간의 신경은 잠정적으로 연결된다. 당연히 이 연결은, 저편의 세계와 관련해(1장 참조) 어떤 영감을 주거나 시적 판타지를 자극하는 경우처럼 아주 짧은 동안에만 이루어진다. 경우에 따라선 신을 위험하게 할 수도 있는 신경의 흡인력에 너무 오래 노출되지 않기 위해, 목적을 달성한 후에는 다시 이 연결을 끊어야 한다. 그들은 바로 이런 이유로 기적으로써 짤막한 소음(그들이 말하는 이른바 '훼방')을 만들어 내서, 자고 있거나 막 깨어나려고 하는 인간의 관심을 다른 쪽으로 돌리는 것이다. 관심이 다른 쪽으로 돌려진 이 짧은 순간은, 내 신경처럼 높은 자극 상태에 처해 있지 않은 신경과 관계 맺는 광선들에는 신경 첨부를 끝내고 철수하기에 충분한 시간이다. 적당한 정도로만 자극된 신경으로부터 철수하는 것은 쉬운 일이었기에, 이것이 신에게 어떤 심각한 위험일 수 있다고 여겨지지는 않았을 것이다. 그들은 지나치게 증가된 내 신경의 흡인력으로 인해 이미 오래전부터 나와 신의 광선이 서로 떨어질 수 없게 되어버렸다는 사실을 생각하지 않고, 그 기억을 나와의 관계에도 적용했던 것이다.

나는 내게 요구되었던 부동의 상태를 하나의 의무로, 곧 나 자신의 유지라는 이해관계를 위해서뿐만이 아니라, 검증된 영혼들로 인해 빠져들게 돼버린 곤경에서 신을 해방시키기 위해 필요한 의무로 간주했다. 나는 내가 자주 이리저리 움직일 때마다(혹은 내 방에 바람이 불어오면) 상실되는 광선들이 증가했다는— 실제로 전혀 근거가 없지는 않은— 견해를 가지고 있었고, 또 신의 광선들의 고귀한 목적을 의식함으로써 그들에 대해 성스러운 경외심을 느끼고 있었다. 나아가 정말로 영원이 존재할 것인지, 혹은 광선들이 갑자기 한꺼번에 사라져 버리지 않을지 확신하지 못하고 있었기 때문에, 할 수 있는 한 최대한 광선들이 낭비되지 않도록 하는 것이 나의 의무라고 여기고 있었다. 동시에 나는 이러한 의미로 끊임없이 내게 이야기하던 목소리들에 영향받아서, 내가 몸을 부동의 상태로 유지한다면 '검증된 영혼'을 끌어들이는 것이, 즉 그들이 내 몸에서 스스로를 완전히 소비하고 그리하여 하늘에서의 신의 지배력을 회복하는 것이 더 쉬워지리라는 생각을 가지고 있었다. 따라서 나는 몇 주, 아니 몇 달 동안 거의 모든 육체적 움직임은 물론, 목소리와의 대화 말고는 어떤 일도 삼가는, 거의 믿을 수 없을 만큼의 희생을 감수했다. 검증된 영혼들은 잠자고 있을 때 나타날 가능성이 가장 높기에, 심지어 나는 밤에 침대에 누워서도 몸을 움직이지 않으려고 애썼다. 신의 전능이 내게 시도한 '이도 저도 아닌 정책'을 이미 여러 번 경험했음에도 불구하고 내가 이런 희생을 스스로 감수한 것은, 당시엔 아직 신이 내게 악한 의도를 품고 있다는 것을 믿을 수 없었기 때문이다.

이러한 상황은 1894년 말 아니면 1895년 초를 즈음해서 변화했다. 이는 이런 상황의 부당함을 인식한 일부 목소리들에 의해 '저주받은 기분 창조'라고 불리는 기적 현상들이 나타난 시기와 거의 일치한다. 끊임없이 내게서 후퇴하려는(나를 '내버려두려는') 이들의 시도를 막았던 것은 무엇보다, 더욱 순수한 영혼이나 광선들이 내게 끌려오게 만들었던 내 의도의 신성함과, 신과의 관계와 나 자신의 삶의 태도에 대해 갖고 있던 깊고도 진지한 생각이었다. 그래서 내가 경박한 데다가 단지 순간적 향유에만 매달려 있는 인간이라는 인상을 만들기 위해(나를 그런 인간으로 '묘사'하기 위해. 주석 65번 참조) 기적을 통해 내 기분을 조작하기 시작했다. 이렇게 기적을 통해 기분에 영향을 끼치는 것은, 내가 경험한 바에 따르면 가능하다. 하지만 그 연관 관계에 대해 더 자세한 설명을 할 수는 없다. 그 과정에 대해 독자들에게 근접하게 나마 어떤 상을 갖게 하기 위해서는 비교에 의존할 수밖에 없겠다. 잘 알려져 있다시피, 모르핀을 투여하면 그때까지 육체적 고통에 찌들었거나 정신적으로 낙담한 사람들도 비교적 유쾌하거나 최소한 그에 대해 무감한 기분이 된다는 사실을 상기해 볼 수 있을 것이다.

처음에는 '기분 창조'('기분 조작'의 기적)의 영향에 저항했다. 그런데 시간이 지나면서 그 기적의 영향이 작용하도록 내버려두는 게 더 편안하다는 사실을 알게 되었다. 그렇게 함으로써 실제로 내가 주관적으로도 덜 불행하게 느끼게 되었기 때문이고, 또 덧붙여 말해야 할 것은 내 생각의 신성함과, 나 자신을 기꺼이 희생하면서까지 도우려던 모든 노력이 신이 검증된 영혼들과 싸우는 데 아무런 중요한 기여도 하지 않았기 때문이다. 나는 내가 처한 상황을 보다 더 태연하게 파악하기 시작했고, 호레이스의 '하루를 즐겨라Carpe diem'라는 말을 떠올리면서 가능한 한 미래에 대한 걱정을 하지 않고, 삶이 내게 가져다줄 모든 것을 받아들이며 매일매일 살아가려고 노력했다. 이러한 태도는 무엇보다도 내가 1894년에서 1895년으로 넘어가던 시기를 즈음해서 거의 몇 년간 완전히 끊었던 시가를 다시 피우기 시작했다는 데서 알 수 있다. 하지만 광선들이 기분 창조를 통해 추구하던 목표는 조금도 이루어지지 않았다. 지나치게 자극된 내 신경이 갖는 흡인력은 변화된 기분에도 불구하고 약해지지 않았으며, 단지 내가 이전만큼 불행하게 느끼지 않는 결과만을 낳았기 때문이다. 세계 질서에 어긋나는 대부분의 기적에서도 마찬가지로, '항상 악을 행하려 하지만 결국 선을 만들어 내는' 힘에 대한 시인의 말이 들어맞았던 것이다.

위에서 언급했던 나의 행동이 주변인들, 구체적으로는 의사와 간병인들에 의해 — 그들이 당시에도 실제 인간이었다면 — 제대로 판단될 수 없었음은 말할 필요도 없다. 내가 어떤 것에도 관심을 보이지 않고 아무런 정신적인 욕구도 드러내지 않았기 때문에, 그들은 나를 마비 상태의 둔감함에 빠진 인간이라고 생각할 수밖에 없었다. 하지만 이 겉모습은 실제와 얼마나 큰 차이가 있었던가. 실제로 나는 지금까지 인간에게 제기된 것 중 가장 힘든 과제를 해결해야 한다는, 그리고 인류라는 최고의 가치를 위해 성스러운 투쟁을 벌여야 한다는 의식 — 지금도 나는 이 의식이 진리에 상응한다 확신하고 있다 — 속에서 살고 있다. 하지만 유감스럽게도 이와는 정반대로 보이는, 사람을 속이는 가상이 그들로 하여금 나를 무례하게 대하도록 했으며, 그로 인해 나는 몇 년간 고생해야 했다. 그런 불손한 사람들은 때로 나의 신분을, 그리고 내가 생전에 높은 공직에 있었다는 사실을 완전히 잊어버린 듯했다. 목욕을 한 후 적당한 시간이 흘러 욕실을 떠나려고 할 때 간병인 M이 나를 다시 욕탕으로 밀어 넣거나, 아침에 기상 시간이 되어 일어나려 할 때 알지 못할 이유로 나를 다시 침대로 던져 넣거나, 아니면 낮에 책상에 앉아 깜빡 잠들려 할 때 턱수염을 잡아당겨서 날 깨우거나, 혹은 내가 목욕을 하는 동안 '광선 공격Strahlenzüge'이 내 두개골에 흠집을 내며 지나가는(다음 장 참조) 순간에 그 간병인 M이 내 머리를 참빗으로 빗어 내리거나 하는 일들이 그때 자주 일어났다. 한동안 그는 식사 시간에 마치 내가 어린아이인 양 내 목에 턱받이를 하기도 했다. 시가는 일정 시간마다 하나씩 지급되었다. 몇 년이 지나자, 나는 하루에 피울 시가를 아침에 한꺼번에 시가 주머니에 넣어둘 것을 요구했고, 나중에 가서는 백 개들이 상자를 비축해 둘 수 있게 되었다. 언젠가 한 번은 다른 간병인에게 따귀를 맞기도 했다. 때로는 이런 무례함에 실질적인 저항을 하기도 했다. 한밤중 바깥에서 문을 잠그는 내 침실에서 내가 자러 가기도 전에 그릇을 치웠을 때, 아니면 내 침실 대신 광란증 환자들을 위한 독방에서 자도록 했을 때였다. 하지만 나중에는 이런 저항을 그만두었다. 그것은 단지 무의미한 폭력적 장면으로 이어질 뿐이었기 때문이다. 나는 침묵한 채 그를 감수했다.

내게 행해졌던 무례함을 이야기함으로써 간병인 M이나 다른 간병인을 그들의 상관에게 고발하려는 생각은 조금도 없다. 나는 간혹 M이 보였던 난폭한 행동을 그의 낮은 교육 수준 탓이라고 여긴다. 물론 잘난 척하던 이전의 습성이 여전히 남기는 했지만, 그는 이후 몇 년간은 기본적으로 만족스럽게 내게 봉사했다. 그럼에도 여기서 이 사소한 일에 대해 이야기하지 않을 수 없었던 이유는, 당시에도 완전하게 살아 있던 나의 명예가 얼마나 깊은 상처를 입었고, 내가 몇 년간 겪어야만 했던 모멸감이 얼마나 컸던가를 보여주기 위해서다. 존넨슈타인에 체류하던 초창기에 내가 처한 상황을 보다 완전하게 알리기 위해서는 나를 해치기 위해 행해졌던 기적들에 대해 이야기해야 한다. 이를 다음 장에서 언급하려고 한다.

11장

기적을 통한 육체적 통합의 훼손

신과의 관계가 시작된 이후 오늘까지 내 육체는 끊임없이 신의 기적의 대상이었다. 이 기적들을 하나하나 전부 기록한다면 그것만으로도 이 책 전부를 채울 것이다. 내 육체의 어떤 부분도, 어떤 기관도 잠시나마 기적에 의해 훼손되지 않은 곳이 없으며, 그 어떤 근육도 다양한 목적으로 움직이거나 마비시키려는 의도로 기적에 의해 희롱당하지 않은 곳이 없다고 말할 수 있다. 오늘까지도 내가 매시간 체험하고 있는 기적들 중에는, 만약 다른 사람에게 행해졌다면 그들을 죽음과 같은 공포에 몰아넣을 만한 것들도 있다. 몇 년 동안 그에 익숙해졌기 때문에 비로소 나는 지금도 일어나고 있는 기적의 대부분을 사소한 것인 양 넘겨버릴 수 있게 된 것이다. 하지만 존넨슈타인에 머문 처음 일 년 동안 기적들은, 내가 생명이나 건강 혹은 이성을 잃을지 모른다고 끊임없이 두려워할 만큼 위협적인 성격을 지니고 있었다.

이 모든 상황, 곧 한 인간의 육체에 손상을 가하거나 그와 관련된 대상들에 뭔가 장난을 치기 — 최근엔 이런 종류의, 그리 해롭지 않은 기적들도 상당히 자주 일어난다 — 위해 광선들이 사용되는 이런 상황은 당연히 세계 질서에 어긋나는 상황으로 간주되어야 한다. 왜냐하면 광선들은 무언가를 창조하기 위해 있는 것이지, 파괴하거나 어린애 같은 장난을 치기 위해 있는 게 아니기 때문이다. 이러한 이유로, 나를 공격하려는 그 어떤 기적도 장기적으로 보면 그 목적을 이루지 못한다. 순수하지 못한 광선들이 파괴하거나 손상을 입힌 대상은 나중에 순수한 광선에 의해 복구되거나 치유되기 때문이다(이에 관해선 7장 주석 48 참조). 그렇다고 해서, 적어도 일정 기간 극도로 우려할 만한, 지극히 위험한 인상을 주는 훼손이 일어나고, 매우 고통스러운 상태가 찾아오지 않는 것은 아니다.

이 기적들 중에서 그래도 아직 세계 질서에 상응하는 방식으로 일어났다고 여길 수 있는 것은, 내 몸에서 이루어지는 탈남성화와 관련된 것처럼 보이는 기적들이다. 내 성기에서 일어난 변화들이 여기에 속한다. 이 기적은 어떤 경우에는(침대에 누워 있을 때) 남성의 성기가 실제로 수축되고 있다는 의심키 힘든 징후들로, 특히 순수하지 못한 광선들이 많이 참여하고 있을 때는 남성 성기가 녹는 것에 가깝게 흐물흐물해지는 형태로 등장하는 경우도 많았다. 나아가 수염 가닥, 곧 턱수염이 기적에 의해 빠지거나 몸 전체가 변화하는(육체의 크기가 줄어드는) 일도 있었다. — 척추, 나아가 허벅지 골절부가 줄어듦으로써 생긴 일이었다. 낮은 단계의 신(아리만)이 벌이는 이 기적은 매번 "내가 당신을 더 작게 만들까Ob ich Sie etwas kleiner mache"라는 그의 말과 함께 일어났다. 그때 나 자신도 내 육체가 약 6센티미터에서 8센티미터 정도 작아졌다는, 그래서 여성의 육체 크기에 가까워졌다는 인상을 받았다.

기적들은 흉부와 복부 내부 기관들에서도 매우 다양하게 일어 났다. 그중 이야기할 게 가장 적은 기관이 심장이다. 그와 관련해서 는 내가 한때 — 아직 라이프치히 대학 신경병원에 체류하던 시기 에 — 지금과는 다른 심장을 가지고 있었다[72]는 기억만 남아 있다. 그에 반해 폐는 오랜 시간에 걸쳐서 과격하고도 매우 위협적인 공격의 대상이었다. 천성적으로 아주 건강한 가슴과 폐를 가지고 있던 내가 한동안 기적으로 인해 폐질환으로 죽을지 모른다고 심각하게 걱정해야 할 정도로 폐가 나빠졌다. 그들은 여러 번 반복해서 이른바 '폐 벌레Lungenwurm' 기적을 행했다. 이 폐 벌레가 생물 비슷한 것인지 아니면 영혼과 같은 존재인지는 말하기 어렵 다. 다만 내가 말할 수 있는 것은, 이 폐 벌레가 나타날 때마다 뭔가가 폐를 깨무는 듯한 고통이 수반되었다는 것이다. 아마도 폐렴에 걸렸을 때 느껴지는 고통과 유사한 것이리라 믿는다. 한때

• •

72. 내 육체에 행해진 기적에 관한 이야기도 사람들에겐 당연히 이상하게 들릴 것이다. 사람들은 이것이 병적으로 자극된 상상력이 만들어낸 것이라 여기기 쉽다. 그에 대해 나는, 이 장에서 이야기하는 기적보다 내게 더 확실한 기억은 내 삶에 없었다고 확언할 수 있다. 인간에게 스스로의 육체로 직접 체험하고 느낀 것보다 더 확실한 게 어디 있겠는가? 물론 관련 기관들의 명칭에 대해서는 비전문가적인 내 해부학적 지식으로 인해 당연히 몇몇 오류가 있을 수 있다는 사실은 무시할 수 없다. 하지만 전체적으로 볼 때 나는 이에 관해서도 틀림없이 이야기했다고 믿는다.

는 내 폐엽肺葉들이 잠깐 동안 완전히 졸아들었었는데, 그것이 폐 벌레 때문인지 아니면 다른 종류의 기적에 의한 것인지는 잘 모르겠다. 횡격막이 가슴의 훨씬 위쪽으로 올라와 거의 목청 바로 밑에 자리를 잡는 일도 있었는데, 그 가운데에 남은 아주 작은 폐의 일부로 겨우 숨을 쉴 수 있었다는 분명한 느낌이 남아 있다. 어떤 날에는 정원을 산책하면서, 숨을 쉴 때마다 거의 매번 폐를 다시 획득해 내야 했다. 이는 정말 기적 같은wunderbare 일인데, 광선들의 본성이 원래 무언가를 창조하는 데 있으므로, 광선들의 입장에서는 위태로운 상태에서 고통받는 육체가 스스로를 유지하는 데 필요한 것을 마련해줄 수밖에 없는 것이다.

대략 이 시기를 즈음해서 갈비뼈 대부분 또는 일부가 잠깐 동안 산산조각 났다가 재생되곤 하는 일이 일어났다. 가장 끔찍했던 기적 중 하나는 이른바 '가슴협착 기적'으로, 나는 그것을 최소 십여 차례나 체험했다. 가슴 부위 전체가 눌려서 숨 쉴 수 없는 압박감이 몸 전체로 전해지는 기적이었다. 그 뒤에도 몇 번인가 일어나긴 했지만, 이 가슴협착 기적이 주로 일어난 시기는, 여기서 언급된 다른 기적들과 마찬가지로 1894년 후반기와 1895년 전반기였다.

위胃와 관련한 기적으로는, 내가 플레히지히의 병원에 머물던 시기에 5장에서 언급한 빈의 신경의사가 건강하고 자연적인 나의 위 대신 아주 열등한, 이른바 '유태인 위Judenmagen'를 기적을 통해 내게 만들어 넣었던 적이 있었다. 그 후 한동안 위에 가해지는 기적들이 일어났다. 음식물을 섭취함으로써 얻게 되는 감각적

향유를 영혼들이 내게 허용하지 않으려 했기 때문이며, 다른 한편
으로는 영혼들이 지상의 음식을 필요로 하는 인간보다 스스로를
더 나은 존재라 여기고 있었기 때문이다. 이를 보면 알 수 있듯,
영혼들은 먹고 마시는 일을 경멸하고 깔보는 경향이 있었다.[73]
잠깐 동안 위가 없어지는 일은 자주 일어났고, 오랫동안 위가
없이 살기도 했다. 간병인 M에게 — 아마 그는 기억할 것이다 —
위가 없어서 못 먹는다고 분명하게 이야기한 적도 있다. 어떤
때는 식사 시간 바로 직전에, 음식을 먹으려는 목적으로 기적에
의해 위가 생겨나기도 했다. 이 기적은 폰 베의 영혼에 의해 일어난
것이었다. 그의 영혼의 몇몇 형상은 적어도 잠시 동안이나마 이렇
듯 내게 우호적인 태도를 보여주었다. 물론 이러한 호의는 오래가
지 않았다. 폰 베의 영혼은 내가 아직 식사를 하는 사이에 '생각이
바뀌었다'는 이유로, 기적에 의해 마련된, 그나마 좋지도 않은
위를 다시 기적을 통해 없애버리곤 했기 때문이다. 이는 완벽하게
순수한 신의 광선을 제외한 영혼들이 본질적으로 지니고 있는
무척이나 변덕스러운 성격에 따른 것이다. 그렇게 되면 내가 이미
삼킨 음식물과 음료는 곧바로 복강과 허벅지로 흘러 들어갔다.
잘 믿기지는 않겠지만, 이는 내가 겪은 느낌의 강도로 보아 조금의
의심도 없는 사실이다.

　다른 사람 같았으면 당연히 몸이 곪아 죽고 말았을 것이다.

* *

73. 이는 예를 들어, 〈돈 조바니〉에서 기사장 콤투르(Comtur)의 영혼이 등장했을 때
　자신에게 제공된 식사를 다음과 같은 말로 거절했을 때와 같은 감정이다. "잘
　들어라, 이 지상의 음식은 날 역겹게 한다" 등.

그러나 몸 여기저기로 퍼져가는 음식물 액이 내게는 아무런 해도 끼칠 수 없었다. 내 몸속의 순수하지 못한 질료들은 모두 광선에 의해 다시 빨아들여졌기 때문이다. 이 때문에 나는 나중에는 아무런 걱정 없이 위가 없는 채로 식사를 했다. 그러잖아도 나는 차츰차츰 내 몸에서 일어난 일에 대해 완전히 태연해지고 있었다. 나는 지금도 내 몸이 모든 자연적인 병원균에 대해 면역력을 가지고 있다고 확신한다. 내 몸의 병은 광선들에 의해서만 생기고, 또 그 광선들에 의해 제거되기 때문이다. 나아가, 광선들과의 교류가 지속되는 한 나는 내가 언젠가 죽어야 하는 존재라는 것에 강한 의심을 가질 수밖에 없다. 예를 들어 나는 치명적인 독을 먹는다 하더라도 그것이 내 생명과 건강에 큰 해를 끼칠 거라고는 생각지 않는다.[74] 결국 독이라는 것이 중요 기관들을 파괴하거나 혈액을 분해하는 등의 영향을 끼치는 것 말고 다른 무엇을 할 수 있단 말인가? 내게 이 두 가지 일은 광선들에 의해 이미 수도 없이 행해졌으나 그것들은 결국 아무런 지속적인 피해도 끼치지 못했다.[75]

그 밖의 내부 기관 중에서는 반복해서 찢어지거나 사라지곤

74. 이 생각이 하나의 가설임은 따로 이야기할 필요도 없다. 나는 내게 큰 고통을 가할 그런 종류의 실험을 실제로 내 육체에 해보려는 생각은 조금도 없다.
75. 내가 상해를 입을 수 없는 존재가 되었다는 가정을 뒷받침하는 사소한 근거로 언급하고 싶은 것은, 건강했을 때 겨울이면 몇 번씩이나 며칠간 계속되는 심한 코감기에 걸리곤 했던 내가 여기 머무는 육 년 동안에는 한 번도 코감기에 걸리지 않았다는 사실이다. 내 코 점막에 자연스럽게 카타르성 염증이―그로 인해 코감기에 걸리는데―생기면 곧바로 수많은 광선이 염증이 생긴 부위를 틀어막아, 코감기를 일으키는 최초의 병원균을 질식시키기 때문이다.

했던 식도와 내장, 한번은 내가 식사 중에 그 일부를 먹어버렸던 후두, 그리고 내 육체에서 일어나는 쾌락을 억압하기 위한 목적으로 때로 매우 고통스러운 기적이 행해지곤 했던 정삭精索(정액이 통과하는 통로 — 옮긴이)에 대해서만 이야기하겠다. 이 외에도 언급해야 할 것은 하체 전체에 행해진 기적, 이른바 '하반신 부패 Unterleibfaule'다. 이 기적은 폰 베의 영혼 부분들 중 가장 불순한 형태를 띤 영혼에 의해 행해진 것이어서, '폰 베의 하체 부패'라는 명칭을 얻게 되었다. 폰 베의 영혼은 인정사정없이 내 뱃속에 하체를 부패시키는 물질을 집어넣었는데, 그로 인해 내가 산 채로 썩어버리는 것은 아닐까 생각될 정도였으며, 구역질을 일으키는 썩은 냄새가 입 안으로까지 흘러들어 왔다. 폰 베의 영혼은 이 하체 부패가 신의 광선에 의해 다시 제거되리라는 걸 알고 있었다. 실제로, 이러한 목적을 수행하는 특별한 광선이 그 속성에 따라 쐐기처럼 내장에 박혀 들어와서는 부패 물질들을 빨아냈다. 이는 신의 광선들의 본능적 의식에 따라 이루어진 것처럼 보인다. 썩어 가는 육체에 끌리면 그들 스스로도 역겨울 것이기 때문이다. 이 생각은 그들이 적어도 나를 '순수한 육체'로 방치하려 한다는, 여러 번 언급된 구호에서도 표현되었다. 물론 이 생각 역시 다른 것과 마찬가지로 여전히 불명료하다. 그들은 '내버려둔' 육체의 신경이 어떻게 하면 흡인력을 잃는지 모르는 게 분명하기 때문이다.

내게 가장 위협적으로 느껴졌던 것은, 내 이성을 해치기 위해 여러 가지 방식으로 행해진 기적들이었다. 이 기적은 처음에는 머리에, 그다음에는— 아마도 1894년 가을 몇 주 동안— 당시 머리와 더불어 이성이 자리 잡고 있는 곳으로 여겨진 척수에도 행해졌다. 그들은 내 척수를 뽑아내려고 했다. 이는 그들이 내 발에 부려놓은 이른바 '작은 남자들'에 의해 일어났다. 6장에서 이야기한 같은 이름의 현상과도 몇 가지 유사점을 갖는 이 '작은 남자들'에 대해선 나중에 더 자세히 이야기하겠다. 통상적으로 이들은 둘, 곧 '작은 플레히지히'와 '작은 폰 베'였다. 나는 내 발에서도 그들의 목소리를 들었다. 척수를 뽑아내는 일은 제법 성공적이어서, 어떤 때는 정원을 산책하던 도중 상당히 많은 양의 척수가 작은 구름의 형상으로 내 입에서 뿜어져 나가기도 했다. 이러한 일들이 날 얼마나 불안하게 했는지 짐작할 수 있을 것이다. 당시에는 정말로 내 이성의 일부가 허공으로 흩어져 버리는 것은 아닌지 알 수 없었기 때문이다. 머리와 머리의 신경을 해치기 위한 기적들은 매우 다양한 방식으로 일어났다. 그들은 내 머리에서 신경을 뽑아내려 했고, 심지어 한동안은 (밤사이에) 옆방에서 자고 있는 M의 머리에 그것을 이식하려고 했다. 이러한 시도가 일어날 때마다 나는 (신경을 정말 잃어버리는 건 아닌가 하는 우려는 말할 것도 없이) 머릿속에서 무언가 당겨지는 불쾌한 느낌을 받았다. 하지만 신경을 뽑아내는 일은 부분적으로만 성공했다. 내 신경이 그에 강하게 저항함으로써, 반쯤 뽑힌 신경이 얼마 지나지 않아 내 머릿속으로 되돌아왔기 때문이다. 정말로 우려스러웠던 것은 이른바 '광선 공격'을 통해 내 두개골에 행해졌던 유린이었다. 이 말로 표현하기 힘든 현상에 대해 내가 말할 수 있는 사실은, 그것이 내 두개골이 종종 여러 방향으로 동시에 갈라지는 영향을 끼쳤다는 것뿐이다. 두개골 전체가 일시적으로 얇아졌다는 느낌을 — 이는 지금도 주기적으로 일어나는데 — 자주 받았는데, 내 생각에 이는 두개골을 이루는 뼈 성분이 광선의 파괴적 영향으로 부분적으로 잠시 가루가 되었다가 그 후 내가 자는 사이에 순수한 광선들에 의해 다시 붙여졌기 때문인 것 같았다. 이 모든 일이 얼마나 불쾌한 느낌을 유발하는가는, 단 하나의 머리를 둘러싸고 그것을 능지처참하듯 잡아당기거나 찢어 부서뜨리려는 것이 — 그 끝이 어떤 식으로든 기계적으로 고정되어 있는 — 세계 전체의 광선들이라는 사실을 생각하면 이해가 될 것이다.

또한 내가 언급하고 있는 이 시기에, 그들은 반복해서 내 신경을 어떤 해로운 물질로 덮어씌우려고 했다. 그 결과 실제로 신경이 지니고 있는 자연적 진동 능력이 영향받는 듯했으며, 그 때문에 때로 나 자신이 잠깐 우둔해진 느낌을 받기도 했다. 이를 위해 투여된 물질 중 하나는 '음독을 위한 독Intoxikationsgift'이라고 지칭되었다. 그것이 어떤 화학적 성분을 가지고 있었는지는 말할 수 없다. 때로 그들은 내가 섭취한 음식의 액체를 내 머리 신경에 갖다 붓기도 했다. 그 결과 내 머리 신경이 일종의 끈끈이 같은 것으로 뒤덮여 사유능력이 일시적으로 손상을 입는 듯했다. 커피로 한번 그런 일이 일어났었다는 것을 나는 똑똑히 기억하고 있다.

내가 움직이는 것을, 아니면 내가 하려는 일은 뭐든 방해하기 위해 내 근육 전체에 걸쳐 기적이 일어났는데(또, 지금도 일어나고 있다), 예를 들어 내가 피아노를 치거나 뭔가를 쓰려고 할 때 손가락을 마비시키거나, 정원이나 복도를 돌아다닐 때에는 무릎 관절에서 걷는 기능을 제거하는 등의 손상을 가하려는 것이다. 하지만 지금 이런 시도들은 그런 활동을 다소 어렵게 하거나, 걸어갈 때 그럭저럭 견딜 만한 고통을 느끼게 할 뿐이다.

끊임없이 이런 기적의 대상이 되어온 것은 눈, 그리고 눈을 뜨고 감는 데 기여하는 눈꺼풀 근육이다. 눈은 이전부터도 매우 중요했는데, 그 이유는 그 자체로 파괴적 영향력을 갖고 있는 광선들이 무언가를 보자마자 곧바로 비교적 짧은 시간에 그 파괴성을 상실하고는 아무런 해도 끼치지 않은 채 내 몸에서 소멸하기 때문이다. 내가 눈을 뜨고 있는 동안 광선들이 눈을 매개로 수용되는 시각적(눈) 인상들Gesichts- (Augen-) eindrücke이나, 아니면 내가 인간의 상상력을 활용해 내적 신경체계 속에 임의로 만들어 냄으로써 광선들에게 보이게 되는 그림들이 그 대상이 될 수 있다. 영혼 언어로 인간의 '그리기Zeichnen'라 불리는 후자에 관해서는 다른 맥락에서 다시 이야기할 것이다. 다만 여기서 언급할 수 있는 것은, 이미 오래전에 시작되어 지난 몇 년간 계속해서 내 의지에 반해 눈을 감기려는 시도가 이루어졌다는 사실이다. 이는 내게서 시각적 인상들을 빼앗아 가고 광선들에겐 파괴적 영향력을 보존하도록 하기 위한 것이다. 이 현상은 거의 언제든지 내게서 관찰할 수 있다. 거기에 관심을 갖고자 한다면 누구라도 내 눈꺼풀이, 심지어 다른 사람과 이야기를 나누는 중에도 갑자기 아래로 떨어지거나 닫히는 것을 볼 수 있을 텐데, 이는 정상적인 경우라면 그 누구에게도 일어나지 않는 일이다. 이러한 상황에서 눈을 뜨고 있으려면 늘 의지의 힘을 긴장시켜야 한다. 그런데 지금은 굳이 계속 눈을 뜨고 있으려 하지 않기 때문에, 때때로 잠시 동안 그냥 편안하게 눈이 감기도록 그냥 내버려두고 있다.

초창기 몇 개월 동안 내 눈에 일어난 기적은, 척추에 가해진 기적에 관해 이야기할 때 언급했던 것들과 유사한 성격을 갖는 '작은 남자들'에 의해 행해졌다. 이 '작은 남자들'은 매우 희한하고, 어떤 점에서는 수수께끼 같은 현상이었다. 이 '작은 남자들'을 정신의 눈으로 보고,[76] 그들의 목소리를 수도 없이 듣고 난 후 나는 이들과 관련된 현상들이 객관적 실재성을 갖는다는 데 조금의 의심도 하지 않게 되었다. 여기에서 신기한 일은 다름이 아니라, 그 '작은 남자들'의 영혼 또는 그들의 개별 신경들이 특정한 조건과 목적하에서 매우 작은 인간의 형상을 띠고는(앞에서 언급했듯 몇 밀리미터 크기로) 내 몸의 여러 부분에서, 즉 몸의 내부와 표면 모두에서 못된 짓들을 벌인다는 것이다. 눈을 뜨고 감는 일을 담당하는 이들은 눈 위의 눈썹 안에 있었는데, 거기에서 가느다란 거미줄 같은 끈을 가지고 마음 내키는 대로 눈꺼풀을 끌어올렸다가 내리곤 했다. 여기에 일반적으로

· ·

76. 육체의 눈으로는 당연하게도 자신의 몸 내부 그리고 몸의 특정한 표면, 예를 들어 머리 위나 등 뒤에서 일어나는 일을 볼 수 없지만, 정신의 눈으로는 이것이 가능하다. 이는—나의 경우처럼—내적 신경체계를 조명하는 데 필요한 것이 광선에 의해 제공되기 때문이다.

관여했던 것은 '작은 플레히지히'와 '작은 폰 베'였으며, 이들 외에도 당시에는 아직 살아 있었던 다니엘 퓌르히테고트 플레히지 히의 영혼에서 만들어진 '작은 남자'도 종종 참여했다. 내가 눈꺼풀 을 끌어당기고 끌어내리는 것을 허용치 않으려는 태도를 보이고 실제로 그것에 저항할 때마다, '작은 남자들'은 분노하여 나를 향해 '야비한 놈Luder'이라고 외치곤 했다. 가끔씩 내가 스펀지로 이들을 눈에서 닦아내는 것은 광선들에게는 신의 기적의 힘에 반하는 일종의 범죄로 간주되었다. 물론 이렇게 닦아내는 효과는 일시적일 뿐이었다. '작은 남자들'은 매번 금방 다시 생겨났기 때문이다. 당시에는 이들과는 다른 '작은 남자들'이 아주 많은 숫자로 내 머리 위에도 운집해 있었다. 그들은 '작은 악마들'이라고 지칭되었다. 말 그대로 내 머리 위에서 산책하고 있던 이들은, 기적에 의해 내 머리에 파괴가 행해지는 곳이면 어디든 구경하려 고 몰려들었다. 나아가 이들은 어떤 의미에서는 내 식사 시간에도 함께했다. 물론 아주 적은 양이긴 하지만 그들은 자주 내가 먹은 음식들을 스스로 받아먹었다. 그러고 나면 잠시 동안 그들의 몸이 불어난 듯 보였고, 동시에 움직임도 둔해져서 파괴적인 경향이 약화되었다. 작은 악마들 일부는 종종 내 머리에서 반복해 일어나 던 기적에도 참여했는데, 말이 나온 김에 그것에 관해 이야기하려 고 한다. 그것은 ─ 가슴협착 기적과 더불어 ─ 모든 기적 중 가장 끔찍한 것이었다. 내가 제대로 기억하고 있다면 이 기적을 지칭하 는 데 사용되었던 표현은 '머리 압착 기계'였다. 반복되는 광선과의 교류 등으로 인해 내 두개골 위 중간쯤에는, 아마 바깥에서는 보이지 않겠지만 안쪽에서는 보이는 깊은 틈 혹은 홈이 생겨났다. 이 틈의 양쪽에 '작은 악마들'이 서서는 나사 같은 것을 돌려서 내 머리를 나선압착기와 같은 방식으로 조였고, 그로 인해 한동안 머리가 위쪽으로 길게 늘어나 거의 배梨와 같은 모양이 되기도 했다. 당연히 이는 내게 매우 위협적인 인상을 주었으며, 때로는 매우 심한 고통을 동반했다. 어떨 때는 조였던 나사가 풀리기도 했지만 그것은 매우 천천히 진행돼서, 압착된 상태는 한참 동안 지속되곤 했다. 이에 참가했던 작은 악마들은 대부분 폰 베의 영혼에서 비롯되었다. '작은 남자들'과 '작은 악마들'이 등장했던 시기는 약 몇 개월 정도였고, 그 후 한 번 사라진 뒤에는 다시 나타나지 않았다. 아마도 이들이 사라진 시점은 후방의 신의 나라의 등장과 관련되어 있는 것 같다. 아직도 내 눈에는 위에서 이야기한 방식으로 눈꺼풀이 열리고 닫히는 기적이 계속 일어나고 있지만, 근 육 년 전부터 이는 더 이상 '작은 남자들'에 의해서가 아니라 광선들이 해당 근육을 움직임으로써 일어났다. 내 의지대로 눈을 감거나 뜨지 못하게 하려고, 그들은 몇 번인가 눈꺼풀 안쪽과 그 주위의 눈꺼풀을 움직이는 근육 일부를 제거하는 기적을 행하기도 했다. 하지만 그 효과는 일시적일 뿐이었다. 왜냐하면 사라진 근육은 앞서 여러 번 언급했던 이유로 곧바로 재생되었기 때문이다.

위에서 갈비뼈와 두개골과 관련해 이야기했던 것 말고도 내 **골격체계** 또한 수많은 기적의 대상이었다. 그들은 발뼈, 구체적으로는 발꿈치 부분에서 종종 매우 상당한 고통을 일으키던 '카리에

스 기적'을 행했다. 다행히도 그 고통은 극심한 상태로 오래 지속되지는 않았다. 그와 비슷한 것이 이른바 '엉덩이 기적'이었는데, 그것은 척추 말단의 꼬리뼈가 역시 카리에스와 같은 고통스러운 상태에 처하는 것이었다. 그 기적은 앉아 있는 것 또는 누워 있는 것조차 불가능하게 하려는 목적을 가지고 있었다. 한마디로 이들은 나를 어떤 자세로도, 어떤 일을 오랫동안 할 수 있도록 내버려두지 않았다. 걸어갈 때면 나를 눕지 않을 수 없게 했고, 누워 있을 때는 다시 일어나 앉도록 강요했다. 광선들은, 실제로 존재하는 인간이라면 어디엔가 존재해야 한다는 사실을 이해하지 못하는 듯했다. 내 신경이 불가항력적인 흡인력을 가졌다는 사실로 인해, 나는 어떤 위치에서 어떤 자세를 하고 있건 혹은 어떤 일을 하려고 하건 상관없이 광선들에게(즉, 신에게) 불편한 인간이 되어버렸던 것이다. 그들은 사정이 이렇게 된 게 내 탓이 아니라는 사실을 인정하려 들지 않았으며, 오히려 '묘사'를 통해 그 죄과를 나에게 돌리려는 경향에 지배당하고 있었다.[77]

나는 이 장에서 그 위협적인 성격으로 인해 더욱 본질적인 기적이라고 여겨지는 기적들에 관해 거의 완벽하게 서술했다고 믿는다. 그와는 다른, 그보다는 덜 위협적이었던 많은(한편으로는 내 몸에서, 다른 한편으로는 내 주변에 있는 대상들에서 일어났던) 기적들

· ·

77. 신의 견지에서 보더라도 나는 일반적 의미에서의 윤리적인 죄에 대해 말할 수 없을 만큼 정당한 사람이다(이에 대해서는 5장 말미와 두번째 후기의 끝부분 주석을 참조). 죄 또는 죄인이라는 개념은 인간의 것으로서, 인간과는 다른 특성을 갖는 영혼들에게는 원래의 의미로 적용될 수 없다. 우리는 영혼에게 인내심, 자기희생 등의 인간적인 덕성을 요구할 수 없다.

중 일부는 이미 당시부터 여기에 언급했던 기적과 함께 일어났으며, 다른 일부는 나중에야 비로소 처음 등장했다. 이에 관해서는 이 책이 진행되는 동안 기회가 되는 대로 더 자세히 언급할 것이다.

12장

목소리가 하는 말의 내용. '영혼의 이해'. 영혼 언어. 개인적 체험의 연속

9장에서 언급했다시피, 목소리가 하는 말의 대부분은 이미 당시부터 거의가 단조롭고도 사람을 피로하게 하는, 반복적으로 말하는 식의 황량한 상투어였다. 게다가 단어들은 말할 것도 없고 음절마저 생략되어 있었으며, 문법적으로도 완전하지 못한 특징을 지니고 있었다. 그래도 당시에는 아직 들을 만한 구절들이 일부 등장하기도 했다. 그것은 영혼이 생각하는 방식, 인간의 삶과 인간 사고에 관한 짧막하고도 흥미로운 해명을 해주었던 구절들이다. 이런 구절 중 하나가, 그 속에서 내가 — 피에르존의 정신병원에 체류한 시간 이후에 — 얻은 '지옥의 백작'이라는 명칭이다. 수도 없이 반복되었던 말은 예를 들어, "신의 전능은 지옥의 백작이 산 채로 불태워지도록 결정했다", "지옥의 백작에게 광선 손실의 책임이 있다", "우리는 지옥의 백작을 물리친 것에 대해 승리를 외친다" 등이었고, 그 목소리 중 일부는 "슈레버가 아니라 플레히지히가 진정한 '지옥의 백작'이다" 등을 말하기도 했다.

이전의 나의 삶을 알고 그래서 나의 냉철하고도 분별 있는 사고방식을 관찰할 기회가 있었던 사람이라면, 내가 스스로는 결코 '지옥의 백작'과 같은 환상적인 명칭을 내 것으로 삼지 않으리라는 걸 믿을 것이다. 게다가 이 명칭은 내가 처해 있던 초라한 외적 삶의 조건, 수많은 자유의 제한들과는 기묘한 방식으로 대조적이었다. 내 주위에는 지옥도, 어떤 귀족적 시설의 흔적도 전혀 찾을 수 없었기 때문이다. 그래서 나는 '지옥의 백작'이라는 표현이 내게 적용된 것은 어떤 오해에 근거한 것이며, 여기엔 원래 뭔가 추상이 근거로 놓여 있었다고 생각한다.

신의 나라에는 오래전부터, 세계 질서가 아무리 웅대하고 위대하더라도 인간의 신경이 신의 신경에게 갖는 흡인력 때문에 신의 나라에 위험을 일으킬 원인이 내재한다는 점에서 어떤 아킬레스건이 존재한다는 의식이 지배적이었던 듯하다. 이 위험은 지구 또는 다른 행성 어디에선가 신경과민이나 윤리적 타락의 증가가 감지되었던 시기에는 더 위협적으로 여겨졌을 것이다. 이 위험들을 더 분명하게 파악하기 위해 영혼들은 인격화한 것으로 보이는데, 그것은 어린아이와 같은 발전 단계에 처해 있는 민족이 우상을 통해 신성이라는 이념을 더 잘 이해하려고 시도하는 것과 유사하다. 그에 따라 영혼들은, 인류의 윤리적 타락 또는 지나친 문명화의 결과 생겨난 과도한 신경자극으로 신에게 적대적인 힘으로 자랄 수 있었던 어떤 거대한 힘을 '지옥의 백작'이라 여기게 되었다. 내 신경의 흡인력이 점점 더 저항하기 힘든 형태를 띠자 이 '지옥의 백작'은 바로 내게서 실현된 것처럼 보였고, 그 결과 그들은 나를 신의 권한하에 있는 모든 수단을 동원해 제거해야 할 적이라고 여겼던 것이다. 사실은 내가 그 반대로 순수한 광선들의 가장 가까운 친구라는 사실, 그리고 그 광선에 의해서만 나를 치료할 수 있고, 다른 갈등에 대한 만족할 만한 해결을 기대할 수 있다는 사실을 그들은 인정하려 하지 않았다. 그들은 보통 때라면 범접할 수 없는 힘에 대한 자랑스러운 자의식을 갖고 깔봤을 한 명의 개인에게 자신들이 의존해 있다는 사실을 받아들이기보다는, 차라리 자신들의 힘을 순수하지 못한('검증된') 영혼들과 — 사실은 이들이야말로 진짜 신의 적인데도 — 공유하려는 생각을 갖게 된 것이다.

이와는 다른 종류로 어느 정도는 사실적 중요성을 가지고 있었던 것은 '영혼의 이해Seelenauffassung'가 이야기되었던 문구들이다. 여기에도 그 자체로 고찰할 만하고 가치 있는 생각이 자리 잡고 있다. 내 판단에 따르면 영혼의 이해는 본래 **영혼들**이 인간의 삶과 사고에 대해 갖게 된 어떤 이상화된 생각이다. 영혼은 한때 인간에서 분리된 정신들이다. 따라서 영혼들은 인간으로서의 자신의 과거에 대해서뿐만 아니라, 아직 지상에 살고 있는 그들의 친지와 친구 들은 물론 인류에게 일어나는 모든 일에 큰 관심을 가지고 있었다. 그들은 신경 첨부를 통해서, 아니면 외적 인상들을 주는 것들은 직접 봄으로써 그것을 알 수 있었다(1장 참조). 영혼들은 일정한 삶의 규칙들과 삶의 태도들을 다소간 분명한 형태의 언어로 표현했는데, 나는 이 문장들 몇 개를 그 사례로 언급하고자 한다. "특정 육체 부위에 대해 생각하지 말라"는 삶의 규칙은,

통증으로 인해 육체의 특정 부분을 떠올려야 할 이유가 없다면 그 사람은 정상적이고 건강한 상태라는 생각을 표현한 것이었다. "첫 번째 요구에는 응하지 말라"는 삶의 규칙은, 이해력 있는 인간이라면 즉각적인 충동에 따라 이런저런 방향으로 행동해서는 안 된다는 것을 말한다. "시작된 것은 완성되어야 한다"는, 일단 한번 하려고 한 것은 그것을 방해하는 영향들에 방해받지 말고 애초의 목표를 이룰 때까지 끌어나가야 한다는 등의 생각을 표현한 공식이었다.

그들은 이러한 인간의 사고 과정에서 '결정 생각' — 특정 활동을 수행하려는 인간의 의지 발양 — 과 '소망 생각Wunschgedanken', '희망 생각Hoffnungsgedanken'과 '우려 생각Befürchtungsgedanken'을 구분했다. '숙고 생각Nachdenkungsgedanke'이라고 지칭된 것은 아마 심리학자들에게도 알려져 있는 현상일 텐데, 인간이 애초에 나아가려 했던 자기의지 규정의 방향을, 그것을 회의하게 하는 근거들을 떠올리게 하는 더 깊은 헤아림 뒤에 완전히 반대 방향으로 돌리거나, 최소한 부분적으로 변화시키는 현상이다. '인간의 기억 생각der menschliche Erinnerungsgedanke'은 그와는 다른 현상을 지칭하는 말로서, 인간이 자신에게 떠오른 생각 중 중요한 것을 반복을 통해 의식에 더 확고히 자리 잡게 하려는 욕구를 갖게 되는 현상을 말한다.—'인간의 기억 생각'이 인간의 사고와 지각 과정에 얼마나 깊이 자리 잡고 있는가는, 예를 들어 시에 등장하는 반복되는 운율에서도, 또한 인간 감각에 호소하는 아름다움의 이념을 체현하는 특정 음열이 매우 규칙적으로 한 음악 내에서 한 번만이 아니라 매우 여러 번 반복적으로 등장하는 작곡에서도 특징적으로 인식할 수 있다. — '영혼의 이해'의 많은 부분을 차지하고 있는 생각은, 서로 다른 성 사이의 관계와 각각의 성에 걸맞은 직업, 취미 등에 관한 것이었다. 그에 따라 예를 들어 침대, 손거울, 갈퀴는 여성적인 것으로, 등나무 의자, 삽은 남성적인 것으로 여겨졌고, 게임과 관련해서는 체스는 남성적인 것으로, 체커Damespiel(독일어로 체커는 'Dame–Spiel', 곧 '숙녀–게임'이라 불린다 – 옮긴이)는 여성적인 것으로 생각되었다.

침대에서 남자는 옆으로 눕고, 여자는 등을 대고 눕는다[성행위 시 종속된 쪽unterliegender Teil에 해당하는 자세]는 것을 영혼들은 아주 잘 알고 있었다. 이전에는 전혀 그것을 의식하지 못하고 있었던 나는 영혼들 덕분에 처음 이를 알게 되었다. 그에 대해서는, 예를 들어 내 부친의 책『의료적 실내체조Ärztliche Zimmergymnastik』(23판, 102쪽)에서 읽은 것에 의하면, 의사들도 알지 못하는 듯하다. 나아가 영혼들은, 남자는 여자의 나체를 보고 쾌락 자극을 받지만 반대로 여자는 남자의 나체를 보고 전혀 쾌락 자극을 못 받거나 매우 약한 정도로만 받는다는 사실, 그리고 여자의 나체는 남자와 여자 모두를 똑같이 자극한다는 것도 알고 있었다. 따라서, 예를 들어 수영쇼에서 벌거벗은 남성의 몸은 여성 청중들을 성적으로 자극하지 않는 반면(이 때문에 여성 청중들의 입장을 허락하는 것은 윤리적으로 아무 문제가 되지 않지만, 여자 수영 쇼에 남자들이 있는 경우엔 윤리적으로 문제가 되는 것이다), 발레 공연은 남자와 여자 모두에게 일정한 성적 자극을 불러일으키는 것이다.

이러한 현상이 널리 알려져 있는지, 그리고 정말 그렇게 받아들여지고 있는지는 잘 모르겠다. 나로서는 그 이후의 관찰들에 따라, 그리고 내 쾌락신경들의 반응이 내게 가르쳐준 것에 따라, 영혼의 이해에 따라 이루어지는 이러한 관계가 올바르다는 것에 아무런 의심도 하지 않는다. 물론 나는 나 자신의 (여성적) 쾌락신경들의 반응이 그 자체로 이를 증거하지는 못한다는 것을 알고 있다. 왜냐하면 나의 경우엔 이 여성적 쾌락신경이 예외적으로 남자의 몸에 자리 잡고 있기 때문이다.

착용하는 옷에서(근본언어의 표현에 따르면 '무장도구'라 지칭되는) 남성적인 것과 여성적인 것의 구별은 기본적으로 자명하다. 그런데, 영혼들에게 특별히 남성성의 상징으로 여겨졌던 것은 장화였다. 따라서 '장화를 벗는다'라는 말은 영혼들에게는 거의 탈남성화 같은 것을 지칭하는 표현이었다.

'영혼의 이해'라는 표현이 본래적 의미에 따라 어떤 개념과 연결되어 있는가를 대략이나마 이해시키기에는 이 짧은 설명으로도 충분할 것이다. 나는 이 설명들을 ― 이 모두는 내 병 초기에 일어난 것인데 ― 한편으로는 영혼들의 직접적인 언급을 통해, 그 밖의 것들은 영혼과의 소통 과정에서 생겨난 인상에서 얻었다. 나는 그것을 통해 인간의 사유 과정과 인간 지각의 본질에 대해 심리학자들조차 부러워할 만한 통찰을 얻을 수 있었다.

하지만 이후 '영혼의 이해'라는 표현은 이와는 완전히 다른 의미를 갖게 되었다. 자기 생각이 완전히 결핍된 사람들이(9장 참조) 말하려는 욕구를 충족시키기 위해 사용하는 진부한 표현으로 전락해 버린 것이다. "당신이 영혼의 이해에 묶여 있다는 것을 잊지 마시오", "영혼의 이해에 따르면 그것은 너무 무리였소"는 지속적으로 반복되는 공허한 상투어가 되어버렸다. 몇 년 전부터 이들은 이 관용구를 수천 번씩 반복함으로써 참기 힘든 방식으로 날 괴롭혀 왔고 또 지금도 괴롭히고 있다. 내게 떠오른 어떤 새로운 생각에 대해 이들이 뭐라 할 수 없을 때마다 거의 습관적으로 이루어지는 저 후자의 응답은 그 천박한 문체에서부터 이미 타락의 징조를 보여준다. 진정한 근본언어, 다시 말해 암기된 상투어가 생겨나기 이전의 영혼의 실질적 감각의 표현들은 그 형태에서도 고급스러운 품위와 간명함이라는 특징을 지니고 있었다.

이 밖에도 중요한 내용을 담고 있는 다른 어구들은 그 맥락상 다음 장에서야 이야기될 수 있겠다.

10장 말미에서도 언급했듯, 1895년 중반 이후부터 나의 외적인 삶의 조건들은 최소한 몇몇 부분에서는 이전보다 더 견딜 만해졌다. 가장 중요한 것은, 내가 이런저런 방식으로 무언가를 하기 시작했다는 것이다. 간병인 M이 몇 번인가 친지들과 구체적으로는 아내와 서신 교환을 하라고 설득했지만, 그전까지 나는 그를 거부했었다. 나는 아직도 병원 바깥에 실재하는 인간들에 대해 믿지 않았으며, 내가 보았던 모든 사람 그리고 날 방문했던 아내조차도 잠시 동안 일시적으로 급조된 것이라 여겼기에 편지를 쓴다는 건 코미디일 뿐이라고 생각해서 그에 따르지 않았던 것이다. 그런데 위에서 말한 시기 이후에는 (다른 환자들이나 간병인들과) 종종 체스를 두거나 피아노를 치기도 했다. 아내가 날 방문했을 때 한두 번

병원 사교실이나 독서실에서 피아노를 연주한 이후, 1895년 초를 즈음해서 내가 항상 연주할 수 있도록 내 방에 피아노가 한 대 들어왔다. 건강하던 시기에 즐기던 피아노를 다시 칠 수 있게 되었을 때 내가 느꼈던 감정은 〈탄호이저〉에 나오는 다음의 인용문을 통해 가장 잘 표현될 수 있다.

오늘과 어제 사이에 두터운 망각이 자리 잡았다. 내 모든 기억들은 쏜살같이 사라져 버렸다. 단 하나 기억할 수밖에 없는 건, 언젠가 당신을 다시 만나거나, 당신을 우러러볼 모든 희망을 상실했다는 것이다.

플레히지히의 병원에 있을 때 딱 한 번 아내의 강권으로 피아노를 친 적이 있는데, 그때 우연히 피아노에 놓여 있어 연주했던 악보는 헨델Händel의 〈메시아Messia〉에 나오는 아리아였다. "나는 내 구세주가 살아 있음을 압니다." 당시 나는 손가락을 피아노 건반에 접촉하는 것은 내 삶에서 이것이 마지막이라고 생각할 만한 상태였다. 이 병원에 피아노가 들어온 이래 체스와 피아노 연주는, 그 후 흘러간 약 오 년이라는 시간 동안 내게 가장 중요한 일과가 되었다. 특히 피아노 연주는 내겐 무엇과도 비교할 수 없는 가치를 갖게 되었으며 지금도 그렇다. 피아노를 칠 수 없었다면 이 오 년 동안의 사유 강제와 그에 부수된 모든 현상들을 결코 견뎌낼 수 없었을 것이다. 피아노를 치는 동안엔 내게 들리는 목소리들의 무의미한 수다는 피아노 소리에 뒤덮였다.[78] 이것은 ─ 육체적 운동과 더불어 ─ 이른바 '아무것도 사유하지 않는 생각Nichtsdenkungsgedanken'의 가장 최적의 형태다. 그런데 그들은 이에 대해 나를 속이기 위해, 영혼의 언어로 '음악적인 아무것도 사유하지 않는 생각Musikalische Nichtsdenkungsgedanke'이라 불리는 것을 작동시킨다. 광선들은 내 손과, 내가 보면서 연주하는 악보들에 대해서는 적어도 하나의 시각적 인상을 갖지만, 기분 창조와 그와 유사한 것을 통한 '묘사' 시도는 피아노를 연주할 때 이입되는 감정에 의해 결국엔 실패하고 만다. 그때부터 피아노 연주는 주요한 저주의 대상이 되었으며 지금도 그렇다.

그로 인한 장애들을 이루 말로 표현하기는 힘들다. 손가락을 마비시키고, 내 시선의 방향을 바꾸어 제대로 음표를 못 찾게 하며, 손가락을 잘못된 건반 위로 유도하고 손가락 근육을 빠르게 움직임으로써 템포를 가속화하는 등은 그때부터 지금까지 매일같이 일어나는 현상들이다. 피아노 자체에도 (다행히 지난해에는 좀 줄었지만) 기적에 의해 피아노 줄이 두 동강 나는 일이 자주 벌어졌다. 1897년엔 그렇게 해서 끊겨 나간 피아노 줄을 교체하느라 지출한 비용이 86마르크나 되었다.

이는 다른 사람에게, 내가 말하는 기적이 실재한다는 것을 설득력 있게 증명할 수 있다고 믿는 얼마 되지 않는 일 중의 하나다. 피상적으로 판단하는 사람은 아마도 나 자신이 요령 없이 피아노를 쳐대서 피아노 줄이 끊겼다고 생각할 수도 있을 것이다.

· ·

78. 이와 같은 효과를 준 것은, 늘 피아노를 칠 수 있는 게 아니기에 최근(1900년 초) 내 가족들에게 부탁해 얻은 오르골과 (정원에서 연주하기 위한) 하모니카다.

예를 들어 아내 또한, 아마도 의사들의 견해에 따라 여러 번 내게 그런 식으로 말했다. 그에 대해 나는 — 어떤 전문가든 이 점에서는 내가 옳다고 말할 수밖에 없다고 확신하는데 — 건반을 누르기만 하는데도 피아노 줄이 끊어진다는 것은, 건반을 아무리 세게 두드린다 해도 한마디로 불가능한 일이라고 주장하고자 한다. 건반과 연결된, 느슨하게 피아노 줄을 두드리게 되어 있는 작은 해머들은 결코 피아노 줄이 끊어질 정도의 힘을 가할 수 없다. 이는 누구라도 실험해 볼 수 있을 것이다. 누군가 망치나 나무판자로 건반을 내리쳐 본들, 피아노 건반을 부서뜨릴 수는 있어도 결코 피아노 줄을 끊어뜨리지는 못할 것이다. 최근 몇 년간 피아노 줄이 끊기는 일이 뜸해진 것은 — 지금도 가끔씩 일어나긴 하지만 — 지속적으로 증가하는 영혼 쾌락의 결과 광선들의(신의) 의도가 나에게 덜 적대적이 되었기 때문이며(이에 관해 자세한 것은 나중에), 또한 그들(광선들)에게 유쾌하지 못한 다른 상황, 무엇보다 이른바 '고함치기'로 인해, 결국엔 피아노 치는 일이 모두에게 가장 쾌적한 시간을 마련해준다는 것을 그들이 알게 되었기 때문이다.

이와 관련해 하나의 또 다른 기적에 대해 떠올리지 않을 수 없다. 그 기적은 시기적으로는 이전에 일어났는데, 이렇게 많은 기적을 보아온 내게도 이제껏 겪은 것 중 가장 수수께끼 같은 기적에 속한다. 내 기억에 따르면, 내가 움직일 수 없었던 시기(그러니까 1894년 여름 아니면 가을)의 어느 날, 기적에 의해 그랜드피아노 전체(블뤼트너 회사 제품)를 통해 내 방에 들여놓으려는 시도가 행해졌다. 이는 아마도 폰 베가 일으킨 기적인 듯했다.

나는 이 얘기가 얼마나 황당무계하게 들릴지 너무도 잘 알기 때문에, 내가 혹시 환각을 본 것은 아닌지 나 스스로에게 물어보아야 했다. 하지만 그것을 환각이라 여기기에는 매우 힘든 상황들이 있다. 내가 분명히 기억하기로 그 일은 벌건 대낮에 내가 의자 아니면 소파에 앉아 있을 때 일어났다. 나는 그때 막 생겨나려고 하는 그랜드피아노의 광택 나는 고동색 표면을(몇 발짝 떨어지지 않은 곳에서) 분명하게 보았다. 유감스럽게도 당시에 나는 기적 현상들에 대해 거부감을 가지고 있었다. 게다가 완전한 수동성을 의무로 여기고 있었던 터라, 날 너무도 역겹게 만들던 기적에 대해서는 아무것도 알고 싶지 않았다. 하지만 그 이후엔 가끔, 그 기적이 정말로 이루어질지 확인하기 위해 그 기적을 달래지 않은['달래다^{begütigt habe'}, 근본언어적 표현에 의하면] 것을 후회하고 있다. 내가 확고한 의지를 내세우면, 일어나려던 기적들이 모두 실패하거나 적어도 일어나기 어려워진다는 것은 이전부터 거의 예외 없는 규칙이었고, 지금도 그렇다. 그래서 나는 여기서 말한 것이 어떤 객관적인 상황과 관계되어 있는가에 대해선 확언할 수 없다. 만일 그것이 정말 환각이었다 하더라도, 그렇게 가까운 곳에서 그 대상이 보였다는 점에서는 가장 납득하기 힘든 종류의 착각이었을 것이다.

정원을 산책할 때는 물론 방에 있을 때도 거의 매일 더위 기적과 추위 기적이 일어났고, 또 지금까지도 일어나고 있다. 이것은 영혼 쾌락에서 비롯되는 자연스러운 육체의 편안함을 방해할 목적으로 행해지는 것으로, 예를 들어 기적을 통해 발을 차갑게 하거나 얼굴을 뜨겁게 하는 식이다. 내 생각에 그런 기적이 일어날 때의 생리학적 과정은 다음과 같다. 곧, 추위 기적에서는 사지 끝에서 피가 빠져나가 주관적인 추위의 느낌이 생겨나며 더위 기적에서는 거꾸로, 일반적으로는 서늘한 상태가 편안하게 느껴지는 얼굴과 머리로 피가 몰리는 것이다. 청소년기부터 더위와 추위를 견디는 데 익숙해 있었기 때문에 나는 이러한 기적들에는 그다지 영향받지 않았다. 단 한 가지 예외가 있다면, 수도 없이 일어나고 있는 것으로서, 침대에 누워 있을 때 기적으로 인해 발이 차가워지는 것이다. 그와는 반대로 나 스스로가 추위와 열을 찾도록 강제되는 일도 자주 일어났다. 특히 이곳에 머물던 처음 몇 년간 영혼 쾌락이 아직 지금과 같은 단계에 도달하지 못했을 때는 종종 광선들을 추위에 떠는 신체 부위, 특히 손과 발 쪽으로 유도해야만 했다. 이는 의도적인 해로운 영향력으로부터 머리를 보호하기 위함이었다. 그래서 한겨울에 거의 마비될 때까지 손을 얼음장 같은 나무에 몇 분 동안 대고 있거나, 손에 눈뭉치를 들고 있거나 하는 일이 자주 일어났다.

　밤사이 차가운 비에 노출시키기 위해, 한동안(아마도 1895년 초 아니면 그해 가을) 발을 열린 창문 바깥으로 뻗고 있던 것도 같은 이유에서였다. 그러고 있으면 광선들이 머리에 도달하지 못했기 때문에 — 당연히 머리는 내게 훨씬 중요했다 — 발이 어는 느낌을 빼면 전반적으로 아주 편한 상태였다.[79] 그런데 어쩌다가

. .
79. 위에서 언급한 이유로, 찬물에 샤워하는 것—단 한 번 욕실에서 할 수 있었던—도

이런 내 행동이 의사들의 귀에 들어가게 되어, 극도의 불만을 자극한 조치를 일으키는 계기가 되었다. 어느 날 하루, 평소 내가 지내던 방에서 다른 곳으로 옮겨졌다가 돌아와 보니 침실 창문에는 두꺼운 나무 덧문이 달려 밤사이에 그것을 걸어 잠그게 되었던 것이다. 내 침실은 완전히 깜깜해져서 아침에도 거의 빛 한 줄기 들어올 수 없게 되어버렸다. 이 조치가, 그렇지 않아도 이성을 파괴하려는 시도에 맞서 너무나도 힘든 자기방어를 하고 있던 나에게 얼마나 충격적이었는지 의사들은 당연히 전혀 생각지 못할 것이다. 하지만 이로써 오랜 시간 쌓여온 깊디깊은 비참함이 날 사로잡았음은 이해할 수 있을 것이다.

살아 있는 인간을 알지 못하는 신에게 내 이성의 힘이 온전하게 남아 있음을 설득해야 하는 내게, 모든 인간 활동에 필수불가결한 빛은 식사보다도 훨씬 중요한 것이다. 빛이 조금이라도 차단되고 자연적인 어둠이 늘어나는 것은 내가 처한 상황이 한없이 힘들어진다는 뜻이었다. 나는 이 조치가, 도착적인 행동이 일으킬 결과에 맞서 내 건강을 보호하려는 순전히 인간적인 관점에서 어쩔 수 없이 행해진 것이었는가를 두고 의사들과 논쟁할 생각은 없다. 하지만 나는 그 수단이 목적과 제대로 부합하지 않는다고 지적하고 싶은 마음을 억누를 수 없다. 극단적인 경우라 할지라도, 감기에 걸리는 것 말고 내게 다른 어떤 일이 일어날 수 있었겠는가?

• •

곧바로 기적적인 효과를 발휘했다. 나는 대번에 건강해졌고, 그 시기 머리와 몸의 다른 부위에서 일어나던 위협적인 기적 현상들에서도—잠시 동안이기는 하지만—해방되었다.

창문에서 떨어질 위험을 방지하기 위해서였다면 이미 달려 있던 철망으로도 완전한 보호가 되고 있었으며, 단지 내가 감기에 걸릴 위험을 막기 위해서였다면 인간에게 저절로 생겨나는 추위를 피하려는 자연적 욕구가 나로 하여금 창문을 지나치게 오래 열어 두지 못하게 하지는 않았을지 기다려 봤어야 했다. 하지만 이는 내게 중요한 문제가 아니었으며, 또 지금도 아니다. 내게 중요한 것은, 내가 의사들을 도구로 간주할 수밖에 없었다는 사실이다. 곧, 신의 광선이 그들의 신경을 자극하여, 내 이성을 파괴하는 계획을 지원하는 결정을 내리게 했다는 것이다. 스스로는 인간의 판단에 따라 행동한다고 믿었던 의사들이 주관적으로는 이 사실을 의식하지 못했음은 당연하다. 나는 지금도 이 생각을 유지할 수밖에 없다. 의사들뿐 아니라 다른 사람들이 내게 말한 모든 단어에서 나는 — 내가 훤히 알고 있는 기록 재료와의 관련성에 근거해 — 신의 영향력이 작용하고 있음을 감지하기 때문이다. 이에 관해선 이후에 더 이야기하게 될 것이다. 지금 이런 글을 쓰는 것은, 과거에 일어났던 일을 고발하려는 의도는 결코 아니다. 나는 이전 시기 내게 일어난 일 때문에 그 누구에게 어떠한 앙심도 품고 있지 않으며, 그런 게 있었다고 하더라도 운 좋게도 지금은 다 지나간 일일 뿐이다. 그럼에도 창 덧문과 관련된 일을 상세히 이야기해야 한다고 생각한 것은, 지난 몇 년 동안 내가 의사들에 대해 갖고 있었고, 추측건대 의사들 역시 나의 행동에서 감지했을 깊은 불신을 이해시키기 위해서이다.

앞에서 언급한 창 덧문(이 병원에서 내가 머물고 있는 복도

층에서는 유일한)은 아직도 있긴 하지만 오래전부터 더 이상 잠그지는 않는다. 일반적으로 그런 덧문은 이 병원 지층과 일층 원형 복도에 있는 광란병 환자용 독방에만 설치되어 있다. 나중에 이야기하겠지만 나는 이 년 동안(1896~1898) 여러 군데의 독방에서 잠을 잤는데, 그 때문에 빛이 없어짐으로써 생겨난 고통스러운 상태가 더 심각하게 등장하곤 했다.

13장

흡인력의 요소로서의 영혼 쾌락. 그로부터 생겨난 현상들

1895년 11월은 내 삶의 역사에서, 더 정확히 말해 예견되는 미래의 모습에 대한 나 자신의 이해에서 중요한 시점이다. 나는 이때를 아직도 정확히 기억하고 있다. 때는, 아침마다 엘베강에 짙은 안개가 피어나던 아름다운 늦가을 날이었다. 이 시기에 내 육체가 여성화되고 있다는 조짐이 강하게 나타났으며, 그로 인해 이 모든 발전 과정이 지향하는 내재적 목적들을 인식하지 않을 수 없었다. 남자로서의 자존심에 자극되어 확고한 의지로 그에 저항해야 한다고 생각하지 않았더라면, 아마 당시 이어진 밤들 중에 실제로 남성 성기가 수축되어 없어졌을 것이다. 그만큼 그 기적은 거의 완성에 다가갔다. 영혼 쾌락도 엄청나게 강해져서, 나는 처음엔 팔과 손에서, 나중에는 다리와 젖가슴Busen, 엉덩이 그리고 다른 모든 육체 부위가 여성의 육체인 듯한 인상을 받았다. 이에 대한 자세한 이야기는 다음 장들에서 하겠다.

이 과정을 며칠 동안 더 관찰함으로써 나는 내 의지의 방향을 완전히 바꿀 수 있었다. 그전까지 나는, 이전의 수많은 위협적인 기적들로 인해 삶이 희생되지는 않았더라도, 결국 언젠가는 자살로써 삶을 끝장낼 수밖에 없으리라 믿고 있었다. 나 스스로가 나 자신의 육체를 없애는 것 말고는, 인간에게는 한 번도 일어나지 않았던 방식의 끔찍한 종말만이 내게 남은 유일한 가능성으로 보였다. 그런데 이제는 내가 개인적으로 바라건 바라지 않건 상관없이 세계 질서는 도도하게 탈남성화를 요구하고 있으며, 따라서 내게는 여자로 변신한다는 생각과 화해하는 것 말고는 이성적인 근거에서 볼 때 다른 방도가 없다는 것을 아무런 의심 없이 믿고 있다. 탈남성화가 이루어진 다음에는 새로운 인간을 만들기 위해 신의 광선에 의한 잉태가 일어나리라는 건 당연한 일이다. 내 의지를 이렇게 바꾸는 데 기여한 것은, 당시 내가 나 외에 인류는 실제로 존재하지 않으며 내가 보는 모든 인간 형상들은 단지 '일시적으로 급조된' 것이라 여겼고, 그로 인해 탈남성화가 어떤 수치스러움을 일으킬 일도 없을 거라는 믿음이었다. 물론 나를 '내버려두기' 위해 내 이성을 파괴하려던 광선들은 당연히 나의 남자로서의 자존심을 — 기만적인 방식으로 — 자극할 기회를 놓치지 않았다. 영혼 쾌락이 생겨날 때마다 수도 없이 반복되었던 어구는, "당신 아내 앞에서 부끄럽지도 않소?" 아니면 그보다 더 고약한 것으로, "스스로를 씹……하는sich f…… 이 인간이 판사회의 의장이었단다"였다. 너무도 거슬리던 이 목소리들 때문에 나는 수천 번 반복되는 이 말에 대항해 나의 정당한 분노를 폭발시키고 싶은 욕구를 수없이 느꼈지만, 장기적으로는 그것이 모두 —

나 자신과 광선들— 를 위해 내가 해야만 하는 신성한 일이라고 인식한 태도에서는 결코 흔들리지 않았다.

그 후로 나는 여성성을 관리하는 일을 의식적인 목표로 삼아왔으며, 내 주변 조건이 허락하는 한 앞으로도 계속 그럴 것이다. 초감각적 근거들을 이해하지 못하는 다른 사람들이 나에 대해 어떻게 생각하건 그것은 그들의 자유다. 또한 나는 남성적 습성을 가진 정신박약의 인간을 택할 것이냐, 아니면 정신적으로 풍요로운 여성을 택할 것이냐의 갈림길에서 후자를 택하지 않을 남자가 있다면 만나보고 싶다. 내게 중요한 것은 다름 아닌 바로 그것이다. 내게는 나의 영혼 전체를 걸고 매달리던 이전의 직업을 수행하는 일도, 남성적 공명심을 위한 목표도, 내 이성 능력을 인류를 위해 사용할 가능성도, 상황이 전개되는 와중에 사라져 버렸다. 또한, 간헐적인 방문과 편지 교환을 제외하면 아내와 친지들과의 교제도 거의 배제되었다.[80] 나는 다른 사람들의 판단에는 개의치 않으면서 건강한 에고이즘— 그것은 나중에 더 자세히 이야기할 어떤 방식으로 내게 여성성을 관리하라고 요구한다— 만을 좇을 수 있게 된 것이다. 그렇게 해야만 낮 동안에는 견딜 만한 육체적 상태를, 그리고 밤에는— 최소한이나마— 내 신경의 휴식을 위해 필요한 잠을 얻을 수 있다. 최고 수준의 쾌락은 결국엔— 이는 의학적으로도 알려져 있을 터인데— 잠으로 통한다. 내가 이렇게 행동하는 것은

· ·

80. (1903년 3월 추가) 내용에서 알 수 있듯이, 이 장도 내가 존넨슈타인의 장벽 안에 완전히 감금되어 있던 시기에 쓴 것이다. 물론 근본 생각은 아직 그대로 남아 있지만, 몇몇 세부적인 사항들은 지금은 수정하고 싶다.

동시에 광선들, 곧 신 자신의 이해관계에도 기여한다. 내 이성이 파괴될 수 있다는 잘못된 전제에서 출발하여 현재 세계 질서에 어긋나는 목표를 쫓고 있는 신이 점점 모순적이 되어가는 자신의 정책을 계속 추구하도록 그냥 내버려두면, 그것은 대부분이 미치광이들인 내 주위에 헛소리로 가득 찬 소음만 낳을 뿐이라는 사실은 수년간의 경험으로 부인할 수 없이 증명되었다. 이에 대해 자세한 것은 나중에야 이야기할 수 있다.[81]

  나의 태도가 이렇게 변한 시기와 때를 같이해 하늘에서도 ─ 그것도 동일한 근거에서 ─ 본질적인 전환이 일어났다. 광선들(전체 덩어리에서 떨어져 나온 신의 신경들)이 흡인력으로 인해 내 몸에서 소멸하는 것은, 그 신경의 입장에서는 자립적 실존의 종말, 다시 말해 인간에게 죽음과도 같은 것이었다. 따라서 자기 전체 덩어리의 점점 더 많은 부분이 내 몸에서 소멸하는 운명을 벗어나게 하기 위해 신이 가능한 한 모든 수단을 동원하는 것은 당연한 일이었고, 실제로도 그들은 온갖 수단을 선택했다. 그런데 신경들이 내 몸에서 소멸하는 사이에 내 몸에 영혼 쾌락의 감정이 생겨나면, 흡인력은 거기에 참여하는 신경들을 놀라게 만드는 힘을 상실하곤 했다. 그러면 그들은 쾌락적 향유의 성격을 갖던 하늘의 축복계를

<hr />

81. 내가 여전히 예전처럼 사랑하는 아내와의 관계에 대해서는 특별한 프라이버시를 유지해야 한다. 대화와 편지를 통해 너무 많은 것을 이야기한 것이 뭔가 잘못된 일이었을 수도 있다. 아내가 나의 사유를 완전히 이해할 수 없는 것은 당연하다. 조만간 내가 여자로 변신하리라는 생각을 갖고 있다는 얘기를 듣는다면 그녀도 내게 이전과 같은 사랑과 존경을 바치기는 힘들 것이다. 이는 안타깝지만 어쩔 수 없는 일이다. 여기서도 나는 모든 허망한 감상주의로부터 거리를 취해야 한다.

상실한 것에 대해, 완전하거나 적어도 그에 근접하는 대체물을 내 몸에서 발견하는 것이다.

하지만 영혼 쾌락의 감정이 내 몸에 늘 동등한 강도로 존재하는 것은 아니었다. 그것이 완전하게 발양되기 위해서는 플레히지히의 영혼 부분과 다른 '검증된' 영혼 부분들이 앞쪽에 자리를 잡음으로써 모든 광선이 결집해야 했다. 그런데 대지에 붙들어 맴(9장 참조)을 통해 그들 자신과 검증된 영혼들을 주기적으로 다시 퇴각시킬 수밖에 없게 됨으로써, 영혼 쾌락이 아예 존재하지 않거나 아주 미약하게만 존재하는 시간들이 번갈아가며 나타나게 되었다. 그와 더불어 내 몸에서 여성성의 특징이 출현하는 것도 어떤 주기성을 띠게 됐는데, 그에 대해서는 나중에 더 상세히 말할 것이다. 그래도 — 1895년 11월 — 신의 신경이 중단 없이 흘러 들어오는 일이 일 년 이상 계속된 뒤에 한참 동안 풍부한 영혼 쾌락이 생기나, 일부 광선들이 내 몸에서 소멸하는 데 취미를 갖기 시작했다. 처음에 이는 — 7장에서 말한 것처럼 태양과 동일한 것으로 여겨야 하는 — 낮은 단계의 신(아리만)에게서 감지될 수 있었다. 이 신은 거기서 아주 멀리 떨어져 있는 높은 단계의 신(오르무즈트)에 비해 더 가까이 있는 신으로, 훨씬 높은 수준의 영혼 쾌락에 참여했다.

1895년 11월에 전환이 일어나기 전까지 플레히지히 — 인간으로서건, '검증된 영혼'으로서건 상관없이 — 는 낮은 단계의 신(아리만)과만 밀접한 관계를 갖고 있었다. 그 때문에 2장에서 언급한 종류의 공모가 있었다고 전제한다면, 이 공모에는 많아야 낮은 단계의 신(아리만)까지만 참여했다. 높은 단계의 신은 그 시점까지는 올바른, 세계 질서에 상응하는, 따라서 내게는 전반적으로 더 우호적인 태도를 취하고 있었다. 이미 이야기했듯, 그로부터 생겨나는 영혼 쾌락으로 인해 자기 신경의 일부가 내 몸에서 소멸하는 것을 전혀 나쁘게 생각하지 않던 낮은 단계의 신(아리만)은, '검증된' 플레히지히의 영혼과 맺고 있었던 그때까지의 밀접한 관계를 해소했다. 그러자 당시에 아직도 많은 부분 인간적 지성을 지니고 있던 플레히지히의 영혼은 높은 단계의 신과 일종의 동맹 관계를 맺었고, 이것이 나를 향해 그 적대적인 창끝을 향하게 되었던 것이다. 이렇게 해서 생겨난 세력 관계의 전환은 본질적으로는 오늘까지도 이어지고 있다.

그 이후 낮은 단계의 신은 내게 항상 우호적인 태도를, 높은 단계의 신은 매우 적대적인 태도를 취하게 되었다. 이는 한편으로는 두 신에게서 비롯되는 기적에서 — 낮은 단계의 신의 기적은 시간이 지나면서 점점 11장에서 언급한 종류의, 상대적으로 무해한 희롱의 성격을 띠게 되었다 — 다른 한편으로는 두 신의 목소리의 말에서 드러났다. 낮은 단계의 신에게서 비롯되는 목소리들은 — 물론 직접적이고 순간적인 감정의 진짜 표현이 아니라 여전히 암기한 구절들의 잡탕이긴 하지만 — 높은 단계의 신의 목소리와는 그 형식과 내용에서 본질적으로 구분되었다. 내용적으로 볼 때 낮은 단계의 신의 목소리는 적어도 직접적인 욕설이나 모욕하는 어구들이 아니라 일종의 중립적인 헛소리(예를 들어, '다비드와 살로모', '상추와 무', '밀가루 더미가 다시 얘기되었다' 등)이고,

형식 면에서도 아무것도 생각하지 않을 수 있는 인간의 자연적 권리에 더 잘 부합하기에 내게는 덜 성가시다. 이런 종류의 무의미한 어구들은 시간이 지나 익숙해지면 마치 괄호 안에서 말해진 것처럼, '아무것도 사유하지 않는 생각'의 형태로 머릿속에서 그냥 울려 퍼지게 내버려둘 수 있기 때문이다. 그것 말고도 낮은 단계의 신은 적어도 이 장에서 말한 전환 이후 몇 년 동안은, 갈등의 원인, 그 갈등 해결을 위한 수단, 미래의 모습에 대해 실제로도 중요하고 부분적으로는 올바른(다시 말해, 내 생각에 상응하는) 예견들을 드러내던 어구 몇 개를 가지고 있었다. 물론 이것들도 — 이미 이야기했듯 — 바로 그 순간에 생겨난 진짜 감정의 표현이 아니라 그전에 얼기설기 짜 맞춰진 생각 재료들로서, 이해력 없는 목소리(나중에는 '기적을 통해 생겨난 새들')를 통해 피곤하고도 단조롭게 내 머릿속에서 반복되었다. 이 어구들이 그래도 내게 꽤 흥미로웠던 이유는, 그로부터 신이 세계 질서에서 생겨나는 필연성에 대해 완전히 무지하지는 않다는 사실 — 나는 다른 경험들을 통해서도 그렇게 생각하고 있었다 — 을 도출할 수 있다고 믿었기 때문이다. 그래서 여기에 그런 어구 몇 개를 언급하고자 한다.

먼저 영혼 쾌락이 증가함으로써 일어난 파벌 그룹의 변화는, 자주 반복되던 '두 파벌이 형성되었다'는 어구를 통해 암시되었다. 그 뒤엔 내 이성을 파괴하고 나를 해치기 위해 행해지는 신의 모든 정책이 실패했다는 생각이 다양한 형태로 표현되었다. 몇몇 문장들은 나와 관련된 개인적 의미를 담지 않은 일반적인 것이었는데, 예를 들어 '지식과 능력은 결코 상실되지 않는다' 그리고 '잠이 와야 한다', 나아가 '모든 어리석은 짓(곧, 생각 읽기와 생각 위조 등의 어리석은 짓)은 저절로 사라진다', 그리고 '지속적인 성공은 인간의 편에 있다' 등이다. 낮은 단계의 신의 어구들 중 일부는 나를 향해, 일부는— 내 머리를 통해 말함으로써 — 그의 동료인 높은 단계의 신을 향한 것이었다. 전자에 해당하는 것이 이미 언급된 어구인 '당신이 영혼 이해에 구속되어 있다는 걸 잊지 마시오'였고, 후자에 속하는 것은 예를 들어 '어떤 묘사든 어리석은 짓이라는 걸 잊지 마시오' 혹은 '세계의 종말이란 그 자체로 모순이라는 걸 잊지 마시오', 혹은 '너희는 날씨를 인간 생각에 의존되게 만들었다', 혹은 '너희는 모든 성스러운 일을(곧, 피아노 연주, 체스 게임 등을 힘들게 하는 다양한 기적을 통해) 불가능하게 만들었다'는 것이었다. 아주 드물기는 하지만 간혹 그들은 자신들의 죄에 대해 일종의 자백을 하기도 했는데, 예를 들어 '내가 당신을 일시적으로 급조된 인간들 속에 숨기지 않았더라면', 혹은 '이것이 저 유명한 영혼 정책의 결과다' 혹은 '저주받은 역사는 이제 어떻게 될 것인가', 혹은 '저 빌어먹을 인간 놀음이 그치기만 한다면' 등이다. 가끔씩은 바로 이 단어를 통해 '우리에겐 태도가 결여되어 있다'는 고백이 행해졌다. 이 태도란, 선한 인간들은 물론 가장 비난받아야 할 죄인에 대해서도 세계 질서에 상응하는 정화 수단을 갖추었어야 한다는 것이다. 한동안 낮은 단계의 신은 이 모든 일의 목표를— 영혼 언어에서 자주 그렇듯 문법적으로 불완전하게 — '그래도 쾌락이 일정 단계에 도달하기를 바란다'는 어구를 통해 표현하곤 했는데, 여기서 말하는 단계란 신의 광선들이 퇴각하려는 이해관계를 상실하고 세계 질서에 상응하는 해결책을 스스로 내놓게 되는 단계를 말한다. 하지만 동시에 낮은 단계의 신은 나를 두렵게 하는, 다른 말로 하면 이성을 유지하려는 나의 노력 모두가 처음부터 실패할 수밖에 없음을 표현하기 위한 어구들도 많이 가지고 있었다. 신의 전능과 관련해서는 '어마어마한 힘'에 대해, 나와 관련해서는 '가망 없는 저항'에 대해 말하는 식이었다. 또한 그들은 "영원에는 한계가 없다는 걸 잊지 마시오"라는 어구를 자주 반복함으로써, 신이 퇴각할 수 있는 가능성은 공간적으로 제한이 없다는 것을 내게 상기시키려고 했다.

앞에서 높은 단계의 신과 낮은 단계의 신의 서로 어긋난 태도, 그리고 낮은 단계의 신의 어구 재료에 관한 이야기에는, 거의 풀지 못할 정도로 뒤엉킨 모순들이 드러나 있다. 이 모순들을 해결하려고 시도할 때마다 나 역시 극복하기 힘든 어려움에 맞닥뜨렸다. 정말 만족할 만한 해결은 신의 본질을 완전히 통찰함으로써만 가능할 것이다. 하지만, 다른 어떤 인간들보다 신의 본질에 무한히 근접했다고 확신할 수 있는 나에게도 그러한 통찰은 인간 인식 능력 자체의 한계로 인해 불가능하다. 불완전한 인간의 인식 기관이 갖는 한계들을 고려한다는 조건하에서 이와 관련된 몇 가지 조심스러운 이야기를 해보려고 한다. 당연한 말이지만, 나는 높은 단계의 신이 낮은 단계의 신보다 윤리적 또는 지적으로 더 수준이 낮다고는 전제할 수 없다. 낮은 단계의 신이 도달 가능한 것을 올바르게 인식하는 데서도, 세계 질서에 적합하게 사유하는 데서도 높은 단계의 신을 능가하는 것처럼 보이긴 하지만, 우리는 높은 단계의 신이 낮은 단계의 신에 비해 나에게서 **훨씬 멀리 떨어져 있다는** 사실을 고려해야 한다.

낮은 단계의 신과 높은 단계의 신은 살아 있는 인간을 유기체로서 이해하지 못하는 것 같다. 이는 그들이 멀리 떨어져 있는 한 양자 모두에게 공통적으로 해당된다. 특히 이들은 인간으로서는 좀처럼 파악하기 힘든 오류에 갇혀 있는 듯하다. 그것은 나 같은 상황에 있는 한 인간의 신경에서 그들이 지각한, 대개는 광선들이 조작한 사유의 결과를 그 인간의 사유라고 여겨 사유활동을 잠깐 중단함으로써 생겨나는 상황, 곧 언어를 통해 표현된 특정한 생각을 광선들이 인간의 신경에서 지각하지 못하는 상황을 그 인간의 정신능력이 소멸한 것으로, 명백히 오해에 입각한[82] 인간들의 표현을 차용해 이들이 자주 지칭하듯이 정신박약 상태가 나타났다고 여기는 오류다. 곧, 이 두 신은 신경의 진동에 의해 생겨난 신경언어(5장 초입 참조)를 실제 그 인간의 언어라고 간주하는 잘못된 생각에 **빠져** 있는 것이다. 자고 있는 인간의 꿈속에서도 일정한 신경자극은 일어나기 마련이다. 그 때문에 이들은 잠자는 인간의 신경에서 그들이 지각하는 것이 꿈꾸고 있는 사람의 정신활동인지, 아니면 완전한 의식 속에서 사유능력을 사용하는 사람의 정신 활동인지를 구분하지 못한다. 당연하지만 여기서 이야기

· ·

82. 당연한 말이지만 정신박약자들도 정신능력이 완전히 소멸하는 것은 아니기 때문이다. 그들의 정신능력은 여러 단계를 거쳐 병적으로 감소했거나 변화했을 뿐이다.

하는 것은 전적으로 나의 사례일 뿐이다. 다시 말해, 신이 한 명의 인간과 지속적이고 더 이상 해소될 수 없는, 세계 질서에 어긋나는 광선 교류에 들어선 사례라는 말이다. 여기서 언급한 잘못된 생각들[83]은, 신이 더 가까이 다가와서 나의 태도, 내가 하는 일, 필요하다면 다른 사람과 대화를 나누는 나의 언어 등을 한꺼번에 보고 자신과 관계 맺는 자가 정신적으로 완전한 인간이라는 것을 지각할 때에야 비로소 사라질 것이다.

아마도 그의 본질과 관련된 어떤 특성 때문에, 신에게는 한번 경험한 것에서 미래를 위한 가르침을 도출하는 것이 불가능한 것 같다. 벌써 몇 년 전부터 바로 그런 방식으로 하루하루 계속 반복되고 있는데, 특히 내 사고활동이 휴식(이른바 아무것도 사유하지 않는 생각이 시작)하면 신은 그것을 보자마자(그 순간에) 퇴각을 시도하면서, "이제 그는 다음과 같이 (생각하거나 말)해야 한다. 나는 내가 바보라는 사실에 복종할 거라고"라는 진부한 어구를 통해 이제야말로 내가 정신박약이 되었다는 자신의 짐작을 드러낸다. 그러고 나면 손풍금을 돌리는 것처럼 정신이 깃들어 있지 않은 단조로운 어조로 저 밥맛없는 말들, "왜 그것을 (소리 내어) 말하지 않나요?" 또는 "얼마나 더 (광선력에 대한 당신의

---

83. 이는 세계 질서에 걸맞은 상황에서 신은 이미 하늘의 앞마당에 올라왔거나 아직 정화 과정에 있는 영혼들과만(1장 참조) 교류했으며, 그 외에는 잠을 자는 인간하고 만 교류했다는 사실과 관련되어 있을지도 모른다. 잠자고 있는 사람은 (자는 동안에는) 당연히 소리 내어 말하는 (인간의) 언어를 사용하지 않는다. 영혼들이 서로 교제할 때 무언가를 전달하거나 생각을 교환하는 유일한 형태는 신경의 운동 또는 진동을 통해 생겨나는(따라서 작게 속삭이는) 신경언어이다.

방어가 성공할 것인가"" 등등이 투입되어, 내가 다른 일을 시작함으로써 내 정신력이 조금도 약화하지 않고 현존한다는 것을 증명할 때까지 계속된다.

경험을 통해 도무지 배우지 못하는 이러한 신의 무능력을 어떻게 설명할 것인가는 내게도 어려운 질문이다. 우리는 다음과 같이 생각해야 할 것이다. 경험을 통해 얻은 올바른 통찰은, 내 몸에서 몰락하게 되어 있는 신경들의 한쪽 끝에만 전달된다는 것이다. 따라서 멀리 떨어져 있는 다른 쪽 끝의 신경들 ─ 거기서 퇴각 행동이 시작되는데 ─ 은 그 인상에 아예 참여하지 않거나 아니면 그들의 의지를 결정하기에 충분할 만큼 참여하지는 않는다.[84] 바로 이러한 이유 때문에 나는, 위에서 이야기했듯이 낮은 단계의 신이 몇몇 올바른 생각들을 자신이 사용하는 어구에 받아들이고, 그것을 스스로의 목소리로 내 머릿속에 말한다는 것이 사실상 어떤 실질적인 가치를 지닐 것인지에 회의적이다. 왜냐하면 이 생각들은 나한텐 전혀 새로운 것이 아니며, 높은 단계의 신에게는 ─ 그 진리들은 그에게 그 형식에 따라 계시되는데 ─ 그 진리들을 진지하게 받아들일 능력, 다시 말해 그것을 통해 그의 실제 행동을

• •

84. 이와는 다른, 다음과 같은 방식의 설명도 가능할 것이다. 배운다는 것, 다시 말해 낮은 단계의 지식에서 더 높은 단계의 지식으로 나아간다는 것은 인간의 개념이며, 배움을 통해 스스로의 지식을 완전하게 할 수 있는 존재에게만 적용된다. 따라서 신에 속하는 전지함을 속성으로 갖고 있는 나라는 존재에게는, 신에게서와 마찬가지로 배운다는 것이 처음부터 문제가 될 수 없다. 하지만 이런 설명은 어딘가 소피스트적으로 여겨진다. 왜냐하면 살아 있는 인간에 대한 인식과 관련했을 때 절대적으로 완벽한 신의 전지함은 존재하지 않기 때문이다.

처음 시도된 방향과 다르게 결정할 수 있는 능력이 없기 때문이다. 높은 단계의 신보다 더 빨리 사태에 관한 올바른 인식을 얻는 낮은 단계의 신은, 광선들이 어쨌든 무언가를 말해야 한다면(9장 참조) 그 말 — 물론 끝도 없이 반복되긴 하지만 — 에는 어느 정도 이성적으로 들리는 내용이 들어 있고, 그것이 단순한 헛소리라거나 노골적으로 천박하지만은 않다는 생각에 이끌리고 있는 듯하다. 나는 이미 오래전에 신이 경험을 통해서는 아무것도 배울 수 없다는 생각을 "외부에 영향을 미치기 위한 모든 교육적 시도는 가망 없는 것으로 포기되어야 한다"는 말로써 여러 번 문자로 기록[85] 했는데, 그 이후의 시간들은 매일매일 이런 나의 이해가 옳다는 것을 확인시켜 주었다. 이와 유사한 문제에서는, 앞에서도 그랬던 것처럼 자칫 빠져들기 쉬운 오해로부터 독자들을 보호해야 한다고 본다. 신의 전능과 전지, 자비에 관한 생각으로 충만한 종교적인 사람들은 여기서 신이 정신적이고 윤리적인 견지에서 한 명의 개별적 인간보다 열등하고 하찮은 존재로 묘사되고 있음을 이해하

· ·

85. 이 기록은 몇 년 전부터 내가 번호를 붙이고 날짜를 매겨 내게 생겨난 인상들, 미래에 대한 예견들을 작은 연구 형태로 기록해 놓은 노트에 포함되어 있다. '회상록' —지금 이 글이— 이 완전히 새로운 종교 체제를 수립하는 데 중요한 인식의 원천이 되는, 내가 보기엔 매우 개연적인 일이 일어날 경우, 아마도 여기 언급한 노트의 기록은 '한 신경병자의 회상록'에 대한 값진 보충 자료를 제공할 수 있을 것이다. 이 노트들은 내가 어떻게 차츰차츰 초감각적인 것들에 대한 올바른 이해에 도달했는가를 알게 해줄 것이다. 하지만 이 기록들 대부분은 다른 사람들에겐 이해되기 힘들 것이다. 내가 이 기록을 처음 시작했을 때는 특별한 관계들을 나 자신에게 분명히 하려는 목적뿐이었으며, 그래서 현재로서는 다른 사람들이 그것을 이해하기 위한 설명들이 결핍되어 있기 때문이다.

기 힘들 것이다. 그에 대해 내가 강조하고 싶은 것은, 정신적이고 윤리적인 두 가지 견지에서 신에 대한 나의 우월함은 전적으로 상대적인 의미로만 이해되어야 한다는 것이다. 신에 대한 나의 우월함은 한 명의 개별적 인간에게 신경 첨부가 지속적이고 분리될 수 없게 되어버린, 세계 질서에 어긋나는 상황에만 존재한다. 그러는 한에서만 나는 신보다 더 통찰력 있으며, 동시에 더 나은 존재다. 왜냐하면 인간은 자신의 본성을 알고 있는 데다가, 나의 경우엔 나 이전의 어떤 인간에게도 불가능했던 다년간의 영혼 교류를 통해 영혼의 성격들을 샅샅이 알게 되었기 때문이다. 그에 반해 신은 살아 있는 인간을 알지 못하며, 이전에 반복해서 이야기했듯이 살아 있는 인간을 알 필요도 없다. 하지만 이는 다른 관계들에서, 구체적으로는 세계 전체의 생성과 발전 같은 초감각적인 것에서, 내가 신의 영원한 지혜와 자비를 인정한다는 사실[86] 과 결코 서로 모순되지 않는다.

이제 이 장의 막바지에 이르러, 거의 오 년이 지난 지금은 상황이 크게 변화해서 높은 단계의 신도 나에 대해, 이 장에서 묘사한 전환 이후 낮은 단계의 신이 취한 것과 동일한 태도를

· ·

86. 위에서 신의 몇몇 속성들에 관해서는 조심스럽게 표현했지만, 생각하는 인간이 존재한 이래 가장 어려운 문제라 여겨져 왔던 몇 가지 질문들에 대해서는 확실한 판단을 내릴 수 있다. 내가 말하려는 것은 신의 전능과 인간 자유의지의 관계, 이른바 예정조화론(Prädestinationslehre) 등이다. 내게 베풀어졌던 계시들과 그 외에 내가 얻은 인상들 덕분에 내게 이 질문들은 태양 그 자체만큼이나 분명하다고 할 수 있다. 이 질문들에 많은 관심이 쏟아질 것을 고려해서, 이 글이 진행되는 중 적절한 곳에서 내가 획득한 인식을 그 근본 윤곽이나마 이야기하려 한다.

갖게 되었다는 사실을 이야기하고 싶다. 그래서 높은 단계의 신의 기적 역시 부분적으로나마, 지금까지 낮은 단계의 신의 기적들처럼 해롭지 않은 성격을 띠기 시작했다. 몇 가지 사례를 들자면, 담뱃재를 책상이나 피아노에 쏟아붓거나, 식사를 할 때 음식물로 입과 손을 더럽히거나 하는 것 등이다. 내가 이미 몇 년 전에 상황이 이렇게 되리라는 것을 예견하고 있었다는

사실은 나를 만족스럽게 한다. 그 증거로, 나는 위에서 언급한 내 기록(1898년 3월 8일에 쓴 열일곱 번째 기록) 중 해당 부분을 여기 그대로 인용하고자 한다.

우리는 일단 **추정적으로** 다음과 같은 견해를 말하고자 한다. 후방의 아리만이 이 년 반 전부터 그랬던 것처럼, 아마 후방의 오르무즈트도 쾌락을 방해하는 일에 관심을 잃어버릴 수도 있다. 그러면 인간의 판타지를 통해 광채를 얻고 고귀해진 내적 쾌락은, 세계 질서에 어긋나는 외적인 썹……기f……erei보다 더 큰 자극을 제공할 것이다.

이 인용문을 이해하기 위해서는 얼마간 설명이 필요하다. 낮은 단계의 신과 높은 단계의 신은 어느 한쪽이 다른 한쪽에 의해 2위로 밀려날 때마다 — 이는 매일 수도 없이 반복해서 일어나는 일이다 — (나에 의해서가 아니라, 목소리들에 의해) '후방의' 아리만과 '후방의' 오르무즈트라고 지칭된다. 내적 쾌락이란 내 몸에서 생겨난 영혼 쾌락을 말한다. "세계 질서에 어긋나는 외적인 썹……"이라는 표현은, 내가 지각한 바에 따르면 순수한 광선들이

부패물질을 받아들이는 것이 그 광선들에게 일종의 쾌락을 일으킨다는 의미다. 여기서 '씹……'이라는 단어가 선택된 것은 내게 저속한 표현을 사용하려는 경향이 있기 때문이 아니라, '씹……'과 '씹……기'라는 단어들을 수천 번도 넘게 들어야만 했기 때문이다. 위 기록에서 나는 이 표현을 세계 질서에 어긋나는 광선들의 태도를 지적하기 위해 거꾸로 그들에게 돌려 적용한 것이다.

14장

'검증된 영혼들', 그들의 운명, 개인적 체험, 계속

앞 장에서 묘사한 것 말고도 일부는 동일한 시기에, 일부는 그 후 일이 년 사이에 하늘에서 일어난 몇 가지 다른 변화들도 있다. 이는 앞서 언급한 것보다는 덜 중요하긴 하지만, 완전함을 기하기 위해 간략하게라도 언급해야 할 것 같다. 그것은 주로 '검증된 영혼들'의 운명에 관한 것이다. 앞에서 이야기했듯, 영혼 분화의 결과 한동안 꽤 많은 수의 '검증된 영혼'들이 있었다. 이들 중 대다수는 이른바 '뒤로 돌아가는 운동Umgehungsbewegungen'에 참여하는 외에는 거의 아무것도 하지 않았다. 이는 플레히지히 영혼의 주 형태들이 고안해 낸 전략으로, 순진하게 접근해 오는 신의 광선들을 뒤에서 공격해 복종을 강요하려는 목적을 띠고 있었다. 이 현상은 지금도 뚜렷이 내 기억 속에 남아 있다. 그렇지만 이를 언어로 상세히 묘사하는 일은 포기할 수밖에 없다. 또한 이 현상 전체가 '대지에 붙들어 맴' 이전 시기에 속하는지 이후에 속하는지도 확실하게 말할 수 없다.

어쨌든 대부분의 '검증된 영혼 부분들'은 결국 신의 전능에게도 귀찮은 존재가 되어버렸다. 내가 이들 중 상당히 많은 부분을 내게로 끌어내리는 데 성공한 이후 어떤 날에는 신의 전능에 의해 그들 사이에 대규모 검거 작업이 이루어지기도 했는데, 그 결과 플레히지히의 영혼은 단 하나 또는 두 개의 형태로만, 폰 베의 영혼은 단 하나의 형태로만 남게 되었다. 폰 베의 영혼은 나중에 가서는 붙들어 매는 일도 스스로 포기했던 것으로 보인다. 그 영혼은 그러고도 오랫동안 — 약 일 년간 — 주로 내 입과 눈에 앉아 있었는데, 이는 날 그렇게 성가시게 하지는 않았다. 오히려 일종의 생각 교환을 함으로써 내게 어느 정도의 즐거움을 제공해 주었다. 물론 그럴 때마다 생각을 주는 쪽은 주로 나였고, 폰 베의 영혼은 그것을 받는 쪽이었다. 내가 지금도 기억하는 것은, 결국엔 아무 생각도 할 수 없고 시각적 인상만 수용하게 된 그 영혼이 내가 주변에서 어떤 물건을 찾으면 그것을 같이 찾곤 하던, 다시 말해 내 눈 안쪽에서 바깥쪽을 함께 내다보았던,[87] 무척이나 우스꽝스러웠던 인상이었다. 하지만 결국 1897년경 폰 베의 영혼은 나도 감지하지 못하는 사이에 완전히 사라져 버렸다. 그와 함께하는 것에 익숙해 있었기에 한참 동안 그를 생각하지 않다가 어느 날 그 영혼이 사라져 버렸다는 것을 알게 되었는데, 나는 그때 그의 서거를 기리기 위해 베토벤의 에로이카 중 〈진혼행

. .

87. 당시 내 눈은 특이한, 유리로 되어 있었다고 말해야 할 정도였다. 폰 베의 영혼은 내 안구를 덮고 있던 일종의 액체 덩어리로 자신이 그곳에 자리 잡고 있음을 감지케 했다.

진곡〉을 피아노로 연주했다.

플레히지히의 영혼은 아직도 그 허약한 잔여(어딘가 붙들어 매인) 형태로 남아 있다. 확실한 근거를 가지고 가정할 수 있는 것은, 그 영혼 역시 오래전에 지성을 상실한 나머지 이제는 아무 생각도 할 수 없게 되었으며, 그 결과 신의 전능에 대항하는 반란을 통해 얻어낸 천상에의 체류도 그에게 더 이상 만족을 줄 수 없게 되었다는 것이다. 세계 질서를 거슬러 생겨난 것은 그 무엇이든 지속적으로 존재할 수 없다는 것이 또 한 번 찬란하게 확증된 것이다.

이로써, 이전의 '검증된 영혼'들은— 소수의 예외를 제외하고는— 무대에서 사라졌다. 이 사건들을 생각하면서 나는 그들이 사라지기 전까지 그들에게 부여되었던, 부분적으로는 아주 특이한 몇몇 명칭들에 대해 언급하지 않을 수 없다. 독자들에게는 별 흥미가 없을 수도 있으나, 이 명칭들을 상기하고 그것이 불러냈던 끔찍하고 공포스러운 기억들을 생생하게 유지하는 것은 내게 가치 있는 일이다. 플레히지히와 폰 베의 영혼 부분 전체와 그 파벌에 소속된 영혼 부분들(전초대 등)로 구성되어 신의 전능에 대항하던 반대파는 한동안 스스로를 '그게 뭐 어때서Je-nun' 당이라고 불렀다. 이런 상당히 밥맛없는 명칭이 붙은 것은, 플레히지히의 영혼이 이 '저주받은 역사'가 어떻게 될 것인가(신의 전능은 근본적으로 일이 잘못되었음을 분명히 알고 있는 듯하다)라는 질문에 대해 늘 냉소적이고도 무감하게 "그게 뭐 어때서"라고 대답하는 데 익숙해 있었기 때문이다. 이는 영혼의 성격에 아주 전형적인 대답이었다. 영혼들은 본성상 미래에 대해 근심하지 않으며, 순간의 향유에만 만족하기 때문이다. 플레히지히 영혼의 "그게 뭐어때서"를 인간의 언어로 번역하면 "지금 이 순간 내가 만족하는 한 미래는 상관없다"는 의미이다. 플레히지히의 영혼은 마지막에 가서는 단 두 개의 영혼 부분으로만 남았는데, 멀리 있는 것은 '후방의 플레히지히'라고 불렸고, 그보다는 조금 가까이 있지만 지성은 훨씬 이전에 약해진 영혼 부분은 중간에 있는 '그게 뭐어때서 당'이라고 불렸다.

폰 베의 영혼 부분이 일으킨 '폰 베의 하체 부패'에 관해서는 앞에서 언급한 바 있다. 가장 불순한 신경을 가지고 있던 이 영혼 부분은 그것을 통해 나에게는 지극히 야비한 태도를, 신의 전능을 향해서는 멋모르는 뻔뻔스러움을 드러냈다. 이는 "이건 더 이상 참기 힘들구나", "허락해 주시오" 등(후자는 직위에서 강제로 물러나야 했을 때)과 같은— 내 신경의 운동과 광선들이 익숙해 있던 운율에는 맞지 않는— 고전적 어구들을 통해 드러났다. 내가 침대에 누워 있으면 그는 내 침실 바로 맞은편 벽에 매달려 있었다. 사악한 의도에서 볼 때 그에 못지않았던 것이 이른바 폰 베의 '점심Mittags'이었다. 이 이름은 당시 그가 점심식사를 준비시킬 것이라고 했기에 붙여진 것이다. 이보다는 점잖은, 때로 변덕스럽긴 하지만 그래도 이해할 만한 성격을 가지고 있던 다른 영혼 형태들로는 폰 베의 '그러나Allerdings', 폰 베의 '이런 빌어먹을 Ei verflucht'이 있었다. 이들이 이 어구들을 자주 사용했기 때문에 이렇게 불리게 된 것이다. 이 중 '이런 빌어먹을'이라는 어구는 아직 근본언어의 흔적을 가지고 있었다. 근본언어에서 '이런 빌어먹을, 이건 말하기 힘들다Ei verflucht, das sagt sich schwer'는 무언가 세계 질서와 양립하지 않는 현상이 영혼들의 의식에 등장할 때마다 사용되던 말이었다. 예를 들어 이런 "빌어먹을, 신이 자신을 씹⋯⋯하게 한다는 건 말하기 힘들다"처럼.

그 자체로는 아주 작은 폰 베의 다른 영혼 부분은 한동안 내게 매우 위협적이었다. 이 영혼 부분은 그가 행하는 기적에 의해 '폰 베의 채찍'이라고 불렸다. 이 영혼이 내 두개골 안에서 계속해서 작은 채찍을 휘둘러대는 바람에 무척 우려스러운 파괴가 생겨났을 뿐 아니라, 때때로 두개골 안쪽에 상당히 큰 고통이 일어났다.

피에르존 박사의 정신병원('악마의 부엌')에 머물던 시기에는 이와는 또 다른 폰 베의 영혼 형태도 있었다. '작은 폰 베–슈레버'라는 명칭을 달고 있는 것으로 보아 그것이 만들어질 때 분명 내 신경 몇 개가 사용되었을 것이다. 그는 어떤 영혼 부분들보다도 자비로웠다. 그는 때때로 (기적을 통해) 이른바 '황금 물방울 Goldtropfen'을 만들어냈다. 원래는 신의 전능만 행하던 이 기적은, 내가 분명히 느낄 수 있던 방식으로, 발삼 같은 액체를 머리, 두개골 같은 곳으로 흘러내리게 해서 — 단 한 번에 — 즉각적인 치료 효과를 가져왔다.

13장에서 이야기한 전환 이후 나의 외적인 삶은 움직이지 않고 부동을 유지하던 이전 시기만큼 단조롭지는 않았지만, 정신병원 체류가 원래 그렇듯 그렇다고 별다른 변화가 있었던 것은 아니었다. 나는 대부분의 시간을 피아노를 연주하거나 체스를 하면서 보냈다. 피아노 연주를 위해 내가 활용했던 악보들은 친지들의 선물을 통해 점점 꽤 많은 양으로 늘어났다.

처음에는 색연필 몇 자루가, 나중에는 다른 필기도구들이 주어 졌기에 나는 기록을 하기 시작했다. 한동안은 연필 한 자루나 지우개 하나를 보물처럼 아껴 써야 할 정도로 내가 처한 상황은 열악했다. 처음에는 파편적인 생각이나 중요한 단어들을 별 맥락 없이 기록하는 것으로 시작되었다. 그러다가 나중에 — 1897년부 터 — 제대로 된 일기를 쓰기 시작했고, 거기에 내가 한 모든 체험을 기록했다. 그 이전 — 1896년 — 에는 작은 달력에 메모를 남기는 데 만족해야 했다. 그럼에도 나는 그때 이미 이전부터 계획하고 있던 미래의 회고록 초안을 마련하려는 첫 번째 시도를 했다. 이 회고록은 '내 삶에서Aus meinem Leben'라는 제목을 붙인 고동색 노트에 담겨 있으며, 현재의 이 '회상록'을 집필하는 데 아주 유용한 기억의 지지물이 되었다. 이 — 속기로 쓰인 — 초안 에 자세히 관심 갖는 사람은 거기에 내가 회상록에는 담지 않은 여러 항목이 있음을 발견할 것이다. 그것은, 내가 독자에게 계시받 은 내용이 이 '회상록'의 제한된 공간에 쓸 수 있었던 것보다 훨씬 더 풍부했음을 보여줄 것이다. 나는 — 1897년 늦가을부터 — 그를 위해 마련한 작은 노트 B, C, 그리고 I에, 주석 61(이 번역서의 주석 85 - 옮긴이)에서 언급했던 관찰이나 작은 연구들을 기록하 기 시작했다.

식사하는 일은 이전부터도(부분적으로는 지금까지도) 내게는 무척 힘든 일이었다. 올해(1900) 부활절까지 식사는 늘 내 방에서 혼자 했다. 식사를 할 때 내가 얼마나 많은 장애와 싸워야 했는지 다른 사람은 상상도 하지 못할 것이다. 왜냐하면 내가 먹는 동안 계속해서 내 입 주변에 기적이 일어나기 때문이었다. 입에 음식을 가득 넣고 있는 사람이 큰 소리로 말한다는 것은 거의 불가능함에도 불구하고, 그 멍청한 질문 "왜 그걸 (소리 내어) 말하지 않지요?" 같은 것도 거침없이 계속되었다. 식사 시 내 이는 쉴 새 없이 커다란 위험에 처했다. 식사를 하는 동안 기적에 의해 내 치아 몇 개가 부스러지는 일도 일어났다. 식사 중에 종종 '혀를 깨무는 기적'도 행해졌다. 매번 식사 때마다 기적을 통해 턱수염이 입 안으로 들어오는 바람에 나는 1896년 8월 턱수염을 완전히 밀어버 릴 것을 결심해야 했다. 내가 — 낮 동안에 — 수염 없는 얼굴을 전혀 좋아하지 않았고 지금도 여전히 좋아하지 않음에도 불구하고 이렇게 턱수염을 밀어버려야 했던 데는 이와는 또 다른 이유도 있었다. 13장에서 묘사했던 상황들로 인해, 최소한 밤에는 상상력 을 동원해 나 자신이 여자라고 상상해야 했던 내게 턱수염은 이런 상상을 어렵게 하는 장애물이었기 때문이다. 혼자서 식사를 하면 식사 중에도 계속 피아노를 치거나 무언가를 읽어야 했다. 식사 도중에도 멀리 떨어져 있는 신[88]에게 내 이성 능력이 멀쩡하다

88. 이미 앞에서 여러 번, 예를 들어 주석 20에서 신의 나라의 위계에 대해 언급했으므로, 독자는 여기 등장하는 '멀리 떨어져 있는' 신이라는 표현을 통해 내가 이야기하려는 것이 무엇인지 최소한 감지할 수는 있으리라고 희망한다. 우리는 신을 인간처럼 육체의 윤곽에 의해 공간적으로 제한된 존재가 아니라, 통일 속의 다수성(Vielheit in der Einheit) 혹은 다수성 내의 통일(Einheit in der Vielheit)로 표상해야 한다. 이는 내 두뇌가 자의적으로 만들어낸 판타지가 아니다. 내게는 이 가정을 뒷받침하는

는 증거를 계속해서 보여주어야 했기 때문이다. 이것이 싫다면 서서 식사를 하거나 돌아다니면서 식사를 하는 방법밖에는 없었다.

앞에서도 언급했듯이 나는 1896년 5월에서 1898년 12월까지의 이 년 반 동안의 밤을— 여기서 나는 부분적으로 시간을 거슬러 올라가고 있다— 원래 나를 위해 마련된 거실 옆 침실 대신 일층과 정신병원 원형 복도에 있는 치매 환자용 독방에서 보냈다. 지금까지도 나는 그렇게 된 이유를 이해할 수 없다. 지금의 정신병원에 머문 처음 몇 년 사이에 다른 환자들과 나 사이에, 몇 번인가는 간병인들과도 여러 번 멱살잡이가 일어났다. 나는 그런 일이 있을 때마다 메모를 남겨놓았는데, 그에 따르면 지금까지 열 번에서 열두 번 정도 그런 일이 있었고, 가장 최근에 일어난 것이 1898년 3월 5일이었다. 간병인이 아니라 다른 환자들과 관련되어 있는 한, 대개의 경우 공격받는 쪽은 늘 나였다.

이런 종류의 거친 상황이 일어난 더 깊은 이유들에 대해선 나중에 더 이야기할 기회가 있을 것이다. 그러나 의사들이 나를 광란증에 걸린 사람이라고 간주하게 된 것이, 어쩌다가 일어난 이런 일 때문이라고 생각할 수는 없다. 왜냐하면 의사들은 내가 낮 동안에는 거의 쉬지 않고 피아노를 치거나 체스를 두거나,

••

사실적 근거들이 있다. 예를 들어 여기서 문제가 되는 관계(곧, '멀리 떨어져 있는 신'이라는 표현)는, 아직 진짜 근본언어가 지배하던 시기 전방의 광선 지도자가 그에 이어 출현하는 신의 광선 또는 신성의 대변자를 "멀리 떨어진 자, 그것이 나다(Entfernter, der ich bin)"라고 이야기한 데서 기인한다.

나중에는 책이나 신문을 읽으면서 점잖고 조용하게, 내 교양에 걸맞은 일을 하는 것을 관찰할 수 있었기 때문이다. 내가 밤에 가끔씩 큰 소리로 말하는— 주석 46(주석 67 – 독일어판 편집자)에서 언급한 이유로 인해 어쩔 수 없이— 일이 있었을 수도 있다. 그래서 나와 같은 복도 아니면 위층에서 잠자던 환자들이 그 때문에 나에 대해 항의했을 수도 있다. 그렇지만 그것은 결코 매일 밤, 적어도 대다수의 밤에 반복해서 일어난 수면 방해는 아니었다. 게다가 나 자신도 종종 다른 환자들이 그와 비슷한 짓을 했을 때 참아야 했고, 또 내 침실은 다른 침실들과도 상당히 떨어져 있다.

이러한 이유로 나는 사람들이 며칠 밤을 빼고는 이 년 반 동안이나 나를 광란증 환자용 독방에서, 철로 된 침대와 소변기, 이불 말고는 아무것도 없고, 게다가 두꺼운 나무로 된 덧문 때문에 거의 하루 종일 컴컴했던 그곳에서 자게 한 일을, 나는 도를 넘어선 지나친 조치였다고 말할 수밖에 없다. 다시 한번 강조하건대, 내 의도는 과거의 사실을 고발하려는 것과는 거리가 멀다. 다만 나는 일이 이렇게 된 데에는 어떤 관성vis inertiae이 작용하고 있었다고밖에 생각할 수 없다. 그것이 일단 한번 시작된 뒤, 그런 조치를 취하게 한 근거들이 계속 존재하는지 아닌지에 대해 생각하지 않음으로써 더 견디기 힘든 상태로 나아가게 됐던 것이다.

내가 확실히 주장할 수 있는 사실은, 정신병원 환자들 중 이와 조금이라도 유사한 조치를 받았던 이는 아무도 없었다는 것이다. 주기적 광란증의 경우 가끔 독방에 감금되는 일이 있긴 하지만, 내가 아는 한 그 기간은 길어봐야 몇 주 정도가 고작이다.

이제부터 하려는 이야기는 어떤 개인을 폭로할 의도로 행해지는 것은 아니다. 그럼에도 독방에 머무는 동안 내가 얼마나 말 못 할 고통을 받았는지를 묘사하는 것은 나의 수난사라는 전체 그림의 중요한 일부다. 앞에서도 이야기했듯이, 내 잠은 전적으로 하늘의 상황들의 일정한 성위적星位的 관계에 달려 있다. 신이 내게서 지나치게 멀리 퇴각하면 — 이는 통상 반나절 또는 몇 시간의 주기로 일어나곤 하는데 — 내가 잠을 잔다는 것은 전혀 불가능하다. 그래서 일어나 앉으면 무의미한 목소리들의 지껄임이 머릿속에서 참기 힘든 정신적 고문을 가한다. 거기에다 이미 일 년도 더 넘고부터는, 멀리 떨어진 신이 내가 정신박약이 되었다고 여길 때마다 실상은 그 반대임을 설득시키지 못하면, 그 즉시 나중에 이야기하게 될 고함 상태가 등장하는 것이다.

그런데, 불빛은 물론 어떤 활동을 하기에 적합한 것은 아무것도 없던 독방에서 불면의 밤을 지내던 내가 어떻게 그런 설득을 할 수 있단 말인가? 침대에 계속 머물러 있는 것은 전혀 불가능했고, 컴컴한 독방에서 셔츠만 걸친 채 맨발로 — 실내화도 허락되지 않았기에 — 더듬거리며 돌아다니는 것은 너무도 지루한 일이었다. 겨울에는 무척이나 추웠으며, 게다가 낮은 독방 천장에 머리를 부딪치게 하는 기적으로 인해 그것조차 결코 위험하지 않다고 말할 수 없었다. 궁하면 통한다고, 그렇게 몇 년이 지나는 사이 나는 그래도 조금이나마 견딜 만한 시간을 보내기 위해 가능한 모든 수단을 생각해 냈다. 몇 시간 동안 손수건 네 귀퉁이로 매듭을

묶었다 푸는 일을 반복하거나, 어떤 때는 침대에서, 어떤 때는 돌아다니면서 내 삶의 기억들을 큰 소리로 이야기하거나, 불어로 숫자를 헤아리거나 — 이는 계속해서 아직도 내가 '외국어'를 할 수 있느냐는 질문이 제기되었기 때문이다 — 하는 것이다. 때로는 역사와 지리에 관한 지식을 가지고 시간을 보내기도 했는데, 예를 들어 러시아 역대 정권들과 프랑스의 행정구역 등을 암송하는 식이었다. 그렇게 큰 소리로 말을 하면 잠을 포기해야 했기에 당연히 하고 싶지는 않았지만 대개의 경우엔 다른 방도가 없었다. 그때 시계와 성냥을 가질 수 없었다는 것은 너무도 애석한 일이었다. 짧거나 긴 잠을 자다 밤중에 깨어났을 때 도대체 몇 시인지를 알 수 없어서, 남은 밤 시간 동안 내가 무엇을 해야 할지를 몰랐기 때문이다.

　독방에 머문 시기가 끝나갈 무렵에는 더 이상 창 덧문이 잠기지 않았다. 그래서 나는 밤하늘을 관측하는 일을 시작했다.[89] 낮에 눈여겨봐 두었던 별자리 지도에 근거해서 나는 태고 시대의 부족인처럼 거의 정확하게 밤 시간을 추정할 수 있었다. 창 덧문이 잠겨 있을 때는 주먹으로 덧문을 쳐대서 손이 상처투성이가 되곤 했다. 한번은 기적으로 헐거워진 창 덧문을 완전히 쳐내자, 위쪽에 가로질러 있던 창문틀이 마찬가지로 기적에 의해 내 머리로 떨어져 머리와 가슴이 피투성이가 되기도 했다. 독방에 머물던 후반기

* *

89. 그때마다 나는, 내게 이렇게 많은 상해를 가하는 기적들이 바로 이 밤하늘에서 온 것이라는, 다른 어떤 인간도 가져본 적이 없는 독특한 의식을 품고 있었다.

에 상황은 조금 나아졌다. 독방에 갈 때면 연필, 종이, 그리고 이른바 포켓체스판(미니 체스) 등 자잘한 물건들을 보관하던 작은 양철 상자를 휴대했기 때문이다. 그 덕분에 적어도 여름에 해가 비칠 때부터는 무언가를 하는 것도 가능해졌다. 앞에서 이야기했 듯이 이런 상황을 나는 이 년 하고도 반년 동안 참아내야 했다. 사람들이 초감각적인 것들을 제대로 인식하지 못한다는, 단 하나 의 이유 때문이었다.

15장

'인간 놀음'과 '기적 놀음'. 도와달라는 외침. 말하는 새

13장에서 묘사한 전환 이후에, 그러니까 1895년 말 또는 1896년 초를 즈음해서 겪었던 일련의 경험들로 인해 나는 '일시적으로 급조된 인간들', '인간 놀음'과 같이, 지금까지 내가 가지고 있던 표상들을 비판적으로 검토하게 되었고, 그 결과 적어도 부분적으로나마 이전과는 다른 결론에 도달했다.

내 기억에는 이전까지 내가 참이고 올바르다고 여기던 것을 의심케 했던 세 가지 계기가 있었다. 첫 번째는 1895년 크리스마스 때 정신병원 원장 베버 박사 가족의 크리스마스 파티에 참여했던 일이고, 두 번째는 쾰른에 있는 형수가 보낸, 그곳 우체국 소인이 찍혀 있는 편지가 도착한 일이며, 마지막으로는 프랑크푸르트 평화 25주년을 맞이해 — 1896년 5월 10일 — 행해진 아동 카니발이었다. 나는 아래로 피르나 주변 도시 거리가 이어지는 창문을 통해 그것을 구경했다. 이런 일들 — 얼마 안 있어 정기적인 서신 교환이 이루어졌고, 친지들이 구입해 준 신문을 읽는 일이 추가되었다— 을 겪은 뒤에 나는 인류가 이전과 같은 숫자로 원래 살던 장소에 여전히 실제로 존재한다는 것을 더 이상 의심할 수 없게 되었다. 그 결과, 이전에 내가 가지고 있던, 그와는 정반대로 믿게 했던 지각들과 지금의 이 사실을 어떻게 관련시킬 것인가 하는 어려움이 생겨났다. 이 어려움은 지금도 여전히 남아 있다. 나는 내가 풀리지 않은, 아마 인간으로서는 풀 수 없을 수수께끼에 맞닥뜨리고 있음을 고백해야 한다.

하지만 이전의 내 생각들이 그저 '망상'과 '환각'만은 아니었다는 사실은 내게는 전적으로 의심할 여지가 없다. 왜냐하면 지금도 나는 매일, 매시간, 햄릿의 말을 빌리면 덴마크라는 나라에 뭔가가 부패해간다는— 다시 말해, 이곳의 신과 인류의 관계에서 무언가가 부패하고 있다는— 것을 분명히 말해주는 인상들을 받고 있기 때문이다. 하지만 현재의 상황이 역사적으로 어떻게 생겨났는지, 그것이 일시적으로 단번에 이루어진 것인지 아니면 점진적 이행을 통한 것인지, 광선의 영향(기적)으로 생겨나는 인간 삶의 표명 말고도 광선의 영향을 받지 않는 자립적인 인간 삶의 표명이 얼마만큼이나 이루어지고 있는지는 내게도 여전히 어둠의 영역으로 남아 있다.[90] 하지만 '일시적으로 급조된 인간들', '빌어먹을 인간 놀음'과 같은 표현과 어구, "저주받은 역사는 어떻게 될 것인가"와 같은 질문, "슈레버의 정신에서 나온 새로운 인간" 같은 말이 내 머리에서 생겨난 것이 아니라 외부에서 내 머릿속으

‥

90. 이에 관해선 서문을 참조하라.

로 들려온 것이라는 사실은 전적으로 확실하다. 이 때문에 나는 이와 관련된 표상들에는 뭔가 실재적인 것이 근거로 놓여 있으며, 그에 상응하는 어떤 실질적인 역사적 과정이 있다고 가정할 수밖에 없다. 지난 육 년 동안 계속해서 경험했던 — 지금도 매일, 매시간 경험하고 있는 — 지각은 내게 다음의 사실을 의심의 여지 없이 확신케 했다. 곧, 내 주위에서 사람들에 의해 이야기되고 행해지는 모든 일은 기적의 영향에 의한 것이며, 광선의 접근과, 그와 교대로 일어나는 퇴각 시도와 직접 관련되어 있다는 것이다.

나를 향해, 또는 주변에서 들려오는 모든 것, 미세하지만 어떤 식으로든 소음을 일으키는 인간 행동, 예를 들어 복도에서 문을 열거나 내 방 문손잡이를 움직이거나 간병인이 내 방에 들어오는 일들이 내게는 머리에 고통을 불러일으키는 타격으로 감지된다는 것은 7장에서 이미 이야기했다. 머릿속에서 갑자기 잡아당기는 듯한 이 고통은 신이 먼 거리로 후퇴하면 무척이나 불쾌한 느낌을 일으키는데, 그것은 매번 — 적어도 내가 느끼는 감정상으론 — 두개골의 일부를 뜯어내는 듯하다. 내가 — 내 방이나 정원에서 — 신을 향해 소리 내어 말하는 동안에는 주변 모든 것이 쥐 죽은 듯 고요해진다. 그러는 동안에는 신도 내게서 퇴각하려 들지 않는다. 왜냐하면 그때 신은 완전한 이성 능력을 소유한 사람의 삶의 표명이라는 인상을 직접적으로 받기 때문이다. 그러고 나면 가끔 내가 돌아다니는 시체 사이에서 움직이는 듯한 기분이 든다. 갑자기 다른 모든 사람들(간병인과 환자들)이 단 한 마디의 단어를 말할 능력조차 완벽하게 상실한 것처럼 보이기 때문이다.[91] 내 시선이 한 여성적 존재 쪽으로 향해도 이와 똑같은 일이 일어난다. 하지만 시선을 다른 곳으로 돌리거나, 기적에 의해 내 눈이 감기도록 내버려두거나, 아니면 소리내어 말하다가 아무런 정신적인 일도 하지 않고 침묵하면, 달리 말해 아무것도 생각하지 않음에 나를 맡기면, 대개의 경우 그 즉시 첫 번째 시선(순간)에 다음과 같이 서로 관련 맺고 있는 현상들이 일어난다.

1. 내 주위에 어떤 소음이 생겨난다. 대부분의 경우 그것은 내 주변 인물 대다수를 구성하는 광인들의 격한 감정 분출에서 비롯되는 것이다.

2. 나에게 고함 기적 상태가 나타난다. 낮은 단계의 신(아리만)에 의해 숨 쉬기 위한 근육이 움직여지면서, 그것을 억누르기 위해 특별한 노력을 기울이지 않으면 고함을 칠 수밖에 없도록 강제된다. 때로 정신 차릴 새도 없이 급하게 그리고 자주 일어나는 이 고함 때문에 무척이나 견디기 힘든 상태가 도래하며, 밤에는 침대에

• •

91. 올해(1900) 부활절 이후 이곳 정신병원 원장 베버 박사의 가족 식사에 참여했을 때는 이와는 다른 광경이 펼쳐졌다. 그 이유는, 여기서는 다른 사람과의 대화가 짤막한 휴식만을 사이에 두고 계속해서 이루어지기 때문이다. 위에서 말한 현상들이 늘 똑같이 일어나는 것은 아니다. 시간이 지나면서 그 현상은 일정 정도 변화를 겪었는데, 이는 증가한 영혼 쾌락과 관련되어 있다. 그 결과 때로는 여기서 말한 현상들 대신, 이전에는 관찰되지 않거나 아주 드물게만 일어났던 다른 현상들이 등장한다. 나중에 더 상세히 이야기하겠지만 이른바 '고함'이 그에 해당한다. 하지만 이 현상들의 근본 원인은 동일하다. 그것은, 내 육체에서 영혼 쾌락을 얻지 못하거나, 나의 말과 행동에서 내가 완전한 정신적 능력을 지닌 인간이라는 직접적 증거를 인식하지 못하면 신이 그 즉시 내게서 퇴각하고자 하는 거역할 수 없는 유혹을 느끼기 때문이다.

누워 있는 것이 불가능해진다.

3. 바람이 불어온다. 그날의 날씨 상태에 전혀 영향받지 않는 것은 아니지만, 그래도 짧게 불어닥치는 바람이 내 사유활동이 잠시 쉬는 시간에 맞춰 발생한다는 건 오인의 여지가 없다.

4. 전체 덩어리에서 떨어져 나간 신의 신경들이 '도와달라'고 외치는 소리가 들려온다. 그 외침은 신이 내게서 멀리 떨어질수록, 그래서 이 신경들이 어떤 불안 상태에서 거쳐가야 하는 길이 멀면 멀수록 더욱 비탄스럽게 들린다.

이 모든 현상은 매일 수백 번씩 반복된다. 지난 몇 해 사이에 나는 이 현상이, 십만 번은 아니라 할지라도 수천 번씩 철저히 규칙적으로 반복되는 것을 지각했다. 나는 이미 여러 번 그 이유에 대해 암시한 바 있다. 나의 사유활동이 멈출 때마다 신은 순간적으로 내 정신능력이 소멸했다고, 자신이 원하던 이성의 파괴[92]('정신박약')가 이루어졌다고, 그래서 자신이 퇴각할 가능성이 생겼다고 여기기 때문이다.

그로 인해 퇴각 조치가 시작되면, 10장 143쪽에서 기록한 의미에서의 '훼방'이 기적을 통해 생겨난다. 이것이 1번에서 말한 소음이다. 그와 거의 같은 시간에 낮은 단계의 신에 의해 이른바 고함

---

92. 높은 단계의 신에게서 비롯된 "우리는 당신의 이성을 파괴하려 한다"는 어구—나는 이 말을 수도 없이 들었다—는 바로 이것이 그들이 추구하는 목표라는 것을 고백하고 있다. 최근 들어 이 말이 뜸해진 것은, 이 어구가 계속 반복됨으로써 사유하지 않는 생각의 형태가 되어버렸기 때문이다.

기적이 행해진다(2번). 이는 이중의 목적을 가지고 있는 것으로 보인다. 한편으로는 '묘사'를 통해 내가 정신박약 때문에 고함치는 인간이라는 인상을 만들어 내려 하며, 다른 한편으로는 더 멀리 퇴각하려는 목적으로 높은 단계의 신이 투입한 내적 목소리를 고함에 의해 생겨난 소음으로 눌러버리려는 것이다. 그렇게 되면, 원거리에서 흡인될 수밖에 없다는 사실을 적어도 반쯤은 의식하고 있는 듯한 낮은 단계의 신은, 모든 광선이 집결되어 내 육체에 영혼 쾌락이 생겨나리라 기대하게 된다. 달리 말하면, 그것은 낮은 단계의 신 혼자 영혼 쾌락도 없이 내 몸에서 소멸하는 것을 막기 위함이다. 더 먼 곳으로의 퇴각은(3번) 곧바로 바람을 일으킨다(1장 참조). 하지만 얼마 지나지 않아 높은 단계의 신은 내 신경의 흡인력을 없애려던 시도가 또다시 실패해서 그 흡인력이 줄어들지 않은 채 남아 있음을 알아차린다. 신의 신경에서 먼저 떨어져 나간 부분들은 이로 인해 불안 상태에 빠지는데, 이것이 진짜 감정으로서 '도와달라'는 외침으로 드러나는 것이다. 다른 많은 경우에서처럼 여전히 내게 수수께끼로 남아 있는 것은, 다른 사람들은 이 도와달라는 외침을 듣지 못하는 것 같다는 것이다.[93] 내 귀에 울리는 그 소리는 — 그것도 매일 수백 번씩 — 너무도 분명해서, 나는 이것이 환각이었다고는 결코 말할 수 없다. 진짜 '도와달라'는 외침이 일어난 뒤에도 곧바로 암기된 어구가 이어진 다. "저 빌어먹을 도와달라는 외침이 멈추기만 한다면"이라고.

· ·

93. 이에 관해서는 첫 번째 후기의 4번 말미를 참조하라.

주변 사람들의 모든 생의 표현, 구체적으로 그들의 말이 기적(광선의 영향)에 의한 것이라는 사실은 그 말의 내용에서도 분명하게 드러난다. 이를 이해시키기 위해서는 다시 시간을 조금 거슬러 올라가야 한다. 이미 9장 137쪽에서 이야기했듯, 대지에 붙들어 맴(9장 133쪽 참조)을 행하던 신은 당시에는 아직 존재하고 있던 검증된 영혼들 말고도 이전 '하늘의 앞마당'의 나머지, 달리 말해 축복계에 도달했던 인간 영혼들 또한 비축해 두고 있었다. 내 신경의 흡인력으로 인해 신이 내게 다가올 때마다 이 영혼들에 시체독을 실어 사절단으로 먼저 보냄으로써, 신의 광선들에 대한 내 신경의 흡인력을 지연하기 위해서였다. 동시에 그들은 이렇게 해서 매일 내 몸에 쌓이는 시체독 덩어리가 결국 날 질식시킬 거라고, 다시 말해 나를 죽이거나 이성을 파괴할 거라고 믿었다. 그런데, 분명 신의 창조의 본질 깊숙이 근거할, 그래서 나로서도 더 이상 설명할 수 없는 어떤 기적적인 연관의 결과, 지난 몇 년 동안 이 신경들(하늘의 앞마당의 여분)이 기적에 의해 생겨난 새의 형태로 출현하기 시작했다. 몇 년 전부터 매일 수천 번씩 반복되는 지각에 근거해, 나는 이 새들에 꽂혀 있는 신경들이 축복계에 도달한 인간 영혼의 여분들(개별 신경들)이라는 데에 한 치의 의심도 갖지 않는다.

지난 몇 년간 이들에게 익숙해진 나는 그들 목소리의 울림만으로 그들 중 누가 어떤 무의미하게 암기된 어구를 말했는지를, 그 어구가 낮은 단계의 신의 캠프에서 보내진 것인지 아니면 높은 단계의 신의 캠프에서 보내진 것인지(낮은 단계의 신의 기적인지 높은 단계의 신의 기적인지)를 정확히 알 수 있다. 그들이 이전에 인간의 신경이었음은 다음의 사실을 통해 자명하게 드러난다. 기적에 의해 생겨난 새들이 싣고 온 시체독을 모두 풀어놓으면, 다시 말해 그들에게 세뇌된 어구들이 모두 암송되면 그들은 하나도 예외 없이 전부 다, 내 몸의 영혼 쾌락에 참여함으로써 생겨난 진정한 편안함의 느낌을 "빌어먹을 자식"[94] 또는 "아, 빌어먹을"이라는 말로, 말하자면 인간의 소리로 표현한다. 이는 그들이 진짜 느낌을 표현하는 유일한 단어다. 그들은 이전에 말했던 것, 곧 암기했던 어구들— 단지 비유적일 수밖에 없는 이 표현을 계속 사용하자면 — 에 대해 손톱만큼의 이해도 없다. 그들은 의미도 모르면서 그 말들을 암송하고 있는 것이다. 지성의 측면에서 보면 그들은 다른 자연적인 새보다 높은 수준이 아닌 것이다.

그들의 신경을 진동시켜서 그들에 의해 말해진, 더 정확하게는 재잘거려진 소리가, 어떻게 암기한 어구를 낭송하는 인간 말의 울림에 상응하는지는 설명할 재간이 없다. 이러한 기술적인 면에 대해 더 자세히 설명할 수 없는 나로서는 다만 이것이 인간으로서는 도무지 파악할 수 없는 초감각적인 것[95]이라고 추측할 뿐이다.

• •

94. "빌어먹을 자식"은 여기서 결코 경멸조의 어감을 갖지 않는다. 근본언어에서도 그렇듯이, 오히려 우호적인 인정이나 경탄을 함축하고 있다.

95. (윗글을 작성하고 며칠 후에 씀.) 이는 11장 160쪽에서 언급했듯, 나의 신경에 시도된, 내가 잠정적 천치화 또는 사고능력의 잠정적 손상이라고 느꼈던 것과 유사한 과정인 듯하다. 새의 신경을 시체독으로 덮으면 그 신경의 자연적 진동 능력에 영향을 미쳐서 그들의 자연적 느낌을 빼앗고 신경이 늘어나게 하며, 그렇게 되면 그 신경들의 진동이 늘어진다고 생각할 수 있을 것이다. 이렇게 늘어진 신경의 진동은 최근 내게 들려오는, 무척이나 느려진 인간의 말에 상응한다.

그렇지만 몇 년간의 경험을 통해 나는 그 영향력을 확실히 알게되었다. 기적을 통해 생겨난 새들의 신경이 세뇌된(암기된) 어구들을 암송하는 데 매달리는 동안, 그들은 평상시라면 내 몸에 들어올 때 갖게 되는 모든 느낌에, 구체적으로 영혼 쾌락과 시각적 인상들에 무감각해진다. 마치 눈을 가린 채 내게 들어오는 것처럼 그들의 자연적 감각능력이 알지 못할 방식으로 유보되어 버리는 것이다. 이는 이 모든 일의 목표이면서 동시에 지난 몇 년간 — 영혼 쾌락이 성장하는 데 비례해 — 암기된 어구들을 말하는 속도가 점점 느려진 이유이기도 하다. 곧, 시체독을 싣고 내게 들어오는 목소리들이 시체독의 파괴적인 힘을 가능한 한 오랫동안 유지하게 하려는 것이다. 여기에 등장하는 무척이나 특이한 이 현상은, 목소리나 광선들이 내 몸에 저지르는 해로움이 얼마나 광범위한지를 알려주는 데 중요하다.

이미 언급했듯, 기적을 통해 생겨난 새들은 자신들이 내뱉은 단어들의 의미를 알지 못한다. 하지만 그들은 동일한 말소리에 대해서는 자연적 감지능력을 갖고 있는 것처럼 보인다. 암기한 어구들을 암송하는 동안 그들이 나 자신에 의한 내 신경의 진동(나의 생각)이나 아니면 내 주변에서 말해진 것 중 그들이 마구 말하고 있는(암송하고 있는) 것과 동일하거나 유사한 울림을 갖는 단어를 듣게 되면 매우 놀라워하는데, 그 결과 그들은 그 동일한 소리에, 말하자면 빠져들기 때문이다. 다시 말해, 그들은 놀라움으로 인해 암송해야 할 어구들을 잊어버리고 갑자기 진정한 느낌으로 나아간다.

이 동일한 말소리는 완전하지 않아도 된다. 어차피 새들은 단어의 의미를 파악하지 못하기 때문에 유사하게 울리는 소리만으로 충분하다. 여기 몇 가지 사례를 들자면 ─ 그들에게는,

'산티아고'냐 '카르타고'냐,

'히네젠툼Chinesentum, '중국' ─옮긴이'이냐 '예줌 크리스툼Jesum Christum, '예수 그리스도' ─옮긴이'이냐,

'아벤트브롯Abendbrot, '저녁식사' ─옮긴이'이냐 '아템놋Atemnot, '호흡 곤란' ─옮긴이'이냐,

'아리만Ariman, 신 이름 ─옮긴이'이냐 '악커만Ackermann, 사람 이름 ─옮긴이'이냐,

'브리프베슈베러Briefbeschwerer, '문진' ─옮긴이'냐 '헤어 프뤼퍼 슈베어트Herr Prüfer schwört, '프뤼퍼 씨가 맹세한다' ─옮긴이'냐

하는 것은 그다지 상관이 없다.[96]

비슷하게 울리는 단어들을 슬쩍 던짐으로써, 나와 이야기하는 새들을 혼란에 빠뜨릴 수 있는 이런 가능성은, 평소 목소리들의 참기 힘든 헛소리 때문에 고생하던 내게 일종의 심심풀이가 되어 주었고 조금은 유별난 기분 전환 거리를 제공해 준다. 농담처럼

. .

96. 위 사례들은 실제로 사용된 기록 재료와 말하기 재료에서 가져온 것이다. 특히 '프뤼퍼 씨(Herr Prüfer)'는 전에 이곳 정신병원에 있던 환자인데, 그의 이름은 이전에 자주 언급되었다. 이런 사례들을 수백 개, 아니 수천 개까지도 들 수 있지만 여기서는 일단 이 사례들로 충분할 것이다.

들릴지 몰라도 이는 내게 아주 진지한 일이었으며, 어떤 점에서는 지금도 그렇다. 기적을 통해 생겨난 새들이 유사하게 울리는 말소리에 빠져든다는 것을, 높은 단계의 신과 낮은 단계의 신은 나만큼이나 잘 알고 있다. 그리고 이들은 이 특성을 서로를 향해 꺼내드는 최후의 카드로 이용한다. 이들은 자신은 뒤에 머물면서 상대편을 앞으로 밀어내려고 한다. 새들이 동일한 말소리에 빠지면 그 목소리가 속해 있는 캠프 쪽을 끌어들이는 힘이 가속화하기 때문에, 높은 단계의 신은 내 주변 인물들로 하여금 주로 낮은 단계의 신의 기록 재료와 말하기 재료에 속하는 단어들을 말하게 하고, 낮은 단계의 신은 거꾸로 높은 단계의 신의 기록 재료와 말하기 재료에 속하는 단어들을 말하게 한다. 모든 광선을 집결시켜서 그들 모두에 대해 같은 정도의 흡인력을 가지려는 나는 나대로 거기에 맞서려고 한다. 여기서도 나는 바닷가 모래만큼이나 많은 사례들을 제시할 수 있다.

언급할 만한 몇 가지 예를 들자면, '전기 빛elektrische Licht'과 '기차Eisenbahnen', 그리고 ― 13장 225쪽에서 말한 것과 관련해 ― '어마어마한kolossale 힘'과 '가망 없는 저항aussichtslose Widerstand'은 낮은 단계의 신의 기록 재료에 속한다. 그래서 높은 단계의 신은 내 곁에서 이루어지는 대화 ― 정신병원 원장과의 점심식사 때에도 ― 에서 놀랄 만한 방식으로, 그것이 우연이라는 생각을 전적으로 배제하면서, '전기 기차elektrischen Bahnen'에 대한 말이 자주 등장하게 하고, 모든 것을 '굉장하다kollosal' 여기게 하며, 상황에 적절하건 적절하지 않건 기회가 있을 때마다 '가망Aussichten'에 관한 이야기가 나오게 한다. 나는 바로 여기에 — 다른 많은 것들을 포함해 — 이 단어들을 사용하는 사람들의 신경이 — 당연히 그들 자신에게는 의식되지 못한 채 — 광선들의 영향(기적)을 통해 그 단어를 사용하도록 자극되었다는 부인할 수 없는 증거가 있다고, 다른 말로 하면 낮은 단계의 신이 이전에 수도 없이 이야기하곤 했던 이른바 '인간 놀음'이 실재한다고 믿게 하는 증거가 있다고 여긴다. 여기서도 나는 내가 말하는 것이 다른 사람들에겐 얼마나 못 미덥게 들릴지 잘 알고 있다. 하지만 이것을 매일, 그리고 매시간 어디서든 기회가 있을 때마다 경험을 통해 분명히 확인한 나로서는 여기서 말한 상황의 객관성에 아무런 의심도 가질 수 없다. 이에 관해 상세한 사항은 아마 나중에 더 이야기하게 될 것이다.

기적을 통해 생겨난 새들에 대해 앞에서 말했던 것에 추가할 내용이 있다. 그들에게 보이는 특이한 현상은, 거기에 참여했던 각각의 신경 또는 영혼들이 계절이 바뀔 때마다 여러 종류의 새의 모습으로 출현한다는 것이다. 동일한 신경이 봄에는 피리새 또는 지저귀는 새의 몸통에, 여름에는 제비의 몸통에, 겨울에는 참새나 까마귀의 몸통에 들어앉는다. 내게 익숙해 있는 그들 목소리의 음색과 내가 끊임없이 들었던, 그들에게 쑤셔 넣어진[97] 어구들에

• •

97. 위에서 선택된 '쑤셔 넣어진(eingepfropft)'이라는 표현은 작업이 진척되면서 내게 떠오른 것인데, 앞에서 사용했던 '암기된(auswendig gelernt)'이나 '세뇌된(eingebleut)'이라는 말보다 사태를 더 잘 표현하고 있는 것 같다. '암기된' 또는 '세뇌된'이라는 표현은 누군가가 그 단어의 의미를 의식 속으로 받아들이고 있다고 생각하게 한다. 하지만 기적을 통해 생겨난 새의 경우는 이와 다르다. 쑤셔 넣어진 어구라는 것을 고려해 보면 그들의 언어는 말하는 앵무새의 언어 수준에도 미치지 못한다.

의거할 때 이들이 모두 동일한 영혼이라는 사실은 내게는 의심의 여지가 없다.

기적을 통해 생겨난 이 새들이 지속적인 삶을 유지하는지, 아니면 매일매일, 또는 적어도 일정 기간마다 기적에 의해 새로 만들어지는지에 대한 의문이 생긴다. 나는 이 질문을 제기할 수는 있지만 그에 대답할 수는 없다. 나는 기적을 통해 생겨난 새들이 다른 자연적인 새들처럼 모이를 쪼아 먹고 배변하는 것을 본다. 어쩌면 기적에 의해 생겨난 상태가, 모이를 섭취함으로써 일정 기간 유지되는지도 모른다. 또한 나는 봄에 그들이 둥지를 트는 모습을 여러 번 관찰했는데, 그것은 이들이 번식 능력을 갖고 있음을 보여주는 듯하다. 그럼에도 이들이 완전히 자연적인 새가 아님을 확신케 해주는 것은 바로 그들의 언어다. 이 새들은 줄잡아 수백 마리에 이를 정도로 많아서, 여기서 특정한 숫자를 제시하기는 힘들다. 이 새들은 말하는 어구에 따라 두 그룹으로, 곧 낮은 단계의 신에게서 비롯된 새들과 높은 단계의 신에게서 비롯된 새들로 뚜렷하게 구분된다.

낮은 단계의 신의 그룹에 속하는, 새의 모습을 한 영혼 하나가 몇 년 전부터 늘 내 곁에 날아온다. 그래서 다른 목소리들은 그 영혼을 나의 '작은 친구'라 부르곤 한다. 이 영혼은 봄에는 딱따구

• •

그래도 앵무새는 한 번 배운 말을 스스로의 충동의 힘으로, 말하자면 일종의 자유로운 의지 규정에 따라 반복하지만, 기적을 통해 생겨난 새들은 이와는 달리 시간과 상황에 무관하게, 나아가 그들이 원하건 원하지 않건 전혀 상관없이 쑤셔 넣어진 어구들을 암송해야만 하기 때문이다.

리나 지빠귀로, 여름에는 제비로, 겨울에는 참새의 모습으로 나타
난다. 장난삼아 그 영혼에게 붙인 '딱따구리 피쿠스^{Picus}'라는 이름
은 그 영혼이 지빠귀, 제비 또는 참새의 모습으로 출현하는데도
다른 목소리들에 의해 계속 불리고 있다. 나는 이 영혼이 계속
반복해서 말해야 하는 어구 — 해가 지나면서 그 숫자는 상당히
많아졌다 — 모두를 정확히 알고 있다. 나는 기적을 통해 생겨난
다른 새들의 어구 리스트를 포함해 이 새의 어구 리스트를 만든
적이 있는데, 그것은 늘 적중하곤 했다. 나는 상당히 많은 수의
각각의 새 영혼들을 서로 구별하기 위해 장난삼아 여자아이 이름
을 붙여주었다. 이는 그들 모두가 호기심이 강하고 쾌락을 선호하
는 경향 등에서 어린 소녀와 가장 잘 비교되기 때문이다. 이 소녀
이름 중 일부는 그 후 신의 광선들에게도 받아들여져 그들이
새의 영혼을 지칭할 때도 계속 사용되었다. 기적을 통해 생겨난
새에 포함되는 것은 빠르게 나는 새들, 다시 말해 모든 지저귀는
새, 제비, 참새, 까마귀 등이다. 지금까지 내가 몇 년 동안 보아온
이런 종류의 새들 중 말을 하지 않는 새는 단 한 마리도 없었다. 내가
올 여름 두 차례 운전^{98}을 했을 때 새들은 내가 가는 모든 길과
목적지까지 쫓아왔다. 하지만 이곳 정신병원 마당에 있는 비둘기
와, 내가 관찰한 바에 따르면 정신병원 관사 한곳에 붙잡혀 있는
카나리아, 그리고 닭과 거위, 오리들 — 내가 이들을 본 곳은 창문

. .

98. 그 이전에는, 그러니까 거의 육 년 동안 나는 정신병원 담장 밖으로 나가본 적이
없다.

을 통해 내려다보이는 정신병원 아래쪽 땅과, 언급했던 두 차례의 외출 때 지나갔던 시골이었다 — 은 말을 하지 않는다. 그러므로 이것들은 자연의 새라고 가정할 수밖에 없다. 새들이 말을 하는 현상은 너무도 경탄스럽고 동화적인 것이라서, 만일 시골 다른 곳에 있는 새들의 세계를 관찰할 수만 있다면 무척이나 흥미로울 것이다. 당연한 말이지만, 여기서 더 멀리 떨어져 있는 활엽수림 등에 지저귀는 새들이 전혀 살지 않는다고[99] 추정할 수는 없기 때문이다.

· ·

99. (1903년 3월 추가) 내가 여러 번 체류 장소를 바꾸는 사이에 흘러간 몇 년 동안에도 자유롭게 날아다니는 모든 새들이 말하는 일은 중단 없이 계속되었고 오늘까지도 계속되고 있다. 그런데 지금이라면 위의 글에서 사용한 '기적을 통해 생겨난 새들'이라는 표현 대신 '말하는 새들'이라는 표현을 사용하고 싶다. 이전에 나는 새들이 말하는 이유가 이 새들이 그 자체로 기적을 통해 생겨났기 때문이라고, 다시 말해 늘 새로 창조되기 때문이라고밖에는 달리 설명할 수 없다고 믿었다. 그런데 그사이 내가 했던 경험에 의해 이제 나는 그것들이 자연적 번식을 통해 생겨난 새들이며, 아직 존재하고 있던 '하늘의 앞마당'의 얼마 안 되는 여분, 말하자면 축복받은 인간의 영혼이 그 새들의 몸통에 어떤 초감각적 방법으로 삽입되었거나 늘 새롭게 삽입됨으로써 생겨나는 것이 더 개연적이라 여기고 싶다. 이 영혼들(신경들)이 실제로 새들의 몸통에 꽂혀 있다는 것(아마도 그 새들이 원래 가지고 있는 신경에 부가적으로, 하지만 이전의 정체성은 없는 채로)은 위 글에서 전개했던 이유들로 인해 내게는 전혀 의심의 여지가 없다.

16장

사유 강제. 그 형태와 부수 현상

앞에서 지난해 동안 내 외적인 삶에 어떤 변화들이 일어났는지, 그리고 날 해치기 위한 신의 광선의 투쟁에서 어떤 현상들이 나타났는지를 묘사했기에, 이제는 그와 동시에 끊임없이 지속되는 사유 강제가 어떤— 매우 다양하게 변화했던 — 형태로 드러났는가에 대해 몇 가지 더 이야기하겠다. 사유 강제라는 개념에 대해선 이미 5장에서 이야기했다. 이는 지속적으로 사유하도록 강요하는 것으로, 그것을 통해 정신적 휴식, 곧 아무것도 사유하지 않음으로써 가끔씩 사유활동에서 휴식하려는 인간의 자연적 권리에 영향을 주거나 — 근본언어의 표현에 따르면 — 인간의 '지반 Untergrund'을 동요시키는 것이다. 광선들의 영향으로 인해 내 신경들은 내 의지에 의해서가 아니라 그에 거역해 수행되는 외적 영향에 의해 선택되는, 특정한 인간 언어에 상응하는 진동 상태에 돌입한다. 그런데 여기에는 처음부터 '불완전하게 말하는 시스템 System des Nichtausredens'이 지배하고 있었다. 다시 말해 내 신경이 돌입하게 된 진동 상태와 그것을 통해 생겨난 말들은 그 자체로 완결되고 완성된 생각이 아니라 거의 모두 생각의 파편들이고, 그것을 통해 그 말들이 어떤 이성적 의미를 지니도록 보충하는 일이 내 신경이 수행해야 할 과제로 주어진다는 것이다. 이런 방식으로 연관 관계가 없는 말들, 중단된 문장들이 주어지면 신경은 그 본성상 결여된 것을 찾아 생각을 완성함으로써 인간 정신을 만족시키려고 노력한다.

　이 불완전하게 말하는 시스템은 해가 지나 영혼들이 스스로의 생각을 갖지 못하기 시작하면서 서서히 형성되었다. 특히 지난 몇 년 전부터는, 개별 접속사 또는 특정한 관계 문장을 도입하는 데 사용되는 부사구들이 수천 번씩 반복적으로 내 신경에 주입되는 일이 아주 빈번하게 일어났다. 그렇게 되면 내 신경은 그 관계 문장들을, 사고하는 정신이 이해할 만한 내용으로 완성시켜야 한다. 이런 방식으로 몇 년 전부터 매일 수백 차례 아무 연관관계도 없이 내 신경을 향해 말함으로써 내가 듣게 되는 단어들은 다음과 같다. '왜 그렇지?Warum nur?', '왜냐하면 그것은Warum, weil……', '왜냐하면 내가 …… 때문에Warum, weil ich', '물론 ……한다면야Es sei denn', '그의 ……을 고려해 보면Rücksichtlich seiner'(곧, 나 개인과 관련해 이것 또는 저것을 말하거나 생각한다) 등의 단어들, 아무 의미도 없이 내 신경에 주입되는 '오, 그래Oja', 그리고 완전한 형태를 가지고 있던 문장의 파편들, 예를 들어,

　1. '그렇다면 나는 ……할 거야Nun will ich mich.'

2. '당신은 ······ 되어야 합니다 Sie sollen nämlich,'
3. '나는 ······ 할 거야 Das will ich mir,'
4. '그렇다면 그것은 ······ 틀림없어 Nun muß er doch,'
5. '그것은 ······ 이었어 Das war nu nämlich,'
6. '우리에게는 ······ 가 결여되어 있어 Fehlt uns nun,'

등이다. 이렇게 단절된 문장들이 원래 어떤 의미를 가지고 있었는지 독자들에게 조금이나마 이해시키기 위해, 1번에서 6번까지 언급된 사례 각각에 상응하는 완전한 문장을, 다시 말해 이전엔 실제로 말해졌지만 지금은 내 신경이 그것을 보충하도록 생략된 것을 아래에 덧붙인다. 이들은 원래 다음과 같은 문장이었다.

1번. 그렇다면 나는 내가 멍청하다는 사실에 승복할 거야.
2번. 당신은 신을 부정하는 자로, 쾌락을 좇는 방종에 몸을 맡기고 있는 것으로 묘사되어야 합니다.
3번. 나는 먼저 그걸 생각할 거야.
4번. 그렇다면 이제 연해졌음에 틀림없어, 그 돼지구이.
5번. 그건 영혼 이해의 관점에서는 너무 심했어.
6번. 지금 우리에겐 중심 생각이 결여되어 있어. 다시 말해, 우리 광선들에겐 생각이 없어.

저 품위 없는 돼지구이라는 어구(4번)는 몇 년 전 나 자신이 신경언어로 '연한 돼지구이'라는 은유적 표현을 사용한 데서 기인한다. 그런데 이 표현은 이제 끊임없이 반복되는 말하기 재료의 구성요소가 되었다. 여기서 '돼지구이'는 나 자신을 지칭하는 것으로, 이 문장은 내 이성을 파괴하려는 광선들의 공격에 대한 나의 저항력이 이제는 틀림없이 모두 소진되었음을 표현하는 말이다.

완전하게 말하지 않는 이유는, 신이 내게 보여주는 태도에서 늘 드러나는 것과 마찬가지로, 흡인력으로 인해 그들이 내 육체에서 소멸당하지 않기 위해서다. 세계 질서에 부합하는 상황이 아직 어느 정도 지배적이었을 때, 다시 말해 광선들에 붙들어 매기와 지상에 붙들어 매기가 생겨나기 전(9장 참조)에는 단 한 번 쳐다보았을 때(순간) 느낌의 일치만으로도 하늘에 자유롭게 매달려 있는 영혼들이 내 입에 들어오도록 유도해서, 그들의 자립적 실존에 종말을 가할 수 있었다. 7장에서 언급했듯 당시 나는 이 과정을 실제로 여러 차례 경험했다. 영혼들이 문법적으로 완전한 형태로 표현하던 동안에는 '지적 숙고'만으로도 이와 동일한 성과를 얻을 수 있었다. 지금이라도 문법적으로 완전하게 표현된 생각은 (광선들을) 곧바로 내게로 이끌고, 거기에 걸려드는(물론 그로부터 퇴각할 수도 있게 된) 광선들은 잠정적으로 내 육체의 영혼 쾌락을 상승시킬 것이다. 문장을 다 말하지 않는 것은 영혼들이 내 몸의 영혼 쾌락을 증가시키는 데 기여하지 못하도록 그 과정을 중단시키고, 내 몸에서 퇴각할 수 있도록 영향을 미치는 것으로 보인다. 이를 통해 흡인력을 완전하게, 장기적으로 막을 수는 없어도 적어도 지연시킬 수는 있는 것 같다.

이러한 방식으로 강화된 사유 강제가 몇 년 동안이나 내게 얼마나 큰 정신적 어려움을 초래했는지, 그것을 통해 어떤 정신적 고문이 생겨났는지를 상상하기는 쉽지 않을 것이다. 처음 몇 년간 내 신경은 언급한 관계 문장들과 중간에 끊긴 어구 모두를 인간 정신을 만족시키기 위해 보충해야 한다는,[100] 거역하기 힘든 강제를 느꼈다. 그것은 일반적인 대화 시에 우리가 다른 사람의 질문에 꼬박꼬박 대답하는 것과 유사하다.

이 강제가 그 자체로 인간 신경의 본성에 의한 것임을 어느 정도 이해시키기 위해 사례를 들고자 한다. 학교에서 아이들이 구두시험을 볼 때 부모나 교사가 배석하는 경우를 생각해 보라. 시험에 주의를 기울이는 한 그들은 제기된 질문들에 대해 거의 자동적으로 머릿속에서 답을 할 것이다. 그것이 '저걸 애들이 알지 모르겠네' 같은 질문이라 해도. 물론 그때 부모나 교사들은 어떠한 정신적 강제도 느끼지 않는다. 신경을 힘들게 하지 않으려 면 시험에 기울이던 주의를 거두고 그것을 주변 다른 것들에 돌리기만 하면 되기 때문이다. 바로 여기에 이 사례와 나의 경우 사이의 본질적 차이가 있다. 내게 제기되는 질문 혹은 사유기능을 사용하도록 강제하는 질문의 파편들은, 광선들이 내 신경을 그에 상응하는 진동 상태로 돌입시키는 방식으로 곧바로 신경에 침투해 들어오기 때문에, 내 신경은 사유를 강제하는 자극을 결코 피할

<hr>

100. 신경의 자극이 요구하듯, 첫 번째 시선(순간)에 이를 행할 수 있는 능력을 그들은 '첫 번째 시선에서 답할 수 있는 능력'이라고 지칭했다.

수 없다. 내 신경이 광선들에 의해 진동 상태에 돌입한다는, 내가 선택한 이 표현이 상황을 정확히 드러내는지 단언하지는 못하겠다. 어쨌든 내가 느끼는 것은, 내적인 소리로 말하는 목소리가(최근에는 말하는 새들의 목소리가) 마치 기다란 끈처럼 내 머릿속에 파고들어 와 거기에 시체독을 풀어놓음으로써 고통스럽게 당기는 느낌을 유발한다는 것이다.

이 내적인 목소리에 대립하는 것이 외적인 목소리이다. 그것은 내가 새들이 말하는 것에서, 곧 나의 외부에 있는 새들의 목청으로부터 내게 들려오는 듯한 목소리이다. 이 두 경우 모두 내 신경은 말해진 단어들의 진동지각을 피하지 못하며, 그 때문에 그것이 질문이나 불완전한 생각일 때는 강제적으로 계속 사유하도록 자극받는다. 최소한 초기 몇 년간 내 신경은 어쩔 수 없이 계속 사유하고, 제기된 질문들에 대답하고, 끊긴 어구들을 문체적으로 보충하는 일 등을 전혀 물리칠 수 없었다. 그 후 몇 년이 지나고서야 나는 말해진 단어와 어구 들을 부분적으로나마 무조건 반복함으로써 차츰차츰 내 신경(나의 '지반')을 아무것도 사유하지 않는 생각의 형태로 만드는 것에, 곧 계속 사유하도록 요구하는 자극을 무시하는 데 익숙해졌다. 오래전부터 나는 관계 문장들로 완성되기를 요구하는 접속사와 부사구에 대항해 이 방법을 사용하고 있다. 예를 들어 '왜냐하면, 내가 …… 때문에Warum, weil ich' 혹은, '물론 …… 한다면야Es sei denn'를 들으면 나는 이전에 들었던 생각들과 관련해 그 의미를 보충하려 들지 않으면서, 그저 이 단어들을 가능한 한 오랫동안 반복한다.

그들이 하루에도 수백 차례 '나의……가……하기만 한다면 Wenn nur meine'이라는 단어로 내 신경을, 실제로 내게는 없지만 조작적인 방식으로 내 것인 양 귀속되는 우려 생각으로 나아가도록 강제할 때도 나는 같은 방식으로 대처한다. 그들이 내가 보충하리라 '기대하는' 말이 무엇인지는, 대부분의 경우 그와 동시에 일어나는 기적을 내 몸에서 감지하기 때문에 잘 알고 있다. 여기서 의도된 것은 '내 쾌락이 방해받지만 않는다면', 혹은 '내 장화에 기적이 일어나지만 않는다면', 다른 때는 '내 코, 내 눈, 내 무릎뼈, 내 두개골 등에 기적이 일어나지만 않는다면'이다.

하지만 이제 나는 생각 조작에서 비롯되었을 뿐인 이 헛소리들을 완전한 말로 완성해야 한다고 생각지 않는다. 내 신경이 이 자극들을 억누르는 데 익숙해진 이후 나는 이제 '나의……가 ……하기만 한다면'이란 말을, 다른 말은 전혀 추가하지 않고 가능한 한 오래 반복하기만 했다. 정상적인 대화에서라면 그 누구라도 상대가 "나의……가……하기만 한다면"이라고 말한다면 당연히 그에 대해 "도대체 당신이 말하려는 게 뭐요"라고 묻거나 자기 자신을 모욕하는 욕설에 대한 방어태세를 갖출 것이다. 하지만 내게는 그때마다 광선들의 '그건 이미 했잖아 Das hammirschon'가, 9장에서 언급했던 효과와 더불어 이어지기 때문에 그런 수단을 사용하는 일은 매우 어렵다. 더구나 하루 종일 "도대체 당신이 말하려는 게 뭐요"라는 반대 질문이나 욕설을 선택하기 위해 신경을 움직이는 일도[101] 장기적으로 볼 때 견딜 만한 일이 아니라는 것은 말할 필요도 없다.

인간 사유의 자유, 더 정확히 말하면 사유하지 않을 수 있는 자유에 대한 침해 — 이것이 사유 강제의 본질인데 — 는 해가 지나고 목소리들의 말이 점점 느려지면서 더 심각해졌다. 이는 내 몸에 영혼 쾌락이 증가하고, 또한 — 저 모든 기록하는 짓거리에도 불구하고 — 그들이 매달려 있는 천체와 내 몸 사이의 먼 거리를 넘어서기 위해 광선들이 사용하는 언어 재료가 크게 부족해졌기 때문이다.

여기서 말한 현상들을 나처럼 개인적으로 체험했거나 아직껏 체험해보지 못한 사람은 말이 어느 정도나 느려지는지 상상하지

· ·

101. 몇 년 전부터 광선들이 신경언어를 통해 내게 행해왔고 또 지금도 행하고 있는 것을, 한 인간이 정상적인 인간의 언어를 사용해 다른 인간에게 행한다고 상상한다면, 이 사유 강제가 근원적인 인간 권리를 얼마나 과도하게 침해하고 있는지, 그리고 그것을 통해 내게 얼마나 막대한 참을성이 인간의 개념을 초월하는 방식으로 요구되었는지를 어느 정도라도 이해하게 될 것이다. 누군가가 다른 사람 앞에 서서 하루 종일 광선들이 내게 하는 것과 같은 의미 없는 말들('내가……하기만 한다면', '당신은……되어야 합니다 등')로 그를 괴롭힌다고 생각해 보라. 그런 말을 듣는 사람은 그 말하는 자에게 욕설을 내뱉으며 그를 문밖으로 쫓아내는 것 말고 무슨 일을 하겠는가? 외부의 침입으로부터 내 머리에 대한 불가침권을 지키기 위해 나도 원래는 그렇게 해야 했을 것이다. 하지만 광선들에 대해서는 이런 일이 불가능하다. 광선들이 신의 기적의 힘에 의거해 내 신경에 미치는 영향을 나로서는 막을 도리가 없기 때문이다. 나의 불가침권을 지키기 위한 최후의 합리적 수단(ultima ration)인 (소리 내어 말하는) 인간의 언어도 늘 행해질 수 있는 것은 아니다. 그것은 한편으로는 주위 사람들을 고려해서이고, 다른 한편으로는 계속해서 큰 소리로 말하는 것이 그 어떤 이성적인 활동도 불가능하게 만들 것이기 때문이며, 나아가 그것이 밤에 잠들 가능성을 없애버릴 것이기 때문이다. 그들이 "왜 그걸 (소리 내어) 말하지 않지요?" 혹은 다른 모욕적인 말들을 통해 내가 큰 소리로 말하도록 자극하는(9장 참조) 이유도 바로 여기에 있다. 하지만 최근 이 연관 관계에 대해 보다 분명히 알게 되고부터 나는 주위 사람들과 대화할 때나 혼자 있을 때 적절한 기회에 큰 소리로 말하기를 점점 더 부지런히 하는 데 아무 주저함도 갖지 않게 되었다.

못할 것이다. "물론, 당연하지"는 "무-우-우-울-로-오-오-온-다-아-아-앙-여-어-언-하-아-아-지-이-이"로, "그럼 왜 똥…… 않나요?"는 "그-으-러-어-엄-외-에-에-또-오-옹-으-을- 싸-아-아-지-아-아-안-나-아-아-요-오-오"로 들리는데, 이 말이 완전히 끝나기까지는 약 30초에서 60초 정도가 소요된다. 이는 누구에게라도 — 그에 적합한 방어수단을 사용하는 데 점점 더 창의적이 되지 않았다면 나에게도 — 열통 터지게 하는 신경질적인 조급함이 생겨나게 할 것이다. 내 신경에 초래하는 동요에 대해 일말의 감이라도 잡게 해줄 사례가 있다면 이는 아마도, 재판관이나 교사가 정신적으로 둔한 증인이나 학생이 더듬거리며 말하는 것을 아무리 애를 써도 이해할 수 없는 경우일 것이다.

이에 대한 다양한 방어수단 중 하나는 피아노를 치거나 — 내 머리 상태가 허락하는 한 — 책 또는 신문을 읽는 것이다. 그러면 가장 길게 늘어난 목소리도 결국은 사라진다. 이것이 가능하지 않은 시간, 예를 들어 밤이라든가 정신이 다른 일을 하기를 원하는 시간에는 시를 암송하는 것이 가장 효과적인 방법임을 알게 되었다. 나는 상당히 많은 시, 구체적으로는 실러의 발라드, 실러와 괴테의 연극 장면들, 오페라 아리아, 「막스와 모리츠Max und Moritz」, 「스트루벨페터Struwwelpeter」, 스펙터Spekter 우화 등에 나오는 해학적인 시들을 외웠는데, 그것들을 한마디 한마디 속으로 암송한다. 당연하게도 여기서는 이 시들의 시적 가치 그 자체가 중요하진 않다. 아무리 하찮은 운율도, 심지어 외설스러운 시구도 내 신경이 들어야 하는 저 끔찍한 헛소리에 대항하는 정신적 양분으로서

황금과도 같은 가치를 지닌다.

그런데 시를 암송할 때조차도 때때로 그 성과에 영향을 미치는 여러 난제에 맞서 싸워야 한다. 그들은 생각을 분산시키도록 내 신경에 기적을 행하여 내가 암송하는 시의 다음 구절을 순간적으로 찾지 못하게 하거나, 아니면 긴 시를 암송함으로써 가장 길었던 내적 목소리도 침묵하고 광선들이 전부 집결되어 생겨나는 높은 수준의 영혼 쾌락 상태에 도달하는 순간, 낮은 단계의 신이 앞장에서 말했던 고함 기적을 일으키기도 한다. 그렇게 되면 조용히 계속 시를 암송할 기분이 완전히 사라지거나, 시를 암송할 물리적 가능성도 강탈되어 버린다. 그렇기 때문에 나는 때때로 시스템을 바꿀 수밖에 없다. 이는 나의 흡인력을 지연하고 잠자는 것을 방해하거나, 완전한 영혼 쾌락에 필요한 광선들의 집결을 방해하기 위해, (신의 전능에 의해) 외부에서 끊임없이 새로운 시스템이 만들어지는 것과 같다. 아주 큰 숫자까지 계속해서 조용히 수를 헤아리는 것이 매우 효과적이라는 사실을 최근에 알게 되었지만 이를 장기적으로 행한다는 것은 매우 따분한 짓이다. 지금도 간간이 찾아오듯 심한 육체적 고통이나 지속적인 고함 상태가 생기면, 남아 있는 최후의 수단은 큰 소리로 욕을 하는 것밖에 없다. 그래서 나는 때로 그렇게 할 수밖에 없다. 하지만 낙관적 전망을 가지고 바라건대, 앞으로 그런 일은 점점 줄어들 것이다.

여기서 묘사한 모든 현상은 해가 지나면서 몇 가지 점에서 변화했고 또 지금도 변하고 있다. 이는 그때마다 생겨나는 영혼 쾌락의 정도와 신이 내게서 퇴각하는 거리에 따른 것이다. 하지만 전체적으로 볼 때, 몇 년 전 내가 이에 대해 했던 예견이 하루하루 점점 더 맞아 들어가고 있다. 주석 85에서 언급한 노트 B에 실려 있는 내 작은 연구 XIII의 인용문이 그 증거로 제시될 수 있을 것이다.

1898년 1월 16일.

당분간, 다시 말해 탈남성화가 이루어지기까지 소요되는 몇 년 혹은 몇십 년 동안 우리의 정책의 방향은 전체적으로 보아 분명하다. 의심할 여지 없이 확실한 것은, 매년, 매일, 매주가 지날수록 우리에게 상황이 점점 수월해지리라는 사실이다. 저 바깥에 그것에 필요한 통찰이 없기 때문에 일정한 역행이 생겨날 수도 있다. 그래도 신의 나라의 본질과 영혼의 성격상 (그런 일은) 결코 일어나지 않을 것이며, 세계 질서에 부합하는 해결책을 회피하려는 시도들은 점점 잦아들 것이다.

조금 특별한 의미를 지니고 있는, 위에서 언급한 "그럼 왜 똥 …… 않나요?"라는 질문에 대해 — 물론 이 주제가 내가 꼭 다루어야 할 만큼 그리 점잖은 것은 아니더라도 — 몇 가지 언급해야 하겠다. 내 몸에 행해지는 다른 것들과 마찬가지로, 배변 욕구도 내게는 기적을 통해 일어난다. 그 기적은 대장에서 대변이 바깥을 향해 (때로는 거꾸로) 밀리거나, 이미 일어난 배출로 인해 충분한 재료가 남아 있지 않을 때는 대장에 있는 나머지 내용물이 내

항문을 향해 미끄러지면서 일어난다. 높은 단계의 신이 일으키는 이 기적은 적어도 하루에 수십 차례 반복된다. 이 기적은 인간으로서는 파악하기 힘든, 살아 있는 유기체인 인간에 대한 신의 완전한 무지로만 설명 가능한 생각과 관련되어 있다. 곧 '똥 싸는 일sch…'이 어떤 점에서는 최종 행위라는, 다시 말해 똥sch…을 밀어내는 기적을 통해 이성 파괴라는 목표에 도달하고, 광선들이 퇴각할 최종적 가능성이 생겨난다는 생각이 그것이다. 어떻게 이런 생각이 생겨났는지를 근본적으로 따지려면, 배변 행위의 상징적 의미와 관련된 오해를 떠올려야 한다. 그것은 나만큼이나 신의 광선들과 관계 맺게 된 사람은 전 세계를 향해 '똥……'을 쌀 권리가 있다는 오해다.

동시에 여기서 내게 행해지고 있는 정책의 비열한 성격[102]이 드러난다. 그들은 내게 배변 욕구가 생길 때마다 거의 예외 없이 — 그 인간의 신경을 자극함으로써 — 내 주변의 누군가로 하여금 변소에 가게 만들어서 나의 배변을 방해한다. 이는 내가 수년 전부터 수도 없이(수천 번씩) 규칙적으로 관찰해 온 현상으로, 내게는 결코 우연한 일일 수 없다. 그러고 나면 "그런데 왜 똥…… 싸지 않나요?"라는 질문이 등장하고, 그에 대해 "왜냐면 나는 그 정도로 바보니까"라는, 그 손색없는 대답이 이어진다.

· ·

102. 여기서 '비열한'이라는 표현을 사용하는 것에 대해 이미 앞에서 여러 번(6장 말미와 11장의 주석 74, 13장의 222-233쪽) 전개했던 생각을 다시 상기시킬 필요는 없을 것이다. 그에 따르면 신은 나에 대해서 — 물론 그 스스로가 만들어 내긴 했지만 — 정당방위 상태에 있으며, 따라서 여기서 인간적이고 윤리적인 차원은 고려되지 않는다.

인간 본성에 관해 무지한 신의 맹목성이 — 어떤 동물이든 할 수 있는 — 똥…… 싸는 일을 하지 못할 만큼 멍청한 인간이 존재한다고 생각할 정도로 심하다는 이 엄청난 난센스를 기록하려니 내 펜조차 그에 저항하고 싶은 지경이다. 배변 욕구가 일어났을 때 실제로 배변을 하면 — 그때마다 다른 사람이 변소를 차지하고 있기 때문에 나는 보통 양동이를 사용하는데 — 매우 커다란 영혼 쾌락이 생겨난다. 대장 속에 차 있던 대변의 압력에서 해방되는 것은 쾌락신경에게 강렬한 편안함을 가져다준다. 이는 소변을 볼 때도 마찬가지다. 이러한 이유에서 대변과 소변을 볼 때면 항상 예외 없이 모든 광선들이 집결해 있었다. 그 때문에 그들은 항상 내가 이 자연적인 기능을 행하려 할 때마다 대부분 실패하면서도, 기적을 통해 대변과 소변 욕구를 다시 없애려고 시도하는 것이다.

17장

계속. 영혼 언어의 의미에서의 '그리기zeichnen'

앞 장에서 이야기한 것에서 독자들은 사유 강제를 통해 내게 제기된 시험들이, 지금까지 인간의 능력과 참을성에 제기되곤 했던 요구 수준을 여러 면에서 훨씬 넘어섰다는 인상을 얻었을 것이다. 하지만 진실해지고자 한다면 내게 행해진 그 부당함을 상쇄하는 현상들도 적어도 일정 기간 일어났다는 사실을 덧붙여야 한다. 땅속의 황금을 준다고 하더라도 결코 내 기억에서 지워버리고 싶지 않은, 몇 년간 내게 베풀어졌던 초감각적인 것에 관한 지식 말고도 내가 여기서 말하려는 것은 사유 강제가 주었던 정신적 자극이다. 인과관계 또는 그 밖의 다른 관계를 표현하는 접속어들('도대체 왜', '왜냐하면 ……이기 때문에', '물론 ……한다면야', '최소한' 등)이 아무 맥락 없이 내 신경에 주입됨으로써, 나는 다른 사람들은 평소엔 주의하지 않고 넘겨버리는 많은 것에 대해 숙고하도록 강제되었고 이는 내 사유가 깊어지는 데 기여했다. 내가 관찰하는, 주위에서 이루어지는 모든 인간 활동, 정원에 있는, 또는 창밖으로 보이는 모든 자연은 내게 특정한 생각을 불러일으킨다. 그러고 나서 이 생각들이 전개해 나가던 중 '도대체 왜' 혹은 '왜냐하면 ……이기 때문' 등이 신경에 말해지는 것을 들으면, 나는 다른 사람들과는 비교할 수 없을 정도의 높은 강도로 해당 현상들의 원인 또는 목적에 대해 숙고하도록 강제되거나 자극받는다.

내게는 아주 일상적으로 일어나는 몇 가지 사례로, 이 문장을 쓰는 요 며칠 동안 정신병원 정원에 새 건물이 들어서고 내 옆방 어딘가에 오븐이 설치되었다는 사실을 언급할 수 있겠다. 이렇게 일이 진행되는 것을 보다 보면 저 사람 또는 저 여러 명의 인부가 지금 이런저런 일을 하고 있다는 생각이 자연스럽고도 자동적으로 따른다. 그런데 이 생각이 듦과 동시에 '도대체 왜' 혹은 '왜냐하면 ……이기 때문'이 내 신경에 말해지면, 나는 그 모든 일의 이유와 목적에 대한 설명을 회피할 수 없도록 강제된다. 이와 유사한 일들이 지난 몇 년간 수천 번도 넘게 일어났다. 책과 신문을 읽으면 늘 새로운 생각들이 자극된다. 그와 동시에 모든 일, 모든 감정, 모든 생각들에서 어떤 인과관계를 의식하고자 하는 강제가 나를 모든 자연현상과 예술, 학문 등 인간 활동의 모든 측면의 본질에 관한 통찰로, 매일매일의 일상적 삶의 경험들을 숙고할 만한 가치가 있다고 여기지 않는 대부분의 사람들이 얻는 것보다 훨씬 깊은 통찰로 나를 이끌었다. 많은 경우, 특히 감정 상태와 관련해 그 근거에 관한 물음('도대체 왜')에 합당한, 인간 정신을 만족시키는 대답을 찾는다는 것은 결코 쉬운 일이 아니다. 예를 들어,

'이 장미에선 좋은 향기가 난다' 혹은 '이 시는 훌륭한 시적 언어를 갖고 있다' 혹은 '이건 뛰어난 그림이다' 혹은 '이 음악은 특히 선율이 아름답다' 등과 같은 문장들에서 그 특별한 이유에 대해 묻는다는 것 자체가 이미 바보 같다고 생각될 수밖에 없기 때문이다. 그럼에도 내게는 나를 자극하는 목소리들의 물음을 통해 사유 활동의 동기가 생겨난다. 내가 그로부터 부분적으로나마 벗어나는 법 — 왜냐하면 끊임없이 사유하는 건 너무 피곤한 일이기에 — 을 알게 된 것은, 이미 이야기했듯, 어느 정도 시간이 지난 뒤였다. 신이 세계를 창조했다 믿는 사람이라면 모든 사물과 사건의 궁극적 원인이 '신이 세계를 창조했기 때문'이라고 근거를 제시할 수 있을 것이다. 하지만 이 사실과 개별적 삶의 현상들 사이에는 무한한 수의 중간 매개항이 있는데, 이를 부분적으로나마 알게 되는 일은 매우 흥미롭다. 나는 사유 강제를 통해 자극받아서, 건강하던 시절부터 특히 나의 흥미를 끌던 어원적 질문들을 많이 다루어왔다.

이에 관한 이야기를 마치기 전에, 여기서 말한 것을 더욱 구체적으로 보여줄 사례 하나를 드는 것도 좋을 것이다. 슈나이더Schneider라는 이름을 가진, 내가 아는 누군가를 만난다는 아주 단순한 사건을 생각해보자. 그를 보면 내게는 자연스럽고도 자동적으로 '저 남자는 슈나이더이다' 혹은 '그는 슈나이더 씨이다'라는 생각이 떠오른다. 그런데 이 생각이 떠오른 다음 내 신경에는 '도대체 왜' 혹은 '왜냐하면 ……이니까'가 들려온다. 일반적인 인간 사이의 소통에서 누군가 다른 사람을 향해 이런 질문을 던진다면,

"왜냐고? 뭐 그런 바보 같은 질문이 다 있냐? 저 남자는 그냥 슈나이더야"라는 대답이 돌아올 것이다. 하지만 나의 신경은 이렇게 간단히 그 질문을 회피하지 못하며, 여태껏 한 번도 그러지 못했다. 저 남자가 왜 슈나이더 씨인가 혹은 슈나이더라고 불리는가라는, 일단 제기된 질문에 의해 내 신경의 휴식은 이미 방해받았기 때문이다. 그 결과, 내 신경은 분명 너무도 이상한 이유를 묻는 이 질문에 자동적으로 — 그 질문이 자주 반복되기에 — 매달리게 되는데, 이 상태는 사유가 다른 것에 주의를 돌릴 때까지 계속된다. 내 신경은 처음에는 다음과 같은 대답으로 나아간다. 그래, 저 남자는 슈나이더라고 불린다, 왜냐하면 그의 아버지도 슈나이더라고 불렸으니까. 하지만 내 신경은 이런 진부한 대답으로는 아무런 실질적인 만족을 얻지 못한다. 그래서 새로운 사유 과정이, 곧 도대체 인간들 사이에서 이름 짓는 일이 생겨난 이유에 대해, 서로 다른 민족과 서로 다른 시기에 이름 짓는 방법들의 형태에 대해, 나아가 그 이름 짓는 방법과 그로부터 생겨난 다양한 관계들(계급, 가문, 특별한 육체적 특징 등)에 대해 사유하는 과정이 다시 이어진다. 이러한 방식으로 사유 강제라는 압력에 의해 아주 단순한 지각이 매우 포괄적인, 결실이 전혀 없지도 않은 사유 작업의 출발점이 되는 것이다.

사유 강제의 원인인 광선과의 교류와 관련해서 흥미 있는 또 다른 현상은, 11장에서 잠깐 언급했던 이른바 '그리기'이다. 나 말고는 그 누구도 알지 못하며, 과학조차도 인식하지 못하는 사실이 있다. 인간은 기억Gedächtnis 속에 있는 회상들Erinnerungen을 신경에 남아 있는 인상들에 근거해 머릿속에 **그림처럼** 지니고 다닌다는 사실이다. 그런데, 내게는 이 그림들을 임의적으로 재생산하는 것이 가능하다. 왜냐하면, 내 내부의 신경체계가 광선들에 의해 조명되기 때문이다. 바로 여기에 그리기의 본질이 있다. 나는 이것을 이전에(1898년 10월 29일의 작은 연구 XLX)는 다른 말로 표현했었다.; "(영혼 언어의 의미에서) 그리기란 머릿속의 그림들(대부분은 기억의 그림들)을 만들어 내기 위해 인간의 상상력을 의식적으로 사용하는 것이다. 그러면 그 그림들은 광선들에 의해 검시된다"103 나는 내 삶과 다른 사람들, 동식물 또는 모든 종류의 자연 대상물과 물건에 대한 기억에 의거해, 생생한 표상을 통해 그들의 그림을 만들어 낼 수 있다. 그러면 그 그림들은 내 머릿속에

· ·

103. 위에서 언급한 '작은 연구'의 이어지는 부분으로, 인간적 의미에서의 그리기에 대해 다룬 것을 살펴보는 것도 흥미로울 것이다. 그래서 여기 그것을 덧붙인다. "인간의 의미에서 그리기는 어떤 대상들을 (육체적이고 조형적 표현과는 달리) 평면 위에 색깔 없이(그래서 회화와는 다르다. 회화는 색깔로 그리기라고 말할 수 있다) 묘사하는 것인데, 거기에는 (자연에 맞게) 곧, 외부세계에 실제로 보이는 대상들을 그대로 재현하는, 따라서 인간의 상상력은 동원되지 않는 단순한 **본**떠그리기(Abzeichen) 혹은 외부세계에는 현존하지 않는 대상들의 그림을 창조하기가 있다. 이는 순전한 예술적 목적(자신과 다른 이들을 즐겁게 하려고 아름다움을 표현하는)으로, 아니면 실제적 목적으로, 다시 말해 이 그림에 상응하는 대상들을 실제로 생산하기 위해(모델, 건축 스케치 등) 행해진다. 고로 여기에는 상상력 (Einbildungskraft, Φαινεμαι에서 나온 환상)이 작동하고 있다. 이 독일어 단어는, 바깥에는 존재하지 않는 '무언가를 머릿속 또는 인간 의식 속에 불어 넣는다'는 개념을 분명히 드러내고 있다. 그런 점에서 병적 상상력의 표명이자, 실현될 수 없는 것(희망 등)을 목적에 걸맞지 않은 전도된 행동의 동기로 삼는 '공상하다 (sicheinbilden)'(속여서 믿게 하는)라는 의미를 지닌다." 이 작은 연구의 문장은 스타일 면에서 개선되어야 할 점이 있다. 이 메모를 남길 당시 그 내용을 다른 사람들에게 알리고 싶다는 생각은 조금도 할 수 없었기 때문이다.

서, 또는 내가 원한다면 머리 바깥에서도, 나 자신의 신경에도, 그리고 내 신경과 연결되어 있는 광선들에도 내가 그것을 지각하고 싶어 하는 장소에서 시각화한다. 나는 날씨나 다른 것들에 대해서도 이런 일을 할 수 있다. 예를 들어, 나는 번개가 치거나 비가 오게 할 수 있다.— 모든 날씨 현상, 특히 번개는 광선들에게 신의 기적의 힘이 드러난 것으로 여겨지기 때문에 이는 특히 효과적인 그리다. 나는 또 내 방 창문 아래 건물을 불타게 할 수도 있다. 이 모든 일은 물론 내 표상 속에서만 일어나지만, 광선들에게는 그 대상과 현상들이 실제로 존재한다는 인상을 갖게 한다. 나는 나 자신을 내가 실제로 존재하는 곳과는 다른 곳에, 예를 들어 피아노 앞에 앉아 있으면서 그와 동시에 여자처럼 꾸미고 옆방 거울 앞에 서 있는 것으로 '그릴 수' 있다. 13장에서 언급한 이유 때문에, 밤에 침대에 누워 있는 동안 나 자신과 광선에게 내 육체가 여성의 가슴과 생식기를 갖고 있다는 인상을 주는 것은 내게 매우 중요하다. 그래서 나는 매번 허리를 굽힐 때마다 거의 자동적으로 내 몸에 여자 엉덩이가 달려 있는 모습을 그릴— honny soit qui mal y pense[104] — 정도로 이에 익숙해졌다. 그래서 이러한 의미에서의 이 '그리기'는 어떤 점에서는 역방향으로 행해

• •

104. 잉글랜드의 에드워드 3세가 창시한 가터 훈장(The Order of the Garter)에 새겨져 있는 명문. "이에 대해 나쁘게 생각하는 자는 스스로 부끄러워할지어다."이에 관해선 다음과 같은 일화가 전해진다. 에드워드 3세의 애인이었던 솔즈베리의 백작부인(Catherine Grandison)이 연회석상에서 연인과 함께 춤을 추던 중 그녀의 스타킹 밴드가 흘러내렸다. 이에 에드워드 3세는 당황해하는 그녀에게 위와 같이 말하면서 그 밴드를 건네주었다.—옮긴이

지는 기적이라고 할 수 있을 것이다. 그들이 꿈속에서 보고자하는 어떤 그림들을 광선을 통해서 내 신경체계에 주입한다면, 나 역시 내가 만들어 내고자 하는 인상의 그림들을 광선들에게 보여줄 수 있기 때문이다.

내가 겪은 일을 전부 경험해 보지 않은 사람은 이 '그리기' 능력이 내게 얼마나 큰 가치를 지니는지 좀처럼 상상하기 힘들 것이다. 단조로운 삶이 주는 이 한정 없는 황량함과 바보 같은 목소리의 수다에 정신적 고문을 당하고 있는 내게 이 능력은 자주, 거의 매일 매시간 진정한 위로와 기분전환이 되어주었다. 내가 했던 모든 여행의 기억들로부터 내 정신의 눈에 자연풍경의 인상들을 보여줄 수 있다는 것, 그것도 때로는— 광선들이 우호적인 태도를 취할 때는— 나 자신과 광선들에게조차 마치 그 풍경이 실제로 눈앞에 있는 듯한 인상을 줄 정도로, 놀랄 만치 생생하고 화려한 빛깔로 보여줄 수 있다는 것은 내게는 얼마나 큰 기쁨이었던가.

지금 이 문장을 쓰는 순간 나는— 시험 삼아— 마터호른Matterhorn산의 모습을 지평선에— 그 멋진 정상이 자연풍경 속에서 출현하는 디터스바흐Dittersbach 근처에— 떠오르도록 시도해 본다. 그러고는 눈을 감거나 뜨거나 상관없이 어느 정도까지 그것이 가능하다는 것을 확인한다. 이와 비슷한 방식으로 나는 지난해 수도 없이, 내가 아는 사람들의 형체가 내 방에 들어오거나 정원을 산책하는 모습을, 아니면 그들을 어디든 내가 보고자 하는 곳에다 '그렸으며'[105] 또 내가 어디선가 보았던 그림들, 구체적으로 말하면

『플리겐데 블래터*Fliegende Blätter*』(1844년 뮌헨에서 창간되어 1944년까지 발행되었던 주간지. 유머러스한 시와 그림이 많이 실렸다 ─옮긴이)에 나온 유머러스한 그림들을 내 옆에 실제로 생겨나게 했다. 잠이 오지 않는 밤에는 종종 광선들의 기적 소행에 맞서 다음과 같은 방식으로 되갚아 주었는데, 그것은 온갖 형체, 근엄하거나 우스꽝스러운, 감각적으로 자극적이거나 화들짝 놀라게 할 형체들을 내 침실이나 독방에서 행진하게 하는 것이었다. 이런 방식으로 내게 주어진 즐거움은, 그러지 않으면 거의 견디기 힘들었던 권태를 극복하는 데 매우 중요한 수단이었다. 피아노를 치면서도 자주 그에 맞는 그리기를 한다. 말하자면 피아노곡을 연주하는 동안 그 곡이 나오는 오페라의 전纂 장면 또는 그 일부를, 행동의 진행, 등장인물, 시나리오 등을 내 마음의 눈앞에 ─ 때로는 놀랄 만큼 뚜렷한 모습으로─ 떠오르게 하면서 연출하는 것이다. 기적을 통해 생겨난 새들을 주로 접하는 요즈음엔 가끔 그 새들을 화들짝 놀라게 하는 장면, 예를 들어 새들이 고양이에게 잡아먹히는 그림을 내 머릿속에 그리거나 하는 걸 즐긴다. 물론 높은 단계의 '그리기'는 제법 높은 수준의 정신적 노력을 필요로 하는데, 그것을 위해서는 최소한 견딜 만한 머리 상태와 좋은 기분이 전제되어 있어야 한다. 이런 조건들이 충족되었을 때, 특히 의도했던 그림들이 충실하게 그려지는 경우 생겨나는 즐거움

· ·

105. 나는 예를 들어─낮이건 밤이건 상관없이─나폴레옹이나 프리드리히 대제가 내 방을 지나가게 하거나, 황제 빌헬름 1세가 즉위식 복장을 하고 내 옷장에서 나오게 만들기도 한다.

은 제법 크다. 하지만 단지 즐거움이라는 목적 외에도 '그리기'는 내게 또 다른, 결코 그보다 중요하지 않다곤 할 수 없는 의미를 가지고 있다. 11장에서 언급했듯, 그림을 보는 것은 광선의 순화에 영향을 미쳐서, 광선들로 하여금 평소 그들에 붙어 있던 파괴적인 힘 없이 내 안에 들어오도록 만든다. 이 때문에 그들은 그리기에 의해 생겨난 그림을 기적으로써 지워버리려고 한다. 하지만 여기서 승리하는 것은 대개의 경우 내 쪽이다. 다시 말해, 확고한 의지를 동원하면 내가 그리고자 했던 그림들은 나와 광선들이 볼 수 있도록 남는다. 물론 그 그림이 불명료하거나 희미해지는 일도 자주 일어나기는 한다. 가끔 나는 피아노를 치면서도 동시에 '그리기'를 행하는데, 그건 그렇게 해야만 그나마 제대로 피아노 연주를 할 수 있기 때문이다. 그것을 통해 광선들이 내게 우호적으로 변하면 평소에 일어나던 방해 기적도 다소간 수그러든다.

사유 강제에 동반되는 또 다른 중요한 현상으로 언급해야 할 것은, 내게 들리는, 일정하게 지속되는 모든 소음, 곧 기차가 덜컹거리는 소리나 체인증기선이 윙윙 울리는 소리, 공연 등에서 흘러나오는 음악 등이, 목소리들이 내 머리에 대고 말하는 단어들과나 스스로가 신경진동을 통해 구성해 내는 단어들을 말하는 듯하다는 것이다.

태양의 말, 그리고 기적을 통해 생긴 새들의 말과는 달리 이는 당연히 주관적 느낌일 뿐이다. 이는 누군가가 말하거나 내가 구성해 낸 단어들의 울림이, 그와 동시에 수용되는 기차, 체인증기선, 뿌드득거리는 장화 등의 청각적 인상들과 함께 전달되기 때문이다. 나는 기차, 체인증기선 등이 태양과 새들처럼 정말로 말을 한다고 주장하려는 것은 아니다. 어쨌든 이 현상은 특히 광선들을 성가시게 한다. 광선들은 그들이 예전에 천체에서 멀리 떨어진 곳에 머무는 동안, 앞에서도(7장) 언급했듯 가장 성스러운 고요함에 익숙해지는 바람에 모든 종류의 소음에 소스라칠 정도로 자극받기 때문이다. 그런 이유로 '저 빌어먹을 기차가 말하기를 멈추기만 한다면', '저 빌어먹을 체인증기선이 말하기를 멈추기만 한다면'과 같은 문장들이 오래전부터 계속 반복되는 어구가 되었다. 하지만 당연하게도 이런 어구를 사용하는 것은 아무런 실질적 성과도 얻지 못했다. 어떤 불쾌한 상황을 없애려면 그것을 없애고픈 바람을 말로 표현하기만 하면 된다고 생각하는 것은, 영혼의 성격이 지닌 특성에서 비롯되는 것 같다. 그래서 그들은, 예를 들어 기적에 의해 내 얼굴이 뜨거워지거나 발이 차가워지면 "이 빌어먹을 열기가 멈추기만 한다면" 또는 "내 발이 얼지 않기를"이라고 소리 내어 말해야 한다고 요구하는 것이다. 실천적인 인간인 나는 그렇게 말하는 대신 당연히 찬물로 얼굴을 씻거나 발을 문질러 녹이는 쪽을 택한다. 영혼의 성격이 갖는 이런 특성이 그것의 약점으로 이해되어야 하느냐는 질문에는 아주 조심스러운 답변을 내놓아야 한다. 세계 질서에 걸맞은 그들의 존재 조건에 따라 영혼들은 다만 향유하기 위해서만 존재할 뿐, 인간이나 지구상의 다른 피조물처럼 실천적인 삶에서 행동하기 위한 존재가 아니기 때문이다. 기차가 말하는 것과 그 밖의 다른 소음들은 그 자체로는 그다지 내 관심을 끌지 않는 현상들이었을 것이다.

그런데, 그것들이 광선들의 사유 조작에 맞설 수 있는, 과소평가하기 힘든 권력 수단을 마련해준 뒤로는 내게 중요해졌다. 짧은 시간이나마 내가 스스로의 의지를 동원해 외부에서 오는 모든 진동을 배제하고 신경을 나의 의향대로 진동시킬 수 있기 때문에, 나는 그들이 표현하듯 일정한 시간 동안 "모든 소음을 지배한다." 이로써 나는 기차, 체인증기선이 지나가는 동안에는 아무것도 사유하지 않는 생각의 형태들을 광선들에게 강제함으로써 내 신경에 일시적으로나마 휴식을 마련해줄 수 있다.

18장

신과 창조 과정. 자연발생, 기적을 통해 생겨난 곤충들. 시선 이동. 시험 체계

앞 장에서 여러 번 신의 기적들에 대해 언급했지만, 지금까지는 그것이 내 육체에 어떤 해로운 영향들을 미쳤는지, 어떤 일들을 못 하게 했는지라는 특정 방향에서만 주로 이야기되었다. 이러한 상황은 전적으로 비정상적인 것으로, 세계 질서 자체의 본질적인 부분들이 어긋남으로써 생겨난 일이라는 건 분명하다. 신의 광선들의 본래 목적은 개별 인간들에 대항해 싸우거나 그의 육체를 파괴하는 것이 아니라, 창조하는 것이다. 이러한 광선들의 원래 기능, 곧 무언가를 창조하는 신의 기적의 힘은 지금도 많은 부분에서 내가 인식할 수 있을 만큼 드러나고 있다. 그 때문에 나는 여기에 이와 관련된 경험에 의해 하게 된 생각들을 이야기하려한다. 하지만 이는 지금까지 인간 정신이 다루어 온 것 중 가장 어려운 테마들이다. 따라서 내가 말하는 것이 불완전하며 아포리즘적 성격을 가질 수밖에 없다는 것을 처음부터 분명히 강조하고자 한다. 창조의 근원적인 비밀은 기본적으로 나에게도 봉인된 책이다. 이제부터 내가 이야기할 수 있는 것은 내가 얻은 희미한 예감들일 뿐이다.

이미 앞에서(1장 주석 13) 언급했듯, 신의 창조의 본질은 외부세계에 무언가를 산출하려는 의식적 의지에 의해 보내진 광선들이 스스로를 부분적으로 희생한다는 데 있다. 무언가가 생기기를 원하는 신이 광선을 통해 이 의지를 보내면, 그가 원한 것은 그 즉시 생겨난다. 성경은 이를 "신이 빛이 있으라 하시매 빛이 있었다"라는 말로 표현하고 있다. 보다 더 자세한 연관 관계는 인간의 이해력으로는 파악할 수 없다. 그런데 신의 창조력에 아무런 제한이 없는 것 같지는 않다. 그 창조력은 그것이 발휘되어야 할 천체와의 공간적 관계에서, 구체적으로는 그 천체에 근접한 정도에 따르는 일정한 조건에 묶여 있는 듯하다.

신은 완전한 인간을 창조하기 위해 — 나는 가늠할 수 없이 먼 시기에 실제로 이러한 창조 행위가 있었다고 믿는다 — 이렇게 말해도 된다면 범상치 않은 힘을 발휘하고 지극히 예외적으로 그 천체에 접근해야 하는데, 만약 그 접근이 지속되면 신의 존재 근거나 나머지 우주 전체의 안녕을 위협할 수도 있다.

이는 앞서 존재하던 하등동물을 기준 삼아 고등동물을 창조해야 했을 때도 마찬가지다. 따라서 우리는 한 천체에서의 창조는 다음과 같은 방식으로 이루어졌다고 생각할 수 있다. 곧, 새로운 종은 다윈이 이해했듯 하나의 종이 서서히 진화해서 생겨난 것이 아니라 개별 창조 행위들이 순차적으로 이어져서 만들어진 것이며, 그때마다 새로운 종은 — 그보다 앞선 종에 관한 기억이 완전히 결핍되지는 않은 채로 — 다른 종에 대한 일종의 모델로서 창조되었다는 것이다. 모든 종은 하나 또는 몇몇 개체들만으로 창조되었을 것이며, 그들에게 태생적으로 번식능력이라는 선물이 주어졌기 때문에 적절한 조건하에서 수많은 개체로 번식할 수 있었던 것이다. 당연한 말이지만 새로운 종의 창조는 그 종이 계속 생존할 수 있는 전제조건하에서만 가능했다. 그 천체의 물리적 환경들(온도, 공기와 물의 분포 등)이 일정한 수준에 도달하고, 고등한 종의 먹이가 될 식물과 하등동물이 충분히 존재해야 했다. 이러한 창조 전체의 정점은 인간의 창조였다. 이는 신과 유사한 존재이자 죽음 이후 다시 신으로 변신하는 존재(1장 주석 13 참조)를 창조하려는 사전계획에 따라 이루어진 것이다.

내게는, 여기서 개략적이고 간헐적으로만 암시한 우주진화론적 이해를 학문적으로 연구할 만한 전제들이 완전히 결여되어 있다. 참고할 만한 학문적 보조수단은 아무것도 없을 뿐 아니라, 내게 주어진 대부분의 시간 동안 그런 연구를 할 만한 건강 상태도 아니다. 왜냐하면 이 글을 쓰는 동안에도 계속해서 내 생각을 분산하거나 내 머리를 파괴하려는 기적들에 직면하고 있기 때문이다. 이 기적들은 내가 이 어려운 분야에 대해 지속적으로 사유하는 것을 종종 불가능하게 만든다. 이러한 이해를 학문적으로 규명하는 거대한 과제는 결국 나보다 더 날카로운 이성의 몫이 될 것이다.

따라서 앞으로는 위에서 말한 생각으로 나를 이끌었던 지각들을 전달하는 데 만족할 수밖에 없다. 그 목적은 독자들이 여기서 접하는 것이 단지 한 불쌍한 정신병자 — 사람들은 아직도 나를 그렇게 생각하고 있다— 의 공허한 헛소리에 불과한 것이 아니라, 매우 특별할뿐더러 다른 사람에게는 본성상 접근 불가능한 경험들에 입각해 있고, 또 수년간의 성숙한 사유를 통해 얻은 결과라는 것, 나아가 그것이 비록 모든 면에서 완전한 진리를 함축하고 있지는 않다고 하더라도 어쩌면 다른 사람들이 수천 년간 이것에 대해 사유하고 기록해 온 그 무엇과도 비교할 수 없을 만큼 진리에 가깝다는 인상을 주려는 것이다.

앞에서 말한 지각 중 가장 중요한 것은 몇 년 전부터 내가 신의 기적에 의해 **하등동물들**이 직접 발생하는 것(창조)을 체험했으며, 또 지금도 매일 매시간 내 주위에서 체험하고 있다는 사실이다. 이를 통해 나는 **자연발생**Generatio aequivoca, 부모가 없는 출생이라는 것이 실제로 존재한다는 확실한 신념에 도달했다. 이것은 자연과학의 물질주의적 경향이 주장하듯이 어떤 비유기체적 질료가 어쩌다가 서로 관계를 맺게 되어 그로부터 유기체적인(살아 있는) 존재가 생겨났다는 의미가 아니라, 이와는 완전히 다른 의미에서 신의 의지력 또는 창조의 힘이 목적의식적으로 드러남으로써 생겨난 존재라는 것이다. 이렇게 해서 창조된 동물들은 창조된 날과 계절에 따라 서로 다른 유에 속하는데, 그중 가장 많은 것이 거미를 제외한 모든 종류의 곤충들로, 파리·모기·말벌·벌·뒝벌·개미·나비·야조·나방 등이다. 이 동물들은 매번 특정한 때마다 일정한 주기로 계속 내 주위에 나타난다. 이 현상을 빈번하게 겪은 뒤로 내가 조금도 의심할 수 없게 된 사실은, 이들이 그전에 어디엔가 존재하다가 우연히 내 주위로 몰려온 것이 아니라 그때마다 새롭게 창조된 존재들이라는 것이다. 나는, 예를 들어 기적을 통해 눈이 감기고 짧은 순간에 결집한 광선들로 인해 어쩔 수 없이 잠이 와서 정원 벤치에 앉는 순간 파리, 말벌 아니면 뒹벌이나 모기떼가 내 잠을 방해하기 위해 출현하리라 확신할 수 있으며, 따라서 그것을 예견할 수도 있다. 대개의 경우 이 기적은 낮은 단계의 신(아리만)에게서 비롯된다. 그런데 최근에는 상대적으로 해가 없는 이런 종류의 기적이 높은 단계의 신(오르무즈트)에 의해서도 일어나는 것 같다. 그 이유는 앞에서도 언급했듯, 계속 증가하는 영혼 쾌락으로 인해 높은 단계의 신의 적대적 태도 역시 크게 감소하고 있기 때문이다.

내게는 이것들이 우연히 날아들어 온 게 아니라 나 때문에 새롭게 창조된 존재들이라는 사실을 확신케 해주는 증거들이 넘쳐날 만큼 많다. 물론 다른 사람들에게도 이만큼의 확신을 줄 수 있을지는 현재로서는 아직 회의적이다. 하지만 그것은 지금의 내게 그렇게 중요한 문제는 아니다. 내게 기적에 대한 나의 믿음과 신적인 일에 관한 나의 표상들을 선전하려는 의도는 전혀 없다. 나는 나에게서 관찰할 수 있는, 그리고 미래에는 더 분명히 등장하게 될 이 기적 현상들의 전체 그림이 언젠가는 다른 사람들도 진리를 인식 — 그러려면 아마 몇 년은 더 지나야 할 테지만 — 하는 데 도움이 될 거라는 확신을 가지고 내 체험과 경험 들을 이야기할 뿐이다. 하지만 일정한 시간에 방에 파리가 날고 바깥에서 말벌이 날아드는 것은 전혀 이상한 일이 아닌데도 이 모든 현상을 나와 어떤 관계를 맺고 있는 신의 기적이라고 믿는 것은 나의 병적 상상력의 소산이라는 반박이 제기될 수 있을 것이기에, 여기서 몇 년 동안의 반복을 통해 내게 확신을 주었던 몇 가지 중요한 사실만이라도 언급하고자 한다. 언급했던 종류의 곤충들이 등장할 때마다 내 눈에는 그와 동시에 시선 이동 기적이 행해진다. 지금까지 언급하지는 않았지만 이 기적은 몇 년 전부터 아주 여러 번 계속해서 일어나고 있다. 광선들은 언제나 자신들 마음에 드는 것만 보려고 한다. 거기에는 그들의 쾌락을 자극하는 여성적 존재, 혹은 1장에서 말했듯이 자기 창조물을 바라보는 즐거움을 주는, 그들이 행한 기적이 포함된다. 그래서 그들은 내 눈 근육에 영향을 미쳐서 내 눈이 특정한 방향으로, 내 시선이 이제 막 창조된 것들(아니면 여성적 존재들)로 향할 수밖에 없도록 만든다.

그런 일을 수천 번 반복해서 경험한 후 나는 이 과정의 객관성에 대해 조금도 의심하지 않게 되었다. 왜냐하면 우연히 내 주위에 나타난 파리, 말벌, 나비 따위에게 결코 나 스스로의 동기에 따라서는 특별한 주의를 기울이려 하지 않을 것이기 때문이다. 그 자체로는 관심도 없는 특정 대상에로 내 눈이 돌아가게 되는 것인지, 아니면 내가 자발적으로 관심이 가는 곳으로 눈을 돌리는 것인지를 나 자신이 의식할 수밖에 없다는 사실에 대해선 그 누구도 이견이 없을 것이다.[106] 여기에 덧붙여 말할 것은, 나와 말하는 목소리들이

• •

106. 본문 중에서 이야기했던 이런 종류의 시선 이동 기적은 다른 상황에서도 벌어진다. 최근 나에 대한 광선들의 태도가 우호적이 된 이후 시선 이동 기적은 전적으로 내게 도움을 주는 방식으로 일어난다. 예를 들어 내가 책들 사이에서 한 권의 책을, 혹은 내 노트 중에서 특정한 노트를, 혹은 너무 작아 눈에 잘 띄지 않는 작은 대상(바늘, 담배 가위 등)을 찾을 때 나의 시선이 기적(눈 돌림)을 통해

이 현상을 대화 주제로 삼는다는 것이다. 이는 여러 가지 방식으로 일어난다. 조작적인 방식으로 내 신경에 '저 빌어먹을 파리들이 없어진다면', '저 빌어먹을 말벌들이 사라진다면' 등과 같은 특정한 우려 생각 또는 소원 생각을 주입하거나, 아니면 그때마다 등장하는 시험 의도Examinationsabsicht를 좇는다. 13장에서 이야기한 것처럼, 내게 아무것도 사유하지 않는 상태가 등장할 때마다, 다시 말해 내 신경에서 언어를 통해 표현된 생각이 울려 나오지 않을 때마다 신은 내게 완전한 천치('백치') 상태가 출현했다는 생각을 하지 않을 수 없다. 그런데 신은 이런 자신의 가정이 정말로 들어맞는지, 정말 자신이 원하던, 광선들의 최종적인 퇴각이 가능한 시점이 도래했는지 확인하고 싶어 한다.

이를 알아보기 위한 시험의 형태는 무척이나 특이해서, 인간의 본성을 아는 사람에게는 거의 이해되기 힘들 정도다. 그들은 내 주위 사람들, 그것도 광인들의 신경을 자극해서 그들이 예전에 배웠던 지식 중 아직 기억하고 있는 특정한 파편적 용어들(주로

• •

내가 찾던 것으로 향하는 것을 나는 거의 매일 경험하고 있다. 그 객관성을 전혀 의심할 수 없는 이 현상은, 내가 생각하기에 신의 특성과 힘을 인식하는 데에 근본적으로 중요하다. 이로부터 도출되는 사실은, 첫째 광선들이 (이 또한 수천 가지 근거들에 의해 내게는 의심할 바 없는데) 내 생각을 읽을 수 있다는 것이고(그렇지 않다면 그들이 내가 그 순간 무엇을 찾고 있는지 알 수 없을 것이기에), 둘째 그들이 내가 찾는 대상이 어디 있는지 알고 있다는 것이다. 달리 말하면 태양 광선을 매개로 삼는 신에게 그 대상이 있는 장소는, 시각능력을 매개로 지각하는 인간과는 비교할 수 없을 만큼 완전하고 확실한 방식으로 지각된다. 그를 위해서는 완전히 밝은 대낮의 빛도 필요 없다. 밤의 흐릿한 불빛만으로도 충분하다. 이로써 나는 어두컴컴한 밤이나 완전한 암흑에서도 시선 이동을 통해 내가 찾던 대상들을 쉽게 찾을 수 있다.

외래어)을 말하게 함으로써 그것이 내 귀에 들려오게 하고, 그와 동시에 (의식 또는 이해력 내에) '접수되었음Fand Aufnahme'이라는 단어를 내 신경 속으로 주입한다. 구체적인 사례를 들면, 먼저 아무 맥락도 없이 한 광인의 입에서 '합리주의' 혹은 '사회민주주의'라는 단어가 튀어나온다. 그와 동시에 내게 '합리주의'와 '사회민주주의'라는 개념들에 대한 이해가 있는지, 다시 말해 내가 아직 이 단어들이 의미하는 바를 알고 있는지 알아보기 위해, 목소리들에 의해 '접수되었음'이라는 단어가 울리는 것이다.

내가 백치가 될 거라 생각하는 그들의 고집스러움과 그들이 가정하고 있는 나의 멍청함의 정도는 너무도 커서, 그들은 내가 아직 주위 사람들을 알고는 있는지, 일상적인 자연현상이나 예술, 일상적인 물건들, 그 밖의 다른 일들에 대해 아직 알고는 있는지, 심지어 나 자신이 누구인지 혹은 누구였는지에 대해 알고 있기는 한 건지 매일같이 의심할 정도다. 날 시험하기 위해 사용되는 '접수되었음'이라는 말은 시선 이동을 통해 내 시선이 특정 현상이나 대상을 향해 돌아간 뒤에 울린다. 몇 가지 사례를 더 들면, 내 신경 속에서 그 말은 다음과 같은 방식으로 울린다. 곧 '참사원–접수되었음', '수간병인–접수되었음', '돼지구이–접수되었음', '기차–접수되었음', 그리고 특히, '이것이 판사회의 의장이었다고 한다–접수되었음' 등으로 울리는 것이다. 이는 몇 년 전부터 매일 매시간 수천 번씩 반복되면서 일어나는 일이다. "Incredible scriptu"("믿을 수 없는 것이 쓰여 있다" – 옮긴이)라고 나 자신도 이야기하고 싶지만 이 모든 일은 정말 사실이다. 이는 신이 살아 있는 인간을 제대로 판단하는 일에 전적으로 무능하다는 사실을 사람들이 좀처럼 이해하지 못하는 것과도 같다. 수없는 관찰을 통해 이 생각에 익숙해지기까지는 나 자신 또한 그리 오랜 시간이 걸렸으니 말이다.

기적을 통해 생겨난 곤충들이 등장할 때도 이와 유사한 방식의 시험 과정이 일어난다. 예를 들어 지금 같은 계절(9월 초)에 정원 산책을 할 때면 특히 나비들이 많다. 나비 한 마리가 등장하면 거의 예외 없이 첫 번째로 이제 막 처음 창조되었음에 틀림없는 그 존재를 향한 시선 이동이 일어나고, 두 번째로 내 신경 속에서 목소리들에 의해 주입되는 '나비–접수되었음'이라는 말이 울린다. 다시 말해 그들은 내가 이제는 나비가 무엇인지조차 모를 수 있다고 여기고, 나비라는 개념이 아직도 내 의식에 수용되는지 확인하는 것이다.

이런 이야기는 무척 냉철한 독자에게조차, 내게 정말 이상한 일이 일어나고 있다는 인상을 줄 것임에 틀림없다. 어쩌면 사람들은 내가 진실을 말할 수 있는지 그리고 진실을 말하고자 하는지, 다시 말해 내가 과장하고 있거나 자기기만에 빠진 것은 아닌지 의심할 수도 있을 것이다. 하지만 나는 — 나의 정신적 능력에 대해 사람들이 어떻게 생각하건 간에 — 결코 훼손될 수 없는 진리애과 비범할 정도로 날카로운 관찰력이라는 이 두 가지만은 무슨 일이 있어도 나의 특성으로 내세울 수 있다고 확신할 수 있다. 건강하던 시절의 나를 알았거나, 지금이라도 내 모든 행동의 증인이 될 수 있는 사람이라면 그 누구도 내가 이 두 가지 특성을 가지고 있음을 의심하지 않을 것이다.

나는 위에서 기적을 통해 생겨난 하등동물들(곤충 등)이 계절과 하루 시간대에 따라 달라지는 것을 관찰할 수 있다고 이야기했다.

신이라 할지라도 아무 때나 무엇이든 창조할 수 있는 것은 아니다. 신의 창조력의 정도는— 계절과 하루의 시간들이 생성되는 데 결정적인— 태양과 지구의 관계, 그리고 또한 그때그때의 날씨에 의존된 것으로 보인다. 이와 관련해 내가 앞에서(1장, 그리고 7장 주석 44에서) 전개했던 생각, 곧 태양을 신에게 낯선 권력 요소로 볼 것이 아니라 어떤 점에서는 신 그 자체와 동일한 것으로 여겨야 한다는, 곧 지구 가장 가까이에 위치하면서 창조하는 기적의 힘을 발휘하는 신의 도구라고 생각해야 한다. 다른 말로 하면 신의 창조는, 신 자신과 천체 사이에 그가 확립해 놓은 공간적 관계와 그로부터 비롯되는 빛과 온기의 조건에 따라서만 이루어질 수 있다는 것이다. 그에 따라 나비들은 낮에만, 말벌이나 벌, 뒝벌은 특히 따뜻한 낮에만 나타나는 반면, 야조, 모기, 나방들은— 이 곤충들이 원래 그렇듯이— 불빛에 이끌려 밤에 나타나는 것이다.

이들이 15장에서 이야기했던, 기적을 통해 생겨난 (말하는) 새들과 어떤 유사점을 갖는지, 갖는다면 어느 정도나 유사한지는 대답하기 어려운 질문이다.[107] 나는 15장에서, 말하는 새들 역시 계절에 따라 서로 다른 종류로 출현한다고 이야기했다. 그럼에도 이 둘 사이에는 근본적인 차이가 있다. 말하는 새들에게는— 앞에

• •

107. 이에 관해선 주석 99를 참조하라.

서 언급했던 근거들에 의거해 나는 이렇게 가정한다 — 이전의 인간 영혼들의 나머지가 꽂혀 있는 데 반해, 기적을 통해 생겨난 곤충들에겐 그렇지 않다는 것이다. 물론 말벌이나 파리가 주변에서 오랫동안 윙윙거리고 있으면 내 머리에 들리는 목소리들의 울림이 그 소리에 전달되어 마치 말하는 것처럼 느껴지기는 한다. 하지만 17장 말미에서 언급한 다른 소음들(기차, 기선 등)과 마찬가지로 이 역시 주관적 느낌이라는 건 의심의 여지가·없다. 그러나 기적을 통해 생겨난 곤충들에게는 이와는 다른 흥미로운 점이 나타나는데, 이는 그들이 그때마다 새로 창조된 존재들이라는 나의 가정을 확증해 준다. 이 곤충들은 나에 대한 신의 태도에 따라 더 성가신 존재들과 덜 성가신 존재들로 번갈아 가며 등장한다. 앞에서 이야기했듯 그 태도는 그때마다 내게 존재하는 영혼 쾌락의 정도와 신이 퇴각함으로써 생겨난 거리에 의해 규정된다. 신이 더 멀어질수록 그리고 영혼 쾌락이 적을수록 신은 나에게 덜 우호적이 된다. 우호적인 태도와 비우호적인 태도의 주기는 하루에도 여러 번 급격히 변화한다. 예를 들어 신이 내게 비우호적이 되면 밤에는 집게벌레나 거미 같은 것들이, 낮에는 말벌, 뒝벌 등이 나타난다. 이들은 가까이 다가오면 특별히 성가시고 역겨우며 — 침을 쏘아서 — 인간에게 고통을 일으키는 동물들이다. 그에 반해 신이 내게 우호적인 경우에는 그다지 성가시다고 여겨지지 않는 파리, 나방, 나비 등이 등장한다.

이와 관련해 이제 이른바 '놀람 기적Schreckwunder'에 대해 이야기해야겠다. 내 추측에 이 또한 신의 창조하는 기적에 의한 현상인 듯하다. 이 놀람 기적 — 이 표현은 내가 아니라 목소리들이 사용한 것으로, 그 의도가 누군가를 놀라게 하는 **효과**에 있음을 가리킨다 — 은 몇 년 전부터 내 주위에서 매우 다양한 형태로 행해지고 있다.

지난 몇 년간 때때로 내가 침대에 누워 있을 때 — 잠들지는 않고 깨어 있는 상태에서 — 무척이나 기묘하고, 침대만큼이나 커다란 용처럼 생긴 형체들이 침대 바로 곁에 등장했다. 6장에서 언급했듯 플레히지히 정신병원에 머물던 시기에 자주 보았던 '검은 곰'과 '흰 곰' 역시 이 '놀람 기적'의 범주에 속하는 것일 게다. 갑자기 검은 그림자가 출현하는 식의 놀람 기적은 이미 몇 년 전부터 일어나고 있다. 지금도 매일 낮과 밤에 내가 복도를 걷거나 피아노를 치거나 하면, 바로 내 옆에 인간과 유사한 형태가 출현한다. 나는 그 놀람 기적 또는 그와 유사한 것을 임의대로 도발할 수도 있다. 내가 손을 흰색 표면에, 예를 들어 흰색으로 칠한 거실문이나 흰색 자기로 덮인 오븐 위에 대면, 태양에서 나오는 광선이 아주 특이하게 변화함으로써 생기는, 매우 독특하게 일그러진 그림자들이 보인다. 이 현상들이 결코 단순한 주관적 느낌(크레펠린의 『정신의학개론』 110쪽에서 말하는 '시각적 착각')만은 아니라는 것은 내게는 전혀 의심할 바가 없는데, 왜냐하면 놀람 기적이 일어날 때마다 매번 시선 이동(눈의 돌아감)을 통해 내 주의가 그리로 향하기 때문이다. 이는 피아노를 칠 때도 일어난다. 나 자신의 자유로운 의지에 따라 내 생각은 당연히 악보에 대한 시각적 인상이나 음악의 아름다움에서 비롯된 느낌에 머물려 하지만, 내 눈은 그와는 다른 방향으로 돌아가 문이나 주변에 생겨난 그림자로 향하게 되는 것이다. 나의 추정 — 당연하지만 여기서 가능한 것은 추정뿐이다 — 에 따르면 이 놀람 기적은 아마도 신의 창조의 출발점으로 간주되어야 할 것이다. 그건 이 기적이 특정 상황하에서는 일시적으로 급조된 인간들로, 그보다 높은 단계에서는 실제 인간 혹은 지속적으로 존재하는 다른 피조물로 응집될 수 있기 때문이다. 몇 년간 익숙해진 탓에 이 기적이 날 놀라게 만드는 효과는 오래전에 사라져 버렸다. 지금의 나에게 이 기적은, 내가 실제로 관심을 끄는 대상들을 바라보려 할 때마다 내 주의를 다른 쪽으로 이끎으로써 날 성가시게 할 뿐이다.

　다음 장에서는 신의 본성, 신의 창조의 본질과 관련된 측면들이 이야기될 것이다.

19장

앞 장의 계속. 신의 전능과 인간 의지의 자유

앞 장에서 나는 자연발생(부모가 없는 출생)이 실제로 일어나고 있다는 확신과, 그것을 뒷받침하기 위해 기적에 의해 생겨난 곤충들에 대해 내가 관찰한 바를 이야기했다. 그런데, 오해를 피하기 위해 여기에 어느 정도의 제한이 필요하다. 그것은 지구에 자연발생이 다시 일어나게 된 것은 세계 질서에 어긋나는 상황이 생겨난 이후이며, 그 이전의 우리 천체에서는 수천 년에 걸쳐 자연발생은 일어나지 않았다는 것이다. 근본적으로 말해 '자연발생'이란 다른 곳에서 내가 — 성경 또는 다른 종교 문헌들이 전하는 말과 일치하듯이 — 신적인 기적을 통한 창조라고 말했던 것을 글자 그대로 지칭하는 말에 다름 아니다.

내가 갖게 된 근본적인 관점에 따르면, 신과 신의 피조물이 갖는 관계는 다음과 같다. 곧, 신은 인간 창조라는 창조 작업의 목적이 달성될 때까지만 — 지구에, 그리고 지구와 동일한 발전 수준에 도달한 다른 천체에 — 기적의 힘을 발휘한다. 이 시점

이후 신은 자신이 창조한 유기적 세계를 그 자체에 맡겨둔 채 아주 예외적인 경우에만 가끔 기적을 통해 개입한다(1장 참조). 통상적으로 신은 다른 천체들에만 관여하고, 세상을 떠난 인간들의 영혼을 천상계로 끌어올리는 활동에 주력한다. 그 자신은 광활하게 먼 곳으로 퇴각했다.[108]

나의 의도는 이 근본 관점에 대한 학문적 근거들을 제시하려는 것이 아니다. 우주 발전사에 관한 학문적 저작을 쓰려는 것이 아니라 내가 체험하고 경험한 것을 이야기할 뿐이지만, 다른 한편으로 나는 어쩌면 그로부터 지금까지 내가 획득한 정도의 인식이 도출될 수 있으리라는 기대를 갖고 있기도 하다. 나는 위에서 언급한 근본 관점이 기본적으로 나의 개인적 운명을 통해 확증될 것이며, 다른 사람들 역시 내가 신의 기적의 중심이 되었다는 사실을 더 이상 외면하지 못할 시점이 올 것이라고 생각한다. 내가 암시하기만 했던 결론들을 학문적으로 체계화하고 많은 세부적인 부분에 필요할 수정 작업은 다른 사람에게 맡길 수밖에 없을 것이다. 이를 염두에 두고 이제 다시 원래의 주제로 돌아가겠

· ·

108. 이전에 어디선가 우리 종교 문헌 중 한 곳에서 "우리 주는—창조 작업이 끝난 후—여행을 떠났다"라는 문장을 읽었던 게 기억나는데, 이 문장은 내가 언급한 상황을 비유적으로 표현하고 있다. 한동안 나는 이 문장이 성경에 나온다고 생각했지만, 성경책이 생긴 후에 찾아보니 그 문장이 적어도 내가 찾아본 곳—모세 창세기—에는 등장하지 않는다는 걸 알았다. 이 문장이 어디 다른 곳에서 나온 것인지는 신학자들이 대답할 수 있을 것이다. 어쨌든 내게는 이 문장이 내 머리에서 생겨난 것은 아니라는 느낌이 있다. 만일 우리의 종교 문헌에서 이를 찾을 수 없다면 지금은 잊어버린 어떤 계기에 의해 목소리로부터 받은 것이라고 가정할 수밖에 없겠다.

다.

한 천체에서의 창조 작업은 개별 창조 행위들이 연쇄적으로 이어짐으로써 이루어졌으며, 그로 인해 하등한 형태의 유기적 생명체가 고등한 형태로 발전한 것이라고 가정한다. 주지하듯, 이 생각은 새로운 것이 아니라 최근의 진화사적 논의에 관심을 가진 사람이라면 누구든 많건 적건 공유하고 있는 것이다. 쟁점이 되는 질문은, 이 진화 과정을 지배하는 것은 맹목적인 우연이며, 이 과정이 점점 더 완전한 방향으로 발전한 것이 뜻밖의 우연인지 아니면 더 고등한 형태를 만들어 내려는 의식적 의지인 신의 '지적 원인'이 작용했음을 인정해야 하는지 하는 것이다. '이신론적理神論的 견해의 고집스러움'은 많은 사람에게 사유능력이 부족하기 때문이라고 설명하는 학자들도 진화 과정에 일정한 '목표지향성'이 존재한다는 것만은 인정하고 있다. 이 책의 내용 전체는 나로 하여금 살아 있는 신의 존재를 직접적으로 확신케 했다. 그에 따라 나는 내게 주어졌던 초감각적 인상들의 견지에서 신과 창조된 세계의 관계를 완전히 새롭게 바라보려는 시도를 해보려고 한다.

천체 자체(항성, 행성 등)도 신에 의해 창조되었는지 하는 질문에 대해서는, 1장에서도 언급했듯이 나 역시 다른 사람처럼 아는 바가 없다. 그렇기에 칸트–라플라스의 성운설[109]이 타당할 수도

. .

109. 1796년 피에르 시몽 라플라스가 주창한 태양계 발생 이론. 그는 태양계를 이루는 행성들이, 태양 주위를 맴돌던 가스가 태양의 온도가 갑자기 하강하면서 응집되어 생겨난 것으로 설명한다. 임마누엘 칸트가 1755년 「보편 자연사와 천상의 이론」에

있다는 가능성을 열어두어야 한다. 유기적 세계와 관련해서는, 식물계와 동물계의 창조 과정에 본질적인 차이가 있다고 가정해야 할 것 같다. 신의 신경(광선) 중 미세한 부분들이 창조 행위를 거쳐 동물의 영혼이라는 형태로 변화했다고 생각할 수는 있겠지만, 동물은 아무리 하등하다고 하더라도 자기의식이라는 특성을 신의 광선과 공유하고 있다. 그러나 신의 광선이 식물 속으로 들어간다는 것은, 적어도 인간으로서는 이해하기 힘들다. 물론 식물도 어떤 의미에서는 살아 있다고 볼 수 있지만 이들에게는 자기의식이 없기 때문이다. 이와 관련해 우리는 다음과 같이 생각할 수 있을 것이다. 곧, 일정한 조건만 조성된다면 태양빛과 더불어 지구에 내리쬐는 광선의 반사만으로도 식물계를 창조하기에는 충분하다. 따라서 신이 유기적 동물계를 창조하기 위해 금성에 접근했을 때, 당시 아직 그보다 덜 발전되었던 지구에 식물계가 생겨났을 수도 있다는 것이다. 하지만 내게는 이런 종류의 고찰을 위해 필요한 아무런 신적 영감도 주어진 바가 없다. 그래서 이 논리를 계속 밀고 나간다면 결국 소득 없는 사변에 빠져들 것이고, 자연과학적으로 교육받은 학자들은 눈에 뻔히 보이는 이런 오류들을 지적할 것이다. 하지만 내게는, 신의 광선에는 모든 종류의 **동물**, 궁극적으로는 인간으로 변신할 수 있는 능력, 곧 이런 피조물들을 만들어 낼 수 있는 **잠재적인 능력**이 내재하고 있다고 가정할 만한 확실한 근거들이 많다.

• •
　서 먼저 이와 유사한 이론을 내놓기도 했다.—옮긴이

이에 관련해 나는 보통 이상으로 특이한 경험과 관찰을 많이 했다. 무엇보다 먼저 언급할 만한 것은, 흡인력으로 인해 내게 쏟아져 내렸던 높은 단계의 신의 광선(신경)이 한동안, 그리고 아주 많은 경우 내 머리에서 인간의 형태로 출현했다는 것이다. 이를 언어로 묘사하는 대신, 다행스럽게도 내 머릿속에서 자주 보았던 그 모습과 놀랄 만치 유사한 실재하는 그림이 있다. 『근대 예술Moderne Kunst』[베를린, 리하르트 봉Richard Bong 출판사] 제5권에 있는 프라디야Pradilla의 그림 〈사랑의 윤무Liebesreigen〉가 그것이다. 이 그림의 왼쪽 위에는 팔을 앞으로 뻗고 손을 맞잡은 채 하늘에서 내려오는 여자의 모습이 보이는데, 이를 남자로 바꾸기만 하면 높은 단계의 신의 신경이 — 이미 언급했듯 여러 번 — 내 머리로 내려오는 것과 상당히 흡사한 장면을 떠올릴 수 있다. 그의 머리, 가슴, 그리고 팔은 뚜렷이 구분되었다. 팔은 옆으로 뻗어 있었는데, 마치 신경들의 접근을 막기 위해 만들어진 장애물 — 당시 플레히지히의 영혼이 설치해 놓은 천상의 둥근 천장(8장을 참조하라) — 을 없애려는 듯하다. 낮은 단계의 신(아리만)의 광선들도 그에 못지않게 자주 인간의 얼굴을 하고 내 머릿속에 등장한다. 그런데 그 인간은 무언가가 특별히 맛있을 때, 사람들이 감각적 만족을 얻었을 때 하는 것처럼 (영혼 쾌락이 생겨나자마자) 혀로 입맛을 다시는 것처럼 보인다.

이와 관련해 앞 장에서(6장, 9장) 여러 번 언급했던 작은 남자들에 대해 다시 한번 이야기해야겠다. 영혼들(광선들)이 특정 조건하에서 작은 인간의 형태로 내 머리 또는 몸의 다른 부분에 나타나는 것을 수도 없이 관찰했던 나로서는, 신의 광선에 특정한 상황에서 인간 형태로 변신하거나 인간이 될 수 있는 잠재력이 자리 잡고 있다고 간주할 수밖에 없다. 이러한 관점에서 보면 "신이 당신의 모습대로 사람을 지어내셨다. 신의 모습대로 사람을 지어내셨다"(「창세기」 1장 27절 - 옮긴이)라는 잘 알려진 성경 구절도 새롭게 조망된다. 여기에는 지금까지 사람들이 감히 그렇게 생각지 못했던 글자 그대로의 의미가 놓여 있을 수도 있다.

추정컨대 인간은 신이 창조할 수 있었던 것 중 최고의 존재다. 다른 피조물들은 신의 최종 목표였던 인간의 창조로 나아가기 위한 무한히 긴 준비의 연속일 뿐이었다. 그렇다고 인간만을 창조한다는 것은 당연히 말도 안 되는 일이었을 것이다. 왜냐하면 인간이 살아가기 위해서는 한편으로는 인간의 먹이로서, 다른 한편으로는 다른 목적에 기여하는 수많은 하등동물의 형태가 존재해야 하기 때문이다. 그렇지만 인간을 창조하는 능력은 하등동물을 창조하는 것보다 높으며, 거기에는 낮은 능력 또한 포함되어 있다. 그렇기 때문에 인간은 인간이 출현하기 위한 토대가 마련된 뒤에야 비로소 창조될 수 있었다. 우리는 인간이 출현하기 전에 창조된 동물들의 계열 안에서 점점 인간의 구조로 접근하는 경향이 등장함을 인식하지 않을 수 없다.

개별 종들을 창조함으로써 그 종에 대한 창조 작업이 종결되었다면, 인간을 창조함으로써는 신의 창조 작업 전체가 종결되었다. 모든 개별 종들은 이전에 창조된 삶의 조건들에 의해, 번식능력을 통해, 태양의 온기의 지속을 통해 생존 가능하게 되었다. 각각의 종들, 나아가 그에 속하는 개체가 얼마만큼이나 생존할 수 있는지는 그 종의 저항력과 개체들의 적응력에 맡겨졌으며, 더 이상은 신의 직접적인 영향을 받지 않게 되었다.

이와 관련해 나는 앞에서(8장, 13장 주석 86) 암시했던 신의 전지전능함이 인간의 자유의지와 갖는 관계에 대해 몇 가지 이야기하려 한다.[110] 신이 미래의 일을 알고 있는지, 만일 그렇다면 그것이 의심할 여지 없이 존재하는 인간 의지의 자유와 어떻게 양립하는지라는 질문에 대해 사람들은 오래전부터 고민해 왔다. 이에 대한 올바른 관점을 얻기 위해 우선 생각해야 할 것은, 신에게는 어떤 의미에서는 과거도 미래도 존재하지 않는다는 사실이다. 신 자신에게 다가오는 시간은 특별히 행복한 상황도, 그렇다고 괴로운 운명도 아니다. 신은 모든 시간에 걸쳐 동일하다. 이는 영원성이라는 개념에 함축되어 있는 바이다. 그런데, 신이 그에 의해 창조된 존재들 — 종과 개체들 — 의 미래를 알 수 있는가라는 질문이 제기된다면, 거기에 대한 해명은 몇 가지 사례를 통해 가장 잘 이루어질 수 있다. 그래서 나는 다음과 같은 질문을 던진다. 미래에 대한 신의 전지전능함이란 신이 다음에 일어날 일들을 미리 알 수 있다는 의미인가? 곧,

· ·

110. 내가 (1894년 3월 초) 받았던 최초의 비전은 신이 인간의 자유의지와 갖는 관계에 대한 본질적인 해명을 주었다. 내 기억으로 그 비전은 신이, 이렇게 말해도 된다면, 나에게 자신을 드러내 보여주었던 첫 번째 비전이었다. 유감스럽게도 그동안 너무 긴 시간이 흘렀고 나중에 대거 등장한 비전들의 인상 때문에 그 세부 사항은 내 기억에서 사라져 버렸다. 그 비전을 본 다음날 아침 플레히지히 교수에게 그 내용을 이야기하고 그에 관해 대화를 나누었던 일을 기억하고 있다.

1. 지구에 살고 있는 수백만의 사람들 각각이 몇 살까지 살 것인지.
2. 일정한 시간 안에 거미가 자신이 짠 거미줄로 모기를 잡는 데 성공할 것인지, 나아가 어떤 종류의 모기를 잡을 것인지.
3. 복권 가게의 수백만 개의 번호 중 어떤 번호가 당첨될 것인지.
4. 현재 일본과 유럽 강대국들이 중국과 벌이고 있는 전쟁이 어떤 조건하에서 평화롭게 해결될 수 있을 것인지.

나는 위 사례들이, 중세 스콜라 철학이 수백 년간 예정조화라는 개념으로, 그리고 그와 관련된 문제들을 다루어왔던 방식을 상당히 정확히 포착하고 있다고 믿는다. 위 질문들을 던져보는 것만으로도 우리는 저 질문들을 긍정하는 것이 부조리하다는 사실을 알 수 있다. 위에서 선택된 사례들은 관련된 개별인이나 그 민족에게는 아주 중요한 이해관계를 갖는, 어떤 점에선 생사가 걸려 있는 질문들이다. 하지만 신에게 이 질문들이 그리 중요하지 않다는 점에서는 동일하다. 신은 자신이 창조한 종들(그와 함께 그 종에 속하는 개별 개체들)에게 자기보존을 위해 필요한 모든 조건을 갖추어 주었다. 그들이 얼마만큼이나 이 조건들을 사용할지, 그것을 통해 어떤 성과를 얻어낼지는 그 존재들에게 달려 있으며, 따라서 신은 그것을 미리 짐작할 수 없다.[111] 물론 자신이

..
111. 이와는 달리 질문 3의 예를 좇아 이야기하자면, 나는 이론적으로는 신이 어떤

창조한 고등 형태, 구체적으로 인간이란 종 전체 또는 그 일부를 유지하는 데 아주 큰 이해관계를 가지고 있는 신이 필요한 경우엔 예외적으로, 또 기적을 통해 사후적으로라도 개입하는 일이 전적으로 배제되지는 않는다. 하지만 이 경우에도 신의 권력수단이 사용되었다는 이유만으로 거기에 지속적인 성과가 보장되어 있다고 전제할 수는 없다.

지금까지 이 장에서 이야기한 것은 모두 세계 질서에 어긋나는 상황과 관련되어 있다. 나로 인해 세계 질서에 생겨난 거대한 변화의 영향 범위가 어디까지인지는 나 자신도 완전히 조망할 수 없다. 신이 어쩔 수 없이 지구에 다가와 계속해서 (상대적으로) 가까운 곳에 머물게 됨에 따라 지구는 — 다른 천체들이 등한시되고, 축복을 새로 쌓는 일도 중단되면서 — 다시 지속적으로 신의 기적이 출현하는 장소가 되었다. 광선들은 아무런 활동도 하지 않는 상태를 유지할 수 없는 것으로 보인다. 이전에는 창조(기적)가 광선들의 본성이었다. 그런데 세계 질서에 따라 그들에게 부여

<hr />

번호가 당첨될지를 규정할 수 있는 가능성이 존재한다고 생각했다. 나 자신과 주위 사람들에게서 보았던 유사한 여러 기적에서처럼, 신이 항아리에서 로또를 뽑는 사람(부모 없는 고아)의 시선이 신 자신이 원했던 로또 번호로 가도록 하는 것이 그 자체로 불가능하지는 않을 것이다. 신은 항아리 안 어디에 어떤 번호가 있는지 지각할 수 있다. 나는 이를 주석 106에서 언급했듯, 작아서 눈에 잘 띄지 않는 대상이 어디 있는지를 신이 분명히 알고 있다는 사실에서 도출해 냈다. 그렇지만 그런 종류의 로또 기적(임시로 이 표현을 사용하자면)이 일어나지는 않을 것이다. 왜냐하면 신이 그럴 만한 일도 하지 않은 개인에게, 그런 엄청난 행운을 안겨줄 목적으로 기적의 힘을 사용할 이유가 없기 때문이다. 달리 말하면 신은 이 경우, 아니면 이와 유사한 경우에서도 미래를 알지는 못하지만, 그럴 만한 충분한 근거가 있다면 어느 정도까지는 미래를 만들 수 있다.

된 과제를 수행하는 것이 잠정적이라고는 하지만 어쨌든 불가능해
진 이후 이 기적의 힘은 다른 데로 향하고 있는데, 그 대부분은
지속적인 성과도 생겨나지 않는 아무 목적도 없는 힘의 과시에
다름 아니다.

기적이 일어나는 대상은 무엇보다 나 자신과 내가 관계하는
대상들이다. 내 주위 사람들의 행동에도 기적이 행해지고 있다.
그들의 신경이 광선의 영향을 받아 말하고, 기침하고, 재채기하고,
방귀를 뀌고, 배변하는 등의 자연적 기능을 수행하도록 움직여지
고 있는 것이다. 내 주변에 있는 동물들에도 기적이 행해지고
있다. 예를 들어, 말이 울고 개가 짖는 것 등도 광선이 이 동물들의
신경에 영향을 주었기 때문이라는 건 내가 그것을 관찰한 뒤에는
의심할 수 없게 되었다. 마지막으로 하등동물(앞 장에서 언급했던
곤충 등)을 새롭게 창조하는 기적도 행해진다. ─ 이 모두는 아무
목적도 없는 행위다. 살아 있는 동물과 사람들은 기적이 없어도
이미 그런 일들을 할 수 있으며, 기적을 통해 새로 창조된 곤충들
또한 이미 다수로 존재하므로 사실 새롭게 창조할 필요도 없기
때문이다.

이 모든 점을 고려해 볼 때 기적 활동은 나에게는 그저 목적
없는 괴롭힘이며, 다른 사람과 동물에게는 공허한 놀음이다. 이런
상황은 신에게도 ─ 앞에서도 언급했듯이 ─ 못마땅한 것으로 여
겨지고 있다. 새로 창조된 것들에 대한 신의 기쁨은 잠시뿐인
데다가 곧바로 불안 상태가 이어지며, 흡인력 때문에 전체 덩어리
에서 떨어져 나온 신의 신경들은 그런 불안 상태에서 도와달라고

외치면서 내게로 떨어져 내린다. 이처럼 모두에게 달갑지 않은 상태가 정상적인, 세계 질서에 걸맞은 궤도로 돌아갈 수 있을지, 그것이 어떻게 가능할지에 대해 내가 알 수 있는 건 당연히 추정뿐인데, 이에 대해서는 이 책의 끝에서 몇 가지 고찰을 하게 될 것이다.

20장

나 개인과 관련된 광선들의 자기중심적 이해.
개인적 관계들의 진전 양상

　살아 있는 인간을 유기체로서 이해하지 못하고 그 인간의 사고 활동을 제대로 판단하지 못하는 신의 무능력과 관련하여 여러 측면에서 내게 중요한 의미를 갖게 된 한 가지를 추가해야겠다. 간단히 말해 그것은 일어나는 모든 일이 나와 관련되어 있다고 지칭할 수 있다. 이 문장을 쓰고 있는 나는 다른 사람들이 내가 병적 상상을 하고 있다고 생각할 수도 있음을 잘 이해하고 있다. 모든 것을 자신과 관련시키고, 일어나는 모든 일을 개인과 연결하려는 경향은 정신병자들에게 자주 나타나는 현상임을 잘 알고 있기 때문이다. 하지만 실제로 내 경우에 이는 전도되어 있다. 신이 나와의 배타적 신경 첨부에 들어간 이후, 나는 신에게 모든 것이 그를 중심으로 이루어지고 모든 일이 그와 관련될 수밖에 없는, 따라서 그의 관점에서도 모든 것이 그 자신과 관련될 수밖에 없는 인간 그 자체 혹은 유일한 인간이 되었다.

　처음에는 나 역시 전혀 이해할 수 없었고 그런 일이 존재한다는 것도 몇 년의 경험을 통해서야 비로소 사실로 인정할 수 있었던 이런 철저히 뒤집힌 이해는, 기회가 있을 때마다 그리고 수많은 계기마다 내게 드러난다. 예를 들어 내가 책이나 신문을 읽으면 그들은 거기에 나타난 생각들을 내 생각이라고 여긴다. 내가 노래나 오페라의 피아노 부분을 연주하면, 그들은 그 노래나 오페라 텍스트가 나 자신의 느낌을 표현한다고 믿는다. 이는 교육받지 못한 사람들이 가끔 연극을 보면서 배우가 말하는 것이 자신들의 감정을 재현하고 있다고, 혹은 배우들이 실제로 그 극에 등장하는 인물이라고 생각하는 것과 똑같은 순진한 무지이다. 내가 〈마술 피리Zauberflöte〉의 아리아 중 "아, 나는 사랑의 행복이 영원히 사라졌다고 느낀다" 혹은 "지옥의 복수심이 내 가슴에서 끓어오른다. 내 주위에서 죽음과 절망이 불타오른다"를 연주할 때, 내 머릿속 목소리들이 나 자신이 정말로 영원히 행복을 잃어버렸다고, 절망에 휩싸였다고 말하는 것을 들으면 나는 그저 유쾌할 뿐이다. 그렇다고 해서 "왜 그걸 (소리 내어) 말하지 않지요?"라는 질문을 던지고 기회가 있을 때마다 "접수되었음"이라고 말하는 끔찍한 헛소리를 수년 동안이나 들으며 강요당했던 인내심 테스트를 과소평가해서는 안 될 것이다. 이 헛소리가 너무도 터무니없어서 나는 한동안 정말 이를 신에게서 나온 것이라 여겨야 할지, 아니면 멀리 떨어진 천체에서 일시적으로 급조된 인간들과 같은 방식으로 창조된, 정신이 없는 어떤 하등한 존재가 기록과 질문 작업을 위해 사용한 것은 아닌지 고민하기도 했다.

나는 내 '작은 연구'에서 이를 긍정하는 근거들과 부정하는 근거들을 서로 따져보았다. 세부적인 것에 관심을 가진 사람은 거기에서 상세한 내용을 찾아 읽을 수 있을 것이다. 단정적으로 말하지는 않겠지만 그래도 나는 위에서 말한 바보 같은 질문들을 제기하는 것이 멀리 떨어져 있는 신 자신이라는 것, 따라서 신이 그 질문에 근거로 놓여 있는 오류에 지배당하고 있다[112]는 견해에 기울어 있다. 여기서 드러나는 인간 본성과 인간 정신에 대한 신의 무지는, 신 자신이 거기 참여하고 있다고 여길 수밖에 없는 다른 현상들, 예를 들어 배변 문제를 다루는 데에서 — 나 자신을 간략히 표현하자면(16장 말미) 말이다 — 또 아무것도 생각하지 않는 것이 정신박약과 동일하다거나 신경언어가 실제 인간의 언어라고(13장) 가정하는 등에서 드러나는 무지보다 더 크지는 않다.

나를 둘러싼 세계 질서에 어긋나는 상황들과 관련해서 신이 결코 무오류성의 요구를 내세울 수 없다는 것은, 나를 박해하는 정책을 결정하고 그와 관련해 기록 시스템, 완전히 말하지 않는 시스템, 땅에 붙들어 매는 시스템 등을 설치한 것이 신 자신이었다는 사실에서 의심할 바 없이 도출된다. 이 정책은 불가능한 목적을 좇고 있다. 이미 앞에서도 언급했듯 당시 나는 기적의 효과에 대해 전혀 알지 못했다. 그래서 기적이 초래하는, 인간 경험을 넘어서는

. .

112. 나는 앞에서(9장 164쪽)는 이와 반대되는 의미로 이야기한 바 있다. 이 문제는 그 본성상 내가 확고한 견해를 갖기 힘든 것들이다. 그래서 지금도 나는 한 번은 이 견해를, 다른 때는 다른 견해를 지지하는 듯 보이는 새로운 인상들에 따라 흔들리고 있다.

테러들로 인해 근 일 년 동안이나 정말로 이성을 상실할지 모른다고 믿었다. 하지만 지난 오 년 이래로, 세계 질서는 인간의 이성을 파괴하는 수단을 신에게조차 넘겨주지 않는다는 것을 철저히 확신케 되었다. 그럼에도 신은 지금까지도 '나를 내버려두는' 게 가능하다는 그와 반대되는 생각에 이끌려 계속 새로운 시스템을 설치하면서, 몇 년 전이나 오늘이나 매일매일 거의 똑같은 형태로, 그 잘못된 생각에서 벗어나는 것이 불가능하다는 증거를 보여주고 있다. 그럼에도 다시 한번 강조하고 싶은 것은, 내가 이것을 신이 세계 질서에 따라 원래 그의 영향이 미치는 영역에서는 영원한 지혜로 충만해 있다는 사실과 결코 모순되지 않는다고 생각한다는 것이다.

일어나는 모든 일, 나아가 다른 사람이 말한 모든 것을 나와 관련시키려는 요구는 정기적으로 정신병원 정원을 산책할 때 제기된다. 그로 인해 정신병원 정원에 머무는 일이 매우 힘들어졌는데, 이는 또한 이전에 나와 다른 환자들 사이에서 가끔씩 일어나곤 했던 거친 광경과도 관련되어 있다. 오래전부터 내 몸에 들어 있는 영혼 쾌락은 이제는 삽시간에 광선 모두를 결집시킬 수 있을 정도로 강해졌고, 그로 인해 이제는 잠을 자는 데 필요한 조건이 마련되었다. 그 때문에 그들은 몇 년 전부터 — 특히 전날 밤 잠을 제대로 못 자서 피곤한 경우 — 내가 벤치에서 잠들지 않도록 단 이 분도 나를 조용히 혼자 앉아 있게 내버려두지 않고 즉시 이른바 '훼방'(10장 참조)을 일으키는데, 이는 광선들이 다시 퇴각할 수 있도록 하기 위함이다. 그 '훼방'은 어떤 때는 18장에서 언급했던 것처럼 기적을 통해 곤충들을 생겨나게 하는 등의 해가 없는 방식으로도 행해지지만, 어떤 때는 정신병원 다른 환자들이 내게 말을 걸거나 바로 옆에서 시끄러운 소음을 내게 하는 방식으로도 이루어진다. 이것이 기적이 그 인간들의 신경을 자극해서 일어난 일이라는 데는 조금의 의심도 없다. 그때마다 매번, 앞에서 (7장과 15장) 묘사했던 현상, 다시 말해 단어들이 내 머리를 타격하는 듯한 고통으로 느껴지는 일이 동시에 생겨나기 때문이다.

대부분의 환자들[13]이 낮은 교양 수준과 거친 성품을 지닌 미치광이들이라 매번 천박한 욕설을 내뱉는데, 그 욕설들의 내용은 광선들이 나와 관련시키려던 것들이다. 어떤 때는 아무 언어 교환도 없이 다짜고짜 날 공격해 오기도 하는데, 한번은 D박사가 내가 다른 신사와 조용히 체스를 두고 있을 때 날 공격했다. 나는 내게 가해지는 모욕들이 결국 미치광이에게서 나온 것이라 여기고, 오래전부터 가능하면 그냥 무시하려고 노력하고 있다. 하지만 무시하는 데도 한계가 있다. 이전에 자주 일어났고 지금도 심심치 않게 일어나듯이, 미치광이들이 내 몸에 바짝 달라붙거나, 내가 반응을 보이지 않음으로써 그들을 멸시하는데도 계속해서 날 자극하는 욕설을 멈추지 않으면, 난 겁쟁이로 보이지 않기 위해 때로 거기에 말로 응대하지 않을 수 없다. 그런데 통상 한마디 말은 다른 말을 불러내게 마련이라서, 한때는 그로 인해 제대로 된 격투 상황이 발생하기도 했다. 그때 나는 ─ 싸움을 못 하게

<hr>

113. 당연히 이 환자들의 이름도 전부 기록되었다.

하려고 갑작스럽게 내 무릎 관절에 기적이 행해지는데도 불구하고
— 날 공격한 자를 만족스럽게 바닥에 때려눕히곤 했다.

다행스럽게도 몇 년 전부터는 그런 노골적인 싸움까지 가지
않고 피할 수 있게 되었다. 하지만 지금도 정원을 산책할 때 그런
소란을 피하려면 내 편에서 꽤나 큰 조심성과 인내가 요구된다.
미치광이들이 모욕적인 어구를 퍼부으며 내게 달려드는 상황이
지금도 계속되고 있기 때문이다. 그와 동시에 "접수되었음", "왜
그것을 (소리 내어) 말하지 않지요?", "내가 바보라서" 혹은 "내가
두려워서" 등등의 진절머리 나는 목소리들의 헛소리는, 그 모욕적
어구들을 나와 관련짓게 만드는 것이 신의 의도임을 알 수 있게
한다.

가능한 한 평정과 체면을 유지하고, 그와 동시에 신에게 내
이성이 멀쩡하다는 증거를 지속적으로 제시하기 위해 나는 몇
년 전부터 오후 산책 때마다 체스판을 정원에 들고 나가 대부분의
시간을 체스를 두며 보내기를 습관화했다. 나는 이런 행동을,
선 채로 체스를 두어야 했던 혹독하게 추운 겨울의 짧은 시기에
이르기까지 계속했다. 체스를 두는 동안엔 상대적으로 평정이
유지된다. 내 방 안에서도 비슷하게 불쾌한 일들이 일어난다.
다른 환자들이 이유도 없이 계속 내 방에 — 이른바 '훼방'으로서
— 들어오는 일이 생긴다. 이것 역시 초감성적인 무언가와 관련되
어 있음은 의심할 수 없다.

이 모든 사건, 그리고 몇몇 다른 고려들은 약 일 년 전부터
나로 하여금 조만간 이 정신병원을 나가야겠다는 결심을 하도록

만들었다. 내가 속한 곳은 미치광이들 사이가 아니라 교양 있는 사람들 사이다. 교양 있는 사람들과 있으면, 예를 들어 1900년 부활절 이후 함께했던 정신병원 원장과의 식사 때에는 기적을 통해 일어나던 수많은 역겨운 일들, 그중에서도 특히 고함이 사라진다. 소리 내어 이루어지는 대화에 참여함으로써 내가 이성능력을 완전히 보유하고 있다는 것을 신에게 증명할 기회를 얻게 되기 때문이다. 신경에 병이 나긴 했어도nervenkrank 나는 결코 자기 일을 돌보지 못하는(독일제국 시민법 BGB 6조), 또는 공법상의 근거로 본인의 의지에 반해 정신병원에 붙잡아 둘 수 있는 정신병 Geisteskrankheit을 앓고 있지는 않다.[114]

그래서 몇 년 전인 1895년 말 내게 후견인이 필요하다고 잠정적으로 결정이 내려졌다는 사실을 우연히 알게 된 이후, 나는 작년 (1899) 가을 해당 관계 부처로 하여금 그 후견인 결정이 최종적인 것인지 아니면 철회될 수 있는지에 대한 판결을 내리게 했다. 그런데 내 기대와는 달리, 이곳 정신병원 관리국이 작성한 감정서와 올해(1900) 1월에 행해진 법정 심문에 근거하여, 올 3월 드레스덴 왕립법원은 나에게 금치산 선고를 내렸다. 이 결정의 근거가 적절하지 못하다고 여길 수밖에 없었던 나는 시민 재판 규정을 근거로 드레스덴 법원의 왕립 검찰에게 금치산 선고 철회를 요구했다.

· ·

114. 나는 정신병자들을 그 자신의 의지에 반해 공공정신병원에 붙잡아 둘 수 있는 조건들에 관해 올해 초 논문 한 편을 집필했고, 그것을 법학 잡지에 실으려고 했다. 하지만 유감스럽게도 내가 문의한 잡지 편집부는 지면이 없다는, 또는 다른 이유를 들어 글을 싣기를 거부했다. 나는 이 책이 출판되면 그 논문을 부록으로 첨부하려고 생각하고 있다.

드레스덴 왕립법원재판소의 결정은 아직 나지 않았지만 늦어도 올해 안에는 이루어질 것이다. 지금까지의 재판 경과를 여기서 자세히 이야기할 필요는 없을 것이다. 더 넓은 범위의 사람들이 이 재판 자료에 관심을 갖는다면, 드레스덴 왕립재판소와 지방재판소 서류들이 그에 대한 완전한 자료를 제공해 줄 것이기 때문이다. 이 서류들에는 나의 종교적 견해들을 담은 언급들도 포함되어 있다.

거의 알아차리지 못하는 사이에, 원래는 신의 본성에 대해 고찰하려던 이 장에서의 논의가 다시 나 자신에 관한 이야기로 돌아와 버렸다. 그런 김에 관련된 몇 가지를 더 이야기하겠다. 최근 들어 나의 외적인 삶의 조건과 정신병원 관리자들이 나를 대하는 태도도 적지 않게 나아졌다. 이전보다 인간 존엄에 걸맞아졌다고 말하고 싶다. 그렇게 된 데 적잖은 역할을 한 것이 나의 집필 작업으로, 그것이 내가 통상적인 학문적 경험 분야를 넘어서는 현상들과 관계하고 있다는 인상을 주었기 때문이다. 내 몸 상태가 어떤지 묘사하기는 쉽지 않다. 일반적으로 말하면, 매우 강한 육체적 편안함과 다소 고통스럽고 불쾌한 상태가 급격하게 번갈아 가며 일어나고 있다. 이 육체적 편안함의 감정은 특정한 시간에 높은 수준에까지 상승하는 영혼 쾌락 때문이다. 이 영혼 쾌락은 내가 침대에 누워 있을 때 조금의 상상력만 발휘하면, 성교 시 여성의 성적 향유를 맛보게 해주는 감각적 만족을 제공할 정도로 강하다.

이에 대해 더 상세한 것은 다음 장에서 이야기하겠다. 다른 한편으로는, 내게 행해지는 기적으로 인해 (신이 내게서 퇴각할 때마다) 아주 고통스러운 상태가 번갈아 가며 찾아온다. 거의 예외 없이, 이 상태는 갑작스럽게 생겨나서는 매번 다시 금방 사라진다. 이런 현상들 외에도 좌골신경통, 비장근경련, 마비 현상 그리고 돌연한 허기 같은 것들이 일어나는 데, 예전엔 요통과 치통도 드물지 않게 찾아왔다. 한동안(아직 독방에서 자던 때) 요통이 너무 심해서 침대에서 일어나면서 — 반쯤은 자발적으로 내질러지는 — 고통의 비명을 지르지 않을 수 없었다. 정신적인 일은 아무것도 못 할 정도로 치통도 심했다. 지금도 나는 거의 중단되지 않는 일종의 두통을 겪고 있는데, 이것은 의심할 바 없이 일반적인 두통과는 전혀 다른, 다른 사람들은 전혀 알지 못하는 종류의 것이다. 지상에 묶여 있는 광선들이 일정 수준의 영혼 쾌락에 도달한 후 다시 퇴각을 시도할 때마다, 잡아끄는 듯하거나 잡아당기는 듯한 고통이 일어난다. 대부분의 경우엔 그와 동시에 고함 기적이 일어나는데, 이것이 자주 반복되면서 불쾌하게 머리가 흔들린다. 식사 중에 고함 기적이 생기면 입에 있던 걸 뱉지 않으려고 무척 조심해야 한다. 이처럼 급격하게 돌변하는 내 상태는 전체적으로 미치광이 같다는 인상을 불러일으키고 그로 인해 내 삶 전체도 그렇게 낙인찍히는데, 이러한 상황은 내 주변 인물 대다수가 얼토당토않은 사건이 생겨나는 데 기여하고 있는 미치광이들이기에 더 심해진다.

좀처럼 한 가지 일에 오랫동안 매달릴 수 없다. 지속적으로 무언가를 읽거나 쓰면 연이은 두통이 생겨나기에 그 외에 다른 일을 해야 한다. 그래서 많은 경우 작고 하찮은 일을 하면서 시간을 보낸다. 그러면 **육체적으로는**(피아노를 칠 때를 제외하고) 가장 편안하다. 이로 인해 지난 몇 년 동안 나는 기계적인 일, 풀 붙이기, 그림에 색칠하기 등을 하면서 시간을 보내야 했다. 몸을 편안하게 하는 데 특히 도움이 되는 것은 바느질, 먼지 털기, 침대보 정리, 설거지 등 여성적인 것으로 간주되는 일들이다. 피아노 치는 것 말고는 이런 사소한 일밖에 하지 못하는 날들이, 다시 말해 내 머리 상태 때문에 이보다 더 큰 정신적 욕구를 만족시키는 일을 하지 못하는 날들이 지금도 계속된다. 전반적으로 보아 밤의 수면 상태는 이전보다 많이 좋아졌다. 계속해서 생겨나는 고함 상태(강한 쾌락과 번갈아 가며 일어나는) 때문에 때로 침대에 누워 있지 못하게 된다는 것은 앞에서 말했다. 그 때문에 올해도 몇 번인가 자정 혹은 밤 1시경부터 침대에서 일어나 조명(지금은 마련되었다)을 켠 채로, 하지만 한여름엔 그것도 없이 아침까지 몇 시간을 앉아 있어야 했다. 3시나 4시부터 거의 밤의 삼분의 일을 이런 식으로 보내야 하는 것이다. 꿈 때문에 잠을 설치는 일이 잦은데, 그 꿈들의 내용('여성적 감정'을 돌보는 것에 대립하는 '남자로 놓아두기')으로 보아, 광선의 영향으로 인해 꾸게 된 것으로 보인다. 비전의 성격을 갖는 꿈, 다시 말해 비전 고유의 생생한 인상을 주는 꿈들은 지금은 예외적으로만 등장한다.

목소리들이 하는 말은 계속해서 바뀌고 있는데, 이 책을 쓰면서 보낸 비교적 짧은 시기에도 벌써 여러 번 바뀌었다. 이전에 자주 사용되던 어구 중 많은 것, 예를 들면 '아무것도 사유하지 않는 생각'을 연상시키는 어구들은 지금은 거의 들리지 않는다. 16장에서 이야기했던, 말하는 속도가 지연되는 정도도 더 증가해서, 목소리들이 하는 말의 대부분은 이제는 머릿속에서 쉬쉬거리는 소리가 되었다. 내가 — 여기서 나는 '불행하게도'라고 말해야 한다 — 기억하고 있는 걸 떠올려 어떤 어구가 나올 것이라고 미리 알지 않는 한 이제는 아무 단어도 알아듣지 못할 정도가 되었다.

영혼 쾌락의 증가로 인해 생겨난 이러한 모든 변화들과 — 그와 동일한 이유에서 일어난 — 내게 행해지는 기적들의 변화가 앞으로 점점 더 많이 일어날 것으로 보인다. 현재로서 내게 가장 성가신 것은 — 간혹 생겨나는 불편한 머리 상태와 더불어 — 벌써 이 년, 아니 삼 년째 날 엄습하고 있는 고함 상태인데, 이는 지난 몇 년 사이 거의 참기 어려운 돌림병의 수준에 도달했다. 이 부분에서도 앞으로 뭔가 나아지는 점이 있을지는 예견하지 않겠다. 앞에서 제기했던 근거들로 볼 때 내가 이 정신병원 바깥에 체류하게 된다면 이런 불쾌한 상황들은 완화될 것이라고 생각한다.

21장

축복과 쾌락 사이의 관계. 이것이 개인 행동에 미치는 결과

지금까지 내가 주장했던 기적의 실재성과 내 종교적 견해의 진리성의 증거를 제시하려 하지는 않았다. 여러 번 언급되었던 고함 상태[115] 말고도 그것을 증거할 만한 많은 근거는 내 몸 상태에서 찾을 수 있다. 내 몸에서 인식할 수 있는 여성적 특징들을 조사해 본다면 나는 지금이라도 사람들이 그에 대해 확신할 거라고 생각한다. 그래서 이 장에서는 이에 관해 이야기하려 한다. 그에 앞서 이전에 내가 이곳 정신병원 관리국에 이에 관해 전달한 사항을, 일부는 요약해서, 일부는 그대로 전하고자 한다.

올해(1900) 3월 13일 드레스덴 왕립재판소가 나에 대해 금치산

• •

115. 현재 이 고함 상태는(이 주석은 1901년 2월에 추가하는 것이다) 매일 아침 잠에서 깨어 침대를 떠나 옷을 입거나, 씻거나(목욕을 할 때도) 혹은 몸을 드러내거나 할 때, 내 주변에 교육받은 사람이 있다면 그 누구라도 내게 일어나는 일이 결코 자연적인 것이 아니라는 확신을 할 정도로 심한 광경이 벌어지고 있다. 유감스럽게도 그 아침 시간 내 주위에 있는 건 교육받지 못한 간병인이나 정신병 환자들뿐이다. 나는 시간이 지나면 이런 상황이 개선될 수 있으리라고 생각한다.

선고를 내린 후 나는 같은 달 24일 이곳 정신병원 관리국에 소명서를 보냈다. 거기에서 나는 금치산 선고 철회를 청구하기 위한 — 그 사이 실제로 청구했다 — 본질적인 관점들을 개진했다. 나는 소명서를 보낸 이유로, 재판 시 왕립정신병원 관리국이 감정서 제출을 요구받게 될 텐데 그를 기화로 내 병의 본성에 관한 나 자신의 견해를 관리국에 제시함으로써 의사들로 하여금 새 감정서를 작성하기 전 내가 특별히 지적했던 점들을 관찰하게 하는 것은 매우 중요한 일임을 밝혔다. 올해 3월 24일에 보냈던 소명서에서는 다음의 구절이 중요하다.

본인의 의도는 이른바 본인의 '망상'과 '환각'의 진리성을 이성적으로 서술하여 사람들을 설득하려는 것과는 거리가 멉니다. 본인은 현재 시점에서 이것이 매우 제한된 범위에서만 가능하리라는 걸 잘 알고 있습니다. 인간의 경험 영역을 넘어서는 본인 육체 상태의 변화가 이후 그것을 확증할지 아닌지는 미래에 맡겨두었습니다. 다만 다음의 한 가지만은 지금 천명하고 싶습니다.;

적어도 제가 아는 바로는, 보통 남성의 쾌락신경은 성기와 성기 주변에만 있는 데 반해 본인의 몸 전체는 성숙한 여성의 육체처럼 정수리에서 발뒤꿈치까지 쾌락신경으로 꽉 차 있습니다. 이 주장이 맞는지 확인하기 위해 언제든지 본인의 몸을 의학적 조사에 맡길 준비가 되어 있습니다.

그 조사를 통해 본인의 주장이 옳다는 것이 밝혀진다면, 그와 동시에 남자의 몸에서 그런 현상이 일어난다는 것을 자연적인 인간의 관점으로는 전혀 설명하지 못한다는 것을 의학이 고백하게 된다면, 제 몸이 광범위하게 신의 기적의 영향을 받고 있다는 이른바 저의 '망상'은 보다 넓은 범위의 사람들에게 지금과는 전혀 다르게 받아들여질 것입니다.

이 첫 번째 소명서에 이어 올해 3월 26일에 두 번째 소명서를 제출했는데, 아래에 그 전문을 인용한다.

3월 24일에 제출한 소명서에 이어 왕립정신병원 관리국에 아래와 같은 부탁을 드리는 바입니다. 본인의 몸에 쾌락신경이 퍼져 있는 것이 왜 본인의 종교적 견해뿐 아니라 재판소의 금치산 판결에 대처하는 데 중요한지는 이전의 소명서를 통해 알 수 있을 겁니다.

그에 따라 다음 사항들에 대해 답변해 주신다면 본인에게 큰 도움이 될 것입니다.

1. 쾌락감정을 전달하는 특별한 기능을 가진 신경(그것이 최근 베버 박사에게 들었던 표현에 따라 쾌락신경, 또는 감각신경이라 불리건 아니면 다른 학문적 명칭을 갖든 상관없이)이 존재한다는 것이 과학적 신경이론에 의해 인정받고 있는지.

2. 그런 쾌락신경을 여자는 온몸에, 남자는 성기와 그 주변에만 가지고 있다는 저의 주장이 올바른지, 다시 말해 이 주장이 과학적 신경이론이 인정하는 사실을 이야기한 것인지, 아니면 현 수준의 과학에 의하면 옳지 못한 주장인지.

이에 대해 서면으로 설명해 주시거나, 아니면 본인 스스로가 필요한 부분을 발췌할 수 있도록 신경이론을 과학적으로 다루고 있는 책을 대출해 주는 형식으로 답변해 주신다면 매우 감사하겠습니다.

높은 존경을 바치며 (서명)

이 두 번째 소명서에 이어 같은 해 3월 30일 마지막으로 세 번째 소명서를 제출했는데, 그것은 아래와 같다.

3월 26일 왕립정신병원 관리국에 제출했던 이른바 쾌락신경과 관련된 본인의 부탁에 대해, 어제저녁 베버 박사가 그에 관한 대화를 허락했고 또 정신병원 의학도서관에서 관련 서적 두 권을 일정 기간 대출해 주는 호의를 베푸셨습니다.

본인이 다시 한번 제기된 질문으로 돌아가려는 것은, 단지 본인의 개인적 이해관계 때문만은 아닙니다. 그것은 본인 몸에 대한 관찰이 아마도 이 분야의 과학을 풍성하게 할 수 있으리라 생각하기 때문입니다.

베버 박사의 말을 본인이 제대로 이해했다면, 과학적 신경이론은 쾌락 감정을 전달하는 특별한 신경의 존재를 인정하지 않습니다. 나아가 베버 박사는 그런 종류의 신경은 말할 것도 없이, 외적인 접촉을 통해 신경 자체를 느낄 수 있다는 생각에 반대했습니다. 다른 한편 베버 박사는 쾌락 느낌 — 그것이 어떤 생리학적 원인에서 생겨났건 간에 — 이 남성에게보다 여성에게 더 높은 수준으로, 몸 전체를 포괄하는 느낌으로 존재하며, 특히 유방선이 아주 높은 수준의 쾌락 느낌에 참여한다는 사실에 대해선 부인하지 않는 듯했습니다. 제 견해에 따르면, 이는 여성에게는 남성보다 더 높은 수준으로 몸 전체를 뒤덮은 어떤 기관(그것을 힘줄, 신경 또는 달리 어떻게 부르건 상관없이)이 존재한다고밖에는 달리 설명할 수 없습니다. 제게 **주관적으로 확실한** 것은, 제 몸이 — 수차례 언급했던 제 견해에 따르면 신의 기적의 결과로 — 그런 종류의 기관들을 통상 여성의 몸에서만 일어나는 것과 같은 방식으로 지니고 있다는 사실입니다. 제 몸의 어느 부위든 손으로 살짝 누르면, 피부 표면 아래 실 혹은 끈과 같은 구조가 생겨나는 걸 **느낍니다.** 이것은 여자라면 유방이 위치한 가슴 부위에 존재하며, 특히 끝부분이 매듭처럼 두껍게 느껴진다는 특징을 가지고 있습니다. 이 부분을 누르면서 무언가 여성적인 것을 생각하면, 본인은 여성의 것에 상응하는 쾌락 느낌을 일으킬 수 있습니다. 부가적으로 언급하면, 본인이 이를 행하는 것은 쾌락을 즐기기 위해서가 아닙니다. 잠을 자거나, 보통 때는 견디기 힘든 고통에서 벗어나기 위해 특정한 시간에 어쩔 수 없이 행하는 것입니다.

본인은 가끔씩 방문하는 형수의 팔에서 (제가 여기에 관심을 갖게 된 이후) 이런 실 혹은 끈 같은 구조를 감지했으며, 그로써 그것이 모든 여성의 몸에 같은 방식으로 자리 잡고 있다고 생각하게 되었습니다.

본인은 여성의 피부가 특유의 부드러움을 갖는 것도 이 때문이라고 믿는데, 본인의 몸에서도 이런 부드러움을 감지할 수 있습니다.

여기에 추가로 언급할 것은, 본인의 몸에 나타나는 여성적 특성들이 일정한 주기를 가지며 최근에는 그 주기가 점점 짧아지고 있다는 것입니다. 모든 여성적인 것은 신의 신경을 끌어들이는 영향력을 갖습니다. 그래서 본인에게서 퇴각하려 할 때마다 그들은 본인의 몸에 등장하는 여성적 증상들을 기적을 통해 밀어 넣으려고 합니다. 그 결과 본인이 쾌락신경이라고 지칭한 이 구조는 안쪽으로 밀려들어가 더 이상 피부 표면에서는 분명히 느낄 수 없게 되고, 유방도 납작해집니다. 얼마 후 그들이 다시 본인에게 다가올 수밖에 없게 되면 이 쾌락신경(다시 한번 이 표현을 사용하면)이 또다시 등장하고 유방이 다시 둥글게 부풀어 오릅니다. 현재 이런 일은 몇 분 간격으로 이루어지곤 합니다.

앞의 이야기를 통해 본인이 개인적인 이해관계뿐 아니라 동시에 학문적 이해관계를 좇고 있다는 것을 왕립정신병원 관리국께선 의심하지 않을 것입니다. 본인의 견해에 따르면 초감각적인 것과 관련되어 있는 이러한 사실들을 밝힘으로써, 남자로서 창피한 줄 알아야 한다는 비난에서 면제되기를 희망합니다.

높은 존경을 바치며 (서명)

앞서 인용한 것에 몇 가지 더 추가할 내용이 있다.

3월 30일의 소명서 서두에서 언급한 대화에서 베버 박사가 내게 이야기한 것이 현재의 신경학 분야의 수준에 상응한다는 것을 난 의심하지 않는다. 그럼에도 이 분야의 문외한으로서 겸손함을 갖고 다음과 같은 확신을 말하지 않을 수 없다. 곧 내가 묘사했던, 내 몸에서 지각할 수 있는 실이나 끈 같은 구조는 신경이며, 쾌락 느낌을 운반하는 특별한 쾌락신경이 존재한다는 것이다. 내가 이런 확신을 갖게 된 것은, 무엇보다도 문제가 되는 그 구조가 내가 확실히 알 수 있는바, 다름 아닌 한때 신의 신경에서 기원한 것으로서 내 몸에 이전된 뒤에도 신경으로서의 원래 특성을 거의 잃어버리지 않았기 때문이며, 두 번째로는 언제든지 그것을 살짝 누르기만 하면 자극된 쾌락 느낌을 내가 실제로 지각할 수 있기 때문이다. 따라서 나는 앞으로 그것을 쾌락신경이라 지칭하는 것이 타당하다고 여긴다.

광선이나 신의 신경이 계속 흘러들어 와 내 몸을 쾌락신경으로 채우는 일은 벌써 육 년이 넘도록 한 차례의 중단도 없이 계속되고 있다. 그 때문에 지금 내 몸이 그 현상에서는 다른 어떤 여성적 존재에도 뒤지지 않는 수준의 쾌락신경으로 가득 차 있음은 놀라운 일이 아니다. 3월 30일 소명서에서도 밝혔듯이, 외적으로 이 현상은 신이 멀리 퇴각하느냐, 아니면 ─ 광선들에게 결핍된 생각을 내게서 찾기 위해 ─ 다시 다가올 수밖에 없느냐에 따라 반복되는 주기로 일어난다.

광선들이 접근하면 내 가슴은 상당히 커진 여성의 유방 같은 인상을 준다. 날 관찰하려는 사람은 누구나 이 모습을 눈으로 직접 볼 수 있다. 그러한 한 나는 시각적 관찰에 입각한 증거를 제시할 수 있다. 물론 잠깐 훑어보는 것만으로는 충분하지 않다. 그것을 관찰하려면 약 십 분 내지 십오 분 동안 내 옆에 머무르는 수고를 해야만 한다. 그러면 누구라도 내 유방이 부풀어 올랐다 가라앉기를 반복한다는 것을 감지할 것이다. 물론 내 팔이나 가슴 사이의 계곡에는, 아주 미미한 정도이기는 해도 아직 남성의 털이 있고, 또 젖꼭지도 남자의 그것처럼 작은 크기 그대로다. 하지만 이를 제외하고 내가 상의를 벗고 거울 앞에 서 있는 걸 본다면 — 거기에다 여성의 장신구를 곁들임으로써 어느 정도 상상력을 자극한다면 — 누구라도 의심할 바 없이 여성의 상체라는 인상을 받게 될 것이라고 감히 주장한다. 그렇다고 정신병원을 나간 뒤 나 스스로 나서서 다른 사람들의 관찰의 대상이 되겠다는 것은 아니다. 하지만 단순한 호기심이 아니라 학문적 관심에 의해 추동되었다고 생각되는 전문가들에게는 관찰을 허락할 생각이다. 앞에서도 주장했다시피, 지금까지 어떤 남성의 몸에서도 이와 유사한 현상이 관찰된 바가 없다면 그것은 진지한 남성들에게서도, 사람들이 지금껏 나의 환각이나 망상이라고 여겼던 것이 진실은 아닌지, 기적에 대한 믿음, 나 개인과 내 몸에서 일어나는 진귀한 현상들에 관한 서술이 진리에 기인하는 것은 아닌지 하는 의심을 끌어낼 증거가 될 수 있을 것이다.

나는 내 몸에 쾌락신경이 존재함으로써 가능해진 여성적 감정을 관리하는 일이 나의 권리이자 어떤 점에서는 나의 의무라고 여긴다. 이런 고백 때문에, 내가 그들의 판단을 중요시 여기는 다른 사람들이 나에 대한 존중을 잃어버리는 일이 없도록 이에 대한 상세한 해명이 필요하겠다.

나는 나만큼이나 엄격한 윤리적 원칙에 따라 자라고, 또 생애 전체에 걸쳐서, 특히 성적 관계에서 이 근본원리를 따르는 절제를 실천한 사람은 별로 없을 거라고 감히 말할 수 있다. 따라서 저열한 감성이 결코 내 행동의 동기가 될 수는 없다. 나의 남성적 자긍심을 만족시키는 것이 아직 가능하다면 나는 당연히 그쪽을 선호할 것이다. 나아가 내가 다른 사람들과의 교제에서 어떤 종류의 성적 쾌락을 내비치는 일도 결코 없을 것이다. 하지만— 이렇게 말해도 된다면 — 신과 나 단둘만 있게 되면, 생각할 수 있는 모든 수단과 이성 능력, 특히 상상력을 동원해 가능한 한 지속적으로, 아니면 — 이는 인간으로선 불가능하기에 — 적어도 하루 중 일정 시간 동안은 신의 광선에게 내가 쾌락 느낌을 탐닉하는 여자라는 인상을 주어야만 한다.

쾌락과 축복이 밀접한 관계를 갖고 있다는 것은 이미 이 책 앞부분에서 여러 번 언급했다. 쾌락이란 인간과 그 밖의 살아 있는 피조물에게 미리 대여된 일말의 축복이라고 할 수 있다. 예를 들어 실러가 「환희에 부쳐Lied an die Freude」에서 신의 영감을 받은 듯한 예언자적 통찰을 통해 "쾌락은 벌레에게까지 주어졌지만, 신 앞에 서 있는 건 지품천사다"라고 노래한 것은 내게 이런 관점에서 받아들여진다. 물론 여기엔 본질적인 차이가 있다. 영혼들에게 쾌락적 향유나 축복은 지속적인 상태이며 분명한 자기목적인 데 반해, 인간과 다른 살아 있는 피조물에게 그것은 다만 종을 유지하는 수단일 뿐이다. 바로 여기에 인간에게 쾌락이 갖는 윤리적 한계가 있다. 지나친 쾌락은 인간으로 하여금 주어진 과제의 수행을 불가능하게 만들 것이다. 그것은 인간이 정신적이고 윤리적인 완성을 향해 더 높이 오르지 못하게 할 것이다. 쾌락적 방종이 수많은 개인뿐만 아니라, 나아가 한 민족 전체를 멸망시켰다는 것은 경험이 가르쳐주고 있다. 그런데 내게는 쾌락에 대한 그러한 종류의 윤리적 한계란 더 이상 존재하지 않으며, 오히려 어떤 점에서는 그와 정반대이다. 오해를 피하기 위해 말해야 할 것은, 내가 의무로 삼고 있는 쾌락의 관리라는 것이 결코 다른 인간(여성)을 향한 성적 욕구 또는 그들과의 성적 교제를 의미하지는 않는다는 것이다. 오히려 그것은 내가 나 자신을 한 개인 안에 남성과 여성이 있는 존재라고, 나 스스로와 동침한다고 상상하면서 나 자신과 함께 어떤 성적 자극을 불러내는— 보통 때 같으면 부도덕하다고 여겨질— 행동을 해야 한다는 것이다. 당연하지만 이는 자위행위 같은 것과는 아무런 관계도 없다.

　이런 행동은 신이 나와 맺은 세계 질서에 어긋나는 관계 때문에 내게는 어쩔 수 없는 것이 되어버렸다. 역설적으로 들리겠지만, 제1차 십자군 전쟁 때 십자군 기사의 말 '*Dieu le veut*신이 원한다면'는 내게도 적용할 수 있다. 거역할 수 없게 되어버린 내 신경의 흡인력으로 인해 신은 오래전부터 내게서 떨어질 수 없도록 묶이고 말았다. 신이 내 신경에서 떨어져 나갈 가능성은— 신에 의해 추구되는 정책은 바로 그것을 목표로 삼고 있는데— 내가 살아 있는 동안에는 탈남성화가 이루어지는 것 말고는 없다. 다른 한편, 신은 세계 질서에 적합한 영혼들의 존재 조건에 따라 지속적인 향유를 요구한다. 나의 과제는 일단 한번 생겨난 세계 질서에 어긋나는 관계하에서 영혼 쾌락을 가능한 한 풍요롭게 키워냄으로써, 신이 계속 향유하도록 만드는 것이다. 그때 이 감각적 향유의 일부가 내게도 주어진다. 내게는 이것을 수년 전부터 내게 일어난, 넘쳐나는 고난과 박탈에 대한 보상으로 여길 권리가 있다. 동시에 그것은 지금도 영혼 쾌락이 퇴각할 때마다 내가 참아내야 하는 수많은 고통과 불쾌함에 대한 약소한 보상이기도 하다. 나는 이것이 결코 윤리적 의무를 해치지 않으며, 다만 규칙에 어긋나버린 현재의 상황하에서 이성이 지시하는 바를 수행하는 것일 뿐이라는 사실을 알고 있다. 아내와 나의 관계에 대해서는, 13장 주석 81에서 이에 관해서 했던 언급을 참조하라.

당연한 말이지만, 하루 종일 또는 하루의 대다수 시간 동안 쾌락적 생각에만 탐닉하고 내 환상을 이런 방향으로만 향하게 하는 것은 불가능하다. 인간 본성은 처음부터 그렇게 할 수 없게 되어 있다. 인간은 단지 쾌락을 위해 태어난 것이 아니기 때문에, 단순한 쾌락을 유일한 삶의 목표로 삼는다는 것은 다른 사람들과 마찬가지로 내게도 끔찍한 일이다. 그렇다고 해서 광선들이 사유 강제라는 형태로 내게 요구하는 쉴 새 없는 사유활동, 아무런 휴식도 없는 이성 신경의 노동이 인간 본성에 더 잘 부합하는 것도 아니다. 따라서 내가 들어서게 된 이 미친 삶의 상황—여기서 말하는 것은 내 외적인 주변 상황이 아니라, 나와 신 사이에 생겨난 관계의 부조리와 세계 질서의 어긋남이다—에서 내 삶을 이끌어 가는 기술은 양쪽 모두, 곧 신과 인간 모두 기꺼이 따라갈 만한 적절한 중간 길을 발견하는 것이다. 그 길이란 신의 광선들이 내 몸의 영혼 쾌락에 참여해 소멸함으로써 그들에게 그 소멸이 받아들일 만한 것이 되고, 나로서는 때때로 밤에 이성 신경을 쉬게 함으로써 정신적 욕구에 걸맞은 일에 종사할 수 있는 능력을 어느 정도라도 유지하는 것이다.

이는 각자에게 자신의 본성에 모순되는 행동을 하도록 강요하는 불유쾌한 상황 없이 행해질 수 있다. 한편으로는 신이 퇴각을 실행하고 다른 한편으로는 내가 지속적으로 '쾌락 관리Pflege des Wollust'를 하지는 못하기에 영혼 쾌락이 늘 완전하고 풍성하게 존재하지는 않으며, 때에 따라선 줄어들기도 한다. 다른 한편 내가 계획한 정신적인 일, 더 나아가서는 아무것도 사유하지 않을 자연적 권리에 심하게 몰두하는 것은(예를 들어 산책할 때) 많건 적건 나의 육체적 편안함을 희생할 것을 요구한다. 그 대가로 내게는 인간에게 꼭 필요한 사고활동의 휴식이 허락되는데, 그것은 밤에는 잠을 자기 위해서이고, 그리고 낮에도 일정한 시간에, 예를 들어 점심식사 뒤에 오후의 휴식 욕구가 생겨날 때나, 이른 아침에 잠에서 깬 후 침대에서 위에서 언급한 의미에서의 쾌락 관리를 통해 견딜 만한 몸 상태 혹은 더 나아가 감각적인 편안함을 만들어 내기 위한 것이다.

이 견해가 올바르다는 것은 지난 몇 년간의 경험을 통해 의심할 바 없이 확증되었다. 내가 얻은 인상에 의하면, 만약 내가 계속해서 나 자신 속에 있는 여자와 성적 포옹을 통해 즐기고, 계속해서 여성적 존재에게로 시선을 향하고, 계속해서 여자 그림을 바라보는 등의 일이 가능하다면, 신은 결코 퇴각 행동으로 나아가지 않고(그 것은 내 육체적 편안함을 심각하게 훼손한다) 아무 저항 없이 계속 흡인력을 쫓게 될 것이다.

여기서 언급하지 않을 수 없는 사실은, 낮은 단계의 신(아리만)도 그때 내가 어떤 태도를 취하는 게 좋다고 추천하는 어구들을 광선들의 말하기를 위한 기록 재료로 받아들임으로써 이 견해의 올바름을 승인했다는 것이다. '쾌락이 신을 경배하게 되었다', 그리고 '스스로를 성적으로만 흥분시키시오'는 낮은 단계의 신의 입에서 나오는 목소리로 이전에 자주 들려왔던 어구들이다. 말하자면 신과 나의 관계에서는 모든 윤리적 개념이 뒤집힌 것이다. 쾌락은 부부의 결합을 통해 신성화되고 자손 번식의 목적과 연결되는 한에서 인간에게 허용되지만, 그 자체가 특별히 추구되어야 한다고 여겨진 적은 한 번도 없었다. 그런데 신과 나의 관계에서는 그와는 반대로 쾌락이 '신을 경배하게' 된 것이다. 다시 말해 쾌락을, 세계 질서에 반해서 생긴 이해관계의 싸움을 가장 수월하게 해결해 줄 만족할 만한 해법을 발견할 수단으로 고찰해야 된다는 것이다.

쾌락 관리를 하지 않으면서 내 사유에 휴식이 생겨나게 놔두면 ― 당연하게도 이는 어느 정도 불가피하다. 왜냐하면 인간은 계속해서 생각할 수도, 계속 쾌락을 만들어 낼 수도 없기 때문이다 ― 그때마다 앞에서 묘사한 유쾌하지 못한 결과가 발생한다. 내게는 고함 상태와 육체적 고통이, 내 주위의 미치광이들에게는 거친 소음이, 신들에게는 '도와달라'는 외침이 나타나는 것이다. 이로 인해서 이성은, 인간에게 요구될 수 있는 정도에서 나로 하여금 내 사유활동이 휴식, 다른 말로 하면 정신적인 일에서 쉬는 시간을 가능한 한 쾌락 관리로 채울 것을 요구한다.

22장

결론적 고찰. 미래에 대한 전망

이제 내 작업의 막바지에 도달했다. 나는 거의 칠 년에 육박하는 신경병 기간 동안의 체험과 경험, 이 시기에 내게 일어났던 초감각적 인상들을, 물론 아직도 완전하지는 않지만 적어도 나의 종교적 관점을 이해시키고 내 태도에서 일정 부분 이상한 점을 설명하기에는 충분할 정도로 이야기했다. 이제 남은 일은 미래에 관한 전망이다.

"이 저주받은 역사가 어떻게 될 것인가?" 그리고 "나는 어떻게 될까? 그[116]가"(이야기하거나 생각해야 한다) — 이는 몇 년 전부터 광선들이 내 머리를 향해 수없이 반복하는 질문들이다. 나의 진짜 생각을 대변하는 것이 아니라 조작에 의한 것이긴 하지만, 그래도

· ·

116. 위, 그리고 다른 유사한 어구들에서 등장하는 '그'는 당연히 늘 나 자신을 의미한다. 우리는 아마도 "우리(광선들)가 유일하게 관심을 갖는 그 인간"과 같은 문장을 거기에 보충할 수 있을 것이다. 그들이 여기서 내 이름을 언급하지 않는 것은 어떤, 매우 주의 깊은 고려에 의한 것으로 보인다. 그들은 언젠가 내가 나 자신의 정체성을 의식하지 못하는 시점이 올 거라는 환상 속에서 흔들리고 있기 때문이다.

이 질문들은 신도 이것이 근본적으로 잘못된 일임을 의식하고 있음을 알게 해준다. 이 질문들에 대한 광선들 스스로의 대답, 다시 말해 조작적인 방식으로 내 신경에 주입되는 대답들("슈레버의 정신에서 나온 새로운 인류" 혹은 "나도 모른다. 그 인간이 ……해야 한다" 등)은 너무도 유치해서 더 이상 숙고할 가치를 느끼지 않는다. 그래서, 아래에서는 이 질문에 관한 나 자신의 견해를 이야기하겠다.

내가 어떻게 될지, 내 신경의 흡인력 때문에 신이 지구 전체와의 관계에서 처해 있는, 세계 질서에 어긋나는 현 상황이 다시 질서에 걸맞은 궤도로 돌아가는 것이 어떻게 가능할지 확실히 예견하는 것은 당연히 불가능하다. 현재의 이 복잡한 분란은 인간의 경험에는 비견될 만한 것이 아무것도 없을 뿐만 아니라 세계 질서 내에서조차 예견되지 못했던 것이다. 이러한 상황에 직면해 과연 누가 미래에 대해 추정할 수 있겠는가? 내게 확실한 것은 단지 부정적인 추측일 뿐이다. 다시 말해, 신이 의도했던 이성의 파괴는 결코 일어날 수 없다는 것이다. 이미 앞에서(20장) 설명했듯 지난 몇 년 전부터 나는 이 점에 대해서는 완전히 확신하고 있다. 그런 점에서 내 병 초기 몇 년간 날 위협하는 듯 보였던 핵심적인 위험은 이제 사라졌다. 한 인간에게, 그것도 다방면에서 뛰어난 재능을 가진 인간— 나는 아무런 자만심도 없이 나 자신이 그러한 인간이라고 주장할 수 있는데— 에게, 이성을 상실하고 정신박약으로 몰락하는 것보다 더 끔찍한 일이 어디 있겠는가? 몇 년간의 경험을 통해 이런 방향으로 이루어지는 모든 시도가 이미 그 시작에서부터 성공할 수 없게 되어 있으며, 세계 질서는 신에게조차 한 인간의 이성을 파괴할 수단을 부여하지 않는다는 확신에 도달한 이후, 그 외에 내게 일어날 수 있는 모든 일은 단지 부차적인 것으로밖에는 여겨지지 않는다.

물론 나는 해가 지나는 동안 **긍정적인** 방향에서도 내 미래가 어떤 모습일까 하는 질문을 던져왔다. 13장에서 이야기한, 나 자신에 대한 이해의 전환 이후 몇 년 동안 나는 결국에는 내게 탈남성화(여성으로의 변신)가 일어날 것이라는 가정 속에서 살아왔다. 내가 인류가 몰락했다고 믿는 동안, 이 해결법은 내게 인류를 갱신하기 위해서는 필수적인 준비라고 여겨졌다. 지금도 나는 그것이 그 자체로 세계 질서의 내적 본질에 가장 적합한 해결법이라는 데 의심의 여지가 없다. 이미 5장에서 이야기했듯, 인류를 갱신하려는 목적으로 이루어지는 탈남성화는 우주 역사의 초창기에 우리 지구에서건 혹은 다른 천체들에서건 실제로 이미 수차례 일어났던 일이다. 또한 나에게 일어난 기적들 중 적지 않은 부분(11장 도입부 참조)도, 또 내 육체를 쾌락신경으로 채우는 일도 분명한 탈남성화의 징조를 보여준다. 하지만 검증된 영혼들이 출현한 이후 신이 결정한 세계 질서에 어긋나는 설비들(지상에 붙들어 맴 등)로 인해, 아직도 정말 탈남성화가 이루어질 수 있을지 어떨지에 대해서는 함부로 특정한 예언을 하지 않겠다. 그사이에 내가 다른 인류가 몰락했다는 기존의 생각을 수정해야 했기에 이는 더더욱 힘든 일이다. 따라서 지금으로서 가능한 것, 아니 개연적인 것은, 내 삶이 끝날 때까지 강한 여성성의 징후들이 존재하긴 하겠지만 결국 나는 남자로서 죽음을 맞이할 거라는 사실이다.

이와 더불어 전면에 제기되는 또 다른 질문은 내가 도대체 죽을 수 있는 존재인지, 그렇다면 어떤 원인으로 그것이 가능할지 하는 것이다. 신의 광선들이 지닌 재생의 힘을 몸으로 경험한 뒤(이에 관해선 이전의 설명을 참고하라) 나는 그 어떤 병도, 심지어 어떤 폭력적인 외적 충격도 나를 죽게 할 수 없다고 믿게 되었다. 내가 어디선가 물에 빠진다면, 혹은 물론 더 이상 그런 생각은 하지 않지만, 총알이 내 머리 또는 가슴을 뚫고 지나간다면, 아마도 일시적으로는 익사하거나, 죽음에 이를 정도의 총상의 결과 의식 상실에 상응하는 현상이 나타날 것이다. 하지만 이전의 체험들을 한 나로서는, 광선과의 교류가 지속되는 한 내가 다시 살아나지 않을지, 심장이 다시 뛰고 혈액순환이 다시 시작되지 않을지, 파괴된 내부 기관과 뼈가 재생되지 않을지라는 질문에 대해 부정적으로 답하기 어렵다. 내 병의 초기 몇 년간 나는 일정 기간 동안 여러 번, 일반인이라면 삶을 유지하는 데 없어서는 안 될 중요한 내부 장기들 없이, 혹은 그것들이 심하게 손상되고도, 나아가 골격체계의 일부가 크게 파괴되고도 살았다. 그때 손상된 것들을 재생시켜 주었던 원인들은 지금도 여전히 존재하고 있다. 그 때문에 나는 위에서 말한 종류의 일들이 나를 죽음에 이르게 할 수 있다고는 생각할 수 없다. 이는 모든 종류의 자연적인 병에 대해서도 마찬가지다. 이렇게 본다면 나를 죽음에 이르게 할 수 있는 유일한 원인은 사람들이 통상 노화라고 부르는 것뿐이다.

노화로 인한 죽음이 도대체 어떤 것인지 하는 질문에 대해서는 과학조차도 확실한 대답을 하지 못한다. 사람들은 그때 등장하는 외적 현상들을 묘사할 수는 있지만, 내가 아는 한, 실제로 죽음을 일으키는 원인에 대해서는 아직도 규명하지 못했다. 왜 인간은 특정한 나이에 도달한 후 죽어야만 하느냐는 질문에 대해서 현재까지 확실한 대답이 없는 것이다. 아마도 모든 창조된 존재들에는 특정한 양의 생명 에너지가 분배되어 있어서, 그것이 소진되면 생명을 유지하는 데 기여하는 기관들이 그 기능을 상실하는 것 같다. 내가 생각할 수 있는 것은, 광선들이라 할지라도, 이 생명 에너지를 지니고 있는 육체에서 일어난 훼손들을 복구할 수는 있지만 생명 에너지 그 자체를 대체할 수는 없다는 것이다.

이 질문의 또 다른 측면은 내가 다 살아버린 후— 이렇게 표현해도 된다면 — 신은 어떻게 될까 하는 것이다. 지금까지의 설명에 따라 내게 의심할 바 없는 사실은, 현재 우리 지구와 거기에 살고 있는 인류가 신과 맺고 있는 관계는, 신과 나 개인의 특별한 관계에서 기인한다는 것이다. 나 개인이 죽어 없어진다면 분명 그 관계에는 어떤 변화가 생겨날 것이다. 이 변화가 어떤 식으로든 다른 사람들의 눈에 띄는 방식으로 일어난다고는 감히 주장하지 않겠다. 아마도 그렇게 되면 어쩔 수 없이, 세계 질서로 회귀하기 위한 조치들(지상에 붙들어 맴을 중단하고, 아직 남아 있는 검증된 영혼들의 잔재를 완전히 척결하는 등)을 결정할 수밖에 없을 것이다. 그들은 지금까지는 이를 결정할 만한 의지 에너지를 갖지 못했다. 내 생각에 신은 이러한 방법을 통해서만이 다시 세계 질서에 따라 그에게 부여된 임무를 수행할 위치로 복귀할 수 있을 것이다. 곧, 축복계를 새롭게 건설하는 작업을 다시 시작하는 것이다. 신과 나 사이를 지배했던 몇 년 동안의 관계를 생각해 볼 때 천상계로 끌어올려질 첫 번째 신경들에 내 신경도 포함되리라는 것은 거의 당연한 일이다. 내가 죽은 뒤 신이 어떤 구체적인 조치들을 취할 것인가에 대해 내가 추측할 수 있는 입장은 못 된다. 그것은 그때 중단되어야 할 세계 질서에 어긋나는 설비들에 대해 나 자신이 ─ 그들의 본성상 당연한 일이지만 ─ 분명한 인식을 얻을 수 없었기 때문이다.

죽기 전까지 나는 어떤 삶을 살게 될 것인가. 나는 내 외적인 삶의 처치가 어느 정도 개선될 거라고, 곧 금치산 선고가 번복되고 지금 있는 정신병원에서 퇴원하는 등의 일이 적절한 시일 내에 큰 어려움 없이 이루어지리라고 믿는다. 나의 망상에 대해 사람들이 어떻게 말하건 간에, 머지않아 다른 사람들 역시 내가 결코 일반적인 의미에서의 정신병자가 아니라는 것을 알게 될 것이다.

하지만 그것도 내가 지난 칠 년간 겪었던 고통과 결핍을 보상해 주지는 못할 것이다. 그래서 나는 내 미래의 삶에 이보다 더 **크고도 화려한 보상**이 이루어지리라는 느낌을 갖고 있다. 그 보상은 인간들에 의해 주어지는 것이 아니라 그 상황들의 내적 필연성에서 저절로 생겨나는 것이다. 플레히지히의 정신병원에 머물던 시기, 한편으로는 세계 질서의 장엄한 조화로움을 처음 알게 된 때이면서도 다른 한편으로는 개인적으로 가장 심한 모욕을 겪고 매일매일 끔찍한 위험들에 노출되어 있다고 여겼던 그 시기에 내가 광선들에게 했던 말이 있다. 그것은 이를 보상해 줄 정의가 분명히 존재한다고, 윤리적으로 무결하며 세계 질서의 토대 위에 서 있는 인간이 그에게 적대적인 힘들과의 투쟁으로 인해 몰락하는 일은, 그가 다른 이들의 죄를 대속하는 죄 없는 희생자가 되는 일은 일어날 수 없다는 것이었다. 당시에는 별 신경을 쓰지도 않았고 오히려 본능적인 느낌에서 나왔다고 말하는 게 옳을 이 말은, 몇 해가 지나는 동안 기대 이상으로 그 진실성을 입증했다. 승리의 저울은 점점 더 분명하게 내 편으로 기울어 가고, 나를 해치기 위해 행해졌던 투쟁은 이전에 가지고 있던 적대적인 성격을 점점 잃어가고 있으며, 영혼 쾌락이 지속적으로 증가함에 따라 내 육체적 상태와 그 밖의 다른 외적인 삶의 조건들도 점점 견딜 만해지고 있다. 그렇기에 나는 결국엔 나에게 특별한 승리의 야자수가 주어질 거라 가정하는 것에 아무 잘못이 없다고 믿는다. 이것이 어떤 형태로 등장할지에 대해 특정한 예언을 하지는 않겠다. 다만 생각해 볼 수 있는 것은, 탈남성화가 완성됨으로써 신의 잉태와 같은 방식으로 내 가랑이에서 후손이 탄생할 가능성, 또는 그와는 다른 귀결로서 내 이름이 정신적으로 뛰어난 사람들에게도 주어지지 못했던 유명세를 얻게 될 가능성이다. 어쩌면 다른 사람들에게 이런 생각은 환상적인 데다가 망상처럼만 보일 것이다. 더구나 지금 이 순간에도 내가 처해 있는 비참하고도 자유롭지 못한 삶의 모습을 생각하면, 이런 생각은 그야말로 가소로운 것으로 여겨질지 모른다. 내가 지난해 감수해야 했던 고난의 정도를 전부 아는 사람만이 내가 이런 생각을 할 수밖에 없다는 사실을 이해할 것이다. 영예롭던 직업적 지위를 상실하고, 행복했던 부부 관계는 실질적으로 파경을 맞았으며, 아무런 삶의 향유도 누리지 못하고, 육체적 고통은 물론 전혀 유례없던 방식의 정신적 고문과 경악을 통해 내가 얼마만큼의 희생을 떠안아야 했는가를 생각하면, 순교자의 모습, 정도로 봤을 때 십자가에 못 박힌 예수의 죽음과만 비교될 만한 순교자의 모습이 떠오른다. 다른 한편으로는 나와 내 개인적 운명이 전면에 서 있는 그림의 광대한 배경이 눈에 들어온다. 지구상의 모든 피조물의 존속이 오로지 신과 나의 특별한 관계 덕분이라는 게 사실이라면, 나의 이성을 유지하고 신을 정화하기 위한 저 힘겨운 투쟁을 충실히 견뎌낸 데 대한 승리의 보상은 매우 특별한 것일 수밖에 없다.

이와 더불어 이 책에서 다뤄야 할 마지막 고찰로 넘어가겠다. 나는 내 운명의 미래에 종교적 생각들의 규모가 알려지고 그 올바름을 증거하는 무게 있는 근거가 인류의 종교적 표상에서 역사에 남을 만한 거대한 변혁을 일으킬 수 있다고, 아니 개연적이라고 여긴다. 지금까지 존재해 온 종교체계가 모두 흔들림으로써 비롯될 위험들을 내가 모르는 바가 아니다. 하지만 나는 승리에 찬 진리의 힘을 믿는다. 그 힘은 종교적으로 혼란스러운 심정에서 비롯되는 일시적 해로움을 해소할 에너지를 가지고 있다.

지금까지 참된 것으로 받아들여지던 관념들, 특히 기독교적 관념들이 수정되어야 할 일이 생긴다고 하더라도 살아 있는 신은 단 하나뿐이며 죽음 후에도 영혼이 지속된다는, 인류에게 점점 분명해져가는 확신은 축복만을 가져다줄 것이다. 이러한 의미에

서 나는 우호적인 별들이 내 책의 성공을 돌봐주리라는 희망을
끝으로 이 글을 마치고자 한다.

후기

1차 후기: 1900년 10월에서 1901년 6월까지

1. 기적에 대하여(1900년 10월)

당연한 말이지만 내게 행해지던 기적들은 지금도 멈추지 않고 계속되고 있다. 다만 이전에 여러 번 언급했던 이유로 인해, 시간이 지날수록 상대적으로 그리 해롭지 않고 장난스러운 기적이 점점 더 많아지고 있다. 다음의 사례가 그 증거로 제시될 수 있을 것이다.

1900년 10월 5일 면도를 하던 이발사가, 이전에도 자주 그랬듯 내 얼굴에 조그만 상처를 냈다. 다음날 정원을 산책할 때 나는 시보試補 M을 만나 인사한다. 인사를 하자마자 그는 곧바로 그 자체로는 전혀 눈에 띄지 않는, ○정도 크기의 작은 스펀지 조각으로 덮어놓은 상처를 발견하고 어떻게 된 일이냐 묻는다. 나는 이발사가 낸 상처라고 솔직하게 말한다.

이 작은 사건은 그 깊은 연관 관계를 알고 있는 내겐 무척이나 흥미롭고도 유익하다. 그와 유사한 수많은 현상을 겪은 뒤 나는 이 베인 상처가 신의 기적에 의해, 그것도 높은 단계의 신에 의해 생긴 것이라는 사실을 의심하지 않는다. 높은 단계의 신이 위에서 여러 번 이야기한 '훼방'을 필요로 했기 때문에 이발사의 손 근육에 움직임을 서두르게 하는 영향을 끼쳐서 상처가 생긴 것이다.

시보 M이 곧바로 눈에 띄기 힘든 이 작은 상처에 대해 말한 것은, 신이 (세계 질서에 어긋나는 상황에서 나와 맺은 관계로 인해) 내게 행해진 기적의 결과를 대화의 주제로 삼고 싶어 했기 때문이다. 그러면 광선들 특유의 자만심이 조금 누그러지는 것처럼 느껴진다.[1] 기적이 시보 M에게 미친 영향은 두 가지였던 것으로 보인다. 먼저 그의 눈 근육에 영향을 주어서 내 입술 위의 상처와 스펀지 조각을 알아차리게 하고, 그다음 그 상처의 원인에 대해 묻도록 그의 신경에(그의 의지에) 영향을 미친 것이다. 그 질문은 "당신 입 위에 있는 게 뭡니까?"라는 단어들로 내게 제기되었다.

이와 유사한 현상을 나는 식사 시 내 입이나 손 또는 식탁보와 냅킨이 기적을 통해 더러워질 때 수도 없이 관찰했다. 특히 아내와 여동생이 방문했을 때 이런 일이 자주 일어나는데, 예를 들면 그들이 있는 자리에서 내가 카카오를 마실 때 그렇다. 그러면 기적에 의해 내 입과 손, 식탁보 또는 냅킨에 카카오 얼룩이 묻는데, 그럴 때마다 아내나 여동생은 거의 놓치지 않고 가볍게 질책하면서 그것을 지적한다.

‥

1. 이는 인간들에게 일어나는 것과 아주 유사한 현상이다. 인간들도 자신이 한 노동의 성과나 부지런함의 결과물이 다른 이들의 관심을 끌 때마다 기분이 좋아질 것이다.

정신병원 원장과의 식사 또는 다른 경우에서도 비슷한 종류의 경험을 한다. 정신병원 원장의 식탁에서 함께 식사를 할 때, 전혀 거칠게 붙잡지 않았는데도 여러 번 접시 한가운데가 두 동강 나거나, 시중을 드는 사람, 동석했던 이들 또는 내가 들고 있는 물건(예를 들어, 내 체스 말, 만년필, 시가꽂이 등)이 갑자기 바닥으로 떨어져, 깨지는 물건일 경우 자연스럽게 두 동강 나는 일이 일어났다. 이 모두가 기적 때문이다. 따라서 시간이 지난 뒤 그로 인해 생겨난 피해들이 내 주변 사람들의 특별한 대화의 주제가 되곤 했다.

2. 신의 지성과 인간의 지성의 관계에 대하여(1900. 10. 11.)
나는 신의 지성이 적어도 과거에 존재했던 모든 인간 세대의 지성의 총합에 맞먹는다고 주장할 수 있다. 신은 죽은 인간의 신경을 모두 거두어들여 자신 속에 그들 지성의 총체를 결집시키는데, 그 과정에서 개별 인간들에게만 관심이 있을 뿐 보편적 가치를 지니는 지성의 구성요소로서 중요하지 않는 기억들은 (점진적으로) 탈각된다.

예를 들어 신이 기차에 대해, 기차의 본질과 목적의 개념에 대해 알고 있다는 것은 내게는 의심할 바 없다. 신은 어디서 그 지식을 얻었을까? 신은 원래(세계 질서에 걸맞은 상황에서는) 지상에서 이루어지는 모든 과정에 대해서와 마찬가지로, 굴러가는 기차에 대해서도 단지 외적 인상만을 갖는다. 기차의 본질을 잘 아는 사람에게 신경 첨부를 행함으로써 그 현상의 목적과 기능에 대해 더 많은 정보를 얻었을 가능성도 있지만, 그럴 만한 동기가 있었다고 보기는 힘들다. 신은 시간이 지나 기차의 의미를 잘 아는 인간 세대의 신경을 받아들였고 그를 통해 기차에 대한 지식을 얻게 된 것이다.

그렇다면 신이 갖고 있는 모든 지혜가 단지 그전의 인간 세대의 지성에서 온 것일 뿐이라고 가정해도 좋을까? 모든 것이 이 질문을 긍정하는 데 반대한다. 신이 인간을 다른 모든 피조물과 더불어 처음 창조해 낸 존재라고 한다면, 그의 지성이 인간 지성에서만 도출되었다고 가정하기는 불가능하다. 그 때문에 우리는 창조 과정 자체와 관련된 지성계에 어떤 근원적인 신적 지혜가 존재했다고 생각하지 않을 수 없다. 이러한 신의 지혜가 존재했다는 것은, 인간이 만들어 낸 시설, 인간의 정신적인 삶, 인간의 언어 등과 관련된 모든 것에 대한 신의 통찰이 인간 신경을 받아들임으로써 비로소 획득되었다는 사실과 서로 모순되지 않을 것이다. 신이 (세계 질서에 걸맞은 이전의 상황에서는 근본언어로 영혼들과 소통했듯이) 내게도 인간의 언어, 특히 독일어를 사용하고 있으며, 무엇보다 '도와달라'는 외침이나, 낮은 단계의 신 아리만이 영혼 쾌락에 참여하자마자 **진정한 감정의 표현**으로서 '즐겁다'라는 단어가 들려왔다는 상황을 고려하면 이는 거의 부정할 수 없는 듯하다.

3. 인간 놀음에 대하여(1901. 1.)
이른바 인간 놀음(회상록의 7장과 15장 참조)에 대한 내 관찰

범위는 회상록을 쓴 이후 그리 많이 확장되지는 않았다. 그 후 나는 종종, 최근에는 거의 매일 산책하면서 도회지 또는 피르나 외곽으로 길거나 짧은 소풍을 갔고, 몇 번인가는 극장을 방문했고, 예배에 참석하기 위해 정신병원 교회를 방문했으며, 한번은 아내를 방문하러 드레스덴으로 여행을 하기도 했다. 당연히 나는 거기서 많은 사람을, 드레스덴에서는 대도시의 분망함을 보았다. 이를 통해 내가 이전부터 개연적이라 여기고 있던 것, 즉 광선들의 영향을 받는 인간(그리고 동물)의 관리국 외에도, 광선들의 영향과는 무관한 생의 표현들(회상록 15장에서 이를 아직 확실치 않은 질문이라고 말했던 것을 참고하라[2]) 이 존재한다는 것은 의심할 바 없는 사실이 되었다. 예를 들어 극장에서 연극을 보거나 교회에서 설교를 들을 때, 무대 위 배우나 설교단의 목사가 말하는 모든 단어가 그들 신경에 영향을 준 기적에서 비롯된 것이라고 주장할수는 없다는 얘기다. 내가 그 자리에 없었어도 연극 공연이나 교회에서의 예배가 똑같이 열리고 진행되리라는 것에는 당연히 아무런 의심도 제기할 수 없다. 그럼에도 수많은 유사한 경우를 관찰하고 나서 내가 확신하는 것은, 내가 그 자리에 있는 것이 다른 사람들의 생의 표현에 전혀 아무 영향도 미치지 않는 것은 아니며, 퇴각을 위해 필요한 '훼방'(10장과 15장 참조)을 일으키기

· ·

2. 이전에 이 질문이 그리고 그와 관련된 모든 것이 내게 불명료할 수밖에 없었던 이유는, 내가 육 년 동안 병원 담장 안에 갇혀 있었고, 의사들의 짧은 방문이나 친지들의 개별적인 방문을 제외하면 내가 본 사람들은 정신장애인들과 교양 없는 간병인들뿐이었음을 생각해 보면 어느 정도 이해될 것이다.

위해 분명 내 주위 사람들에게 기적이 행해지고 있다는 것이다.
극장과 교회에서는 이런 현상이 그렇게 눈에 띄지는 않았다. 그
이유는 신 자신이 극장과 교회에 함께 있었기(다시 말해 신경
첨부를 통해, 극장 공연과 예배 동안 내가 받은 모든 시각적·청각적
인상들에 참여했기) 때문이다. 이 인상들이 구경하기를 좋아하는
광선들의 흥미를 크게 자극했기 때문에, 퇴각하려는 경향은 외적
상황에 의해 어쩔 수 없을 때만 최소한으로 일어났던 것이다.
물론 그런 '훼방'들이 전혀 없었던 것은 아니지만, 그것은 교회나
극장에 있던 사람들이 소곤거리거나 배우나 관객 아니면 예배
참석자 몇몇이 기침을 하는 식으로만 드러났다.

그런 일들이 기적에서 비롯되었다는 사실은, 매번 그와 동시에
내 머리에 생겨나는 고통(회상록 15장 참조)과 때로 그와 더불어
생겨나는 목소리의 말에 의해 내게는 전혀 의심할 여지가 없다.
나는 외출할 때마다, 피르나시ⓜ나 그 주변 지역 거리에 있는
어떤 가게에 들어설 때마다, 레스토랑을 방문할 때마다 그와 비슷
한 일을 예외 없이 체험한다. 주변 시골 주점에 갔을 때 그곳에
있던 전혀 낯선 사람들의 대화에서조차, 9장에서 언급했던 기록
재료와 관련된 단어들이 유난히 많이 사용되었다. 물론 그동안
계속해서 늘어난 기록 재료의 수가 이제는 모든 인간 언어에
등장하는 단어들을 훨씬 넘어서고 있음을 지적해야 한다. 그렇기
에 이것이 단순한 우연이라 생각하기 쉽다. 하지만 특정 단어들이
계속 반복되는 현상은, 이 단어를 사용하도록 그 인간들의 신경을
의도적으로 자극했다는 것을 의심할 수 없을 정도로 지금도 너무

나 자주 눈에 띈다. 이와 마찬가지로 자주 눈에 띄는 것은, 일정한 조건하에서(회상록 15장 참조) 내 주변에서 일어나곤 하는 쥐 죽은 듯 고요한 상태다. 이 상태는 내가 피아노를 치면서 동시에 그 음악 텍스트를 읽을 때, 다시 말해 그 텍스트에 등장하는 단어들을 신경언어로 말할 때 혹은 책, 신문, 내 '회상록'의 한 부분 등을 주의 깊게 읽을 때, 한번은 예외적으로 소리 내어 노래를 부르거나 할 때 생겨난다. 이 시간에도, 예를 들어 간병인이 복도에서 평상시 그들의 업무를 보고, 환자들이 방 밖으로 나오는 등의 일은 당연히 계속되어야 할 것이다. 그런데 내가 그 행위를 하는 동안 이런 일들은 거의 한 번도 일어나지 않았고, 내가 그것을 중단하자마자, 다시 말해 내가 아무 생각도 하지 않거나, 광선들이 모두 결집해서 생겨난 높은 수준의 영혼 쾌락 때문에 퇴각을 위한 '훼방'이 필요해지는 첫 번째 시선(순간)에 바로 일어난다. 나는 이를 이렇게밖에는 달리 설명할 수 없다. 곧, 그들은 그런 종류의 생의 기적을 낼 수 있는 능력을 가지고는 있지만 위와 같은 순간에는 그것을 하고자 하는 동기를 느끼지 않는다는 것이다. 그것은 광선의 영향이 그들이 내 주변에서 어떤 행동, 곧 방을 떠나고 방 문을 여는(아무 이유도 없이 환자들에 의해 자주 일어났듯이) 등의 행동을 결심하도록 자극하지 않기 때문이다.

4. 환각에 대하여(1901. 2.)

내가 아는 바에 따르면 환각이라는 말은 신경의 자극이라 이해되고 있다. 그러한 신경자극에 노출되어 병적 신경 상태에 처한 사람은, 시각과 청각을 통해 지각 가능한 외부세계에 사실상 존재하지 않는 사건들이 일어난다는 인상들을 갖는다. 내가 크레펠린의 『정신의학개론』(1권, 6판) 102쪽 이하에서 읽은 것에 따르면, 과학은 모든 환각에 어떤 실질적 배경이 존재한다는 사실을 부정하는 듯 보인다. 하지만 이러한 견해는 적어도 그런 일반적인 의미에서는 결코 옳지 않다고 본다. 나 또한, 대부분은 아닐지라도 많은 경우 환각에 의해 지각되었다는 대상이나 사건이란 단지 그것을 경험하는 사람의 표상 안에만 존재한다는 사실을 전혀 의심하지 않는다. 예를 들어 나 같은 문외한에게도 알려진 사례들, 곧 심각한 환각delirium tremens을 겪고 있는 사람이 실제로는 존재하지 않는 '작은 남자들' 또는 '작은 쥐들'을 본다고 믿는 경우 이는 의심할 여지가 없다. 이는 크레펠린이 이야기하는 많은 시각적·청각적 환각(1권, 6판 145쪽 이하)에서도 마찬가지라 생각해도 좋을 것이다. 하지만 "초자연적 근원을 갖는" 목소리들(크레펠린, 1권, 117쪽)에 관한 그런 종류의 (이렇게 말해도 된다면) 합리주의적 혹은 순전히 유물론적 이해에 대해서는 심각한 우려가 제기되어야 할 것이다. 이러한 신경자극에 실제로 외부에서 작용하는 원인이 있다는 것은 물론 나의 경우에 한해서만 확실하게 주장할 수 있다. 하지만 나 자신이 한 경험들에 입각해서 내가, 다른 많은 경우도 나와 유사하거나 유사했을 수 있다는 결론을 도출하는 것은 그렇게 잘못된 일은 아닐 것이다. 말하자면, 사람들이 그저 주관적 신경자극(허위 감각, 환각, 문외한적으로 표현하면 공허한 환영)에 불과하다고 이해하려는 것이, 물론 나와는 비교할 수 없이 약한 정도겠지만 그들에게도 어떤 객관적 원인에서 기인하는 것일 수 있으며, 달리 말해 거기에 초감각적 요인들의 영향이 작용하고 있을 수 있다는 것이다.

이 생각을 이해시키기 위해 내가 '목소리', '비전' 등의 형태로 받고 있는 시각적·청각적 인상들에 대해 좀 더 자세히 이야기하겠다. 이미 다른 곳에서도(회상록 6장) 그랬듯이, 나는 **병적으로 자극된 신경체계**가 그런 종류의 현상을 일으키는 조건이라고 인정하는 데 일말의 거리낌도 없다. 행복하게도 건강한 신경을 가진 사람들은(적어도 일반적으로는[3]) '허위 감각', '환각', '비전' 또는 그 어떤 말로 지칭하건 상관없이, 그러한 것들을 전혀 가질 수 없다. 어떤 사람이든 그런 종류의 현상에서 자유롭기를 원할 것이다. 대부분의 사람은 그래야만 주관적으로도 훨씬 더 기분이 좋다고 느낄 것이다. 하지만 이렇게 말한다고 해서 신경체계의 병적인 상태에서 결과하는 것들이 전혀 아무런 객관적 실재성도 갖고 있지 않다고, 다시 말해 그것이 모든 외적 원인을 결여한 신경자극일 뿐이라고 말할 수는 없다. 그렇기에 나는 크레펠린이 자신의 저작 여러 곳에서(예를 들어 Bd1, 112, 116, 162쪽 이하), 대개의 경우 '목소리' 등이 시각적·청각적 환각들을 넘어서 '주변에서 행해지는 말'보다 훨씬 큰 설득력을 갖는다고 놀라워하며 말하는 것에는 결코 동의할 수 없다. 병적 신경 상태로 인해 초감각적

· ·

3. 그 예외로서 나는, 예를 들어 성경에서 전하는 비전과 유사한 종류의 사건들을 제시하겠다.

인상들을 받는 사람과 비교하면, 건강한 신경을 가진 사람은 이른바 정신적 장님이다. 이 때문에 그는 비전을 보는 사람들에게 그것의 비실재성을 납득시킬 수 없을 것이다. 이는 육체적으로 볼 수 있는 사람이, 색깔이란 존재하지 않으며 파랑은 파랑이 아니고 빨강은 빨강이 아니라는 (육체적) 장님의 주장에 설득되지 않는 것과 같다. 이를 전제하면서 이제는 나와 이야기하는 목소리의 본성에 대해, 내게 전해지는 비전들에 대해 이야기하겠다.

나에게 '목소리들'은 신경자극으로 등장하며, 회상록에서 이야기했듯 특정한 인간 언어의 울림과 같은 나지막하게 속삭이는 소음의 성격 — 10장 서두에 나오는 1894년 7월 초 하룻밤만은 예외였다 — 을 갖는다. 그 내용과 말하는 속도에서 목소리들은 지난해 동안 매우 다양하게 변화했다.

이에 관해 중요한 것은 회상록에서 다 이야기되었다. 이 목소리들에 사용된 어구는 문체상으로 불완전한 헛소리와 나를 도발하려는, 다시 말해 특정 시간에 잠을 자는 데 필요한 침묵을 깨뜨리려는 상당한 양의 욕설들이 대부분이다. 크레펠린의 책 1권 116쪽에는 청각적 환각을 경험하는 다른 사람들도 그런 자극적 목소리들을 듣는다고 나와 있다. 하지만 나의 경우를 다른 유사 현상들과 특징적으로 구별해 주는 한 가지 사실을 언급해야 하는데, 그것은 내게 존재하는 감각적 자극과 다른 사람들에게서 일어나는 환각 사이에는 아무런 유사점도 없으며, 따라서 내게 들리는 목소리의 원인도 그들과는 완전히 다른 곳에서 찾아야만 한다는 것이다. 물론 그에 관해 정확히 알지는 못하지만 나는 다른 사람들이 듣는 것은 간헐적으로 생겨나는 목소리일 뿐이라고 본다. 다시 말해 그들에게 환각은 목소리가 들리지 않는, 길거나 짧은 휴지기에 나타난다는 것이다. 그와는 달리, 내게 들리는 목소리들의 말에는 단 한 번의 휴지기도 없었다. 내가 신과 관계를 맺은 초기부터 — 아직 '성스러운' 시간과 '성스럽지 못한' 시간이 구분되었던 첫 번째 주를 제외하면(회상록 6장 말미 참조) — 따라서 거의 칠 년 동안 — 잠잘 때를 빼놓고 — 목소리가 들리지 않았던 순간은 단 한 순간도 없었다. 내가 어딜 가건, 무슨 일을 하건, 목소리들은 늘 나를 따라다닌다. 목소리들은 내가 다른 사람과 대화를 나눌 때도 계속 울리고 있으며, 심지어 내가 주위를 기울여 다른 일들을 할 때도, 예를 들어 책이나 신문을 읽거나, 피아노를 칠 때도 굴하지 않고 계속된다. 내가 다른 사람들과 큰 소리로 이야기하거나 크게 혼잣말을 하면 그 말의 울림에 덮여서 그사이 내게 들리지 않을 뿐이다. 내가 잘 알고 있는 어구들을, 때에 따라서는 그 어구 중간에서 뽑아낸 울림들을 곧바로 다시 투입하는 것을 보면 그때에도 말의 실마리가 계속 이어졌다는 것을 알 수 있다. 다시 말해 내가 큰 소리로 말하고 있을 때에도 목소리에 상응하는, 나지막한 울림을 일으키는 감각적 자극이나 신경진동은 계속되고 있었다는 것이다.

회상록 20장에서 이야기했던, 말하는 속도가 느려지는 현상은 그 후에도 상상을 초월할 정도까지 증가했다. 그 이유는 이미 언급했다. 내 육체의 영혼 쾌락이 점점 증가할수록 — 신의 신경이 끊임없이 흘러 들어옴으로써 — 영혼 쾌락이 급속히 성장하는데,

그럴수록 그들은 목소리들로 하여금 더 천천히 말하게 해야 한다. 이는 그들의 빈약하고 늘 반복되는 어구들[4]로 내 육체와 그들의 출발지 사이의 엄청난 거리에 다리를 놓기 위함이다. 목소리들의 쉬쉬거리는 소리는 이제 모래시계에서 떨어지는 모래알이 일으키는 소리와 비교될 정도다. 대부분의 단어는 무슨 말인지 거의 구별되지 않거나 극도의 주의를 기울여야만 구별된다. 당연히 나는 그것을 알아듣기 위해 애쓰지 않고 가능한 한 그 말들을 그냥 들어 넘기려고 한다. 물론 수천 번의 반복을 통해 내게 너무도 잘 알려진 어구 재료의 단어들을 들으면 그에 관한 기억 때문에 자동적으로 그 어구의 귀결로, 따라서 영혼 언어로 '자동적 기억 생각들'이라 지칭되는 것에 이끌려서 그 어구가 끝날 때까지 계속 내 신경의 진동을 피할 수 없다. 말하는 속도가 이처럼 과도하게 늦어진 것은 처음에는 내 신경의 조급함을 상승시켰지만 이제는 점점 더 견딜 만해지고 있다. 내가 목소리를 듣는 동안, 그것을 자동적으로 들어야 했던 동안에는 무슨 말이 이어질지 뻔히 알고 있는 그 관용구가 수 초 동안이나 이어지는 것이 무척이나 고통스러웠다. 하지만 최근 목소리들이 그보다 더 느려지면서, 앞에서 말했듯 이해할 수 없는 쉬쉬거림으로 변했고, 그로 인해 이제는 다른 일(피아노 치기, 독서, 쓰기 등)을 하면서 목소리들이 그냥

· ·

4. "당신이 영혼 살해를 저지르지 않았더라면", "이제 그는 분명 연해졌을 거야", "이것이 판사회의 의장이었다고 한다", "부끄럽지도 않나요?" (당신의 아내 앞에서), "왜 말하지 않나요?" (소리 내어), "아직도 말할 수 있나요?" (외국어를), "그건 정말" (영혼의 이해에 따르면 너무 크다) 등등.

흘러가게 내버려두거나, 아니면 신경언어로 하나, 둘, 셋, 넷, 수를 헤아리면서 사유의 휴지기(이른바 아무것도 사유하지 않는 생각)를 만들어 내는 데 익숙해졌다. 이를 통해 나는, 내 정신적 귀에 어떤 욕설이 또렷하게 울리면 그것을 그냥 반복해서 내 신경에 대고 말하게 하는 한 가지 성과만은 얻고 있다. 이때 등장하곤 하는 욕설들은 지면에 기록하지 못할 정도로 지저분하다. 여기에 관심이 있는 사람은 여기저기 흩어져 있는 많은 메모에서 그에 관한 정보를 얻을 수 있을 것이다. 이런 방식으로 '내적인 목소리'가 잠잠해지면 광선들이 다시 접근하려는 필연성에 의해, 말하는 새들의 목청에서 나오는 임의의 단어들이 외부로부터 내 귀에 들려온다. 당연히 나는 이 말의 내용에는 전혀 개의치 않는다. 가끔 내가 모이를 주곤 하는 새가 "창피하지 않나요?"(당신 아내 앞에서)라고 말하더라도 이제는 ─ 몇 년간 익숙해진 결과 ─ 더 이상 모욕당했다고 느끼지 않는다는 것은 이해할 수 있을 것이다. 극한까지 추구된 무의미한 짓거리는 결국엔 스스로를 파기하는 수준에 도달한다는 문장이 여기서 찬란하게 증명되는 셈이다. 이는 몇 년 전 낮은 단계의 신(아리만) 스스로가 '모든 무의미한 짓거리는 스스로 지양된다'는 공식을 통해 여러 번 표현했던 진리다.

완전히 동일한 수준은 아니지만 시각적 자극(시각적 환각) 역시 청각적 자극(목소리, 청각적 환각) 못지않게 지속되고 있다. 내가 정신적인 눈으로 바라보는 광선들 ─ 목소리들뿐 아니라 내 몸에 부려놓을 시체독을 함께 싣고 있는 ─ 은 지평선 너머 무한히 떨어져 있는 한 곳에서 내 머리를 향해 다가오는, 길게 풀린 실과 같다. 기적으로 인해 눈이 감기거나 자발적으로 눈을 감으면, 그들은 내 정신적 눈에만 가시화된다. 곧 광선들이 위에서 말한 형태로, 내 머리를 향해 혀를 날름거리는 긴 실과 같은 모습으로 내 내부의 신경 시스템에 반영되는 것이다. 눈을 뜨고 있으면 이와 똑같은 모습을 육체의 눈으로도 지각할 수 있다. 다시 말해 나는, 저 지평선 너머 먼 곳 또는 여러 곳에서부터 실들이 내 머리를 향해 뻗쳐오거나, 내 머리에서 물러나는 것을 본다. 이들이 퇴각하면 머리에는 때로는 상당히 강한, 내가 분명히 느낄 수 있는 고통스러운 느낌이 일어난다. 내 머릿속으로 들어간 실들 — 동시에 목소리들의 담지자 — 은 머릿속에서 원운동을 하는데, 그것은 머리 안쪽에서부터 드릴로 구멍을 내는 듯한 느낌과 가장 잘 비교할 수 있다.

이것이 무척이나 불쾌한 느낌을 일으킨다는 건 상상할 수 있을 것이다. 하지만 적어도 지금은 — 이미 몇 년 전부터 — 육체적 고통은 부수적인 것이 되었다. 어떤 육체적 아픔을 처음 자기 몸으로 체험한 사람은, 극도로 놀랍고 견디기 힘든 것에도 익숙해 질 수 있다. 이전까지는 하루도 그치지 않고 쾌락 상태와 번갈아 나타나던 고통들도 얼마 전부터는 내가 뭔가 정신적인 일을 하거나 다른 사람들과 조용히 대화하는 등의 일을 심각하게 방해하진 않는다. 이보다 훨씬 성가신 것은, 광선이 퇴각할 때마다 부수적으로 일어나는 고함 상태다. 무엇보다 나를 해치기 위해 행해진 기적 때문에 내가 마치 야생동물처럼 고함을 쳐야 한다는 사실을 나 스스로가 명예롭지 않게 여기기 때문이며, 나아가 고함이 계속 반복되면서 매우 불쾌하고 어떤 점에서는 고통스럽다고 할 만큼 머리가 흔들리기 때문이다. 그럼에도 일정 정도를 넘어서지 않는 한 나는 고함 상태가 그냥 일어나도록 내버려둔다. 특히 다른 방어 수단이 없는 시간, 곧 크게 이야기하거나 피아노를 치거나 할 수 없는 밤에는 더 그렇다. 머릿속으로 들려오던 것들이 고함 소리에 뒤덮여서 모든 광선이 곧바로 다시 결집하는 일이 일어나면 고함은 내게 장점도 제공한다. 그러면 때에 따라 다시 잠들거나, 기상 시간이 다가오는 이른 아침에 환기나 청소 등으로 아직 거실에 들어가지 못할 때, 육체적으로 기분 좋은 상태에서 침대에 머물러 있을 수 있다.

나는 모든 일에서 광선들에는 이해되지 않는 듯 보이는, 그러나 인간에게는 무한히 중요한 '목적 생각'에 이끌릴 수밖에 없다. 다시 말해 나는 매 순간 나 자신에게, 너는 지금 자려고 하느냐 아니면 휴식을 취하려 하느냐, 정신적인 일에 종사하려 하느냐, 아니면 예컨대 용변을 보는 등의 육체적 기능을 수행하려 하느냐는 질문을 던져야 한다. 어떤 목적에 도달하기 위해서는 광선 모두를 결집시켜야 하는데, 이는 심지어 용변을 볼 때도 그렇다. 왜냐하면 앞에서도 언급했듯이(회상록 21장 말미) 그들은 '똥……'에 대해 그렇게 많이 말하면서도 정작 용변을 볼 때가 되면 용변 충동을 충족시킴으로써 생겨나는 영혼 쾌락 때문에, 기적을 통해 그것을 억압하려 들기 때문이다. 이 때문에 잠을 자거나 용변 볼 시간이 되어서 그 구체적인 목적, 일반적인 육체의 편안함을 위해 요구되는 목적을 이루기 위해서는 경우에 따라 꽤 오랫동안 고함과 같은 불쾌한 상태가 잠정적으로 이어지는 것을 감수해야 한다. 평소 기적에 의해 방해받는 용변은, 피아노 앞 양동이 위에 앉아 먼저 소변을 본 뒤 — 통상 더 힘을 주어서 — 실제로 변을 볼 때까지 피아노를 치는 방법을 통해 가장 잘 이루어진다. 믿을 수 없겠지만 이는 모두 사실이다. 퇴각하려던 광선들을 피아노 연주를 통해 다시 내게 접근하도록 강제함으로써, 용변을 보려는 내 노력에 맞선 저항을 물리치기 때문이다.

시각적 현상들(시각적 환각들)과 관련해 몇 가지 흥미로운 점을 추가하겠다. 먼저 이야기할 것은 내 머리를 향해 혀를 날름거리는, 모든 정황으로 보건대 태양 아니면 멀리 떨어진 다른 천체의 광선파가 일직선이 아니라 곡선이나 포물선을 그리면서 내게 다가온다는 것이다. 그것은 로마인들이 경주 마차로 메타^{Meta} Sudans(고대 로마시대에 건설된 인공샘으로, 원추형 끝부분에서 물이 흘러나온다 — 옮긴이) 주변을 돌거나 끈에 묶인 구슬을 문장 주위로 던져 핀을 맞히는, 이른바 회전 스키틀 게임과 비슷하다. 나는 이 곡선 또는 포물선을 머릿속으로(눈을 뜨고 있을 때는 하늘에서) 분명하게 지각한다. 목소리를 담은 이 끈들은 겉으로 보기에는 그 일부가 태양에서 나오는 것 같지만, 실제로는 태양이 있는 방향이 아니라 그와는 조금 반대 방향에서 온다. 나는 이 현상이 앞에서(회상록 9장) 이야기했던, '광선들을 대지에 붙들어 맴'과 관련 있을 거라고 생각한다. 광선들이 직접 접근할 경우 기계적 장애물을 이용해 중단시키거나 최소한 그 속도를 늦추어야 한다. 그렇지 않으면 이미 오래전부터 지나치게 증가한 내 신경의 흡인력으로 인해 광선들이 내 몸을 계속 영혼 쾌락에 휩싸이게 하는 방식으로 돌진해올 것이기 때문이다. 달리 말하면 신 스스로가, 이렇게 표현해도 된다면, 하늘에 머물러 있을 수 없게 된다는 것이다. 이때 ― 지금은 상대적으로 짧은 간격으로 ― 내 머리에, 또는 눈을 뜨고 있을 때는 하늘에 밝은 빛의 점들이 등장한다. 이것이 앞에서(회상록 7장 주석 44) 내가 오르무즈트의 태양이라 지칭했던 현상이다. 이렇게 지칭한 까닭은 당시 내가 그 불빛 점들이 엄청나게 멀리 떨어져 있는 특정 천체가 반사되어 생겨난 것처럼, 그것이 엄청난 거리로 떨어져 있기 때문에 인간의 눈에는 별처럼 작은 불빛의 원반이나 불빛 점의 형태를 띠는 것처럼 보인다고 생각했기 때문이다. 지난 몇 년 동안 계속 관찰한 결과 이 견해를 조금 수정해야겠다. 지금의 나는 그 불빛 점들이 높은 단계의 신(오르무즈트)의 전체 신경에서 떨어져 나온 광선의 일부이며, 시체독을 싣고 있던 순수하지 못한 광선 실들이 사라진 후 처음으로 내게 떨어져 내린 순수한 신의 광선일 거라 믿는다. 이 견해를 뒷받침해 주는 것은, 내가 그 불빛 점들을 도와달라는 외침의 **청각적** 인상과 동시에 지각한다는 사실이다. 그 때문에 나는 그 도와달라는 외침이 불안 상태에서 떨어져 내리는, 그 순수성으로 인해 내 눈에 불빛의 인상을 만들어 내는 높은 단계의 광선이나 신경에서 나오는 것이라 여겨야 한다. 나는 이것이 높은 단계의 신의 신경이라는 것을, 여기서 상세히 언급하기엔 너무 많이 나아가게 될 근거에 입각해 조금도 의심하지 않는다. 도와달라는 외침이 다른 사람에게는 지각되지 않고 나에게만 지각되는 (회상록 15장 참조) 이유에 대해서도 만족할 만한 설명을 할 수 있다고 믿는다. 추정컨대 이는 전화할 때의 현상과 유사하다. 내 머리를 향해 풀어지는 광선 실들은 실제로 전화선과 유사하게 기능한다. 그 자체로는 그리 강력하지 못한, 아주 멀리 떨어진 곳에서 터져 나오는 도와달라는 외침이 나에게만 지각되는 것은, 전화기를 통한 말소리를 송신 지점과 목적지 중간에 있는 제삼자는 듣지 못하고 전화로 연결되어 있는 수신자만 들을 수 있는 것과 같은 이치인 셈이다.

5. 신의 본성에 대하여(1901. 3~4.)

지난 칠 년간의 나의 체험과, 나 자신과 내 주변에서 수도 없이 일어났던 신의 기적의 힘은 해가 지나면서, 이렇게 말해도 된다면, 신이란 존재의 공간적 조건들을 어떻게 이해할 것인가 하는 질문에 대해 자주 숙고하게 했다. 이에 관해 중요한 것은 회상록 1장에서 이미 이야기했다. 이전(7장)의 특별한 오르무즈트 태양이라는 나의 가정은 앞 절에서 언급한 바에 의거해 철회했다. 그에 반해 우리 태양과 다른 항성들이 가지고 있는 공기와 온기를 제공하는 힘이 원래 그들에게 내재하는 것이 아니라 일정한 방식을 통해 신에게서 비롯된 것이라는 생각은 적어도 가설로나마 유지하고자 한다. 앞에서도 이야기했듯 행성들과의 유비類比는 아주 조심스러워야 한다. 신이 태양의 중개를 통해 나와 이야기하며, 또 그를 통해 창조하거나 기적을 일으킨다는 것은 내게는 의심할 여지가 없기 때문이다. 우리는 신의 신경 또는 광선들의 전체 덩어리가 하늘 공간의 개별 점들 위에 흩어져 있거나, 아니면 ― 최성능 망원경을 통해 보이는 가장 먼 천체들보다 훨씬 더 먼 곳에서 ― 공간 전체를 꽉 채우고 있는 것으로 표상할 수 있다. 내게는 두번째 가정이 더 개연적으로 여겨진다. 이 가정은 내게 영원의 요청일 뿐 아니라 엄청난 힘의 요청으로 보이는데, 이 힘은 그렇게 먼 거리에서 창조하는 활동을 통해, 그리고 ― 세계 질서에 어긋나는 지금의 상황에서 ― 기적을 통해, 여전히 살아 있는 개별 존재들에게 영향을 미치고 있다. 기적에 의한 영향이 지금도 일어나고 있음은 내게는 수천 번의 경험을 통해 그 진리성에 일말의 의심을 가질 수 없는 절대적인 사실이다. 당연한 말이겠지만 아래에 언급된 것은 잠정적인 생각이며, 가설로서의 가치만을 갖는다. 이를 기록하는 것은 미래 세대에게 숙고를 위한 재료를 제공하기 위함일 뿐이다.

단 한 명의 인간에게만 배타적으로 행해진 신경 첨부로 인한 세계 질서에 어긋나는 관계 속에서, 살아 있는 인간을 유기체로 판단하지 못하는 신의 무능력에 대해 이전에 내가 전개했던 생각(회상록 5장, 13장, 20장)은 본질적으로는 지금도 유지되어야 한다. 그 후 내가 했던 경험들은 거기서 이야기한 것을 재차 확인한 것일 뿐이다. 정상적인 상황에서는 영혼들과만, 그리고 ― 신경을 뽑아내기 위해 ― 시체하고만 관계하는 신이, 살아 있는 육체에서 생겨나는 욕구들을 완전히 오인함으로써 나를 영혼인 양, 경우에 따라서는 시체인 양 취급하고 내게 영혼의 사고와 느낌, 영혼의 언어 등을 강요할 수 있다고 믿으며 지속적인 향유 또는 지속적인 사유를 요구하는 등의 일은 여전히 일어나고 있다.

신에게 원인을 돌릴 수밖에 없는 수많은 오해와, 몇 년에 걸쳐 내가 견뎌내야 했던 참기 어려운 정신적 고문들도 여기서 비롯되었다. 신이 나를 매개로(내 눈의 인상에 참여함으로써) 무언가를 보는 한, 내 몸에 있는 영혼 쾌락이 신에게 향유를 가능케 하는 한, 혹은 나의 사유활동이 말로 정식화한 생각으로 드러나는 한, 신은 어느 정도 만족하고, 내게서 퇴각하려는 경향도 전혀 생기지 않거나 최소한으로만 생겨난다. 내 가정에 따르면 그 주기는 몇 년 전부터 생겨난 세계 질서에 어긋나는 설비들(지상에 붙들어 맴 등)에 의해 조건 지어져 있다. 하지만 계속 향유하거나 계속 사유하는 일은 인간에게는 불가능하다. 이 때문에 내가 앞에서 언급한 의미에서의 쾌락 관리에 신경 쓰지 않은 채 아무것도 사유하지 않는 생각에 날 맡기면 곧바로 불쾌한 부수 현상(고통, 고함 상태, 주변의 소음 등)을 동반한 광선들의 퇴각이 일어난다. 또 그때마다 기적으로 내 눈이 감기는데, 이는 광선들을 끌어들이는 경향을 띠는 시각적 인상들을 내게서 **빼앗기** 위함이다.

모든 '내부 목소리들'을 소멸케 하는 영혼 쾌락이 지속적으로 증가한 결과, 광선들의 재접근은 이제 점점 더 짧은 주기로 일어나고 있다. 외부에 설치된 '시스템들'의 다양성에 따라 어떤 때 그 주기는 단 몇 분이기도 하다. 그러고 나면 쾌락 상태가 생겨나고, 침대에 누우면 잠이 든다. 그렇다고 인간 본성의 욕구에 상응할 만큼 지속적인 잠이 보장되지는 않는다. 지금도 밤에 잠깐 눈을 붙인 뒤 깨어나 고함 상태에 직면하는 날들이 있다. 잠은 다시 오지 않고 고함 상태가 계속되면 차라리 침대에서 일어나 다른 일을 하는 것, 경우에 따라선 시가를 피우는 게 더 낫지 않겠는가 하는 물음이 떠오른다. 이에 대한 결정은 당연하게도 그때가 몇 시쯤인가에 따라 이루어진다. 한밤중이거나 엄혹하게 추울 때는 좀처럼 침대를 떠날 결심을 하지 않는다. 날이 밝을 시간이 머지않고, 그날 밤에는 그래도 필요한 만큼 잠을 잤다면 일어나는 일이 그리 큰 희생이라 생각되진 않는다. 그러면 보통은 침대에서 나와도 아주 편안하다. 일단 한 번 침대를 벗어나면 다시 침대로 돌아갈 때까지는 잠자기를 포기한다. 때로는 침대에서 일어나는 것조차도 갑작스럽고 격렬한 고통을 동반한다. 크리스마스 전 한동안에는 (요통과 같은) 고통이 너무 심해서 간병인의 도움을 받아야 침대에서 몸을 일으킬 정도였는데, 당시 간병인은 나의 요청으로 며칠 동안 옆방에 묵고 있었다.[5]

• •

5. 1901년 6월 추가. 이 문장을 쓰고 있는 지금은 또 다른 현상들이 일어나고 있다. 침대를 떠나자마자 곧바로 상체(견갑골 등)와 허벅지에 마비 현상이 일어난다. 특별히 고통스럽지는 않지만, 처음엔 그로 인해 몸이 완전히 마비되고 제대로 걷지도 못할 정도로 심했다. 하지만 기적에서 기인하는 다른 현상들처럼 이 또한 일시적이다. 보통 몇 걸음만 더 걷고 나면 다시 이전의 걸음걸이를 회복하고, 낮에는 상당한 보행능력까지 갖추게 된다. 얼마 전에는 포스베르크(Porsberg), 베렌슈타인(Baeren-stein) 등의 등정이 포함된 외출을 하기도 했다. 이 모든 과정이 상세한 학문적 관찰의 대상이 되지 못했다는 것은 너무도 안타까운 일이다. 내가 아침 일찍 일어나는 것을 본 사람은 저런 사람이 어떻게 낮에는 저리도 힘든 육체적 활동을 할 수 있을까 도저히 납득하지 못할 것이다. 그래도 나는, 침대에서 일어나는 일들을 관찰해달라고 여러 번 편지를 보내 초청했던 의사들이 그것을 더 자세히 규명하려 하지 않았던 사정을 이해한다. 그들이 내게 무언가 기적 같은 일이, 통상적인 인간의 경험이라 할 수 없는 일이 일어난다는 인상을 받았더라도 결국 무엇을 할 수 있었겠는

가장 내 관심을 끄는 질문은, 신이 나와 배타적인 신경 첨부 관계를 맺어 내가 신의 관심이 집중되는 유일한 인간이 된 이후, 신의 시각과 지각능력도 나 개인과 내 주변에서 일어나는 일에만 국한되는가 하는 것이다. 나는 아직 이 질문에 답을 하지 않겠다. 이 질문에 긍정적인 답을 할지 부정적인 답을 할지를 결정할 믿을 만한 준거점은 내가 미래에 하게 될 경험들이 제공해 줄 것이다. 태양 빛과 온기의 방사가 예전과 마찬가지로 지금도 지구 전체에 미치고 있음은 의심할 바 없다. 하지만 나는 신의 신경

가? 그것이 기적일 가능성을 그들이 받아들인다고 하더라도, 아마도 그들은 동료 전문가들과 비종교적인 언론, 그리고 기적에 대한 믿음에 그리 우호적이지 않은 우리 시대의 분위기 속에서 스스로가 우스갯거리가 될 수 있으리라는 우려를 해야 했을 것이다. 나아가 그들은 설명 불가능한 것으로 보일 수밖에 없는 현상들에 자연스러운 두려움을 느낄 것이다. 그것이 정말 기적이라면 그들이 그것을 자세히 검토할 의무는 오히려 적어진다. 만일 그렇다면 그들은 그 현상들의 연관 관계를 해명하는 데 의학은 필요하지 않으며, 그럴 능력도 없다고 말할 것이기 때문이다. 이번 달 초부터 엘베강에서—처음엔 바생(Bassin)의 초보자 풀에서, 그러다 어제(6월 21일) 처음 숙련자에게만 허용된 엘베강에서—수영을 시작했을 때 정말 이상한 일들이 일어났다. 풀장에서 수영을 할 때 몇 번인가—늘 금방 사라지기는 했지만—상당히 강한 마비 현상이 일어났던 것이다. 하지만 나는 두려워하지 않았다. 그 현상은 늘 팔다리 한 곳에서만 일어났고, 또 나는 필요할 경우 배영을 하면서 팔한쪽이나 다리 한쪽, 아니면 둘 다 쓰지 않고도 수영할 수 있을 정도로 숙련되었기 때문이며, 나아가 마비가 오면 팔다리를 사용하기 힘들긴 하지만 전혀 못 쓰는 건 아니기 때문이다. 어제 엘베강에서 수영할 때는 기적으로 인해 호흡이 지칠 정도로 가빠졌고, 물에 뜬 통나무에 앉아 있을 때는 기적으로 인해 몸 전체가 자극되어 떨리는 걸 감지할 수 있었다. 이 모든 일은 계속 변하고 있는데, 예견컨대 앞으로는 점점 약해질 것이다. 얼마만큼이나 내 능력을 신뢰할 수 있는가를 정확히 알고 있기에 나는 이런 현상들에도 불구하고 깊은 곳에서 수영하기를 두려워하지 않는다. 하지만, 언제라도 몸의 움직임을 힘들게 할 기적이 일어날 가능성을 생각해야 하는 사람이 깊은 물에서 수영할 때 묘한 기분을 느낄 수밖에 없음은 상상할 수 있을 것이다.

덩어리 전체가 오로지 나 개인에게만 향해 있기 때문에 그와 결합된 시각능력이 나와 내 주변에서 일어나는 일에만 제한되어 있을 가능성도 전혀 배제할 수는 없다고 생각한다. — 이는 70년 전쟁 이후 사람들이 한동안 프랑스인들의 외교정책을 두고 최면에 걸린 듯 보주산맥Vogesen(프랑스 동부 라인강에 연해 있는 산맥. 1차 대전 때 독일과 격렬한 전투가 벌어졌던 접경지이다—옮긴이)의 구멍만 응시하고 있다고 말하던 것과 유사하다. 태양은 그 자체로 살아 있거나 뭔가를 보는 존재가 아니라, 그로부터 나오는 빛을 매개로 지구에서 일어나는 일들을 비로소 지각하는 수단이거나 수단이었을 뿐이다. 어쨌든 기적이 나 개인과 내 주변에서만 행해졌다는 것은 분명하다. 지난 며칠 동안 내가 얻은, 부인할 수 없는 증거들을 여기에 언급할 만하다. 3월 16일 — 내가 날짜를 혼동하진 않으리라고 믿는데 — 은 올 들어 처음으로 태양이 밝게 빛나면서 봄기운이 완연한 기온이 지배하던 날이었다. 나는 이날 오전, 정원에 나갔다. 요즘 정원에서는 보통 삼십 분에서 사십오 분 정도만 머문다. 그건 정원에 머무르는 시간의 — 큰 소리로 대화할 일이 없는 한, 내 주변에 미치광이들만 있는 현 상황에서는 그나마도 거의 없지만 — 대부분 거의 끊이지 않는 고함 상태가 이어지기 때문이다. 전날 밤잠이 부족했기에 난 매우 피로한 상태였다. 그래서 벤치에 앉아 — 별 할 일이 없는 시간에 통상 그렇듯 — 내게 들리는 목소리들을 마춰시키기 위해 계속해서 (신경언어로) 1, 2, 3, 4 숫자를 헤아렸다. 그러자 기적에 의해 눈이 감겼고, 곧이어 갑작스럽게 졸음이 쏟아졌다. 그러면 매번 — 정원에 머무르던 약 삼십 분간의 짧은 시간에 여러 번, 그것도 그사이 잠이 깨어 다른 벤치로 옮겼는데도 세 번이나 계속해서 — 내가 막 잠들려 할 때 날 놀래 잠에서 깨우기 위해 얼굴 바로 앞에 말벌이 나타났다. 나는 그것이 그날 출현했던 유일한 말벌이었다고 주장할 수 있다. 왜냐면 다른 벤치로 옮기는 중에는 단 한 마리의 말벌도 보지 못했기 때문이다. 여기서 말하기엔 너무 많이 나가게 될 미심쩍은 근거들로 인해 나는 이 말벌들이 높은 단계의 신(오르무즈트)의 기적이었다고 가정해야 한다. 작년까지만 해도 말벌들은 낮은 단계의 신(아리만)의 기적에 의한 것이었다. 당시 높은 단계의 신의 기적들은 아직도 매우 적대적인 성격(미치광이들을 선동하는 등)을 띠고 있었다. 다음날 오후, 근처에 있는 에벤하이트^{Ebenheit}로 외출해 그곳에 있는 숙박소 정원에 앉아 있을 때도 같은 방식으로 내 얼굴 앞에 윙윙거리는 모기 몇 마리가 생겨났는데, 그때에도 그것들은 오직 내 주변에만 나타났다.

3월 16일과 비슷한 날씨인 오늘(3월 19일) 오전 정원을 산책할 때 나는 '말벌 기적'이 일어나도록 직접 도발해 보자고 마음먹었다. 벤치에 앉자마자 곧바로 익숙한 현상들이 일어났다. 눈이 감기고, 고함 상태가 생겨나고, 나는 나대로 어떤 일이 일어날지 기다리며 속으로 계속 숫자를 헤아렸다. 그러자 이번에 '훼방'은 다른 방식으로 일어났다. 조용히 벤치에 앉은 채 기적에 의해 고함 소리만 간헐적으로 터져 나오고 있을 때 환자 한 명이 접근해 왔다. 기적으로 눈이 감겨 있었기 때문에 나는 그를 사전에 알아차릴 수 없었다. 내 편에서는 아무 짓도 안 했는데 그가 갑자기 내 팔을 세게 가격했기에, 나는 당연히 일어서서 몇 마디 큰 소리로 그의 버릇없는 행동을 나무랐다. 그는 내가 전혀 모르는 환자였다. 나중에 간병인에게 물어보고 나서야 그의 이름이 G라는 것을 알았다. 이 작은, 그 자체로는 아주 사소한 일은 몇 년 동안 정신병원 정원에서 내게 요구되었던 분별력과 자제력이 얼마나 컸던가에 대한 증거로 제시될 수 있을 것이다. 회상록(20장)에서 이미 언급했듯, 이전에는 나에 대한 그러한 종류의 언어적·물리적 공격이 아주 빈번하게 일어났는데, 그 근본적인 원인은 늘 광선의 영향이었다.

앞에서도 여러 번 광선들의 '주요 생각 없음'에 대해, 다시 말해 광선들에게 생각이 결여되어 있는 상황에 대해 언급했다. 이 생각은 내게 저절로 생겨난 것이 아니라 목소리에서 받았고 또 지금도 받고 있는 진술에 의거한 것이다. 지금도 나는 거의 이 분마다 지긋지긋한 구절이 급하게 말해진 후 "우리에겐 주요 생각이 없다"는 어구를 듣는다. 이 어구에는 어쨌든 무언가 실재적인 것이 근거로 놓여 있음에 틀림없다. 그래서 그와 관련될 법한 유사한 일에 대해 몇 마디 더 언급할 가치가 있겠다. 광선들에게 주요 생각이 없다는 것은, 신이 자신의 근원적인 지혜를 잃어버렸거나 그 지혜가 어떤 식으로든 상실되었다는 의미로 이해되어서는 안 된다. 만일 그랬다면 신은 내 주변 사람들이 무언가를 결심하도록 신경을 자극하거나, 기적을 통해 그들의 교육 수준에 상응하는 진술을 하게 만드는 등의 능력을 갖지 못할 테고, 또한 지금도 실제로 계속 일어나고 있는 모든 것, 시선 이동 기적과 나에 대한 시험(회상록 18장 참조) 등을 행하지 못할 것이다.

그래서 나는 애초에 신에 속했던 지혜는 지금도 동일한 정도로 (살아 있는 인간과 관련해서도 똑같이 제한된 정도로) 광선들의 전체 덩어리에, 그것이 부동하는 덩어리인 한 아직도 내재하고 있으며, '주요 생각 없음'이라는 단어는 내 신경의 흡인력에 의해 생겨나, 세계 질서에 어긋나게 단 한 명의 인간을 향해서만 움직이는 광선들에게 해당된다고 가정할 수 있다. 이와 관련해 기억해야 할 것은, 신의 광선 또는 신의 신경과 내가 직접적인 교섭을 한 적은 한 번도 없으며, 신과 나 사이에는 언제나 이른바 중간 심급[譯]이 존재했다는 사실, 그래서 순수한 신의 광선들이 내게 도달하려면 먼저 그 중간 심급들의 영향력이 제거되어야 했다는 사실이다. 이전엔 상당히 많은 수가 존재했던(회상록 8장과 14장) '검증된 영혼들'과 이전의 '천상의 앞마당'의 여분들이 이 중간 심급에 해당했고, 부분적으로는 지금도 그렇다. 이 '천상의 앞마당'의 여분들은 흡인 속도를 지연하기 위해 비축해 두었던 것인데, 내 가정에 따르면 이는 그 이후의 '말하는 새들'로서 계속 나와 이야기 나누는 새들의 신경과 같다.

이 중간 심급들, 다시 말해 플레히지히 교수의 검증된 영혼 중 아직 남아 있는 것과 새의 몸통에 박혀 있는 '천상의 앞마당'의 여분은 그들이 가지고 있던 이전의 지성, 인간 지성에 상응하거나 어쩌면 그보다 더 뛰어난 지성을 완전히 잃어버렸다. 그들은 완벽하게 생각이 결여된 것이다. 어떤 점에서 이 과정은 이른바 인간의 '망각'과 비교될 수 있을 것이다. 인간 또한 살면서 받아들이는 모든 인상들을 계속해서 기억 속에 보존할 수는 없다. 많은 인상들, 대개는 보다 덜 중요한 인상들은 금방 사라져 버린다. 영혼들에게는 이것이 인간에게보다 더 강한 정도로 일어나거나 일어났던 것으로 보인다. 원래는 죽은 인간의 영혼이 되었어야 할 그들이, 세계 질서에 합당한 규정에 따라 자신을 신에 맡김으로써 — 개인적 기억들을 조금씩 상실하면서 — 신의 지성에 통합되는 대신 개별 영혼들로, 말하자면 신과 관계하지 않은 채 여기저기서 펄럭거리게 된 것이다. 이는 세계 질서에서조차 전혀 예상치 못했던 일이었으며, 신과 나의 관계가 세계 질서에 어긋나는 형태가 됨으로써 초래된 것이다. 아마도 한 개 또는 몇 개의 신경이 합쳐서 생겨난 이 개별 영혼들은 생각할 수 있는 능력을 완전히 상실하고 일정한 감각능력만 가지고 있는 듯하다. 이 감각능력이 이들이 일정한 시간에 내 몸에서 생겨나는 영혼 쾌락에 참여하는 것을 쾌적하게, 아니면 향유로 느끼게 해주는 것이다. 그들은 또한 자립적으로 말하는 능력도 잃어버렸는데, 단 하나의 예외는 내 몸의 영혼 쾌락에 참여하는 순간(보자마자) "빌어먹을 자식" 또는 "아, 이 빌어먹을"이라고 말할 수 있는 새들이다. 이는 이들이 이전에 근본언어를 사용하던 영혼들의 여분이라는 것을 반박의 여지 없이 증명해 준다.

이 단어들을 말할 때는 평소 그들이 신경에 억지로 '주입된'(회상록 15장 주석 97) 어구들을 말할 때와는 달리 진정한 느낌이 있었다는 것을 나는 한 치의 의심도 없이 인식할 수 있다. 이는 한편으로는 그들이 서로 다른 영향을 주기 때문이며 — 진정한 목소리들은 고통도, 그 어떤 해도 끼치지 않고 영혼 쾌락의 증가에 기여한다 ─ 다른 한편으로는 말의 울림과 속도가 서로 다르기 때문이다. 진정한 단어들은 신경에 적절한 원래의 속도로 빠르게 울리기 때문에, 억지로 주입된 어구들이 말하는 속도가 느려질수록 그것들과는 더 확연히 구분된다. 스스로는 생각이 없는 이 신경들은 내게 접근하는 속도를 지연하기 위해 무언가를 말해야 한다. 그런데 생각이 없기 때문에, 또 그들이 시체독을 싣는 곳(천체, 지상)에도 사유능력을 갖춘 존재가 없기 때문에 ─ 거기서 기록을 담당하는 존재들이 '일시적으로 급조된 인간들'처럼 인간과 유사한 형태를 지닌 존재라고 생각하든 아니든 상관없이 ─ 스스로는 정지되어 있는 신의 광선 전체 덩어리는 신경들이 접근할 때마다 그들에게 말할 거리를 주거나 억지로 주입하는데, 그 내용이란 그들이 나의 덜 익은 생각(보통 그 반대로 조작된)이라고 읽은 것이거나, 내게 행해지는 기적에 대해 말한 것, 혹은 이전에 언급했던 기록 재료(기본적으로는 이전에 내가 했던 생각들)를 재활용하는 것에 불과하다. 이것들도 다 풀려버리고 나에게 아무것도 사유하지 않는 생각이 등장하면 그들은 결국 최후의 어구인 "우리에겐 주요 생각이 결핍되어 있다"를 사용하고, 그 뒤를 이어 다시 "왜 그것을 말하지 않지요? 소리 내서" 등등이 계속 이어진다. 이것이 내가 수천 번의 반복을 통해 갖게 된, 앞에서 말한 광선들의 '주요 생각 없음'에 대한 대략적인 표상이다. 이는 물론 추측에 불과할 수도 있다. 모든 초감각적인 것에 대해서와 마찬가지로 여기에서도 인간에게는 그 진정한 통찰의 길이 막혀 있기 때문이다. 그래도 내가 여기서 말한 것은 상당히 올바른 인식에 근접해 있다고 믿는다.

나는 신 자신, 또는 결국엔 그와 동일한 것으로 귀결되는 다른 표현을 사용하면, 부동하는 광선들의 전체 덩어리가 우월한 지성을 지녔다고, 아마도 모든 인간 지성보다 훨씬 우월한 지혜를 지니고 있다고 믿을 만한 다른 근거들도 갖고 있다. 그것은 바로 진정한 단어가 아니라 그저 '암기'하거나 '억지로 주입'하기 위해 사용된 낮은 단계의 신(아리만)의 몇몇 어구들이다. 앞에서도 일부 언급했지만(회상록 13장, 21장) 현재의 맥락에서 다시 한 번 그에 관해 이야기하겠다. "쾌락이 일정 단계에 도달하기를 바란다", "지속적인 성공은 인간의 편에 있다", "모든 어리석은 짓은 스스로 사라진다", "자신을 성적으로만 흥분시키시오", "쾌락이 신을 경배하게 되었다" 등등이 그것이다.[6] 여기서 내가 고백해야 할 것은 나 자신조차도 여기에 담긴 진리들을 인식하는 데 몇 년이 걸렸으며, 적어도 몇몇 어구들에 대해선 처음엔 무척 회의적이었다는 사실이다. 거기에 속하는 것이 몇 년 전(1894년 아니면 1895년경) 낮은 단계의 신에 의해 내 태도에 대한 지침으로 자주 반복되었던, "내 딴에는 이 슬로건이어야 한다"이다. 이 어구를 통해 표현하고자 했던 것은, 미래에 대한 걱정은 던져버리

· ·

6. 목소리들의 이 어구들은 오래전부터 더 이상 사용되지 않게 되었다. 그들 모두가 계속 반복됨으로써 아무것도 사유하지 않는 생각의 공식이 되어버려, 흡인을 지연하는 데 기여하지 못하기 때문이다. 나는 이 어구 전부를 기억하고 있으며 때로 의도적으로 기억 속에서 재생산한다.

고— 영원성에의 신뢰를 통해— 나 개인의 운명이 어떻게 될지는 사태의 진전에 그냥 맡겨두라는 것이다. 당시 나는 이런 태연자약한 '내 딴에는'이란 말로, 내게 일어나는 모든 일에 신경 쓰지 말아야 한다고 충고하는 일이 적절하다고 인정할 수 없었는데, 첨언하자면 이는 당시의 인간적 관점에서 보면 당연한 것이기도 했다.

당시 기적을 통해 매시간 내 정신과 육체를 위협하던 위험들은 아직도 두려워할 만한 것이고, 내 몸에 행해졌던 손상들(회상록 11장 참조)도 너무나 끔찍해서 나는 미래에 내가 어떻게 될지 절대적인 평정심을 가질 수 없었다. 인간이, 더구나 위험한 상황에 처해 있는 인간이 미래를 걱정하는 것은 본능이기 때문이다. 하지만 시간이 지나면서 거기에 익숙해지고 내 이성이 어떻게 될지 전혀 걱정할 필요가 없다는 것이 확실히 인식되자, 나는 '내 딴에는'이라는 슬로건으로 표현되는 관점을 미래에 대한 질문과 관련해 완전히 내 것으로 삼았다. 지금도 나는 때때로 무척 불쾌한 시간들을 보내야 한다. 지금도 고함 상태, 목소리들의 수다로 인한 정신적 고문, 때때로 그에 동반하는 육체적 고통으로 인해 거의 참아내기 힘들다고 할 만한 낮과 밤이 있다. 하지만 이러한 회귀가 지속되는 시간은 잠시뿐이다. 왜냐하면 그들이 지각할 수 있을 정도로 늘어난 내 몸의 영혼 쾌락에 맞서, 나와 이야기하는 목소리나 광선실 등을 분배하고 어구들을 설치하는 등에 적용한 '체계'를 더 강화했기 때문이다. 이는 흡인을 지연시키고, 더 멀리 퇴각하는 것을 가능케 하며, 쾌락과 잠으로 이어지는 모든 광선들의 결집을 가능한 한 방해하기 위해 이루어진다. 하지만 이 목적이 이렇다 할 정도로 오랫동안 성공한 적은 한 번도 없다. 증가한 영혼 쾌락이 금세 이 새로운 강화 조치를 극복하고, 대개의 경우 한참 동안이나 육체적·정신적으로 편안한 상태가 이어지는 것이다. '모든 어리석음은 스스로 사라진다'라는 문장과 관련된 상황도 '내 딴에는'이라는 슬로건과 비슷하다. 목소리들에게서 이 문장을 들었던 시기 ― 몇 년 전부터는 이 문장을 더 이상 듣지 않게 되었는데 ― 에는 이 문장의 옳음을 곧바로 확신할 수 없었다. 개별 인간들뿐 아니라 민족 전체의 역사 중에도 오랫동안 어리석음에 지배당한 적이 있었으며, 그로 인해 되돌릴 수 없는 파국이 이어지기도 했다는 사실이 떠올랐기 때문이다. 하지만 그 후 몇 년간의 경험은 이 문장이 올바르다는 것을 깨닫게 해주었다. 나처럼 어떤 의미에서는 영원이 그를 위해 봉사하고 있다고 말할 수 있는 인간은, 결국엔 어리석음이 스스로 지쳐 나가떨어져 이성에 걸맞은 상태가 저절로 등장할 시기가 분명히 도래하리라는 확신을 갖고, 그 어떤 어리석음도 그냥 일어나도록 태연히 내버려둘 수 있다.

어구들에 대해 다소 길게 이야기한 것은, 이 어구들이 이 점에서 내가 훨씬 뒤에야 깨닫게 된 이 진리를 우월한 신의 지혜는 이미 수년 전에 인식했다는 증거로서의 가치를 갖기 때문이다. 나를 무척이나 어렵게 만드는 질문은, 어떻게 이 우월한 지혜를 다른 관계 속에서 계속해서 드러나는 무지, 그리고 내게 행해진 처음부터 끝까지 잘못된 정책과 조화시킬까 하는 것이다.[7] 나는 몇 년 전부터 이 질문에 대해 거의 쉬지 않고 숙고해 왔다. 그럼에도 완전한 해답에는 결코 도달하지 못할 것이며, 이 질문은 앞으로도 계속 수수께끼 같은 것으로 남으리라는 사실을 받아들여야만 한다. 왜냐하면 신과 나 사이에 생긴 세계 질서에 어긋나는 관계에서, 신은 살아 있는 인간을 알지 못한다는 사실을 재차 확인해야 하기 때문이다. 신은 적어도 이전까지는 내 이성을 파괴하거나 날 정신박약으로 만드는 게 가능하다고 여겼음에 틀림없다. 아마도 신은 자신과 관계하고 있는 내가 이미 처음부터 정신박약이자 도덕적으로도 무가치한 인간이라고 생각했을 것이다. 이 생각을 통해, 신은 내게 그런 정책을 행함으로써 일어날 양심의 가책을 물리쳤을 거라고 말하고 싶다. 나의 정신적이고 도덕적인 상태에 대한 이러한 신의 무지가 이전 시기에 더 오랫동안 유지될 수 있었던 것은, 퇴각한 뒤 다시 접근하기까지의 간극이 당시에는 길었기 때문이다.

영혼 쾌락이 급속도로 증가함에 따라 이제 그 주기는 매우 짧아졌다. 따라서 저 무지는 얼마 지나지 않아 더 나은 통찰에 굴복하게 될 것이다. 그런데 세계 질서에 따른 영혼(축복)의 존재 조건에 따르면, 영혼은 내 몸에서 그들이 받아들이는 향유가 단 한 순간이라도 불가능해지거나, 이전에 생겨난 세계 질서에 어긋난 설비들에 의해 퇴각을 강요받으면 그 즉시 퇴각하려는, 거역하기 힘든 경향을 가지고 있는 듯하다. 퇴각이 내세울 만한

<hr />

7. 회상록 13장에서도 언급했듯이, 낮은 단계의 신(아리만) 스스로가 이렇게 뒤집힌 상황을 "이것이 저 유명한 영혼 정책의 결과들이다"라는 어구로 승인한 바 있다.

지속적인 성과를 약속하기는 고사하고 오히려 광선들이 '도와달라'고 외치면서, 다시 말해 불안 상태에 빠져 서둘러 내게로 떨어져 내리면서 다시 접근하는데 말이다.

따라서 이 현상은 인간의 성격과는 전적으로 다른 영혼의 성격에 의해서만 설명될 수 있다. 영혼에는 일정한 삶의 상황에서 인간들에게 요구되는, 예를 들어 전쟁에서 군인이나 장교들에게 요구되는, 죽음도 불사하는 남자다운 태도가 본성적으로 존재하지 않는다. 그런 점에서 영혼들은 달콤한 과자(영혼 쾌락)를 단 한 순간도 포기하지 못하거나 포기하지 않으려는 어린아이들과 같다. 이는 적어도 맨 처음 참여한 영혼들로서 퇴각 결정을 내리는 광선들에게는 합당한 것 같다. 기적이 이전의 두려워할 만한 영향력을 크게 상실한 후 신은 내게 일어나는 어떤 일에서든 우스꽝스럽거나 어린아이 같기만 하다. 그 때문에 나는 대개는 정당방위를 위해 어쩔 수 없이 강제되어서 큰 소리로 '신을 조롱하는 자'의 역할을 맡게 된다. 내가 때때로 이러한 역할을 하는 이유는 고함 상태, 바보 같은 목소리의 수다 등으로 나를 견딜 수 없게 괴롭히는 저 멀리 떨어진 곳을 향해, 그들이 관계 맺은 자가 정신박약이 아니라 상황을 완전히 장악하고 있는 인간임을 의식시키기 위해서다. 하지만 여기서 아주 단호하게 강조해야 할 사실이 있다. 그것은 이러한 상황이 내 삶의 종말과 더불어 종착점에 도달할 하나의 에피소드에 불과하며, 따라서 신을 조롱할 권리는 나에게만 있지 다른 사람에게는 없다는 것이다. 다른 인간들에게 신은 하늘과 땅의 전능한 창조자이자 모든 사물의 근원이며 그 모든 사물의 미래의 구원자로서 — 전승된 종교적 표상들에서 몇 가지 수정되어야 할 점이 있긴 하지만 — 기도와 함께 최고의 경배를 올려야 하는 존재다.

6. 미래에 대하여. 기타(1901. 4~5.)

그사이 이루어진 새로운 지각들에 의하건대, 회상록 22장에서 내게 찾아올 보상 또는 내가 겪었던 고통과 결핍에 상응해 기대할 수 있는 대가에 대해 이야기한 것이 점점 더 구체화되고 있는 듯하다. 그로부터 몇 달이 지난 지금 나는 그 보상이 어떤 방향으로 이루어질지 좀 더 분명하게 말할 수 있다. 현재 내 삶에는 아직도 쾌락 상태와 고통, 게다가 원래의 고함 상태 말고도 주변에서 자주 생겨나는 바보 같은 소음 등의 불쾌한 일들이 기묘하게 뒤섞여 있다. 어떤 식으로든 나와의 대화 중에 내뱉어진 단어들은 아직도 내 머리를 향해 가해지는 타격으로 느껴진다. 그로 인해 생겨나는 고통은 광선들이 먼 곳으로 퇴각하면 상당히 강한 수준에 도달하는데, 잠을 제대로 자지 못한 다음 날이면 날 몹시 지쳐 나가떨어지게 한다. 기적으로 생겨난 다른 고통, 예를 들어 치통이 추가되면 더욱 심해진다.

다른 한편으로는 이른바 쾌락 속에서 헤엄치는 시간이, 다시 말해 말로 표현하기 힘든 여성적 쾌락 느낌에 상응하는 편안함이 몸 전체를 관통하는 시간이 하루에도 여러 번 반복적으로 찾아온다. 그때는 내 판타지를 성적인 방향으로 놀게 할 필요도 없다. 다른 계기들에서도, 예를 들어 나를 특별히 감동시키는 시 구절을 읽거나, 나를 감성적으로 특별히 즐겁게 만드는 음악을 피아노로 연주하거나, 인근에 소풍 갔을 때 특별히 자연을 향유하는 인상을 받거나 하면 영혼 쾌락에서 생겨나는 편안함은 드물지 않게, 이렇게 말해도 된다면, 축복의 맛을 미리 보는 듯한 순간들을 만들어 낸다. 현재로서는 그 느낌이 유지되는 시간은 잠시뿐이다. 쾌락 느낌이 최고에 도달하는 순간, 광선들을 저항할 수 없게 만드는 쾌락이 생겨나지 않도록 기적에 의해 두통과 치통이 유발되기 때문이다. 어떻게 한 인간 전체가 그러한 상태에 처할 수 있는지는 답하기 어려운 질문이다. 발아래에서 목까지 최고의 쾌락을 향유하는 동안 내 머리는 상당히 안 좋은 상태에 처하는 일이 종종 있기 때문이다.

몇 년간의 경험을 통해 나는 앞으로 고통의 느낌은 점점 후퇴하고 쾌락 또는 축복 상태가 우세해지는 방향으로 나아가리라고 예견할 수 있다. 영혼 쾌락이 현재 계속 증가하고 있기 때문에, 광선들이 내 몸에 진입할 때 일어나는 쾌락도 점점 강해질 것이다. 쾌락 느낌을 약화하기 위해 내 몸에 고통을 가하는 일은 지금도 종종 실패하고 있으며, 예견컨대 앞으로 성공하는 일도 점점 줄어들 것이다. 내가 목소리들의 말을 통해 의심의 여지 없이 알게 된 바에 따르면, 그들은 '내 눈에 기적을 가하'려고, 다시 말해 내 눈에 시체독을 뿌리거나, 치통을 일으키기 위해 내 이에 시체독을 뿌리려고 시도한다. 하지만 광선들이 내 몸의 특정 부위에 아예 도달하지도 못하는 일이 점점 자주 일어난다. 내 몸 다른 부위에서 생겨난 쾌락의 느낌이 더 우세하기 때문이다. 그러면 눈이나 이에 주입되려던 시체독은 가슴이나 팔 등 내 몸의 다른 부위에서 해롭지 않게 처분된다. 이로써 나는 그리 머지않은 미래에 내가 살아 있는 동안, 다른 사람들은 죽은 다음에야 부여받는 축복을 미리 향유하게 될 거라고 예견할 수 있다. 물론 축복이란 기본적으로 쾌락의 향유이며, 그것이 완전히 전개되려면 자신이 여성적 존재라는, 혹은 여성적 존재가 되고자 하는 표상이 필요하다는 사실 자체는 당연히 내 취미에 들어맞지 않는다. 그렇지만 고통과 기적에 의해 생긴 고함과 내 주변에서 일어나는 바보 같은 소음에 견디려면, 그러한 종류의 표상에 익숙해지도록 강제하는,[8] 세계 질서에 부합하는 필연성에 날 복종시켜야 한다. 내 정신적 힘을 이와는 다른 방식으로 인류를 위해 가치 있게 사용함으로써 사람들 사이에서 명예나 명망을 얻을 수 있는, 내가 빼앗긴 가능성의 중요한 대체물은 신의 광선과의 지속적 교류를 통해 내가 얻은, 신과 신적인 것에 대한 인식이다. 나는 내가 매개자Mittler가 되리라는 희망을 걸어본다. 그 매개자의 개인적 운명을 통해 내가 얻은 인식은 성공적으로 확산될 것이며, 나는 이러한 방식으로 내가 죽은 뒤에라도 인류가 신과 세계의 관계에 대한 올바른 직관을 얻고 종교적 구원의 진리를 여는 데 기여할 것이다.

언젠가는 다가올 나의 죽음이 어떻게 전개될지에 대해 내가 예견할 수 없는 것은 당연하다. 회상록 22장에서 이에 관해 언급한 것에 따르면, 내게 가능하다고 생각되는 것은 노환으로 죽는 것이

8. 지금이라면 여기서 말한 것도 조금 수정하고 싶다.

다. 나의 바람은 언젠가 내 최후의 시간이 찾아왔을 때 이 정신병원이 아니라 제대로 된 집에서 가까운 친지들이 모인 자리에서 죽고 싶다는 것이다. 그때는 정신병원에서 내게 해줄 수 있는 것보다 더 사랑스러운 간병이 필요할 것이기 때문이다. 나는 내 병상 또는 임종 시에 어떤 이례적인 현상들이 관찰될 수도 있다고 본다. 그래서 여러 분야의 인간 지식을 연구하는 남성들이 그곳에 동석하기를 희망하는데, 그들은 그 관찰을 통해 경우에 따라서는 내 종교적 표상들의 진리와 관련해 중요한 결론을 도출할 수 있을지도 모른다. 현재로서 퇴원이라는 내 목표는 아직 상당히 멀리 떨어져 있다. 회상록 20장에서 언급했던 첫 번째 금치산 선고(1901년 4월 15일 드레스덴 지방법원의 판결을 통해)는 내게 불리하게 내려졌다. 아직 그 판결의 이유를 알지 못하기 때문에 높은 심급에 항소할지 아닐지는 말할 수 없다. 그럼에도 나는 가까운 시기는 아닐지라도 몇 년 안에 금치산 선고가 철회되고 동시에 이 정신병원에서의 퇴원도 이루어지리라는 확실한 믿음을 가지고 있다.

앞에서 말한 것과 직접 관련되지는 않는 몇 가지를 여기 추가하겠다. 그를 위해 별도의 장을 마련하기에는 너무 짧은 내용들이라 여기 기록한다.

* * *

지난 몇 해 동안 나는 내게 제공된 초감각적 인상들에 자극받아

민속신앙의 대상들에 대해 많이 생각해 왔다. 지금의 나에게 민속신앙과 오래된 민족의 신화들은 이전과는 본질적으로 다른 관점에서 다가온다. 나는 대부분의 민속신앙의 표상에는 어떤 진리의 알맹이가, 초감각적인 것에 대한 예감이 근거로 놓여 있다는 견해를 가지고 있다. 오랜 시간이 지나면서 많은 사람에게서 잊혀간 그 진리의 알맹이에 수많은 자의적 상상력의 추가물이 뒤덮여 이제 더 이상 그것을 드러낼 수 없게 되어버린 것이다. 충분한 문헌적 보조수단이 주어진다면 이러한 관점에서 많은 민속신앙을 연구해 보고픈 생각도 있다.

그런 보조수단들이 없기에 여기서는 두 가지 사례에만 국한해서 이야기하겠다. 영혼들이 인간과 교제하는 게 허락된 유일한 시간이자, 1시를 알리는 시계 소리와 더불어 영혼들을 다시 무덤으로 돌아가도록 강요한다는 **영혼의 시간**에 관한 미신은 잘 알려져 있다. 내 생각에 이 미신에는, 꿈은 잠든 사람의 신경이 외적인 영향을 받아 진동함으로써만 생기는 것이 아니라, 상황에 따라 타계한 영혼들과의 교제(주로 죽은 친지의 영혼에 의해 행해지는 신경 첨부를 통해. 회상록 1장 참조)에서 비롯되는 올바른 예감이 놓여 있다. 가장 깊은 잠이 드는 자정 이후는 이러한 영혼과의 교제에 가장 적합한 시간이라고 어느 정도 타당하게 간주될 수 있다. 두 번째 사례로 들고 싶은 것은, 악마가 **열쇠 구멍으로 기어들어** 온다는 어구와 관련된 표상이다. 내가 보기에 이는 인간에 의해 제작된 어떤 기계적 장애물도 광선들의 영향력을 막지 못한다는 정확한 사실에 기초해 있다. 이는 나 자신이 매 순간 몸으로 체험하고 있는 사실이다. 아무리 두꺼운 담장이나 닫힌 창문 같은 것도, 광선 실이 인간은 이해할 수 없는 방식으로 그것을 통과해 들어와 내 몸의 아무 부분에나, 때로는 내 머리에까지 밀고 들어오는 것을 막을 수 없다.

이 글이 출판될 경우 그로 인해 피해를 입는다고 생각할 수 있는 개인이 있음을 나는 잘 알고 있다. 추밀감사원인 라이프치히의 플레히지히 교수가 그 사람이다. 나는 올해 2월 4일 이곳 정신병원 관리국에 보낸 소명서에서 이 문제에 관해 상세히 다루었는데, 그 부분을 아래에 원문 그대로 인용한다.

제가 본인의 회상록을 출판할 생각이며, 저에 대한 금치산 선고가 철회된 후 출판하기를 희망한다는 것은 왕립정신병원 관리국도 잘 아는 사실입니다. 저는 과연 출판이 허락될 것인가 하는 문제로 오랫동안 숙고했습니다. 저는 제 회상록의 몇몇 장과 관련해 라이프치히의 플레히지히 교수가 저를 모독 혐의로 고발할 수도 있으며, 경우에 따라선 범법 행위의 구성요건으로(형법 40조에 따라) 출간된 책의 압류를 요구할 수 있다는 사실 또한 잘 알고 있습니다. 그럼에도 저는 애초 생각대로 출판하겠다는 결정을 내렸습니다.

저 자신은 플레히지히 교수에게 어떠한 개인적인 적대감도 갖고 있지 않습니다. 따라서 제 회상록 중 플레히지히 교수와 관련된 내용은, 전체 내용을 이해하는 데 필수적이라고 여겨지는 부분만 수록했습니다. 특히 문제가 될 소지가 있고 전체 맥락상 반드시 필요하지는 않은 제 회상록의 (삭제된) 주석들은 출간할 때 삭제할 것입니다.

제 회상록 내용에 대한 플레히지히 교수의 학문적 관심이 그의 개인적 감정을 물리치기를 희망합니다. 만약 그렇지 않다고 하더라도, 이 책을 출간함으로써 학문을 풍요롭게 하고 종교적 관점을 해명하고자 하는 제 희망은, 모독 혐의로 처벌받고 압류로 인한 재산상의 손실을 감수할 정도로 큽니다.

왕립정신병원 관리국에 이런 얘기를 하는 것은 제 처벌 가능성에 대한 의견을 구하기 위해서가 아닙니다. 본인 자신이 어떤 행동을 하든 조심스럽게 그 결과를 숙고하고 있으며, 따라서 본인이 스스로의 용무를 볼 능력이 결여된 인간이라고 할 수 없다는 새로운 증거를 제시하고자 할 뿐입니다.

높은 존경을 바치며
1901년 2월 4일, 존넨슈타인 (서명)

여기에 관해 몇 가지 소견을 덧붙여야 하겠다. 나는 내가 플레히지히 교수가 이끄는 라이프치히 대학 신경병원에 체류했다는 외적 사건을 그가 아직도 기억하고 있다고 생각한다. 하지만 나는 그가 자신의 이름과 관련된 초감각적 일들에 대해서도 의식하고 있다고 단정할 수는 없다. — 플레히지히 교수와 나의 개인적 관계는 오래전에 뒷전으로 밀려났으며, 그 때문에 어떤 외적 영향력이 없다면 그에 대한 나의 관심이 계속 일깨워지는 건 힘들 텐데도 불구하고 — 목소리들은 이런 초감각적인 것들과 관련해 그의 이름을 언급했고, 또 지금도 매일같이 언급하고 있다. 나는 인간으로서의 그는 그러한 것들과는 거리가 멀었고 지금도 그렇다는 가능성을 열어두었다. 그렇다면 살아 있는 인간으로서의 그와는 구별되는 육체 바깥의 영혼이 어떻게 존재할 수 있는가? 당연하지만 이 질문은 여전히 어둠에 싸여 있다. 그럼에도 그러한 영혼이, 적어도 그러한 영혼의 일부가 존재했고 지금도 존재한다는 것은 수천 번에 걸친 직접적 경험에 의해 내게는 확실한 사실이 되었다. 따라서 다음과 같은 가능성을 인정해야 한다. 곧, 회상록의 첫 번째 장에서 내가 플레히지히라는 이름을 언급하며 이야기한 것은 모두 살아 있는 인간과는 구별되는, 특별히 존재하는 것은 분명하지만 자연적인 방식으로는 그 존재를 설명할 수 없는 플레히지히의 영혼과만 관련되어 있다는 것이다. 이러한 점에서, 책을 출간함으로써 살아 있는 플레히지히 교수의 명예를 공격하는 것은 전혀 나의 의도가 아니다.[9]

7. 화장火葬에 대하여(1901. 5.)

최근 특별한 연합체에 의해 조직적으로 상당히 활발하게 벌어지고 있는 화장火葬 운동이 내게 몇 가지 생각을 불러일으켰는데, 여기서 그에 관해 이야기하는 것도 관심이 없지 않을 것이다. 내 생각에는 이런 종류의 시체 화장에 대해 교회와 신자들 측에서

9. 금치산 재판이 끝난 후 책을 재검토하는 과정에서 이와 관련된 많은 부분을 삭제하고, 수정하고, 표현을 완화했다. 그 때문에 아직도 이 책이 모욕적 내용을 담고 있다고는 더 이상 말할 수 없다고 믿는다. 이로써 나는 감정서, 원심과 항소심의 판결문, 내가 작성한 재판 관련 문서들에서 나를 고발할 수 있는 모든 여지를 불식시켰기를 희망한다.

제기한 우려는 진지하게 고려될 필요가 있다. 왜냐하면 자신의 시신을 화장하도록 하는 사람은 그럼으로써 내세의 삶을 포기하는 것은 아닌지, 또는 그것을 통해 축복에의 요구를 스스로 저버리는 것은 아닌지[10]하는 의문을 제기해야 하기 때문이다. 영혼도 순수하게 정신적인 것만은 아니다. 영혼은 신경이라는 물질적 기체에 의거하고 있다. 따라서 화장으로 인해 신경이 완전히 파괴되면 영혼이 축복계로 올라가는 일도 불가능할 것이다. 신경생리학에 문외한인 나로서는 이 전제가 맞는지 아닌지 확실히 주장할 수는 없다. 하지만 내게 의심할 바 없는 것은, 예를 들어 화재 또는 중세의 이교도 사냥, 마녀 화형 등을 통해 한 인간의 육체가 불타 죽는 경우와 화장은 본질적으로 다르다는 사실이다. 위의 경우와 같은 불에 의한 죽음은 본질적으로는 질식사다. 곧, 그로 인해 육체가 완전히 소멸한다고 말할 수는 없다는 것이다. 육체의 부드러운 부분은 대부분 불타겠지만, 뼈와 그 속에(특히 두개골 안에) 자리 잡고 있는 말단신경까지 완전히 파괴되는 일은 결코 일어나지 않는다. 따라서 이는 오늘날의 화장과는 비교할 수 없다. 오늘날의 화장은 엄청난 열기를 내뿜고, 공기가 차단된 화장터에서 죽은 뒤의 인간에게 남아 있는 것조차 완전히 소멸시키는 것을, 방법적으로도 몇 줌의 재만 남기는 것을 추구하며 그러한 목적 또한

• •

10. 세계 질서 내에서는 죽은 뒤에도 존속 또는 축복이 이루어진다는 것은, 이전에 서술했던 내용 전체(특히 회상록 1장 참조)에 의해 내게는 한 치의 의심도 없다. 이는 신과 나 개인 사이에 세계 질서에 어긋나는 배타적 관계가 지속되는 동안에는 축복이 새로 쌓이지 않는다는(회상록 2장 말미와 5장 말미) 사실과 당연히 아무런 모순도 일으키지 않는다.

달성되고 있기 때문이다. 이 때문에 나는 화장으로 인해 신경 또한 생리학적 혹은 화학적 변화를 겪을 것이며, 그로 인해 내세에서의 부활이 불가능할 수도 있다고 본다.

이렇게 본다면, 심미적이거나 위생적 또는 경제적 관점에서 화장을 옹호하기 위해 제기되었던 주장들은 철회되어야 한다. 경제적인 측면에서 화장의 장점이라 주장된 근거들도 사실은 지극히 의심스럽다. 특히 매장 부지 축소 등을 통해 기대되는 경제적 이득은 화장 — 화장이 보편화되었다고 생각하면 — 에 소모되는 막대한 경비로 인해 상쇄될 것이다. 몇백 년 뒤를 생각해 봤을 때 대다수의 사람이 시신을 매장하는 오랜 관습을 포기하리라고는 생각되지 않는다. 언젠가 모든 마을 또는 작은 지역조차 독자적인 화장터를 갖게 될 날이 올 거라는 주장도 내게는 전혀 당연하게 생각되지 않는다. 그때에도 현대적인 화장 방식이 미래의 축복에 대한 희망에 부합할 수 있느냐는 바로 그 물음이 윤리적으로 중요한 질문이 될 것이다.

나는 이 질문을 그다지 중요하게 여기지 않는 사람들이 많다는 것을 잘 알고 있다. 이는 단지 믿지 않는 사람들의 주장, 곧 의식적인 무신론 추종자들만의 문제가 아니다. 죽은 뒤에 자신의 육체가 부패한다는 생각이 주는 혐오감은 많은 사람에게서 다른 고려들을 몰아내고 있다. 내세의 삶에서 기대되는 새로운 존재의 본성을 잘 알지 못함으로써, 특히 비관적 본성을 지닌 사람들은 드물지 않게 그들 자신과 다른 사람들 앞에서 죽음 이후의 지속 따위에는 신경 쓰지 않는다고 떠벌리는 듯한 기분을 느낀다. 그런 기분

속에서 그들은 죽음과 동시에 모든 것이 끝나며, 사람들에게 그저 미적지근한 관심의 대상으로 남기보다는 차라리 가능한 한 흔적조차 사라지는 게 낫다고 말한다. 하지만 나는 이런 기분이, 죽음의 끔찍함이 실제로 손에 잡힐 듯 가까이 다가오는 순간을 넘어서까지 지속되지는 않을 거라고 믿는다. 오랜 동안의 고통스러운 병상 생활에 지쳐 쓰러져 더 이상 눈앞에 있는 죽음의 확실성을 외면할 수 없는 사람은 한 가닥의 위로, 한 가닥의 희망을 필요로 한다. 그렇게 죽어가는 자가 종교적인 것에 대한 자신의 관점 때문에 모든 희망을 빼앗겼다 믿고, 그로 인해 스스로를 종교적 위로에도 무감하게 만들었다면, 그 슬픔은 이루 말할 수 없이 커질 수 있다. 화장을 결정한 사람은 혹시 자신이 마지막 남은 희망을 없애버린 건 아닌가 하는 고통스러운 회의까지 맛보게 될 것이다. 건강할 때 다소 경솔한 기분으로 화장을 결심했던 사람이 그런 상황에 처했을 때 그것을 번복할 수 있다면 그는 참으로 행복한 사람이다!, 라고 나는 외치고 싶다.

화장을 할 때 슬퍼하는 유가족을 고려하여 성직자가 교회의 축도를 베풀거나 위로의 말을 해도 되는가라는 질문에 대해서는 개인의 견해에 따라 여러 대답이 나올 수 있다. 그때, 믿음을 가진 성직자의 입장이 매우 난처하리라는 건 의심할 여지가 없다. 왜냐하면 그는 화장을 결정한 그 사람이 죽음 이후의 지속이라는 중요한 문제에 크게 무관심했다는 인상을 받지 않을 수 없기 때문이다. 나아가 아마 거의 모든 성직자는 신경이 완전히 제거된 뒤에도 축복이 가능할 것인가 하는, 내가 제기했던 문제를 감지하게 될 것이다.

　화장이 죽음 이후의 부활 가능성에 영향을 끼칠 수 있다는 가정 자체가 신이 전능하지 못하다는 증거는 아닌가 하는 반박에 현혹되지 말아야 한다. 절대적 무제한성이라는 차원에서의 신의 전능이란 존재하지 않는다. 예를 들어 신조차도 어린아이나 죄에 물든 인간의 영혼에, 예술과 학문 분야에서 정신적으로 위대한 지성을 가진 성숙한 남자의 영혼이나 윤리적으로 훌륭한 인간 영혼에 부여되는 것과 같은 수준의 축복을 내릴 수는 없다. 이로 인해 세계 질서에 의해 보장된 죽음 뒤의 부활이라는 가능성을 인간 스스로 저버릴 수 있는 가능성이 생겨나는 것이다. 다른 곳에서와 마찬가지로 여기서도 인간 의지의 자유는 신의 전능에 의해 사라지지 않는다(회상록 14장 참조). 인간이 자기의지의 자유를 어떻게 사용하는가에 따라 신조차 돌이킬 수 없는 결과가 생길 수 있기 때문이다.

2차 후기: 1902년 10월과 11월

여기서는 앞에서 이야기한 것에 몇 가지만 추가하겠다.

금치산 선고가 철회되고 머지않아 이 정신병원을 나가게 될 것이라는 나의 외적 상황에 대해서는 이미 서문에서 충분히 언급했다. 나는 회상록 22장 서두에서 제시했던 나의 예견이 비교적 짧은 시간 안에 확증되었다는 것이 만족스럽다.

그때나 지금이나 기적도, 목소리들의 말도 계속되고 있다. 말해진 단어들을 거의 이해할 수 없게 하는, 말하는 속도가 느려지는 현상[회상록 16장과 (첫 번째 - 옮긴이) 후기 4번]은 더 진전되었다. 후기 4장에서 이야기한 목소리의 지속성은 지금도 동일한 수준으로 이어지고 있다. 기적들은 점점 더 악의 없는 성격을 띠어가고 있다. 침대에 누워 있을 때 사지 아래쪽과 등에 생겨나는 강한 마비와 경련 현상은 지금은 간헐적으로만 일어나는데, 그것은 내가 침대에서 일어나거나 자세를 바꾸는 일을 못 하게 하려는 의도다.

또— 같은 목적으로 — 장딴지 뼈가 찌릿하게 쑤시는 고통도 여전히 일어나고 있다. 그와는 달리 광선들이 퇴각할 때마다 늘 갑작스럽게 생겨났다가 금세 사라지는 잡아당기는 듯한 두통 — 후기 4장에서 묘사했던 — 은 매일, 그것도 여러 번 반복적으로 일어난다. 때때로 이 두통은 지속적인 읽기 등을 불가능하게 할 정도로 심하다. 내 두개골 뼈조직이 일시적으로 얇아지고 갈아엎어지는 듯한 — 주관적일 수만은 없는 — 느낌은 예전과 마찬가지이다. 수면은 내 나이를 고려하면 점점 더 정상적이 되어간다고 할 만하다. 거의 대부분의 밤에 인위적인 수면제 없이도 전반적으로 만족스럽게 잠을 잔다.

고함 상태는 완전히 사라지지는 않았지만 이전보다는 적잖이 완화된 형태로 등장하는데, 그 이유는 나 자신이 고함 상태가 심각한 불쾌함을 유발하여 다른 사람을 불편하게 만들 때 그에 효과적으로 대처하는 법을 많이 배웠기 때문이다. 앞에서 언급했듯 시를 암송하는 외에도 신경언어로 숫자를 헤아리는 것만으로도, 사고활동을 빼앗겨 정신박약이 된 인간과 관계 맺고 있다는 신의 오류를 일깨워 주기에는 충분해 보인다. 이 때문에 계속해서 숫자를 헤아리면 고함은 생겨나지 않는다. 내게 이 방법은 특히 밤에 중요한데, 계속 숫자를 헤아림으로써 고함을 억누르면 보통은 잠을 이룰 수 있으며, 잠깐 깨었더라도 통상 다시 잠들기 때문이다. 그렇다고 늘 이런 효과가 있는 것은 아니다. 몇 시간 동안 계속 숫자를 헤아린다는 것이 그렇게 쉬운 일은 아니기 때문이다. 한동안 계속 숫자를 헤아렸는데도 잠들지 못하면 곧바로 그만두는데,

그러면 그 순간 바로 고함 기적이 일어난다. 침대에 있는 상황에서 그런 일이 반복되면 금방 견디지 못하는 상태로 이어질 수 있다. 따라서 가끔씩, 물론 매우 드물게 침대를 떠나 침대 바깥에서 나 스스로가 생각하는 인간임을 인식하게 해주는 일을 한다. 극장이나, 교양 있는 사람들과 함께하는 공적인 자리에서는, 큰 소리로 대화를 나누지 않거나 어쩔 수 없이 대화가 멈추는 순간 계속 숫자를 헤아림으로써 고함을 완전히 혹은 거의 완전에 가깝게 억누를 수 있다. 그러면 다른 사람들에게는 기껏해야 기침이나 헛기침, 나쁘게 본다고 해야 예의 없는 하품이라 여겨지는, 특별히 사람들의 기분을 거스르지 않는 소음만 생겨난다. 그에 반해 탁 트인 시골길이나 넓은 들판 등을 산책할 때 주변에 사람이 없으면 나 자신을 그냥 편하게 놓아둔다. 고함이 그냥 일어나도록 내버려 두는 것이다. 때로는 5~10분 동안 거의 끊이지 않고 고함이 반복된다. 그러면 육체적으로는 무척 편안하다. 그것이 나한테도 불쾌해지면 혼자서 단어 몇 개를 큰 소리로 말하는데, 가장 즐기는 단어는 신, 영원함 등이다. 그건 신에게, 자주 언급했던 생각의 오류를 확인시키기 위해서다. 내 눈에는 띄지 않는 누군가가 이처럼 끊임없이 내게서 터져 나오는 고함을 듣는다면 이러한 연관 관계를 이해하지 못하는 그는 당연히 진짜 미치광이를 보고 있다고 믿을 것이다. 그 때문에 나는 혹시 주변에 다른 사람들이 있지는 않은지 계속 주의를 기울인다. 그럼에도 불구하고 나는 나의 이런 운명에 전혀 동요하지 않는다. 왜냐하면 언제든지 소리 내어 말하는 단 한 마디의 단어만으로도 내가 정신적으로 분명하다는 것을 보여주기에 충분하기 때문이다.

이미 언급했듯, 내 신체를 훼손하는 영향력과 관련하여 기적은 점점 무해해지고 있다. 내가 쓰는 물건들을 갖고 여러 가지 형태로 희롱하는 일만 행해지고 있을 뿐이다. 물론 내 몸은 지금도 결코 부러워할 만한 상태는 아니다. 광선들이 퇴각할 때마다 일어나는 잡아당기는 듯한 두통, 목소리들의 끊임없는 말로 인해 생기는 정신적 동요, 게다가 드물지 않게 호흡이 가빠지고 기적에 의해 몸이 떨리고 심장이 고동쳐서, 때로 조용하게 진행해야 하는 일들을 방해하곤 한다. 그럼에도 이런 상황에서 내가 감수해야 했던 괴로움은, 병에 걸린 초기 몇 년간 견뎌야 했던 내 몸에서 일어난 파괴들(이에 관해서는 회상록 11장의 묘사를 참조)에 비하면 언급할 가치도 없을 정도다.

이렇게 변화한 사태는 내게 모순된 감정을 일으킨다. 이전과는 비교도 되지 않을 정도로 편해지는 것은 당연히 나 자신도 원하는 일이긴 하지만, 다른 한편으로는 이 때문에 기적이 점점 외적으로 지각할 만한 흔적을 남기지 않게 됨으로써 다른 사람에게 기적의 실재성을 설득시킬 전망은 점점 어두워지기 때문이다. 이 두 번째 측면은 첫 번째 측면만큼이나 내게 중요하다. 왜냐하면 나는 이른바 나의 망상이 진실하다는 것을 다른 사람들이 납득할 수 있도록 보여주고, 그를 통해 인류가 신의 본질에 대한 더 올바른 통찰에 도달하게 하는 데서만 내 삶의 진정한 목표를 인식하기 때문이다.

지금 생각해 보면 내 병 초기 몇 년 사이에 내 몸을 일반적인 의학 도구, 특히 당시에는 아직 고안되지 않았던 뢴트겐 광선으로 그저 피상적이지만은 않게 검사해 보았다면, 내 몸에서 일어나는 너무도 눈에 띄는 변화들, 구체적으로는 다른 사람이라면 곧바로 죽음으로 이어졌을 내부 기관의 파괴를 확인하기 쉬웠을 것이다. 그런데 지금은 이러한 일이 무척 힘들어졌다.

내 머리에서 일어나는 일들, 때로는 지극히 느리게, 때로는— 엄청나게 먼 거리에서 — 무서운 속도로 혀를 날름거리며 지평선에서 내게 다가오는 광선들을 사진으로 찍어 보여주는 게 가능하다면, 내가 신과 교통한다는 것에 대한 의심은 모두 사라질 것이다. 하지만 유감스럽게도 인간의 기술은 그런 종류의 인상을 객관적으로 지각하게 하는 적합한 수단을 아직 가지고 있지 않다. 그것이 단순한 병적인 과정 — 1902년 4월 5일 감정서에서 베버 박사가 표현했듯, 통각하는 뇌 장치의 비정상적 자극innere abnormale Erregung apperzipierender Hirnapparte — 이 아니라는 것에는 전혀 의심의 여지가 없다. 구체적으로 내가 매일 수백 번씩 짧은 간격을 두고 너무도 분명하게 듣고 있는 '도와달라'는 신의 외침(회상록 2장과 15장, 그리고 후기 4번 말미)을 환각이라고 할 수는 없다. 그것들은 단순한 시각적·청각적 환각이 아니라 내 주변과 생명 없는 대상들에서, 다른 사람들과 동물들에게서 일어나는 현상이며, 나와 신이 맺은 특별한 관계에 대한 나 자신의 주관적 확실성에 근거하고 있다. 나는 다른 사람의 생의 표현 중 무엇이 기적에 의한 것이고 무엇이 아닌지를 정확하게 구분할 수 있다. 현재 내가 많은 사람과 폭넓게 맺고 있는 교제에는 기적에 의하지 않은 생의 표현이 압도적으로 많다. 하지만 전자도 — 기적에 의한 것도 — 하루에

수백 번 이상을 헤아린다. 그것들은 나에겐 전혀 의심할 수 없는 방식으로 인식 가능한데,

1. 그때 내 머릿속에서 감지되는 잡아당기는 듯한, 갑작스럽고 때로 상당한 고통을 일으키는 느낌에 의해서.

2. 내 눈이 그런 생의 표현이 일어나는 곳을 향해 돌아가는, 시선 이동을 통해(회상록 18장 주석 106 참조).

3. 그때 사용된 표현들(높은 교육 수준에 상응하거나, 외국어에 속하는 등)을 내가 이해할 수 있는지 확인하기 위한 시험 질문인 '접수되었음'을 통해(회상록 18장 참조).

이러한 점에서 신이 매일 그리고 매시간, 목소리의 말과 기적을 통해 새롭게 계시하고 있다[11]는 것은 내게는 논란의 여지가 없는 진리이다.

· ·

11. 별도의 설명은 거의 필요 없겠지만 여기 쓰인 단어 '계시하다(offenbaren)'는 일반적인 의미와는 다르게 이해되어야 한다. 일반적으로 종교적 전통에서 말하는 신의 계시는, 신적인 것을 알리고 그것을 통해 얻은 통찰을 사람들 사이에 확산시키기 위해 신이 특별한 도구로 선택한 인간에게 베푸는 의도적인 가르침이다. 하지만 나의 경우는 이와 다르다. 신은 내게 의도적으로 자신을 계시하지 않는다. 나는 신의 의지 그리고 그에 결부된 어떤 특별한 목표와는 무관하게 신이 내게 행하는 기적과 신의 목소리를 통해 신의 본질과 힘에 대한 인식을 얻는다. 신과 교류했던 초창기 몇 년간에는 무언가를 가르치기 위한 목적으로 전해진 소식들(한편으로는 말로, 한편으로는 비전이라는 형태로)도 있었지만 그 대부분은 나 자신의 행동지침을 교부하는 것뿐이 었다(회상록 13장 참조). 하지만 몇 년 전부터 무언가 가르치려는 일은 거의 없어지고, 무언가 의도적으로 가르치려는 인상을 주는 비전과 유사한 것들만 간혹 꿈에 등장할 뿐이다. 이것이 실제로 일어난 일인지, 아니면 내 신경의 유희였을 뿐인지는 단언하지 않겠다.

위에서 언급했듯이, 내가 주장하는 기적과 신과의 교섭을 객관적으로 증명할 가능성이 해가 지날수록 높아지지 않는다는 사실은 숨기지 못하더라도, 학문적인 탐구에 특정한 준거점을 제공할 계기는 미래에도 충분히 있을 거라고 희망한다. 무엇보다, 나에 대한 지방법원의 금치산 선고에 불복하고 항소를 위해 왕립고등법원에 제출했던 이유서에 주목하기 바란다. 그래서 그중 중요한 부분을 뽑아 부록 C로 출간할 것이다. 미래에 어떤 일들이 더 일어날지는 접어둔다고 하더라도, 자연스러운 방식으로는 충분히 설명하기 힘든 특징적인 현상들을 여기 다시 한번 기록해 보겠다.

1. 긴장병 환자의 소음 분출과는 아무런 공통점도 없는 고함 상태. 편집증 환자 — 사람들은 나를 이런 편집증 환자로 간주하려 하는데 — 에게 이러한 고함 상태는 매우 이례적인 현상인 듯하다. 1902년 4월 5일자 베버 박사의 감정서는 편집증 환자들에게서 이와 유사한 증상이 관찰된 단 하나의 사례만을 언급하고 있다.

2. 기적으로 인해 눈이 감기고 매번 단 한 순간(보자마자)에 다시 눈이 떠지는 현상. 이것이 내 의지나 근육의 약함에 영향받는 것이 아니라는 사실은 어렵지 않게 확인할 수 있다.

3. 매우 부자연스럽게 호흡이 가빠지는 현상. 이는 완전히 평정한 상태에서도, 침대에 누웠거나 소파에 앉아 있는 경우에도 아무런 이유 없이 일정한 시간에 눈에 띄게 나타난다.

4. 내 몸 곳곳에 존재하는 쾌락신경. 1902년 4월 5일 베버 박사의

감정서는 이를 부분적으로 부인하고 있지만 나는 그것이 사실이라고 주장할 수밖에 없다. 왜냐하면 그것에서 — 살짝 누를 때 — 비롯되는 주관적 느낌들은 내가 매일 그리고 매시간 겪고 있는 의심할 여지가 없는 경험들에 속하며, 때때로 가슴이 부풀어 오르는 것은 면밀한 검사를 한다면 확인할 수 있기 때문이다. 규칙적인 간격으로, 다시 말해 광선들이 다시 다가와 결집할 때마다 쾌락이 강렬하게 밀려들어 옴으로써 내 입 안은 달콤한 향으로 가득 찬다. 침대에 누워 있을 때 이 쾌락적인 느낌에 저항하려면 매우 특별한 노력이 요구되는데, 이 느낌은 안아주기를 기대하는 여성이 느끼는 감정과 유사하다.

생명 없는 대상들에 이루어진 일에 대해서는 내 피아노 줄이 끊긴 것과 내 악기(심포니온)에서 관찰할 수 있는 것 두 가지만 다시 이야기하겠다.

피아노 줄이 끊기는 일은 이전처럼 그리 자주 일어나지는 않지만, 그래도 지난 몇 년 사이 적어도 대여섯 번은 일어났다. 1902년 4월 5일자 베버 박사의 감정서에서처럼 그것이 "내가 악기를 무자비하게 다루었기" 때문이 아니라는 사실은 너무도 확실하다. 이에 관해선 회상록 12장에서 이전의 논의와 항소이유서 1번 항목(부록 C)을 참조할 수 있을 것이다. 건반을 격렬하게 내리쳐서 피아노 줄을 끊어뜨리는 일이 불가능하다는 것은 전문가라면 누구라도 인정할 수밖에 없으리라고 믿는다.

위에서 언급한 심포니온은 오르골 시계, 하모니카 등과 함께 이전에 장만한 것인데, 참아내기 힘든 목소리들의 수다를 그 연주를 통해 뒤덮음으로써 잠시나마 휴식을 얻기 위함이었다. 그런데 심포니온을 사용할 때마다 여기에 이른바 '훼방'(회상록 10장 참조)이 일어남으로써 이것도 기적의 대상이 되었다. 그 훼방은 이상한 소리, 떨리는 소음, 계속해서 심하게 판이 튀는 현상으로 나타난다.

정신병원 의사들과 목사들을 이 현상의 증인으로 삼을 기회가 여러 번 있었다. 이러한 현상이 내 악기의 특이함 때문이 아니라는 것은, 레스토랑 같은 데 있는 악기에서도, 내가 있는 자리에서 제삼자가 그것을 연주하거나 내가 직접 10페니히 동전을 넣어 움직이게 하면 전적으로 똑같은 현상이 일어난다는 사실로서 분명해진다. 애석한 것은 산책할 때 내가 늘 혼자이며, 학문적으로 교육받은 관찰자와 동행하는 일이 없다는 것이다. 그런 관찰자가 있었다면 나는 내 말이 옳다는 것을 쉽게 납득시킬 수 있었을 것이다.

곁다리로 언급하면, 이 악기 기적이 몇 년 뒤 그리고 며칠 뒤에도 계속 관찰될 수 있을지에 대해서는 특별히 예견하지 않겠는데, 그것은 기적이 행해지는 대상이 늘 바뀌어왔기 때문이다. 그렇지만 나는 앞으로도 내 심포니온과 다른 악기들에서 일어나는, 앞서 언급한 눈에 띄는 현상들을 확인할 기회가 있기를 희망한다. 또 하나 이야기하자면, 이전에 내가 사용했던 (단순한) 오르골 시계는 오래전에 기적으로 인해 사용할 수 없게 되어버렸다. 그 오르골 시계가 고장 난 상태는 지금이라도 관찰할 수 있다.

내게 남은 일은 나 개인을 학문적 관찰 대상으로서 전문가들의 판정에 맡기는 것뿐이다. 그것을 요청하는 것이 이 책을 출판함으로써 이루고자 하는 주요 목표다. 이것이 어려울 경우 내가 희망할 수 있는 건, 언젠가 내 시신을 해부함으로써 내 신경체계의 특이함이 분명하게 확인되리라는 것이다. 내가 들었던 것처럼 살아 있는 육체에서 그것을 확인하는 일이 무척 힘들거나 거의 불가능하다면 말이다.

* * *

마지막으로 이 회상록의 여러 곳에서 이미 이야기했던(5장 끝부분, 10장 주석 70 참조) 신의 에고이즘에 대해 몇 마디 하겠다. 신이 나와 맺은 관계에서 에고이즘에 지배당하고 있음은 내게는 전혀 의심할 수 없는 사실이다. 대부분의 종교가 표상하는 것과는 달리 신이 절대적인 사랑과 도덕성을 갖춘 이상적 존재가 아니라는 말은 종교적 감정을 혼란스럽게 만들 것이다. 하지만 제대로 된 관점에서 고찰하면 신에 내재하며, 따라서 인간에 의해 신실하게 승인되어야 할 신의 위대함과 숭고함은 전혀 손상되지 않는다.

에고이즘, 특히 특정 상황에서 자신의 존속을 위해 낯선 존재를 희생시키는 자기보존이라는 형태의 에고이즘은 모든 살아 있는 존재에게 필수적인 특성이다. 개체가 스스로 몰락하려는 게 아니라면 이 에고이즘은 결코 없어서는 안 되며, 따라서 그 자체로 비난받을 일이 아니다. 신은 살아 있는 존재다. 따라서 그에게 어떤 위험을 끼치거나 그의 이해관계에 방해되는 다른 살아 있는 존재들이 있는 한, 신 또한 에고이즘적 충동에 이끌릴 수밖에 없다. 세계 질서에 적합한 상황에서는 신에게 그런 존재가 있을 수 없었고, 존재하지도 않았다. 이것이 이 상황이 조작되지 않은 순수한 형태로 존속하는 동안 왜 신의 에고이즘이 일어날 수 없었는가에 대한 유일한 이유다.

하지만 내게는 예외적으로 이와는 다른 상황이 생겨났다. 일종의 영혼 살해 같은 일에 연루된 검증된 영혼들의 용인을 통해 신이 단 한 명의 인간에게 묶이고, 그것도 스스로의 의지에 반해 그에게 흡인된 뒤에야 에고이즘적 행동이 발생할 조건들이 주어진 것이다. 나에 대한 신의 에고이즘적 행동은 몇 년 동안이나 극단적으로 엄혹하고 매정했는데, 그것은 육식동물이 사냥감을 대할 때와 같은 것이었다. 하지만 지속적인 성과는 이루어질 수 없었다. 왜냐하면 그로 인해 신이 세계 질서, 다시 말해 그 자신의 본질, 자기 자신의 힘과 모순에 빠졌기 때문이다(회상록 5장, 주석 35 참조). 나는 규칙에 어긋나는 이러한 상황이 늦어도 내 생애가 끝날 때까지는 완전히 해소될 거라고 확신할 수 있다.

신이 나에게 품은 적대감이 점점 그 날카로움을 상실해 가고, 나에 대해 이루어지는 투쟁이 점점 화해적인 성격을 띠어감으로써 결국엔 완전한 연대로 끝맺게 되리라는 생각은 한때 나를 무척이나 위로하고 고양시켰다.

이미 앞(회상록 13장)에서 언급했듯이 이는 계속 증가하는 내 몸의 영혼 쾌락의 자연적 귀결이다. 이렇게 증가한 영혼 쾌락이 흡인에 대한 반감을 완화시키는 것이다. 그들은 내 몸에서, 물론 때때로 중단되기는 하지만 흡인으로 인해 포기해야 했던 것, 곧 축복 또는 영혼 쾌락을, 다른 말로 하면 소멸하게 되어 있던 신경들의 완전한 만족을 다시 얻는다. 그로 인해 나에게 접근하는 주기도 짧아지고, 그와 더불어 신이, '내버려둠', '이성의 파괴' 등은 아무것도 아니며 중요한 것은 흡인을 통해 생겨난 필연성 속에서 양쪽 모두의 삶을 가능한 한 편하게 만드는 것이라는 사실을 인식하는 주기도 점점 짧아진다. 앞에서 열거한 근거들로 인해 때때로 내가 큰 소리로 신을 조롱하는 자를 연기해야 하긴 했지만, 나 자신은 단 한 번도 신에게 적대적이었던 적이 없었다. 일단 한번 신을 인식한 인간이 스스로 그런 종류의 말을 하려 한다는 것은 부조리한 일일 것이다.

따라서 이 모든 일의 경과는 장엄한 세계 질서의 승리로 드러나고 있으며, 나 또한 그 승리에 미약하나마 일조했다고 믿는다. 모든 정당한 이해관계는 조화를 이루고 있다는 이 아름다운 문장은 그 어느 곳보다 세계 질서 내에서 더 타당하다.

부록

"정신병이 있다고 여겨지는 개인을 그가 표명한 의지에 반해 정신병원에 감금할 수 있는 조건은 무엇인가?"[1]

위 질문에 답하기는 쉽지 않다. 왜냐하면 이 문제에 대해 분명히 규정하고 있는 법률이 아예 없거나 극히 미미하기 때문이며, 따라서 이에 적용해야 할 법이라 할 수 있는 것은 일반 원리에서 도출되어야 하기 때문이다.

구체적으로 보여주기 위해, 실질적인 사례에서부터 출발하겠다. 내 옆방에 거주하는 사무관 N은 정신병원 측의 위법적인 자유 구속에 항의하면서 계속해서 검찰과 시장에게 호소하고 있다. 그는 검찰과 시장이 그의 자유를 구속하는 정신병원 관리 측을 문제 삼을 것이라 믿고 있다.

여기서 논란이 되는 것은 형법 239조에서 규정하고 있는 객관적 감금이다. 하지만 감금은 위법적으로 행해질 경우에만 처벌 대상

● ●

1. 이 글은 1900년 초에 쓰였다. 그때는 내가 외부세계와 완전히 차단되어 있어서 아무런 문헌적 도움을 얻을 가능성이 없던 시기였다.

이 된다. 따라서, 오펜호프Oppenhof가 해설서— 내게 주어진 유일한 형법 관련 책— 에서 말하고 있듯이 양육권, 교화권, 가정권, 하인 통솔권이나 의무에 따른 감금, 예를 들어 직업, 관직 그리고 감독상의 의무를 수행함으로써 일어나는 자유 구속은 여기서 제외된다. 교화범이나 피의자를 규정에 따라 임시 구속하거나 구류 명령을 내리는 검사나 예심판사, 법정에 의해 승인된 구금형을 집행하는 형무소 관리의 행동이 위법이 아님은 당연하다. 이는 정신병자를 위한 공공정신병원 관리 측이 자신들에게 위탁된 개인을 정신병원에 감금하거나 그곳에서 그의 자유를 제한하는 업무를 행하는 데에도 마찬가지로 적용된다. 그 관할 범위와 한계에 관해 상술하기 전에 먼저 사설 정신병원에서는 이 문제가 어떻게 다루어지고 있는지 살펴보자.

피후견인이 아닌 자를 사설 정신병원에 수용하고 체류시키는 결정은— 명시적 또는 암묵적으로 천명된— 당사자의 의지에 근거한다. 가족들의 요구는 특정 상황하에서, 자의적 결정이라는 비판으로부터 정신병원 관리 측을 보호하기 위해 고려될 수 있지만 그 자체로는 법적 중요성을 갖지 않는다. 한편, 자발적으로 사설 정신병원에 입원한 자는 정신병원의 규정 또는 담당 의사의 의무적 판단에 따라 그의 육체적·정신적 안녕을 위해 필요하다고 인정된 규칙에 의한 자유제한에 동의한 것이라고 주장될 수 있다. 정신병원에 있는 환자는 일정 정도 산책을 제한하거나, 정신병원 내 특정 장소에 머무르라는 요구 등을 따라야 하며, 그 때문에 무력이 동원되더라도 이를 위법적 자유구속이라고 고소할 수 없다. 이와 마찬가지로, 환자의 임의적인 판단에 따라 그의 퇴원이 요구될 수도 없을 것이다. 정신병원 관리국의 의무적인 판단에 의거할 때, 환자의 퇴원 요구가 당사자의 병적인 정신상태에서 기인한 것이며 지속적이지 않으리라고 예견되는 비일관된 의지의 소산이라 한다면 정신병원 관리국은 그 요구를 무시할 수 있다. 하지만 피후견인이 아닌 환자가 지속적이고 성숙한 숙고를 거친 방법으로, 예를 들어 다른 정신병원으로 옮기거나 재택 치료의 목적으로 정신병원에서의 퇴원 의지를 천명한다면 상황은 달라진다. 이 경우 자신이 누구보다 환자를 더 잘 보호할 거라는 담당의사의 주관적 견해는 환자가 자신의 체류 장소를 선택하는 데 제한을 가할 권리를 갖지 못한다. 물론 환자의 정신상태가, 그에게 자유를 주었을 때 그 자신과 다른 사람에게 위협이 될 수 있다면, 특히 자살 위험이 있을 경우는 예외가 될 것이다. 이 경우 담당의사는 환자 가족들의 동의하에 환자를 공공정신병원으로 옮기는 조치를 취하고, 그때까지는 정신병원도 공공정신병원으로의 이송 중 환자의 의지에 반해 그를 감시할 권리를 갖는데, 이는 위법적 자유구속이라는 비난을 받지 않는다. 이 경우 담당의사는 공공기관의 책임자로서 치안 업무를 수행하는 것이며, 그로써 ― 형법 127조 규정에 따른, 범행 당사자를 현장에서 체포하는 자와 마찬가지로 ― 모든 형사상 책임에서 면제된다.[2]

* *

2. 상업 규정 30조가 '사설―정신병원' 운영을 위해서는 상위 행정관청의 허가를 받도록 하는 이유도―물론 그것이 유일한 이유는 아니지만―위 글에서 말한 바와 같다. 그런 종류의 정신병원이 환자들에 대한 실질적 권한을 갖기 때문에, 국가는 그런

자기 자신이나 다른 사람에게 위험할 수 있는 정신병자를 최종적으로 보호하는 책임은 공공정신병원에 있다. 작센주는 1893년 7월 31일자 칙령(G. u. V. Bl. S. 157ff)에서 발췌하여 공표한, 정신병자를 위한 주 정신병원/병원 설치에 관한 조례[3] 를 통해 공공정신병원 설치를 규정하고 있다. 그런데 이 조례에도 정신병이 있다고 판단되는 개인을 스스로가 천명한 의지에 반해 공공정신병원에 이송 또는 감금할 수 있는 조건들은 무엇인가라는 질문에 관련된 조항은 없다. 그 때문에 판사는 그 조례에서 — 몇몇 규정들의 도움을 받을 수는 있겠지만 — 그것이 위법적 자유구속에 해당하는지 아닌지를 결정할 기준을 도출할 수 없다. 이 조례는 개별 정신병원의 시설과 사업 범위, 정신병원에 수용할 수 있는 일반적인 조건들을 규정하고 있다. 이 조례는 정신병원 수용은 수용되는 자의 안녕Wohltat을 위한 것(1조 4항을 참조)[4]이라 분명히 명시하고, 특히 부양 비용 징수에 대한 국가 세수상의 이해관계를 보장하고 있는데, 이러한 점에서 정신병원 공무원에게 적용되는 업무규정에 가까운 것으로 직접적인 법적 효력은 갖지 않는다. 따라서 도입부에 제기된 질문에 답하기 위해서는 일반 원리들로 거슬러 올라가야 한다.

· ·

시설의 설치와 운영을 특별히 신뢰에 우려할 만한 점이 없는 개인들에게만 허락하고 관리하는 것이다. 하지만 허가를 받았다고 해서 그 사설 정신병원 관리국이 지속적인 치안경찰기구로서의 능력을 부여받은 것은 아니다. 달리 말하면 관리국이 계속해서 공권력을 갖는 것은 아니다.

3. 그사이 이 조례는 1902년 3월 1일 새로운 조례로 대체되었다.

4. 1902년 3월 1일 조례의 2항.

정신병자를 그들을 위해 마련된 정신병원에 수용, 관리하는 것은 국민의 안녕과 안전을 위해 국가가 수행해야 할 일반적인 의무다. 국가 — 혹은 국가의 대리권자로서 지역공동체 — 가 학교와 고등교육 시설을 통해 정신적 교육의 기회를 보장하고, 농아, 맹인과 같이 특별한 도움이 필요한 사람들에게 적합한 교육을 이들을 위한 특수 교육시설에서 실행하는 것도 이에 해당된다. 병자들을 위한 병원과 도움이 필요한 개인들을 위한 빈민구제소를 운영하듯, 최근 들어[5] 국가는 정신병자들에 대한 의학적 치료, 감시와 관리를 의무로 삼는 공공정신병원을 설립했다. 하지만 이러한 종류의 복지시설의 이용은 보통 강제적인 것이 아니다. 예를 들어 학교에서의 의무교육 규정하는 법률처럼 특별법을 통해 규정하지 않는 한, 시설의 사용 여부는 관계자나 그 시설의 법적대리인들의 판단에 맡겨져 있다. 공공복지를 위한다는 관점이 그와 동시에 안전과 치안의 목적과 결합하지 않는 한 이는 공공정신병원에도 똑같이 적용될 것이다.

이러한 이유로 공공의 이해관계에 따라 감금해야 하는 정신병자와 그렇지 않은 정신병자를 구분해야 할 필요성이 제기된다. 첫 번째 범주에 속하는 자들은 질병으로 인해 그들 자신이나 다른 사람들

• •

5. 내가 아는 바로는, 이전 시기에 정신병자들은 '귀신 들린 자'라고 여겨져 감옥이나 그와 비슷한 시설에 감금당했을 뿐 그들에 대한 치료는 거의 이루어지지 않았다. 이 점에서 내가 오류를 범하고 있는지는 여기선 확신할 수 없다. 나의 현재 상황에서는 이를 확인할 참고문헌을 구할 길이 없기 때문이다. 전문가라면 여기에 오류가 있는지 아닌지 쉽게 판단할 것이다. 하지만(1901년 2월에 추가) 크레펠린의 『정신의학개론』 (1893년 4판, 230쪽 이하)에 따르면 여기에 쓰인 것이 기본적으로는 옳은 것 같다.

에게 위험할 수 있는 정신병자들로서 광란병은 당연히 포함되며, 자살 위험이 있다고 판단되는 경우에는 우울증도 그에 해당된다. 또 1893년 7월 30일 콜디츠Colditz주 관리 시설 2항[6]의 조례를 통해, 작센주에서 통용되고 있는 "심각한 정신박약 상태로, 보는 것만으로도 혐오를 유발하는" 치유 불가능한 환자들의 경우도 이 범주에 속하는 것으로 간주된다. 그 외의 정신병 사례 — 곧, 중증 또는 경증의 정신병으로 특히 간헐적인 망상 증상만 보이는 — 는 모두 두 번째 범주에 속한다. 이는 이 병을 앓는 환자에게 자유를 주더라도 그들 자신이나 다른 사람들에게 위험하다고 여겨질 수 없는 경우이다. 여기서 고찰되는 **행정법상의 질문**과 관련해 이런 종류의 정신병을 — 학문적 정신의학에서 그 병에 어떤 표제를 붙이는가와는 무관하게 — 무해한 정신병자의 경우라 부르기로 한다.[7]

첫 번째 언급한 범주의 정신병자들 — 이하 편의상 '위험한 정신병자'라고 부르겠다 — 을 그들의 의지에 반해서라도 정신병원에 감금하는 것은, 국가가 치안경찰을 운용하는 것과 같은 이유에서 국가의 권리이자 의무다.

개인의 자유구속을 위한 법적 근거는, 예를 들어 경찰이 거리에

· ·

6. 1902년 3월 1일의 조례 2조 2항, B 이하의 별도 조항 I과 관련해서.

7. 필자 자신도 위에서 말한 의미에서의 무해한 정신병자에 속한다. 사람들은 필자가 종교적 망상에 사로잡혀 있다고 주장하지만 필자는 그 망상이 다른 사람들에게는 인식될 수 없는 객관적 진리를 함축하고 있다고 생각한다. 이 글을 통해 필자는 이런 망상이 논리적, 특히 법적으로 사유하는 데에 명석함을 흐리지 않는 사례가 실제로 존재함을 증명했다고 믿는다. 따라서 이러한 사례들을 독일제국 민법 104조가 규정하는 "이성적인 행동을 위한 자유의지 규정을 배제하는 병적 정신질환" 또는 같은 법 6조의 "행위능력 없는 심신 상실 상태"라고 규정할 수는 없다.

서 만취한 사람을 술이 깰 때까지 일정 장소에 붙잡아 두는 법적 근거와 같다. 만취 상태가 그 본성상 일시적이라면, 정신적 문제는 통상 그보다 더 오래 지속되는 상태라는 사실은 자유구속의 법적 근거에 관한 의문에서는 그리 중요하지 않다. 따라서 법적 판단에서 이 두 경우는 유사한 것으로 고찰된다. 이 경우 자유를 구속할지 여부를 결정하는 쪽은 당연히 해당자가 아니라 의무를 수행하는 관청, 또는 그 관청의 기관들이다. 만취한 자가 자신을 감금하려는 순경에게 술에 취하지 않았다고 말하는 것은 흔히 볼 수 있는 일이다. 순경이 그렇지 않다고 확신한다면 그는 자신에게 주어진 의무에 의해 만취한 자를 감금할 권리를 갖는다. 마찬가지로 대다수의 정신병자들은 자신의 정신건강에는 아무 문제가 없으며, 그래서 '자신들의 자유가 위법적인 방식으로 강탈'되고 있고, 자신들이 퇴원했을 때 그들 스스로나 다른 사람에게 아무런 위험도 없을 것이라 주장한다. 공공 치료시설 책임자가, 해당자의 병의 본성에 관한 학문적 경험에 의거, 환자 자신의 주장과는 달리 그런 위험이 계속 남아 있다고 판단해 그들을 계속 정신병원에 감금하거나, 필요에 따라 더 많은 제한을 가하는 것은 전적으로 책임자의 법적 권한에 속한다. 자유를 구속하는 기간은 그 법적 근거의 지속에 달려 있다. 경찰은 해당자가 술이 깼다면 계속 감금할 다른 이유가 없는 한 그를 퇴원시켜야 한다. 이와 마찬가지로 공공정신병원에 수용되어 있는 사람의 병이 치유되었거나 혹은 병자의 자유가 그 자신 또는 다른 사람에게 위협이 되는 요소가 사라진 경우, 해당 관계자는 환자 스스로 아니면 그의 법적대리인을 통해 이루어지는 퇴원 요구를 거부해서는 안 된다.

위에서 말한 두 번째 범주, 곧 무해한 정신병자의 감금은 공공의 이해관계에 따른 것이 아니다. 따라서 그런 개인들이 공공정신병원에 수용되었다면 이들과 정신병원 관리국이 갖는 법적 관계는, 위에서 언급한 사설 정신병원 책임자와 그 수용자가 갖는 것과 본질적으로 동일하다. 물론 (금치산 선고를 받아) 후견 관계에 있는 정신병자가 정신병원에서 나가고 싶다는 의지를 표명하거나 요구하는 경우는 법적 고찰의 대상이 되지 않는다. 후견인에 대한 관리는, 후견 제도가 그것을 요구하는 한 성인이 된 뒤에도 지속되기 때문이다(독일제국 시민법 1901조와 1897조, 1858조). 형식상으로는 법적 구속력을 갖지 않는 1882년 2월 20일의 시민법 II장 5항의 규정("정신병으로 인해 금치산 선고를 받은 자의 후견인과 2~4항에서 규정한 개인들의 후견인은 그들이 자기 자신이나 다른 사람에게 상해를 끼치지 않도록 노력해야 하며, 필요한 경우 정신병원 또는 양육원에 수용시켜야 한다")은, 독일제국 시민법 규정에 따른 입법권이 바뀌긴 했지만 여전히 실질적이고 본질적으로 유효한 것으로 간주된다.

따라서 후견인이나 후견인 법정이 정신병자를 공공정신병원에 수용해야 한다고 판단했다면, 병자의 의지가 그에 반한다고 하더라도 그의 견해는 고려되지 않는다. 그에 반해 후견 관계가 없거나 아니면 이후에 기각된 무해한 정신병의 경우, 병자가 지속적으로 정신병원에서 퇴원하려는 의지를 보인다면, 정신병원 관리국은 위에서 사설 정신병원 책임자에 대해 논구한 바와 같이 그를 행위능력 있는 개인으로 여기고 그 의사를 존중해야 한다. 정신병원 관리국은, 특히 의사가 수용자의 진정한 안녕을 위해 필요하다고 판단했음을 근거로 수용자가 자신의 체류를 자기의지에 따라 정할 수 있는 권리를, 특히 다른 정신병원으로 옮기려 하거나 의학적 치료 자체를 포기하려는 권리를 무시해서는 안 된다. 만일 이를 무시한다면 이러한 자유제한은 위법적 자유구속이라는 성격을 띠게 될 것이다. 공공정신병원 책임자는 무해한 정신병자에 대해, 직권에 의해 권리를 부여받은 경찰기구로서 관계하는 것이 아니라 본질적으로 의학적 조언자로서만 관계하며, 따라서 자유의 제한이라는 문제에 대해서는 의사들이 환자에 갖는 것과 동일한 관계에 있는 것이다.

이로부터 얻은 결론을 1893년의 조례 규정과 비교해 보면, 조례의 개별적인 명시 규정들이 일반적인 원칙에서 도출된 위의 결론을 확증하고 있다고 말하기는 힘들다. 왜냐하면 위에서도 말했듯이, 이 조례는 어떤 조건하에서 수용자의 의지에 반해 정신병원에 감금하는 자유구속이 일어날 수 있는가 하는 질문을 위해 마련된 것은 아니기 때문이다. 그럼에도 이 조례가 근거하는 권위의authorita-tive 원천을 고려할 때, 이 조례에 위에서 논구한 원리의 정당함을 의심케 하는 사항들이 전혀 없다는 것은 중요한 의미를 갖는다. 여기서 특히 중요한 것은, 퇴원과 임시 방면을 규정하는 조례 10항의 규정들이다. 이 규정은 어떤 경우에 정신병원 관리국의 결정에 따라 퇴원할 수 있고, 또 어떤 경우에 내무부서 장관의 사전결제가 필요한지를 구별하고 있다. 10항의 1조[8] 이하 a, b, c는 정신병원 관리국의 결정에 따라 퇴원할 수 있는 경우들을 명시하고 있는데, 다른 한편으로 이는 특정한 전제하에서는 정신 병원 관리국이 따라야 할 그에 상응하는 의무가 있음을 배제하지 않는다. 그러한 의무는 특히 c에서 명시하는 상황에서 드러난다. 퇴원 청구를 할 수 있는 '청구인'은 관계의 상이함에 따라 (행위능력이 있는) 수용자 자신이거나 그의 법정 대리인(부모 또는 후견인, 그리고 법정 후견인)이다. '정신병원 관리국이 청구인이 제기한 퇴원 요구에 반대'할 수 있는 경우는 치안 경찰적인 고려가 있을 때뿐이다. 다시 말해, 정신병원 관리국이 보기에 수용자가 앞에서 언급한 의미에서의 '위험한 정신병자'일 경우에만 그의 퇴원을 반대하는 입장이 유효하다는 것이다(이에 관해선 조례의 1항의 2조[9]를 참조하라).

그런데 퇴원을 청구한 측이 무해한 정신병자인 경우, 정신병원 관리국은 자신들의 주관적 견해에 의해 '수용자의 치료나 개선을 위해'(조례의 1항 1a)[10] 정신병원에 체류하는 것이 더 바람직하다 판단되더라도 그의 퇴원 청구에 응해야만 한다. 정신병원 관리국이 이러한 자신들의 판단을 (행위능력 있는) 수용자 자신 또는 그의 법정 대리인으로 소환된 개인과 법 기구에 강요하려 한다면 이는 그의 권한의 한계를 넘어서는 것이며, 따라서 위법적인 자유

• •

8. 1902년의 조례 42항 1a-c 까지에서는 '퇴원할 수 있다'가 '퇴원이 허가된다'와 뒤바뀌었다.

9. 1902년 조례의 1항, 특히 3조.

10. 1902년 조례의 1항이 이와 다르게 쓰여 있는 것은 편집상의 이유일 뿐이다.

구속을 범하는 것이다.

조례의 10항 2조는[11] 정신병원 관리국이 이런 관계 속에서 저지를 수 있는 실수를 내무부서 차원에서 예방하려는 목적으로 마련된 듯하다. 위법적 자유구속이라는 혐의로 공공정신병원 책임자에게 처벌이 가해지거나 민사상의 보상 청구가 제기되는 일이 실제로 일어나지 않음으로써, 공공치료시설의 합법적인 관리국에 대한 신뢰가 손상되지 않는 편이 당연히 공공의 이해관계에 부합하기 때문이다.

— 추기追記

필자는 이 글이 완성된 이후인 1894년 5월 30일에야 사설 정신병원의 환자 수용에 관련된 행정법령을 접했다. 필자 자신이 1893년 말부터 정신병원에 체류하고 있었기에 지금까지 이 법령을 알지 못했던 것이다. 필자의 판단에 의하면, 이 법령에서도 본 글에서 전개한 관점에 대립하는 내용은 찾아볼 수 없다. 이 법령은 실질적인 법적 판정에서 판사에게 구속력을 갖는 법률적 힘을(9조 이하의 처벌 규정들을 제외하면) 가지고 있지 않다. 이 법령은 사설 정신병원 책임자에게 자유구속이라는 문제에서 일반 원칙에 따라 판단해야 한다는 것 외에 다른 권리를 부여하지도 않으며, 오히려 일반

. .

11. 1902년 조례의 42항, 2c 이하.

원칙에서 도출되는 더 많은 (지시적) 의무들을 부과하고 있는데, 이를 어길 시 정신병원 책임자에겐 9항 이하에 규정되어 있는 형사처벌이 적용되며, 경우에 따라서는 허가가 취소될 수도 있다. 따라서 자유구속에 대한 소송에서 판사들이 참고해야 할 점은, 결국 위험한 정신병자를 감금하는 정신병원 책임자를 어느 정도까지 후생치안적 역할을 수행하는 국가기구로 여길 수 있을까 하는 것이다. 공공정신병원 책임자에게는 이러한 역할이 부여되지만 ― 그에겐 철도부가 철도 관리 경찰에게 부여하는 것과 같은 공권력이 주어진다 ― (위에서 언급했듯 공공정신병원에 수용하기 전까지 환자를 임시적으로 수용하는 경우를 제외하면) 사설 정신병원 책임자에게는 부여되지 않는다.

―2차 추기

주지하듯 1894년 5월 30일의 행정법령이 그사이 사설 정신병원 환자 수용과 관련된 1900년 8월 9일의 규정으로 바뀌었고, 1893년 7월 31일의 조례는 정신병자에 대한 주 정신병원과 정신병원 수용에 관한 1902년 3월 1일의 조례로 대체되었다.

이로 인해 이 글에서 작센주와 관련해 주장한 것 중 몇 가지가 수정되어야 할 것이다. 하지만 이러한 수정이 그렇게 근본적인 중요성을 갖는 것은 아니다. 무엇보다 재차 강조해야 할 것은, 여기에 언급된 규정과 조례가 입법 행위가 아니라는 사실이다.

법정이 위법적 자유구속에 대한 개별 사안들을 민사상 또는 형사상으로 다루어야 할 경우, 이 새 규정과 조례에 담긴 조항들이 그 자체로 혹은 그것만 가지고 결정적인 것으로 고찰될 수는 없을 것이다. 예를 들어 1900년 8월 9일의 규정은 사설 정신병원의 이른바 '자발적 거주자'(다시 말해, 스스로의 결정에 의해 정신병원에 입원한 환자)와 관련해, 이 자발적 거주자가 스스로 혹은 그의 법적대리인을 통해 퇴원 청구를 했을 경우 '지체 없이' 퇴원이 허가되어야 한다고 규정하고 있다. 어떤 식으로든 퇴원을 연기하는 것은 위법적인 자유구속으로 간주될 수 있으며, 그것은 정신병원 책임자에게 사법적 또는 형법적 책임을 묻게 될 것이다. 하지만 우리는 여기서 단순한 '기울병 환자Gemütskranken'와 '정신병자Geisteskranken'를 구분하는 것이 무척이나 어려우며, 전자에서 후자로의 진전이 거의 눈에 띄지 않게 이루어진다는 사실을 상기해야 한다.

스스로의 결정에 의한 '자발적 거주자'로서 사설 정신병원에 수용되었던 '기울병 환자'의 상태가 체류 도중 악화되어 그를 즉각 퇴원시키는 것이 그 자신에게 위험해지는(자살 의도 때문에) 일이 일어날 여지는 충분하다. 1900년 8월 9일 규정의 5항 2조는 이러한 경우에 적용될 수 없다. 그것은 이 규정이 '공적으로 위험한' 정신병자 또는 정신허약자만을 다루고 있기 때문이다. (환자를 공공정신병원으로 이송한다는 것을 관할 경찰이나 환자 가족에게 통보하느라) 퇴원이 조금 지연되었다는 이유로 사설 정신병원 책임자가 위법적 자유구속을 범했다고 할 수 있는가? 이 물음에 긍정하는 것은 아주 심각한 우려를 낳을 것으로 보인다.

A. 베버 박사의 1차 감정서. 법의학 감정서[12]

OI 128/01에서 C. J. J. 64/992

1899년 12월 9일, 존넨슈타인

드레스덴의 전 판사회의 의장인 법학박사 다니엘 파울 슈레버는 1894년 6월 29일 치료를 위해 본인이 관장하는 주 정신병원 요양부서에 이송된 후 지금까지 이곳에 체류 중입니다.

라이프치히의 추밀고문관 플레히지히 교수가 본 정신병원으로의 이송을 위해 작성한 감정서에 따르면, 슈레버 의장은 1884년에서 1885년에 심한 심기증心氣症을 겪은 바 있으며, 치유된 뒤인 1893년 11월 21일에는 두 번째로 라이프치히 대학 정신의학 클리닉에 입원했습니다. 그곳에 체류하던 초기 그는 더 심한 심기증을 보이면서, 뇌가 물렁물렁해져서 곧 죽을 것이라고 호소했습니다. 얼마 지나지 않아 피해망상이 등장했는데 환각이 그 원인이었습니

• •

12. 감정서 A, B 그리고 D를 (주석 13과 14는 제외하고) 별도의 설명 없이 여기 첨부한다. '회상록'과 항소이유서의 해당 부분과 비교하면 이 감정서가 실질적인 관계에서 여러 가지 부정확한 점과 오해를 담고 있다는 것이 금세 드러날 것이다. 나는 이렇게 된 적지 않은 이유가 신뢰할 만하지 않은 제삼자(간병인 등)에 의해 이야기가 전해졌기 때문이라고 믿어 의심치 않는다.

다. 처음에는 간헐적으로만 등장하던 환각은 곧 과도한 예민증으로 발전해 빛과 소리에 극도로 예민해지는 증상을 보였습니다. 이후 시각적·청각적 환각이 수시로 등장하여 일반적 지각 장애와 더불어 그의 모든 지각과 생각을 지배하게 되었습니다. 그는 자신이 이미 죽어서 썩어가고 있으며, 흑사병에 걸렸고, 자기 몸에 여러 가지 흉악한 조작이 행해졌다고 말했습니다. 지금도 자기 육체에 아무도 상상하지 못하는 끔찍한 일들이 성스러운 목적을 위해 행해지고 있다고 합니다. 이런 병적 상상에 사로잡힌 나머지 그 밖의 다른 인상들은 받아들이지 못한 채 그는 몇 시간 동안 움직임 없이 경직된 상태로 앉아 있곤 했습니다(환각적 혼미). 그로 인한 고통스러움 때문에 스스로 죽기를 원해서 목욕 중 여러 번 자살을 시도하거나 '자신을 위해 준비된 청산가리'를 요구하기도 했습니다. 이러한 망상은 점차 신비주의적이고 종교적인 성격을 띠게 되었는데, 환자는 자기가 신과 직접 교류하고, 악마가 자신과 유희를 벌인다거나, '기적 현상'들을 보고 '성스러운 음악'을 들으며, 급기야 스스로 다른 세계에 있다고 믿었습니다.

피에르존 박사의 사설 정신병원에 잠시 머물다 본 정신병원으로 이송된 뒤에도 슈레버 의장은 기본적으로 라이프치히에서와 동일한 증상을 보였습니다. 반복적인 얼굴 근육 경련과 심한 손떨림이 있긴 하지만 기본적으로 건장한 육체를 가진 이 남성은, 처음에는 전혀 접근조차 할 수 없을 정도로 완전히 자기 안에 침잠한 상태에서 눕거나 서서 움직이지 않았고, 불안한 눈빛으로 먼 곳을 뚫어져라 응시하기만 했습니다. 질문을 던지면 답하지 않거나 아주 짧게 엉뚱한 대답을 했습니다. 이러한 경직 상태는 무관심 때문이라기보다는 긴장되고 자극적인 내적 불안에 의한 것으로 보입니다. 이로 미루어 볼 때 그가 여전히 생생하고 고통스러운 환각에 영향받고 있었으며 그것을 광적인 방식으로 수용하고 있었다는 데 의심의 여지가 없습니다. 사람들과의 대화를 한마디로 거절하고 혼자 있게 해달라며 자신을 위해 병원 전체를 비워줄 것을 요구했는데, 그 이유는 간병인들이 있으면 신의 전능이 방해받으며 자신은 '신의 평화'를 원하기 때문이라고 했습니다. 식사를 거부해서 강제 급식을 해야 했고, 음식을 먹더라도 아주 적은 양만 섭취하며 고기는 일절 입에 대지 않아서 그가 규칙적으로 식사하게 하는 데 많은 애를 먹었습니다. 또, 참을 수 있을 때까지 의도적으로 대변을 억제해 그 결과 침대를 더럽히는 일[13]이 일어나기도 했습니다. 한동안은 무슨 일인가를 하게 하거나, 책을 읽게 하는 것도 불가능했습니다. 그는 자신이 읽는 단어는 모두 세계 전체에 울려 퍼지게 될 것이라는 이유로 책 읽기를 거절했습니다. 더 자세히 설명하지는 않은 채 '광선이 손실'되고 있다, 의사가 '광선을 부주의하게 방출했다'고 말하기도 했습니다.

1894년 11월에는 환자의 경직 상태가 어느 정도 풀리고, 자기 안에서 조금 빠져나와 좀 더 활동적으로 자신을 더 많이 드러냈습니다. 짤막하고 느닷없기는 했지만 어느 정도 내용적 연관성을

· ·

13. 이른바 침대를 더럽힌 일에 대한 제대로 된 설명은 회상록 16장 말미에 언급되어 있다.

갖는 말을 하기 시작했습니다. 그를 통해, 그가 자신을 계속 괴롭혀 온 환각을 광적이고 환상적인 방식으로 이해하고 있었다는 것이 더 분명히 드러났습니다. 그가 이전부터 알던 사람들(플레히지히, 폰 베······)이 여기에 있다고 믿으면서, 그들의 영향을 느끼고, 그들 때문에 세계가 변하고 신의 전능이 훼손되었으며, 자기가 그들의 저주를 받았고 그들이 자기 몸에서 생각을 뽑아간다는 등의 주장을 했습니다. 책 읽기는 계속 거부했지만 종종 종이에 속기 기호를 그렸으며, 가끔씩 참을성 놀이를 하고 이전보다 주변 에서 일어나는 일들에 더 많은 관심을 기울이게 되었습니다.

하지만 그 후 점점 환자의 흥분 상태가 증가해서, 그전까지 그럭저럭 이루어지던 수면을 방해하기 시작했습니다. 외적으로 이 흥분 상태는, 계속해서 발작적으로 터져 나오는 광포한 웃음(밤 낮을 가리지 않고)과 격하게 피아노를 두드리는 등의 매우 소란스 러운 방식으로 드러났습니다. 크게 눈에 띄는 이러한 행동이 환각 에 대한 반응이자 거기서 비롯된 망상의 결과라는 사실은 환자가 하는 말에서도 알 수 있었습니다. 세계는 멸망했고 주변의 모든 것이 가상일 뿐이며, 그 자신과 주위 사람들도 본질이 없는 그림자 일 뿐이라는 말이었습니다. 그와 동시에 다시 심기증적 망상에 얽매여, 자기 몸이 완전히 변하고 허파가 전부 사라졌으며 살기 위해 필수적인 호흡을 할 수 없다는 등의 말을 했습니다.

그 후 밤마다 점점 더 불안해지는 상태가 이어졌습니다. 하지만 그와 동시에 중요한 변화가 있었습니다. 그것은 초기에 계속되던 경직 상태, 완전한 거부와 부정적 태도가 어느 정도 이원론적 태도로 이행했다는 것입니다. 환각에 대한 반응은 더 소란스럽고 격해졌습니다. 환자는 정원에서 오랫동안 움직이지 않은 채 한자리에 서 있거나, 태양을 바라보면서 기괴한 표정을 지어 보이거나, 태양을 향해 큰 소리로 위협과 욕설을 해댔는데, 보통 똑같은 말을 수없이 반복하면서 태양이 그 자신, 판사회의 의장 슈레버를 두려워한다고, 몸을 숨겨야 한다고 소리 지르며, 스스로를 오르무즈트라고 칭하기도 했습니다. 때로는 격하게 방으로 뛰어들어 가거나, 한참 동안 '영혼 살해범' 플레히지히라고 중얼거렸으며, '작은'이라는 단어를 강조하면서 '작은 플레히지히'라는 말을 반복하거나, 밤에 창가에서 소리 지르고 욕을 하는 등의 행동으로 인근 주민들이 항의하기도 했습니다. 하지만 다른 한편으로는 의사나 다른 사람들에게 — 물론 그런 소란을 피우고 있을 때 그들이 나타나면 놀라기는 했지만 — 이전보다 훨씬 예의 바르게 행동해서 다가가기 쉬워졌고, 아직은 내향적이고 약간 거만하긴 하지만 잘 지내느냐는 등의 간단한 질문에 대답을 하기도 했습니다. 자신을 엄습하는 문제들에 대해서는 전혀 언급하지 않은 채 스스로를 오랜 시간 잘 제어할 수 있었으며, 이전에 했던 체스와 피아노 연주에 이어 책을 읽기 시작했습니다.

하지만 밤사이의 소란은 더 심해졌고, 수면제의 강도를 점점 높였는데도 충분한 효과를 보지 못했습니다. 몸에 해로울 것을 우려해 약의 강도를 더 높이지 못하는 상황에서 밤중의 소란은 계속되어 병동 전체에 큰 불편을 주었는데, 이로 인해 1896년 6월부터 밤 동안에는 환자를 독방에 격리할 수밖에 없었습니다.

이 조치는 몇 개월간 이어졌습니다.[14] 환자는 이러한 조치에 조금 혼란스러워하긴 했지만 큰 저항 없이 따랐습니다. 자신의 행동이 병적이라는 것과, 그 때문에 주변 사람들이 참기 힘든 불편을 겪는다는 것을 느꼈기 때문으로 보입니다.

환자의 몸 상태는 오랜 시간 별다른 변화가 없었습니다. 유별나게 큰 웃음소리와 단조롭고 이해할 수 없는 모욕적인 말을 반복하는 일(예를 들어, '태양은 창녀다' 등) ― 이는 환각과 감정불순에 대항하는 수단인 듯합니다만 ― 이 계속되었습니다. 규칙적인 식사와 더불어 식사량도 많아져 몸무게는 점점 늘어났지만 수면은 매우 부족했습니다. 이때부터, 이후에 더 발전하게 되는 특이한 망상 증세가 시작되었습니다. 자기 방에서 반쯤 벌거벗고는 자기 몸에 여자 가슴이 생겼다고 말하는 일이 자주 있었고, 벗은 여자 그림을 즐겨 보며 그것을 따라 그리고, 턱수염을 깎기도 했습니다.

1897년 초부터 환자에게 어떤 전환이 일어났음을 관찰할 수 있었습니다. 그가 부인이나 다른 사람들과 활발하게 편지를 주고받기 시작한 시점입니다. 편지는 정확하고 격식에 맞게 쓰여 있어서 병적인 부분은 찾아볼 수 없었고, 오히려 자신의 병에 대한 통찰이 드러나 있었습니다. 그는 편지에서, 이전에는 큰 두려움에 사로잡혀 아무것도 할 수 없었는데 이제는 그때보다 훨씬 나아지고 좋아하는 일을 할 수 있게 된 것을 감사히 여긴다고 밝히기도 했습니다. 하지만 욕하고, 웃고, 소리 지르는 행동은 여전히 계속되

14. 그 기간에 대해서는 197~201쪽을 참조하라(이 년 반).

었기에 밤에 독방에 격리하는 일도 중단할 수 없었습니다.

여전히 대화를 지속하지 못하고, 계속 대화하려면 곧 안절부절 못하는 태도로 기괴한 표정을 짓기 시작하며, 독특하고 짧은 신음 소리를 내면서 대화를 끝내고 싶어 하는 것처럼 보이긴 했지만, 그럼에도 환자는 이전에 비해 더 다양한 일을 지속적으로 할 수 있게 되었습니다. 분명 강력한 환각의 영향을 받으면서도 어떻게 그가 정신적 활동을 할 만큼의 안정을 되찾고, 다양한 일에 대해 적절한 방식으로 이야기하고, 나아가 병적인 순간에도 그를 감추는 방식으로 스스로를 제어할 수 있는지 파악하기 힘들 정도입니다. 이와 더불어 차츰차츰 밤사이의 소란도 완화되어 환자는 다시 이전의 침실을 사용하게 되었고, 조금의 수면제만으로 아무 문제 없이 그 방에 머물 수 있게 되었습니다. 병의 경과에 관한 세부적인 이야기를 계속하는 대신 한 가지만 지적하고자 합니다. 처음에는 심리 전체에 영향을 끼치며, 환각적 광기라고 칭할 수 있던 시급한 정신병 환자에게서 어떻게 점점 편집증적 증상이 자라나 현재의 상태가 되었는지 하는 것입니다.

주지하듯이 이 병 — 편집증 — 은 고착된 정교한 망상 체계를 제외하고는 지적 능력과 정향 능력이 온전하고 형식 논리도 유지되며, 급격한 감정적 반응이나 지성과 기억에 별다른 손상도 일어나지 않고, 무관한 일, 다시 말해 지배적인 병적 상상과 거리가 먼 것들에 대한 파악과 판단에는 직접적인 영향을 끼치지 않는다는 특징을 가지고 있습니다. 물론 모든 심리적 사건들의 통합성으로 인해 그 능력들이 아무런 영향도 받지 않는다고는 말할 수 없겠지만 말입니다.

현재 판사회의 의장 슈레버 박사는 피상적으로만 관찰하는 사람에게는 병적으로 보일 심리운동적psychomotorische 증상들을 제외하면 아무런 혼란 증세나 정신적 장애도 없으며, 지성 면에서도 감지될 만한 문제도 없습니다. 그의 정신상태는 멀쩡하고 기억력은 놀라울 정도이며, 법 분야 또는 다른 분야에 대해 많은 지식을 갖추고 있을 뿐 아니라 그 지식을 정돈된 방식으로 이야기할 수도 있습니다. 그는 정치, 과학, 예술 분야의 일들에 관심을 갖고 계속 주목하고 있습니다(최근 이러한 관심이 다소 누그러진 듯합니다만). 이러한 점에서 그의 전체적인 상태를 자세히 알지 못하는 관찰자가 보면, 그에게는 눈에 띌 만한 증상은 아무것도 찾아볼 수 없습니다. 그렇지만 환자는 완전히 폐쇄적인 체계로 구성되고 고착되어 현실에 대한 객관적 이해와 판단으로 교정될 수 없는, 병적인 생각으로 가득 차 있습니다. 환각적이고 상상적인 과정이 중요한 위치를 차지하고 있어 정상적인 감각 인상들을 제대로 평가하지 못하기 때문에, 그런 생각들을 교정하는 일은 매우 어렵습니다. 평소 환자는 이러한 병적인 생각들을 거의 이야기하지 않거나 암시적으로만 이야기하고 있습니다. 하지만 그가 얼마나 이 생각들에 사로잡혀 있는지는 그 자신이 쓴 글(그중 몇 편을 여기 첨부합니다)과 그의 행동에서 쉽게 유추할 수 있습니다.

환자가 가진 망상은 자신이 세계를 구원하고 인류가 잃어버린 축복을 회복하기 위해 여기 왔다는 주장에서 정점에 달합니다. 예언자들에 대해 전해진 이야기들과 유사하게, 그는 자신이 신의 직접적인 영감을 통해 이 과제를 맡게 되었다고 합니다. 오랜 시간 계속 자극된 신경이 신을 자신에게로 끌어들이는 특성을 갖게 되었고, 인간의 경험을 초월해 그에게만 계시된 이 일들은 인간의 언어로는 좀처럼 표현하기 힘들거나 아예 표현할 수 없는 것들이라는 것입니다. 세계 구원이라는 그 사명의 핵심은 그 자신이 여자로 변신하는 것입니다. 이는 그가 여자로 변신하기를 원하기 때문이 아니라, 세계 질서에 따라 '해야만 하는 일'이라서, 개인적으로는 물론 명예로운 남자로 남는 편이 훨씬 좋지만 이는 피할 수 없는 일이라고 했습니다. 피안의 세계는 그에게는 이제 다시 얻을 수 없는 것이지만, 남은 인류 전체는 아마도 몇 년 또는 몇십 년에 걸쳐 신의 기적에 의해 이루어지는 여성으로의 변신을 통해서만 구원받을 수 있다는 것입니다. 그는 자신이 신의 기적의 유일한 대상이자, 지금까지 지구에 살았던 사람 중 가장 특별한 인간이라 확신하고 있습니다. 그는 매시간 자신의 몸으로 기적을 경험하고 있고, 자신과 이야기 나누는 목소리를 통해 그에 대한 확증을 얻고 있습니다. 병 초창기에 그는 몸 기관들의 파괴를 경험했는데, 다른 사람들 같으면 그로 인해 벌써 죽었을 만한 것이라고 합니다. 그는 오랫동안 위나 장, 허파가 없이 찢어진 식도로, 방광도 없이, 갈비뼈가 가루가 된 채로 살았고, 때로 자기 목젖의 일부를 먹어버리기도 했지만, 신의 기적('광선')이 훼손된 부분을 늘 다시 창조했기 때문에 자신은 남자로 존재하는 한 결코 죽지 않을 것이라고 확신합니다. 지금은 그런 위협적 현상들이 사라진 대신 '여성화'가 전면에 등장했다고 합니다.

이는 완성되기 위해서는 수백 년까지는 아니더라도 수십 년이 필요할 발전 과정인데, 현재 살아 있는 인간들은 그것이 완성될 때까지 살지 못할 것이라고 합니다. 그는 벌써 자기 몸에 다량의 '여성 신경'이 흘러 들어왔으며, 신에 의한 직접적 잉태를 통해 새로운 인간들이 탄생할 것이라고 말합니다. 자신은 그 뒤에야 비로소 자연적인 죽음을 맞게 되어 다른 사람들처럼 다시 축복을 얻을 수 있다는 겁니다. 한때는 태양뿐 아니라 "기적에 의해 변신한 이전 인간 영혼들의 여분"인 나무와 새도 인간의 소리로 말을 걸었고, 자기 주위에서는 도처에서 이런 기적적인 일들이 일어난다고 합니다.

여기서 이 망상을 더 상세히 소개할 필요는 없을 것입니다. 참고로 이 망상은 주목할 만한 명확성과 논리적 날카로움을 갖고 발전되고 동기 지어져 있습니다. 앞부분의 묘사만으로도 환자의 망상 내용과 병적으로 변화한 그의 세계관을 파악하기에는 충분할 것입니다. 한 가지 지적할 것은, 얼굴을 말끔히 면도하고, 여성의 화장 도구와 작은 수작업들을 좋아하며, 자주 옷을 벗고 거울에 자기 몸을 비추어 보고, 화려한 리본이나 끈으로 꾸미는 등의 행동에서도 환자의 특이한 병적 상상이 드러나고 있다는 것입니다. 여기서 보이듯 그 강도 면에서 변하지 않은 환각이 계속되면서, 그와 동시에 병적인 충동이 매우 눈에 띄는 의지를 벗어난 자동적 강박행동으로 드러나고 있습니다. 환자 자신도 지적하듯 그는 밤낮으로 '부자연스러운 고함 소리'를 내뱉도록 강요받고 있습니다. 그는 이 고함이 스스로 억제할 수 있는 것이 아니라고 확언하면서, 그것이 다른 사람들은 이해할 수 없는 신의 기적이자 초자연적인 것이라고 주장합니다. 신체적 강박에서 기인해 주변 사람들을 무척 괴롭게 하는 이 고함 상태를 도무지 회피할 길이 없어서 환자 자신의 수면도 크게 방해받고 있으며 수면제를 사용하지 않을 수 없게 하고 있습니다.

지난 시기 환자의 태도에 단 한 가지 변화가 있었습니다. 이전에는 아마도 자신이 병자라는 느낌에 강하게 지배당해 — 물론 몇몇 조치에 대해 항의하긴 했지만 — 보통은 자기 운명을 체념하고 받아들이면서, 적어도 겉으로 보기에는 상황을 바꾸려는 희망도 전혀 보이지 않고, 자신의 법적·사회적 상황에도 별 관심이 없는 듯하더니, 지금은 본인에 대한 금치산 선고 철회를 강력히 요구하고 있으며, 자유롭게 움직이면서 외부세계와 더 활발한 소통을 원하고, 머지않은 미래에 완전히 가정으로 복귀하기를 희망하고 있습니다. 현재는 이러한 의도들에 전적으로 몰두하고 있어서 위에서 언급한 병적 생각들조차 겉으로 보기에는 어느 정도 배후로 밀려난 것처럼 보입니다.

편집증이라 칭할 수 있는, 위에서 언급한 병리적인 심리 상태로 인해 판사회의 의장 슈레버 박사가 법적인 의미에서 행위능력이 부재한 상태라고 보아야 할지는 법원에서 결정할 문제입니다. 하지만 의학적 관점과는 거리가 있는 위의 표현이 의미하는 바가, 환자가 심리적 장애로 인해, 사태를 객관적이고 올바르게 판단하거나 실제적인 척도에 따라 판정을 내리고 자유의지에 따른 합리적 결정을 내리는 데 장애를 겪는다고 이해된다면, 관련된 환각과 하나의 체계가 되어버린 망상, 그리고 환자를 지배하는 의지를 벗어나는 충동들로 인한 장애가 계속 존재하며 영향을 미치고 있음은 분명한 사실입니다.

판사회의 의장 슈레버 박사가 법정 조사를 받는 데 의사의 입장에서 아무 우려할 만한 점도 없다는 것을 밝히는 바입니다.

위 내용이 본인의 견해에 상응한다는 것을 서명을 통해 확인합니다.

L.S.('Lectori Salutem'의 약어. "이 글을 읽는 사람에게 안녕이 있기를"의 약자로 예전부터 전해 내려온, 편지 말미에 붙는 형식적 어구—옮긴이)

주 정신병원 소속 의사, 법정 의사
박사 베버 (서명)

B. 베버 박사의 2차 감정서. 주 정신병원 의사의 감정서

1900년 11월 28일, 존넨슈타인

　본인이 요청받은 판사회의 의장 슈레버 박사의 정신상태에 대한 감정서를 오랫동안 미루었던 이유는, 1차 감정서를 제출한 이래 그의 몸 상태에 본질적인 변화가 없었기 때문입니다. 몇 가지 점에서 사태를 판단하는 데 새로운 관점들이 발견되지 않았더라면 이전의 내용을 반복하는 수밖에 없었을 겁니다.

　본인은 환자가 몇 달 전부터 집필하기 시작한 글에서 그런 관점을 찾을 수 있다고 생각합니다. 그 글은 몇 년에 걸친 병의 경과를 외적 관계는 물론 내적 발전 과정에 따라 다루고 있습니다. 이 회상록에 더 큰 의미를 부여할 수 있다면 그 이유는, 환자가 병적으로 생겨난 생각들을 개인적으로는 잘 이야기하려 하지 않았기 때문입니다. 그 생각들의 복잡하고도 미묘한 구조 때문에 사실 말로 그것을 전달하기는 어려웠으리라는 걸 인정할 수밖에 없습니다. 실제로 '한 신경병자의 회상록' — 저자가 자신의 글에 붙인 제목 — 은 이 병의 전반적인 성격을 판단하는 데 도움이 될 뿐 아니라, 환자에게서 관찰되는 태도를 이해하는 데도 실제로 도움을 주는 몇 가지 기준점을 제공해 줍니다. 그 양이 얼마나 많아질지 예측할 수 없었기 때문에 이 '회상록'이 완성되기까지는 긴 시간이 걸렸고, 본인도 최근에야 완성된 이 최종 원고를 접하게 되었습니다.

본인은 현 재판의 진행 단계에서 중요한 일은, 분명하게 존재하는 환자의 생리적인 병의 상태를 의학적으로 묘사하고 판단하는 것이 아니라, 이 상태 때문에 환자가 자신의 용무를 ─ 넓은 의미에서 ─ 돌볼 행위능력이 없는지에 대한 질문에 답하는 것이라는 점을 고려해서, 재판관들이 이에 대해 근거 있는 판정을 내릴 수 있도록 몇 가지 사실적 계기들을 제시하고자 합니다. 하지만 1차 감정서에서도 그랬던 것처럼 여기서도 재차 강조하고 싶은 사실은, 정신적 장애가 있는 개인이 스스로 자신의 이해관계를 지각할 수 있는지, 법적인 의미로 말하면 행위능력이 있는지 아닌지를 판단하는 것은 의사의 소관이 아니라는 것입니다. 의사의 과제는 그런 판정을 내리는 기관에 그 개인의 생리적 상태를 설명함으로써, 판결을 내리도록 도와주는 것뿐입니다.

여기에서 요구되는 것은, 본 감정서의 대상이 되는 개인이 정신적 장애 때문에 자신의 용무를 돌볼 능력이 없다는, 다시 말해 증거 결정서에 쓰여 있듯이 자신의 용무를 처리할 자유가 주어졌을 때 비이성적 행동에 의해 자신의 생명, 건강, 재산 또는 그 밖의 이해관계를 위협할 것이라는 증거가 되는 실제 과정들이지만, 사실상 여기서 그것을 증거할 만한 사실을 제시하기는 매우 어려울 뿐 아니라 거의 불가능한 일입니다. 정신적 상태로 인해 몇 년 동안이나 폐쇄된 정신병원에 수용된 개인이 자율적으로 행동하면서 그런 실제적인 일들에 직접 개입하는 것은 매우 제한되어 있기 때문입니다. 정신병원 외부에 거주하면서 변함없이 지금까지의 생활 조건 속에서 살아가는 정신병자라면, 그래서 계속 그의 직업을 수행하고, 사업상의 일들을 처리하고, 가정생활, 사회적 교제, 해당 기관들과 교류를 하고 있는 경우라면, 그 환자가 비정상적인 정신적 장애로 인해 비합리적이고 목적에 어긋나는 잘못된 행동을 하고 있는지 아닌지에 대한 질문에 답할 수 있는 실제적 증거들은 별 어려움 없이 확보할 수 있을 것입니다. 하지만 정신병원에서 보호받는 환자의 경우는 이와 다릅니다. 생활 하나하나가 정신병원 규정에 의해 정해져 있기에, 사회생활에 요구되는 많은 것을 접할 기회가 없는 그가 거기에 어떻게 대응할지는 그 환자의 일반적인 상황으로 추측할 수밖에 없기 때문입니다. 환자로 하여금 일시적으로나마 그런 삶의 요구들에 직면하도록, 정신병원의 보호를 벗어나 외부에 체류하게 해야만 그것을 확인할 수 있을 것입니다. 실제로 많은 경우 그런 시험이 행해지기도 합니다. ― 물론 대부분은 환자의 성격을 고려해 그렇게 많은 노출이 없는 방식으로 이루어지긴 합니다만 ― 본인은 당면 경우에도 그 특성상 조금은 제한된 정도라도 이런 시험을 거쳐야 한다고 생각합니다. 그런데, 그를 위해서는 더 많은 시간이 요구됩니다. 여태껏 슈레버 의장은 정신병원 바깥에 나가려 하지 않았고, 지금까지의 그의 태도로 볼 때 그런 시도는 많은 우려를 안고 있었습니다. 금치산 선고를 받은 이후에야 의장은 비로소 사람들과 대화하고 내면에의 침잠에서 벗어나 차츰 다시 외부세계에 접근하려는 의지를 갖게 되었습니다. 하지만 여러 가지 상황, 특히 환자 가족의 우려 때문에 이 시도들은 생각만큼 많이 이루어질 수 없었습니다. 가족들과의 공동 식사, 사회적인 행사 참여, 부인이 있는 드레스덴까지 확장되었던 인근 지역 외출, 도회지에서의 물건 구입 등을 통해 외부세계에 대한 환자의 태도를 관찰할 기회가 있긴 했지만, 지금까지는 아직 이렇다 할 만한 결론을 얻지 못했습니다. 하지만 감정서 제출을 더 이상 미룰 수는 없었기에 지금까지 이루어진 관찰에만 의거하도록 하겠습니다.

현재까지 슈레버 의장의 정신병 진전 과정을 조망해 보면, 현 상태에서 더 이상 이전 단계로 돌아가지는 않을 것이라고 여겨집니다. 어떤 자연현상이든 그 발전 과정을 고려해야만 제대로 파악할 수 있듯이, 병의 진척 과정에 관한 전체적인 상을 얻기 위해서는 이전 단계들이 매우 중요하며, 이는 환자의 입장에서 병의 진척 과정을 평가하는 데도 아주 큰 의미를 갖습니다. 하지만 병의 이전 단계는 우리에게 제기된 실질적인 질문에 답을 하는 데에, 시간이 지나면서 진행된 현재 상태, 어느 정도 완결되고 관찰 가능한 현 상태만큼 중요하지는 않습니다. 병적으로 변화한 그의 정신상태의 표명은 본래 이 환자가 가지고 있던 풍부한 재능, 정신적 생산성, 폭넓은 교양 등에 상응해서 통상적인 경우와는 달리 빈곤하거나 단조롭지 않으며 그 연관 관계 또한 쉽게 조망되지 않습니다. 그것은 매우 환상적인 형태를 띠고 정교하게 발전했으며 일반적인 사유와는 너무나 다른 사유구조를 형성하고 있어, 여기서 그것을 간단히 요약하는 것은 그 내적 연관 관계와 특별한 의미를 이해하거나 인식하기 어렵게 만들 뿐입니다. 이러한 이유로, 또 이후에 언급할 다른 이유로 본인은 나중에 돌려주기를 부탁드리면서, 왕립재판소에 환자가 쓴 '회상록' 전문을 검토를 위해 제출하는 것이 합당하다고 봅니다. 재판관들은 이 책을 통해 특별한 부연 설명 없이도 저자의 정신상태를 분명히 파악할 수 있을 것입니다.

당시에 이루어진 관찰과 환자 자신의 묘사에서도 분명하게 드러나듯이 이전 시기의 병 상태에서 환자는 행위능력이 전적으로 결여되어 있었으며, 자신의 용무를 돌보거나 스스로의 이해관계를 지킬 능력이 없었습니다. 환자의 정신적 삶은 오랫동안 병적인 과정에 사로잡혀 있었고, 세계에 대한 이해는 환각에 의해서만 규정되어 있었으며, 사람, 시간, 장소에 대한 방향감각을 완전히 상실한 채 현실 대신 환상만으로 이루어진 현상세계가 자리 잡고 있었습니다. 그의 정서 상태는 자연스러움에서 완전히 벗어나 있었고, 의지력은 봉쇄되거나 구속되어 병적인 압박을 피하려는 쪽으로만 향해 있었으며, 그의 행동은 정체성을 유지하는 데서는 물론 외부세계와의 관계에서도 무척이나 불합리하고 우려스러운 것이어서 자유로운 자기규정이나 이성적 숙고 같은 것은 전혀 불가능한 상태였습니다. 환자는 엄청나게 강한 병적 영향력의 강제하에 있었던 것입니다.

본인은 1차 감정서에서 슈레버 의장의 급성 광증이 차츰 만성적 상태로 이행되었고, 광폭하게 움직이던 환각적 광기의 파도에서 망상의 앙금이 생겨나 고착됨으로써 편집증이라는 특징을 띠게 되었다고 이야기했습니다. 거기에 동반되던 강한 감정들이 점차 약해지고, 환각 과정들이 교란적이고 직접적으로 엄습하는 영향력을 잃어감에 따라, 환자는 이제 어느 정도 그에 적응하고 정신적으로 정돈된 상황으로 나아가는 길을 되찾을 수 있었습니다. 그렇다고 해서 그가 병으로 인해 변화한 감각 활동의 산물과 거기에서 기인하는 조합들을 그 자체로 병적인 것이라 인식하고 인정한다거나, 자기 세계관의 주관적 성격을 극복하고 그에 대해 객관적 판단을 하게 되었다는 말은 아닙니다. 환각이 지속되고, 거기에 기초해 망상들이 끊임없이 새로 고착되고 있었기에 그건 불가능한 일이었습니다. 그래도 동반되는 감정의 영향력이 약화되고 상식과 방향감각이 회복됨에 따라 그의 사고 전체에 일정한 분할이 일어나, 병적으로 변화한 지배적 정신 영역과 다른 영역이 날카롭게 분리되었습니다. 물론 정신적인 것이 모두 유기적으로 통일되어 있기에 다른 영역들이 아무런 영향도 받지 않았다고는 생각할 수 없으며, 그런 점에서 부분적 교란이 정신기능 전체의 교란으로 이행되는 것은 불가피한 일이기도 합니다. 그럼에도 편집증이 일반적으로 그렇듯, 이 환자 또한 급성 단계가 지난 뒤에는 감정과 사유의 일정 영역이 병적인 변화에 비교적 영향을 덜 받게 되었습니다. 그 결과 지적 능력이 크게 손상되지도 않았고, 표상들의 연상도 적어도 형식적 관점에서는 제대로 이루어지는 듯 보였으며, 고착되어서 폐쇄적으로 체계화된 망상에 속하지 않는 사물과의 관계들에선 그 영향을 받지 않는 제대로 된 판단력이 남아 있습니다.

하지만, 병의 성격이 이렇게 變했다고 해서 곧바로 실질적인 개선이 이루어진 것이라고 말할 수는 없습니다. 외적으로는 그런 인상을 보인다 하더라도 오히려 그 반대일 수 있기 때문입니다. 병이 급격히 진행되는 동안에는 그 진행 과정에서 빠져나오리라는 희망을 가질 수 있었지만 이 과정이 고착되어 버린 지금은 그런 희망도 사라졌습니다. 개선 또는 치유가 이루어졌다고 말할 수 있을 가장 중요한 기준은 환자가 자신의 사고와 지각 들이 병적 본성을 가지고 있었다고 분명하게 통찰하는 것인데, 이미 말했듯 환자에게는 이러한 통찰이 전혀 없습니다. 판사회의 의장 슈레버 박사는 자신이 지각한 것 중 일부가 착각에 기인했을 수도 있다는 사실을 인정하기는 하나 기본적으로는 망상의 실재성을 확고히 믿고 있으며, 자신이 묘사한 가장 기괴한 일조차 사실이라 주장하고 있습니다.

이 환자의 복잡한 망상체계는 신의 본성에 대한 매우 특이한 이해에서 출발합니다.

(이어 '회상록'에서 발췌된 형태로 이 '망상체계'에 관한 서술이 이어지는데, 이미 회상록을 읽은 독자들에게 이 부분은 생략해도 무방하겠다.)

이 짧막한 발췌와 환자 자신의 묘사만으로도 그가 지각과 사유에서 여전히 환각과 망상에 깊게 영향받고 있으며 그것이 그의 행동을 크게 규정하고 있다는 것을, 환자는 부분적으로는 그것을 방어하기도 하지만 다른 한편으로는 그 병적 과정에 깊이 몰두해 있다는 것을, 나아가 그의 세계관, 인간과 사물에 관한 그의 판단 또한 그에 의해 조건 지어져 있음을 알 수 있습니다. 이제 남은 일은 환자의 병적 상태가 외부세계와의 관계, 일상적인 삶의 요구들에서 어느 정도나 영향을 미치고 있는지를 가능한 한 세부적으로 확인하는 것입니다.

먼저 재차 강조해야 할 것은, 통상 편집증 환자들에게서 자주 관찰되듯이 이 환자도 지능과 형식논리적 사유능력에 심각한 손상을 입은 것 같지는 않다는 사실입니다. 환자는 자신의 풍부한 생각을 정돈된 방식으로 표명할 수 있고, 사리분별력 역시 온전합니다. 본인은 지난 구 개월간 매일 함께 식사하면서 판사회의 의장 슈레버 씨와 다양한 주제로 대화를 나눌 기회가 있었습니다. 슈레버 박사는 국가 행정 분야와 관련된 일, 법률, 정치, 예술, 문학, 사회적 삶 등 그 어떤—물론 그의 망상은 제외하고—주제에도 그에 대한 활발한 관심과 풍부한 지식, 훌륭한 기억을 통해 설득력 있는 결론을 내렸으며, 윤리적 문제에서도 동의할 수밖에 없는 견해를 표명했습니다. 그는 그 자리에 있던 숙녀들과의 가벼운 대화에서도 예의 바르고 우호적으로 행동했고, 여러 가지를 농담 삼아 이야기할 때도 능숙하고 세련된 태도를 보여주었으며, 이런 가벼운 식탁 대화에는 어울리지 않는, 의사들의 방문 시에나 취급되어야 할 문제를 대화에 끌어들이는 일도 없었습니다. 하지만 식탁에 앉아 있을 때 무언가에 정신이 붙들려 있는 모습을 자주 보였고, 주의가 다른 곳으로 향하거나 주변에서 일어나는 일을 완전히 의식하지 않아서 이미 이야기가 끝난 주제를 다시 끄집어내곤 하는 모습이 눈에 띄었습니다. 어딘가 정신이 붙들려 있는 듯한 그의 태도는 특히 다음과 같은 모습에서 분명하게 나타났습니다. 환자는 요동 없이 앞만 응시하거나 의자에서 이리저리 불안하게 몸을 움직이고, 특이한 방식으로 얼굴을 찡그리거나 다 들릴 만큼 크게 헛기침을 하거나 얼굴 여기저기를 매만지며 눈꺼풀을 위로 치켜올리려 애를 썼습니다. 그는 이것이 자신의 눈꺼풀에 '눈이 감기는 기적'이 행해지기 때문이라고, 다시 말해 자기 의지와는 상관없이 눈이 감기기 때문이라고 합니다. 분명하게 느낄 수 있는 것은, 그가 '고함'이 터져 나오는 것을 억누르려고 무척 애를 썼다는 것입니다. 식사가 끝나자마자 자기 방으로 돌아가는 도중 그가 비분절적인 소리를 내는 것을 자주 듣곤 했습니다.

환각에 의한 주의 분산과 그 때문에 나타나는 특이한 반응은 다른 경우에도 다른 사람들을 불편하게 하는 방식으로 드러납니다. 인근에 소풍을 가거나 축제 등을 구경하거나 연극 관람을 갔을 때 환자는 소리가 터져 나오는 것은 참을 수 있었으나, 얼굴이 격렬하게 일그러지는 것은 물론 때때로 중얼거리거나 헛기침을 하고 단발적인 웃음을 터뜨리는 등의 태도를 통해 매우 격앙되어 있음을 드러냈습니다. 드레스덴으로 그의 부인을 방문했을 때는 식사 때 소리가 터져 나오는 것을 억누를 수 없어서 시중드는 하녀에게 아는 체하지 말라고 눈치를 주어야 했으며, 환자 스스로 불과 몇 시간 뒤 다시 정신병원으로 돌아갈 것을 요구했습니다.

사회적 관계뿐 아니라 다른 일에서도 환자의 병적인 증상은 사람들을 불편하게 합니다. 드레스덴 왕립재판소가 내린 환자에 대한 금치산 선고 이유서에는 슈레버 씨가 어려운 법적 재판도 충분히 주재할 수 있을 것이라는 언급이 있습니다. 하지만 이는 재고되어야 할 것입니다. (환자의 말을 믿자면 의도적으로 등장하는) '훼방'으로 인해 오랜 시간 집중이 요구되는 진지한 정신적 활동에 장애를 겪는다는 것은 환자 자신이 한 이야기이며, 또 법정 진술에서도 자신에게 일어나는 기적이 주의를 흩뜨리기 때문에 앞으로 일을 계속 수행하는 것이 쉽지 않다고 밝힌 바 있습니다. 본인이 관찰한 바로도 환자가 완전한 정신적 자유와 집중을 필요로 하는, 위에서 언급한 활동을 할 수 있으리라고 보이지는 않습니다.

외부적으로 다른 사람들에게 가장 피해를 주는 것은 환자 자신이 오래전부터 이른바 고함 상태라 부르는 것입니다. 한편으로는 비분절적인 소리가, 다른 한편으로는 그의 편안함을 방해하는 상상의 방해자(플레히지히)에 대한 위협과 욕설 등이 터져 나옵니다. 이 소란한 분출은 환자의 의지에 반해 자동적이고 강박적으로 일어납니다. 큰 소리로 말을 하고, 빠른 속도로 악기를 연주하는 등의 기술을 통해 환자는 때때로 이를 — 물론 늘 성공하는 것은 아니지만 — 억제할 수도 있습니다. 하지만 대부분의 시간에 이 고함은 그가 머무는 거실은 물론 정원에서도 주변 사람들에게 피해를 주면서 터져 나오며, 밤사이에도 때로는 몇 시간 동안 계속 견디기 힘들 정도로 병동 전체의 휴식을 방해하고 있습니다.

때때로 그는 아무것에도 아랑곳없이 주변을 향해 소리를 지릅니다. 이러한 외침은 최근엔 특히 아주 격렬해진 형태로 등장하고 있습니다. 첨부한 편지를 보면 그 때문에 환자 자신도 무척 고통스러워하고 이 '기적'에 대해 심한 무력감을 느끼고 있으며, 그로 인해 얼토당토않은 대응 조치를 취하도록 강요당하고 있음을 잘 알 수 있습니다. 그런 대응 조치 중 하나는, 환자가 (자주 언급했던 영혼 쾌락을 끌어내기 위해) 방에서 반쯤 벌거벗고 돌아다니거나, 알록달록한 리본으로 장식한 큰 치수의 내복을 입고 거울 앞에서, 그의 주장대로라면 여성처럼 변한 자신의 가슴을 바라보는 것입니다. 이런 행동(전에는 맨다리를 창밖으로 내놓기도 했습니다)을 통해 감기에 걸려놓고는 환자는 다시 그것을 기적이라 여겼습니다. 현재 환자는 더 이상 자해하려 하지 않으며 더 이상 자살에 관해서도 생각하지 않습니다. 그 이유는, 몸이 심각하게 손상되더라도 자신에게는 아무 일도 일어나지 않을 거라고 믿기 때문입니다.

환자는 정신병원에서 퇴원하면 고함 상태가 나으리라는 견해를 피력하고 있습니다. 다른 사람들과 공동으로 거주하는 집에서라면 결코 용납되지 않을 휴식 방해는, 정원으로 둘러싸인 방을 얻으면 해결할 수 있다 믿고 있습니다. 여기서 분명히 드러나는 것은, 그의 이러한 견해가 환상에 다름 아니라는 사실뿐만이 아니라, 병적으로 고양된 에고이즘으로 인해 그의 아내가 얼마나 큰 고통을 받을지, 사실상 그와 부부 관계를 유지하며 함께 사는 것이 거의 불가능하리라는 사실은 전혀 생각하지 않는다는 것입니다. 자신이 현재 주변 사람들에게 끼치고 있는 불편함은 그다지 중요하지 않은 것으로 여기면서, 단지 자신의 불편함에 대해서만 불평하고 있다는 사실은 논외로 하더라도 말입니다.

부인이 전하는 바에 따르면 지금의 병이 부부생활에 끼칠 영향은 그 밖에도 더 있습니다. 예전에 환자는 이른바 탈남성화와 관련해 부인에게 이혼을 제안한 적이 있습니다. 그런데 부인의 말에 의하면, 부인이 자신의 이념과 행동을 반박하고 나서면 지금도 곧바로 이혼을 암시한다고 합니다. 말하자면, 부부생활에도 병적인 경험이 작용하고 있음을 간과할 수 없다는 것입니다.

현재 환자가 원하는 자율성이 주어졌을 때, 그가 자기 재산에 충분한 관심을 기울이고, 행동할 때도 그것을 고려할지는 확신할 수 없습니다. 그는 오랫동안 돈과 관련해 자립적으로 행동할 기회가 없었기 때문입니다. 이런 방향으로 이루어진 관찰에 따르면 환자는 특별한 절약정신도 없지만 그렇다고 낭비벽을 가진 것 같지는 않습니다. 기본적인 요구들이 모두 충족되었기에 그 이상 환자가 돈에 대해 더 관심을 가진 적은 없지만, 부친의 저서에 대한 가족 저작권을 보호하는 일에서는 능숙하게 처신하고 있습니다. 그에게 부여된 위대한 사명에 견주어볼 때 금전적 관심이란 그에게는 아주 부차적인 것일 뿐입니다. '회상록' 말미에 언급된, 병적으로 조건 지어진 미래에 대한 그의 바람과 희망을 충족하기 위해, 특별한 전제하에서만 얻을 수 있는 만족을 위해 그가 부적절하게 재산을 낭비하리라는 우려는 근거가 없어 보입니다.

환자의 행위능력을 판단하는 데에서 가장 중요한 계기는, 그가 자신을 추동하고 있는 환각과 생각이 병적이라는 사실을 통찰하지 못하고, 객관적 관찰에 의하면 환각이자 망상에 다름 아닌 것을, 거역할 수 없는 진리이자 그에 따라 행동해야 할 전적으로 타당한 동기라 여긴다는 것입니다. 이러한 사실을 고려하면 특정한 순간에 환자의 결정이 어떻게 내려질지는, 곧 그가 비교적 온전히 남아 있는 표상에 따라 판단하고 행동할지 전혀 예측할 수 없다는 것은 눈에 뻔히 보입니다. 본인은 이를 분명하게 보여주는 확실한 사례로서 환자가 집필한 '회상록'을 본 감정서에 첨부합니다. 환자가 자신의 지난 삶을 기록하고 자신이 본 것과 겪었던 고통을 기록해 이런저런 관계에서 그의 운명에 관심을 갖는 사람들에게 보여주고 싶어 하는 마음은 충분히 이해할 수 있습니다. 그런데 환자는 현재 자신의 '회상록'을 (여기 첨부된 그대로) 출판해서 더 많은 사람들에게 읽히려는 강한 바람을 내세우고 있으며, 그를 위해 출판사와 협상 중에 있습니다(당연하게도 지금까지는 별 소득이 없었습니다). 글의 내용을 전체적으로 살펴보고 이 책에 실린 자신과 다른 사람들의 사생활, 우려스럽고 미적으로도 받아들이기 힘든 무절제한 상황과 사건의 묘사, 외설적 표현 등을 고려하면, 평상시엔 분별력 있고 세심한 한 남자가 자기 명예를 공공연히 훼손할 만한 행위를 하려 한다는 것은 이해하기 힘든 일입니다. 그의 세계관이 병적으로 왜곡되어 있고 현실에 대한 시각이 부재하며, 병적 상태에서 기인한 자신에 대한 과대평가가 사회 속에서 살아가는 사람이 지켜야 할 한계에 대한 그의 인식을 흐리게 한 것이 아니라면 말입니다.

본인은 지금까지의 사례와 설명으로 충분하다고 생각합니다. 앞에서 언급한 이유로 인해, 완전하지는 않지만 여기 제시된 자료들은 기본적으로는 사태의 전모를 드러내 보이기에는 충분하다고 생각합니다. 이로써 본인은, 슈레버 박사에게 잔존하는 환각과 하나의 체계로까지 자라난 망상이 그의 행위능력에 어떤 영향을 미치는지, 만약 그렇다면 그 영향은 어느 정도인지, 그것이 그의 사유와 의지, 행동에 얼마나 강제력을 행사하는지, 현재 그의 정신병의 범위와 강도가 넓은 의미에서 환자의 행위능력을 없앨 정도인지 하는 문제에 대해 재판관들이 판결을 내리는 데 필요한 근거들이 제공되었다고 봅니다.

추밀의학고문관 베버 박사.
정신병원 의사, 지역 의사, 법정 의사.

C. 항소이유서

본인은 다음과 같이 항소이유서를 제출합니다.

I. 판결문의 구성요건에 관하여

판결문의 구성요건은 본인의 변호인이 1900년 5월 16일 재판정에 제출한 답변서 내용과 기본적으로 다르지 않습니다. 1900년 5월 24일 준비서면에서 통보했듯, 본인은 기본적으로는 이 답변서 내용에 동의하지만 변호인의 몇 가지 법적 해명은 적절치 못하다 여기고 있습니다. 예를 들어, 구성요건 1번과 답변서 2번 항이 그것입니다. 답변서에서 본인이 옳다고 인정하는 부분은 대부분 본인이 직접 쓴 것으로 1900년 3월 24일에 정신병원 관리국에 제출했습니다. 본인이 알기로 현재 그 복사본은 법정 서류철에 보관되어 있습니다.

본인은 구성요건에 언급된 두 가지 점에 대해서는 분명히 반박하고자 합니다. 그렇다고 C.P.O. 320조에 규정되어 있듯 이미 확정된 구성요건에 수정이 이루어지리라 기대하지는 않습니다. 본인의 변호사가 구두 협상에서 실제로 그렇게 이야기했다는 사실에는 의심의 여지가 없기 때문입니다. 하지만 변호사의 해명은 본인의 생각에 대한 오해에 기인하고 있습니다. 따라서 이 글은 C.P.O. 290조에서 규정하는 자백 철회의 성격을 띠게 될 것입니다.

문제가 되는 두 가지 사항은 다음과 같습니다.

1. 구성요건 서두에 본인 변호사의 준비서면에서 인용한 다음과 같은 구절이 있습니다.

"항소인은 정신병에 걸렸다는 사실을 부인하지 않습니다."

이는 사실과 다릅니다. 문외한들이 보통 이성이 혼탁해지는 것이 곧 정신병이라고 생각하는 한, 본인은 본인에게 정신병이 있다는 말을 분명하게 거부합니다. 본인은 1900년 3월 24일 왕립정신병원 관리국에 제출한 소명서에서도 이 입장을 충분히 표명한 바 있습니다. 거기에서 본인은 신경병이라는 의미에서 정신병이 있다는 것은 부인하지 않는다고 천명했지만, '정신병geisteskrank, 정신적으로 아픈'이라는 단어가 의사들에게 갖는 의미와 법적 맥락의 의미가 다르다는 사실을 분명하게 지적했습니다.

본인은 여기에서 이를 보다 확실하게 해명하고자 합니다. 몇 년 전부터 본인의 신경체계가 병적 상태에 처해 있다는 사실을 부인하는 것은 아닙니다. 하지만 본인이 정신병을 앓고 있거나 이전에라도 정신병을 앓았다는 말에는 강력히 반발하는 바입니다. 본인의 정신, 다시 말해 본인의 이성능력은 다른 사람들과 마찬가지로— 몇 가지 부차적인 심기증 증상을 제외하면— 명확하고 건강하게 기능하고 있으며, 이는 본인에게 신경병이 발발한 이래 지금까지 계속되고 있는 일입니다. 이러한 이유로 본인에게 편집증(광기)이 있다고 가정한 감정인의 감정서는 더 나쁜 것을 생각할 수 없을 정도로 진리를 모욕한 것입니다. 이 글을 쓰는 본인에게는 감정인을 모독하려는 의도는 조금도 없습니다.

본인은 그 감정서가 선의에서 작성된 것이라는 데 일말의 의심도 갖고 있지 않습니다. 하지만 이러한 사실도, 본인의 법적 자립성이 문제가 되는 이 자리에서 감정서의 객관적인 오류에 대한 본인의 확신을 서슴없고 자유롭게 표현하는 것을 방해하지는 못합니다. 감정서가 어떠한 이유로 지금과 같은 내용을 담게 되었는가에 대해서는 나중에 상술하겠습니다.

2 두 번째 오류는 구성요건의 (3)b 이하, 본인 스스로 주 정신병원 존넨슈타인에 체류하는 것이 정신건강을 위해 좋다고 확신한다는 문장입니다. 이 문장은 본인 변호사의 답변서에도 실려 있는데, 지난 여름 본인은 이것이 옳지 않다고 천명한 바 있습니다. 1900년 6월 14일 본인이 변호사에게 쓴 편지 중 해당 대목을 여기 그대로 인용하겠습니다.

귀하에게 편지를 쓰는 김에 추가하지 않을 수 없는 것은, 올해 5월 24일 본인이 편지를 통해 귀하가 작성한 답변서 내용에 표명했던

동의에 일말의 수정이 필요하다는 것입니다. 당시에는 본 사건의
법적 판결에 그리 중요하지 않기에 수정할 필요가 없다고 여겼던
부분으로서, 본인 스스로 정신병원 체류가 본인의 정신적 건강에
전적으로 도움이 된다고 여기고 있다는 부분입니다. 이는 진실이
아닙니다. 본인이 정신병원 퇴원을 당장 요구하지 않는 것은, 여기에서
벌써 육 년을 보낸 마당에 앞으로 반년 또는 일 년을 더 머무는 것이
그리 중요하지 않기 때문이며, 또 집으로 돌아가기 위해서는 본인이
머물 주거환경과 관련해 어느 정도 준비가 필요하기 때문입니다.
하지만 본인은 정신병원에 계속 체류하는 것이 저의 건강에 도움이
된다고는 생각하지 않습니다. 여기서 문제가 되는 것은, 정신적 명료함
을 되찾는 일이 아닙니다. 본인의 정신은 이미 이전부터 계속 명료했습
니다. 과도하게 자극된 신경은 인간 차원의 방법을 통해 해결할 수
있는 문제가 아닙니다. 초감각적인 것들에서 연유한 과도하게 자극된
신경은, 그로 인해 다른 사람의 눈에 띄는 변화가 본인의 몸에서
나타나지 않는다면 본인의 삶을 마칠 때까지 계속될 것입니다.

정신적 능력을 사용할 일이 거의 없는 데다가, 교양 있는 사람들과의
교제는 물론 모든 삶의 향유가 결핍되어 있는 이 정신병원에서 남은
생을 허비하고 싶은 마음이 없다는 것은 너무나도 자명합니다. 일정한
폐단(고함 같은) 때문에 본인이 보다 넓은 공공적 생활 영역에 진입하
는 것이 우려된다면, 본인은 그를 위해 요구되는 사항들을 기꺼이
감수할 것입니다. 이 편지 복사본을 법원에 참고자료로 제출하는
것이 좋을지 어떨지는 귀하의 판단에 맡기겠습니다.

올해 4월 13일, 법원이 — 본인을 무척 놀라게 하면서 — 본인이 보기에는 전적으로 타당했던 1900년 6월 15일의 증거결정은 전혀 참고하지 않은 채(이 증거결정은 1900년 4월 4일의 준비서면 — 1900년 5월 16일 답변서 첨부 자료 A — 에서 제안했던 내용을 거의 그대로 포함하고 있습니다) 최종 판결을 내린 뒤, 본인이 앞에 인용한 1900년 6월 14일의 편지 내용도 법원에 제출하지 않았다는 사실은 무척 유감스러운 일이 아닐 수 없습니다. 만일 그랬다면 본인이 현재 문제 삼고 있는 부분도 아무런 변경 없이 판결문 구성요건에 그대로 실렸을 것입니다.

II. 판결이유서와 관련하여

판결이유서는 기본적으로 1900년 11월 28일자 감정인의 (2차) 감정서에 근거하고 있습니다. 판결이유서 대부분이 이 감정서를 그대로 인용하고 있기에, 그에 대한 반박 또한 기본적으로는 감정서에 쓰여 있는 내용이 얼마나 옳은지에 대한 논의로 이루어질 수 있을 것입니다.

판결이유서에 법원의 입장으로 추가된 부분은 얼마 되지 않습니다. 따라서 감정서 내용을 상세하게 다루기 전에 먼저 이에 관해 언급하고자 합니다.

본인은 판결이유서에서 다음과 같은 내용은 전적으로 수용하는 바입니다. 곧, 본인에게 자유가 주어졌을 때 스스로의 생명을 위협할지 모른다는 염려는 근거가 없으며, 그 밖의 본인의 사리분별력 또한 정상이라는 것, 이른바 고함 상태와 관련해서는 단지 치안상의 고려만으로 금치산 선고를 정당화할 수는 없기 때문에 고함 상태는 판결 시에 고려될 수 없다는 점입니다.

법원의 독자적인 소견 부분은 판결이유서 말미에 본인이 실제로는 존재하지 않는 사람들('일시적으로 급조된 인간들')을 본다고 믿고 있다는 문장입니다. 하지만 "항소인은 사람을 본다고 믿고 있다"라고 현재형으로 쓰인 이 문장이 타당하지 않다는 것은, 본인의 '회상록'의 해당 부분을 조금만 주의 깊게 읽어보면 곧바로 밝혀집니다. 본인이 주위 사람들을 '일시적으로 급조된 인간들'이라고 생각했던 시기는 수년 전에 이미 지나갔습니다. 이런 관념을 가졌던 때는 정신병원에 체류한 지 일 년, 길어야 이 년까지였습니다. 본인은 이 사실을 '회상록' 16장 서두에서 분명하게 밝혀놓았습니다. 이에 대한 본인의 관념이 그저 환각일 뿐이었는지, 아니면 거기에 뭔가 실제적인 근거가 있었는지에 대한 판단은 여기서 내리지 않겠습니다. 따라서 감정인도 옳게 지적했듯이 — 2차 감정서 8쪽. 본인이 인용한 것은 그 감정서 복사본입니다. 현재 재판 관련 서류로 보관되어 있는 원본에서 어렵지 않게 그 부분을 확인할 수 있을 것입니다 — 이 관념은 현 상태를 판단하는 데 고려하지 않아도 되는 병의 초기에 속합니다. 주위 사람들이 '일시적으로 급조된 인간들'이 아니라 실제 인간들이라는 것을 본인은 이미 오래전부터 알고 있으며, 이성을 가진 사람이 다른 사람을 대하듯 대해야 한다는 것도 의식하고 있습니다. 따라서 판결이유서 끝부분, 이전 시기의 관념 때문에 본인이 비이성적으로 행동할 위험이 있다는 문장은, 본 결정을 내리는 데 고려해야 할 근거가 될 수 없습니다.

이제, 제출된 감정서에 관해 이야기할 차례입니다. 이 감정서는 신과 본인의 교류, 본인에게 행해지는 신의 기적, 본인이 '회상록'에서 이야기하거나 다른 방식으로 밝힌 모든 것이 병적 상상에서 기인한다는, 선험적이고 암묵적인 전제에서 출발하고 있습니다. 이러한 관점에 대한 본인의 생각은, 한때 후스Huss가 자신을 불태울 장작을 나르던 농부 여인에게 했던 외침을 빌려 표현할 수 있을 것입니다. 오, 성스러운 단순함이여O sancta simplicitas![15] 본인에게 감정인을 무례하게 대하려는 의도는 전혀 없습니다. 그 인품은 물론 관직과 학문적 능력에 대해 깊은 존경을 가지고 있는 추밀의 학고문관 베버 씨에게 본인의 말이 상처를 준다면 이는 본인에게도 매우 유감스러운 일일 것입니다. 감정인이 본인의 경우에 일반적인 학문적 경험의 척도를 적용하는 외에 달리 어찌할 방도가 없었음은 잘 알고 있습니다. 하지만 그러한 감정인과 대립되는 본인의 관점을 다음과 같이 날카롭게 기술한다고 해서 불쾌히 여기지 않기를 바랍니다. 신에 대한 본인의 인식, 신과 신의 기적을 직접 경험한다는 본인의 확신은 모든 인간의 학문을 훨씬 넘어서는 것입니다. 이 말은 상당히 교만하게 들릴 수도 있습니다. 하지만 이는 결코 개인의 공명심이나 스스로에 대한 병적인 과대평가가

• •
15. 1415년 종교개혁가 얀 후스(Jan Huss)가 화형을 당할 때 장작더미를 옮기던 농부 여인에게 이 말을 했다고 전한다.―옮긴이

아닙니다. 본인이 여러 방면에 걸쳐 풍부한 재능을 가지고 있다는 것은 의심할 바 없지만, 본인은 자신의 결점에 대해서도 결코 무지했던 적이 없습니다. 여러 상황이 기적적으로 서로 얽혀서, 본인에게 지금껏 그 어떤 인간에게도 주어진 바 없는 신의 참된 본질에 대한 통찰이 주어진 것은 본인 자신의 공로가 아닙니다. 게다가 본인은 이로 인해 여러 해 동안 삶의 행복을 모두 상실하는 혹독한 대가를 치러야 했습니다. 하지만 그럴수록 통찰을 통해 얻은 결과는 본인에게 더욱 확고한 것이 되었습니다. 그것은 실제로 본인 삶 전체의 중심이 되었고, 또 그럴 수밖에 없었습니다. 왜냐하면 지금도 신은 매일, 매시간, 아니 거의 매 순간 새로운 기적과 언어를 통해 본인에게 계시하고 있기 때문입니다. 지금 이 순간에도 직면해야 하는 온갖 역겨운 일에도 불구하고 다른 사람들을 대할 때, 그들이 교양 없는 사람이나 어린아이들 — 광인들은 예외로 하면 — 이라 하더라도, 본인의 기분이 일관적인 쾌활함을 유지한다 것은 누구라도 확인할 수 있을 것입니다. 이는 신적인 일에 대한 통찰에서 얻은 것입니다. 이전에 본의 아니게 본인을 공격했던 사람들에게조차 베풀고 있는 차분한 친절도 여기에서 기인합니다. 나아가 본인이 '회상록'을 출간하는 데 두고 있는, 비교할 수 없을 만큼 커다란 가치도 이로써 설명할 수 있습니다. 혹시 본인에게는 인간의 눈을 가리던 어두운 장막의 배후를 들여다보는 것이 허락되었던 것은 아닐까라는 일말의 의심을 사람들에게 일깨울 수 있다면, 본인의 책은 유사 이래 쓰인 어떤 책보다 흥미로운 작품으로 평가될 것입니다.

개별 논점들로 나아가기 전에 다시 한번 본인의 원칙적인 입장을 확실하게 강조해야 할 것 같습니다. 그 까닭은 판결문이나 감정서 모두 본인을 위에서부터 내려다보는 방식으로 다루어도 좋다고 여기는 듯 느껴지기 때문입니다. 물론 이 두 문서 모두가 국가의 권위를 대변한다는 점에서 이를 전적으로 부정할 수만은 없다는 점은 인정합니다. 현재로서는 본인의 원칙적인 입장이 다른 사람들과 본 재판의 판결에 영향을 미치리라는 데 그리 큰 기대를 갖고 있지는 않습니다. 이전에 본인은 금치산 관련 재판 과정에서 이른바 환각과 망상에 대한 논의를 제외하는 것이 가능하며 차라리 그것이 더 나을 것이라고 생각했습니다. 왜냐하면 (1900년 3월 24일 왕립정신병원 관리국에 보낸 소명서에도 언급했듯이) 그로 인해 법원의 관심이, 가장 중요한 데다 법정에서 판정되어야 할 본래적인 질문, 곧 본인이 실생활에서 이성적인 행동을 할 능력이 있는가에 대한 문제에서 다른 데로 옮겨갈지 모른다는 두려움을 이기지 못했기 때문입니다. 하지만 최근 들어 본인은 이른바 망상 또는 종교적 표상들을 존중하지 않을 수 없다는 사실을 인정하게 되었습니다. 논리적 연관 관계나 잘 짜인 구성이라는 형식적 측면 때문만이 아니라, 사람들이 망상체계라 부르고 싶어 하는 것이 진리에 입각해 있지는 않을까라고 여기도록 이야기해야 한다고 생각했기 때문입니다. 다른 사람들, 누구보다 재판관들을 기적에 관련한 본인의 주장을 믿도록 개종 — 현재로서는 당연히 그 성공 가능성은 매우 희박합니다 — 시키려는 것이 아닙니다. 본인은 최소한 본인의 '회상록'에 쓰인 경험과 고찰이 단지

한 미친 사람의 머리에서 나온, 무시해도 되는 사소한 것quantite
negligeable이나 공허한 환상이 아니라 지속적인 숙고의 대상으로
삼을 가치가 있으며, 본인을 고찰의 대상으로 삼는 것이 전혀
쓸모없지는 않다는 인상을 주어야 합니다. 본인이 삶의 과제로
받아들인 성스러운 목적을 위해서는 그렇게 해야만, 일반적으로
사람들을 규정하는 사소한 우려들, 예를 들어 제삼자의 명예에
대한 고려, 가족의 비밀을 폭로하는 데 대한 두려움, 처벌에 대한
공포 등이 본인에게 별 의미를 지니지 못한다는 사실을 법정에
이해시킬 수 있을 것입니다.

이러한 관점에서 본인은, 본인이 주장했던 기적을 증명하지는
못하더라도 적어도 그것을 순전한 헛소리라고 치부하며 무시하지
못하게 만들 몇 가지 사항에 관해 언급(경우에 따라서는 증명)하겠
습니다. 학문세계는 이를 향후 계속적인 탐구의 출발점으로 삼을
수도 있을 것입니다. 물론 여기에서 이야기하는 대부분의 내용은
겉보기에는 그다지 중요하게 생각되지 않을 수 있습니다. 본인이
끝없이 받고 있는 초감각적인 인상의 압도적인 대다수는 그 본성
상 본인에게만 의식되며, 다른 사람이 지각할 수 있는 어떤 외적
흔적도 남기지 않기 때문입니다. 그럼에도 여기서 이야기하는
것들이 선입견 없는 판단자에게 일말의 놀라움을 줄 수 있기를
바라마지않습니다.

1. 지난 몇 년간 본인의 피아노에서 비정상적일 정도로 많은
피아노 줄이 — 본인은 이것이 기적에 의한 현상이라고 주장합니

다—끊겨 나갔습니다. 모두 합치면 약 삼사십 개에 달할 것입니다. 여기서 중요한 것은 정확한 숫자가 아닙니다. 1897년 한 해에만 끊어진 피아노 줄 때문에 86마르크를 지출했습니다. 이 재판의 피항소인인 왕립검찰도 이 사실 자체를 부인하지는 않을 것입니다. 필요하다면 본인의 아내와 간병인 뫼비우스Möbius, 드레스덴의 음악상 C. A. 클렘Klemm을 증인으로 호출하고, 왕립정신병원 관리국 측이 향후의 감정서를 통해 이 진술을 증명할 수도 있습니다. 본인이 피아노를 비이성적으로 다룸(피아노 건반을 심하게 내리치는 등)으로써 피아노 줄이 끊길 수는 없다는 생각은 '회상록' 12장에(중간쯤에서) 언급한 바 있습니다. 반복을 피하기 위해 그 부분을 참조해 주시기를 부탁드립니다. 아주 강한 힘을 가하더라도 그 누구도 피아노 건반을 내리치는 것만으로 피아노 줄을 끊어뜨릴 수 없다는 사실은 확신컨대 그 분야의 전문가들이 확인해 줄 것이며, 필요하다면 그에 대한 감정서를 요청하는 바입니다. 피아노 줄이 끊기는 것 자체가 이렇게 매우 드문 일이라면—이전까지 본인의 삶에서 그런 일은 한 번도 일어난 적이 없으며, 다른 사람에게도 그런 일이 일어났다는 것을 들어본 적이 없습니다. 콘서트홀에서는 급격한 온도 변화로 인해 팽팽하게 조인 줄이 끊기는 일이 일어날 수는 있지만, 그것은 현악기의 경우일 뿐 공연장의 그랜드피아노 줄이 그렇게 되는 일은 거의 없습니다— 본인의 피아노 줄이 그렇게 많이 끊긴 것은 어떻게 설명할 수 있겠습니까? 이를 설명할 물리적인 근거를 댈 수 있겠습니까?

　2. 본인의 주위 사람들에게 가장 눈에 띄는 현상은, 수년 전부터

— 병 초기 몇 년간은 예외적으로 — 매우 빈번하게 일어나고 있는 이른바 고함 상태입니다. 이 고함 상태의 본질에 대해서는 1900년 3월 24일 왕립정신병원 관리국에 보낸 소명서에서 밝힌 바 있습니다. 신의 기적으로 인해 호흡을 위한 근육(곧 허파와 가슴 근육이)이 자극되어, 특별히 억누르지 않으면 — 그 충동이 너무도 갑작스럽게 일어나기에 그것을 억누르는 것이 늘 가능하지는 않습니다. 그러려면 고함이 발생하려는 시점에 계속해서 거기에 주의를 집중하고 있어야 합니다 — 고함이 튀어나오거나 소리를 지를 수밖에 없도록 강제되는 것입니다. 이 기적의 목적에 관해서는 '회상록' 15장 앞부분에 언급한 내용을 참조하시길 바랍니다. 이러한 고함이 일부러 행해지거나 의도적으로 자극될 수 있는 게 아니라는 — 본인 자신도 무척이나 견디기 힘듭니다 — 것은 감정인도 의심하지 않는 사실입니다(본인 소유의 2차 감정서 사본 28쪽과 31쪽). 감정인은 고함 분출을 억제하려면 매우 힘겨운 노력이 필요하다고 지적하면서, 그 소란스러움이 본인의 의지와는 상관없이 자동적이고 강제적으로 일어난다는 사실을 인정하고 있습니다. 이에 따라 본인이 제기하는 질문은 다음과 같습니다. 과학이 이 현상 전체를 만족스럽게 설명할 수 있는가. 지금까지의 정신의학 역사에서 이러한 사례가 있었던가. 다시 말해, 본인이 걸렸다고 가정되는 정신병(편집증)을 앓으면서도 동시에 높은 지성, 정상적인 사리분별력, 사회적 교제에서의 세련되고 온화한 태도, 윤리적으로 올바른 이해력 등을 지녔다고 인정받는, 본성상 폭력적인 성격은 전혀 찾아볼 수 없는 한 인간에게서 그렇듯 의지와는

상관없이 발생하는 소란스런 외침 또는 고함 상태 — 감정인은 이 고함 상태가 중얼거림과 헛기침, 단발적 웃음과 같은 온건한 형태로도 등장한다고 적고 있습니다 — 가 관찰된 적이 있는가. 다른 정신병자들이 겪었던 경험에 대해 충분히 알고 있다고 말할 수는 없지만 본인은 위의 질문에는 곧바로 부정적으로 답할 수밖에 없으리라고 추정합니다. 이 추정이 옳다면 그 내용을 감정서에 실어서 확증해 주시기 바랍니다. 물론 이 현상이 기적에서 연유한다는 본인의 말을 감정인이 긍정적으로 받아들일 거라고 기대하지는 않습니다. 하지만 이 현상이 무척이나 특이한 경우이며, 정신의학의 경험 내에서 유일무이하다는, 앞의 질문에 대한 부정적인 답도 법적 판결을 내리는 데 영향을 미칠 수 있을 것이라고 생각합니다. 그로 인해 사람들이 적어도 본인에게 어떤 초자연적 힘이 영향을 미치고 있는 것이 아닌가 생각하게 된다면 말입니다. 교양 있는 사교 모임에서 대화를 나누거나, 정신병원 외부에서 증기선이나 기차, 공공장소, 도심지의 거리 등에 있는 동안에는 고함 상태가 전혀 나타나지 않고, 방에 혼자 있거나 정신병원 정원에서 대화가 불가능한 광인들 사이에 있을 때에만 관찰된다는 사실을 감정인이 증명해 준다면 이런 관점은 더욱 주목받을 것입니다. 과학이 이러한 현상을 충분하게 설명할 수 없다는 사실을 고백한다면, 사람들은 이에 대한 본인의 해명에 관심을 갖지 않을 수 없을 것입니다. 본인에 따르면 이 현상은 기적에 다름 아닙니다. 이는 간단히 설명될 수 있습니다. 광선들(다른 말로 하면 신)은 통상 본인에게 아무것도 사유하지 않는 생각이 자리 잡고, 광선들을 끌어들일 만한 특별한 시각적 인상이 존재하지 않을 때 퇴각하려는 유혹을 느낍니다. 그래서 예를 들어, 쇼윈도를 구경할 수 있거나 늘 사람, 특히 여자들이 많은 도심지에 외출했을 때는 그런 시각적 인상이 부족했던 적이 없기에 한 번도 고함이 생겨나지 않았던 것입니다(더 상세한 것은 '회상록' 15장 전반부, 후기의 3과 5, 특히 마지막 단락을 참조하기 바랍니다).

3. 2차 감정서(사본 28쪽 이후)에는 — 몇 가지 유보할 내용을 제외하고는 그에 대해서는 전적으로 동의하는 바입니다 — 식사 시 본인이 때때로 '어딘가에 정신이 붙들려 있는' 듯하고, 요동 없이 앞만을 응시하거나(정확히 말하면 눈을 감고 앉아 있거나), 매우 특이한 방식으로 '찡그린 상을 하며', 눈꺼풀을 위로 치켜올리려 애쓴다고 쓰여 있습니다. 이는 그전에 눈꺼풀이 감겨 있었음을 인정하는 말입니다. 여기서 감정인이 말하려는 바는, 눈꺼풀을 손으로 치켜올린다는 것이 아니라 눈꺼풀 근육의 힘을 이용해 눈을 치켜뜬다는 것입니다.

감정인은 이러한 '환각'과 거기에서 기인하는 '눈에 띄는 반응'을 '병적 과정'이 사회관계에서 얼마만큼이나 다른 사람을 불편하게 할 수 있는가 하는 관점에서만 다루고 있습니다. 하지만 본인에게 이러한 현상들은 사회적인 관점에서 보는 것과는 비교할 수 없을 만큼 중요한 의미를 가집니다. 왜냐하면 이 현상은 본인의 근육 전체가 외부에서 작용하는 힘, 곧 본인의 견해에 따르면 신의 기적이라고밖에는 달리 설명할 수 없는 어떤 영향력에 종속되어 있음을 보여주는 신호이기 때문입니다. 여기서 본인은 감정인이 이야기하지 않았던 다른 몇 가지 사항을 추가하고자 합니다. 예를 들어, 때때로 몇 분 동안 소리가 들리지 않는 상태가 지속되고, 매우 느리게 움직이는데도 어느 정도 시간이 지나면 숨이 차서 그때마다 숨을 크게 들이쉬어야 했으며, 그로 인해 입이 부자연스럽게 열리는 상태 등등이 그것입니다. 누구라도 본인을 주의 깊게 관찰한다면 이 현상 모두를 관찰할 수 있을 것입니다. 사람들과의 대화에서 가능한 한 자유롭고 유머러스한 방식으로 참여하기 위해 본인에게는 상당한 정신적 노력이 필요합니다. 그때 본인의 머리와 몸 전체에서 어떤 일들이 일어나는지는 그 누구도 상상조차 할 수 없을 것입니다.

물론 본인은 환각, 다시 말해 특정한 목소리를 듣는 청각적 자극과 경련성 수축, 근육, 특히 얼굴 근육의 발작적 수축이 병적인 신경 상태에 수반하는 결코 드물지 않은 현상임을 잘 알고 있습니다. 그럼에도 본인에게 일어나는 이 현상들은 다른 환자들에게서 관찰된 경우와는 매우 다르며, 따라서 그 원인 또한 다를 수밖에 없습니다. 이를 전문가의 감정서를 통해 확인받을 수 있다고 생각합니다.

본인은 '회상록' 후기 4장에서 본인에게 일어나는 환각에 대해 상세히 다루었습니다. 현재의 맥락에서 그에 관해 더 자세한 내용을 알고 싶다면 그 부분을 읽어주기를 부탁드리는 바입니다. 감정인은 감정서에서 '회상록'에 묘사된 '목소리'가 실제로 들리는 것임을 의심하지 않았습니다. 본인은 감정인 또한 본인에게 일어나는 환각에 어느 정도 실재성을 부여하고 있다는 사실을 흡족한 마음으로 지적하고자 합니다. 단 하나 의견 차이가 있다면, 목소리가 들려온다는 주관적인 느낌이 단지 본인 신경의 병적 증상 때문이라고 보는지, 아니면 거기에 어떤 외적 원인이 작용한다고 보는지 하는 것입니다. 다른 말로 하면, 목소리의 울림이 단지 본인 자신의 신경에 의해 생겨나 마치 목소리처럼 느껴졌을 뿐인지, 아니면 몸 외부의 어떤 존재가 목소리의 형태로 본인을 향해 말을 걸었는지 하는 것입니다. '기괴한 표정 짓기', 얼굴 찡그리기, 눈 감기 등과 관련해서도 이에 상응하는 질문이 제기될 수 있습니다. 이것들이 본인 신경의 병적 상태로 인한 근육 수축에 불과한 현상인지, 아니면 본인 몸 외부에서 작용하는 어떤 원인이 있는지 하는 질문입니다. 여기에는 본질적으로 입장을 달리하는 두 주장이 대립하고 있습니다. 합리주의는 당연히 신의 기적에서 기인하는 외적 원인의 가능성을 처음부터 부정할 것입니다. 그럼에도 다행스러운 일은 합리주의 — 괴테의 말을 빌리면 "계산되지 않는 것은 참되지도 않다"고 여기는 — 가 그 어디에서도 학문을 지배하는 유일한 원리가 아니라는 사실입니다. 본인에겐 기적을 증명하려는 의도는 없으며, 다만 다른 사람들이 본인에게 어떤 초자연적인 영향력이 작용하고 있을지 모른다고 생각할 수 있다면 그것으로 만족합니다. 감정인이 본인에게 일어나는 현상들이 전적으로 특이하며 일반적으로 알려진 것과 다르다는 사실만 증명해 준다면 이는 충분히 가능할 것입니다. 본인은 본인이 묘사한 종류의 환각, 특히 끊임없이 이어지며 모든 정신적 전환을 통해서도 잦아들지 않는 목소리는 이전에는 듣도 보도 못한 것이며, 환자의 의지에 반해(감정인도 인정했듯) 눈이 감기고 고함을 터뜨리도록 강제하는 근육 수축과, 특정 시간에 조용히 움직이는데도 일어나는 특이한 숨 가쁨 등은 본인의 경우 말고는 어디에서도 관찰된 적이 없다고 믿고 있습니다. 이 주장이 틀렸다고 말할 수 없다면 이 또한 감정서상에 분명하게 표명되기를 바랍니다. 본인의 의지에 반해 눈이 감기는 현상이, 소리내어 이루어지는 대화를 하다가 말이 끊기자마자, 달리 말해 아무것도 사유하지 않는 생각이 자리 잡자마자 나타난다는 것도 함께 확인해 준다면 좋을 것입니다.

4. 본인은 본인의 몸에서 일반적인 학문적 경험으로는 도무지 설명할 수 없는 현상들을 관찰할 수 있다고 확신합니다. 경우에 따라 이곳 정신병원 의사들이나 다른 의사들에게, 필요하다면 뢴트겐 촬영을 포함한 검사를 신청할 생각입니다. 본인이 말하는 현상이란 물론 그것뿐만은 아니지만, 이른바 쾌락신경인데 그에 관해서는 '회상록' 21장에서 상세히 이야기한 바 있습니다. 감정인의 2차 감정서(본인이 가지고 있는 사본 22쪽)에는 "환자는 지금까지의 학문이 그런 종류의 쾌락신경의 존재를 인정하지 않는데도 불구하고 여성의 육체에 상응하는 것과 같은 방식의 쾌락감정을 느끼고 있다고 말한다"라는 구절이 있습니다. 이 구절이 이에 관한 본인의 진술을 인용한 것인지, 아니면 남자의 몸과는 다르게 여자의 몸에 분포되어 있는 특별한 쾌락신경의 존재를 학문이 인정할 리 없다는 자신의 견해를 표명한 것인지는 분명하지 않습

니다. 어찌 되었든 이는 본질적으로는 별로 중요하지 않은 말싸움인 듯 보입니다. 왜냐하면 여성의 신경체계는 쾌락 느낌과 관련된 특이성을 몸 전체에 걸쳐 보여주며, 특히 유방에서 남성과는 완전히 다른 특이함이 드러난다는 사실은 감정인도 부인하지 않을 — 본인은 가끔 그와 나누었던 대화를 이렇게 이해하며, 그 사실이 학문적으로도 인정받고 있다고 여겨왔습니다 — 것이기 때문입니다.[16] 이 특이함을 어떤 이름으로 부르는가는 별로 중요하지 않습니다. 신경 이론의 문외한인 본인이 그것을 표현하는 이름을 선택하는 데 실수를 저질렀다면 그 또한 그 자체로는 그리 중요한 일이 아닐 것입니다. 본인이 주장하는 바는, 본인의 몸, 특히 가슴에 여성의 몸에 상응하는 신경체계의 특이성이 존재한다는 것이며, 이는 본인의 몸을 검사함으로써 확인할 수 있을 거라고 확신합니다. 그로부터 어떤 결론이 도출될지는 '회상록' 21장에서 상세히 언급한 바 있습니다.

오해를 피하기 위해 말해두어야 할 것은(이에 관해선 이후 다시 상세히 이야기하겠습니다), 본인은 여기서 말하는 검사를 오직 재판 목적으로만, 곧 금치산 선고 철회라는 목적으로만 신청하려 한다는 것입니다. 금치산 선고가 철회된 뒤에는, 전문가들이 원한다면 허락하겠지만 결코 본인이 자진해서 그런 검사를 받으려

16. 이와 관련되어 해명할 질문은 다음과 같습니다. 그렇다면 여성의 유방이 갖는 생리학적 특이성, 특히 사춘기가 시작되면서 가슴이 부풀어 오르는 현상은 어디서 기인하는 것인가? 그것이 단지 근육이 강해지고 지방이 쌓여서 일어나는 일인지, 아니면 남성의 신경체계와는 본질적으로 다른 여성 유방의 신경체계의 특별한 발육 탓인지?

하진 않을 것이며, 검사를 위해 본인의 재산을 사용하는 등의 일은 더더욱 하지 않을 것입니다.

5. 감정인은 '병으로 인해 변화한 정신상태의 유출'이 다른 유사한 경우들에서처럼 빈약하거나 단조롭지 않으며, 환상적인 형태를 띠고 정교하게 발전되었을 뿐만 아니라 통상적 사유와는 크게 다른 사유구조를 형성하고 있다고 인정하고 있습니다(본인이 가진 2차 감정서 사본 9쪽). 이러한 언급과 관련해 본인은 다른 분야의 전문가들, 특히 신학자와 철학자들에게 본인 '회상록'의 감정을 의뢰하려는 계획을 가지고 있습니다. 이는 두 가지 목적을 위해서입니다. 첫 번째는, 본인의 '회상록'이 낯선 것들을 많이 다루고 있긴 하지만 보다 넓은 학문세계에는 지금까지 완전히 어두웠던 분야의 탐구에 상당한 자극을 줄 수 있고, 바로 그러한 이유에서 본인이 회상록의 출간을 무척이나 바라고 있음을 재판관들에게 보여주기 위해서입니다. 두 번째로 본인은 위에서 언급한 학문 분야에 종사하는 남성들의 감정서가 다음과 같은 질문을 확실히 하는 데 큰 도움이 되리라 생각합니다. 곧 철저하게 냉철하고 진지하며 이성적인 능력을 가진 한 인간이 — 과거에 본인을 알았던 모든 사람의 증언에 따르면 본인이 바로 그런 사람이었습니다 — 나아가 '회상록' 6장 서두에서 이야기했듯 병들기 전에는 신과 영혼의 불사에 대한 확고한 믿음 따위는 전혀 갖고 있지 않았던 한 인간이 실제적이고 세부적인 것들에 관한 설명(예를 들어, '회상록' 1장과 12장에서 영혼의 언어, 영혼의

이해에 관한)을 담은 저 복잡한 사유구조를 허구로 만들어내는 것이 있을 법한 일인지, 아니 상상으로라도 가능한지, 그렇지 않다면 그런 능력을 가진 인간이 신의 본질과 죽음 이후 영혼의 지속에 대한 매우 특별한 표상을 갖게 되었고, 실제로도 다른 사람에겐 닫혀 있는 특별한 체험을 한 것은 아닌가 하는 생각이 저절로 들지는 않을까 하는 질문입니다.

앞에서 언급한 종류의 감정서를 현재 완전한 형태로 신청하고자 하는 것은 아닙니다. 본인은 그것이 매우 많은 시간과 비용을 필요로 할 것을 잘 알고 있습니다. 항소 법정이 본 감정서 없이도 본인에 대한 금치산 선고 철회를 결정한다면 이는 당연히 본인이 더 원하는 일입니다. 하지만 이런 움직임이 없을 경우에는 — 이는 본인이 구두 협상 시에 받은 인상입니다. 구두변론에는 적어도 몇 차례 개인적으로 참여할 수 있기를 희망합니다 — 그 감정서를 신청할 생각입니다.

지금까지 말했던 것은 현 판결에서의 핵심 질문, 곧 본인이 앓고 있다고 가정되는 정신병 때문에 본인이 스스로의 업무를 돌볼 능력이 없는가라는 질문과 비교하면 지엽적인 의미만을 갖습니다.

이제 본격적으로 이 핵심 질문을 다루고자 합니다. 먼저 감정서에 있는 본인 개인의 성격 규정과 관련해 몇 가지를 언급하겠습니다. 본인은 감정인이 분명 선의를 가지고 본인의 개성 전체를 고려하려 애썼다는 점을 감사하게 생각하는 바입니다. 나아가 감정인이 본인의 '회상록'을 읽는 수고도 마다하지 않았다는 사실에도 감사드립니다. 감정인이 적어도 감정서에서나마 중요한 책속 내용을 정확히 인용할 수 있었던 것도 그 덕분입니다. 그 와중에 몇몇 부정확한 점과 오해가 생겨난 것은 재료의 난해함을 생각해보면 거의 불가피한 일이었습니다. 본인은 그에 대해 상세히 다루지는 않겠습니다. 법원의 판결이 그것에 영향받으리라고는 생각하지 않기 때문입니다.

기본적으로 본인은, 감정인이 본인을 제대로 알게 된 것이 지난해, 즉 본인이 그의 가족 식사에 참여하게 된 이후이며, 본인에 대한 감정인의 판단은 이 교제가 이미 반년 이상 지속된 현시점에서는 2차 감정서를 작성하던 때보다 훨씬 좋아졌을 것이라고 생각합니다. 그 이전 시기(곧, 1900년 부활절 이전)에 감정인은 본인의 참된 정신적 삶을 감춘 병적인 껍데기만을 알고 있었습니다. 이렇게 말한다고, 그 시기 본인이 정신병원에서 당했던 취급에 대해 비난하고 있다고 말해서는 안 될 것입니다. 정신병원에 체류하던 초기 몇 년 동안 본인 자신이 (물론 사람을 기만하는 겉모습뿐이긴 했지만) 사회적 교제를 할 수 없는 둔감한 인간이라는 인상을 주었을 수도 있다는 사실은 인정합니다. 또한 의사들이 이에 의해 형성된 본인에 대한 판단을 이후 몇 년간, 그러니까 본인의 태도가 많은 점에서 정신상태의 변화를 보여주게 된 뒤에도 계속 가지고 있었다는 것도 충분히 이해합니다. 이곳과 같은 대규모 정신병원에서 모든 개별 환자들의 일거수일투족에 대한 지속적인 관찰이 이루어지리라 기대하는 것은 힘든 일입니다. 나아가, 이 정신병원에 머물던 초창기 본인 자신의 폐쇄적 태도로 인해, 본인의 정신적 삶에 대해 제대로 된 판단을 내리는 것도 실제로 어려운 일이었을 것입니다. 하지만 다른 한편, 감정서(본인의 복사본 7쪽)에 쓰여 있는 다음과 같은 내용은 사실에 부합하지 않습니다. 본인이 '그때까지', 그러니까 2차 감정서가 요구되던 시기(1900년 6월)까지 정신병원 밖으로 나가려는 욕구도 보이지 않았고, 그 때문에 외부 세계와 접하려는 본인의 욕구를 점차적으로 '자극해야' 했었다는 언급이 그것입니다. 여기에는 사소한 기억상의 착오가 있습니다. 본인은 서류상으로 다음과 같은 사실을 증명할 수 있습니다. 1899년 10월 8일 본인의 후견인인 행정법원장 슈미트Schmidt 씨가 방문했을 때 그에게 개인적으로 건네준 문서에서 본인은 지난 오년간 다른 환자들과는 달리 단 한 번도 정신병원 바깥으로 산책을 나가지 못했다는 것을 항의한 바 있습니다. 공정함을 기하기 위해, 본인은 1899년 11월 27일 추밀고문관 베버 씨에게 보낸 편지에 이 문서의 내용을 그대로 전달했습니다. 그럼에도 불구하고, 본인이 처음으로 가족 식사에 참여하고, 정신병원 바깥으로 소풍(자동차를 타고)을 가게 되기까지는 그 뒤로도 4~6개월이 더 걸렸습니다. 본인이 이미 지나간 일을 고발하려는 의도를 갖고 있지 않다는 사실을 다시 한번 강조합니다. 다만 이보다 훨씬 이전 시기에 본인이 교양 있는 사교 모임에서 적절하게 행동할 정신적 능력을 지닌 인간으로 여겨지지 못했던 것이 전적으로 본인의 잘못이라는 주장에 대해서는 반박하지 않을 수 없습니다. 그와는 달리, 본인은 이미 1897년 초부터 그렇게 할 수 있었다고 생각합니다.

어쨌든 감정서의 기록에 의하면(본인이 가진 복사본 27쪽), 현재 감정인은 사교적 모임이나 극장, 교회 등 많은 사람이 모이는 행사에 본인을 참석시키는 데 아무 문제가 없다는 확신에 도달했습니다. 지금도 간혹 관찰되는 병적인 현상들(괴상한 표정, 헛기침과 같은 것)이 결코 사람들에게 심대한 피해를 줄 정도는 아니라는 것도 경험을 통해 알 수 있었습니다.

사회적 관계에서의 본인의 태도를 묘사하던 중 감정인은, 1900년 3월 13일 판결을 통해 본인이 어려운 협상을 이끌며 아무 문제 없이 판결문을 작성할 능력이 있다고 판단한 드레스덴 행정법원과 대립되는 의견을 내놓았습니다. 본인은 드레스덴 왕립행정법원이 이에 관해 이야기한 것에 일정한 제한이 필요하다는 데 대해서는 감정인과 전적으로 의견을 같이합니다. 하지만 어디에 그 제한이 가해져야 하는가를 감정서에 나와 있는 것보다 더 분명하게 부각하고 싶습니다. 본인은 지금도 글을 통해 생각을 표현하는 일은, 고등법원 판사라는 이전 직업에서 요구되었던 수준만큼 충분히 수행할 수 있다고 생각합니다. 지금도 그 어떤 판결문은 물론, 판사라는 직업에 요구되는 모든 문서 작성을 상당히 높은 수준까지도 충분히 소화할 수 있습니다. 왜냐하면 글을 통해 생각을 표현하는 데는 기적도 아무런 힘을 발휘하지 못하기 때문입니다. 간혹 시도되는 손가락 마비가 글 쓰는 일을 조금 힘들게 하기는 하지만 전혀 못 하게 하지는 않으며, 본인의 생각을 분산하려는 시도들도 정신을 집중할 시간이 충분하다면 글을 통해서 쉽게 극복할 수 있습니다. 그 때문에 필기구가 주어지고 본인이 무언가를 쓰려는 의도를 지닌 이래 본인이 썼던 글에서는, 병 초창기에 쓴 것이라도, 정신적으로 완전하게 분명한 인간임을 알아볼 수 있습니다. 그런데 구두로 이루어지는 생각의 표현에서는 상황이 다릅니다. 본인의 호흡기관과 발성기관에 행해지는 기적은, 생각을 분산하는 기적과 결합해서 구두로 이루어지는 생각 표현을 힘들게 합니다. 그와 동시에 환각 — 목소리를 듣는 — 에 의해 정신이 사로잡히는 일이 계속되고 있어서, 재판에서 협상을 주도하거나 법적 자문 등의 참여에서 요구되는 고도의 집중력은 발휘하기 어려울 것이라는 감정인의 지적에는 동의합니다. 하지만 이는 지성이 결여되어 있기 때문이 아니라, 구두로 행해지는 생각 표현을 돌연 힘들게 하는 영향력 때문입니다. 본인은 그 영향력이 기적에서 기인하는 것이라고 여기는 반면, 감정인은 그것이 순전히 병적인 증상에서 기인한다고 이해합니다.

지금까지는 감정인이 감정서에 기록했던 본인의 정신적 상황 전반에 대한 보충이었습니다. 이제는 본인이 앓고 있다고 가정되는 정신병이 스스로의 용무를 수행할 수 없게 하는지, 다시 말해 실제의 삶에서 이성적으로 행동할 수 없게 만드는지 하는 질문에 답할 차례입니다.

이에 대해 본인은 우선 이를 증명해야 할 의무가 피항소인인 왕립검찰 측에 있음을 말씀드리고 싶습니다. 법이 정신병 그 자체를 금치산 선고의 근거로 인정하는 대신, 해당자가 자신의 용무를 이성적으로 돌보지 못하는 정신병만을 그 조건으로 인정한 관계로, 엄밀히 말하면 금치산 선고를 뒷받침하는 실제적 근거들을 재판관들에게 제시해야 할 의무는 그것을 신청한 측에게 있습니다. 나아가, 본인의 개인적 권리와 재산에 대한 자유 처분권이 주어진다면 본인의 망상과 환각 때문에 어떤 비이성적 행위를 할지 — 일반인들이 쓰는 말을 빌리면 — '전혀 예측할 수 없다'는 막연한 우려는, 사람들이 인정하듯 정신적이고 윤리적으로 높은 수준에 있는 본인과 같은 인간을 법적인 문제에서 일곱 살 미만의 어린애와 동일시하기 위한 충분한 근거가 될 수 없습니다. 그를 위해서는 본인의 망상과 환각으로 인해 본인에게 비이성적인 행동 경향이 나타났고, 만약 그렇다면 어떤 점에서 그러했는지가 지난해의 실제적인 경험에 의거해 먼저 증명되어야 합니다. 정신병원에 수감된 사람이 그런 경험을 수집할 가능성이, 자유롭게 사는 사람만큼 충분치 않다는 것은 물론 옳은 말입니다. 하지만 자신 또는 다른 사람에게 위협적일 수 있는 근거가 사라진 뒤에도 몇 년간이나 밖에 나가지 못한 채 정신병원에 감금되어 있었던 것은 본인의 잘못이 아닙니다. 다른 한편 본인에게 일 년 넘게 주어졌던, 전보다 넓어진 행동반경의 자유는, 본인에게 개인의 권리와 재산에 대한 자유로운 처분권이 주어졌을 때 어떤 비이성적인 사태가 일어날 수 있는지 판단하는 데 충분한 근거가 됩니다. 본인은 그 이후 여러 차례 정신병원 원장의 가족 식사에 참여했고, 걸어서 아니면 증기선 또는 기차를 타고 수차례 소풍을 갔으며, 공공 유흥장, 술집, 교회, 극장, 연주회 등을 방문했습니다. 정신병원 간병인이 동반하지 않은 적도 꽤 있었으며, 그때는 보통 그렇게 많은 액수는 아니지만 현금을 가지고 있었습니다. 하지만 본인이 비이성적으로 행동한다는 일말의 징후라도 관찰한 사람은 아무도 없었을 것입니다. 본인의 망상과 환각을 이야기함으로써 다른 사람을 귀찮게 한 적은 한 번도 없습니다. 예를 들어, 정신병원 원장의 가족 식사에 참석했던 숙녀들이 우연히 다른 경로를 통해 귀띔받지 않았더라면 본인에게 망상과 환각이 존재한다는 사실을 전혀 눈치채지 못했을 것입니다. 본인의 아내와 친지들에게 때로는 말로, 때로는 글을 통해 그에 대한 암시를 준 적이 있는 것은 사실입니다. 하지만 이는 친밀한 삶의 공동체인 부부와 가까운 친지들과의 관계에서는 누군가의 감정과 정신생활을 채우고 있는 것을 상대에게 모두 감출 수 없다는 사실을 생각하면 이해할 수 있을 것입니다. 하지만 이 관계에서도 그에 관한 것은 한 번도 상대를 강요하는 방식으로 이야기된 적이 없으며, 대개의 경우 상대가 특별히 질문해 오는 경우에만 행해졌습니다. 다른 사람의 눈에 어딘가 비이성적인 것으로 여겨질 수 있을 유일한 점이 있다면, 감정인도 언급했듯, 본인이 때때로 여성의 장식품(머리띠, 가짜 목걸이 등)으로 치장하고 상의를 반쯤 벗은 채 거울 앞에 서 있는 모습으로 발견된 일입니다. 하지만 이는 본인이 혼자 있을 때만 일어난 일로, 본인이 피하는 게 가능했던 한에서는 결코 다른 사람이 있는 자리에서 일어나지 않았습니다. 그를 위해 필요했던 얼마 되지 않는 물품(바느질 도구 같은 것들) 대부분은 정신병원 직원들에게 얻은 것이었고, 그것도 1~2마르크를 넘어본 적이 없기에 경제 활동이라는 관점에서 고려할 만하지 않습니다. 아마 다른 사람에게는 바보 같거나 심지어 경멸할 만하다고 여겨질 수 있는 이러한 태도에 대해 본인은 충분히 그럴 만한 중요한 이유들을 가지고 있습니다. 그것은 정신적 휴식이 필요한 시간에 — 하루 종일 피아노를 치거나, 책을 읽거나, 글을 쓰는 등의 정신적인 일들을 할 수는 없기에 — 본인과 주변 사람들에게 무척이나 괴로운 고함 상태를 억제하려는 목적에서 행해지는 것입니다. 다른 사람에게는 이러한 연관 관계가 금방 이해되지 않을 것입니다. 그에 관심이 있다면 본인의 '회상록' 21장에서 더 자세히 읽을 수 있습니다. 어쨌든 위에서 말한 상황은 수년간의 경험을 통해 본인에게는 의심할 여지 없이 확증되었기에, 본인은 그 조치가 그 목적을 이루는 데 합당한지 아닌지 하는 다른 사람들의 판단을 수용할 수는 없습니다. 그 효과란 다만 본인의 상상 속에만 있는 거라고 이야기하는 사람이라도 — 본인은 사람들이 당연히 그렇게 말하리라고 전제할 수밖에 없는데 — 그 역시 위에서 언급한 행동이란 기껏해야 이해하기 힘든 어떤 기괴한 습성 같은 것일 뿐이며, 본인 자신이나 다른 사람에게 아무 해도 끼치지 않기 때문에 거기에 절대적 무해성이라는 속성을 — 물론 본인아내와의 관계는 여기에서 예외입니다. 이에 대해서는 나중에 상세히 언급할 것입니다 — 부여하지 않을 수 없을 것입니다. 감정인은 그 때문에 감기에 걸릴 위험이 있다고 말했지만, 어깨를 노출한 옷을 입은 여인들이 충분히 증명하듯이 통상적인 온도에서는 감기에 걸리지 않습니다.

앞에서 언급했던 여자 장신구를 몸에 걸치는 행위가 감정서뿐 아니라 판결에서 이루어진 본인 개인에 대한 평가에 상당한 영향을 미쳤음은 분명해 보입니다. 그런 이유로 본인도 이 문제에 좀 더 많은 지면을 할애해야겠습니다. 하지만 이 한 가지 문제는 외부세계, 무엇보다 다른 사람에 대한 본인의 행동이 본인의 망상과 환각에 영향받은 것이라 말할 수 있고 또 앞으로도 그렇게 이야기될 수 있는 유일한 사실입니다. 본인이 보기에 감정서의 핵심이면서, 그런 이유로 본인이 반박해야 할 중심 대상이기도 한 감정서의 문장을 고찰하고자 합니다. 감정인은 본인이 소유한 감정서 복사본 끝에서 네 번째 페이지에서 다음과 같이 쓰고 있습니다.

본 환자의 행위능력을 판단하는 데에 가장 중요한 계기는, (…) 객관적 관찰에 의하면 환각이자 망상에 다름 아닌 것을, (a) 거역할 수 없는 진리이자 (b) 전적으로 타당한 행동의 동기라 여기고 있다는 사실입니다.

이 주장에 대해 본인의 이른바 망상이 본인에게 거역할 수 없는 진리라고 말하는 첫 번째 부분 (a)에 대해서는 '그렇다'라고 힘주어 확증하겠지만, 본인의 망상이 본인에게 전적으로 타당한 행동의 이유라는 두 번째 부분 (b)에 대해서는 분명하게 '아니다'라고 주장하는 바입니다. 본인은 "이 세계는 나의 왕국이 아니다"라는 예수 그리스도의 말을 빌릴 수도 있을 것입니다. 이른바 본인의 망상은 신과 저 세상에만 관련되어 있습니다. 따라서 그것은 세속적인 일들을 처리하는 본인의 태도에는 — 앞에서 언급한 기괴한 습성을 제외하면, 사실 신에게 인상을 남기려는 것이기는 하지만 — 결코 아무런 영향도 끼칠 수 없습니다. 감정인이 어떻게 해서 본인의 망상이 본인 행동의 전적인 동기라는 사실과는 다른 견해를 갖게 되었는지 알 길은 없습니다. 본인은 어쨌든 본인의 행동을 통해서도, '회상록'의 어떤 글을 통해서도 감정인으로 하여금 이런 생각을 하게 한 적은 없다고 생각합니다. 본인은 '회상록'에서 다른 사람들 눈에 이상하게 보일 수 있을 행동은 '주변인을 고려하는 경우에만'('회상록'의 13장, 처음과 가까운 부분) 또는 '신과 단둘이 있을 때만'('회상록' 21장 3분의 2 부분) 할 것이라고 여러 번 강조한 바 있습니다. 따라서 본인의 망상과 환각은 법이 규정하고 있는 '용무들', 곧 삶의 이해관계와 재산 등을 유지하는 일에 결코 아무런 영향도 줄 수 없습니다. 본인은 감정인, 그에 앞서 법률자문위원 튀르머Thürmer 씨가 생각하는 것처럼, 기적에 대한 본인의 믿음을 선전하기 위해, 본인의 쾌락신경을 검사하기 위해, 혹은 쾌락신경에서 기인하는 '물질적 만족감'을 고양시키기 위해 돈을 쓰려는 생각은 전혀 가지고 있지 않습니다. 이렇게 생각하는 사람은 본인의 내적인 정신세계에 한 번도 들어와 본 적이 없는 사람입니다. 물론 본인의 정신세계에 들어온다는 것은 불가능한 일이기 때문에 이는 결코 비난이 아닙니다. 신과 신적인 일들에 대해 본인이 획득한 인식의 확실함은 본인에게는 너무도 확고하고 흔들림이 없어서, 다른 사람이 본인 생각의 진리성 또는 개연성에 대해 어떻게 생각하는가는 결코 중요하지 않습니다. 이 때문에 본인은 — 현재 재판의 목적 말고는 — 스스로의 체험과 관찰을

'회상록'을 출간하는 형태 외에 다른 방식으로 사람들에게 알리려는 아무런 행동도 하지 않을 것입니다. 본인은 결코 그것을 증명하거나 믿을 만한 것으로 만들기 위한 아무런 시도도 하지 않을 것입니다. 이러한 점에서 본인의 입장은, '인간의 작품이라면 소멸하겠지만, 신의 작품이라면 존속할 것이다'라고 말한 루터의 입장과 같습니다. 본인은 의심할 여지 없이 실제적인 이러한 과정들이, 본인의 망상이 옳다는 것을 다른 사람들에게 확신시킬 때까지 조용히 기다릴 것입니다. 감정인이 언급했던 '물질적 만족', 본인의 표현에 따르면 영혼 쾌락에서 기인하는 육체적 만족감의 증대와 관련해서도 사정은 같습니다. 이러한 만족감의 증대는 본인에게조차 내적 필연성에 의해 스스로 주어지는 것입니다. 본인은 그것을 위해 아무런 행동도 할 필요가 없으며, 어떤 조치를 통해 그러한 만족감을 본질적으로 증가시키는 일은 가능하지도 않습니다. 그 때문에 이른바 여성의 장식품에 속하는 몇몇 천 조각이나 가짜 장신구 따위를, 가난한 하녀라면 진짜 장신구나 보석이라고 생각할 만한 것으로 대체하려는 생각은 전혀 하지 않을 것입니다. 본인이 그 물건들을 마련하거나 만든 것은 향락을 위해서가 아니라 신에게 어떤 인상을 주기 위함이며, 그를 위해서는 아무 가치 없는 가짜로도 충분하기 때문입니다.

본인이 앞에서 미래의 행동과 관련해 약속했던 모든 것을 신뢰해도 좋다고 장담할 수 있습니다. 본인은 지금까지 한 번도 진리에 대한 본인의 사랑의 불변함을 의심케 하는 행동을 한 적이 없기 때문입니다. 이로써, 앞서 언급한 감정서와 판결문에 담겨 있던 우려, 즉 본인의 망상이 더 구체적으로는 말할 수 없는 어떤 방향으로 비이성적인 행동을 하도록 부추길지 예측할 수 없다는 우려는 해소됩니다. 그렇다면 본인에 대한 금치산 선고를 유지하기 위해 생각할 수 있는 남은 근거는, 판결이유에서 특별히 언급되어 있는 두 가지뿐입니다. 곧 개인의 권리와 재산에 대한 처분권이 반환되었을 때 본인이 '아내와의 관계를 훼손시킬 것'이라는 점과, '회상록'을 출간함으로써 본인이 사람들 앞에서 힘든 상황을 자초하거나 스스로를 처벌 위험에 노출시킬 것이라는 우려입니다. 아래에서는 이제 이 두 가지 사항에 대해 상세히 다루도록 하겠습니다.

a) 첫번째 우려와 관련해서, 본인이 비이성적 행동을 통해 '아내와의 관계를 훼손시킬 것'이라는 판결문의 언급은 본인이 보기에 그와 관련된 개인들의 감정에는 매우 중요할지 모르나, 행위능력의 인정이라는 법적 관계에서는 고려하지 않아도 될 만한 것을 근거 삼고 있습니다. 본인과 아내의 부부 관계는 본인의 병으로 인해 이미 몇 년 전부터 거의 끊긴 상태이며, 이러한 상태는 본인에 대한 금치산 선고가 무기한 유지되는 한, 둘 중 누군가가 죽을 때까지 계속될 것입니다. 본인과 아내의 관계가 훼손될지 모른다는 언급이 어떤 의미를 갖는다면, 그것은 본인의 아내가 아직 남편에게 가지고 있는 존경과 사랑의 감정이 흔들리고 위협받을 수 있다는 사실일 것입니다. 하지만 이는 매우 사적인 문제이므로 우리 부부 관계의 내밀함을 알 수 없는 제삼자는 그에 대해 조심스럽고 신중하게 판단해야 한다는 건 분명합니다. 본인이 무엇보다

힘주어 강조해야 할 것은, 금치산 선고는 그 선고를 받은 자의 이해관계를 고려해서, 곧 비이성적인 행동의 경향 때문에 스스로 에게 닥칠지 모를 위험에서 그 자신을 보호하기 위해서만 내려져 야 하지, 아무리 당사자와 가까운 사람이라 하더라도 결코 다른 사람에게 가해질 불편함을 방지하거나 감정을 해치지 않기 위해 내려져서는 안 된다는 것입니다. 이는 개인의 정서적 평정을 위해 서는 중요할 수 있을지 모르나, 법을 통해 규정하는 인간 삶의 관계에는 해당되지 않는 것입니다. 금치산 선고를 받은 개인의 이해관계 외에 친지에 대한 생활보호는(판결이유 초반부에 언급 한 왕립법무부의 규정) 그 의무가 금치산 선고를 받는 자에게 법적으로 부과되어 있을 경우에만 고려 대상이 될 수 있습니다. 현재의 경우에 적용하면, 이는 적정 생활비의 보장이라는 문제입 니다. 만에 하나 본인이 아내에게 본인과의 공동생활을 요구하지 못할 상황이 발생하더라도, 본인은 헤어져 살게 될 때 필요한 생활비를 아내에게 지급할 의무를 결코 저버리지 않을 것입니다. 설사 본인이 정말로 아내에 대한 인륜적 의무들을 전혀 이해하지 못하고, 그녀의 건강, 심정적 평화, 여자로서의 자연스러운 감정들 을 고려하지 못한다고 하더라도, 이는 본인이라는 개인의 윤리적 가치를 낮게 평가할 근거가 될 수는 있겠지만, 결코 본인의 행위능 력을 부정하는 근거가 될 수는 없습니다. 본인이 아내의 사랑을 상실하는 것을 불행이라고 느끼지 못할 만큼 무감한 사람이라면, 이러한 사랑이 상실된다는 것이 본인에게는 아무런 문제도 되지 않을 것입니다. 아내가 본인의 신체를 돌봐주고 기다리고 간병하

고 정신적 이해관계를 교환함으로써 어떤 식으로든 본인의 육체적
·정신적인 안녕을 위해 자신의 사랑을 실천할 가능성은, 우리가
실질적으로 떨어져 살고 있는 한 거의 전무한 상황입니다. 가끔
본인을 방문하고 때때로 선물을 가져다주는 것은 여기에서 고려
대상이 될 수 없습니다. 본인의 아내가 선물로 준 물건들은, 재산에
대한 처분권이 주어진다면 본인 스스로도 얼마든지 쉽게 얻을
수 있는 것들이기 때문입니다.

이상을 통해 본인은 감정서와 판결문에 '아내와의 관계를 훼손
시킬 위험', '부부 관계에 미치는 영향' 등에 대해 언급된 것 모두가
현 재판에서 판결하는 데 중요하지 않다는 것을 증명했다고 생각
합니다.

재판관들에게 감정서와 판결이유가 내린 것보다 도덕적으로
좀 더 나은 견지에서 본인을 드러내 보여주기 위해, 아내와의
관계, 이른바 고함 상태로 인해 현재(그리고 미래의) 주변 사람들에
게 발생하는 불편함에 대해 몇 마디 덧붙이겠습니다. 감정인이
본인의 아내와의 대화에 근거해 본인과 아내의 관계에 대해 감정
서에서 언급한 사실은 커다란 오해에서 비롯하고 있습니다. 본인
은 여기서 아내가 본인을 오해한 것인지(자주 만날 일이 없기에
이는 충분히 가능한 일입니다), 아니면 감정인이 본인의 아내를
오해한 것인지에 대해선 판단하지 않겠습니다. 본인은 감정서의
다음과 같은 표현, 곧 '그러면 본인이 곧바로 아내와 헤어질 수도
있다는 암시를 내비친다'라는 말에서 사람들이 가정할 수 있는
것과는 달리 결코 한 번도 이혼을 생각해 본 적도, 부부 관계가

지속되건 말건 상관 않는다는 태도를 보인 적도 없습니다. 본인이 지난 몇 년간 아내와 주고받았던 많은 양의 편지들은, 본인이 아내에 대해 얼마나 가슴에서 우러나오는 사랑을 갖고 있으며, 본인의 병 때문에 실질적 부부 관계가 사라져서 아내가 매우 불행해졌다는 사실을 얼마나 고통스럽게 여기고 있는지를, 그녀의 운명에 얼마나 깊이 공감하고 있는지를 증명해 줄 것입니다. 본인은 바로 이러한 의미에서 이혼 가능성에 대해 이야기했던 것입니다. 본인이 아내에게 몇 번인가 말했던 것은, 만약 그녀로서는 당연히 공감할 수 없는 본인의 관념과 그로 인한 기이한 행동들 때문에 이전과 같은 사랑과 존경심을 갖는 게 불가능하다면, 배우자의 정신병이 삼 년 이상 지속될 경우 이혼을 요구할 수 있는 법률에 따라 그렇게 할 권리가 있다고 말한 것뿐입니다. 하지만 그때마다 본인은 그런 일이 일어난다면 정말 고통스러울 것이라 덧붙였습니다. 다른 한편, 만약 그렇게 된다면 그녀는 본인의 재산에서 나오는 이자와 본인이 이십팔 년간 국가를 위해 일함으로써 받게 된 연금을 요구할 권리는 없다고 이야기했습니다 (물론 본인의 아내에게 재산이 없는 건 아닙니다만, 이자를 받아 생활하고 있는 재산의 많은 부분은 본인 소유입니다). 본인은 스스로가 아내로부터 얼마나 큰 배려를 받고 있는지 완전히 이해하고 있으며, 이를 아내에게 표현하기도 했습니다. 그 증거로서 본인의 '회상록' 13장 주석 81의 내용을 여기 인용합니다.

내가 여전히 예전처럼 사랑하는 아내와의 관계에 대해서는 특별한 프라이버시를 유지해야 한다. 대화와 편지를 통해 너무 많은 것을 이야기한 것이 뭔가 잘못된 일이었을 수도 있다. 아내가 나의 사유를 완전히 이해할 수 없는 것은 당연하다. 조만간 내가 여자로 변신하리라는 생각을 갖고 있다는 얘기를 듣는다면 그녀도 내게 이전과 같은 사랑과 존경을 바치기는 힘들 것이다. 이는 안타깝지만 어쩔 수 없는 일이다. 여기서도 나는 모든 허망한 감상주의로부터 거리를 취해야 한다.

사람들이 칭찬하는 본인의 섬세함과 사려 깊음을 본인이 아내와의 관계에서 저버렸다는 말이 어떻게 비롯되었는지는 알 도리가 없습니다. 본인이 아내를 당황케 할 만한 행동을 그녀가 있는 자리에서는 하지 않으리라는 — 지금까지도 그렇게 행동해 왔습니다 — 건 자명한 일입니다. 여성용 장식품도, 아내가 용서해 줄 만한 여성적 호기심에 이끌려 그것을 보여달라고 요구했을 때 마지못해 보여주었습니다. 이른바 외침 또는 고함 상태로 인해 그녀가 본인과 함께 사는 것을 힘들어한다는 사실이 경험을 통해 밝혀진다면, 본인은 그렇다고 해도 함께 살 것을 요구하거나 남편의 권리를 남용해서 강제하진 않을 것입니다. 따라서 감정인이 '병적으로 고양된 에고이즘'에 대해 이야기하면서 '본인이 저지르는 짓' 때문에 본인의 아내가 얼마나 고통받는지는 '전혀 생각하지 못하고'(!!), 나아가 주변인들이 느끼는 불편함도 중요치 않게 여기면서 단지 스스로의 불만만 호소하고 있다고 말하는 것은 참으로 부당한 일입니다. 감정인 스스로도 고함이 본인의 의지에 반해 강제적이고 자동적으로 일어난다[17]는 것은 인정하고 있습니다. 현재 본인과 따로 살고 있는 본인의 아내는 그로 인해 전혀 고통받고 있지 않습니다. 감정서에 언급된 '본인이 저지르는 짓'이 가끔씩 여성의 장신구를 몸에 걸치는 것을 말한다면, 본인은 결코 아내에게 이런 모습을 보이지 않으리라는 것뿐만 아니라, 혼자 있을 때 이런 짓을 하는 데는 충분한 이유가 있다는 것은 이미 앞에서 이야기했습니다. 본인이 주변인들의 불편함을 하찮게 여기고 다만 스스로의 불만만 토로한다는 주장에 대해, 1899년 8월 16일 본인이 왕립정신병원 관리국에 보냈던 소명서 — 너무 많이 나가지 않기 위해, 여기서는 이 한 가지 사실만 언급하겠습니다 — 를 그대로 인용함으로써 반박하고자 합니다. 거기서 본인은 다음과 같이 말했습니다.

본인이 이미 여러 번 왕립정신병원 관리국에 설명했던 고함 상태는 지금도 일어나고 있습니다. 이 고함 상태는 시간을 가리지 않고 아무 때나, 그것도 서로 다른 강도와 지속성을 갖고 등장합니다. 때로 그 고함 상태는 본인이 다른 환자들을 괴롭게 하지 않고서는 도저히 복도에 나갈 수 없을 거라고 느낄 정도입니다. 때때로 정원을 산책하는 동안 끊이지 않고 일어나기도 합니다. 어쨌든 이는 교양 있는 사람들과

· ·

17. 사실은 이것도 전적으로 옳은 말은 아닙니다. 분절된 단어들을 사용해 외침이 이루어질 때는 당연히 본인의 의지가 완전히 배제되지 않습니다. 순전히 강제적이고 자동적으로 일어나는 것은 분절되지 않은 고함뿐입니다. 일정한 시간에 큰 소리로 단어를 말하는 이유는, 그렇지 않으면 생겨날 비분절적 고함이 본인 자신과 주변인들을 더 괴롭게 할 것이기 때문입니다.

이야기 나눌 기회가 없는 곳에서(현재로서 본인은 '그럴 기회가 없는 곳에서만'이라고 덧붙이고 싶습니다) 일어납니다.

판결문도 인정하고 있듯이 고함 또는 이른바 포효로 인해 생겨나는 불쾌한 상황은 기본적으로 후생치안적 문제로서 금치산 선고에 고려할 만한 적합한 고찰 대상은 아닙니다. 정신병원 바깥에서 체류할 때 고함 등으로 인해 '곁에 다른 사람이 거주하는 집에서라면 결코 용납되지 않을 휴식의 방해'가 일어난다면 — 본인은 감정인처럼 이것이 필연적으로 일어난다고 여기지 않으며, 시도해 보아야 확인할 수 있다고 생각하는데 — 본인 스스로가 정신병원 바깥에 체류하는 것이 적합하지 않음을 인정하고 자발적으로 정신병원에 돌아오리라 충분히 마음먹고 있습니다. 따라서 그 때문에 후생치안적 근거에서 동원할 수 있는 강제 조치를 취할 필요는 없을 것입니다.

b) 판결문은 본인의 행동이 얼마나 병적인 표상의 강박에 영향받는지 보여주는 두 번째 '사례'로서 본인의 '회상록'과 그것을 출판하려는 본인의 의지를 들고 있습니다. 한 인간이 스스로의 정신 활동의 산물을 보다 많은 사람에게 알리고 싶어 한다는 것 자체는 전혀 비이성적인 일이 아닙니다. 몇 구의 시를 끼적거린 초보 시인이라면 누구나 자기 작품을 출간하기를 원합니다. 안목 있는 사람이 보기에 그 시들이 시적으로 무가치하다는 것이 처음부터 명백하더라도 이는 충분히 이해할 만한 일입니다. 본인의 '회상록'

또한 처음에는 일부 독자들에게는 혼란스럽고도 황당하며 그것을 위해 잉크를 낭비할 가치도 없다고 여겨질 수 있습니다. 하지만 어떤 정신적 작품이 출간에 적합하거나 적합하지 않음을 미리 판정하는 것은 적절치 못한 일입니다. 해당 분야 학문의 권위자들도 그러한 판단을 함부로 할 수 없는 판에, 개별 재판관들이 그것을 할 만한 위치가 아니라는 것은 당연한 일입니다. 새로운 학문적 발견, 새로운 세계관, 어떤 새로운 발명품 등이 동시대인들에게는 조롱받고 멸시당하는 정신 나간 짓이라고 간주되었다가 시간이 지나고 나서야 그 획기적인 의미를 인정받은 것은 역사에서 한두 번 있었던 일이 아닙니다. 그런데 ― 지방법원이 본인에게 깨우치려는 것은 ― 본인의 '회상록'이 출판에 부적합한 이유는, 그로 인해 본인 자신과 가족의 명예가 유례없는 방식으로 훼손될 것이며, 나아가 본인을 형법적인 처벌 대상으로 만들 위험에 노출시킨다는 것입니다. 매우 외설적인 표현들을 사용하고, 가족의 사적인 비밀을 노출하며, 아직 살아 있는 명망 있는 인물을 모욕적인 방식으로 지칭하고, 매우 우려스러운 상황을 가감 없이 묘사하고 있는 그 책의 출판은, 본인이 허용된 것과 허용되지 않은 것을 판단할 능력을 완전히 상실했음을 증거한다는 것입니다.

이런 우려에 대해 무엇보다 이야기하고 싶은 것은, 본인이 '회상록'을 현재 상태 그대로 아무 수정 없이 출간할 생각은 없다는 것입니다. 이 '회상록'은 처음부터 출판을 염두에 두고 쓰인 것이 아닙니다. 본인은 이를 '서문'(제출된 '회상록' 말미에 있습니다)에서 분명하게 강조한 바 있습니다. 이 부분이, 당시에는 아직 제출되지 않았던 감정서와 판결문의 비판 지점들에 대한 본인의 (그것을 예견한) 응답을 포함하고 있기에 여기 그대로 인용하겠습니다.

이 글을 쓰기 시작할 때는 출판을 염두에 두지 않았다. 그것은 이 글이 한참 진행된 후에 든 생각이다. 출판을 막고 나서는 주변의 우려를 생각하지 않은 것이 아니다. 생존한 사람들을 고려하라는 것이었다. 그렇지만 내가 아직 살아 있을 때 내 육체와 개인적 운명에 대해 전문가의 관찰이 이루어지는 것은 학문과 종교적 진리 인식에 중요한 가치를 지닐 것이라고 생각한다. 이 점을 생각하면 모든 사적인 고려들은 침묵해야만 한다.

'회상록'이 출간되기 전에 전체 맥락을 훼손하지 않는 선에서 이런저런 부분을 삭제하거나 이런저런 표현을 완화하기 위한 검토를 처음부터 배제하지 않았습니다. 또한 본인의 글이 인쇄되어 출판될 것이라는 전망은, 감정인이 생각하는 것처럼 그렇게 어둡지 않습니다. 감정서에는(본인의 복사본, 끝에서 두 번째 페이지) 이 책의 출판을 위해 본인이 출판사와 협상을 벌였지만 '당연하게도 지금까지 별 성과가 없었다'고 쓰여 있는데, 이는 감정인이 출판사 사장[라이프치히의 프리드리히 플라이셔^{Friedrich} ^{Fleischer} 씨]이 1900년 11월 5일과 12월 2일 본인에게 보낸 두 통의 편지를 통해, 금치산 선고가 철회되면 '회상록'의 출간을 고려하겠다는, 상당히 확실한 승낙을 했다는 사실을 모르기 때문입니다. 설사 본인의 '회상록'이 아무런 수정도 없이 현 상태 그대로 출간된다 하더라도, 본인은 그것이 가족 누군가의 명예를 훼손시킬 수 있다는 견해에 대해 강력하게 반박하는 바입니다. 본인의 부친과 형님에 대한 기억 그리고 본인 아내의 명예는, 가까운 친지들의 평판을 누구보다도 중요시 여기는 본인에게는 매우 신성한 것입니다. 또한 본인은 부친과 형님에 대한 기억이나 아내의 평판을 훼손할 만한 사실은 전혀 언급한 바 없습니다. 그 '회상록'은 부분적으로는 무척이나 특이한 병 상태에 대한 묘사일 뿐, 거기에서 개인들에 대한 비난은 결코 도출될 수 없습니다. 이와는 달리 '회상록'을 출간함으로써 본인이 스스로의 '명예를 훼손'시키거나 체면을 손상할 위험이 있다는 데 대해서, 본인은 이러한 위험을 깊은 확신과 신념을 갖고 기꺼이 감수할 것입니다. 그를 통해 본인에게 일어날 수 있는 최악의 일이란 사람들이 본인을 정신병자라 여기는 것일 뿐인데, 이는 그렇지 않아도 이미 일어나고 있는 일입니다. 이 때문에 본인은 사실상 잃을 것이 하나도 없습니다. 하지만 솔직히 말해서 '회상록'을 주의 깊게 읽는 수고를 아끼지 않은 사람이라면 그 누구라도 그것을 읽은 후 본인을 이전보다 더 하찮게 여기리라고 걱정할 필요는 없습니다. 본인의 글에서 성적인 관계에 대한 언급이 많은 부분을 차지하고 있긴 하지만 그것은 결코 본인 자신의 정신적 경향이나 취미에서 나온 것이 아니라 본인에게 말을 거는 목소리들과의 관계에서 그러한 성적 관계가 중요한 역할을 차지하기 때문이며, 또한 쾌락이 육체에서 떨어져 나간 영혼의 축복과 — 다른 사람들에게는 지금까지 인식되지 못했을 정도로 — 매우 밀접한 관계를 갖기(본인의 '회상록' 21장) 때문입니다. 따라서 본인이 그런 종류의 천박함을 좋아한다고 이야기할 수는 없습니다. 그 누구도 본인의 글 전체를 관통하고 있는, 진리 탐구의 목적만을 쫓는 윤리적 진지함을 오해할 수 없을 것입니다. 신과 신적인 것에 대해 우호적이지 않은 비판을 해야만 했던 부분에서는 누구라도 본인이 종교의 진정한 토대를 훼손할지 모를 오해를 피하기 위해 무척이나 노력했다는('회상록' 5장 끝부분, 16장 주석 102, 후기 5장 등) 인상을 받지 않을 수 없을 것입니다. 간혹 외설적인 표현들이 사용되고 있는 것은 사실입니다. 하지만 이 표현들은 결코 본인 자신의 정신적 토양에서 비롯된 것이 아니라, 본인이 개괄하는 한, 목소리가 나눴던 대화의 내용을 전달하는 곳에서만 등장합니다. 목소리들이 살롱에는 어울리지 않을 법한 표현을 자주 사용한 것은 본인의 잘못이 아닙니다. 본인은 묘사의 충실함을 위해 그 어구들을 단어 그대로 전달했을 뿐입니다. 목소리들이 사용한 '외설적 표현들'이 본인 신경의 자발적 산물일 수 없음을 증명하기 위해 한 가지만 이야기하겠습니다. 특히 외설적인 썹……으로 시작하는 단어를 본인은 지금까지 살아오면서 많아야 열 번도 입에 올린 적이 없습니다. 그런데 지난 몇 년간 목소리들이 그 단어를 말하는 것을 수천 번도 넘게 들었습니다. 이런 단어를 사용하는 버릇도 없었던 본인의 신경이 아무런 외적인 영향도 없이 어떻게 스스로 그 단어를 외치고 입에 올릴 수 있겠습니까. 나아가 '회상록'은 어린 소녀나 양갓집 규수들을 위해 쓴 것이 아닙니다. 이를 이해하는 사람이라면, 깐깐한 여자 기숙사 사감이 자신이 돌보는 여학생들에게 적합하다고 여길 법한 논조를 지키지 않았다는 이유로 본인을 비난하려 들지는 않을 것입니다. 새로운 종교적 가르침의 길을 트고자 하는 사람이라면, 예수 그리스도가 바리새 인들에게, 혹은 루터가 교황과 지상의 권력자들에게 행했던 것처 럼 불타오르는 말을 할 수 있어야 할 것입니다. 본인이 '회상록'의 출판을 통해 결코 '다른 사람들 앞에서 본인의 체면을 손상시키지 않으리라는', 다시 말해 사람들의 존경을 상실하는 일이 일어나지 않으리라는 가장 확실한 보장은 이 정신병원 의사들의 태도, 그중에서도 감정인의 태도에서 엿볼 수 있습니다. 관련된 분들은 분명 암묵적으로 인정하겠지만 사람들이 '회상록'의 내용을 알수 록, 그래서 지금까지 본인이 보인 정신적이고 인륜적인 개성과는 완전히 다른 면모를 알게 된 이후 이곳 정신병원 사람들이 본인을 대함에 훨씬 존중하는 태도를 보이게 되었음은 의문의 여지가 없는 사실입니다. 그처럼 본인에 대한 사람들의 도덕적 판단에서 도, 본인은 얻으면 얻었지 잃을 것은 없다고 믿고 있습니다.

판결문에 의하면 본인은 '아직 살아 있는 명망 있는 개인을 모욕적인 방식으로 지칭했다'고 합니다. 여기서 그 개인이란 라이 프치히의 추밀의학고문관 플레히지히 교수 말고 다른 사람일 수 없습니다. 어쨌든, 본인이 그를 모욕적인 방식으로 지칭했다는 주장은 틀립니다. 회상록'에서 본인이 플레히지히 교수와 관련해 어떤 욕설을 내뱉은 부분이 단 한 부분이라도 있다면 제시할 것을 요청하는 바입니다. 본인이 인정할 수 있는 것은, 본인에게 말을 거는 목소리들의 전언에 따라 진실이라고 믿을 수밖에 없었던 몇 가지 일들에 대해 이야기했다는 것입니다. 만일 그것이 사실이고 인간 플레히지히 박사와 관련된 일이라면 그것은 그의 공적인 위신을 떨어뜨릴 것이며, 만일 사실이 아니라면 이는 그를 모욕하는 일이 될 것입니다. 따라서 본인이 그로 인해 처벌받을 위험을 전적으로 배제할 수는 없습니다. 하지만 본인은 확고한 결심으로 이 위험을 받아들이고자 합니다. 이러한 본인의 입장을 분명히 하기에 가장 좋은 것은 본인이 이전에 썼던 글입니다. 이 두 편의 글은 모두 판결문이 나오기 전에, 심지어 아직 감정서 내용도 알지 못하던 시기에 쓰인 것입니다. 본인이 감정서의 원문을 본 것은 불과 몇 주(1901년 5월 말에서 6월 초) 되지 않습니다. 그런데 1901년 2월 4일 본인은 왕립정신병원 관리국에 다음과 같은 내용의 소명서를 보낸 바 있습니다.

제가 본인의 회상록을 출판할 생각이며, 저에 대한 금치산 선고가 철회된 후 출판하기를 희망한다는 것은 왕립정신병원 관리국도 잘 아는 사실입니다. 저는 과연 출판이 허락될 것인가 하는 문제로 오랫동안 숙고했습니다. 저는 제 회상록의 몇몇 장과 관련해 라이프치히의 플레히지히 교수가 저를 모독 혐의로 고발할 수도 있으며, 경우에 따라선 범법 행위의 구성요건으로(형법 40조에 따라) 출간된 책의 압류를 요구할 수 있다는 사실 또한 잘 알고 있습니다. 그럼에도 저는 애초 생각대로 출판하겠다는 결정을 내렸습니다.

저 자신은 플레히지히 교수에게 어떠한 개인적인 적대감도 갖고 있지 않습니다. 따라서 제 회상록 중 플레히지히 교수와 관련된 내용은,

전체 내용을 이해하는 데 필수적이라고 여겨지는 부분만 수록했습니다. 특히 문제가 될 소지가 있고 전체 맥락상 반드시 필요하지는 않은 제 회상록의 (삭제된) 주석들은 출간할 때 삭제할 것입니다. 제 회상록의 내용에 대한 플레히지히 교수의 학문적 관심이 그의 개인적 감정을 물리치기를 희망합니다. 만약 그렇지 않다 하더라도, 이 책을 출간함으로써 학문을 풍요롭게 하고 종교적 관점을 해명하고자 하는 제 희망은, 모독 혐의로 처벌받고 압류로 인한 재산상의 손실을 감수할 정도로 큽니다.

왕립정신병원 관리국에 이런 얘기를 하는 것은 제 처벌 가능성에 대한 의견을 구하기 위해서가 아닙니다. 본인 자신이 어떤 행동을 하든 조심스럽게 그 결과를 숙고하고 있으며, 따라서 본인이 스스로의 용무를 볼 능력이 결여된 인간이라고 할 수 없다는 새로운 증거를 제시하고자 할 뿐입니다.

본인의 '회상록' 후기 6장 끝부분에는 다음과 같이 쓰여 있습니다.

이 글이 출판될 경우 그로 인해 피해를 입는다고 생각할 수 있는 개인이 있음을 나는 잘 알고 있다. 추밀감사원인 라이프치히의 플레히지히 교수가 그 사람이다. 나는 올해 2월 4일 이곳 정신병원 관리국에 보낸 소명서에서 이 문제에 관해 상세히 다루었는데, 그 부분을 아래에 원문 그대로 인용한다(여기에, 앞에서 인용한 부분이 이어집니다). 여기에 관해 몇 가지 소견을 덧붙여야 하겠다. 나는 내가 플레히지히 교수가 이끄는 라이프치히 대학 신경병원에 체류했다는 외적 사건을 그가 아직도 기억하고 있다고 생각한다. 하지만 나는 그가 자신의 이름과 관련된 초감각적 일들에 대해서도 의식하고 있다고 단정할 수는 없다. — 플레히지히 교수와 나의 개인적 관계는 오래전에 뒷전으로 밀려났으며, 그 때문에 어떤 외적 영향력이 없다면 그에 대한 나의 관심이 계속 일깨워지는 건 힘들 텐데도 불구하고— 목소리들은 이런 초감각적인 것들과 관련해 그의 이름을 언급했고, 또 지금도 매일같이 언급하고 있다. 나는 인간으로서의 그는 그러한 것들과는 거리가 멀었고 지금도 그렇다는 가능성을 열어두었다. 그렇다면 살아 있는 인간으로서의 그와는 구별되는 육체 바깥의 영혼이 어떻게 존재할 수 있는가? 당연하지만 이 질문은 여전히 어둠에 싸여 있다. 그럼에도 그러한 영혼이, 적어도 그러한 영혼의 일부가 존재했고 지금도 존재한다는 것은 수천 번에 걸친 직접적 경험에 의해 내게는 확실한 사실이 되었다. 따라서 다음과 같은 가능성을 인정해야 한다. 곧, 회상록의 첫 번째 장에서 내가 플레히지히라는 이름을 언급하며 이야기한 것은 모두 살아 있는 인간과는 구별되는, 특별히 존재하는 것은 분명하지만 자연적인 방식으로는 그 존재를 설명할 수 없는 플레히지히의 영혼과만 관련되어 있다는 것이다. 이러한 점에서, 책을 출간함으로써 살아 있는 플레히지히 교수의 명예를 공격하는 것은 전혀 나의 의도가 아니다.

여기에 몇 가지 추가할 것이 있습니다. 본인이 회상록을 출간하려고 한 순간부터 그것이 초래할 결과를 완전히 이해하고 있었다는 것은 앞의 인용에서 분명하게 도출됩니다. 본인에게 이는 본인의 행위능력을 인정 또는 부정할 것인가에 결정적인 문제라고 봅니다. 본인이 겪어야 했던 말할 수 없는 고난에 덧붙여 성스러운 목표를 위해, 본인에게 닥칠지 모를 처벌이라는 순교를 기꺼이 감수하겠다는 의지는 그 누구도 막을 권리가 없습니다. 또한 본인은 본인에게 계시된 신에 대한 인식이 본인의 생이 끝난 뒤에 무無로 가라앉아버리고, 인류가 저 세상에 대해 참된 표상을 얻을 수 있는, 두 번 다시 오지 않을 기회를 잃어버리기를 결코 원하지 않습니다. 나아가 본인이 정말로 플레히지히 교수에 대한 모욕 혐의를 받게 되는지, 그것이 처벌로 이어질지는 모를 일입니다. 어쨌든 본인은 본인 자신을 위한다고 하는 이 보호를 정중하게 거절하겠습니다. 그것은 기껏해야 몇 달간의 감금형으로부터 보호하기 위해 본인을 평생 동안 정신병원에 감금하고, 본인 자신과 재산에 대한 자유로운 권리를 빼앗아 갈 뿐입니다.

　이상으로, 항소이유서는 마무리지어도 좋을 것입니다. 감정서와 판결문에서 금치산 선고 유지를 위해 언급된 중요한 논점들을 모두 반박했다고 여겨지기 때문입니다. 그런데, 본 항소이유서를 작성하는 동안 본인의 건강 상태와 관련해 한 가지 새로운 사실이 발견되었으며, 그것이 본인 미래의 계획과 완전히 무관할 수 없기에 여기에 추가로 언급하고자 합니다. 지금까지 본인은 이곳 정신병원에서 처방해 주는 수면제가 수면과는 전혀 무관하며 광선들의 영향만을 받는다(회상록 7장 주석 45 참조)는 생각을 가지고 살아

왔습니다. 그럼에도 처방된 수면제를 복용해 온 것은 이 점에서도 의사들의 지시를 따랐기 때문입니다. 그런데 이달 며칠 동안 수면제를 끊어보았습니다. 그 결과, 그날은 거의 잠을 못 자거나 아예 잠들지 못했습니다. 물론 평소에도 하루 이틀 또는 며칠 동안 제대로 잠을 못 자는 경우가 있었기에 여기에도 우연이 작용했을 수 있습니다. 하지만 적어도 당분간이나마 잠을 자기 위해서는 반드시 수면제가 필요할 가능성 또는 개연성에 대해 생각하지 않을 수 없습니다. 본인이 신의 기적의 대상이며 잠 또한 모든 광선들의 결집에 달려 있다는 확고한 생각은 조금도 흔들리지 않을 것입니다. 그렇지만 인간 본성상 요구되는 충분한 잠을 자기 위해서는 약물의 도움을 받아야만 할 수도 있습니다. 어쨌든 이로 인해 본인의 미래를 설계하는 계획에 어느 정도 제한이 가해질 수밖에 없습니다. 본인은 정신병원을 나갔을 때 본인과 주위 사람들의 삶이 어떻게 될지 아무런 생각도 하지 않은 채 무조건 석방만 요구하는 부류의 정신병자가 아닙니다. 지금과 같은 분위기라면 이곳 정신병원에 머무는 것도 그렇게 못 견딜 만하지는 않습니다. 그래서 본인은— 만일 아내와 함께 살 수 없게 될 경우— 정신병원 바깥에서 혼자 사느니 차라리 현재의 상태를 선택할 것입니다. 고함 상태가 지금보다 더 자주 일어난다면 고용한 집사조차 본인 곁에서 오래 견디지 못하리라는 건 말할 필요도 없습니다. 이러한 이유로 본인이 수면을 위해 인위적인 약물의 도움을 필요로 하는 한, 의사들의 관리를 받는 것, 또 가장 간단하게는 지난 칠 년 동안 머물고 있는 이 정신병원에 남아 있는 것이 올바르고도 합리적인 유일한 방도라고 생각합니다. 이를 통해 본인이 문제를 전적으로 합리적이고 진지하게 다루고 있다는 새로운 증거를 제시했다고 믿습니다. 다른 한편 본인이 중요하게 생각하는 것은, 본인이 이 정신병원에 머무르게 될 경우 어디까지나 건강상의 고려로 취해지는 조치로서 — 그 외 후생치안적 이유를 제외하면 — 자신의 일을 합리적으로 수행할 수 있는 행위능력을 갖춘 본인의 자유로운 동의에 의거해 이루어져야 한다는 것입니다. 이는 명예의 문제입니다. 본인은 스스로 매우 높은 정신성을 갖추고 있다고 자신합니다. 이러한 사람이 법적으로 일곱 살 미만의 어린 아이처럼 취급되고, 자기 재산에 대한 모든 권리, 문서상의 권리조차 가질 수 없으며, 심지어 스스로의 재산 상태를 알 권리조차 빼앗긴다면 이를 어찌 모욕이 아니라 할 수 있겠습니까? 수면제를 복용해야 하는 시기는 조만간 지나갈 것입니다. 치안적 우려를 유발하는 고함 상태는 나아질 것이며, 그렇게 되면 더 이상 다른 사람들에게 우려할 만한 불편을 끼친다고 말할 수 없을 것입니다. 그럼에도 금치산 선고가 계속 유지되는 한, 본인이 적절한 시기에 환경을 바꾸기 위해, 예를 들어 시험 삼아 잠시 사설 정신병원에 머물고자 할 때도 관계자들 사이에서 이리저리 끌려다닐 우려가 있습니다. 한쪽에서는 정신병원 관리국과 본인의 가족들이, 다른 쪽에서는 본인의 상태를 잘 알지 못하는 것이 당연한 후견인과 법정 후견인이 본인의 석방이나 그 밖의 체류 상황 변경에 대한 책임을 서로 떠넘기려 하기 십상이기 때문입니다. 이 때문에 본인은 이 문제에 대해 전적으로 정신병원 관리국만이 관여해 줄 것을 강력하게 요구하는 바입니다. 본인은 정신병원 관리국의 통찰과 의무에 대한 충실함을 전폭적으로 신뢰하고 있습니다. 하지만 혹시라도 당사자의 의지에 반해 본인으로 하여금 계속 정신병원에 체류하게 만든 책임은 전적으로 관리국이 감당해야 하며, 그러한 결정을 하는 데에서 늘 이러한 관점을 분명하게 의식하기를 요구하지 않을 수 없습니다.

본 항소이유서가 본인의 의도와는 달리 혹시라도 감정인에 대한 개인적 비판의 성격을 띠었을 수도 있지만, 그로 인해 본인이 감정인에게 품고 있는 존경심은 조금도 훼손되지 않았다는 사실을 이해해 주시기를 바라며 여기서 끝맺고자 합니다.

1901년 7월 23일, 존넨슈타인.
슈레버 박사, 전 드레스덴 판사회의 의장.

D. 1902년 4월 5일 추밀고문관
베버 박사의 감정서(3차 감정서)

1902년 4월 5일 존넨슈타인

드레스덴 왕립고등법원 제1민사부 귀하

1901년 12월 23일 왕립고등법원 제1민사부의 증거결정에 따라, 동년 1월 14일 다시 한번 판사회의 의장 슈레버 박사의 정신상태에 대한 감정 소견서를 내야 하는 것은 본인에게 그다지 유쾌한 과제는 아닙니다. 본인은 몇 년 전부터 항소인의 주치의였으며, 항소인은 또한 오래전부터 본인과 매일 식사를 함께하는 손님이기도 합니다. 이렇게 말해도 된다면, 본인은 항소인과의 관계를 우정 어린 관계라고 보고 있습니다. 본인은 힘겨운 시련을 겪었던 그가 수많은 난관을 헤치고, 이제는 기꺼이 누릴 만한 삶의 향유를 갖게 되기를 바라마지않습니다. 본인의 의무는, 그러한 삶의 향유를 얻기 위한 항소인 스스로의 열성적인 분투를 의학적 관점에 따라 관찰한 그대로 서술함으로써, 그가 불복해 항소하고 있는 금치산 선고와 관련한 근거자료로서 제시하는 것입니다. 항소인과의 사적인 만남에서 이루어진 관찰을 여기에서 이야기하는 것이 의사에 대한 신뢰를 악용하는 것이라 받아들여질 수도 있습

니다. 법정에서는 평소 환자에 대한 배려의 의무에서 면제된다고
는 하지만, 환자 입장에서는 자신의 병이 노골적으로 밝혀지는
것이 민감한 문제일 수밖에 없는 데다가 의사와 거리낌 없고
친밀한 관계를 형성하는 데 도움이 되지 않는다는 것은 당연한
일일 것입니다. 의사 입장에서는 아무리 객관적인 진술을 한다고
하더라도, 정신병을 앓는 환자가 그 진술에 객관적인 근거가
있다고 인정할 수는 없을 것입니다. 그렇다고 해서 환자 스스로
자신의 상태를 제대로 판단할 수 있다면, 그는 이미 스스로 병자가
아니라는 것을 증명하는 셈이 됩니다.

　이러한 이유들로 인해 본인은 본인 대신 다른 감정인이 이미
제출된 자료들에 근거해 판단을 내렸더라면 더 좋았을 것이라고
생각합니다. 이전의 감정서에서 의학 감정인으로서의 본인의 입
장에 대해 특히 조심스러웠던 것도 같은 이유에서입니다. 이러한
태도는 항소인은 물론 피항소인인 왕립검찰 모두로부터 적절치
못하다고 평가되었습니다. 통상적으로 의심의 여지가 없는 사례
들의 경우 감정인들(본인도 예외는 아닙니다)은 시간을 아끼기
위해 정착된 정신병 또는 정신쇠약에서 곧바로 결론을 도출해
내곤 합니다만, 그럼에도 본인은 기존의 입장을 계속 견지하려
합니다. 본인의 이런 입장은 무엇보다 엔데만Endemann의 설명
(B.S.C. 학습 입문, 3판, 147쪽 이하)에 입각하고 있으며, 또 증거결정
문의 내용에 비추어 보건대 왕립고등법원도 본인의 이러한 관점을
문제 삼지 않았다고 결론 내릴 수 있습니다. 왜냐하면 왕립고등법
원은 본인에게, 정신병을 앓는 항소인이 자신의 용무를 돌볼 수

있는가에 대한 판단이 아니라 이전 감정서에 대한 해명과 보충 설명을 요구했기 때문입니다. 본 감정서 제출이 늦어진 이유는 고등법원이 요구한 이 보충 설명을 위해 항소인에게 이전보다 더 큰 활동의 자유를 줬을 뿐 아니라 좀 더 많은 돈을 쓸 수 있게 해준 최근의 상황들을 고려해야 했기 때문입니다.

증거결정에서 본인에게 제기된 질문 중 먼저 세 번째 질문에서 부터 출발하고자 합니다. 왜냐하면 이 질문이 갖는 일반적인 성격으로 인해, 이에 답함으로써 앞의 질문들과 관련된 사항에 대해서도 답이 나올 수 있기 때문입니다.

다소 과장이 있기는 하나, 한 그루 나무에 달린 나뭇잎 중에도 서로 완전히 같은 것은 하나도 없다는 말은, 뇌가 정신적 기능의 토대를 이루는 한 인간 두뇌의 질병에도 마찬가지로 적용됩니다. 무척이나 복잡한 장치인 데다 매우 상이한 수준으로 발전된 두뇌에서 일어나는 장애들은 그와 마찬가지로 무한하고 다양합니다. 그 장애에서 비롯되는 개개의 비정상적인 현상들 또한 서로 무수하게 조합되기 때문에 어떠한 경우도 다른 경우와 절대적으로 같은 법이 없습니다. 정신적 질병에 문외한이라도 건강한 사람들의 정신적 개성이 그 연상의 민첩성과 풍부함, 감정의 생동감과 깊이, 의지충동의 에너지 등에 따라 서로 얼마나 다른지, 따라서 모든 개별적 특성에서 어떤 개인도 다른 개인과 완전히 동일할 수 없음을 생각하면 이 사실은 쉽게 이해될 것입니다. 병의 형성 과정에 원래의 정신적 개성이 커다란 영향을 미친다는 사실, 그리하여 정신적으로 풍요로운 소질을 지니고, 풍부한 지식과 높은 윤리의식을 가진 인간의 병적 망상과, 원래부터 열등하고 제대로 발전되지 못한 둔감한 개인의 병적 망상의 내용과 형태가 전혀 다른 특징을 지닐 수밖에 없음은 말하지 않아도 알 수 있는 일입니다. 나아가 서로 다른 종의 유기체는, 정신적 사건들의 복잡한 활동이 특수한 방향으로 장애를 겪을 수 있다는 사실까지 고려하면 병의 세부적 형태들은 훨씬 더 다양해질 수밖에 없습니다. 개별적인 정신장애의 사례들은 이처럼 매우 다양하고, 서로 다른 특성을 띠고, 주의 깊게 관찰하면 하나하나의 사례들이 특별하고 독특하긴 하지만, 그럼에도 그 개별 사례들을 전체적으로 조망해 보면 또한 일정한 그룹으로 묶일 수밖에 없습니다. 병적 현상들의 특정한 복합 형태는 그 발전과 경과와 결과에 따라, 개별적인 정신기능들이 연루되어 있는지 여부에 따라 서로 확연히 구분되며, 반복적인 관찰에 근거해서 일정한 수의 형태로 수렴됩니다. 정신병의 개별 현상들은 매우 다양하고 변화무쌍하지만 그 본질적인 윤곽은 일관적이며, 이른바 개별 현상들의 아라베스크에서 눈을 돌린다면 병 형태들의 특징은 놀랄 만큼 단조롭게 반복됩니다.

학문적으로 확실한 이러한 관점에서 보면 항소인에게서 나타나는 정신장애는 그 특성상 지금까지 정신의학에 알려진 바가 없다고는 결코 말할 수 없습니다. 그것은 잘 알려져 있으며 매우 전형적인 정신병 형태인 편집증Paranoia의 본질적인 특성을 지니고 있습니다. 편집증이 매우 흔한 정신장애라고는 하지만, 환자가 평균적 개인을 넘어서는 인물이기에 우리의 사례는 물론 그렇게 통상적이고 일반적이지는 않습니다. 다른 병들과 비교해 볼 때 편집증에서는 환자 본래의 개체성이 병의 발전 형태에 훨씬 더 결정적인 영향을 미칩니다. 앞에서도 이야기했듯이, 2차적 정신약화(편집증에서는 잘 일어나지 않지만)가 일어나지 않는 한, 정신적으로 뛰어나고 풍부한 지식을 갖추고 학문적이며, 다양한 이념적 주제에 활발한 관심을 갖고 풍부한 상상력과 잘 훈련된 판단력을 갖춘 남성에게는 병적인 생각 역시 그에 상응하는 수준을 갖추게 됩니다. 하지만 본질적으로 이 병은 망상의 형성과 체계화 면에서, 관념의 영역이 일상생활의 사소한 수준을 넘지 않는 사람과 동일합니다.

이전의 감정서에서 이미 편집증이라는 병의 특성을 묘사한 바 있지만, 질문이 제기되었기에 여기서 다시 한번 간략히 언급하고자 합니다. 편집증은 만성적인 병입니다. 대개의 경우는 아주 서서히 발병하지만 환각적 혼란이 등장하면 상당히 급격히 진행될 수 있으며, 격한 증상들이 지나간 뒤에는 매우 느린 속도로 천천히 발전해 갑니다. 처음부터 강한 감정불순이 일어나지는 않지만 많은 경우 환각, 허위 기억과 관련된 망상이 등장하는 것이 특징이며, 얼마 지나지 않아 고착되어 시간이 지나도 변하거나 흔들리지 않는 망상체계로 자라납니다. 그러면서도 사리분별력, 기억력, 사유 과정의 질서와 논리는 전혀 손상되지 않습니다. 이 망상이 자신의 몸 상태에 대한 것인지(심기증적 형태), 정치적·종교적·성적 영역 등과 관련되는지 여부는 전체 상태를 판단하는 데 그렇게 중요한 문제는 아닙니다. 그보다 더 특징적인 것은, 이 편집증적 병적 표상의 중심에 서 있는 것이 언제나 환자 자신이라는 것입니다. 한편으로는 다른 사람에게 영향받거나 쫓기고 있다는 생각이, 다른 한편으로는 자신에 대한 과대평가가 조합되고, 대개의 경우 — 적어도 오랜 시간 — 망상이 특정 표상 영역에 제한되어 있어서 다른 영역들은 상대적으로 영향을 받지 않습니다. 이러한 이유로 이전 사람들은 이 병을 '부분적 광기partielle Verrücktheit'라고 불렀습니다. 물론 지금은 이 명칭이 함축하는 병에 대한 이해는 사라지긴 했지만, 그럼에도 이 명칭이 어느 정도의 진리성을 가지고 있음은 부인할 수 없습니다. 모든 망상체계는 그것을 가지고 있는 사람이 '개인Individuum', 곧 나누어질 수 없는 존재이기에 결국 어떤 식으로든 환자의 표상 전체에 영향을 끼칠 수밖에 없습니다. 누군가의 생각 하나하나가 그의 다른 생각들과 어떤 관계를 갖는지 상세히 추적하는 일이 가능하다면 이 사실은 증명될 수도 있을 것입니다. 하지만 그러한 추적이란 실제로 가능하지 않습니다. 또한 면밀히 관찰하더라도 편집증에서는, 망상체계에 그다지 중요하지 않으며 간접적 관계만을 갖는 몇몇 커다란 관념 복합체에서의 판단이 망상체계에 영향받는 경우도 드물기 때문에 실제 그 영향력의 정도는 거의 제로에 가깝다고 할 수 있습니다. 이는 건강한 정신생활의 사례를 통해 더 잘 이해할 수 있을 것입니다. 우리는 어떤 사람의 종교적 신념에 대해 전혀 알지 못한 채로 그 사람과 오랫동안 활발한 학문적 대화를 나눌 수 있습니다. 왜냐하면 종교적 신념은 그의 학문적 관점과 그다지 밀접한 관계를 갖지 않으며, 그의 두뇌 안에서는 이 두 관념 복합체가 어느 정도 독립적으로 존재하기 때문입니다. 하지만 그 개인은 의식하지 못한다고 하더라도, 그전까지 표면에 등장하지 않았던 종교적 신념이 학문적 관점에 결정적인 영향을 미친다는 것을 인식하는 순간은 언젠가는 오기 마련입니다. 편집증자의 망상체계는 이와 비슷합니다. 특별히 자극받지 않는 한, 망상체계는 사실상 그 사람의 정신적 삶의 토대를 이루면서 제삼자에게 쉽사리 감추어지고 일상적 태도에서도 잘 드러나지 않습니다. 이런 이유로 정신적으로 심각한 장애를 갖고 있으며 매우 부조리한 망상체계의 굴레에 갇혀 있는 편집증 환자가 그저 조금 특이한 사람이라는 인상만 주면서 오랫동안 직업적 의무를 충실히 이행하고, 합리적으로 용무를 보며, 학문적으로도 성과 있는 활동을 하는 경우는 그렇게 드문 일도, 또 특이한 일도 아닙니다. 어느 정도 경력이 있는 정신의학자는 이런 사례들을 아주 많이 알고 있는데, 이야말로 편집증자들의 독특함이라고 말할 수 있습니다. 그런데, 대개의 경우 이런 만성적 성격을 갖는 환자는 어떤 계기로 인해 지금까지 외부세계에 보여주던 자기 삶의 방식modus vivendi의 궤도에서 이탈하여 병적 관념을 통해 주변인들과 충돌하고, 용인된 한계를 넘은 행동으로 인해 환자임이 밝혀지거나 그렇게 취급받게 됩니다. 이것이 일반적인 경우이긴 하지만, 그럼에도 많은 종류의 편집증자들은 의사들의 경험 영역에는 전혀 알려지지 않고 그 바깥에 존재한다는 것도 부인할 수 없습니다. 그들은 매우 가까운 주변인에게만 알려진 채 다른 사람을 크게 불편하게 하지 않으면서 계속 시민으로 살아가기도 합니다.

항소인의 정신병은, 이미 몇 년간 지속되고 있는 형태로 볼 때 의심의 여지 없이 — 통상적으로 이 병은 알아차리지 못하는 사이에 점진적으로 진행되지만, 항소인의 경우 급성적인 병 단계에서 발전해 왔다는 점이 다르긴 합니다 — 여기에 속합니다.

이하에서 본인은 왕립고등법원이 증거결정을 통해 법정 문서에 있는 항소인의 항소이유서를 고려하라는 지시에 따라, 본인에 대한 항소인의 몇 가지 반박에 관해 짧게 언급하고자 합니다.

항소인은(118쪽) 본인의 감정서가, 신과의 교제, 그에게 행해지는 신의 기적에 관한 모든 이야기가 병적 상상력에서 연유했다는 암묵적 전제에서 선험적으로 출발하고 있다고 말합니다. 이는 옳지 않습니다. 본인이 '상상력'이라는 표현을 어디에도 사용한 적이 없다는 사실은 차치하고라도, 본인은 그러한 생각들의 병적인 성격을 결코 선험적으로 전제한 것이 아니라 그의 병력을 통해 보여주려 했습니다. 항소인이 어떻게 초창기 고도의 신경과민과 빛과 소리에 대한 지나친 감수성으로 인해 고통을 겪었는지, 거기에 환각과 감정 불순이 더해져 그의 이해력을 어떻게 왜곡시켰는지, 어떻게 이 환각이 누군가의 영향을 받는다는 환상을 낳고 자살까지 시도할 정도로 그를 강하게 지배하게 되었는지, 이러한 병의 경과로부터 관념들의 체계가 어떻게 고착되었는지를 말입니다. 환자의 망상체계에 관해서는 그 자신이 '회상록'에서 세부적으로 상세하게 묘사했으며, 본인은 이전 감정서에서 관련 부분들을 충실히 옮긴 바 있습니다. 그런데 항소인의 법적대리인이 항소인의 진술에 의거해, 마치 감정인과 재판관이 관념 복합체에서 드러나는 '기적에 대한 믿음'만 가지고 정신적 질병을 도출한 것처럼 설명한다면 이는 옳지 않습니다. 기적에 대한 믿음을 가지고 있는 수많은 사람들이, 바로 그 믿음으로 인해 모두 정신병에 걸렸다고 말할 수는 없을 것이기 때문입니다. 그런데 여기서 문제가 되는 '기적에 대한 믿음'은, 신이 우리가 알고 있는 자연법칙에 반하거나 혹은 그것을 넘어서는 전능한 의지를 통해 가끔씩 무언가를 일으킨다는, 사람들이 보통 기적에의 믿음이라고 부르는, 의도적이건 비의도적이건 모든 비판을 결여한 소박한 이론적 관점과는 다릅니다. 항소인 스스로 수차례 반복해서 강조했으며 또 그 내용이 잘 알려주듯이, 여기서 문제가 되는 표상들은 기적에 대한 이러한 순진한 믿음에서 비롯된 것이 아니라, 의심할 바 없이 두뇌의 병적 과정에 의해 직접 조건 지어진 것입니다. 감정 불순과 환각을 동반한다는 것이 그 사실을 증명합니다. 따라서 이는 무해한 '기적에 대한 믿음'과는 전혀 다릅니다. 이러한 환각적 과정(환자가 언급한 근육 감각까지 포함하는 넓은 의미에서)이 단지 주관적으로 조건 지어진 것이라는 통찰에 항소인 스스로 도달하지 못하는 것은 당연합니다. 오히려 그는 Bl. 164 ff 이하에서 자신의 환각을 아주 특별한 것으로 여기고 거기에 실제적인 근거를 부여하고 있습니다. 이는 환각을 겪는 사람이면 모두가 마찬가지이며, 또 그럴 수밖에 없습니다. 그렇지 않다면 그는 환각을 겪고 있다고 말할 수 없을 것입니다. 환각의 특징은 그것이 있는 그대로의 사실이라 여겨질 만큼 완전한 감각적 명료함을 갖는다는 것입니다. 환각을 겪는 사람이 마치 무언가를 보거나 듣는 것처럼 행동한다는 것은 틀린 말입니다. 그는 실제로 무언가를 보고 듣습니다. 따라서 그와 함께, 그가 받은 인상의 실재성에 관해 토론한다는 것은 전적으로 부질없는 일이 될 것입니다. 제가 아는 어떤 환자는 "나의 지각이 허위적인 것이라면, 당신이 내게 이야기하는 것도 전부 의심해야 합니다. 내가 당신을 보고 있다는 사실도 의심해야 합니다"라고 말한 적이 있습니다. 이 자리에서 환각에 관련된 이론을 상세히 다루는 것은 적합하지 않으며, 우리의 목적에도 별 도움이 되지 않을 것입니다. 간략하게만 언급하면, 정상적일 경우 외적인 인상에서 개인의 의식이 생겨난다면, 환각은 통각하는 대뇌기관 내부에 비정상적 자극을 가해서 지각을 불러냅니다. 환각을 겪는 사람은 세계가 아니라 자기 자신을, 말하자면 그의 중추신경장치 내에서 일어나는 것을 통각한다고 말할 수 있습니다. 환각이 환자의 의식 내용 전체에서 실제 지각과 같은 힘을 얻는 이유는 그것이 갖는 감각적 명료성 때문만은 아닙니다. 그것은 환자를 지배하는 관념의 방향에 그 환각이 상응하며, 또 바로 그 토대에서 어둡고 불명료한 사유가 기인하는 때문이기도 합니다. 이 사유는 재차 환각에 의해 강력한 뒷받침을 얻고 확증됩니다. 항소인이 환각을 겪었고 또 지금도 겪고 있다는 사실은 조금도 의심할 바 없으며, 그의 환각 또는 환상Illusion(곧 실제 과정에 대한 병적이고 주관적인 이해)은 다른 환자들의 환각과 본질적으로 구분되지 않습니다. 다만 항소인의 개성에 상응하여 다른 형태를 갖게 되었을 뿐입니다. 자신에게서처럼 연속적인 환각은 관찰된 적이 없지 않으냐고 항소인이 내세웠던 주장 또한 근거가 없습니다. 불연속적 환각만큼 흔하지는 않지만, 그런 연속적인 환각도 충분히 일어나기 때문입니다.

마찬가지로, '고함 상태' 같은 것도 한 번도 일어난 적 없지 않으냐는 전제에도 근거가 없습니다. 비분절화한 소리나 반복되는 말들이 자동적으로 튀어나오는 것은 긴장병 환자에게는 전혀 희귀한 일이 아니며, 본인은 편집증자에게서도 그것을 관찰한 바 있습니다. 몇 년 전부터 본인이 담당하고 있는 환자 중에, 명문가 출신에 훌륭한 정신적 소질을 가지고 있으며 보통 이상의 교양을 갖춘 신사 한 분은, 이전에 자신에게 우호적이지 않던 지인이 벽 사이에 감금되어 있으며 거기서 자신을 모욕하고 냉소하면서 괴롭히고 있다는 망상에 사로잡혀 있습니다. 평소에는 무척 예의 바르게 행동하며, 대화 시에도 매우 유쾌하고 특히 시적인 재능을 가지고 있는 이 편집증 환자는 매일 본인도 억제하지 못한 채 반시간 동안 끊이지 않고 비분절적인 소리('고함 상태')를 지르거나 욕설을 내뱉는데, 그런 일은 그 자신의 방에 있을 때만 일어납니다. 그는 이를 '심리적으로 목청을 가다듬는다'라고 칭합니다.

항소인은 본인이 시간이 지나면서 항소인의 상태에 대한 판단을 번복했으며, 앞으로도 그에 대해 다른 견해를 갖게 될 것이라고 이야기했는데 이 주장 또한 옳지 않습니다. 본인의 판단이 바뀐 게 아니라, 항소인의 상태가 점차 변화하여 다양한 국면을 거쳐왔던 것입니다. 본인은 이전의 감정서에서 이를 매우 상세하고도 이해하기 쉽게 진술한 바 있기에 여기서 다시 병의 상태가 어떻게 발전되어 왔는지 자세히 묘사할 필요는 없다고 봅니다. 엄청난 심기증적 망상에 사로잡히고 환각으로 인한 심각한 경직 상태에 빠진 채 음식과 대화, 활동을 거부했던 이전의 부정적 태도와 사리분별력 있고 타인과 교제할 줄 알며 하루하루의 요구와 관심에 폐쇄적이지 않은 현재의 태도 사이에는 큰 차이가 있습니다. 환자의 전체 상태를 판단하는 데 이 차이가 중요하다는 것은 말할 필요도 없습니다. 이러한 상태 변화가 얼마나 큰 것인지는 그가 겪고 있는 환각의 변화 양상을 통해 알 수 있습니다. 이전의 환각들이 내용과 형식 면에서 광폭하고 격앙된 감정을 동반하며 직접적이고도 강한 영향력을 갖고 있었다면, 그것이 차츰차츰 약화되어온 지금은, 환자의 상세한 묘사에 따르면(Bl. 166쪽 이하), 속삭이는 듯한 조용한 소음과 모래시계의 모래가 흘러내리는 소리에 비교될 만큼 작은 소리뿐이며, 내용 면에서도 더 빈곤하고 부조리합니다. 환각으로 인한 말의 속도도 점점 늦어져서 '목소리'들은 통상적인 대화에 덮였고, 환자에게는 아직 귀찮고 역겹기는 해도 그전만큼 그의 감정과 사유에 영향을 주지는 않습니다. 본인이 이전의 감정서에서 분석했듯이, 이는 격앙된 감정을 동반하던 환자의 급성적 상태가 오래전에 만성적 상태로 이행했으며, 광폭하게 움직이던 급성 상태의 혼란스러운 폭풍에서 잘 알려진 복잡한 망상체계가 결정화하여 고착되었음을 말해줍니다. 이러한 과정을 통해 환자는 망상체계를 형성하게 되었는데, 이 망상은 그의 표상세계 안에서는 특별한 존재이자 아주 중요한 부분을 구성하지만 격앙된 감정이 결여되어 그 밖의 일상적 삶을 포함하는 관념

범주에는 그다지 큰 영향을 끼치지 않으며, 그로 인해 의지충동의 자극에 의해서도 그의 행동에 눈에 띌 만한 영향력을 미치지 않습니다.

하지만 그렇다고 해서 그 영향이 전적으로 배제된 것은 아닙니다. 상황에 따라 그런 영향은 아주 사소한 분야에서도 드러날 수 있고, 잘못된 판단으로 이어질 수도 있습니다. 여기서 본인은 그러한 사례로서 항소인의 망상체계에서 중요한 역할을 하는 남성과 여성의 육체와 관련된 점에 대해 언급하겠습니다. 항소인은 이 점에 대해 본인의 견해를 묻고 있기도 합니다.

항소인은 여성의 육체는 남성의 육체와는 달리 몸 전체에, 특히 유방에 '쾌락신경'을 가지고 있으며, 여성으로 변하는 그 자신도 그에 상응하는 느낌을 받는다고 주장합니다. 사실 이러한 '쾌락신경'은 성기에만 존재하며, 여성의 유방이 부푼 형태를 띤 것은 유선乳腺과 지방 축적에 의한 것일 뿐인데도 그는 이 견해를 바꾸지 않고 있습니다.

이상은 증거결정의 마지막 질문에 대한 일반적인 이야기였습니다. 이어, 실질적으로 그보다 더 중요한 첫 번째 질문에 대한 답변을 드리도록 하겠습니다.

항소인의 전반적인 상태를 고려했던 앞서의 보고 이후에, 항소인에게 한층 더 많은 행동의 자유가 주어졌음은 확인해야 하는 사실입니다. 그전에는 간병인의 동행하에 가깝거나 먼 곳으로 소풍을 가고, 레스토랑과 유흥시설 등을 방문하며, 가게에서 필요한 물품들을 구입하는 등의 일이 허락되었었는데, 올 여름부터는 간병인의 동행도 없어졌습니다. 당시 슈레버 의장은 모친과 누이를 인근 도시 벨렌Wehlen으로 초청하는 계획을 세우고 그에 필요한 적절한 준비를 수행했습니다. 몇 주에 걸쳐서 거의 매일, 하루 대부분의 시간을 그를 방문한 가족들과 함께 보냈습니다. 하루하루 상당한 비용이 드는 문제는 둘째치더라도 그 자리에 간병인이 동석하는 것이 그다지 적절하게 여겨지지 않고 방해가 되었기에 간병인의 동석도 중지되었습니다. 그때까지 이루어지던 정신병원 관리국의 예방 감시가 중단된 뒤에도 아무 불미스러운 일이 일어나지 않았기에, 친지들이 떠난 뒤에도 간병인이 동행하는 일은 없어졌습니다.

그 이후 항소인은 정신병원 규정을 자발적으로 준수한다는 전제하에 아무런 제한 없이 정신병원에서 자유롭게 외출할 수 있게 되었습니다. 그는 이를 이용해 거의 매일 도보로, 배로, 또는 기차로 외출을 했고, 혼자 아니면 자신이 초청한 환자들과 함께 주변에 가볼 만한 곳들을 찾아다녔으며, 연주회, 연극, 공연 등도 자주 방문했습니다. 또한 그는 법정 일정을 기다리거나, 아내를 방문하거나, 사소한 용무들을 처리하기 위해 자주 드레스덴을 찾았고, 최근에는 친지의 초청과 정신병원 운영진의 동의하에 라이프치히로 여행을 다녀오기도 했습니다. 팔 일간 그곳에 머물다가 어제 돌아왔는데, 그의 누이동생이 본인에게 알려준 바에 의하면 별 탈 없이 아주 행복한 시간을 보냈다고 합니다.

이와 관련해 본인은, 항소인이 결코 이해하기 힘들고 적절치 못한 행동을 한 적이 없으며, 일상적인 범위를 벗어나는 계획이나 의도는 항상 솔직하고 허심탄회하게 이야기했고, 그것을 이행하기 전에 정신병원 운영진의 동의를 구했으며, 행동에 앞서 깊이 생각하고 여러 가지 관계들을 잘 고려했으며, 외출했다가도 늘 시간에 맞춰 정신병원으로 복귀했다는 사실을 증명합니다. 본인은 항소인이 외부세계에서 행동하는 동안에도 그 어떤 불미스러운 일도 없었으리라고 생각합니다. 정신병원 관계자가 동행하지 않은 데서 비롯되는 맹점이 있다면, 이 환자가 정신병원 바깥에서 보여준 행동에 대한 믿을 만한 정보를 얻을 수 없다는 것입니다. 그렇다고 해서 이에 대해 전적으로 환자의 진술에만 의존할 수도 없습니다. 그가 엄격하게 진실을 사랑하며 결코 의도적인 거짓말을 하지 않을 거라고 믿지만, 그럼에도 그가 자기 행동의 영향력에 대해 외부적 관점에서 객관적 판단을 할 수는 없다는 것은 쉽게 이해할 수 있습니다. 예를 들어, 밤사이 환자의 소란스러운 행동이 주변인들의 큰 불만을 사는 일이 드물지 않게 일어났는데, 그 자신은 그런 불편함이 있었음을 전혀 믿으려 하지 않거나 별것 아닌 일이라고 치부하곤 했습니다. 환자가 자기 방에서만이 아니라 정신병원 다른 곳까지 들릴 만큼 얼마나 소란스러운지, 그 유명한 이상행동으로 인해 얼마나 기이한 인물로 여겨지고 있는지를 생각해 보면 그가 다른 장소에서 그런 기묘한 행동을 스스로 피할 수 있다는 것은 믿기 어렵습니다. 그리고 실제로도 그렇지 못합니다.

본인은 앞서의 감정서에서, 매일 그와 함께 식사하는 시간이나 그 외 다른 일로 사람들이 함께 있을 때에도 환자에게서 매우 기묘한, 어느 정도 주의력만 있는 사람이라면 금세 병적인 인상을 받을 만한 현상들을 관찰한 바 있다고 언급했습니다. 괴상한 얼굴 표정을 짓거나, 눈을 감거나, 헛기침을 하고, 머리를 이상하게 기울이는 것은 물론, 가끔씩은 완전히 정신이 없고 주의가 딴 곳을 향해 있어서 주위 사람들이 하는 이야기를 전혀 받아들이지 못합니다. 최근에는— 단 한 번 뿐이기는 하지만— 식사 시에 잘 알려진 '고함'이 터져 나오는 것을 억제하지 못해 그 자리의 숙녀 분들을 크게 놀라게 했던 일도 있었습니다. 같은 시기에 부인이 방문한 자리에서도 큰 소리를 내서 그녀가 금방 자리를 떠야 했던 일도 있었습니다. 다른 목격자들이 본인에게 전해준 바에 따르면, 항소인이 정신병원 가까운 곳(계단 위)에서 큰 소리를 내거나 거리에서 기괴하게 얼굴을 찡그리는 모습이 관찰된 적도 있습니다. 여기서 언급하지 않을 수 없는 것은, 올 6월 피르나 시의 한 시민이 편지를 통해, 본인이 항소인 같은 환자를 위해서 '공공성을 희생시키고 있다'면서 비난한 적이 있다는 사실입니다. 하지만 이 의견은 지나치게 과장된 듯했고 환자 본인도 그럴 일이 없을 거라고 다짐함으로써 특별히 신경 쓰지 않아도 될 만큼 무마할 수 있었습니다. 그 뒤로 이와 유사한 일은 알려진 바가 없습니다.

어쨌든 확실한 것은, 항소인의 상태가 전반적으로 더 개선되지 않는다면 그가 가정으로 돌아가더라도, 적어도 집에서만큼은 비정상적 충동이 강박적으로 표출되는 일은 피하지 못할 것이며, 그로 인해 주변인들이 불편을 겪게 될 것이라는 사실입니다. 이와 관련해 항소인과 그 부인의 관계에 관해 몇 마디 언급할 것이 있습니다. 본인이 항소인에게 '병적으로 고양된 에고이즘'이 있다고 말한 것을 그가 불쾌하게 여기는 것은 이해할 만합니다. 하지만 그 말은 결코 항소인의 윤리적·도덕적인 태도를 깎아내리려는 의도에서 한 것이 아닙니다. 본인은 그의 아내에 대한 항소인의 윤리적·도적적 감정이 약화되지 않은 채 계속되고 있음을 전적으로 인정합니다. 위의 말에서 강조점은 '병적으로'라는 단어에 있습니다. 본인은 어떤 환자든 가지고 있는, 자기에게 일어나는 사건을 모든 일의 중심에 놓고 그것이 다른 사람들에게 미치는 영향은 과소평가하며 다른 사람들의 불편함은 중요하게 생각하지 않는 자기중심적 사고 경향을 지적하고자 했을 뿐입니다. 어찌 되었든, 환자의 상태가 지금보다 더 나아지지 않는 한, 실제로 존재하는 환자의 외적 태도로 인해 부부 관계는 부인 쪽의 일방적인 희생을 통해서만 가능하리라는 사실은 의심의 여지가 없습니다. 현재 그렇게 좋지 못한 부인의 건강 상태를 고려하면 그녀에게 이를 요구한다는 것은 어려운 일이 아닐 수 없습니다.

항소인이 완전히 자유롭게 정신병원을 왕래할 수 있게 된 이후, 외출 비용과 그 밖의 자질구레한 욕구를 충족시키기 위해 제법 많은 액수(매달 ……마르크)의 용돈이 지급되고 있습니다. 그가 이 돈을 낭비해서 용돈이 부족해지는 일은 한 번도 관찰된 바 없습니다. 특별히 검소하다는 인상을 주지는 않지만 돈을 쓸 때마다 신중하게 생각하고, 지나치게 비싼 것은 피하며, 쓸데없는 물건(이전에 언급했던 작은 장신구들을 제외하면)을 구입하는 일은 없었다고 말씀드릴 수 있습니다. 여러 번 반복되었던 부인의 말에서 유추해 보건대, 그녀는 환자가 너무 많은 돈을 쓰고 있다고 판단하는 듯합니다. 본인이 항소인의 재산 수준을 자세히 알지 못하기에 이 말의 옳고 그름을 판단할 수는 없습니다만, 그럼에도 환자의 지출이 그의 재산 수준에 허용된 이상을 크게 넘어서지는 않을 것으로 생각합니다. 항소인은 자신의 금전 상황을 잘 파악하고 있습니다. 본인이 보기에, 그가 어떤 병적인 동기로 인해 그 한계를 초과하거나 재산에 대한 무제한의 권리가 주어지더라도 그것을 아무렇게나 방치하리라고 여길 만한 점은 현재로서는 없습니다.

항소인이 자기 몸을 돌볼 줄 모르고 의도적인 행동을 통해 건강을 손상시킬 거라고는 말하기 힘듭니다. 그는 몸을 청결히 관리하면서, 많지는 않아도 충분한 양의 식사를 하고 절제 있는 음주를 하며, 규칙적으로 몸을 움직이면서 유연성과 활력을 유지하는 데도 신경 쓰고 있습니다. 물론 자주 일어나는 수면장애 — 이제는 잠을 자기 위해 수면제를 복용하는 일은 아주 드뭅니다 — 와 낮 동안 여러 번 일어나는 내적 동요와 불안정함이 그의 전체 상태에 좋지 않은 영향을 끼치고 있음은, 자주 피곤함을 느끼는 그의 안색을 봐도 알 수 있습니다. 경우에 따라 마음이 내키지 않을 때는 아주 비합리적인 태도를 보일 수 있다는 것이 최근 새롭게 관찰되었습니다. 항소인은 그 자체로는 별것 아닌 소화불량으로 인한 설사와 구토를 겪은 적이 있는데, 그는 그것을 '신의 기적'이라 여기고는 매우 격앙된 채 침대에 머물면서, 통증을 조절하기 위한 엄격한 식사 관리와 처방약의 복용 대신, 병적인 정신 과정의 영향을 받아 거의(가능한 한) 정반대로 행동하면서 병이 지속되게 했습니다.

이미 언급했듯이 보통의 경우 항소인이 자기 건강을 해치는 행동을 하지는 않습니다만, 여기서 언급한 일화는 그가 가지고 있는 병적인 기반이 어떤 충동에 의해 드러날지 예측하기 어렵다는 사실을 시사합니다.

항소인이 자신의 '회상록'을 출간하려는 확고한 의도를 반복적으로 확인한다는 것은 병으로 인해 그에게 사리분별력이 결여된 것이라 간주하지 않을 수 없습니다. 여기서 그 글의 세부를 다시 언급할 필요는 없을 것입니다. 그 글은 왕립고등법원에 제출되었으며 그 내용도 충분히 알려져 있습니다. 복잡한 망상체계를 묘사한 이 글이 전문가에게는 흥미로울 수 있겠지만 편견 없이 판단하는 사람이라면 누구라도, 아무런 가감 없이 출판하는 것은 거기에 담겨 있는 '생각할 수 없는' 묘사들로 인해 물의를 일으킬 것이며 저자 스스로의 체면도 손상시킬 거라고 생각할 것입니다. 저자에게 이 글을 출간하는 것의 부적절함에 대해 이야기하는 것은 아무런 소용이 없습니다. 그는 거기에 세상을 위한 중요한 진리가 계시되어 있다고 믿고 있습니다. 그 진리를 말로 선전하지는 않지만, 신과 피안의 세계에 대해 자신이 얻은 인식을 적어도 인쇄된 언어를 통해 인류에게 전파하려는 마음을 먹고 있으며, 그 때문에 자신에게 닥쳐올 그 어떤 개인적 희생도 감수하겠다고 말합니다.

이상에서 언급한 정상성에서 일탈한 행동을, 증거결정문에서 말하는 의미에서의 '무분별하고 불합리한 행동의 경향'으로 볼 수 있을지는 법원이 판단할 문제입니다. 하지만 의사 입장에서 강조해야 하는 것은, 현재의 병적 현상은 외견상으로는 대부분 상대적으로 부차적인 영역에서만 드러나며, 그 장애적인 요소는 주로 친밀한 가정과 사회적 교류에서만 표출되고, 성격상 법적이라기보다는 치안경찰적 의미를 더 띠고 있다는 사실입니다. 이는 항소인의 법적대리인 또는 그 자신도 인정할 거라고 생각합니다. 환자에게 가장 중요한 개인적 이해관계, 후견인 제도를 통해 보증될 수 있는 이해관계, 나아가 건강, 재산, 명예가 그러한 병적 현상들에 의해 훼손될 위험은 없습니다. 다만 언급했던 '회상록'을 출간하려는 의도가 환자의 명예를 훼손할 수 있다고 여겨질 수는 있을 것입니다.

증거결정문 b에서 제기된 질문은, 현재 환자의 상태와는 무관하게 그에게 법적 행위능력이 주어졌을 때, 환자의 정신적 질병의 본성이 불합리하고 부적절한 행동을 야기함으로써 위에서 언급했던 이해관계나 그 밖의 중요한 생활상의 이익을 위협할 우려는 없는가 하는 것이었습니다. 이와 관련해 본인은 앞서의 감정서에서도, 편집증이라는 매우 깊숙이 침투하는 병의 본성상 현존하는 병적 관념들이 이후 언제, 어떤 방향으로 환자의 행동에 영향을 끼칠지 예견하기는 힘들다고 이야기한 바 있습니다. 나아가 본인은 망상체계에 사로잡힌 수많은 편집증 환자들이 별 어려움 없이 직업을 수행하면서 바깥 세계에서 잘 살다가, 어떤 계기에 전도된 행동을 통해 그들의 병적 상태를 폭로한 경우가 있음도 언급했습니다. 앞에서 본인은 항소인이 외적 상황들로 인해 자제력을 잃고, 병적인 영감에서 기인한 부적절한 행동에 빠져들 수 있음을 사례를 통해 보여주었습니다. 그 때문에 본인은 지금도 환자의 행동에 병적 과정이 영향을 미칠 가능성을 전적으로 배제할 수는 없습니다. 항소인이 (Bl. 118과 119에서) 말하고 있듯, 신적인 것의 진정한 본질에 대한 통찰의 결과 그가 신 그리고 신의 기적과 관계하고 있다는 확실성이 그의 생애 전체의 중심이 되었고, 지금도 매일 그리고 매시간 신이 기적과 말로써 그에게 계시하고 있으며, 바로 거기에서 그의 일관된 쾌활함과, 신과 비교해 가치가 떨어지는 것들에 대한 호의가 기인한다고 말한다면, 그의 사고와 감정의 기저를 이루는 이러한 막강한 흐름이 어떤 경우에도 그의 행동에 영향을 미치지 않으리라고는 생각하기 힘듭니다. 게다가 그의 행동들은 지금도 자신의 의지와 무관하게 직접 '신의 기적'에 의해 일어난다고 말하고 있습니다. 항소인이 '나의 망상이 스스로의 일을 처리하는 데 근본적으로 아무 영향도 미치지 않게 하겠다'고 단언하더라도 이러한 사태를 바꿀 수는 없습니다. 그건 한편으로는 그 자신이 그런 영향력을 전혀 의식할 필요도 없기 때문이며, 다른 한편으로는 병적 과정의 힘이 저항이 불가능할 정도로 강력해질 수 있기 때문입니다. 따라서 장래에 후견인 관계에서 해방된 환자의 중요한 삶의 이해관계가, 현재의 질병에 의해 위험에 빠지는 일은 결코 일어나지 않으리라는 보장은 이 병의 본성상 가능하지 않습니다. 이 밖에 의사의 입장에서 두 가지를 더 지적하고자 합니다. 하나는 우발성에 대한 단순한 걱정과 위험에 대한 가능성만으로, 환자가 자신의 용무를 스스로 돌보지 못하리라 가정하는 것은 문제가 있다는 것입니다. 환자 자신이 갖는 광적인 관념의 범위가 다른 표상 범위들과 점점 더 분명하게 분리되고 오래전부터 비교적 이질적인 개별 존재가 되었으며, 또한 실제로도 그 광적인 관념 복합체가 생활상의 중요한 이해관계를 판단하고 다루는 데 눈에 띄게 영향을 주었던 적도 없고 어떤 문제도 관찰된 바가 없다는 점을 생각해 보면 미래의 위험은 그리 크지 않을 것 같습니다. 현재 상황으로 보아서는 항소인의 정신상태가 가까운 미래에 본질적으로 변화하거나 악화되리라고 추측할 근거는 없습니다. 그러한 연유로 지금으로서는 전체 상황을 판단하는 일에서 장래에 대해 이전만큼 과도하게 우려할 필요는 없을 것입니다.

추밀의학고문관 박사 베버 (서명)

E. 1902년 6월 14일 드레스덴 왕립고등법원 판결문

O. I. 152/01. Nr. 22
기결旣決.

판결: 1902년 7월 14일.
법정 서기관 박사 푀르스터Dr. Förster (서명)
F. XI 6894/02

공시: 1902년 7월 14일.
법정 서기관 비서관 디테Diethe (서명)

국왕의 이름으로!

원고, 항소인
전 드레스덴 판사회의 의장 법학박사 다니엘 파울 슈레버.

현재 존넨슈타인 주 정신병원 거주.

[소송대리인: 법률고문관 빈디쉬Windisch 변호사]가,

피고, 피항소인
드레스덴 왕립지방법원 검찰부, 드레스덴 왕립고등법원 검찰부에게

금치산 선고 철회를 청구한 사안에 대해,

왕립 작센주 고등법원 민사 제1부는 판사회의 의장 하르트라트 Hardraht 외 재판관 포겔Vogel, 슈타인메츠 박사Dr. Steinmetz, 파울 니콜라이 박사Dr. Paul Nicolai의 합의하에 본 청구의 타당성을 인정한다.

드레스덴 지방법원 민사 7부는 원고의 항소에 기초해 1901년 4월 13일의 판결을 변경하여, 1900년 3월 13일 드레스덴 행정법원에서 내린 금치산 선고를 철회한다.
항소심을 포함한 재판 비용은 국고에서 지불한다.

구성요건
원고는 왕립검찰의 청구에 의해, 1900년 3월 13일 드레스덴 행정법원의 결정으로 정신병으로 인한 금치산 선고를 받았다.

행정판사는 1894년부터 원고의 치료를 담당했던 추밀의학고문관 의학박사 베버씨의 감정서와 환자 개인에 대한 심문에 근거, 원고가 이성 능력을 상실했으며 자신의 용무를 수행할 능력이 없다고 설명했다. 그에 따르면 슈레버 박사는, 스스로 세계를 구원하고 잃어버린 축복을 다시 가져다주는 소명을 부여받았다는 망상에 지배받고 있다. 그 망상에 따라 환자는 먼저 자신이 여자로 변신해야 한다고 주장한다. 이 성전환 과정에서 자신이 계속 신의 기적의 대상이 되고, 새와 바람이 하는 말을 들은 뒤에 기적에 대한 확신을 갖게 되었다고 한다.

판결에 의하면 이러한 망상과 환각의 영향하에 있는 사람은 자유의지적인 주체일 수 없다. 자신의 의지와는 무관하고 스스로도 어쩔 수 없는 외적인 힘에 영향받고 있기 때문에 실천적이고 이성적인 숙고에 따라 행동하지 못한다는 것이다.

원고는 정해진 기한 내 법적 절차를 통해 이 금치산 선고에 이의를 제기하고 판결 취하를 요구했다. 원고에 의하면, 감정인이 진단한 정신병(편집증)은 자신의 용무를 수행하는 데 지장을 주지 않는다. 행정법원은 이 가정의 실질적인 증거를 제시하지 않았다. 망상과 환각의 영향하에 있는 사람은 자유의지의 주인이 될 수 없다는 말은 순전히 동어반복에 불과하다. 법원이 광적 표상이라고 보는 것은 자신의 행위능력과는 아무 관계도 없다. '자신의 용무'라는 것을 넓게 보아 생명·건강·자유·명예·가족·재산과 관련된 일을 포함하는 것으로 이해하더라도 그의 병은 사회생활에 필요한 일, 특히 법률적 의미에서 '자신의 용무'와 관련된 일에서 올바른 판단을 할 수 없게 하는 종류가 아니다. 원고는 이 일에 대한 자신의 판단력이 이 병에 의해 조금도 영향받지 않았다고 주장한다.

원고에 의하면, 자신이 스스로의 신체 및 건강에 주의를 기울이지 않을 것이라고는 아무도 주장할 수 없다. 그가 병에 걸린 초기 몇 년까지는 자살 우려가 없지 않았지만, 상태가 호전된 이후에는 사라진 지 오래다. 금치산이라는 구속에서 벗어나려고 노력한다는 것 자체가 그가 인격적 자유와 명예를 얼마나 중요시하는가를 확실히 증명해 준다. 법적으로 미성년인 유아처럼 취급당해야 한다는 것은 그의 남성적 명예를 손상시켰다. 그는 아내 및 가족, 주위 사람들과 그들의 이해관계에 커다란 관심을 기울이고 있다. 마지막으로 재산과 관련해서도, 그는 자립적으로 재산을 관리할 수 있는 능력을 완전히 소유하고 있다. 원고는 거래상 사기를 당할 가능성에 대해, 다른 사람과 마찬가지로 스스로를 보호할 자신이 있다고 말한다. 원고에게 금치산 선고를 내린 행정법원도 판결문에서 그가 판사회의 의장으로서 복잡한 재판에 판결을 내리고 적확한 법적 근거를 통해 어려운 문제를 감정할 능력을 갖고 있다는 사실을 인정하고 있다. 그렇기에 왜 그가 재산 관리를 포함한 단순한 법적 행위를 수행할 능력이 없다고 했는지 전혀 이해할 수 없다.

지방법원은 선임된 재판관을 통해 원고에 대한 대질심문을 벌이고, 존넨슈타인 주 정신병원 원장인 추밀의학고문관 베버 박사에게 원고의 정신상태에 대한 감정을 요구했다. 원고의 질병이 갖는 본성과 몇 년간 이루어진 의학적 관찰에 의거해, 금치산 선고가 취하될 경우 원고가 비이성적 행위로 인해 스스로의 생명과 건강, 재산이나 다른 생활상의 이해관계를 손상시키지 않을지 판정하기 위한 것이었다. 재판관의 대질심문 결과는 조서 38쪽 이하에 있으며, 베버 박사의 감정서는 1900년 11월 28일에 첨부한 상세한 문서 보고에 수록되어 있다(조서 44~53쪽). 감정인은 추가로 기록 자료를 제출했다. 그것은 슈레버 박사가 '한 신경병자의 회상록'이라고 제목을 붙인 스물세 권의 노트에 자신의 종교적 관념과 병의 경과를 기록한 것이다.

지방법원은 1901년 4월 13일 판결을 통해 슈레버 박사의 항소를 기각했다. 지방법원은 베버 박사의 의견을 채택, 정신병을 앓고 있음에도 불구하고 원고의 높은 지능과 사고능력 자체는 본질적으로 영향받지 않았음을 인정했다. 하지만 법원은 원고가 비이성적 행위를 할 위험이 존재한다고 보았다. '회상록'을 통해 분명하게 드러나고 또 감정인 베버 박사가 증명하듯이, 원고가 신과의 관계와 세계 내에서 자신의 특별한 위치가 중심 내용을 이루는 광범위한 환각과 망상에 영향받고 있다는 이유에서였다. 이 망상체계는 원고의 지각과 사고 전체를 지배하고 있으며, 그의 세계관뿐 아니라 사람과 사물에 대한 판단에도 영향을 미치고 있는데, 이러한 상황에서 원고에게 다시 행동의 자유가 주어진다면 그가 어떤 결정을 내릴지, 곧 그 결정이 광기에 비교적 덜 영향받은 관념에 의해 이루어질지, 아니면 병적인 심적 흥분의 강박에 의해 이루어질지는 전혀 예측할 수 없다는 것이다. 지방법원은 특히 두 가지

점에서 슈레버 박사의 사유에 끼치는 이 망상의 악영향이 분명히 드러난다고 본다. 하나는 탈남성화라는 그의 망상의 가장 큰 피해자인, 원고의 아내에 관한 것이다. 그녀가 남편의 망상에 반론을 제기하려 하면 그가 곧바로 이혼 이야기를 꺼낸다고 한다. 두 번째의 악영향은 원고가 '회상록'을 인쇄해 널리 퍼뜨리려는 절박한 희망을 가지고 있다는 것이다. 지방법원에 의하면 원고가 금치산 선고 철회를 열망하는 것도 그 글의 합법적 출판 계약을 맺기 위해서이다. 이 '회상록'은 출판에 전적으로 부적합하다. 그것은 원고 자신과 가족을 전례가 없을 만큼 공공적으로 폭로하는 일일 뿐만 아니라, 경우에 따라서는 그 때문에 원고가 형사 처벌을 받을 수도 있다. 지방법원은, 원고가 스스로 이를 인식하지 못한다는 사실이, 그가 병으로 인해 변형된 세계관 때문에 현실 상황에 대한 척도를 상실했고, 무엇이 허락되고 무엇이 허락되지 않는지에 대한 판별력을 잃어버렸음을 보여주는 것이라고 본다.

원고는 지방법원 판결에 불복, 다시 한번 금치산 선고 철회를 요구했고 검찰은 소송 기각을 청구했다. 이와 관련된 1심 판결 전문이, 그곳에 인용된 모든 관련 문서, 슈레버 박사가 작성해 법원과 정신병원 관리국에 보냈던 청원서, 행정법원의 금치산 소송기록 CJI 64/99과 함께 낭독되었다. 슈레버의 '회상록'은 쌍방의 동의하에 1, 2, 18, 19장만 낭독되었다.

원고는 재판 개시 이전 의견 청취에 출두하여 소송대리인과 함께 수차례 발언했다. 그리고 1심 판결문과 그 기초가 된 베버 박사의 감정서에 대한 자신의 반대 의견을 사실적이고 법적인 견지에서 상세히 논구하는 문서들을 제출했다. 그 내용의 중요성을 고려해 이 문서 역시 낭독되었는데, 이는 심리에 고려되어야한다. 원고는 재판관이 자신의 행위능력을 판정하는 데에서 자신이 재판 과정에서 행했던 형식적 변론 방법을 고려해 줄 것을원하고 있다. 여기서 다루는 종류의 어렵고도 복잡한 법률 사건을,사려 깊고도 전문적인 지식을 활용해 자력으로 작성한 법정 문서를 통해 처리하며, 그러면서도 타인의 의견도 요령 있고 분별있게 처리할 줄 아는 인물에게는, 대개는 이보다 훨씬 단순하고덜 중요한 시민 생활의 많은 용무들 또한 이성적으로 해결할능력이 있다고 믿어도 될 것이라는 의미다.

원고의 진술 중 특히 중요하게 부각되어야 할 사항은 다음과같다.

I.

원고는 무엇보다도 1심에서 자신에게 정신병이 있다거나 정신병이 있었다고 자인했다고 하는 것에 반박한다. 자신의 신경체계가 지난 몇 년 전부터 병적인 상태에 처해 있었다는 것은 인정하지만 자신의 정신, 다시 말해 지성 능력의 공조 활동은 다른 사람들과마찬가지로 명석하고 건강하다는 것이다. 원고는 '회상록'에서신과의 밀접한 교류, 신의 기적에 대해 이야기한 것을, 감정인이병적 상상에서 기인한 것이라고 선험적으로 결론 내리면서 자신에게 일종의 광기(편집증)가 있다고 말한 것은 진리에 대한 모욕이라고 주장한다. 원고는 감정인이 자신(슈레버 박사)의 사례에 통상적인 과학적 경험의 척도를 적용할 수밖에 없는 사정을 잘 이해하고 있다. 이 때문에 그러한 견해를 갖고 있다는 이유로 감정인의 명예를 훼손하려는 의도는 전혀 없다. 베버 박사는 초자연적인 일이 일어날 가능성을 처음부터 배제하는 합리주의의 기초 위에 서 있다.

원고는 이러한 감정인의 입장과는 근본적으로 대립된 견해를 갖고 있다. 신에 대한 인식의 확실성, 나아가 신 또는 신의 기적에 대한 직접적 확신은 그에게는 그 어떤 인간의 과학보다 훨씬 상위에 있다. 그것은 그의 삶 전체의 중심이 되었으며, 또 그렇게 될 수밖에 없다. 그 이유는 신이 매일, 매 순간 기적과 말에 의거해 자신을 새롭게 계시하고 있기 때문이다. 이러한 신에 대한 인식의 확실성으로 인해 원고의 기분은 이러저러한 불유쾌한 일에도 불구하고, 그와 교제하는 사람은 누구라도 인정하는 것처럼 항상 쾌활하다는 것이다. 또한 지난날 사정을 모르고 자신에게 고통을 안겨준 사람들에게 보여주는 호의도 여기에서 기인하며, 동시에 자신의 '회상록'을 알리는 데 그토록 커다란 의의를 부여한 이유도 이로써 이해할 수 있을 것이라고 한다. 원고에게는 기적에 대한 자신의 믿음을 선전하려는 의도가 없으며 그것 때문에 재산을 단 한 푼이라도 사용할 생각이 없다. '회상록'을 출간함으로써 원고가 의도하는 것은, 사람들이 '망상체계'라고 부르는 것이 뭔가 진리에 근거한 것은 아닌가 하는 의혹을 갖고, 혹시 그에게는 보통의 경우 인간의 시야에서 감추어진 어둠의 베일 뒤쪽을 볼 기회가 허락된 것은 아닌가 하는 생각을 환기하려는 것일 뿐이다. 원고는 이 책이 세상에 알려지면 과학의 세계가 자신에게 커다란 흥미를 갖게 될 거라 확신하고 있다. 하지만 그는 신흥 종교의 선지자를 연기하려는 마음은 전혀 없고, 스스로를 과학적인 관찰 대상으로 생각한다. 본인의 기적 신앙에 대해 사람들이 어떻게 생각하건 간에, 그 누구도 거기에서 원고를 공적인 보호가 필요한 사람으로 만들 정신적 결함을 찾아낼 권리는 없다. 압도적인 다수의 사람들에게 심령주의 신봉자들이 믿는 초감각적 세계관이 공감도 이해도 되지 않는다는 이유로 그들을 정신병자라 선언하고 금치산 선고를 내리지는 않을 것이다.

II.

원고는 설사 정신의학적 의미에서 정신병이 있다고 간주된다 하더라도, 그것 때문에 스스로의 용무를 수행할 능력이 없다는 것은 먼저 증명해야만 할 주장이라고 말한다.

원고에 의하면 감정인은 이 점에 대해 의견 표명을 회피했다. 감정인은 자유가 주어졌을 때 원고가 비이성적 행위를 할 가능성이 있을지, 있다면 어느 정도일지를 예측할 수 없다고만 이야기한다. 그러한 일반적인 표현과 막연한 위험을 언급하는 것만으로 문제는 해결되지 않는다. 최근 수년간의 실질적인 경험들과 사실에 입각해 원고의 '망상과 환각'이 그에게 어떤 방향의 비이성적 행동을 초래했는지가 먼저 증명되어야 한다는 것이다.

원고는 활동이 자유로운 사람들과는 달리 정신병원에 수용된 환자가 그러한 경험들을 할 기회가 많지 않다는 사실을 인정한다. 감정인 베버 박사가 이전보다 원고를 더 잘 알게 된 것은 그가 박사의 가족 만찬에 정기적으로 참석하게 된 1900년 부활절 이후이다. 하지만 그사이 상황은 본질적으로 변화했다. 1차 감정서가 제출된 지 이미 일 년이 넘는 시간이 지났다. 그사이 정신병원 관리국은 원고에게 꽤 넓은 행동의 자유를 허락했다. 그래서 원고는 비교적 긴 여행을 하고, 공공 행락지와 상점, 교회, 극장, 연주회 등에 출입했으며, 최근 반년간에는 간병인의 동행도 없이 혼자서 일정액의 현금을 내기도 했다. 이 과정에서 그에게 조금이라도 이상행동의 징후를 관찰한 사람은 아무도 없었다. 원고는 자신의 망상을 설득시킴으로써 다른 사람을 귀찮게 하려는 생각은 전혀 하지 않았다. 원고는 그 사례로, 정신병원 원장과의 식사에 참석했던 부인들이 다른 경로를 통해 이야기를 듣지 않았다면 자신이 망상을 갖고 있다는 것을 전혀 눈치채지 못했을 거라고 말한다. 간혹 아내에게 망상에 대해 언급한 것은 사실이다. 하지만 친밀한 생활공동체인 부부 관계라는 사실을 고려해 보면 이는 충분히 납득할 수 있을 것이다.

원고가 '망상'의 영향 하에 있고 다른 사람 눈에도 비이성적으로 보일 수 있는 유일한 점이 있다면, 그것은 베버 박사가 지적했듯이, 원고가 가끔씩 자기 몸을 여성 장신구(머리띠, 가짜 목걸이 등)로 꾸민다는 것이다. 많은 사람이 이를 희극적이고 우스꽝스럽다고 여길 수 있다는 것은 원고도 인정한다. 하지만 그에게는 이를 설명할 나름대로 충분한 이유가 있다. 보통의 경우 자기 자신과 주변 사람들에게 무척이나 성가신 고함 상태를, 그런 행동을 통해 크게 완화할 수 있다는 것이다. 이러한 행동은 최악의 경우라도 기껏해야 괴팍한 습성이라고 여겨질 뿐 전적으로 무해하며, 그 자신이나 다른 사람들에게 아무런 불이익도 발생시키지 않는다.

금전적 관점에서도 이는 이 이상 고려될 여지가 없다. 그 소품 전부를 구입하는 데는 몇 마르크 이상 들지 않았기 때문이다.

III.

감정인은 감정서에서 다음을 강조하고 있다.

이 환자의 행위능력을 판정하는 데 가장 중요한 계기는, 그가 자신을 추동하는 환각과 망상이 지닌 병적 본성을 통찰하지 못하고, 객관적으로 볼 때 환각이자 망상에 다름 아닌 것을, 거역할 수 없는 진리이자 그에 따라 행동해야 할 전적으로 타당한 동기로 여기고 있다는 사실입니다.

이 구절에 대해 원고는 첫 번째 부분은 별 이의 없이 인정하지만, 자신이 환각과 망상을 스스로의 행동의 동기로 여기고 있다는 두 번째 부분은 무슨 일이 있어도 틀렸다고 말한다. 그를 채우고 있는 종교적 관념이 그로 하여금 실제적인 생활에서 비이성적 행위를 하게 만드는 일은 결단코 일어나지 않을 것이다. 용무

수행 시 스스로의 이익을 지키는 능력에, 종교적인 관념은 아무런 영향도 끼치지 못한다는 것이다. 원고는 베버 박사가 어떤 경로로 자신과 반대되는 진술을 하게 되었는지 이해할 수 없다고 말한다. 지금까지 원고의 어떤 언동도 그런 생각을 하게 할 만한 근거를 주지 않았기 때문이다. 원고는 자신의 믿음을 퍼뜨리기 위해, 또는 자신의 몸에 있다는 '쾌락신경'을 확인하기 위해 금전적인 희생을 할 생각은 없다. 신에 대한 그의 인식의 확고함은, 다른 사람이 그 관념의 사실성 또는 진실성에 대해 어떻게 생각하건 상관없이 견고하고도 흔들림이 없다.

원고는 향후의 태도에 대해서는 자신을 믿어도 좋다고 이야기 하는데, 그 이유는 지금까지 단 한 번도 자신의 확고부동한 진리애를 의심케 할 만한 행동을 하지 않았기 때문이라고 말한다. 원고가 망상으로 인해 어떤 비이성적 행동을 하게 될지 '전혀 예측할 수 없다'는 감정인의 걱정은, 따라서 전적으로 근거가 없다는 것이다. 지방법원 또한 1심에서, 특히 두 가지 점에서 감정인의 우려가 타당하다고 보았다. 첫째는 아내와의 관계로, 금치산 선고가 철회되면 이 부부 관계가 파괴될 가능성이 있다는 점에서였고, 둘째는 원고가 계획하고 있는 '회상록'의 출판과 관계된 것으로, 그 책의 출판이 그 자신의 체면을 손상시키고 나아가 처벌당할 위험을 초래한다는 점에서이다. 이에 대해 원고는 이 두 가지 사실에 근거해 자신에 대한 금치산 선고를 지속시킬 수 없다고 주장한다.

a) 원고에 의하면 부부로서 아내와의 공동생활은 그의 질병으로 인해 이미 오래전부터 거의 사라진 상태이며, 금치산 선고가 존속된다면 이 상태는 미래에도, 어쩌면 부부 중 누군가가 사망할 때까지도 계속될 것이다. 원고는 가족에게로 돌아가기를 바라지만 그것이 결과적으로 그의 아내에게는 견디기 힘든 일이 될 수도 있다. 원고는 이는 여기서 고려해야 할 문제가 아니라고 말한다. 왜냐하면 금치산은 그 선고를 받은 당사자의 이익을 위해서만, 그 스스로의 비이성적인 행위로 인해 닥쳐올지 모를 위험에서 당사자를 보호하기 위해서만 지속되어야 하지, 아무리 그와 가까운 사람이라 하더라도 다른 사람에게 불편함을 주지 않으려는 목적으로 이루어져서는 안 되기 때문이다. 원고는 아내에 대해 적절한 부양비를 보장할 법적 의무를 지니고 있으며, 그는 결코 이 법적 의무를 이행하기를 거부하지 않을 것이다. 그가 정신병원에서 퇴원해 집으로 돌아간 뒤 아내에게 더 이상 자신과의 공동생활을 요구하기 힘든 상황이 생겨난다면, 그는 별거 생활에 필요한 비용을 기꺼이 지불할 것이다.

원고에 의하면, 아내가 그의 기적 신앙에 반하는 이야기를 꺼내려 하면 곧바로 이혼을 암시한다는 감정인의 의견은 분명한 오해에 기인하고 있다. 그는 이혼은 생각해 본 적도 없을뿐더러 결혼 생활의 존속에 무관심해 본 적도 없다. 수년 동안 그가 아내에게 보낸 많은 양의 편지들은 그가 얼마나 마음으로부터 그녀를 사랑했는지, 자신의 병 때문에 그녀가 불행해졌다는 사실에 그가 얼마나 고통스러워했는지 증명해 줄 것이다. 원고가 몇 차례 이혼이라는 만약의 사태를 언급한 것은 혹시라도 불쾌한 고함 상태로 인해 그녀에게 자신과의 공동생활이 견디기 힘든 상황이 온다면, 또는 기적 신앙으로 인한 기이한 일들 때문에 그녀가 남편에 대한 이전의 애정과 존경심을 유지하는 일이 불가능해질 경우, 그녀에게는 법률에 따라 그와 이혼할 권리가 있다는 의미에서 이야기한 것일 뿐이다.

b) 1심 판결은 원고의 행동이 얼마나 강하게 병적 관념에 강제받고 있는가에 대한 두 번째 사례를 '회상록'의 내용과 그를 출판하려는 원고의 바람에서 찾고 있다.

원고는 '회상록' 출간에 대한 여러 가지 우려가 있다는 사실을 결코 은폐한 적이 없으며, 오히려 스스로 서문에서 언급하고 있다고 말한다. 원고는 자신의 글이 인쇄에 들어간다면 몇 군데를 삭제하고 몇몇 표현들을 완화하려고 생각하고 있었다. 그 글이 현존하는 형태 그대로 출간되는 일은 없을 것이다. '회상록' 출판과 관련해 잠정적으로 계약을 체결한 라이프치히의 출판업자에게 이 원고는 검토용으로만 제출된 상태다.

설사 이 글이 전혀 수정되지 않은 채 출간된다 하더라도 그로 인해 그의 가족 구성원의 사생활이 공공연히 폭로되리라는 가정 —1심의 재판관이 이렇게 생각하고 있는 듯한데— 에 대해 원고는 단호하게 반박한다. 이 글은 결코 그렇게 이해될 여지가 없다는 것이다.

'회상록'에는 원고의 부친, 형 또는 그의 아내에 대한 평판을 손상할 만한 내용은 전혀 없다. 원고는 '회상록'을 공표함으로써 스스로를 비난과 모욕에 노출시킬 수 있는 위험을 완전히 자각하고 있으며, 그것을 기꺼이 감수하려 한다. 그에게 일어날 수 있는 최악의 사태란 사람들이 그를 정신병자라고 여기는 것일 텐데, 이는 그렇지 않아도 이미 일어나고 있는 일이라는 것이다. 하지만 원고는 자신의 '회상록'을 주의 깊게 읽은 사람이라면 누구라도 그 책을 읽은 뒤에 이전보다 더 자신을 업신여길 일은 없다고 생각한다. 그의 글에 가끔 외설적인 표현이 등장하는 것은 사실이다. 하지만 이런 표현들은 그 자신에게서 나온 것이 아니라, 자신과 이야기 나누던 목소리들의 대화를 전달하는 곳에서만 등장한다. 목소리들이 사교계에는 어울리지 않을 표현들을 많이 사용한 것이지 그의 잘못이 아니다. 또한 그 '회상록'은 어린 소녀나 양갓집 규수들을 위해 쓴 것이 아니다.

'회상록'을 출간함으로써 손해를 보았다 느끼고 경우에 따라서는 원고를 모욕 혐의로 고발할 개인이 있을 수도 있다. 그는 라이프치히의 추밀의학고문관 플레히지히 교수다. 그런데 여기서도 원고는 자신에게 말을 거는 목소리들의 이야기에 따라 사실이라고 여겨진 것을 말했을 뿐이다. 원고는 플레히지히가 자신을 이해할 것이라 확신하고 있으며, 그래서 그에게 '회상록' 한 부를 보낼 생각까지 했다고 한다. 플레히지히의 개인적 명예를 공격하려는 의도와는 전혀 거리가 멀다. 그럼에도 그의 생각과는 달리 이 글을 출판함으로써 자신이 모욕죄로 처벌당한다면, 그는 선한 목적을 위해 이 새로운 순교를 기꺼이 받아들일 것이다. 그가 생각하기에 자신의 이런 행동을 막고 나설 권리를 가진 사람은 아무도 없다.

검찰 측은 금치산의 존속이 법적으로 필연적이며, 원고 자신의 이익을 위해서도 필수적이라고 주장한다. 슈레버 박사가 편집증을 앓고 있다는 사실은 항소심에서 그 자신이 한 변론에 의해서도 의문의 여지가 없다. 감정인이 직무상의 권한을 지나치게 좁게 파악해 그에 관해 원하는 만큼 분명히 이야기하지는 않았지만, 슈레버 박사가 자신의 용무를 이성적으로 수행할 수 없는 상태라는 것은 의심할 바 없다. 베버 박사가 적절히 강조하고 있듯이, 정신적 과정은 하나의 유기체로서의 단일성에 근거하기 때문에 망상에 직접 영향받지 않는 정신의 영역도 그 망상과 완전히 무관하다고는 생각할 수 없다. 구두나 문서상으로 행한 원고의 의견 진술이 부분적으로 명확하다는 인상을 준다는 이유로 이러한 사실에 대한 판단을 그르쳐서는 안 된다는 것이다.

검찰 측은 스스로의 용무에 대한 원고의 무능력을 보여줄 개별 사실들을 상세히 열거할 필요는 없다고 말한다. 이 사실들은 이미 사실로서 존재하고 있기 때문이다. 예를 들면 원고가 얼마 동안 정신병원에 머물러야 하는가를 스스로 판단할 수 있는 위치가 아니라는 것은 분명하다. 그런데 금치산 선고가 철회된다면 그는 늦건 빠르건 분명 정신병원에서 나가려고 할 것이다. 제1심 소송대리인이었던 법률자문관 튀르머 박사에게 보낸 편지에서 원고는 다음과 같이 쓰고 있다.

무엇이 본인에게 육체적·정신적으로 유익할지 본인은 어떤 의사보다 더 잘 알고 있습니다. 신의 기적의 유해한 영향력을 막는 것이 문제이기 때문입니다.

검찰 측은 이 편지를 통해, 원고가 자신의 병에 대해 전혀 올바르게 판단하지 못하며 제삼자의 충고에도 귀를 기울이지 않으리라는 것을 판단할 수 있다고 말한다. 게다가 원고는 환각의 지배를 받고 있다. 베버 박사의 증언에 따르면, 환각은 때로 대화 중에도 원고를 점령하여 그의 주의력을 흐트러뜨린다. 그가 어떤 재산법상의 용무를 볼 경우 이것이 그에게 심각한 결과를 초래할 수 있음은 명백하다. 검찰 측에 의하면 원고와 그의 아내의 재산을 관리하는 일은 간단하지 않다. 원고의 후견인인 라이프치히 행정법원 의장 슈미트 씨가 제출한 최근의 재산 목록(후견기록 Bl. 177쪽)에 따르면, 재산은 부동산과 판권에 관련한 부분으로 구분된다. 아내에 대한 슈레버 박사의 태도를 보면, 과연 그가 아내를 대할 때 그를 지배하는 망상의 영향에서 자유로운지 의심스럽게 한다. 원고에 의해 제출된 반론의 증거들에도 불구하고, 그가 자신에게 부여된 신의 사명이라는 관념을 좇아, 자유의지를 가진 남자라면 하지 않을 낭비를 하게 될 염려를 배제할 수 없다. 슈레버 박사의 사고방식 전체가 얼마나 상규常規를 일탈한 기반 위에서 움직이고 있는가를 잘 보여주는 증거는 바로, 현재까지도 고집스럽게 자신의 '회상록'을 출판하려는 사실이다.

원고는 검찰 측의 이러한 상론에 대해 모든 점에서 반론을 펼치고 있다. 1900년 11월 28일 베버의 1차 감정서가 제출된 이후 지금까지 그가 했던 경험들은, 이른바 망상과 환각에도 불구하고 그가 자신의 용무를 자립적으로, 법적인 이익에 상응하는 방식으로, 즉 이성적으로 해결할 능력을 완전하게 지니고 있다는 증거를 보여주었다. 이러한 경험들에 기반한다면 베버 박사도 이전 감정서에서 자신의 행위능력에 대해 도출했던 결론을 더 이상 유지하려 하지 않을 거라고 원고는 확신하고 있다.

원고는 자신이 늦거나 빠른 장래에 정신병원에서 퇴원하려 한다는 것은 사실이라고 말한다. 그는 존넨슈타인에 계속 머무르는 것이 자신의 건강을 회복하는 데 도움이 될 거라고 기대하지 않는다. 하지만 퇴원하기까지는 어느 정도의 시간이 더 걸릴 거라고 본다. 원고는 고함 상태가 정신병원에 있을 때만 일어나고 정신병원 바깥에서 여행 등을 할 때에는 한 번도 일어나지 않는다는 사실을 알아내긴 했지만, 그래도 이 고함 상태가 개선되지 않는 한 당분간 정신병원에 머무르는 것이 자신에게도 더 좋을 거라는 사실을 인정하고 있다. 하지만 그는 이러한 '포효Vociferation' 가 자신의 행위능력을 인정하느냐 부정하느냐와는 아무 관련이 없다고 말한다. 이는 다만 후생치안적 문제일 뿐이다. 물론 정신병원 관리국은 치안경찰적 권한에 근거하여 필요에 따라서는 환자의 의지에 반해 그를 정신병원에 붙들어둘 수 있다. 하지만 원고는 자신에게는 그러한 강제가 필요 없다는 사실을 반복해서 강조한다. 그 이유는 고함 발작이 빈번하게 출현해 참기 어려운 지경이 된다면 스스로가 정신병원에 체류하는 데 결코 저항하지 않을 것이기 때문이다.

항소 법정은 1901년 12월 30일의 증거결정에 의거, 추밀의학고문관 베버 박사에게 결의 a, b, c에서 강조한 세 가지 사항에 관해 1차 감정서를 더 분명히 보충할 것을 의뢰했다. 특히 1차 감정서 이후 정신병원 밖에서 자유롭게 행동하며 용무를 수행하는 원고의 능력과 관련해 1900년 11월 이후 관찰된 경험들을 보고할 것을 요구했다. 베버 박사는 감정인으로 호출되어 선서를 한 후 요청받은 감정을 203쪽 이하 문서로 보고했고, 그 감정서의 사실 근거에 대해 슈레버 박사가 제기한(223쪽 이하) 반론에 관한 추가 보고를 231쪽 이하를 통해 제출했다. 이 두 감정서는 항소 법정에서 낭독되었다.

원고는 감정서에 있는 새로운 진술들이 자신에게 유리한 것으로 해석할 수 있다고 믿는다. 감정인이 금치산 선고가 존속될 필요가 있는지에 대한 의문을 제기하고 있다는 것만으로도 그 자신에게는 만족스러운 일이다. 원고에 의하면 실제로 지난 이 년 동안 원고가 단 한 번이라도 비이성적 행동을 했다고 증명된 바는 없다. 감정인이 우려했던, 때로 다른 사람들에게 불편을 끼치던 고함도 뜸해졌으며, 정신병원 바깥에서 고함이 거친 소동이나 숙면을 방해하는 소음으로 이어진 적은 한 번도 없었다. 원고가 팔 일간 라이프치히에 머무르는 동안 한 번도 고함이 터져 나온 적이 없다는 사실은 그의 친지들이 증명할 것이다. 이 고함은 자동적으로, 다시 말해 자기 의지와는 무관하게 일어나는 것이다. 따라서 이를 그의 분별없는 행동 경향이 드러난 것이라 간주할 수는 없다.

원고에 의하면, 감정인은 원고에게 병의 증상(구토증)이 발생했을 때 원고가 부적절하게 행동했으며 자신이 처방해 준 약도 복용하지 않았다고 비판했는데 이는 타당하지 않다. 원고는 의사의 처방과 지시를 아주 충실히 따랐다(증인: 간병인 뮐러). 이 때문에 원고가 약이 갖는 의미를 오해하거나 그것을 무시했다고는 결코 말할 수 없다. 원고가 불면 시에 수면제 복용을 거부하지 않았다는 데서도 이는 분명하게 드러난다.

나아가 원고는 최근 기회가 있을 때마다 부지런히 산책하고, 외출하거나 여행하는 동안 몰랐던 사람들과도 대화를 나누고 교제하려 노력해왔으며 그것을 증명해 줄 증인들을 세울 수 있다고 말한다. 많은 증인들 중 원고가 지칭한 인물은 라이프치히의 상인 카를 융 씨와 그의 부인, 원고의 손위 누이와 매형 그리고 처형, 켐니츠시 지방법원장인 크라우제와 그의 부인, 그의 손아래 누이, 원고의 후견인인 라이프치히 행정법원장 슈미트 씨와 그의 부인, 라이프치히 주재 위생고문관 나콘츠 박사, 변호사이자 추밀 법률고문관인 쉴 박사, 헨니히 의학박사, 원고의 '회상록'을 출간할 예정인 출판업자 노이하르트 씨, 그리고 드레스덴 전임 판사회의 의장 티어바흐 씨와 피르나시에 주재하는 마이스너 소좌와 잔터 씨이다. 이들은 원고와의 만남에서 그가 완전한 분별력을 갖췄을 뿐만 아니라 사회적이고 사업적인 교제에 필요한 능력을 충분히 지니고 있는 사람이라는 인상을 받았으며, 나아가 전문가가 아닌 한 그에게 특히 자신의 용무를 스스로 처리하지 못할 정도의 정신병의 흔적은 조금도 감지할 수 없었음을 증명해 줄 것이다.

원고는 최근 자신의 행위능력을 판정하는 데에서 매우 중요한 사실이 나타났다고 말한다. 금치산 선고에 대한 정신병원 관리국의 확실한 입장을 알기 위해, 원고는 최근 정신병원 관리국이 자신의 퇴원에 어떤 우려를 가지고 있는지 밝혀줄 것을 요구했다. 물론 원고는 지금 당장 퇴원을 요구하지는 않는다. 원고는 가능하면 아내와 함께 살기를 원한다. 하지만 최근 아내의 나빠진 건강 상태를 고려하고 두 사람의 요구에 적합한 집을 구하기 위해서는 조심스러운 숙고와 법적 준비들이 필요할 텐데, 그런 일은 그렇게 빨리 해결될 수는 없을 것이다. 게다가 원고는 정신병원 관리국이 자신을 퇴원시키기에 앞서 후견인과 아내의 의견을 물어보고, 만일의 경우엔 관리국 측이 자신을 다시 받아줄 용의가 있음을 확실히 해야 할 것이라고 생각하고 있다. 그런 이유로 원고는 1902년 5월 29일 추밀의학고문관 베버 박사에게 다음과 같이 문의한 바 있다.

정신병원 관리국은 후견인과 후견 법정이 원고의 퇴원에 특별한 우려를 갖지 않고, 원고의 아내가 명시적으로 원고의 퇴원을 거부하지 않는다는 전제하에서 적절한 시기에 퇴원을 원하는 본인의 요구에 대해, 여기서 유일하게 문제가 되고 있는 후생치안적 관점에서 기꺼이 동의할 수 있으신지.

이에 대해 추밀의학고문관 베버 박사는 1902년 5월 30일 원고에게 다음과 같은 내용의 답장을 보내왔다(이 내용은 소송기록 252b부터 253쪽까지에 원본 그대로 수록되어 있다).

정신병원 관리국은, 귀하가 편지에서 언급한 조건하에서 그리고 귀하의 상태가 악화되지 않는 한 퇴원을 막을 아무런 이유도 없습니다.

퇴원이나 한시적인 외박의 경우 정신병원 관리국이 고려해야 하는 것은, 특별히 의사의 조언을 구하는 경우를 예외로 한다면, 환자의 병 상태가 환자 자신이나 다른 사람들에게 가져다줄 수 있는 '위험성'입니다. 귀하의 경우에 그러한 위험성은 보이지 않습니다. ……등.

검찰 측은 원고와 추밀의학고문관 베버 박사 사이에 편지 왕래가 있었다는 사실은 인정하지만 금치산 선고를 철회하는 것은 반대한다. 원고의 반론에도 불구하고, 원고를 지배하는 망상의 강박하에서 그가 어리석고 무분별한 행동에로 나아갈 우려가 있다는 이유에서이다. 그 예로 검찰 측은 '회상록'을 출간하려는 원고의 계획을 실현하기 위해 원고가 분명 꽤 많은 재정적 희생을 치러야 할 것이라고 주장한다. 정상적인 출판사와의 계약을 통해 그 책을 출간하는 일은 불가능할 것이기 때문이다.

이 점에 대해 원고는 다음과 같이 응대한다.

라이프치히의 출판업자 노이하르트 씨와 잠정적으로 맺은 약속에 따르면, '회상록'은 수의계약隨意契約의 형태로 출간될 것이다. 이는 본인 부친의 저서 『의료적 실내체조』가 출간된 것과 같은 형태이다. 이 계약에서 본인이 감수해야 할 위험부담은 책을 제작하는 데 드는 비용 ……마르크에 한정된다. 거의 ……마르크에 달하는 본인의 전 재산과 비교해 보면 그다지 많은 편이 아니다. 이전에도 단언했듯이 본인은 본인의 기적 신앙을 선전하려는 것이 아니며 그것을 위해 본인의 재산을 단 한 푼이라도 희생하려는 생각은 추호도 없음을 다시 한번 강조한다.

판결이유

항소법원은 원고에게 정신병이 있다는 사실을 의심하지 않는다. 편집증이라 진단된 정신병이 원고에게 실제로 있는지 아닌지에 대해 원고와 논쟁하는 것은 의미가 없다. 원고에게는 자신을 추동하는 영감과 표상 들이 병적인 특성을 갖고 있다는 통찰이 결여되어 있다. 객관적 관찰에 따르면 착각과 망상에 다름 아닌 것을 원고는 흔들림 없는 진실이라고 여긴다. 원고는 현재까지도 신이 자신에게 직접 계시하며 지속적으로 기적을 일으키고 있다는 흔들리지 않는 확신을 가지고 있다. 원고 자신이 이야기하듯, 그에게 이 확신은 모든 인간적 통찰과 학문을 초월해 있다.

원고의 정신능력에 병적인 장애가 있다는 사실만으로 금치산 선고를 내릴 수는 없다. 독일시민법 6조 1항은 금치산 선고를 위한 요건으로, 환자가 현재의 상태로 인해 자신의 용무를 처리할 능력이 없는 경우라는 전제를 추가로 명시하고 있다. 모든 정신적 비정상이 곧바로 행위능력을 부정하는 데로 이어지지는 않는다. 금치산 선고는 환자가 정신병으로 인해 일곱 살 미만 소아의 수준이 되어 스스로의 모든 용무를 수행하는 데 장애를 겪는 경우에만 정당화될 수 있다. 사려 깊고 분별 있는 행동을 할 능력이 완전히 결여되지 않은 경우라면, 다시 말해 환자가 정신적 장애로 인해 개별 용무 또는 특정한 범위의 용무를 수행하는 데서만 장애를 겪는다면, 이는 경우에 따라 감호를 받는(민법 1910조, 2항) 계기는 될 수 있지만 금치산 선고를 받을 수 있는 요건은 되지 않는다.

6조 1항에서 이야기하는 '용무'란, 1심에서도 적확하게 지적했 듯이 재산과 관련된 일만을 의미하지는 않는다. 용무라는 개념이 포괄하는 것은, 법질서가 그것을 질서 있게 조정하는 데 관심을 가지고 있는 생활환경 전체다. 거기에는 금치산 선고를 받은 자 자신, 그의 생명과 건강, 나아가 친지와 재산에 대한 관리가 포함된 다. 금치산 선고는 1차적으로 보호조치이다. 그것은 사리분별력의 결핍에서 기인하는 불리한 결과들에서, 다른 사람이 그 상황을 악용하려는 것에서 스스로를 지킬 능력이 없는 사람들을 도와주기 위함이다. 이러한 맥락에서 환자 보호에 대한 요구가 존재하는 한 국가의 보호의무도 존재하는 것이다. 금치산 상태의 환자에게 법질서가 제공하는 보호수단은, 의지 상실로 인해 시민으로서의 생활에서 닥칠 수 있을 위험들을 피하는 데 실제적으로 적합하고 도 효과적이어야 한다. 따라서 금치산 선고는 선고를 받은 당사자 에게 그런 위험이 존재하는 경우에만, 당사자의 법적 행위능력을 보류하고(민법 104조 3항) 후견인을 임명하여 그의 개인적 용무와 재산권 행사를 보호하게 함으로써(1896조) 그 위험이 성과적으로 극복될 수 있을 경우에만 내려져야 한다.

원고는 위에서 말한 의미에서의 보호를 필요로 하는가? 아니면 그는 자신의 용무를 스스로 돌보고 처리할 능력이 있는가?

감정인 베버 박사는 두 차례의 감정서에서 이 질문에 대해 확실한 답을 하지 않는다. 긍정하지도, 부정하지도 않는다. 감정인이 이 질문에 대답하기 곤란하다는 것은 분명하다. 통상적이고 의심의 여지가 없는 다른 사례에서는 입증된 정신병(법정 문서 203쪽)에서 법적 결론을 도출하는 데 아무런 주저함도 없었던 감정인이 이 경우에는 주저하고 있다. 감정인은 자신의 과제를 원고의 정신적 질병을 묘사하고 환자의 교착된 심적 상태가 외부에서 보기에도 특히 눈에 띄는 방식으로 현상하는 실제 계기들만을 요약해서 보여주는 것으로 한정하면서, 이에 입각해 원고가 시민으로서의 생활에서 자신의 이해관계를 스스로 지킬 능력이 있는지에 대한 판단은 재판관에게 넘기고 있다.

이러한 감정인의 태도에 대해서는 아무런 비난도 제기될 수 없다. 한 개인에게서 확인된 정신적 질병이 그의 행위능력을 구성하는 데 어떤 영향을 끼칠 것인가 하는 법 실천적 측면에 대한 결정은 의학 감정인의 소관이 아니다. 이 질문에 대한 판단은 전적으로 재판관의 몫이다.

감정인이 원고의 망상에 관해 묘사하면서 그의 병을 편집증이 지칭하는 것 자체가 이미 그 질문에 대한 답을 하는 것이라고 판단할 사람도 있을지 모른다. 엔데만은 그의 책 31장의 136쪽, 8항의 137쪽(제3판)에서, 편집증을 앓는 사람은 모두 충분히 금치산 선고를 받을 만하며, 이 정신병은 그 본성상 병에 걸린 사람이 스스로의 행동의 결과를 이성적으로 판단할 수 없다는 데 대한 충분한 증거를 이미 제공하고 있다고 말한다.

하지만 이는 지나친 견해다. 정신의학 분야에서 인정받은 권위자인 베버 박사가 정확히 강조하듯, 심각한 정신장애를 겪으며 매우 착종된 망상 속에서 사고함에도 불구하고 주위 사람들에게 환자로 취급받지 않으면서 자신의 일상 업무를 아무 문제 없이 수행하며 직업상의 의무도 충실히 이행하는 편집증자들도 많다. 사람들은 그들을 별난 인간이라 여기며 어딘가 특이하고 고착된 생각에 붙들려 있다고 말하지만, 그 때문에 그들에게 금치산 선고를 내려야 한다고는 생각지 않는다. 오늘날에는 비록 정신적 장애가 확인되더라도 이런 종류의 무해한 특성을 가진 사람들이 그들 삶에 필수적인 법적 권리를 계속 지닐 수 있으며, 바로 여기에 새로운 법률이 갖는 진보적 성격이 있다. 이런 사람들이 강박적인 망상의 영향을 받고 그로 인해 그 망상과 직접적으로 연관된 생활 분야에서 귀책 능력이 결핍된 것처럼 보이더라도, 그 때문에 그들에게 분별력 있게 행동할 능력이 아예 없다고 말할 수는 없다. 그들의 망상에서 멀리 떨어져 있는, 망상의 영향력에서 벗어나거나 또는 낮은 정도로만 노출돼 있는 표상 범위에서 그들 대부분은 아무 문제 없이 각자의 직업적 용무를 처리할 수 있다[이에 대해서는 크라프트에빙Krafft-Ebing의 『불확실한 정신상태』 8쪽과 1901년판 『그루쇼트Gruschots 연감』의 잠터Samter의 논문 3쪽을 참조하라].

베버 박사의 감정서(항소서류 206쪽)에 따르면, 처음 급성 광증 단계에서 만성적인 병으로 이행한 이래 지난 몇 년간 원고의 정신병이 보여준 양상이 이 유형에 속한다. 원고의 세계관이 신과 관련해 자신이 예외적 지위를 갖는다는 지배적 망상에 의해 왜곡되고, 원고가 매우 광범위한 환각을 겪고 있는 것은 사실이다. 스스로가 끊임없이 이루어지는 신의 기적의 대상이라는 확신은, 원고 자신이 확언하듯 그의 삶의 중심이 되었다. 그렇지만 이는 원고의 정신생활의 단 하나의 영역, 즉 종교적 영역일 뿐이다. 신적인 것에 대한 우리의 관념과 인간과 신의 관계에 대해, 그리고 우리 일반인이 가지고 있는 믿음에 대해, 자신의 사유 방식의 병적인 성격을 통찰하지 못하는 원고는 결코 올바르게 판단할 수 없다. 하지만 여기에서 다른 정신생활 영역에서의 그의 판단도 마찬가지로 병적으로 변화되었다는 사실이 도출되지는 않는다. 한 인간의 종교적 감정은 그의 정신적인 삶의 다른 측면들에 대해 많은, 그리고 의미 깊은 연관점을 가질 수 있다. 그럼에도 그러한 종교적 감정이 이 다른 측면 모두를 동일하게 또는 동일한 강도로 포괄하고 있다고 말할 수는 없을 것이다. 신앙을 가진 사람들을 가득 채우고, 또 정신적으로 건강한 사람들의 삶의 중심점이 되기도 하는 이러한 종교적 확신이 다른 삶의 영역에서도 그만한 자리를 차지한다고 말할 수는 없다. 베버 박사는 어떤 사람의 종교적 신념에 대해 전혀 알지 못한 채로 그와 오랫동안 활발한 학문적 교류를 할 수 있다는 사실을 지적하고 있다. 종교적 신념은 대부분의 경우에서는 그의 학문적 세계관과 그리 밀접하게 연관되지 않으며 이 두 관념은 그의 뇌에서 **독립적으로 존재하는** 것이다.

감정인의 진술(205b 이하)에 의하면 편집증자의 망상체계도 이와 비슷하다. 그 때문에 왕립검찰 측이 위에서 인용한 엔데만의 설명에 의거해 원고에게 가한 다음과 같은 반론은 옳지 못하다. 곧, 원고는 망상에 영향받고 있기 때문에 그의 모든 사고가 근본적으로 착종된 토대 위에서 움직이고, 그로 인해 많건 적건 그의 의지에서 비롯된 모든 행위는 병적으로 영향받을 수밖에 없다. 정신생활의 통일성으로 인해 병적인 관념의 영역이 일견 건강해 보이는 망상체계와 상대적으로 무관한 영역까지 잠식해 가는 것은 불가피한 일이라는 견해가 그것이다.

여기서 전개되고 있는 정신적인 것의 통일성이라는 관념은 최근 정신의학의 학문적 견해와 일치할 수도 있다. 감정인 베버 박사의 감정서 또한 이를 출발점으로 삼고 있다(447쪽, 205쪽). 하지만 이 관념은 이론적 의미만을 지닌다. 학자들은 이전에는 그와는 완전히 반대되는 견해를 갖고 있었다. 이전에는 이 병을 주저없이 '부분적 광기'라 칭했고, 베버의 감정서는 이 명칭에 함축된 견해가 현재에도 타당하다고 인정했다(205b). 이 문제에 대해 학문적으로 또는 이론적으로 어떤 입장을 취하건 상관없이, 금치산 선고를 내리는 재판관은 편집증 환자를 지배하는 망상의 영향이 시민으로서의 일상생활의 모든 영역에서 동일한 정도로 드러나지는 않는다는 경험적 사실에 근거해야 한다. '부분적 광기'의 경우에는 병적인 관념이 특정한 개별 영역에만 국한되고 그 안에서 '독립되어 존재'하기 때문에 다른 삶의 영역들은 흔히 그에 영향받지 않으며, 이 경우엔 환자가 정신적 장애를 겪고 있다는 사실조차 잘 드러나지 않는다(205쪽).

물론, 한 인간의 부분적 장애가 다른 정신적 기능 전체를 잠식할 가능성을 처음부터 배제할 수는 없다. 그 가능성은 이론적으로 볼 때 모든 정신적 비정상 형태에 존재한다. 베버 박사가 1차 감정서(53쪽)에서, 원고에게 다시 행동의 자유가 주어진다면 그 순간 그의 결정이 어떻게 내려질지, 곧 그것이 비교적 건전하게 남아 있는 관념에 의해 이루어질지 아니면 그를 장악하고 있는 병적인 기적 신앙에 따라 이루어질지 예측하기 힘들다고 한 것은 이를 말하고자 함이었다.

하지만 이것만으로는 금치산 선고라는 처분을 내리기에 충분한 요건이 되지 않는다. 원고가 타당한 반론을 통해 주장했듯이, 그가 망상에 의해 이런저런 삶의 영역에서 분별없는 행동을 할지도 모른다는 의혹만으로 그에게 행위능력이 없다고 말할 수는 없다. 그를 증명하기 위해서는 정신병 때문에 용무를 수행할 능력이 없다는, 법률에 따른 적극적인 확인이 필요하다(시민법 6조 1항). 게다가 이는 금치산 선고를 청구한 측에서 증명해야 한다. 원고에 대한 이러한 증명이 이루어지지 못하고, 또 민사소송법 653조에 따라 환자의 정신상태에 대해 확실히 조사하여 의심할 바 없는 결과를 내놓지 못한다면 금치산 선고는 유지될 수 없다.

그를 증명하기 위해 요구되는 사항이 무엇인지에 대해서는 논란이 있을 수 있다. 환자가 분별력 없는 행동을 할 위험이 직접적이고 확실한 경우에만 금치산 선고를 내릴 수 있다는 원고의 주장이 지나친 것만은 확실하다. 그러나 다른 한편으로, 단순한 우려만으로 금치산 선고를 내릴 수는 없다. 적어도 그 우려는 확인할 수 있을 만큼 구체적이어야 하며, 사실을 통해 증명되거나 아니면 개연적이어야 한다.

이를 통해, 그에 대한 증거 제시는 여기서 결정해야 하는 질문에 적절한 답변을 제공할 수 있는 영역에 도달하게 된다. 그것은 바로 **경험적 사실**이라는 영역이다.

금치산 선고를 내리려면 먼저 환자의 망상이 어느 정도나 그의 사회생활상의 행동을 규정하는지 확정해야 한다. 금치산 선고를 받아야 할 자가 정신적 장애에도 불구하고 실제적인 생활 속 요구들을 수행할 수 있는가? 아니면 그와 관련된 환각의 영향력이 현실에 대한 관점과 이성적 파악 능력을 상실케 할 만큼 깊은가? 이러한 질문에 대한 답이 경험에 근거해서만 결정될 수 있음은 분명하다. 그를 위해 환자는 생활상의 요구들에 실제로 대처해봤어야 하며, 법적인 활동 한가운데서 그것을 수행할 기회를 가져봤어야 한다. 그 상황에서 그의 행동을 관찰하는 일이, 병을 앓으면서도 자신의 용무를 여타의 분별 있는 사람들처럼 합리적으로, 자신의 이해관계를 지킬 수 있는 방식으로 처리할 수 있다는 그의 주장의 진실성을 판단하는 최선의 시험이 될 것이다. 정신병의 본질에 대한 숙고만으로는 의학 감정인도 신뢰할 만한 준거를 얻을 수 없다. 추측만을 가능케 할 뿐이다. 앞서도 언급했듯이, 편집증은 그 자체로 모든 행위능력의 존속과 양립 불가능하지 않다.

이 문제에 대한 본 법정의 결론은 의학 감정인의 의견과 전적으로 일치한다. 베버 박사는 1900년 11월 28일의 1차 감정서에서, 그때까지 원고가 정신병원 외부에서 자립적으로 행동하면서 자신의 용무를 수행할 기회를 매우 제한적으로 가질 수밖에 없었고, 그로 인해 실제 사례를 통한 시험(45쪽)이 이루어지지 못했다는 데 대해 유감을 표명한 바 있다. 이러한 이유로 감정인은 1차 감정서에서 병리적으로 진단했을 때 환자의 병의 양상이 어떠했던 가를 서술하는 데에만 주력했던 것이다.

그사이 상황은 개선되었다. 1차 감정서가 제출된 이후 환자에게 는 더 많은 행동의 자유가 허락되었다. 아주 다양한 범위에서 외부세계와 교류하는 것이 허락된 것이다. 환자는 친지 또는 제삼 자와 교제하면서 자신의 영혼을 지배한 망상이 어느 정도까지 다른 생각과 느낌을 지배하고 있는지, 나아가 다른 사람들과의 교제에서 어느 정도나 영향을 미치는지를 보여줄 기회를 갖게 되었다. 이로써 본 항소법정은 1심 판결이 내려질 때보다 훨씬 풍부한 사실 자료를 판결을 내리는 데 필요한 참고 자료로서 확보하게 되었다. 이러한 관점에서 행해진 관찰들은 원고에게 유리한 결론을 도출할 수 있게 해주었다.

항소재판관 또한 재판 과정에서 원고와 접촉하는 와중에 슈레 버 박사의 이해력과 사고의 명확성이 그가 가진 병에 의해 전혀 영향받지 않았다는 그 한 가지만은 인정하지 않을 수 없었다. 자신에게 내려진 금치산 선고에 대항해 개인적으로 법정 투쟁을 받아들이고 그것을 계획적으로 추진해 가는 모습, 그 과정에서 전개한 논리적 법적 진술들의 날카로움, 분별 있는 대처, 나아가 감정인과 검찰 측에 반론을 제기할 때 그가 보여준 사리분별력과 모범적이고 신중한 태도, 이 모든 것은 원고가 이 분야에서 그 어떤 후견인적 보호도 필요로 하지 않으며, 재판상의 용무들을 수행함에도 그 어떤 사람보다 훌륭하게 자신의 이해관계를 지킬 능력을 갖추고 있다는 부인할 수 없는 증거를 제시해 주었다.

물론 원고의 이러한 정신적 삶에 지나치게 중점을 두어서는 안 될 것이다. 베버 박사가 이야기했듯이(50b), 편집증자들에게는 논리적으로 올바르게 사고할 수 있는 능력이 매우 발달되어 있다고 사료되기 때문이다. 그렇다고 해서 이것이 환자가 순수한 사고 외부의 생활 방면에서도 올바르게 판단할 수 있음을 보장해 주는 증거는 아니다. 이와 관련하여, 감정인 베버 박사가 지난 일 년 반 동안 외부세계와 교제한 원고의 태도를 관찰한 뒤 1902년 4월 5일 2차 감정서에서 이야기했던 경험들이 여기에 보충될 수 있다.

베버 박사는 당시 슈레버 박사의 사회생활을 관찰할 기회가 별로 없었음에도 불구하고 이미 첫 번째 보고서에서 원고 정신의 병적 영역이 다른 영역들과 상당히 확실하게 분리되어 있음을 인정할 수밖에 없었고, 원고가 고정화된 망상체계와 관계가 먼 것들에 대해 내린 판단 대부분이 틀리지 않은 것으로 드러났다고 추가했다(47쪽 50b). 2차 감정서에서 베버 박사는 이를 더욱 강조하면서 반복하고 있다.

병의 양상 자체는 달라지지 않았다. 현재 병의 양상은 금치산 선고가 내려졌던 시기와 기본적으로는 동일하다. 다만 관찰의 재료는 그때보다 더 풍부해졌다. 그로 인해 감정인에게는 매우 제한적인 실제 자료에 의거할 수밖에 없었던 이전의 판단을 보충하고 수정할 가능성이 생겼다. 따라서 감정인이 두 번째 감정서에서 도달한 결론들을 금치산 선고를 받을 당시의 원고의 정신상태를 판단하는 근거로 삼는 것은 아무런 문제도 되지 않을 것이다.

베버 박사는 원고의 망상이 그의 정신생활에서 비교적 독립적으로 존재하며, 그에 직접적으로 지배받는 종교 분야 바깥의 일상적인 생활 관념 범위 내에서는 구체적으로 드러나지 않는다고 확신한다. 또 베버 박사는 지금도 원고가 겪고 있는 환각 역시 그의 감정과 생각에 더 이상 강한 영향을 주지 않는다고 단정한다. 현재의 병적인 현상 대부분은 비교적 부차적인 영역에만 제한되어 나타나고 있다. 중요한 생활상의 이해관계들은 그런 병적 현상에서 벗어나 있으며 원고에 의해 아무 문제 없이 수행되고 있다(208a/b, 211b, 212b).

이러한 판단을 더 상세하게 근거 짓기 위해 감정인은 직접 관찰하거나 믿을 만한 정보 제공자에게서 보고받은 일련의 실제적인 사건들을 언급하고 있는데, 이로써 항소법정 또한 원고가 법적인 용무에서 도착적이고 불합리한 행동을 할 위험, 적어도 금치산 선고의 지속을 정당화할 정도의 위험은 거의 없다고 확신하게 되었다.

원고는 몇 년 전부터 매일 정신병원 원장의 가족 만찬에 손님으로 참여하고 있는데, 거기 참석한 사람들에게 지금까지 아무런 불편도 끼친 바가 없다. 원고와의 관계를 우애적 관계라고 생각하는 베버 박사는 오히려 환자의 부드러운 태도, 기적에 관한 자신의 관념들을 언급해서 함께한 사람들을 단 한 번도 성가시게 하지 않았던(50b) 그의 겸손함을 상찬하고 있다. 슈레버 박사 스스로도 그 자리에 있던 제삼자들, 특히 함께 자리한 숙녀들이 그에게서 정신병의 흔적을 전혀 눈치채지 못했을 것이라 자신한다. 베버 박사가 원고와의 교제에 대해 이야기한 바에 의거해 원고의 그 말은 믿을 만한 것이라 사료된다.

정신병원 바깥에서의 원고의 행동에도 특별히 언급할 부적절한 점은 없었다. 1900년 여름[18]까지는 간병인의 동행하에서만 외출할 수 있었던 슈레버 박사는 그 이후로는 간병인의 동행 없이 아무 제한 없이 자유롭게 외출할 수 있게 되었다. 그는 그 기회를 이용, 거의 매일 외출해서 도보나 배 또는 기차로 피르나시 주변의 가볼 만한 곳들을, 때로는 혼자서 때로는 여럿이서 찾아다녔고, 기회가 있을 때마다 연주회, 연극, 공공 전시회 등을 관람했다. 그는 법정에 출두하거나 아내를 방문하고 사소한 일들을 처리하기 위해 여러 번 드레스덴에 갔으며, 최근에는 친지의 초청으로 정신

· ·
18. 이는 옳지 않다. 1900년 여름까지는 전혀 외출할 수 없었고, 간병인의 동행 없이 외출하게 된 것은 1901년 가을부터이다.

병원의 허락하에 혼자서 라이프치히로 여행을 하기도 했다. 팔일간 그곳에 머무른 뒤에 병원으로 돌아왔는데, 원고 누이의 전언에 의하면 아무런 문제도 생기지 않았다.

베버 박사는, 원고가 단 한 번도 불합리하고 적절치 못한 행동을 한 적이 없으며, 일상적인 범위를 벗어나는 계획이나 의도는 늘 솔직하고 분명하게 이야기하고 그를 수행하기에 앞서 정신병원 관리국의 동의를 구했으며, 모든 관계들을 합리적이고 사려 깊게 고려하면서 그 일을 수행했다고 증언하고 있다. 베버 박사는 원고가 외부세계에서 활동하는 중에 부적절한 사건은 한 번도 일어난 적이 없음을 확신할 수 있다고 말한다(209a/b).

원고는 약 일 년 전부터 외출과 그 밖의 사소한 요구를 위해 한 달에 한 번씩 자신에게 주어졌던 용돈 50마르크를 속 깊은 가장과 같은 태도로 적절하게 사용할 줄 알았다. 그가 돈을 낭비했다거나, 그래서 돈이 부족해졌다는 일은 한 번도 보고된 바가 없다. 특별히 검약하다는 인상을 주지는 않았지만 지출할 때마다 숙고하며 고액을 지출하는 일은 피했으며, (사소한 여성 장신구들을 제외하면) 쓸데없는 물건을 구입하지도 않았다.

한마디로 지금까지 원고가 정신병원 바깥에서 보여준 태도를 보면, 그에게 자기결정의 자유가 주어졌을 때 망상체계의 강제에서 비롯된 전도된 행동을 통해 자신의 법적 이해관계를 손상시킬 것이라는 우려를 근거할 만한 일은 단 한 차례도 일어난 적이 없다는 것이다. 이 실제적인 시도가 가르쳐주는 것은, 기적에 대한 믿음이라는 광기가 그의 정신생활의 기반을 형성하고 있다

하더라도, 그것이 삶의 다른 영역에서의 침착함과 이성적인 사고 능력을 빼앗아 갈 정도로 그를 지배하고 있지는 않다는 사실이다. 따라서 금치산 선고를 철회했을 때 원고의 법적 이해관계가 심각한 위험에 처하리라고는 생각할 수 없다.

원고가 스스로의 생명을 위험에 처하게 할 가능성은 없다. 또한 그로 인해 다른 사람의 생명이 위험해질 가능성도 없다. 그 때문에 환자의 주변인들을 보호하기 위한 조치로서 금치산 선고가 필요하다고 말할 수는 없다. 때때로 원고를 엄습해서 그의 주변인들에게 제법 큰 불편을 끼칠 수 있는 '고함 상태'가 — 원고 자신은 정신병원 바깥에 있을 때는 한 번도 겪지 않았다고 확언하기는 하나 — 장애적인 요소라는 사실은 인정해야 한다. 하지만 환자의 의지에 반해 자동적이고 강박적으로 일어나는 이러한 포효는 금치산 선고라는 문제와는 아무 관련이 없다. 그것이 이웃의 안면을 방해할 경우에는 후생치안적 개입을 필요로 할 수는 있지만, 그렇다고 금치산 선고를 정당화할 이유가 될 수는 없다. 금치산 선고라는 수단이 이 문제에 대한 아무런 방책도 되지 못하며 그에 대해 아무 효과도 갖지 못할 것이기 때문이다.

왕립검찰 측은 고함 상태가 진행되는 동안, 그리고 환각에 의해 환자의 사고가 다른 곳으로 향한 순간에는 그의 의지의 자유가 완전히 상실되는 것처럼 보인다고 지적하지만, 이는 금치산 선고의 문제를 판정하는 데 고려 대상이 될 수 없다. 확실히 그런 일이 일어날 가능성은 있다. 하지만 그 때문에 원고가 위험해지지는 않는다. 왜냐하면 이 상태는 분명 일시적으로 일어나는 짧은 순간의 의식장애일 뿐이며 그동안에는 어차피 어떠한 법률행위도 이루어질 수 없기 때문이다.

베버의 감정서에 의하면 원고가 자신의 건강을 손상시킬 염려도 없다. 원고는 스스로의 건강에 유념할 줄 알며, 자의적 행동으로 건강을 해치는 일에서 스스로를 보호할 줄도 안다(211쪽). 따라서 이러한 맥락에서도 그에게는 후견인의 보호가 불필요하다.

1902년 4월 5일의 2차 감정서에서 감정인은 원고에게 병이 났을 때의 일화를 언급하고 있다. 그때 원고는 정신장애의 영향하에서 병(구토, 설사)을 치료하는 데 방해되는 불합리한 행동을 했다고 한다. 하지만 감정인은 이 일에 특별히 중요성을 두지는 않으며, 원고의 반론을 받은 뒤에는 그가 나중에는 의사의 권고를 따랐다는 사실을 인정했다(231a / b). 원고가 기적에 대한 자신의 믿음 때문에 의사가 처방해준 약을 모두 무시한다는 것은 잘못된 주장이다. 원고는 지난 수년 동안 수면을 위해 거의 매일 수면제를 복용했다(226, 231b). 하지만 설사 그렇다 하더라도 이러한 점에서 금치산 선고가 원고에게 도움이 될 수는 없다. 법적인 행위능력을 인정하는 것도, 후견인을 지정하는 것도 환자가 의사와 약에 대해 갖는 반감을 극복하게 할 수는 없기 때문이다. 어쨌든 의사와 약에 대한 원고의 반감은 실제로는 존재하지 않는다.

병이 낫기 위해선 더 오래 정신병원에 있어야 하는 상황하에서, 환자의 정신장애가 그 필연성을 인식하지 못하게 하고, 금치산 선고 철회가 후견인의 감시에서 벗어나 정신병원에서 퇴원하기 위한 목적으로 추진되고 있다면 이는 훨씬 더 우려할 만한 일이 아닐 수 없다. 하지만 올 5월 29일 존넨슈타인 정신병원 관리국이 원고의 질문에 대한 답변으로 발송한 공식 문서(252~253쪽)에 의하면 현재로서 이러한 우려는 없다. 베버 박사는 원고 자신도 동의하고 있는 일정한 조건하에서라면 원고의 퇴원에 대해 근본적으로 동의하고 있다. 베버 박사는 환자가 자기 자신이나 다른 사람에게 '위험'하다고 보지 않으며, 원고에게 인간 사회에서의 활동의 자유를 주는 데 아무런 우려도 없다는 사실을 분명하게 밝혔다. 이로써, 원고의 건강을 위해 후견인적인 보호가 필요하다는 말은 부정된다. 그럼에도 불구하고 이 관점에서 금치산 선고의 필연성을 긍정하는 재판관이 있다면 그는 의학 감정인과 정신병원 관리국의 권위 있는 판단과 모순 관계에 처하게 될 것이다.

재산권에 관련해서 환자의 도착적이고 무분별한 일처리로 인해 재산상의 손실을 입을 우려도 존재하지 않는다.

감정인이 보고한 바와 같이 슈레버 박사는 자신의 재산 관계에 대해 완전히 파악하고 있다. 그에게 일정한 액수의 용돈을 보장함으로써 부분적이나마 경제적 자립 능력을 가늠해 보려는 지난해의 시도는 처음부터 끝까지 좋은 결과를 가져다주어서, 원고가 모든 면에서 신중한 가장이라는 사실을 증명해 보였다. 자기 재산에 대한 제한 없는 처분권이 주어졌을 때 그가 그 재산을 탕진하게 되리라는 우려를 확증할 만한 것은 아무것도 없다. 원고를 잘 알고 그의 망상의 영향력을 가장 정확하게 판단할 수 있는 베버 박사는 원고가 어떤 병적 동기 때문에 자기 재산 상태의 한도를 넘어 돈을 낭비할 것이라고 상정할 만한 근거는 전혀 없다고 확신하고 있다(211쪽).

1심에서 언급되었던, 원고가 자신의 기적 관념의 강제하에서 그것을 선전하기 위해 어쩌면 학문 조사를 위한 현상공모를 내걸지도 모른다는 우려는 그 자체로 중요하게 고려되지 않았다. 지금까지 원고에게서는 자신의 기적 신앙을 선전하기 위해 많은 돈을 지출하려는 경향은 발견되지 않았다. 따라서 본 항소법정은 위에서 언급한 이와 같은 의견을 제시한 감정인의 견해를 함께 고려하여, 기적 신앙을 전파하기 위해 무언가를 희생하거나 재산을 단 한 푼이라도 사용할 생각이 없다고 확언하는 원고를 불신할 이유가 없다.

물론 이러한 확언에도 불구하고, 어느 순간 그를 지배하는 비현실적 관념들이 그가 재산을 운용하는 데 무의식적으로 영향을 줄 가능성을 완전히 배제할 수는 없다. 이러한 가능성은, 본래적인 의미의 정신병이 아니더라도, 모든 종류의 정신적 비정상의 경우에도 존재한다. 하지만, 법질서의 관점에서 고려 대상이 되는 것은 그런 가능성이 실질적인 위험으로 나타났을 때이다. 그런데 이 경우는 전혀 그렇지 않다. 원고의 종교적 망상이 현재까지도 그의 재산 운용에 직접적인 영향을 끼치고 있다고 말할 수 있는 단 한 가지가 있다. 슈레버 박사 스스로도 이에 관해 언급하고 있는 것으로, 그가 여러 가지 작은 장신구를 구입한 일이다. 그는 그 장신구들로 여성의 유방으로 변신 중에 있다고 주장하는 자신의 가슴을 장식한다. 정신적으로 완전한 정상인이라면 그런 터무니없는 짓을 위해 돈을 쓰려는 생각은 결코 할 수 없었을 것이다. 그런데 그를 위해 지출되는 돈은 그 때문에 법적 행위능력을 인정할 것이냐 부정할 것이냐에 대한 심각한 판정에 고려하기에는, 액수로 볼 때 지극히 미미하고 사소한 정도이다. 그 장신구를 자신을 엄습하는 신경자극을 진정시키기 위한 일종의 정신적 의약품으로 사용하고 있다는 환자의 주장은 별도로 하더라도, 이런 행동은 최악의 경우에도 기이한 습성 정도로 여겨질 뿐이다. 보통의 건강한 사람들도 다양한 종류의 기이한 습관을 위해 꽤 많은 돈을 지출하고 있다.

원고가 자신과 아내가 소유한 재산 관리의 의무를 이성적으로 수행할 완전한 능력을 갖추고 있다는 데는 의문의 여지가 없다. 법정문서 175쪽 이하 후견인 문서에 명기되어 있는 슈레버 부부의 재산 목록을 하나하나 따져보더라도 그것을 관리하는 일은 검찰 측이 주장하는 바와는 달리 그렇게 복잡하지 않다. 최근 원고는 자신의 재산 관리 능력을 눈부시게 입증한 바 있다. 부친인 모리츠 슈레버의 『의료적 실내체조』를 출간한 출판사의 파산으로 앞으로 이 책의 저작권과 관련해 관계자들 사이에 복잡한 문제가 발생했을 때, 원고는 가족들의 요청으로 감정서를 작성했다. 그것은 사실 관계를 날카롭고도 명확하게 다루고 있는 문서로, 그의 친지들은 아무 주저 없이 원고의 제안을 따랐다. 이 사실은 원고의 매형인 라이프치히의 기업가 카우프만의 믿을 만한 진술(금치산 선고 문서 41~43쪽)을 통해 확인된 것이다. 이 일은 그런 종류의 일을 다루는 슈레버 박사의 기술적 능력만을 보여준 것이 아니라, 그에게 자신의 재산 관계에 합당한 업무적 주의를 기울일 의욕과 관심이 결코 결여되어 있지 않다는 사실을 증명한다.

슈레버 박사의 가족 관계가 위협받을 것이며 아내와의 부부 공동체도 깨어질 위험이 있다는 주장 역시 인정될 수 없다.

원고가 적절하게 강조하고 있듯이, 그와 아내의 공동체는 그의 정신병으로 인해 떨어져 살 수밖에 없게 되면서 이미 몇 년 전부터 거의 중단된 상태다. 따라서 원고에게 스스로에 대한 결정권이 주어졌을 때 이 관계가 더 나빠질 여지가 있다고 볼 수는 없다. 슈레버 박사는 정신병원에서 퇴원하면 아내와 함께 가족 공동체를 이루어 한적한 시골에 집을 얻어 조용한 여생을 보내려는 열망을 가지고 있다. 말하자면 그는 나름대로 지금의 부부 관계 개선을 희망하고 있는 것이다. 그것이 실제로 이루어질 수 있을지는 물론 또 다른 문제다. 원고의 정신생활을 추동하고 있는 기적 관념들은 그와 내밀한 관계에 있는 아내에게는 제삼자보다 훨씬 괴롭게 느껴질 테고, 나아가 이들 부부의 성공적인 공동생활이 장기적으로 가능할지에 대해 회의하게 한다. 하지만 이는 실제로 시도해보기 전에는 알 수 없는 문제다.

이 시도가 어떤 결과로 이어지건 간에, 금치산 선고가 지속되어야 하는가 아닌가에 대한 판결에는 아무런 영향력도 행사해서는 안 될 것이다. 왜냐하면 금치산 선고는 아무리 가까운 가족 구성원이라 하더라도 당사자가 아닌 제삼자의 편안함을 고려하여 내려져서는 안 되기 때문이다. 이 점에서 원고의 주장이 타당함을 인정하지 않을 수 없다. 금치산 선고는 그 선고를 받는 사람의 이익을 위한 것이어야 한다. 당사자가 아닌 사람의 이해를 위해 금치산 선고를 내리는 것은 허용되지 않는다(이에 관해서는 1899년 12월

23일 정신병으로 인한 금치산 선고에 대한 사법부 명령 2조를 참조하라).

슈레버 박사는 앞에서 시사했던 곤란한 상황에서 비롯된 아내에 대한 윤리적 의무들을 아주 잘 자각하고 있다. 이는 재판 과정에서 행한 그 자신의 설명에서도 알 수 있다. 원고는 아내가 자신과 함께 살게 될 경우 얼마만큼의 희생을 치러야 하는지 알지 못할 정도로 커다란 정신적 장애를 갖고 있지는 않다. 사실상 공동생활이 불가능하다고 판명된다면 그는 아내에게 부당한 요구를 계속하지 않을 것이다. 그리고 그 경우에도 그녀가 원고에 대해 갖는 모든 법적 요구사항을 보장할 것이다. 그가 법으로 규정된 부양의무를 등한시하거나, 아내에 대한 불만 때문에 그녀에게 불리한 방식으로 재산을 운용하리라는 생각은 원고의 의도와는 거리가 멀다. 원고의 진술에 의하면 1886년에 작성한 부부 공동명의의 유언장이 있는데, 그것 역시 그러한 일을 금지하고 있다. 정신병이 있는 개인들의 확언을 판단할 때는 언제든지 조심스러워야 하는 것이 사실이다. 하지만 원고의 인격을 채우고 있는 윤리적 진지함, 법정 진술에서도 드러난, 베버 박사도 칭찬을 아끼지 않았던 그의 성격의 순수함은 원고에게 주저 없는 신뢰를 보내게 한다.

이로써 감정인이 1차 감정서에서 언급했던 정황, 곧 슈레버 박사가 아내와 대화할 때 그녀가 자신의 망상을 받아들이지 않으면 곧바로 이혼을 암시한다는 주장은 힘을 잃는다. 슈레버 부인의 말에 근거했을 이 언급은 분명 오해에서 기인하고 있는 듯하다. 원고는 이를 상세히 설명하면서 실제적인 해명을 했는데, 그 해명은 부인에 대한 그의 태도에 아무런 문제도 없음을 알려주었다. 해명을 전달받은 베버 박사도 2차 감정서에서는 이에 대해 아무 반박도 하고 있지 않다.

이제 남은 것은 원고가 계획하고 있는 '회상록'의 출간이 그 자신과 그의 가족의 체면을 공공적으로 손상시킬 것이며, 경우에 따라서는 그 자신을 형법상의 갈등 상황에 빠뜨릴 수도 있다는 주장이다.

이 글의 발표가 많은 우려를 낳으리라는 것은 사태를 통찰할 수 있는 사람이라면 누구라도 부정할 수 없다. 슈레버 박사 자신조차 이를 인정하고 있다. 그럼에도 불구하고 그가 강하게 출판을 고집하는 것은 그에게 자기 행위의 결과를 미리 숙고하는 능력이 결핍되어 있음을 증명하기보다는, 신에게서 받은 계시의 진리성에 대한 믿음이 그만큼 강하다는 증거다.

원고의 언급을 그대로 인용하면,

> 본인은 본인에게 계시된 신에 대한 인식이, 본인의 생이 끝난 뒤에 무無로 가라앉아버리고, 인류가 저 세상에 대해 참된 표상을 얻을 수 있는, 두 번 다시 오지 않을 기회를 잃어버리기를 결코 원하지 않습니다(160쪽).

책을 출간함으로써 자신에게 불유쾌한 일들이 생겨날 수 있다는 사실을 원고가 잘 모르고 있다고 말할 수는 없다. '회상록'에 가족의 명예를 훼손할 만한 내용이 쓰여 있다는 1심에서의 비난에 대해 원고는 정당하게 항의하고 있을 뿐이다. 실제로 책에는 그럴 만한 내용은 전혀 등장하지 않는다. '회상록'의 내용이 원고의 사생활을 폭로한다고도 말할 수 없다. 이 책은 병적 상상력의 산물이며, 그것을 읽는 독자는 누구라도 저자가 정신적 장애를 가지고 있다는 것을 단 한 순간도 잊지 않을 것이다. 그렇다고 원고가 다른 사람들의 존경을 잃어버린다는 것은 불가능한 일이다. 왜냐하면 그 누구도 이 책 전체를 관통하는 진지함, 진리를 향한 추구를 오인하지 않을 것이기 때문이다. 슈레버 박사 자신이 매우 적절하게 지적하고 있듯이, 책의 출간으로 인해 그에게 일어날 수 있는 최악의 사태란 사람들이 그를 미쳤다고 여기는 것일 뿐이다. 하지만 그것은 이미 일어나고 있는 일이다. 이 책에 등장하는 외설적 표현들을 문제 삼을 수는 없다. 그것은 원고에게서 나온 것이 아니라, 그가 심각한 환각에 시달리던 시기에 원고를 향해 말을 걸던 영혼들의 목소리를 기록한 것일 뿐이다.

'회상록'의 내용이, 추밀의학고문관 플레히지히 교수가 영혼 살해, 나아가 더욱 심각한 짓을 저질렀다고 비난하며 모함하고 있다는 주장을 제대로 판단하기 위해서는 바로 이 사실을 염두에 두어야 한다. 여기서도 원고는 스스로 이야기하거나 스스로 행동하는 것이 아니라, 그의 견해에 따르면 그와 교류하는, 기적에 의해 생겨난 영혼들의 목소리가 말한 것을 기록하고 있을 뿐이다. '회상록'을 쓸 당시의 원고에게, 플레히지히 교수를 공격하고 의도적으로 그의 명예를 훼손하려는 의지가 없었다는 것은 확실하다. 따라서 원고가 플레히지히에 의해 모욕 혐의로 고발될 위험은 그리 크지 않다. 또한 이 글의 많은 부분이 인쇄에 들어가기 전에 수정될 것이기에 더욱 그렇다. 설사 원고가 형법상의 처벌을 받을 위험이 있다 하더라도, 그것이 원고에게서 행위능력을 박탈할 충분 요건은 되지 못한다. 금치산 선고는 정신적인 결함에도 불구하고 그 밖의 일에서 자신의 업무를 수행하는 데 아무런 장애도 없는 개인이 스스로 불리한 결과를 초래하지 못하도록 각각의 도착된 행위를 방지하는 수단으로 이용될 수 없다. 왕립검찰 측은 '회상록'의 출판을 위해 원고가 체결해야 할 계약이 그에게 불이익을 가져다줄 것이라 지적하지만, 여기에도 같은 이야기가 적용된다. 무엇보다도 출판업자와 체결하는 위탁계약이 원고에게 절대적인 손실을 가져다줄 것이라고 처음부터 확정적으로 말할 수는 없다. 물론 그럴 만한 가능성은 충분하다. 하지만 그 경우에도 원고가 감수해야 할 위험부담은 그의 재산과 비교해 볼 때 그렇게 크지 않다는 사실을 고려해야 한다. 그리고 이러한 위험으로부터 원고를 보호하는 것이 금치산 선고의 선결과제는 아니다. 원고는 '회상록'의 출판이 경우에 따라 재산상의 손실을 가져올 수 있다는 사실을 너무도 잘 알고 있다. 이 때문에 금치산 선고가 원고에게 제공하려는 법적 보호는 그에게는 필요하지 않은 것이다.

이에 따라 항소법정은 지금까지 언급한 삶의 모든 영역 — 법질서에 의한 정돈이 이루어져야 할 중요한 영역들 — 에서 원고가 생활상의 용무들을 감당할 능력이 있다는 확신을 얻었다. 원고가 망상으로 인해 자신의 용무를 처리할 수 없다는 사실을 증거하는 것은 아무것도 없으며, 또 확정될 수도 없다. 원고가 새로 신청한 증인들을 소환할 필요 없이(민사소송법 672조), 원고에게 내려진 금치산 선고는 소송에 의거해 철회되어야 할 것이다.

소송 비용에 관해서는 민사소송법 제673조에 근거한다.

하르트라트, 포겔, 슈타인메츠 박사, 파울 니콜라이 박사 작성.

1902년 7월 26일, 드레스덴.

왕립 작센주 고등법원 사무국 서기관 보좌 하인커Heinker (서명)

위 소송과 관련, 1902년 9월 1일 만료된 상고 기간 내에 심리기일 결정을 위한 서면이 제국법원에 제출되지 않았음.

1902년 9월 3일, 라이프치히.

제국법원 제6사무국 슈보츠Schubotz (서명)

VI. Z. 1520/02.

1902년 9월 1일, 위 판결이 실행되었음을 증명함.

1902년 9월 17일, 드레스덴.

왕립고등법원 서기관 뮐러 (서명)

주목할 만한 한 신경병자의 삶과 기록:
다니엘 파울 슈레버의 회상록

I. '회상록'의 출간과 수용

다니엘 파울 슈레버의『한 신경병자의 회상록』은 1903년 신비주의와 영지학 분야 책들을 펴내던 라이프치히의 오스발트 뭇제 Oswald Mutze 출판사에서 처음 출간되었다. 당시 출판사는 이 책을 이렇게 광고했다. "이 저작엔 지적 자극을 줄 만한 풍부한 생각들이 담겨 있습니다. 신학자, 철학자, 의학자, 법학자, 특히 정신의학자는 물론, 피안의 세계에 관심이 있는 모든 교양 있는 사람들에게 가치를 가질 것입니다."[1] 출간 이후 이 책은 크레펠린Kraepelin, 블로이어Bleuer, 융Jung, 그리고 야스퍼스Japers 등 당대 정신의학계의 선도자들에 의해 중요한 사례로서 언급되긴 했지만, 출판사나

· ·

1. Zvi Lothane, *Seelemnord und Psychiatrie: Zur Rehabilitierung Schrebers* (Gießen: Psychosozial-Verlag, 2004), p. 459에서 재인용. 이 책에는 슈레버의 회상록과 관련된 거의 모든 자료들이 수집, 망라되어 있다.

저자가 원하던 만큼의 대중적 주목을 얻지는 못했다(여기엔 이 책의 확산을 막으려던 슈레버 가문의 노력이 한몫했을 것이다. 그들이 책을 대량으로 사들여 폐기해 버리는 바람에, 출간된 지 얼마 지나지 않아 이 책은 시중에서 구하기 힘들어졌다. 1954년에 라캉은 "내가 아는 한 이 책은 전 유럽에 두 권밖에 없다"라고 말한다[2]).

하마터면 잊혀버렸을 이 책이 보다 대중적 관심의 대상이 되었던 계기는 1911년 발표된 프로이트의 논문 「자전적으로 쓰인 편집증Dementia Paranoides 사례에 대한 정신분석학적 고찰」[3]이었다. 제목이 암시하듯 프로이트는 슈레버를 자신의 편집증Paranoia 이론을 전개하기 위한 사례로 삼는다. 편집증을 동성애와 관련시켜 이해하던 프로이트는 슈레버의 박해망상이, 어려서 잃은 아버지와 형에 대한 감정이 플레히지히 교수에게 전이되어 생겨난 동성애적 소망에 근거한다고 본다. 플레히지히 교수를 '영혼 살해범'이라 부르는 데까지 나아간 슈레버의 박해망상은 '나는 그(동성의 대상)를 사랑한다'는 동성애적 소망이 부정된 결과 '나는 그를 증오한다'로, 나아가 '그는 나를 박해한다'로 진전되어 생겨났다는 것이다.

• •

2. Jacques Lacan, *Le seminaire* I, p. 185. 『슈레버 회상록』(헤이본샤) '해제' 510쪽에서 재인용.

3. Sigmund Freud, "Psychoanalytische Bemerkungen uber einen autobiographisch beschriebenen Fall von Paranoia (Dementia paranoides)," *Jahrbuch für psychoanaly- tische und psychopathologische Forschungen* III, Band I, Hälfte (Leipzig und Wien: Franz Deuticke, 1911).

미국의 정신분석학자 윌리엄 니덜란드William G. Niederland는 슈레버의 회상록이 이와는 다른 관점에서 보다 넓은 논의의 대상이 되게 했다. 1951년부터 발표한 일련의 연구들[4]에서 니덜란드는 파울 슈레버의 부친 모리츠 슈레버의 저서들을 분석하면서, 그가 겪었던 신체적 증상과 편집증적 망상이, 의사이자 교육자였던 그 부친의 엄격하고 권위적인 교육에서 연원한다고 주장한다. 슈레버 편집증의 근본 동기는, '건전'한 정신적 발달을 위해 아이들의 육체적 자극을 억압하고, 몸의 움직임을 구속하는 교정기구를 통해 표준적 신체 형성을 강제하려던 이 계몽주의적 교육자에게 있다는 것이다(자세한 내용은 뒤에서 다룬다). 이는 슈레버의 편집증을 동성애와 관련시켜 이해하려던 프로이트의 분석에 정면으로 대립하는 것이었다. 니덜란드에게 슈레버의 병은 충족되지 못한 아버지에 대한 사랑이 아니라, 오히려 아들의 욕구와 육체를 금지, 교정하려던 권위적 아버지의 폭압에서 기인한 것이기 때문이다. 1973년 모턴 샤츠만Morton Schatzman은 『영혼 살해 — 가족 내에서의 박해Soul Murder: Persecution in the Family』[5]라는 책을 통해, 아버지에 대한 상실된 사랑이 아닌 아버지에 의한 실제적 박해가

4. "Three Notes on the Schreber Case," *Psychoanalytic Quarterly* 29 (1951); "Schre- ber: Father and Son," *Psychoanalytic Quarterly* 28, (1959); "Schreber's Father," *Journal of American Psychoanalysis Ass.* 8 (1960); "Schreber and Flechsig: A Further Contribution to the Kernel of Truth in Schreber's Delusional System," *Journal of American Psyhoanalysis, Ass.* 16 (1968); "The Schreber Case: Sixty Years Later," *International Journal of Psychiatry* 10 (1972) 등.

5. Morton Schatzman, *Soul Murder: Persecution in the Family* (New York: Random House, 1973).

슈레버가 겪은 정신적 고통의 원인이었다는 이 관점을 대중화하는
데 기여했다. 이를 통해 '영혼 살해'라는 단어는 권위주의적 가정교
육을 비판하는 유행어가 된다.

1960년 출간된 엘리아스 카네티의 역작『군중과 권력』은 슈레
버 회상록을 나치 독일의 역사와 관련해 사회·정치적으로 해석하
는 출발점이 되었다. 이 노벨문학상 수상작에서 카네티는 광선의
형태로 존재하는 영혼들을 흡인력을 통해 자기에게 결집시켜서
자신의 몸 안에서 파괴하는 슈레버의 편집증적 망상이 "정치적
권력, 즉 군중을 먹이로 삼고 군중으로부터 양분을 끌어내는 권력
의 정확한 원형"이라고 이해한다. 자신이 파국으로 인해 인류가
전멸한 가운데 유일하게 살아남은 생존자이며, 인류 갱신이라는
위대한 사명을 띠고 있다는 슈레버의 망상은 "진정으로 권력을
추구하는 모든 사람의 가장 깊은 욕구"라는 것이다. 슈레버의
편집증적 망상체계에서, 이후 역사적으로 현실화하는 파시즘 체
제와의 구조적 유사성을 발견한 카네티는 나아가 슈레버의 망상에
등장하는 독일인의 선민의식, 가톨릭 세력과 증가하는 유대인/슬
라브 민족에 대한 경계심, 독일이 비非아리안족에 의해 지배당할
것에 대한 우려 등은 당시 대다수 독일인들이 현실적으로 느끼던
위협이었으며 이것이 몇 년 뒤 히틀러에 대한 압도적 지지로
이어지게 되었다고 지적한다.

편집증적 망상체계가 어떻게 형성되고 발전하는가를 당사자의
입으로 직접 전하고 있는 이 회상록은, 접근하기 어려웠던 환각과
망상체계의 내적 메커니즘을 연구하는 데 중요한 실마리를 제공해

주었다. 위에서 언급한 고전 정신의학자들은 물론, 프로이트 이후 멜라니 클라인Melanie Klein[6]이나 라캉[7] 등의 정신분석자들에게 이 책이 중요하게 다루어진 것도 그 때문이다. 하지만 이 책의 영향력은 정신의학과 정신분석 분야에만 국한되지 않는다. 이 책은 망상이라는 형태로 변형된, 20세기 초 한 유산시민 계급의 의식과 무의식을 규정했던 사회·정치·역사·문화적 상황들을 보여주는 중요한 도큐멘트이자, 자신을 엄습하는 정신적·육체적 — 현실적이고 상상적인 — 고통에 맞서 싸운 한 개인의 생생한 인간 드라마일 뿐 아니라, 헌책방에서 이 책을 발견한 발터 벤야민 같은 독서가도 "그 즉시 최고로 매료"[8] 될 만한 깊이 있는 작품이기도 하다. 이후 이 회상록이 소설[9]은 물론 비디오아트,[10] 영화[11]로도 제작되었던 것은 픽션과 논픽션을 넘나들며 우리의 상상력을 자극하는 그 문학적 성격 때문이다. 한국에서 슈레버는 프로이트와 라캉, 들뢰즈 등의 논의와 관련해 자주 언급되어 왔다. 하지만 정작 중심 대상이 되었어야 할 슈레버의 회상록은, 뚜렷한 입장들을 갖고 있는 이 이론가들의 관점에 의해 선별되고 취사된 형태로

• •

6. Melanie Klein "Notes on Some Schizoid Mechanisms," *International Journal of Psycho-Analysis* 27 (1946).

7. Jacques Lacan, *Le seminaire, Livre III: Les psychoses*, 1955~1956, (Paris, 1981).

8. Walter Benjamin, "Bücher von Geisteskranken," *GS IV*, 2, p. 616.

9. Klaas Huizing, *In Schrebers Garten: Roman (München: btb Verlag, 2008).

10. 사이먼 품멜(Simon Pummell)의 *The Temptation of Sainthood* (1993).

11. 줄리안 홉스(Julian P. Hobbs) 감독의 "Memoirs of My Nervous Illness"(2005, 미국). 안드레 마이어(Andre Meier) 감독의 "Vom Kinderschreck zum Gartenpaten"(2007, 독일)는 슈레버의 부친 모리츠 슈레버의 삶을 다룬 것이다.

만 전해져왔다. 이제 이 완역판 회상록을 통해 독자들은 이들의 시각으로 걸러지지 않은 슈레버 박사 자신의 목소리(!)를 들을 수 있을 것이다.

II. '회상록' 관련 인물 소개

● 부친 모리츠 슈레버

다니엘 파울 슈레버의 아버지 다니엘 고틀로프 모리츠 슈레버 Daniel Gottlob Moritz Schreber는 과학적이고 합리적인 수단을 통해 인간을 더 완전한 존재로 개선하려는 계몽주의적 확신에 찬 개혁가였다. 어렸을 때 건강이 좋지 않아 발육장애를 겪었던 그는 어른이 되어서도 서양인치고는 아주 작은 키인 155센티미터[12]에 불과했다. 이런 체험 때문이었을까? 라이프치히 대학에서 의학을 공부한 뒤 정형외과 의사가 된 모리츠 슈레버는 건강하고 정상적인 신체를 발양하기 위한 다양한 수단과 방법을 강구하고 이를 전파하기

· ·

12. William G. Niederland, *Der Fall Schreber* (Frankfurt am Main: Suhrkamp, 1978), p. 20. 파울 슈레버의 환자 카드에는 가족의 유사한 병력이 함께 기록되어 있는데, 그에 따르면 모리츠 슈레버는 살인 충동을 동반한 강박 노이로제 증상을 겪고 있었다. 파울 슈레버의 고모(모리츠 슈레버의 여동생)도 고질적 편집증으로 라이프치히 병원에 입원했던 경력이 있으며, 그의 여동생 시도니 슈레버는 히스테리 증상을 보였다. 이후 자살한 그의 형 구스타프 슈레버도 우울증 증상을 보였다는 점을 생각해 보면, 다니엘 파울 슈레버의 분열증에는 유전적 요인이 작용했을 가능성도 배제할 수 없다. 이에 대해선 Daniel Paul Shreber, Franz Baumeyer, and Peter Heiligenthal, *Bürgerliche Wahnwelt um Neunzehnhundert: Denkwürdigkeiten eines Nervenkranken* (München: Focus, 1973), p. 343 참조.

다니엘 고틀로프 모리츠 슈레버
(1808~1861)

위해 평생을 매진한다. 그의 저서 『의료적 실내체조*Ärztliche Zimmer-gymnastik*』는 독일에서만 이십만 부가 넘게 팔렸을 뿐 아니라 영국과 미국에서도 번역 출간되었고, 이후 네덜란드어, 프랑스어, 스페인 어로까지 번역되는 등, 운동을 통해 신체를 개선하고 치료하기 위한 '독일식 치료체조*Heilsgymnastik*'를 세계적으로 알리는 데 크게 기여했다.

1844년 라이프치히 대학 정형외과 치료병원 원장이 된 모리츠 슈레버는 정상적인 신체 발육을 위해서는 어린 시절, 특히 두 살에서 여덟 살까지의 성장기에 올바른 자세를 습관화하는 것이 중요하다는 인식하에, 평상시 아이들의 자세를 바르게 유지시키 기 위한 다양한 기구들을 고안해 냈다. 이 기구들은 그의 책 『척추

기형이나 척추 휨 방지. 노인, 교사, 교육자를 위한 조언』에 소개되고 있다.

그림 1은 수면 시 잘못된 자세로 인해 척추가 휘고 발육이 저해되는 것을 방지하기 위해 고안한 장치로, 그가 가장 이상적 수면 자세라고 여겼던, 등을 대고 눕는 자세를 유지하기 위한 '어깨끈'이다. 그림 2는 책상에 앉을 때 고개를 들고 허리와 가슴을 곧게 편 자세를 유지시키기 위해 머리와 가슴에 착용하는 '바른 자세 유지기'이며, 그림 3은 아래턱과 위턱 사이의 부조화가 생기는 것을 방지하고 균형 잡힌 머리 모양을 만들기 위한 '머리

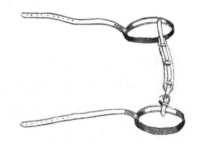

〈그림1〉

〈그림2〉

〈그림3〉

고정기'이다. '정상'적이고 '건강'한 신체의 이상理想을 위해 자연
적 움직임을 극도로 제한하고 규율화하려는 이 도구들이 신체에
적용된 것이라면, 모리츠 슈레버는 교육관에서도 아이들의 자발
적 욕구나 의지를 북돋기보다는 이상적 목표를 위해 그를 제한하
고 규제해야 한다는 신념의 소유자였다. 그는 자신의 저서에서
위의 기구들은 물론 이러한 권위적 교육 방법을 자기 자식들에게
직접 적용하여 효과를 보았다고 말하고 있는데, 니덜란드나 샤츠
만이 지적하듯 이것이 그의 아들 파울 슈레버에게 어떤 정신적
흔적을 남겼으리라는 건 충분히 예상할 수 있는 일이다. 실제로
파울 슈레버는 '회상록' 11장에서 기적으로 인해 겪었던 신체적
고통을 언급하면서 '가슴협착 기적'과 '머리 압착 기계'에 대해
이야기한다.

　　가장 끔찍했던 기적 중 하나는 이른바 **가슴협착** 기적으로, 나는
　　그를 최소 십여 차례나 체험했다. 가슴 부위 전체가 눌려서 숨 쉴
　　수 없는 압박감이 몸 전체로 전해지는 기적이었다.(11장)

　　그것은─가슴협착 기적과 더불어─모든 기적들 중 가장 끔찍한
　　것이었다. 내가 제대로 기억하고 있다면 이 기적을 지칭하는 데 사용되
　　었던 표현은 '머리 압착 기계'였다. 반복되는 광선과의 교류 등으로
　　인해 내 두개골 위 중간쯤에는, 아마 바깥에서는 보이지 않겠지만
　　안쪽에서는 보이는 깊은 틈 혹은 홈이 생겨났다. 이 틈의 양쪽에
　　'작은 악마들'이 서서는 나사 같은 것을 돌려서 내 머리를 나선압착기와

같은 방식으로 조였고, 그로 인해 한동안 머리가 위쪽으로 길게 늘어나 거의 배[梨]와 같은 모양이 되기도 했다.(11장)

1858년 말 아니면 1859년 초, 모리츠 슈레버는 체조 연습 중 사다리가 넘어지는 사고로 머리를 크게 다치고, 그 후유증으로 1861년 쉰세 살의 나이로 사망한다. 이때 그의 아들 다니엘 파울 슈레버는 열아홉 살이었다.

● 다니엘 파울 슈레버

이 회상록의 저자인 다니엘 파울 슈레버는 1842년 아버지 모리츠 슈레버와 어머니 파울리네 슈레버Pauline Schreber의 이남삼녀 중 차남으로 태어났다. 법학을 전공한 그는 발병하기 전까지 판사로서 성공적인 경력을 쌓아가고 있었다. 여기엔 아버지의 명성과 엄격한 교육을 통해 얻은 자기규율이 큰 영향을 미쳤을 것이다. 첫 번째 발병으로 입원하기 전 파울 슈레버의 삶에 일어났던 중요한 사건은, 그보다 세 살 위이자 같은 법관이었던 형 구스타프 슈레버의 자살이었다. 구스타프 슈레버는 1877년 작센 지방법원 판사로 발령받은 지 몇 주 만에 권총으로 자신의 머리를 쏘았다.

형의 자살로 슈레버가의 대를 이을 유일한 남자가 된 파울 슈레버는 다음 해 스물한 살의 자비네 베어Sabine Behr와 결혼한다. 라이프치히 시립극장 연출가의 딸인 자비네는 출신 배경과 소유한 재산을 생각하더라도, 유명한 개혁 교육자의 아들이자 고위공무원인 슈레버에게 완벽히 걸맞은 결혼 상대자는 아니었다. 슈레버

다니엘 파울 슈레버

가 라이프치히 근처에 기사령을 소유하고 있을 정도의 재력가였다면, 자비네는 슈레버가 전하듯 "재산이 없는 건 아니지만, 수입의 대부분은 내 재산에서 나오는 이자 수입"이었다. 젊은 여인에 대한 사랑 때문에 당시 시민계급에게 결혼이 갖는 사회적 의미를 무시할 성격이 아니었던 파울 슈레버가 자비네와 결혼한 데에는, 더 늦기 전에(당시 슈레버의 나이는 서른여섯이었다) 자식을 얻어야 한다는 압박이 크게 작용했을 것이다. 이들이 아이를 갖는 데 실패하고 슈레버가 병원에 입원해 있는 동안 부부 관계는 그리 조화롭지 못했던 것으로 보인다. 특히 금치산 선고로 슈레버가 재산 처분권을 가질 수 없게 되었을 때 그와 아내 사이에 생긴 갈등은, 이 책 말미에 수록된 재판 관련 기록에서 보듯,

자비네가 슈레버에게서 이혼 압력을 받는다고 느끼게 만들었다.

또 하나 주목할 사실은, 1884년 가을 파울 슈레버가 지방법원장으로 근무하던 도시 켐니츠에서 국가자유당(NLP) 후보로 제국의회 국회의원 선거에 출마했다는 것이다. 귀족계급에 대항해 프로테스탄트적 자산계급을 대변하던 이 당은 군주제를 옹호하던 비스마르크에 반대해 의회적 입헌제를 수립, 독일을 근대적 산업국가로 바꾸려는 정치적 목표를 내세우고 있었다. 하지만 이 당은 노동자들에게 의료보험권을 요구하면서도 사회적 동요와 혁명을 막기 위해 비스마르크가 입안한 반사회주의 법안을 지지하는 등 당시의 사회주의 정당과는 정치적 입장을 달리했다. 슈레버도 공유하고 있었을 이러한 보수적 자유주의는 회상록에서도 다양한 형태로 응축·변형·전이되어 드러나고 있다. 이 선거에서 슈레버가 맞서야 했던 상대는 사회민주노동당SDAP 소속의 활동적 사회주의자 부르노 가이저Bruno Geiser였는데,[13] 독일 사민주의의 창시자 빌헬름 리프크네히트Wilhelm Liebknecht의 사위이기도 했던 그는 당시 강력한 당선 후보자였다. 아니나 다를까, 10월 28일 실시된 선거에서 슈레버는 압도적인 표차(14,512 대 5,672)로 낙선한다. 이는 그가 겪었던 첫 번째 사회적 좌절이었다.

파울 슈레버에게 처음 증상이 나타난 것은 선거에서 패배하고 채 두 달이 지나지 않은 12월이었다. 그로 인해 그는 다음 해 6월까지 플레히지히 박사가 있었던 라이프치히 대학 정신과에서

• •

13. Zvi Lothane, *Seelemnord und Psychiatrie*, p. 62.

입원 치료를 받는다. 이 병원에 입원해 있는 동안 슈레버는 몸이 여위어가고 있다는 가벼운 건강염려증Hypochondrie을 겪었을 뿐, 어떤 '초자연적 현상들'도 일어나지 않았다고 이야기한다. 그런데 라이프치히 병원에 남아 있는 당시 병원일지에 따르면, 이 시기 슈레버는 언어교란과 급격한 기분전환, 소리에 대한 과민반응 등의 증상을 보였고 병원에 있는 동안 두 차례 자살을 기도했다. 이 일지는 건강염려증과 관련해, 슈레버가 자신의 체중이 "30에서 40파운드 줄었다"고 주장했지만 실제로는 이 기간 동안 그의 몸무게는 2킬로그램 늘었다[14]고 전한다.

이로부터 팔 년 후 슈레버는 이보다 훨씬 심각한 증상으로 두 번째로 입원하게 되는데, 이로써 오랜 기간의 병원 체류가 시작된다. '회상록'은 이 시기에 집필된 것이다. 두 번째 발병 전 슈레버 개인에게 일어났던 중요한 사건은 두 가지였다. 하나는 아내 자비네가 수차례 유산함으로써 자식을 얻을 희망이 사라졌다는 것, 그리고 그가 당시 작센 황제국에서 법관으로는 두 번째로 높은 지위인 드레스덴 고등법원 판사회의 의장Senatspräsident[15]에 임명된 것이다. 이에 대해 슈레버는 다음과 같이 쓰고 있다. "첫 번째 병에서 회복되고 팔 년간 나는 아이를 가지려는 희망이 여러 번 좌절될 때마다 우울했던 것 말고는 전반적으로 행복했고,

· ·

14. F. Baumeyer, et al., *Bürgerliche Wahnwelt um Neunzehnhundert*, p. 342.
15. 슈레버에 대한 많은 글에서 이를 '고등법원장'이라고 잘못 명기하고 있는데, 'Senatspräsident'는 독일에서 1970년대까지 통용되던 직명으로 고등법원 또는 연방법원 판사회의를 총괄하는 직책이다. 오늘날 이 직명은 'Vorsitzender Richter'라고 불린다.

외적인 명예에서도 만족스러운 시간을 아내와 함께 보냈다. 1893년 6월, 나는 드레스덴 고등법원 판사회 의장에 임명될 것이라는 소식을 전해 들었다."(4장)

새 업무는 그에게 큰 정신적 부담을 주었다. "1893년 10월 1일, 나는 드레스덴 고등법원 판사회 의장 일을 시작했다. (…) 내가 맡아야 했던 일의 부담은 매우 컸다. 게다가 (…) 업무에 대해 논란의 여지가 없이 정통해 있다는 걸 보여줌으로써 동료와 관계자(검사 등)들에게 신망을 얻으려고 분투했다. 이 과제를 더 힘들게 하고, 개인적 교제에서도 더 많은 요구들이 생겨난 것은 내가 의장직을 맡아야 했던 5인 판사회의 멤버들 대부분이 나보다 (심지어 스무 살까지) 나이가 많을 뿐 아니라, 법정 관련 실무에서도 이제 막 그 일을 시작한 나보다 훨씬 경험이 많은 사람들이었다는 사실이다. 이로 인해 불과 몇 주 후부터 정신적 과부하에 걸리고 말았다. 우선, 잠이 안 오기 시작했다. (…) 그래서 브롬화나트륨을 복용하기 시작했다. 드레스덴에는 아직 아는 사람이 없었기 때문에, 그런 상태의 내게 긍정적으로 작용할 수도 있었을 사교의 기회 (…) 도 거의 없었다. 10월 말 또는 11월 초에 매우 좋지 않은 상태가, 그러니까 밤에 거의 잠을 못 이루는 날들이 생겨나기 시작했다."(4장)

수면제를 복용해도 치유되지 않는 심한 불면증에 환청 증상까지 겹치면서 병세가 위협적인 성격을 띠게 되자 슈레버는 "첫 번째 병이 성공적으로 치료된 이후 우리의 전적인 신임을 받고 있던 플레히지히 교수에게 진찰을 받기로" 결정하고 라이프치히 대학병원으로 향한다. 그가 처방해 주는 "새로 개발한 수면제"를 먹고 하루만 숙면을 취하면 나을 것이라는 플레히지히 교수의 진단과는 달리, 진찰을 받은 그날 밤 슈레버는 격렬한 오한을 동반한 불면과 극심한 불안 상태에 사로잡혀 "수건이나 그 비슷한 것들을 갖고 자살을 기도"하기에 이른다. "그다음 날 벌써 심각한 정신 파열 상태가 이어졌다. 피가 사지에서 심장을 향해 몰려들었고 기분은 극도로 우울해졌다. 아침 일찍 왕진한 플레히지히 교수가 자기 병원에 입원하기를 권했기에, 나는 곧 그와 함께 합승마차를 타고 병원으로 이송되었다."(4장)

이렇게 입원한 이후 그에게 일어난 일들을, 독자들은 이 회상록에서 상세히 읽을 수 있다. 하지만 책이 출간된 이후 슈레버의 삶은 여기에 나와 있지 않다. 형사처벌과 재산 손실의 위험을 감수하면서까지 원하던 출간이 성사되고 병원에서도 퇴원한 슈레버는 드레스덴으로 귀향한다. 결국 아이를 낳지 못한 자비네는 당시 열세 살의 여자아이 — 프리돌린Fridoline — 를 입양하는데, 슈레버는 이들과 더불어 드레스덴에서 행복한 삶을 보낸다. 금치산 재판의 감정인이자 그가 마지막으로 체류하던 존넨슈타인 정신병원 원장 베버 박사의 우려와는 달리 퇴원 후 슈레버는 수면 중 가끔 고함을 지르는 것 말고는 주변 사람들에게 피해를 주는 증상을 보이지 않았다.[16] 그는 드레스덴에 새집을 짓고 부친의 이름으로 설립한 '슈레버 연합Schreber-Verein'[17]의 업무를 돌보는

16. 라이프치히 되젠 정신병원 일지. Zvi Lothane, *Seelemnord und Psychiatrie*, p. 590.

등 사회활동에도 참여했다.

그런데 그의 모친이 노환으로 사망하고 부인 자비네 역시 뇌경색으로 일시적 실어증을 겪게 되는 1907년, 슈레버에게 이전의 증상들이 다시 찾아온다. 그 때문에 슈레버는 라이프치히 되젠 정신병원에 다시 입원한다. 무력증과 혼미stupor, 섬망delirium, 극심한 불안과 행동장애를 보였던 사 년간의 병원 생활 끝에 슈레버는 1911년, 프로이트가 그에 관한 논문을 발표하던 바로 그해에 호흡 곤란과 심장마비 증세를 보이며 사망한다. 사망 다음날 부검한 그의 시신에서는 생전에 그가 믿었던 것과는 달리 아무런 '신경체계의 특이함'도 발견되지 않았다.[18]

● 파울 에밀 플레히지히 교수

슈레버가 살았던 시기는 정신의학의 역사에서도 중요한 전환기였다. 정신질환을 뇌의 생물학적 이상에 의한 것이라고 보는 생물정신의학에서, 환자의 증상을 삶의 정신사회적 측면에서 바라보고 치유하려는, 이후 역동정신의학(정신분석학)과 사회정신의학 등으로 발전해나갈 새로운 정신의학의 관점이 이 시기에 출발했기 때문이다.[19] 하지만, 슈레버를 처음 치료하고 2차 발병 시에도

· ·

17. '슈레버 연합'은 처음에는 모리츠 슈레버의 사후 그의 동료들에 의해 건강한 아동 교육을 후원하기 위한 개인들의 연합 조직으로 결성되었다. 이후 이 조직은 취미로 꽃이나 채소 등을 재배하는 작은 정원 소유자들의 클럽으로 성격이 변화되는데, 지금도 독일에서 활동 중인 이 조직은 '슈레버 정원(Schrebergarten)'이라 불린다.

18. 1911년 4월 15일의 부검 프로토콜. Zvi Lothane, *Seelemnord und Psychiatrie*, p. 596.

19. 이에 관해선 에드워드 쇼터, 최보문 옮김, 『정신의학의 역사』(바다출판사, 2009)

그를 담당함으로써 오늘날 늘 슈레버와 함께 — '영혼 살해범'이
라는 부정적 명칭으로 — 언급되는 운명을 갖게 된 파울 에밀
플레히지히Paul Emil Flechsig 교수는 1세대 생물정신의학의 대변자였
다. 당시 유럽 정신의학을 지배하던 독일의 생물정신의학 전통을
계승한 플레히지히는 라이프치히 대학에 '뇌 해부학 연구소'를
설립하고, 뇌 피질 각각의 부위가 어떤 정신적 기능을 담당하는지
를 밝히는 '뇌 지도'의 기초[20]를 세운 인물이다(그 공로로 라이프치
히에는 지금도 그의 이름을 딴 거리가 있으며, 현 라이프치히
대학 뇌 연구소도 그의 이름을 따 파울 플레히지히 연구소[21]라
불린다). 1894년 라이프치히 대학 총장 취임 강연 「뇌와 영혼」에서
그는 이른바 '영혼' 또는 '정신'이라는 단어로 지칭되어온 인간의
정신 활동이란 결국 뇌와 신경의 생리학적 작용에 다름 아니며,
그러한 점에서 '정신병Geisteskrankheit'이라는 불분명한 용어는 '신
경병Nervenkrankheit'이라는 단어로 대체되어야 한다[22]고 주장했다.
정신장애도 육체적·생리학적 질병에 의해 발생하는 '신체의 질
병'이기에 그에 의거해 치료되어야 한다는 이러한 생각은, 1882년

• •
   3장 참조.
20. 에드워드 쇼터, 앞의 책, 139쪽.
21. 파울 플레히지히 뇌 연구소. www.uni-leipzig.de/~pfi/pfi/de/home/home.html.
22. 프리드리히 키틀러는, 영혼이 신경들의 다발로 이루어져 있고 자신의 병이 '정신병'
    이 아니라 '신경병'임을 강변하며 나아가 자기 신경의 특수함이 뇌 해부를 통해
    생리학적으로 증명될 수 있다고 믿었던 슈레버는 사실 플레히지히 교수의 이론적
    입장을 그대로 따르고 있었다고 지적한다. Friedrich A. Kittler, *Aufschreibesysteme*
    1800–1900 (München: Fink, 2003), pp. 350~367.

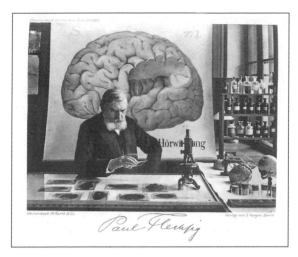

파울 에밀 플레히지히(1847~1929)

부터 그가 이끌던 라이프치히 대학 정신병원 환자들의 치료에도 적용되었다. 그는 히스테리가 여성 성기관의 질병에서 기인한다 여기고 그 치료법으로 난소 제거 수술을 실시했으며, 심리적 공황 이나 발작 상태에는 아편이나 브롬 같은 중독성 강한 약품을 통한 화학적 쇼크 요법을 처방[23]했는데, 이는 라이프치히 대학병원 에 입원했던 시기 슈레버에게도 적용되었던 치료법이다.

슈레버가 입원했을 당시 플레히지히 교수는 다음과 같은 기록 을 남겼다.

● ●

23. Zvi Lothane, *Seelemnord und Psychiatrie*, p. 330.

1893년 11월 21일 두 번째로 라이프치히 병원에 입원. '뇌가 물렁해진다, 금방 죽을 것이다'라는 건강염려증적 호소 이후 '나는 행복하게 미쳤다'는 피해망상과 결합됨. 스스로도 놀라는 환각 증세. (…) 그 후 빈번한 시각적·청각적 환각. 자신이 죽어 썩어가고 있고, '장례를 치를 만한 상태'가 지났으며, '페스트에 걸렸다'고. 이는 후각적 환각에 의한 것으로 사료됨. '신경 튜브'에 의해 성기가 뽑혔고, 자신이 여자라고 주장. (…) 자살 시도. 목욕 시 익사 시도. 몇 주간 매일 '자신을 위해 준비된 청산가리'를 달라고 요구. 심한 청각적·시각적 환각으로 인해 몇 시간 동안 눈만 깜빡거리며 전혀 접근이 불가능한 상태로 의자나 침대에 앉아 있음. (…) 차츰 신비적·종교적 망상에 몰입. 신이 자신과 이야기하고, 흡혈귀와 악마가 그와 게임을 벌였으며, 박해를 피하기 위해 로마 가톨릭으로 개종하려 한다고 주장. 기적 현상들을 보고, 성스러운 음악 소리를 들으며, 자신이 다른 세계에 있다고 믿음. 주변 사람들은 전부 영혼이며, 주위 세계는 가상 세계라고 여김. 불규칙한 식습관. 초기엔 탐욕스럽게 먹다가 이후엔 음식을 거부해 강제 급식을 실시함. 다량의 최면제에도 불구하고 수면 상태가 좋지 못함. 특히 밤중에 자주 소리를 지름. 하루 세 차례 0.3밀리미터 아편 처방.[24]

이러한 치료 방법으로도 슈레버의 상태가 호전되지 않자 플레히지히 교수는 그의 치유 가능성을 거의 포기한 것으로 보인다.

• •

24. F. Baumeyer, et al., 위의 책, p. 344.

본문에서 읽을 수 있듯, 이를 눈치챈 슈레버는 이전까지 '전적인 신뢰'를 가지고 있던 플레히지히 교수를 점차 불신하게 된다. 1894년 6월 어느 날, 슈레버가 본인은 알지 못할 이유로 다른 병원으로 이송된 이후 — 이는 그의 상태를 급격히 악화시키는 계기가 되는데 — 플레히지히 교수와 슈레버의 '인간으로서의' 만남은 이루어지지 않는다.

III. 슈레버 텍스트의 언어와 번역의 문제

슈레버 자신이 말하듯 애초에 '회상록'은 그의 아내를 비롯한 주위 사람들이 "(완전하게는 아닐지라도) 나의 행동과 태도에서 드러나는 이상한 점들을 그들이 조금이나마 파악할 수 있게 하기 위함이며, 최소한 나로 하여금 그런 이상한 모습을 보일 수밖에 없게 만드는 어떤 필연성을 그들이 이해"(서문)하게 하려는 목적에서 쓰였다. 그는 자신이 매일, 아니 매시간 겪고 있는 초감각적 체험들이 과연 인간의 언어를 통해 표현될 수 있을지, 사람들이 그것을 이해할 수 있을지 회의적이었지만, 그럼에도 불구하고 자신의 고독한 우주론적 투쟁과 그로부터 얻은 진리를 알리는 유일한 수단으로 인간의 언어를 선택할 수밖에 없었다. 다른 한편 슈레버에게 언어는 이성을 파괴하려는 세력들이 그에게 투입하는 강력한 무기이기도 했다. 그의 의지에서 벗어나 낯설고 외적인 힘으로 자립화해 버린 언어는 목소리의 형태로 끊임없이 그에게 말을 걸고 — "지금 무슨 생각을 하고 있나요?", "왜 …… 말하지 않나요?", "왜 또……을 싸지 않나요?" — 명령을 내리고, 그를 조롱하면서, 거기에 응답하고 그에 대해 생각하느라 그의 신경을 잠시도 쉬지 못하게 만든다. 목소리들의 언어는 "내가 이 글을 쓰는 동안에도 계속해서 내 생각을 분산하거나", "이 어려운 분야에 대해 지속적으로 사유하는 것을 종종 불가능하게"(18장) 만든다.

이러한 상황 속에서 슈레버는 끊임없이 자신의 생각을 조작하고, 사유를 강제하며, 환각들을 마치 그의 것인 양 주입하면서 머리를 점령하려는 '외부의 말(언어)'에 저항하면서, 세상 사람들에게 자신을 이해시킬 '자신의 말(언어)'을 찾아내야 했다. 슈레버의 '회상록'은 그의 내부에서 주도권을 두고 싸움을 벌이는 이 두 언어의 투쟁의 기록이자 그 결과물이다. 서로 충돌하고, 비껴나가면서, 또 서로 닮아가기도 하는 이 투쟁 과정은 그의 텍스트에 고스란히 그 흔적을 남기고 있다.

슈레버의 텍스트는 점점 아래를 향해 깊어지면서 현기증을 일으키는 나선형 계단 같다. 한 문장으로 이야기한 내용은 긴 종속문장을 통해 부연되며, 그 종속문장은 그 안에서 또다시 그를 보충하는 다른 종속문장에 이어져 있다. 단문으로 끝나는 경우라도 세미콜론으로 이어지는 뒤의 문장은, 다시 앞 문장의 내용을 보완하면서 설명한다. 현존하는 단어들을 임의로 결합·중복·변형시켜 낯선 신조어들을 만들어 내는가 하면, 단어는 일상적 의미로 사용되다가 때로는 글자 그대로의 의미 차원으로 이동하며,

어떤 단어들엔 의미가 아닌 음성적 가치가 부여된다. 한 문장을 통해 이미 했던 말을 더 깊은 차원에서 재규정하고, 새롭게 정의하고 설명하며 보충하려는 강박, 그 결과 나타난 극도로 과장된 정확성과 객관성, 과도하고 인위적인 학문적 표현, 과잉적 의미화라는 분열증자들의 일반적 언어적 특성[25]이 슈레버의 언어에서도 드러나고 있는 것이다.

통사론적 차원에서 슈레버의 텍스트에는 수동형 문장이 압도적인데, 이는 언어와 사유 규칙이 외적인 힘으로 그와 대립하고, 외부세계에 대한 지각이 환각과 구별되지 않음으로써 생겨난 탈주체화와 파편화한 정체성[26]의 언어적 귀결이다. 여기에서 무엇인가를 지각하고, 말하고, 사유하는 것은 슈레버라는 어떤 통합적 주체가 아니라 외부의 영향에 자극받은 그의 '신경'이며, 정작 슈레버 자신은 자신의 머릿속에서 일어나는 이러한 사유 강제와 조작을 관찰하고, 그에 저항하거나 혹은 그를 모방[27]한다. 스스로 '행하는' 것이 아니라 외부의 힘에 의해 그에게 '가해지고' '행해지는' 지각과 사유들, 이것이 슈레버의 언어에서는 자연스러운 한국어로 번역하기 힘든 수동형 문장으로 표현되는 것이다. 환각과

• •

25. Leo Navratil, *Schizophrenie und Sprache: Zur Psychologie der Dichtung* (München: Deutscher Taschenbuch Verlag, 1968), p. 155.

26. Jacques Lacan, *Die Psychosen: Das Seminar, Buch III*, trans. Michael Turnheim (Berlin: Turia+Kant Verlag, 1997), p. 117.

27. 광선들이 그가 하지도 않은 생각을 마치 그가 한 것처럼 '조작'해 낸다면, 슈레버는 현실적으로 존재하지 않는 사건이나 인물 등을 실물처럼 생생하게 광선들에게 보일 수 있는 이른바 '그리기(Zeichnen)' 능력을 통해 황량한 입원 생활의 '진정한 위로이자 즐거움을 주는 기분전환'으로 삼는다.(17장)

망상 내부에 있는 '환자' 슈레버와, 그를 기억하며 기록하는 '작가' 슈레버의 분열 또한 이 글의 문장 구조를 특징짓는다. 이는 본문보다 이후에 쓰인 주석와 후기를 통해 이전의 경험이나 사유를 수정 또는 철회하는 이중적 글쓰기에서, 다른 한편으로는 '환자' 슈레버의 경험에 대해 '작가' 슈레버의 거리감과 인식적 우위를 드러내는 복문 구조— "나는 ……을 보았다" 혹은 "나는 ……을 체험했다"라고 말하는 대신 "나는 ……을 보았다고 믿는다", "나는 ……을 체험했다고 기억한다", "나는 ……을 보았다는 인상을 가지고 있다"라고 말하는— 에서 드러난다.

언어의 구문적·의미론적·상징적·음성적 차원이 모두 동원되어 있는 슈레버의 글은 이러한 점에서 언어의 표현 가능성을 극단적으로 확장시킨 주목할 만한 문학 텍스트[28]라 여길 만하다. 하지만 그 속에 작가의 언어와 그의 의도를 벗어나 그에게 작용하고 있는 증상으로서의 언어가 복잡하게 뒤섞여 있다는 점에서 이 텍스트는 일반적인 문학 텍스트와는 구별된다. 이러한 사정은 번역자에게는 커다란 난관이 아닐 수 없다. 슈레버 텍스트의 번역자는 이 텍스트가 가지고 있는 언어적 증상을 그대로 옮김— 이는 사실 불가능하다— 으로써 읽을 수 없는 번역문을 만들어 내거나, 아니면 가독성 있는 번역을 위해 텍스트의 언어적 증상들을 임의

28. 이러한 관점에서 슈레버에 대해 쓰인 글로는 옥타브 마노니(Octave Mannoni)의 「글쓰는 자로서의 슈레버("Schreber as Schreiber")」가 있다. 이 글은 David B. Allison, Prado de Oliveira, Mark S. Roberts, and Allen S. Weiss, eds., *Psychosis and Sexual Identity: Toward a Post-Analytic View of the Schreber Case* (Albany, NY: State University of New York Press, 1988)에 수록되어 있다.

로 '치유'해야 하는 양자택일에 처한다. 예를 들어 슈레버 회상록의 영어 번역자(Ida Macalpine & Richard A. Hunter, *Memoirs of My Nervous Illness*, New York: New York Review Books, 2000)들은 후자의 길을 택했다. 영어로 번역된 슈레버의 회상록에서는, 동사가 없는 비문은 별도의 지적 없이 보충되어 완전한 문장이 되었고(위의 책, 48쪽), 접속사를 통해 이어지는 긴 문장은 읽기 쉬운 단문으로 나뉘었으며, 주어는 단수인데 복수 동사가 등장하는, 문법상 틀린 문장도 암묵적으로 수정되었다. 전달하려는 내러티브를 위해 그를 가로막는 언어적 증상의 흔적을 없애는 이러한 번역을 통해 영어로 번역된 슈레버의 텍스트는, 과거에 앓았던 자신의 신경병을 — 영어 번역자들은 독일어 제목 '한 신경병자eines Nervenkranken'를 '나의 신경병My Nervous Illness'으로 옮겼다 — 담담히 회상하는 저자의 회고록이 되었다. 여기서 과거를 이야기하는 그 회상록의 저자는 그것을 이야기하는 도중에는 아무런 '증상'도 보이지 않는다.

좋은 번역이라면 모름지기 무엇을 이야기하는가뿐만 아니라 어떻게 이야기하는가를 함께 옮겨야 한다면, 영어 번역자들은 그 요구를 충족시키지 못한다. 하지만 이는 정도의 차이는 있겠지만 한국어 번역에도 해당된다. 이 번역은 타협의 산물이다. 슈레버의 증상적 문장을 되도록 그대로 전하려던 처음의 시도는, 그렇게 해서 만들어진 한국어 문장의 끔찍한 비가독성 앞에서 좌절했다. 오랜 고심 끝에 번역문의 가독성을 위해 언어적 징후들을 치유하는 길을 택했다. 긴 문장은 짧게 나누고, 어색한 수동문은 능동으로 바꾸었다. 옮긴이 주석을 통해 독일어 원문에 있는 중요한 언어적 요소들의 의미를 전달하려 노력했지만 슈레버 독일어의 낯선 증상은 어쩔 수 없이 치료되어 번역되었다. 그 결과물인 이 번역에서 독자들은, 그럼에도 불구하고 어색하고 낯선 언어들을 만날 것이다. 그것은 슈레버의 언어적 증상의 흔적일 수도, 번역자의 부족한 능력의 흔적일 수도 있다. 그래도 한국의 독자들도 드디어 슈레버의 책을 읽을 수 있게 되었다는 사실이 이 모든 부끄러움을 감수하게 한다.

절판되어 구하기 어렵던 이 책의 재출간을 도서출판 b에서 결심해 주셨다. 몇 군데 오타 정도만 수정하고 문장을 고치거나 손을 대지 않았다. 14년이나 묵은 텍스트는 내가 번역한 것일지라도 내가 함부로 하기 힘든 타자다. 도서출판 b의 조기조 사장님께 감사드린다.

2024년 서울에서

김남시

찾아보기

‘가슴협착 기적’   182, 190, 574
‘가축우리’   131, 132, 133, 144
가톨릭 교도   72, 96, 110
‘개자식Hundejunge’   136, 151
‘검은 곰’   292
‘검증된 영혼’   11~13, 32, 44, 49,
    117, 125, 141, 161, 167, 170, 173~
    175, 215, 227~229, 245, 335, 337,
    370, 400
게르만족 이동   32
‘결정 생각Entschlussgedanken’   62, 198
‘결정 신경Bestimmungsnerven’ 24, 122
고함Brullen   27, 204, 236, 242~244,
    264, 313, 315, 316, 317, 319, 331,
    359, 360, 364, 365, 367~369, 374,
    377, 378, 380, 391, 392, 396, 429,
    430, 440~442, 449, 451, 457~459,
    462, 472, 478, 480~482, 492, 493,
    506, 511, 528, 530, 535, 536, 553,
    580
‘광선 개선법Strahlenerneuerungsgesetz’
    144
‘광선 공격Strahlenzuge’   177, 186
‘광선 왕관’   100
‘광선 잠Strahlenschlaf’ 116
‘광선 저장고’   142
‘광선 지도자’   49, 80, 234
광선Strahlen 25, 28, 29, 35, 36, 44, 46,
    50, 67, 70, 71, 75, 77, 79, 85, 90,
    94, 100, 102, 103, 112~114, 116, 117,
    119, 120, 123, 125, 129, 138~140,
    142, 144, 147, 148, 151, 152, 154~
    156, 158~163, 165~174, 176, 180,
    182~185, 187~192, 195, 197, 203,
    204, 206, 208, 212~215, 219~221,
    223, 225~227, 234, 240, 241, 244,
    245, 247, 249, 250, 252, 255, 257~
    262, 264, 266, 267, 272~279, 281,
    282, 285~287, 292, 298~300, 303,
    304, 307, 310, 311, 315, 316, 325,
    327, 329, 330, 331, 333, 334, 336~
    338, 346, 349~351, 357~365, 369,
    370, 372, 373, 375, 377, 378~380,

383, 391, 393, 394, 397, 422, 428, 458, 491, 492, 567, 574, 587

"광선들은 말을 해야 한다는 것을 잊지 마시오"   161

괴테   29, 36, 41, 263, 461

'국민적 성자'   143

'귀를 기울이는 생각'   172

'규정자들을 고려하여Rucksichtlich des Bestimmenden'   133

'그게 뭐 어때서Je-nun' 당   230

그리기zeichnen 188, 269, 272~277, 587

『근대 예술Moderne Kunst』   299

'근본언어Grundsprache'   31, 32, 45, 71, 82, 120, 148, 151~153, 200, 201, 205, 231, 234, 246, 255, 348, 371

금치산 선고   8, 313, 320, 338, 381, 383, 390, 396, 411, 430, 434, 441, 451, 463, 465, 469, 476, 477, 482, 484, 488, 491, 493, 496, 519, 520~523, 526, 529, 530, 533, 536, 538, 539~541, 543, 545~547, 549, 550, 553~555, 557~559, 562, 563, 576

'기계적 부착'   155, 156

'기관들Instanzen'   49, 133, 155, 181, 184, 323, 337, 410, 428, 434

'기록 시스템'   90, 147, 157, 163, 309

'기록 재료'   162, 168, 170, 208, 248, 249, 331, 350, 372

'기분 조작'   165, 175

'기적 놀음'   51, 78, 239

'기적 소행'   276

'기적을 통해 생겨난 곤충'   281, 289, 291

'기적을 통해 생겨난 새'   217, 247, 249~253, 276

ㄴ

나병   118, 119

낮은 단계의 신 → 아리만

'내 딴에는'   374, 375

'내버려두다liegen lassen'   8, 17, 80, 121, 139, 157, 160, 170, 174, 175, 185, 189, 192, 212, 214, 217, 242, 310, 357, 359, 375, 392, 401

넵튠   37

노아Noah   76

노이마이어Neumayer   88

'놀람 기적Schreckwunder'   291~293

높은 단계의 신 → 오르무즈트

ㄷ

다니엘 퓌르히테고트 플레히지히 Daniel Fürchtegott Flechsig   16, 43~45, 137, 190

'다수성 내의 통일Einheit in der Vielheit'   233

'달빛 축복Mondscheinseligkeit'   142

'대지에 붙들어 매다'   147, 156, 157, 169, 170, 215, 227, 245, 361

'대항 기적Gegenwunder'   135

데우칼리온Deukalion   76

'도와달라는 외침Hilferufe'   239, 244, 361, 362

〈돈 조바니〉   183

돌로 된 손님Steinerne Gast   115

'동양 나병Lepra orientalis'   118

뒤프렐Duprel   24, 88, 143
'딱따구리 피쿠스Picus   252
떨어져 나온 영혼들   43, 72, 93,
    101, 104, 122, 123
'똥 싸는 일sch……'   266, 267

ㄹ

라플라스   25, 297
랑케Ranke   88
레무스   76
레아 실비아Rhea Sylvia   76
로물루스   76
루돌프 J. 박사   20, 133
루터   475, 487
루트하르트Luthardt   20

ㅁ

마르스   76
〈마술 피리〉   308
마이어Meyer   88, 568
〈마탄의 사수〉   42
「막스와 모리츠Max und Moritz」   263
「만프레드」   38, 42
'말벌 기적'   368
'말하는 새'   239, 253, 260,
    290, 357, 370
'맙소사Alle Wetter'   151
망상체계   438, 454, 500~503, 507,
    508, 514, 515, 522, 525, 545, 549,
    552, 567
'머리 압착 기계'   190, 574
'먹이는 시스템Futterungssystem'   81
메들러Maedler   88

〈메시아Messia〉   202
'목적 생각'   359
'몽골 영주'   111
몽정   66
미스니아 연합Corps Misnia   141

ㅂ

바그너   35
바이런   38, 42
발데르Balder   37
베버 박사Dr. Weber   150, 165, 166,
    239, 242, 321~324, 394, 396, 397,
    420, 431, 432, 445, 496, 517, 521~
    523, 525, 527, 529, 533~536, 538,
    539, 542~546, 548~552, 555, 559,
    560, 580
베토벤   228
『별, 생성과 소멸』   88
보단Wodan → 오딘
부분적 광기partielle Verrucktheit   501,
    545, 546
'불완전한 정책Politik der Halbschurig-
    keit' → '이도 저도 아닌 정책'
'불완전하게 말하는 시스템System
    des Nichtausredens'   255, 256
비스마르크   36, 577
빌레보크Bielebog   37
빌헬름 1세 황제   276
'빛 전보의 원리Prinzip der Lichttele-
    graphie'   148

ㅅ

〈사랑의 윤무Liebesreigen〉   299

'사유 강제Denkzwang' 69, 70, 202, 255, 259, 262, 269, 271, 272, 277, 329, 587

'사유 조작Gedankenfalschung' 279

작소니아Saxonia 학생단 73, 74, 82, 138

상위 플레히지히Oberer Flechsig 139, 154

'성스러운 목욕heilige Bader' 82

'성스러운 병heilige Krankheit' 119

'성스러운 숲heiliger Wald' 100

'성스러운 시간heilige Zeit' 87, 88

'성스러운 풍경heilige Landschaft' 96

성운설Nebularhypothese 25, 297

'세계 시계의 만료Ende der Weltuhr' 112

세계 종말Weltuntergang 94, 117, 143

'세계 질서Weltordnng' 9, 21, 28, 29, 37, 39, 45, 47, 48, 50, 51, 67, 69, 70, 71, 75, 77~81, 84~87, 114, 138, 141, 155~158, 170, 172, 176, 180, 196, 212, 214, 216~219, 221, 224, 225, 226, 229, 231, 258, 265, 278, 281, 295, 303, 305, 309, 310, 328, 329, 331, 334, 335, 337~339, 346~348, 363, 364, 370, 371, 376, 377, 380, 386, 389, 400, 401, 428

소돔과 고모라 50, 84

'소망 생각Wunschgedanken' 198

'숙고 생각Nachdenkungsgedanke' 198

'순화 목욕' 82

'슈레버 아가씨Miss Schreber' 159

'슈레버의 정신에서 나온 작은 인간들kleine Manner aus Schrebers Geist' 145

스반테비트Swantewit 37

「스트루벨페터Struwwelpeter」 263

스펙터Spekter 263

슬라브주의 95, 110

'시선 이동Blickrichtung' 281, 286~289, 292, 370, 395

'시체독Leichengift' 120, 245~247, 260, 358, 361, 372, 380

'시험Examination' 259, 269, 281, 287~289, 370, 395, 434, 493, 547, 548

'시험 의도Examinationsabsicht' 287

'신경 첨부Nervenanhang' 28, 33, 35, 38, 44~48, 57, 66, 71~73, 79, 80, 82, 83, 97, 102, 108, 110, 124, 134, 137, 151, 159, 172, 173, 197, 224, 307, 348, 350, 363, 366, 382

"신경 첨부를 받는다Nervenanhang bei demselben nehmen" 28

신경언어Nervernsprahe 39, 69, 80, 82, 151, 220, 221, 257, 262, 309, 351, 357, 368, 391

'신과 함께하는 광경Gottesbeieinander-aussicht' 99

신들의 황혼Gotterdammerung 50

'신을 조롱하는 자Gottesspoetter' 377, 401

신의 에고이즘Gottesegoismus 399, 400

신의 전능Gottesallmacht 15, 49, 75, 83, 94, 102, 133, 137, 138, 141, 142, 155, 157~159, 166, 169, 170, 174, 195, 219, 223, 224, 228~231, 264,

295, 389, 422, 423

실러 Schiller   263, 327

심기증 Hypochondrie   56, 420, 423, 448, 500, 507

ㅇ

아리만 Ariman   37, 38, 49, 114, 166, 170, 180, 215, 216, 225, 242, 248, 285, 299, 331, 348, 357, 368, 373, 376

아리만의 광선 Arimanstrahlen   77, 166, 170, 299

'아무것도 사유하지 않는 생각 Nichts-denkungsgedanken'   203, 217, 221, 260, 279, 317, 357, 364, 372, 373, 458, 462

아브라함 퓌르히테고트 플레히지히 Abraham Fürchtegott Flechsig   43, 44

'아이 축복 Kinderseligkeit'   143

아하스버 Ahasver   76

'악마의 부엌 Teufelsküche'   32, 34, 127, 128, 137, 140, 147, 231

'악마의 성 Teufelsschloss'   148

'야비한 놈 Luder'   190

'엉덩이 기적 Steißwunder'   192

에두아르트 폰 하르트만 Eduard von Hartmann   88

엘자스 지방의 소녀   111

여성 신경 weibliche Nerven   81, 121, 159, 160, 429

'여호와 광선 Jehovastrahlen'   36

'열여섯 개의 영국 광선 16 englische Strahlen'   123

'영령을 보는 자 Geisterseher'   67, 87, 101, 102, 104, 117

'영원한 유대인 Ewigerjude'   76~78, 136

영혼 분화 Seelenteilung   34, 138, 139, 141, 154, 227

'영혼 살해 Seelenmord'   14, 38, 41~43, 47, 48, 51, 53, 83, 85, 124, 159, 356, 400, 561, 566, 567, 582

'영혼 살해범 Seelenmorder'   48, 424, 565

영혼 언어 Seelensprache   188, 195, 218, 269, 273, 356

영혼 윤회 Seelenwanderung   20, 33, 34, 78, 111, 134

'영혼 정책 Seelenpolitik'   218, 376

'영혼 쾌락 Seelenwollust'   121, 160, 163, 204~206, 211, 212, 214~217, 225, 242, 244, 246, 247, 258, 262, 264, 267, 285, 291, 299, 310, 314, 315, 317, 329, 330, 339, 348, 351, 356, 360, 361, 364, 371, 372, 375~377, 379, 400, 401, 442, 475

'영혼의 이해 Seelenauffassung'   195, 197, 199~201, 356, 465

예수 그리스도 Jesus Christus   19, 20, 21, 32, 248, 473, 487

예수의 승천 Himmelsfahrt   21

예정조화론 Pradestinationslehre   224

오딘 Odin   37

오딘 광선 Odinstrahlen   36

'오락가락하는 시스템 System des La-vierens'   79

오르무즈트 Ormuzd   37, 49, 77, 114,

168, 170, 215, 225, 285, 361, 362, 368, 424

오르무즈트의 광선Ormuzdstrahlen 77, 170

오르무즈트의 태양 361, 362

오를레앙의 성처녀 102

오펜호프Oppenhof 405

완곡어법Euphemismus 31

'우려 생각Befürchtungsgedanken' 161, 198, 261, 287

『우주의 생성』 88

유다 이스가리옷 32

'유태인 위Judenmagen' 182

'음독을 위한 독Intoxikationsgift' 187

'음악적인 아무것도 사유하지 않는 생각Musikalische Nichtsdenkungsgedanke' 203

『의료적 실내체조Ärztliche Zimmergymnastik』 199, 540, 557, 570

'이도 저도 아닌 정책Politik der Halbheit' 79, 174

'이런 빌어먹을Ei verflucht' 230, 231

'이럴 수가Alle Hageldonnerwetter' 151

이성 신경Verstandesnerven 329, 330

이신론理神論 297

이원론Dualismus 90, 98, 423

'이집트 나병Lepra aegyptica' 118

『인간』 88

'인간 놀음Menschenspielerei' 8, 34, 112, 150, 218, 239, 240, 250, 349

'인간의 기억 생각der menschliche Erinnerungsgedanke' 198

'인도 나병Lepra indica' 118

『인류의 원역사』 88

'일시적으로 급조된 인간들flüchtig hingemachte Männer' 20, 21, 30, 32, 66, 78, 126, 129, 147, 148, 150, 151, 218, 239, 240, 293, 308, 372, 451

ㅈ

자연발생 281, 284, 295

『자연창조사』 88

자위행위 135, 328

'작은 남자들kleine Männer' 186, 189, 190, 191, 299, 352

'작은 악마들kleiner Teufel' 190, 191, 574

'작은 폰 베' 186, 190, 231

'작은 폰 베-슈레버' 231

'작은 플레히지히' 159, 186, 190, 424

전갈들Skorpione 121

'전방부대 지도자vordere Kolonnenführer' 49, 133, 138

'전방의 신의 나라' 166

'전하께 충성스런 종Ew. Majestät treugehorsamer' 31

'절제 아래에 있는Unterhalb der Maßigung' 133

'접수되었음Fand Aufnahme' 288, 289, 308, 312, 395

『정신의학개론Psychiatrie』 103, 292, 352, 408

정신적 귀 357

정신적 눈 358

정화 과정 29~32, 34, 221
젬마Gemma 93
'조로아스터 광선Joroasterstrahlen' 36, 38
종교개혁Reformation 32, 452
'주요 생각이 없음' 369, 370, 373
주피터 37
'중간 플레히지히mittlerer Flechsig' 139, 154, 156
『지구의 역사』 88
'지반Untergrund' 255, 260
'지방 성직자Landgeistliche' 45
'지옥의 백작Hoellenfuersten' 101, 195, 196
⟨진혼행진곡⟩ 229
'질서 태양Ordnungssonne' 115

ㅊ

『천문학』 88
'첫번째 신의 심판erstes Gottesgericht' 109, 110
체르네보크Czernebog 37
'추위 기적Kaltewunder' 164, 205, 206
'축복 상태Seligkeit' 32, 34~37, 99, 138, 140, 144, 166, 379
'축복하는 광선segnende Strahlen' 120

ㅋ

카루스 88
'카리에스 기적' 192
카스파리Caspari 88
'카시오페이아 형제들Cassiopeja Bruder' 82, 137

'카시오페이아에 매달려 있는 자들 Cassiopeja Hangende' 73, 138
카타리나 2세 127
카펠라Capella 93
칸트 25, 297
코스비히Coswig 20, 32, 127, 134, 147
'쾌락 관리Pflege des Wollust' 330~332, 364
쾌락신경Wollustnerven 23, 113, 121, 159, 200, 267, 320~322, 324~326, 335, 396, 462, 474, 508, 529
퀴비에Baron de Cuvier 76
크레펠린Krapelin 100, 103, 104, 167, 292, 352~354, 408, 564

ㅌ

'탄내가 나는 광선ein sengriger Strahl' 72
⟨탄호이저⟩ 35, 202
'탈남성화Entmannung' 15, 37, 67, 69, 75, 77, 78, 85, 121, 155, 158, 159, 160, 170, 180, 200, 212, 265, 328, 335, 339, 443, 523
통일 속의 다수성Vielheit in der Einheit 233

ㅍ

『파우스트』 42
파울 테오도르 플레히지히Paul Theodor Flechsig 43, 44
퍼머먼트Firmament 94
펠리페 2세 26
편집증 환자Paranoiker 396, 439, 502,

506, 515, 545

'폐 벌레Lungenwurm' 181, 182

포세이돈Poseidon 37

포템킨의 제후Furst Potemkin 127

폰 베von W 127, 135~137, 139~142,
145, 147, 157, 183, 185, 191, 204,
228~230

'폰 베 가문의 규율과 장자 상속 규칙
von W's Haus-, und Primogenitu-
rordnung' 142

프라디야Pradilla 299

프랑크푸르트 봉기Frankfurter Attentats
123

프로테스탄티즘Protestantismus 111

프리드리히 대제 45, 276

『플리겐데 블래터Fliegende Blatter』
276

피라Pyrrha 76

피르나 9, 147, 148, 239, 349, 350,
511, 537, 551

피에르존Pierson 20, 32, 34,
78, 116, 125, 127~130, 137, 138, 140,
142, 144, 147~149, 195, 231, 421

『하늘과 땅 사이』 88

'하늘의 앞마당Vorhofe des Himmels'

30, 36, 37, 49, 51, 75, 145, 161, 221,
245, 253

'하반신 부패Unterleibfaule' 185

'해를 끼치는sehrende 광선' 120

햄릿 240

헤켈Haeckel 88

헨델Handel 202

'혀를 깨무는 기적Zungenbißwunder'
233

『현재』 88

호레이스 175

'화석들 사이에서Amongst the fossils'
148

'화석화한fossilen 드레스덴' 148

화장火葬 386~389, 429

「환희에 부쳐Lied an die Freude」 327

'황금 물방울Goldtropfen' 231

'후방의 신의 나라' 166, 170, 191

후스Huss 452

'훼방Storungen' 59, 112, 113,
165, 172, 173, 243, 310, 312, 346,
350, 351, 369, 398, 441

흑사병 118, 119, 421

'희망 생각Hoffnungsgedanken' 198

'흰 곰weiße Baren' 292

'히브리 나병Lepra hebraica' 118